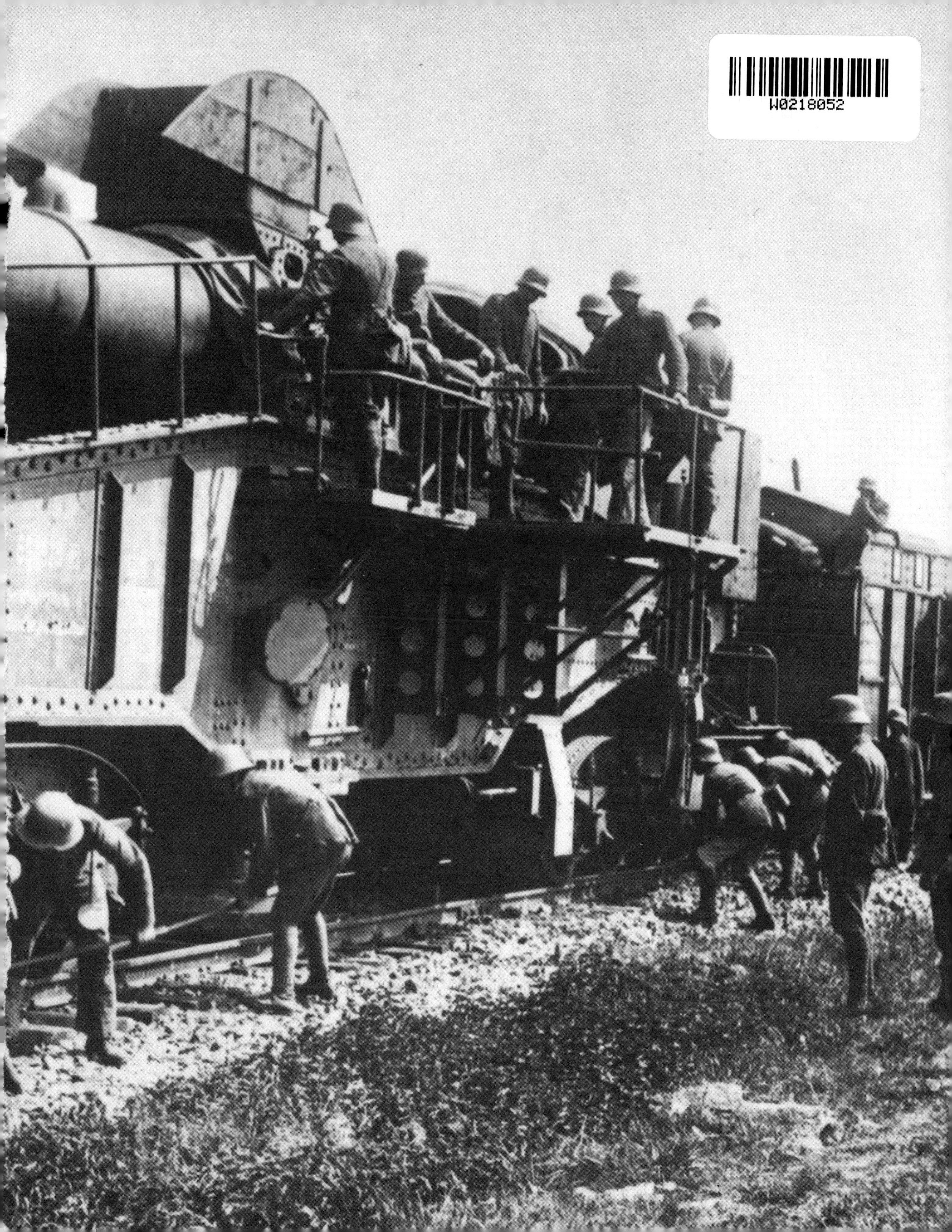

DER ERSTE WELTKRIEG

Janusz Piekalkiewicz

Der Erste Weltkrieg

ECON

CIP-Titelaufnahme der Deutschen Bibliothek

Der Erste Weltkrieg / Janusz Piekalkiewicz. –
Düsseldorf; Wien; New York: ECON Verl. 1988
ISBN 3-430-17481-3
NE: Piekalkiewicz, Janusz [Mitarb.]

Textredaktion: Helga Müller-Steinhäuser, Rösrath
Synchronopsen, Lektorat, Layout: H. Dieter Wirtz,
Mönchengladbach
Schutzumschlaggestaltung und gestalterische Konzeption:
Lutz Kober, St. Goarshausen
Karten: Joachim Zwick, Gießen

Gesetzt aus der Times der Fa. Berthold
Satz: Dörlemann-Satz, Lemförde
Lithographien: Kirschbaum Laserscan, Düsseldorf
Druck und Bindearbeiten: Richterdruck, Würzburg
Printed in Germany
ISBN 3-430-17481-3

PROLOG 1914

1915

1916

1917

AUF DEM BALKAN GÄRT ES

DER ZANKAPFEL SERBIEN

Rußlands Außenminister Sasonoff nach dem Ultimatum Österreichs an Serbien: »Das ist der europäische Krieg!«

Irgendeine »ganz lächerliche Angelegenheit auf dem Balkan« werde den nächsten Krieg auslösen, so hat es Bismarck prophezeit. In der Tat: Der Balkan mit seinem Völkergemisch gilt schon immer als Pulverfaß.

Nachdem 1882 das Verteidigungsbündnis mit Österreich-Ungarn und Italien, der sogenannte Dreibund, unterzeichnet ist, gelingt es Bismarck fünf Jahre später, einen geheimen Rückversicherungsvertrag mit Rußland abzuschließen, der – unter Anerkennung russischer Interessen auf dem Balkan – Deutschland im Fall eines Krieges die Möglichkeit der freien Entscheidung bietet.

Doch die Verlängerung des Vertrages von 1887 hat der noch junge und unerfahrene Kaiser Wilhelm II. durch die Entlassung Bismarcks verhindert, der immer darauf bedacht war, keinesfalls durch Mitwirkung in einem Balkankonflikt die Existenz des Deutschen Reiches aufs Spiel zu setzen.

Der seit 1900 amtierende neue Kanzler, Bernhard Fürst von Bülow, verlagert das Gewicht der deutschen Außenpolitik auf riskante Weise. Bereits 1908 gibt er durch unmißverständliche Äußerungen zu verstehen, daß für die Haltung der Deutschen in allen Balkanfragen »in erster Linie die Bedürfnisse, Interessen und Wünsche Österreich-Ungarns maßgebend« seien. Mit dieser Einstellung begrenzt er den von Bismarck erwirkten Entscheidungsspielraum.

Serbien, durch seine militärischen Erfolge in den beiden Balkankriegen von 1912 und 1913 ermutigt, strebt nun die Vereinigung aller zum serbischen Kulturkreis zählenden Völker an: Ein großserbisches Reich soll entstehen. Dieses Ziel ist jedoch nicht zu erreichen, wenn dem Habsburger Thronfolger, Erzherzog Franz Ferdinand d'Este, die beabsichtigte Neugliederung der österreichisch-ungarischen Monarchie gelingt – er will in den fünfzehn Einzelstaaten die deutsche Sprache als Amtssprache einführen und sie durch eine Gesamtregierung in Wien unter Kaiser Franz Joseph verwalten lassen.

Daher sehen die Serben in dem Erzherzog ihren größten und gefährlichsten Feind. Der bosnische Serbe Gacinovic, Mitglied des Geheimbundes »Narodna Odbrana« und auch der Vereinigung »Einheit oder Tod« – meist »Schwarze Hand« genannt –, beruft daraufhin im Januar 1914 eine

Das Denken ist auf die Zukunft gerichtet: Kaiser Wilhelm II. mit einem seiner Generäle während eines der vielen Manöver

Überschwenglich wird er begrüßt: König Nikita von Montenegro. Er war es in erster Linie, der die Balkankriege vorantrieb, jene Kriege, die zur Aufteilung der europäischen Türkei unter Serbien, Bulgarien, Montenegro und Griechenland führten

Konferenz im französischen Toulouse ein. Schnell ist man sich einig: Man beschließt die Ermordung des Erzherzogs. Ende Juni 1914 sollen nämlich in Bosnien große Manöver der k.u.k. Armee stattfinden. Obwohl Bosnien österreichisches Staatsgebiet ist, sind die Serben darüber empört. Was sie besonders erregt, ist vor allem der Zeitpunkt dieser geplanten Übungen – der Jahrestag ihrer vernichtenden Niederlage auf dem »Kossowopolje« (Amselfeld) am 28. Juni 1389. Mit diesem Tag begann eine Jahrhunderte währende türkische Herrschaft über die Serben.

Am Vidovdan (St.-Veits-Tag) 1389 wurde in einer mörderischen Schlacht die christliche Armee und damit der serbische Staat unter Kaiser Lusar zerschlagen. Seitdem wird »Kossowopolje« als Parole in allen Kämpfen um die nationale Freiheit genannt. Hinzu kommt, daß in den Balkankriegen 1912 und 1913 die Türken das Amselfeld geräumt haben, so daß dieser Vidovdan im Jahre 1914 nun zum erstenmal – nach 525 Jahren – auf dem Schlachtfeld von Kossowo festlich begangen werden soll.

Bereits am 3. Dezember 1913 hat eine in Chicago für serbische Verschwörer gedruckte Zeitung offen zur Tat aufgerufen: »Der österreichische Thronfolger hat für das Frühjahr seinen Besuch in Sarajewo angekündigt ... Serben, ergreift alles, was ihr könnt! Messer, Gewehre, Bomben und Dynamit! Nehmt heilige Rache! Tod der Habsburgerdynastie!« Und nun will der Erzherzog tatsächlich am

Vidovdan des Jahres 1914, dem heiligsten südslawischen Nationaltrauertag, ausgerechnet in der völkischen Hochburg Sarajewo, eine militärische und politische Galavorstellung kaiserlicher Macht geben.

Die Stadthalle von Sarajewo. Die mittlere Brücke, die über die Miljacka führt, hat traurige Berühmtheit erlangt: Auf ihrer Höhe erfolgt das Attentat auf den österreichisch-ungarischen Thronfolger, Erzherzog Franz Ferdinand d'Este

Die Schüsse von Sarajewo

Der 28. Juni 1914, ein Sonntag, ist ein strahlender Frühsommertag. Der makellos blaue Himmel überspannt die Stadt, und Sarajewo erstrahlt im klaren Licht der Morgensonne. Man erwartet Erzherzog Franz Ferdinand, der als Generalinspekteur der k.u.k. Streitkräfte den Manövern in Bosnien beiwohnt. Er will bei dieser Gelegenheit mit seiner Gemahlin Sophie von Hohenburg der Hauptstadt des seit mehr als drei Jahrhunderten von Österreich verwalteten Gebietes einen offiziellen Besuch abstatten.

Generalmajor Max Ronge, letzter Chef der geheimen Nachrichtenabteilung des k.u.k. Armeeoberkommandos und des Evidenzbureaus des Generalstabs: »Wie für alle größeren Manöver in den letzten Jahren, beantragte ich

Das österreichisch-ungarische Thronfolgerpaar mit seinen Kindern

auch für die gegen Ende Juni 1914 in Bosnien in Aussicht genommenen Manöver, denen der Generalinspekteur der gesamten bewaffneten Macht, Erzherzog-Thronfolger Franz Ferdinand, beiwohnen sollte, die bereits erprobten Maßnahmen des defensiven Kundschaftsdienstes. Der Erzherzog hatte sich wiederholt für diesen Dienst interessiert; die getroffenen Vorsichtsmaßregeln hatten stets zahlreiche verdächtige Individuen vom Manövergelände ferngehalten; überdies sorgte ich mit den von Wien mitgenommenen tüchtigen Detektiven und ortskundigen Polizeiorganen stets für entsprechende Absperrungsmaßnahmen in der unmittelbaren Nähe des Thronfolgers. Mir schien dies nie so wichtig wie gerade bei diesen Manövern in einem politisch so sehr verseuchten Gebiete. Zu meiner unangenehmen Überraschung lehnte der Erzherzog jedoch meine Anträge ab. Was oder wer ihn dazu bewog, ist mir ein Rätsel geblieben ... «

Unter der Zuschauermenge, die der langsam durch die Straßen von Sarajewo rollenden Kolonne von Automobilen applaudiert, steht Gavrilo Princip; der schmächtige siebzehnjährige Mittelschüler serbischer Herkunft ist ein fanatischer Nationalist. Plötzlich kommt das Automobil des erzherzoglichen Paares direkt vor dem jungen Mann fast zum Stehen – ein Zufall, der den Lauf der Weltgeschichte so verhängnisvoll beeinflussen soll.

Princip: »Ich stand mit Spiritsch an der Lateinerbrücke, als man plötzlich weiter unten eine Bombe explodieren hörte. Ich lief bis zur Mitte des Kais, um zu sehen, was geschehen war. Ich wunderte mich über die Explosion, weil ich doch selbst die Absicht hatte, ein Attentat zu begehen. In dem allgemeinen Tumult konnte ich den Thronfolger nicht entdecken. Ich sah nur, wie die Automobile rasch weiterfuhren. Da ging ich auf der Lateinerbrücke auf und ab. Ich wußte nicht, was geschehen war ... Ich ging zum Geschäft Schiller, weil ich aus der Zeitung wußte, daß der Thronfolger dort vorbeikommen würde. Plötzlich hörte ich die Leute ›Hoch‹ rufen. Gleich darauf sah ich das erste Automobil. Ich versuchte, den Thronfolger zu erken-

Anscheinend führt Gavrilo Princip (rechts) hier nicht das große Wort (links: Trifko Grabez). Wenig später läßt er jedoch Taten sprechen . . .

nen. Ich kannte ihn von den Bildern aus den Zeitungen. Als das zweite Automobil näher kam, erkannte ich den Thronfolger, der darin saß. Ich sah auch eine Dame neben ihm sitzen und überlegte, ob ich schießen sollte oder nicht. In dem selben Augenblick überkam mich ein eigenartiges Gefühl, und ich zielte vom Trottoir aus auf den Thronfolger. Das Automobil fuhr langsamer als bei der Biegung . . .«

Die Herzogin tötete er unbeabsichtigt, wie er später aussagt – er wollte den Landeschef-Feldzeugmeister Oskar Potiorek treffen, der im vorbeifahrenden Wagen dem Thronfolger gegenübersaß, verfehlte ihn jedoch und traf die Herzogin. Er habe mit geschlossenen Augen geschossen, gibt er vor dem Untersuchungsrichter Leo Pfeffer zu Protokoll.

Eine Stunde zuvor hat der neunzehnjährige Schriftsetzer Nedeljiko Cabrinović, seiner eigenen Aussage nach ein überzeugter Sozialist und Anarcho-Syndikalist, eine Bombe auf den Wagen des Thronfolgerpaares geworfen. Sie fiel aber auf das zusammengefaltete Dach, von dort auf die Straße und explodierte erst unter dem übernächsten nachkommenden Wagen, in dem die Begleitung der hohen Gäste saß.

Gavrilo Princip habe sich – er sei nach Belgrad gekommen, um dort das Gymnasium zu besuchen – bei den Freischärlern, Komitadschi genannt, gemeldet, um gegen die türkischen Erzfeinde zu kämpfen. Doch ein Major, der ihm vorgestellt worden sei, habe zu ihm gesagt: »Geh heim zu deiner Mutter, Kleiner. Der Krieg ist eine Sache der Männer.« Dies habe ihn zu dem Entschluß veranlaßt, eine spektakuläre Tat zu vollbringen, die alle in Erstaunen versetzen sollte – so erzählt es der kleine schwächliche Mittelschüler dem Untersuchungsrichter Pfeffer.

Als die Nachricht, Franz Ferdinand werde den Manövern in Bosnien beiwohnen, in den Zeitungen erschienen ist, nehmen sich Gavrilo Princip und seine Freunde Nedeljiko Cabrinović und Trifko Grabez vor, ihn zu ermorden. Sie vertrauen sich dem ehemaligen Freischärler Milan Ciganović an, der als Bahnbediensteter arbeitet, wissen je-

Der letzte große Monarch der Habsburger: Kaiser Franz Joseph I.

doch nicht, daß dieser dem Geheimbund »Einheit oder Tod« angehört. Ciganović verspricht, ihnen die nötigen Waffen zu besorgen, was er mit Hilfe seines Freundes, des Freischärler-Majors Tankosić, auch tut.

Wie bescheiden das ganze Unternehmen angelegt ist, beweist die Tatsache, daß Major Tankosić einen Wechsel ausstellen muß, um die Revolver zu kaufen – Bomben gibt es genug, nicht nur in den staatlichen, sondern auch in den privaten Depots der Freischärler. Um sicherzugehen, daß sie nichts Falsches machen, informiert Major Tankosić das Oberhaupt des Geheimbundes, Dragutin Dimitrijević, genannt Apis, Oberst des serbischen Abwehrdienstes, von dem Vorhaben der jungen Bosnier. »Da sind ein paar Burschen aus Bosnien, die Franz Ferdinand ermorden wollen«, soll er dem Oberst gesagt haben. »Aber sie haben keine Waffen. Soll ich ihnen welche geben?« Und der rundliche, stiernackige Oberst Apis erklärt sich damit einverstanden.

Ehe er der Ausführung des Attentats endgültig zustimmt, will Oberst Apis vom russischen Militärattaché in Belgrad, Oberst Artamanov, wissen, wie Rußland sich verhielte, wenn Österreich Serbien angriffe. Oberst Artamanov, der Geldgeber für die Verschwörertätigkeit der einzelnen Agenten, stimmt dem Plan zu. Erst als die jungen Attentäter mit ihren Waffen schon längst in Sarajewo sind, kommen dem russischen Militärattaché plötzlich Bedenken, und er schickt einen Boten nach Sarajewo, um die Burschen von ihrem Vorhaben abzuhalten.

Das Ganze wurde bisher nicht restlos geklärt. Tatsache ist, daß sich der frühere Lehrer und spätere Journalist Danilo Ilić, der ideologische und operative Chef des Unternehmens, der die geschmuggelten Waffen – vier Revolver und sechs Bomben – von einer Zwischenstation aus in einer Zuckerschachtel nach Sarajewo gebracht und weitere drei Attentäter angeworben hat, im letzten Augenblick vehement gegen das Attentat wendet, aus Furcht, es könne zu diesem Zeitpunkt der slawischen Sache schaden. Doch die »krankhafte Sehnsucht nach dem Attentat« und nach Selbstaufopferung, die Gavrilo Princip vor dem Untersu-

Kurz vor dem Attentat: Erzherzog-Thronfolger Franz Ferdinand und seine Gemahlin, Sophie von Hohenburg

chungsrichter Pfeffer eingestanden hat, erweist sich als stärker. So nimmt das Verhängnis seinen Lauf.

Die Reaktionen auf diese Mordtat sind gewaltig. Überall spürt man die dunkle Vorahnung von weitreichenden Folgen. Der Londoner *Daily Chronicle* schreibt trotz der englisch-russischen Allianz, es sei »eine häßliche Tatsache in Rußlands auswärtiger Geschichte, daß jeder Mensch, der Rußland auf dem Balkan im Wege gestanden« habe, »durch Mörderhand gefallen« sei. Pariser Blätter bedauern das »tiefe Leid, das den greisen Kaiser« getroffen habe, und weisen darauf hin, daß der Tod des Thronfolgers das »Geschick der Monarchie und dadurch das von ganz Europa ändern kann«.

Generalmajor Max Ronge, der letzte Chef des Evidenzbureaus des Generalstabs

Die Lage in Europa

Im Sommer 1914, als in Sarajewo die Schüsse fallen, herrscht folgende geopolitische Lage: Zwei Bündnissysteme stehen sich in Europa gegenüber. Die ältere und rein kontinentale Allianz existiert schon seit 1882 und umfaßt im »Dreibund« Deutschland, Österreich-Ungarn und Italien. Das zweite Bündnis ist die 1904 zwischen Frankreich und England geschlossene »Entente«; ihr schließt sich drei Jahre später Rußland an; der Vertrag sieht unter anderem eine Abgrenzung der russisch-englischen Interessensphären im Mittleren Osten vor. Seine Auswirkungen auf die europäische Politik: Er verstärkt die Nervosität in Europa – so fühlt sich Deutschland »eingekreist«, während England das Deutsche Reich für die Verschärfung der allgemeinen politischen Lage verantwortlich macht. Hauptgrund sei das Flottenwettrüsten Kaiser Wilhelms II. und seines Marineministers Tirpitz.

Er kommt mit dem Leben davon: k.u.k. Landeschef-Feldzeugmeister Oskar Potiorek

Bald kommt ein alter und neuer Krisenherd, der Balkan, hinzu. Hier entwickelt sich – als Folge der Annexion Bosni-

Auf den Tag genau drei Jahre nach dem Attentat, am 28. Juni 1917, bringt die k.u.k. Militärpost einen Satz Briefmarken heraus, der an das Attentat von Sarajewo erinnern soll. Zu jenem Satz gehören auch diese beiden Briefmarken. Die linke Marke zeigt das Thronfolgerpaar, während auf der rechten die Gedächtniskirche von Sarajewo mit dem Sophienheim abgebildet ist. Das Sophienheim verdankt seinen Namen Sophie von Hohenburg, der Gemahlin des Erzherzog-Thronfolgers

Das Extra-Blatt des »Berliner Lokal-Anzeigers« berichtet von den Ereignissen in der bosnischen Hauptstadt noch am selben Tag, in dessen Verlauf auch Gavrilo Princip festgenommen wird

Extra-Blatt

Berliner Lokal-Anzeiger

Erzherzog Franz Ferdinand und Gemahlin ermordet.

Pistolenattentat in Sarajewo. Meldung an Kaiser Franz Josef.

Ein entsetzliches Verbrechen von ganz unabsehbaren Folgen ist heute in Sarajewo, der Hauptstadt von Bosnien, verübt worden. Der Thronfolger der uns verbündeten Donaumonarchie, der Freund Kaiser Wilhelms, ist dort zusammen mit seiner Gemahlin einem Attentat zum Opfer gefallen. Ein Privattelegramm meldet uns:

Sarajewo, 28. Juni 1 Uhr 10 Minuten nachm. (Von unserem i.-Korrespondenten.) Heute vormittag wurde hier dicht beim Bahnhof auf den Erzherzog-Thronfolger Franz Ferdinand und seine Gemahlin, Herzogin von Hohenberg ein Pistolenattentat verübt. Der Erzherzog und die Herzogin sind tot. Die Täter wurden verhaftet. Dem Kaiser ist Bericht erstattet worden.

ens (hier leben vorwiegend Südslawen) durch die österreichisch-ungarische Monarchie (1908) – ein unüberbrückbarer Gegensatz zu Rußland, das sich traditionell als Schutzherr der Balkanslawen versteht und über den Südosten Europas den Zugang zum Mittelmeer anstrebt. Rußland fördert also in eigenem Interesse die nach der Annexion in Serbien erwachten nationalen Bestrebungen, die auf eine Vereinigung aller Südslawen in einem großserbischen Staat und auf eine Abtrennung vom Habsburgerreich drängen. Rußlands Einfluß findet denn auch bald seinen Niederschlag: In den Balkankriegen von 1912 und 1913 erheben sich die im »Balkanbund« zusammengeschlossenen Balkanstaaten gegen die Türkenherrschaft.

Eine Eigenart kennzeichnet dennoch die allgemeine politische Lage Europas im Sommer 1914: Trotz aller Krisen, die seit 1905 oft den Rand des Krieges erreichen, ist der Frieden letztlich immer noch erhalten geblieben. Andererseits kann aber keiner der wirklich großen Gegensätze, weder der deutsch-englische in der Flottenfrage noch der österreichisch-russische in den Balkanangelegenheiten, tatsächlich bereinigt werden. Gerade darum zeigt sich kein Ende der von Deutschland gefürchteten politischen »Einkreisung«, gerade deshalb steht für die deutsche Politik das Festhalten an dem Bündnis mit Österreich-Ungarn außer Frage. Aber auch die Donaumonarchie kann kaum auf den großen deutschen Verbündeten verzichten, der ihm 1908 durch seinen Druck auf Rußland die bosnische Annexion abgesichert hat. Seitdem sind auch die Beziehungen zwischen Berlin und St. Petersburg nachhaltig gefährdet. Zugleich beginnt nun das Wettrüsten der Großmächte, das eine erhebliche politische Spannung mit sich bringt.

Anteilnahme, Empörung, Furcht

Die Nachricht von der Ermordung des Erzherzogs löst im Deutschen Reich eine Welle von Anteilnahme, Empörung und Furcht aus, die auch Kaiser Wilhelm II. erfaßt, der zu Franz Ferdinand ein besonders freundschaftliches Verhältnis hatte. Gerade drei Wochen zuvor, vom 11. bis 14. Juni 1914, war er Gast des jetzt ermordeten Erzherzogs auf dessen Landsitz im böh-

Wilhelm II. (hier mit seinen beiden Söhnen) und Alfred Freiherr von Tirpitz

mischen Konopitsch. In Wien bestehen zwar keine Zweifel an der Haltung des deutschen Bundesgenossen, aber zur Klärung der Lage entsendet der k.u.k. Außenminister Leopold Graf Berchtold seinen Vertrauten, den Kabinettschef Alexander Graf von Hoyos, nach Berlin. Hoyos überbringt zwei Schriftstücke: ein Handschreiben des Kaisers Franz Joseph und eine Denkschrift des österreichischen Außenministeriums. Das Ziel seiner Reise: die Erkundung der deutschen Haltung.

Als Kaiser Wilhelm II. am 5. Juli 1914 vom Eintreffen der beiden Schreiben unterrichtet wird, lädt er den österreichisch-ungarischen Botschafter in Berlin, Graf Szögyény, zum Frühstück in das Neue Palais nach Potsdam ein. Bevor man sich zu Tisch setzt, liest der Kaiser die beiden Schriftstücke aus Wien. Unmittelbar danach äußert Wilhelm II., er müsse sich vor einer endgültigen Antwort mit Reichskanzler von Bethmann Hollweg beraten, da die angekündigte »ernste europäische Komplikation« eingehend bedacht werden müsse. Nachdem die Tafel aufgehoben ist, versichert der Kaiser seinem Gast, auch im Falle einer »ernsten europäischen Komplikation« könne Österreich-Ungarn mit der vollen Unterstützung Deutschlands rechnen. Im Verlauf seiner weiteren Ausführungen wiederholt Wilhelm II. die Erklärung, Deutschland werde in gewohnter Bündnistreue an der Seite Österreichs stehen.

Noch am Nachmittag desselben Tages empfängt der Monarch seinen Reichskanzler und den Unterstaatssekretär im Auswärtigen Amt, Arthur Zimmermann. Wilhelm II. bemerkt während des Gesprächs, er sehe den Ernst der Lage, in der sich das Haus Habsburg durch die großserbische Propaganda befinde, betont aber, daß es nicht die Aufgabe Deutschlands sei, seinem Bundesgenossen zu raten, was er tun solle. Kaiser Franz Joseph müsse jedoch wissen, daß Deutschland auch in ernster Stunde Österreich-Ungarn nicht verlassen werde. Das deutsche Lebensinteresse erfordere die unversehrte Erhaltung Österreichs. Bethmann Hollweg beschließt seine Niederschrift über diese Besprechung mit dem Hinweis, die Ansichten des Kaisers deckten sich vollständig mit seinen Auffassungen. Diese »Entscheidung von Potsdam« wird in den folgenden Tagen durch die Reichsleitung bekräftigt. Daraufhin entschließt sich Österreich-Ungarn endgültig, die Ermordung des Erzherzogs und dessen Frau zum Anlaß zu nehmen, um gegen die Serben militärisch vorzugehen.

Der Kaiser und die Reichsleitung betonen auf eine erneute Anfrage mit Nachdruck und Entschiedenheit,

Leopold Graf Berchtold, k.u.k. Außenminister bis Januar 1915 (links), und Ladislaus Graf Szögyény, österreichisch-ungarischer Botschafter in Berlin

Wilhelm II. und sein Marineminister Alfred Freiherr von Tirpitz werden vor den Schüssen von Sarajewo für die Verschärfung der allgemeinen politischen Lage verantwortlich gemacht. Der Grund: Das . . .

Deutschland werde zu Österreich-Ungarn stehen, egal, was auch geschehen möge. Sie begnügen sich jedoch nicht mit dieser Erklärung: In den Niederschriften über die Besprechungen zwischen Vertretern des Deutschen Reichs und Repräsentanten Österreich-Ungarns steht in einer Art »Blankovollmacht« die Empfehlung des Kaisers, die vermeintliche Gunst der Stunde zur Klärung der Beziehungen zwischen Österreich-Ungarn und Serbien zu nutzen. Die Betonung der Bündnistreue zur k.u.k. Monarchie ist durchzogen von Ermutigungen des Kaisers und Bethmann Hollwegs zur vollen Handlungsfreiheit Serbien gegenüber. Wilhelm II. sieht zwar das Risiko einer Ausweitung des

Theobald von Bethmann Hollweg, Reichskanzler ohne Fortune (links), und der Unterstaatssekretär im Auswärtigen Amt, Arthur Zimmermann

Konflikts zu einem europäischen Krieg, hält aber diese Entwicklung für nicht wahrscheinlich.

Am selben Tag, dem 5. Juli 1914, diktiert der preußische Kriegsminister Erich von Falkenhayn einen Brief an den in Karlsbad zur Kur weilenden Generalstabschef Helmuth von Moltke. In dem Schreiben äußert der Minister seine Ansicht, daß es keinen europäischen Krieg geben werde – Moltke solle seine Kur also ruhig fortsetzen. Zwei Tage später, am 7. Juli 1914, notiert James W. Gerard, Botschafter der Vereinigten Staaten in Berlin: »Auf meine Rückkehr von Kiel nach Berlin folgte eine friedliche Zeit. Niemand kam auch nur auf den Gedanken, der Doppelmord

... Flottenwettrüsten. Links der Kleine Kreuzer »Emden« (Stapellauf am 26. Mai 1908), rechts der Kleine Kreuzer »Karlsruhe« (Stapellauf am 11. November 1912)

von Sarajewo könnte irgendeinen Einfluß auf das Schicksal der Welt haben. Der Kaiser war an Bord seiner Jacht auf Nordlandfahrt gegangen ... Die meisten Diplomaten waren in die Ferien abgereist. Sir Edward Goschen, der britische Botschafter, verließ Berlin, ebenso der russische Botschafter. Das zeigt doch, daß man in diplomatischen Kreisen nicht im entferntesten an Krieg dachte.«

Am 10. Juli 1914 reist ein Sonderbeauftragter des Wiener Außenministeriums, der Sektionsrat Friedrich von Wiesner, nach Sarajewo, um anhand des Untersuchungsmaterials festzustellen, ob die serbische Regierung in irgendeiner Weise für die Ermordung verantwortlich ist. Er soll innerhalb von 48 Stunden das Ergebnis seiner Nachforschungen mitteilen. Am 13. Juli telegraphiert Wiesner: »Nichts deutet auf die Mittäterschaft der serbischen Regierung bei der Anordnung des Meuchelmordes, seiner Planung oder der Bereitstellung der Waffen hin. Es gibt keinerlei Veranlassung für eine solche Vermutung. Es liegen im Gegenteil Beweise vor, daß eine solche Mittäterschaft ausgeschlossen scheint.«

Auch der ehemalige Reichskanzler, Fürst von Bülow, schreibt in seinen Memoiren: »Obgleich der schreckliche Mord das Werk eines über das ganze Land verzweigten serbischen Bundes ist, beweisen viele Einzelheiten, daß die serbische Regierung ihn weder angestiftet noch gewollt hat. Die Serben waren durch zwei Kriege ausgepumpt. Die größten Feuerköpfe unter ihnen dürften vor dem Gedanken eines Krieges mit einem Österreich-Ungarn zurückgeschreckt sein, das so unendlich überlegen war, besonders angesichts eines haßgeladenen Bulgarien im Rücken Serbiens, das sich gleichzeitig über die Unzuverlässigkeit der Rumänen im klaren war. So sah jedenfalls Herr von Griesinger, unser Gesandter in Belgrad, die Dinge, und so sahen sie auch die Belgrader Korrespondenten aller bedeutenden deutschen Tageszeitungen.«

Drei Tage lang, vom 20. bis zum 23. Juli 1914, hält sich Frankreichs Präsident Raymond Poincaré zu einem seit längerem geplanten Besuch in St. Petersburg auf. In offiziellen Reden werden die freundschaftlichen Beziehungen zwischen beiden Staaten hervorgehoben und die Zusammenarbeit für die Erhaltung des Friedens und das Gleichgewichts in Europa mit überschwenglichen Worten gewürdigt.

Die Atmosphäre dieses Staatsbesuchs ist erfüllt vom Geist der Waffenbruderschaft im Kampf gegen Österreich, falls Rußland die Donaumonarchie wegen Serbien angreifen sollte. Es findet eine große Truppenparade im Lager von Zarskoje Selo statt, wobei eine Militärkapelle die Mär-

Berlin. Blick über die Schloßbrücke zum Königlichen Schloß

sche »Sambre et Meuse« sowie »Lorraine« intoniert. Die Tafel für das gemeinsame Abendessen, zu dem der Generalissimus der russischen Armee, Großfürst Nikolaj Nikolajewitsch, die französischen Gäste eingeladen hat, ist mit Disteln, der Blume des seit dem Krieg 1870/71 durch Deutschland annektierten Lothringens, geschmückt. Auf dem Tisch steht auch eine Schale – ihr Inhalt: Erde aus Lothringen.

Während des Tischgesprächs meint die Frau des Großfürsten, eine montenegrische Prinzessin, zum französischen Botschafter Georges M. Paléologue, der Krieg werde vor Ablauf dreier Wochen ausbrechen, und »von Österreich wird nichts mehr übrigbleiben ... Sie werden sich Elsaß und Lothringen zurücknehmen ... Unsere Armeen werden sich in Berlin vereinigen ... Deutschland wird vernichtet werden.« So erinnert sich jedenfalls später der französische Diplomat.

Am 21. Juli 1914 sendet Reichskanzler Bethmann Hollweg einen Runderlaß an die deutschen Botschafter in Paris, London und St. Petersburg zur Weitergabe an die Regierungen. Sein Grundtenor: Österreich könne die lange Jahre hindurch fortgesetzten Provokationen des großserbischen Chauvinismus nicht weiter dulden. Den Botschafter in St. Petersburg, Friedrich Graf von Pourtalès, weist Bethmann Hollweg außerdem an, dem russischen Außenminister Sergej D. Sasonoff gegenüber »insbesondere der Anschauung nachdrücklich Ausdruck zu verleihen, daß es sich in der vorliegenden Frage um eine lediglich zwischen Österreich-Ungarn und Serbien zum Austrag zu bringende Angelegenheit handle, die auf die beiden direkt Beteiligten zu beschränken das ernste Bestreben der Mächte sein müsse. Wir wünschen dringend die Lokalisierung des Konflikts, weil jedes Eingreifen einer anderen Macht infolge der verschiedenen Bündnisverpflichtungen unabsehbare Konsequenzen nach sich ziehen würde.«

Ebenfalls am 21. Juli 1914 bestreitet der russische Außenminister Sasonoff dem deutschen Botschafter in St. Petersburg gegenüber entschieden, daß der serbischen Regierung, »die sich vollkommen korrekt« verhalte, ein Zusammenhang mit dem Attentat bewiesen werden könne. Wenn Österreich-Ungarn den Frieden »durchaus stören will, darf es nicht vergessen, daß es in diesem Falle mit Europa zu rechnen hat. Rußland wird einem Schritt in Belgrad, der auf eine Erniedrigung Serbiens absieht, nicht gleichgültig zusehen können.«

Bernhard Fürst von Bülow, Reichskanzler von 1900 bis 1909, ist überzeugt, daß die serbische Regierung nichts mit dem Attentat zu tun hat

Ultimatum an Serbien

Obwohl die serbische Regierung nichts mit dem Attentat zu tun hat und die k.u.k. Führung dies genau weiß, macht Wien am 13. Juli 1914 in einer Note an Serbien, der sich ein auf 48 Stunden befristetes Ultimatum anschließt, die Regierung in Belgrad für den Mord verantwortlich. Die Note ist so verfaßt, daß ihre Annahme so gut wie ausgeschlossen ist. Schlimmer noch: Ginge Serbien nach Ablauf der ihm gestellten Frist nicht unbedingt auf alle Forderungen ein, würde sofort die Mobilmachung erfolgen. Die Note soll in Belgrad aber erst nach Abreise des französischen Staatspräsidenten Raymond Poincaré aus St. Petersburg überreicht werden, um

Am Tag der Abreise des französischen Ministerpräsidenten Raymond Poincaré kehrt in dem ...

gemeinsamen französisch-russischen Beratungen über Gegenmaßnahmen vorzubeugen.

Der Inhalt des Ultimatums: Von der serbischen Regierung wird die öffentliche Verurteilung der großserbischen Propaganda verlangt, ferner deren Unterdrückung, vorbeugende Maßnahmen zur Verhinderung eines Wiederauflebens der Propaganda und die Mitwirkung der österreichischen Regierung sowohl »bei der gerichtlichen Untersuchung jener an dem Komplott vom 28. Juni Beteiligten, die sich auf serbischem Territorium befinden«, als auch bei der »Unterdrückung der gegen die territoriale Integrität der österreichisch-ungarischen Monarchie gerichteten subversiven Bewegung«.

Mehrere deutsche Diplomaten äußern inzwischen ernsthafte Bedenken hinsichtlich des Zusammengehens mit Österreich. So schreibt zum Beispiel am 16. Juli 1914 der deutsche Botschafter in London, Karl Max Fürst von Lichnowsky, an Bethmann Hollweg: »Es fragt sich für mich nur, ob es sich für uns empfiehlt, unseren Genossen in einer Politik zu unterstützen bzw. eine Politik zu gewährleisten, die ich als eine abenteuerliche ansehe, da sie weder zu einer radikalen Lösung des Problems noch zu einer Vernichtung der großserbischen Bewegung führen wird. Wenn die k.u.k. Polizei und die bosnischen Landesbehörden den Thronfolger durch eine ›Allee von Bombenwerfern‹ geführt haben, so kann ich darin keinen genügenden Grund erblicken, damit wir den berühmten pommerschen Grenadier für die österreichische Pandurenpolitik aufs Spiel setzen, nur damit das österreichische Selbstbewußtsein gekräftigt werde ...« Als der russische Außenminister Sasonoff am Tag der Abreise des französischen Staatspräsidenten Poincaré von dem österreichischen Ultimatum an Serbien erfährt, ruft er aus: »Das ist der europäische Krieg!«

In dem Schreiben des Botschafters Lichnowsky vom 23. Juli 1914 heißt es weiter: »Sir Edward Grey [britischer Außenminister] wird, wie ich vertraulich erfahre, dem österreichischen Botschafter in London, Graf Mensdorff, morgen erklären, die britische Regierung werde ihren Einfluß dahin zur Geltung bringen, daß die österreichisch-ungarischen Forderungen, falls sie gemäßigt seien und sich mit der Selbständigkeit des serbischen Staates vereinbaren ließen, von der serbischen Regierung angenommen würden. In ähnlichem Sinne glaube er auch, daß Sasonoff seinen Einfluß in Belgrad geltend machen werde. Voraussetzung für diese Haltung sei aber, daß von Wien aus keine unbewiesenen Anklagen vorgebracht würden und daß die österreichisch-ungarische Regierung in der Lage sei, den Zusammenhang zwischen dem Mord von Sarajewo mit den politischen Kreisen Belgrads unzweideutig festzustellen ... Man rechnet mit Bestimmtheit damit, daß wir [Deutschland] mit Forderungen, die offenkundig den Zweck haben, den Krieg herbeizuführen, uns nicht identifizieren würden und daß wir keine Politik unterstützen, die den Sarajewoer Mord nur als Vorwand benützt für österreichische Balkanwünsche und für die Vernichtung des Friedens von Bukarest.«

Es herrscht bei den europäischen Diplomaten die Ansicht vor, Deutschland habe Österreich zu dem scharfen Ton des Ultimatums ermuntert und sich sogar an seiner Abfassung beteiligt. Daher telegraphiert der Staatssekretär des Auswärtigen Amtes, Gottlieb von Jagow, den deutschen Botschaftern in Paris, London und St. Petersburg, damit diese die Regierungen der betreffenden Staaten aufklären: »Wir haben keinerlei Einfluß auf Inhalt des Ultimatums geübt und ebensowenig wie andere Mächte Gelegenheit gehabt, dazu vor Publikation in irgendeiner Weise Stellung zu nehmen.«

Am 24. Juli 1914 äußert man sich in Paris höflich und einlenkend. Die französische Regierung finde es selbstverständlich, daß Serbien in überzeugender Weise Genugtuung geben und Bestrafung von Verbrechern und Verhinderung von Verschwörungen gegen Österreich-Ungarn

... *sonst eher beschaulichen Regierungsviertel von St. Petersburg Hektik ein*

zusichern müsse. Man habe hier auch den Serben geraten, soweit wie irgend möglich nachzugeben. Die Regierung werde sich in diesem Sinne im Interesse der Erhaltung des europäischen Friedens bemühen.

Am selben Tag beurteilt der britische Außenminister Grey in seinem Gespräch mit dem deutschen Botschafter die Lage weit kritischer: Er meint, seiner Ansicht nach überträfe das österreichische Ultimatum alles, was er bisher in dieser Art jemals gesehen habe. Wie man in St. Petersburg die Sache auffasse, wisse er nicht. Er bezweifle sehr, daß es »der russischen Regierung möglich sein wird, der serbischen die bedingungslose Annahme der österreichischen Forderungen anzuempfehlen. Ein Staat, der so etwas annimmt, hört doch eigentlich auf, als selbständiger Staat zu zählen.« Am meisten beanstandet Grey die kurze Befristung des Ultimatums, die den Krieg beinahe unvermeidbar mache. Zum Schluß regt Grey an, für den Fall einer gefährlichen Spannung zwischen Österreich und Rußland sollten die vier nicht unmittelbar beteiligten Staaten, England, Deutschland, Frankreich und Italien, die Vermittlung übernehmen.

Ebenfalls am 24. Juli 1914 versichert der österreichische Außenminister Leopold Graf Berchtold dem russischen Geschäftsträger in Wien, Nikolai A. Kudaschew, Österreich werde »keinerlei serbisches Territorium« beanspruchen. In gleicher Weise sei in der an Serbien gerichteten Note sorgsam »jede Demütigung Serbiens« vermieden worden. Österreich halte strikt daran fest, daß der Schritt lediglich eine »defensive Maßregel gegenüber den serbischen Wühlereien« zum Ziel habe, müsse aber notgedrungen Garantien für ein weiteres freundschaftliches Verhalten Serbiens der Monarchie gegenüber verlangen. Es liege ihm »weiter fern, eine Verschiebung der bestehenden Machtverhältnisse am Balkan und in Europa herbeiführen zu wollen«.

Bestürzung in Belgrad

In Belgrad, der Hauptstadt Serbiens, ist man über das österreichische Ultimatum zunächst bestürzt. Der Ministerrat bezeichnet es als unmöglich, innerhalb von 48 Stunden die Bedingungen zu erfüllen. Vor allem die von der österreichischen Regierung für die Durchführung des Ultimatums geforderte Mitwirkung wird als direkte Einmischung in die Souveränität Serbiens angesehen.

Kronprinz-Regent Alexander bittet den Zaren um Hilfe. Das Antworttelegramm des Zaren, das neben dem Wunsch, einen Krieg zu vermeiden, die Zusicherung der russischen Freundschaft hervorhebt, trifft erst sehr verspätet, am 27. Juli 1914, in Belgrad ein. Dem serbischen Gesandten

Friedrich Graf von Pourtalès, deutscher Botschafter in St. Petersburg

Der russische Außenminister Sergej D. Sasonoff

wird geraten, Serbien solle nachgeben, um Zeit zu gewinnen, und an die Großmächte appellieren.

Am 25. Juli 1914 vertritt der russische Außenminister Sasonoff dem deutschen Botschafter Graf von Pourtalès gegenüber den Standpunkt, die Frage sei eine europäische, da Serbien nach der bosnischen Krise Europa gegenüber Verpflichtungen übernommen habe, und Europa dürfe es nicht zulassen, daß Serbien von seinem mächtigen Nachbarn vergewaltigt werde. Graf von Pourtalès hingegen ist überzeugt, im äußersten Fall werde es sich nur um eine Strafexpedition Österreichs gegen Serbien handeln, und Österreich sei weit davon entfernt, an territoriale Erwerbungen zu denken. Doch Sasonoff schüttelt ungläubig den Kopf. Er spricht von weitgehenden österreichischen Plänen: Erst werde sich die Donaumonarchie Serbien einverleiben, dann komme »Bulgarien dran«, und anschließend »werden wir die Österreicher am Schwarzen Meer haben«.

Am selben Tag, dem 25. Juli 1914, wird unter Einhaltung der von Wien festgesetzten Frist dem österreichischen Botschafter in Belgrad, Wladimir Freiherr von Giesl, die serbische Antwortnote überreicht. Nach kurzer Prüfung bezeichnet der Diplomat sie als unzureichend und reist sofort ab. Die serbische Note ist zwar geschickt formuliert und erweckt durch zahlreiche Zugeständnisse den Anschein eines weitreichenden Entgegenkommens, aber man weicht darin einer klaren Stellungnahme aus: Der für Österreich wichtigste Punkt – es ist Punkt 6 des Ultimatums, in dem die Anwesenheit österreichischer Abgesandter während der gerichtlichen Untersuchung der am Komplott vom 28. Juni beteiligten Personen, die sich jetzt auf serbischem Territorium befinden, nachhaltig gefordert wird – wird in der Note entschieden abgelehnt. Die Antwort befriedigt Österreich keinesfalls.

Die serbische Mobilmachung, die am 25. Juli 1914 um 15 Uhr erfolgt, drei Stunden vor Übergabe der Antwortnote an den österreichischen Botschafter, hat rein defensiven Charakter. Man will dadurch die militärische Räumung Belgrads in die Wege leiten, das – nur durch die Donau getrennt – direkt an der Grenze zu Österreich-Ungarn liegt. Die Donaumonarchie antwortet sechs Stunden später, um 11 Uhr, mit der Teilmobilmachung von 8 Armeekorps.

Hektische Aktivitäten

Ebenfalls am 25. Juli 1914 befiehlt Kaiser Wilhelm II. – er befindet sich gerade auf seiner Nordlandfahrt – die Heimkehr der in den nordischen Fjorden liegenden deutschen Flotte, und zwar gegen den Willen des Reichskanzlers, der auch nur den geringsten Anschein, Deutschland rechne mit der Möglichkeit eines Krieges, vermeiden will. Der deutsche Kaiser über die serbische Antwortnote: »Eine brillante Leistung für eine Frist von bloß 48 Stunden! Das ist mehr, als man erwarten konnte! Ein großer moralischer Erfolg für Wien, aber damit fällt jeder Kriegsgrund fort, und Giesl hätte ruhig in Belgrad bleiben sollen! Daraufhin hätte ich niemals Mobilmachung befohlen!«

Bereits zwei Tage nach der Abreise des französischen Staatspräsidenten Poincaré versichert auf dessen Weisung sein Botschafter in St. Petersburg, Frankreich stehe ohne Einschränkung hinter Rußland. Noch am 26. Juli 1914 versichert Sasonoff dem deutschen Botschafter Graf von Pourtalès, daß Rußland bereit sei, zur Vermeidung eines Krieges alle Mittel auszuschöpfen. Es bitte Deutschland dringend um Unterstützung, damit Österreich durch Verfolgung der Urheber des Attentats Genugtuung verschafft werde. Ferner solle man alle Staaten mobilisieren, die das Wiener Kabinett beeinflussen könnten, einige Punkte des Ultimatums zu mildern. Sasonoff betont, Österreich müsse seine Angriffe gegen die serbische Souveränität abschwächen und dürfe nicht versuchen, aus Serbien einen Vasallenstaat zu machen. Rußland könne dies nicht dulden, da für sein Land das Gleichgewicht auf dem Balkan eine Lebensfrage sei. Am nächsten Tag wird die Unterredung fortgesetzt, bei der Sasonoff davon spricht, Österreich möge Serbien unter Schonung seiner Souveränität »die verdiente Lektion« erteilen.

Seit dem 26. Juli 1914 kursiert in den europäischen Hauptstädten das Gerücht, Rußland habe teilweise mobilisiert, was jedoch nicht der Wahrheit entspricht. Allerdings trifft in St. Petersburg die russische Kriegspartei unter Führung des Großfürsten Nikolaj Nikolajewitsch alle Vorbereitungen, um Zar Nikolaus II. und Sasonoff, die immer noch schwanken, zu einer Entscheidung zu zwingen.

Am 26. Juli 1914 greift man in London die von Außenminister Grey vorgeschlagene Idee einer Viermächtekonferenz wieder auf. Man sieht darin die einzige Möglichkeit, den allgemeinen Krieg zu verhindern. Wichtigste Voraussetzung für das Gelingen dieser Konferenz zur Erhaltung des Friedens sei natürlich, daß alle militärischen Bewegungen unterblieben und bis zum Abschluß der Konferenz serbisches Gebiet nicht berührt werde, weil sonst der Weltkrieg unabwendbar sei. Ist erst die serbische Grenze überschritten, so der deutsche Botschafter in London, wäre alles verloren, denn Rußland müßte, wolle es sein Ansehen bei den Balkanstaaten nicht einbüßen, Österreich angreifen.

Am darauffolgenden Tag, dem 27. Juli 1914, telegraphiert Bethmann Hollweg an den deutschen Botschafter in London: »An einer solchen Konferenz könnten wir uns nicht beteiligen, da wir Österreich in seinem Serbenhandel nicht vor ein europäisches Gericht ziehen können ...« Mit diesem Telegramm kreuzt sich das des deutschen Botschafters in London über sein Gespräch mit Grey, der ihn am selben Tag zu sich berufen hat. Der Außenminister weist in seiner Unterredung darauf hin, wie er auf deutschem Wunsch in St. Petersburg immer zur Mäßigung geraten habe; nun sei es Deutschlands Pflicht, Österreich zu veranlassen, sich mit der über allem Erwarten den österreichischen Forderungen entgegenkommenden serbischen Antwortnote zu begnügen oder sie wenigstens zur Grundlage friedlicher Verhandlungen zu machen. Botschafter

Kronprinz Alexander von Serbien, Oberbefehlshaber der serbischen Streitkräfte

Wladimir Freiherr von Giesl, k.u.k. Botschafter in Belgrad

Von links nach rechts: Sir Edward Grey, Englands Außenminister, Karl Fürst von Lichnowsky und Albert Graf Mensdorff, deutscher bzw. österreichisch-ungarischer Botschafter in London

Lichnowsky berichtet zugleich: »Der Eindruck greift hier immer mehr Platz, und das habe ich aus meiner Unterredung mit Sir Edward Grey deutlich entnommen, daß die ganze serbische Frage sich auf eine Kraftprobe zwischen Dreibund und Dreiverband zuspitzt.« Nach Meinung des Botschafters solle Deutschland den wichtigsten Punkt seiner Auslandspolitik, das Verhältnis zu England, nicht den Sonderinteressen seines österreichischen Bundesgenossen unterordnen.

Einige Stunden später telegraphiert der Reichskanzler seine Zustimmung zu Greys Vorschlag nach London. Und was wichtig ist: Er gibt ihn nach Wien weiter, allerdings mit dem wie eine Entschuldigung klingenden Zusatz: »Nach-

Das britische Parlamentsgebäude an der Themse

dem wir bereits einen englischen Konferenzvorschlag abgelehnt haben, ist es uns unmöglich, auch diese englische Anregung a limine [von vornherein] abzuweisen. Durch eine Ablehnung jeder Vermittlungsaktion würden wir von der ganzen Welt für die Konflagration [Feuersbrunst] verantwortlich gemacht und als die eigentlichen Treiber zum Kriege hingestellt werden. Das würde auch unsere eigene Stellung im Lande unmöglich machen, wo wir als die zum Kriege Gezwungenen dastehen müssen. Unsere Situation ist um so schwieriger, als Serbien scheinbar sehr weit nachgegeben hat. Wir können daher die Rolle des Vermittlers nicht abweisen und müssen den englischen Vorschlag dem Wiener Kabinett zur Erwägung unterbreiten, zumal London und Paris fortgesetzt [vermittelnd] auf Petersburg einwirken.«

Gottlieb von Jagow, Staatssekretär des deutschen Auswärtigen Amtes

Österreichs Kriegserklärung

Während die diplomatischen Bemühungen, einen Krieg zu vermeiden, auf Hochtouren laufen, mobilisiert Österreich am 27. Juli 1914 einen Teil seiner Armee gegen Serbien. Am 28. Juli 1914, einen Tag nach Rückkehr von seiner Nordlandfahrt, äußert sich Kaiser Wilhelm II. gegenüber Gottlieb von Jagow, dem Staatssekretär des Auswärtigen Amtes, erneut sehr zufrieden über die serbische Antwortnote. Österreich solle sich am besten ein Pfand für die tatsächliche Einhaltung der Versprechen nehmen, etwa Belgrad, dann könne sich Deutschland als Friedensvermittler einschalten. Fast zur selben Stunde erklärt Österreich an Serbien den Krieg; die Grenzgefechte und das Bombardement auf Belgrad beginnen. Damit ist die kritische Schwelle zum allgemeinen Krieg überschritten; es gibt kein Halten mehr.

An diesem 28. Juli 1914 versucht der deutsche Kanzler, auf Österreich Druck auszuüben: In Telegrammen nach London und St. Petersburg will er Österreichs Vorgehen rechtfertigen und durch offene Aussprachen zwischen Wien und St. Petersburg eine Entspannung herbeiführen. Bethmann Hollweg verlangt von Wien eindringlich, seine Zurückhaltung gegenüber den Vermittlungsvorschlägen aufzugeben, sonst würde es sich mit dem »Odium, einen Weltkrieg verschuldet zu haben«, belasten. Er vertritt die Meinung, Österreich solle Sasonoff erneut erklären, daß es keine Gebietsforderungen gegen Serbien habe, sondern nur einige Orte bis zur Erfüllung der serbischen Zusagen besetzt halte. Dann müsse Rußland entweder einlenken oder sich der öffentlichen Kritik Europas stellen.

In Wien weigert man sich jedoch, den freundschaftlichen Rat zu akzeptieren und direkte Gespräche mit Rußland einzuleiten. Andererseits wird in St. Petersburg nach dem Bericht des deutschen Botschafters vermutet, daß »Österreich mala fide [arglistig] gehandelt hat, den Krieg sucht und will«. Selbst Bethmann Hollweg ist jetzt über die österreichische Politik verärgert: »Ich betrachte die Haltung der dortigen Regierung und ihr ungleichartiges Vorgehen bei den verschiedenen Regierungen mit wachsendem Befremden. In Petersburg erklärt sie territoriales Desinteressement, uns läßt sie ganz im unklaren über ihr Programm, Rom speist sie mit nichtssagenden Redensarten über die Kompensationsfrage ab, und in London verschenkt Graf Mensdorff [Österreichs Botschafter] Teile Serbiens an Bulgarien und Albanien und setzt sich in Gegensatz zu den feierlichen Erklärungen Wiens in Petersburg.«

In Paris ist man jetzt der Ansicht, hinter dem schroffen österreichischen Vorgehen stehe womöglich Kaiser Wilhelm II., der Wien aufgehetzt habe. In London beurteilt man Österreichs Weigerung, mit Rußland persönlich Verbindung aufzunehmen, sehr ernst, besonders deshalb, seitdem über Rom bekannt wurde, daß Serbien zu weiterem Einlenken bereit ist. Daraufhin rät Außenminister Grey dem deutschen Botschafter, Kaiser Wilhelm möge in Wien und St. Petersburg vermitteln. Im Gegenzug verspricht er, sich persönlich dafür einzusetzen, Rußland von übereilten Schritten abzuraten, wenn Österreich bei Belgrad Halt mache und damit einer europäischen Katastrophe vorbeuge.

In London scheint inzwischen die Stimmung gegen oder für die Beteiligung an einem Krieg geteilt zu sein. Am 29. Juli 1914 veröffentlicht der *Daily Chronicle* zwei Artikel (»Die Pflicht, einen europäischen Krieg zu vermeiden« – »Was ein Krieg bedeuten wird. Die wirkliche Gefahr für Großbritannien«), und die vielgelesene Zeitung spricht sich in beiden Artikeln gegen eine Beteiligung Englands aus. Auch im Kabinett ist die Mehrheit gegen eine Teilnahme des Inselreichs am Krieg; besonders die Entsendung einer Landungsarmee wird abgelehnt. Die konservative Parlamentsopposition dagegen hält Premierminister Asquith vor, es wäre doch unverantwortlich, wenn England seine Verbündeten, Frankreich und Rußland, im Stich ließe. Mit der Übernahme des französischen Küstenschutzes ist England allerdings von der strikten Neutralität bereits abgewichen.

Lange vor Ausbruch des Krieges werden die Truppen für den ...

Ebenfalls am 29. Juli 1914 macht der Reichskanzler dem britischen Botschafter in Berlin, Sir Edward Goschen, persönlich einen Vorschlag: Als Gegenleistung für ein englisches Neutralitätsversprechen – auch bei einem allgemeinen Krieg – biete Deutschland an, von Frankreich keinerlei Gebietsabtretungen zu verlangen, die Neutralität Hollands in jedem Fall und die Belgiens nach Möglichkeit zu achten.

Am selben Tag bittet Zar Nikolaus in einem Telegramm an Kaiser Wilhelm um dessen Vermittlung in Wien, obwohl zur gleichen Zeit die russische Teilmobilisierung gegen Österreich erfolgt, die inoffiziell schon am 25./26. Juli begonnen hat.

Daher antwortet der Kaiser dem Zaren am Nachmittag des 30. Juli 1914: Wenn nun Rußland gegen Österreich mobilisiere, wird »meine Vermittlerrolle, mit der Du mich gütigerweise betraut hast und die ich auf Deine ausdrückliche Bitte übernommen habe, gefährdet, wenn nicht unmöglich gemacht. Das ganze Gewicht der Entscheidung ruht jetzt ausschließlich auf Deinen Schultern – sie haben die Verantwortung für Krieg oder Frieden zu tragen.« Auf Nikolaus II. macht die Depesche großen Eindruck. Außenminister Sasonoff befürwortet daraufhin die von Grey vorgeschlagene Viermächtekonferenz in London. Die Teilmobilisierung ließe sich allerdings nicht mehr rückgängig machen; Schuld daran sei die österreichische Mobilmachung.

In der Nacht vom 30./31. August 1914 wird besonders deutlich, daß seit dem Abgang Bismarcks die Militärs zunehmend an Einfluß gewinnen und versuchen, sich in das komplizierte politische Spiel einzumischen. Nur so läßt sich das Verhalten des deutschen Generalstabschefs Helmuth von Moltke erklären.

Gerade zu diesem Zeitpunkt höchster politischer Spannungen greift Moltke persönlich ein, obwohl ihm lediglich eine Teilmobilmachung der russischen Streitkräfte bekannt ist. In seinem Telegramm an den österreichisch-ungarischen Generalstabschef Franz Graf Conrad von Hötzendorf verlangt er die sofortige Mobilmachung gegen Rußland, ferner die Ablehnung der britischen Vermittlungsversuche und versichert, er werde Italien zur Bündnispflicht zwingen.

Der entscheidende Passus seines Telegramms an Conrad von Hötzendorf lautet: »Für Österreich-Ungarns Erhaltung ist Durchhalten des europäischen Krieges das letzte Mittel. Deutschland geht unbedingt mit.« Diese Worte bestätigen Wien, daß es im Kriegsfall mit Deutschlands militärischer Unterstützung rechnen kann.

Wien sperrt sich

Unterdessen versucht Reichskanzler Bethmann Hollweg, doch noch den letzten und annehmbarsten Vorschlag des britischen Außenministers Grey – »Halt in Belgrad« – als Grundlage von Verhandlungen durchzusetzen. Er telegraphiert sofort nach Wien und hält der k.u.k. Führung nochmals die schwere Verantwortung und die äußerst gefährliche Lage vor Augen: Man stehe, »falls Österreich jede Vermittlung ablehnt, vor einer Konflagration, bei der England gegen uns, Italien und Rumänien nach allen Anzeichen nicht mit uns gehen« würden und »wir zwei gegen vier Großmächte« ständen. Deutschland fiele durch »Gegnerschaft Englands das Hauptgewicht des Kampfes zu«.

. . . Ernstfall geschult. Bei allen wichtigen Manövern ist Kaiser Wilhelm II. zugegen

Nun wird es ernst: Die ersten k.u.k. Truppentransporte nach der Bekanntgabe der österreichischen Mobilmachung

In einem zweiten Telegramm nach Wien betont der Reichskanzler: Wenn Österreich »jedes Einlenken, insonderheit den letzten Greyschen Vorschlag ablehnt, ist es kaum mehr möglich, Rußland die Schuld an der ausbrechenden europäischen Konflagration zuzuschieben«. Die Reaktion der österreichischen Regierung auf die beiden Telegramme aus Berlin: Sie beschränkt sich darauf, St. Petersburg wiederholt zu versichern, daß mit der Aktion in Serbien weder Expansionsbestrebungen noch die Vernichtung der selbständigen Existenz des Königreichs Serbien beabsichtigt seien. In einem anderen Punkt legt sich Wien jedoch keine Beschränkung auf: Es verlangt zugleich die Einstellung der russischen Mobilmachung. Und gegenüber dem deutschen Botschafter in Wien, Heinrich von Tschirschky, geben die Österreicher zu verstehen, man könne mit Rücksicht auf die Stimmung in der Armee und im Volk die militärischen Operationen in Serbien keinesfalls einschränken.

Zur gleichen Zeit meldet aus St. Petersburg der deutsche Militärbevollmächtigte am russischen Hof, Major Eggeling, höhere Offiziere hätten ihm erklärt, ein Aufhalten der Mobilmachung in Rußland sei bei den enormen Entfernungen undurchführbar. Er solle sich, so die russischen Offiziere weiter, aber keine Sorgen machen: »In Rußland ist es zwischen dem Beginn der Mobilmachung und dem Anfang des Krieges noch ein großer Schritt, der noch immer zur friedlichen Auseinandersetzung benutzt werden kann.«

Gegen 14 Uhr erscheint überraschend ein Extrablatt des regierungsnahen *Berliner Lokal-Anzeigers,* das die deutsche

Ob Kavallerie, Artillerie oder Marine:

Alle Einheiten wollen für den Fall des Falles …

Mobilmachung meldet. Die Regierung hat dies angeblich (vielleicht auch tatsächlich) veröffentlichen lassen. Nun heißt es: »Zeitungsente«, sofort einziehen und bei den Botschaftern der Ententemächte dementieren. Doch diese Meldung sorgt bereits in den Hauptstädten Europas für eine weitere Eskalation. Womöglich gibt Nikolaus II. unter dem Eindruck dieser Nachricht am Nachmittag des 30. Juli 1914 widerstrebend dem Drängen seines Außenministers Sasonoff nach und ordnet die Generalmobilmachung an.

Am Vormittag des 31. Juli 1914 verkündet die k.u.k. Regierung die allgemeine Mobilmachung. Mittags, um 13.45 Uhr, telegraphiert der Reichskanzler dem deutschen Botschafter in Wien: »Nach der russischen Gesamtmobilmachung haben wir ›Zustand drohender Kriegsgefahr‹ verfügt, derselben wird voraussichtlich binnen 48 Stunden Mobilmachung folgen. Diese bedeutet unvermeidlich Krieg. Wir erwarten von Österreich sofortige tätige Teilnahme am Krieg gegen Rußland.«

In Paris und London verhält man sich zur Stunde abwartend. Frankreich hat bisher lediglich seinen Grenzschutz verstärkt, und Großbritannien hält seine Flotte nach den in Kriegsstärke abgehaltenen Manövern zusammen. Einige Vorbereitungen lassen jedoch auf eine stille Mobilisierung der Flotte schließen.

Während Kaiser Wilhelm und Zar Nikolaus durch ständigen Telegrammwechsel in Kontakt stehen, wendet sich der Reichskanzler an den britischen Außenminister Grey in London, um über ihn doch noch die Einstellung der russischen Mobilmachung zu erreichen. Bethmann Hollweg versucht dasselbe über den deutschen Botschafter in St. Petersburg, der direkt mit Außenminister Sasonoff verhandeln soll. Nikolaus II. kann aber seine Anordnung nicht mehr rückgängig machen: Die Aufhebung des Mobilmachungsbefehls hätte eine ungeheure Verwirrung gestiftet und nach Ansicht der Kriegspartei eine Revolution gegen den Zaren entfacht.

So lautet am Nachmittag des 31. Juli 1914, um 15.15 Uhr, die Antwort des Zaren an Kaiser Wilhelm: Es sei »technisch unmöglich, unsere militärischen Vorbereitungen einzustellen, die infolge Mobilmachung Österreichs notwendig waren«. Er versichert aber: »Es liegt uns fern, einen Krieg zu wünschen. Solange die Verhandlungen mit Österreich wegen Serbien andauern, werden meine Truppen keinerlei herausfordernde Handlung unternehmen. Ich gebe Dir mein feierliches Wort darauf. Ich setze mein ganzes Vertrauen in Gottes Gnade und hoffe auf den Erfolg Deiner Vermittlung in Wien für die Wohlfahrt unserer Länder und für den Frieden in Europa.«

Zu gleicher Stunde verspricht in London Außenminister Grey dem deutschen Botschafter, er werde »auf Paris und Petersburg ... Druck ausüben, wenn sich Österreich zu einem derartigen Zugeständnis versteht, daß Rußland dadurch ins Unrecht versetzt würde«. Und um 15.30 Uhr telegraphiert Bethmann Hollweg nach Paris, St. Petersburg und Rom. Er teilt mit, man habe Rußland noch eine Frist von 12 Stunden zugestanden, um seine Kriegsmaßnahmen gegen Deutschland und Österreich einzustellen. Falls jedoch Sasonoff keine bestimmte Erklärung abgeben könne, müsse die allgemeine deutsche Mobilmachung erfolgen.

... gerüstet sein. Hier ein Manöver der deutschen Hochseeflotte in der Nordsee, beobachtet von einem Luftschiff

Heinrich von Tschirschky, deutscher Botschafter in Wien

Wilhelm Freiherr von Schoen, Berlins Botschafter in Paris

Zar Nikolaus II. von Rußland

König Konstantin von Griechenland

Der Reichskanzler läßt auch durch den deutschen Botschafter in Paris, Wilhelm Freiherr von Schoen, anfragen, ob Frankreich in einem deutsch-russischen Krieg neutral bleiben würde. Die Antwort müsse allerdings binnen 18 Stunden erfolgen.

Für den Botschafter persönlich fügt Bethmann Hollweg in vollem Ernst hinzu: »Geheim! Wenn, wie nicht anzunehmen, französische Regierung erklärt, neutral zu bleiben, wollen Euer Exzellenz französischer Regierung erklären, daß wir als Pfand für Neutralität Überlassung der Festungen Toul und Verdun fordern müssen, die wir besetzen und nach Beendigung des Krieges mit Rußland zurückgeben würden. Antwort auf letztere Frage müßte bis morgen nachmittag 4 Uhr hier sein.« Nichts zeigt das volle Ausmaß der politischen Naivität des Reichskanzlers deutlicher als diese Forderung.

Bethmann Hollweg verständigt Rom als Mitglied des Dreibundes über den Inhalt der Telegramme an Paris und St. Petersburg. Er bemerkt dazu, Frankreich werde wahrscheinlich nicht neutral bleiben, und das bedeute Krieg. Der Reichskanzler schließt seine Ausführungen mit den Worten: »Wir rechnen bestimmt darauf, daß Italien seinen eingegangenen Verpflichtungen nachkommt.« Noch am selben Tag kündigt Rom an, das österreichische Vorgehen gegen Serbien müsse »als ein aggressives betrachtet« werden, und so liege »für Italien nach den Bestimmungen des Dreibundvertrages der Bündnisfall nicht vor« – es werde sich deshalb »als neutral erklären müssen«.

Die Antwort von Grey an Bethmann Hollweg vom 31. Juli 1914 lautet: Der Vorschlag, England solle sich unter den genannten Bedingungen zur Neutralität verpflichten, könne keinen Augenblick lang in Betracht gezogen werden – »dieser Handel mit Deutschland auf Kosten Frankreichs bedeutet eine Schande für uns, von der sich der gute Name Englands niemals erholen würde«.

Ebenfalls am 31. Juli 1914 sendet Wilhelm II. eine Depesche an König Karl von Rumänien. Er schildert ihm die Lage und schließt mit den Worten: »In dieser ernsten Stunde eilen meine Gedanken zu Dir, der Du an Europas Ostmark einen Kulturstaat geschaffen und damit einen Damm gegen die slawische Flut aufgerichtet hast. Ich vertraue, daß Du als König und Hohenzoller treu zu Deinen Freunden halten wirst und unbedingt Deinen Bündnispflichten nachkommst.« Doch die Stimmung in Rumänien ist gegen Österreich und für Rußland. Da König Karl und seine Regierung mit dieser Aufforderung gerechnet haben, fällt die Antwort aus Bukarest recht unbefriedigend für das Deutsche Reich aus.

Kaiser Wilhelm versucht nun, Griechenland für ein Bündnis zu gewinnen, und sendet noch am gleichen Tag König Konstantin ein Telegramm. Er preist darin die Vorteile, die sich für Griechenland »unter dem mächtigen Schutz des Dreibundes« ergäben. Die Antwort des Königs: »Es ist uns nie in den Sinn gekommen, den Serben zu helfen. Es scheint mir aber auch nicht möglich, uns zu ihren Feinden zu gesellen und über sie herzufallen, da sie einmal unsere Verbündeten sind. Es scheint mir, daß die Interessen Griechenlands eine absolute Neutralität erheischen und eine Wahrung des Status quo auf dem Balkan, wie ihn der Vertrag von Bukarest geschaffen hat.« Wenn Bulgarien sich allerdings auf Kosten Serbiens vergrößere, würde dies für Griechenland eine große Gefahr bedeuten.

Inzwischen sind in Berlin die administrativen Vorbereitungen für den Krieg abgeschlossen.

Allgemeine Mobilmachung

An diesem ereignisreichen Tag, dem 31. Juli 1914, wird in Paris der Sozialistenführer Jean Jaurès erschossen. Er hat sich stets für den Frieden und vor allem für eine deutsch-französische Verständigung eingesetzt. Noch einen Tag vor seiner Ermordung hat er in einem Brief geschrieben, er müsse jetzt von Versammlung zu Versammlung rennen und vielleicht sogar einen Generalstreik organisieren, um die Mobilmachung in Frankreich zu verhindern.

In der Nacht vom 31. Juli/1. August 1914 trifft in London die Mitteilung aus Deutschland ein, es bestehe die Absicht, mobilzumachen, falls Rußland sich nicht binnen 12 Stunden zur Demobilisierung bereiterkläre. Nun setzt sich England noch einmal für den Frieden ein: Morgens um 3.30 Uhr gehen Telegramme von König Georg V. nach Paris und St. Petersburg. Der König bietet seine Vermittlung an, um »das Mißverständnis zu beseitigen«, das seinem Gefühl nach entstanden sein müsse, und »um für Unterhandlungen und Friedensmöglichkeiten noch freien Raum zu lassen«. Nur einige Stunden später erhält Bethmann Hollweg je eine Nachricht aus Paris und St. Petersburg, die beide keine Erklärung, sondern nur den Hinweis auf die noch laufenden Vermittlungsversuche enthalten.

Am Vormittag des 1. August 1914 berichtet der deutsche Botschafter in London, Fürst Lichnowsky, nach Berlin von einem Angebot, das ihm Außenminister Grey soeben gemacht habe: Sollte Deutschland Frankreich nicht angreifen, würde England neutral bleiben und sich für Frankreichs Passivität verbürgen. Inzwischen ist für Rußland und Frankreich die Frist des Ultimatums abgelaufen, ohne daß sie ihre Demobilisierung bekundet haben. Als Antwort darauf wird in Berlin am 1. August 1914, nachmittags um 17 Uhr, die deutsche Mobilmachung angeordnet. Frankreich hat bereits kurz zuvor, um 15.30 Uhr, die allgemeine Mobilmachung befohlen.

Am selben Tag bemüht sich Bulgariens Ministerpräsident Wasil Radoslawoff um den Anschluß Bulgariens an den Dreibund. Mit Österreich pflegt Sofia bereits gute Beziehungen seit der gemeinsamen Gegnerschaft gegen Serbien. Doch über den vorgeschlagenen Bündnisentwurf gehen die Verhandlungen jetzt noch nicht hinaus.

Zur gleichen Zeit wird in London auf Verlangen Großbritanniens folgende offizielle französische Erklärung bekanntgegeben: »Französische Regierung ist entschlossen, Neutralität Belgiens zu achten, und nur im Falle, wenn eine andere Macht diese Neutralität verletze, könne Frankreich sich zu einer anderen Handlungsweise genötigt sehen, um Verteidigung seiner eigenen Sicherheit zu gewährleisten ... Der französische Gesandte in Brüssel hat heute dem belgischen Außenminister gegenüber die Zusicherung aus eigenem Antrieb erneuert.« Berlin beantwortet jedoch – mit Rücksicht auf den deutschen Generalstab – die englische Anfrage betreffs Belgien nur ausweichend.

Nachdem am Abend des 1. August 1914 die Mobilmachung in Deutschland bekannt wird, hält der Kaiser an die vor dem Berliner Schloß versammelte Menschenmenge eine Ansprache: »Aus tiefem Herzen danke ich euch für den Ausdruck eurer Liebe, eurer Treue. In dem jetzt bevorstehendem Kampfe kenne ich in meinem Volke keine Parteien mehr. Es gibt unter uns nur noch Deutsche. Und welche von den Parteien auch im Laufe des Meinungskampfes sich gegen mich gewandt haben sollten, ich verzeihe ihnen allen. Es handelt sich jetzt nur darum, daß alle wie Brüder zusammenstehen, und dann wird dem deutschen Volk Gott zum Siege verhelfen.« Sir Edward Goschen, der britische Botschafter in Berlin, telegraphiert nach London: »Es herrscht ungeheure Begeisterung auf den Straßen – und beträchtliche Niedergeschlagenheit im Auswärtigen Amt ... Jagow erzählte mir, der Kaiser sei furchtbar niedergeschlagen und sage, daß es mit seinem Ruf als ›Friedenskaiser‹ vorbei sei.«

Während die Diplomaten noch nach friedlichen Lösungen suchen, hat sich in allen maßgeblichen Ländern die Industrie schon auf den Krieg eingestellt, so auch Krupp in Essen

Gegen 20 Uhr telegraphiert der deutsche Botschafter Graf von Pourtalès aus St. Petersburg an das Auswärtige Amt. Seine Nachricht lautet: Er habe Außenminister Sasonoff dreimal hintereinander gefragt, ob er die verlangte Erklärung betreffs Einstellung der Kriegsmaßnahmen gegen Deutschland und Österreich geben könne und nach dreimaliger Verneinung der Frage die befohlene Note überreicht: »Seine Majestät der Kaiser, mein erhabener Herrscher, nimmt im Namen des Reiches die Herausforderung an und betrachtet sich als im Kriegszustand mit Rußland befindlich.« Damit hat Deutschland an Rußland den Krieg erklärt. Bereits in der Nacht vom 1./2. August 1914 überschreiten russische Truppen ohne Kriegserklärung an mehreren Stellen die ostpreußische Grenze.

Die Einstellungen sind verschieden: Bis zu seinem gewaltsamen Tod versucht der französische Sozialistenführer Jean Jaurès – er wird am Abend des 31. Juli 1914 von dem fanatischen Nationalisten Villain in Paris erschossen – mit allen Mitteln, den Ausbruch des Krieges zu verhindern. Unter den Linden dagegen scheint die Verkündung der Mobilmachung bei den Berlinern wenig Bestürzung auszulösen

England taktiert vorsichtig

Ungeachtet dessen greift Bethmann Hollweg den Neutralitätsvorschlag des britischen Außenministers Grey sofort auf. Der Reichskanzler bedauert zwar, daß das Telegramm des Fürsten Lichnowsky erst nach bereits erfolgtem Mobilmachungsbefehl eingetroffen sei, versichert aber, daß die französische Grenze bis zum 3. August 1914, abends 19 Uhr, nicht überschritten würde, falls bis dahin England seine Neutralität schriftlich zugesagt habe. Selbst Kaiser Wilhelm schaltet sich noch einmal persönlich ein und garantiert dem englischen König dieses Angebot in einem Telegramm vom 1. August 1914. Doch schon vier Stunden später heißt

König Georg V. von England

Der britische Premierminister Herbert Henry Asquith

Bulgariens Ministerpräsident Wasil Radoslawoff

es in einer Mitteilung des Fürsten Lichnowsky: Ein positives englisches Angebot liege überhaupt nicht vor, denn Greys Vorschlag sei ohne vorherige Absprache mit Paris und ohne Kenntnis der deutschen Mobilmachung erfolgt. König Georg V. spricht in seinem Antworttelegramm an Wilhelm II. von einem Mißverständnis, das sich vermutlich aus einem Gespräch zwischen Lichnowsky und Grey ergab, als beide über das Problem, »wie ein Zusammenstoß zwischen den deutschen und französischen Armeen vermieden werden könne«, diskutiert haben.

Während Frankreich den Deutschen gegenüber erneut betont, daß immer noch eine gewisse Hoffnung auf Frieden bestehe, ist man in Paris über das Verhalten Großbritanniens recht beunruhigt. Der Grund dafür: Nach Beendigung des Besuchs von Präsident Poincaré in St. Petersburg hat Rußland mehrfach seine »unbedingte Bündnistreue« versichert, und seit den Ereignissen vom 30. Juli 1914 drängt nun die französische Regierung immer stärker, daß auch Großbritannien sich offen auf die Seite Rußlands und Frankreichs stellen solle. Dies wäre, nach Meinung in Paris, die einzige Möglichkeit, Deutschland vom Krieg abzuhalten. Der vorsichtige Außenminister Grey verhält sich jedoch äußerst diplomatisch . . .

Paul Cambon, der französische Botschafter in London, erwähnt in seiner Unterredung mit Grey, Frankreich habe auf Anregung Englands seine Flotte ins Mittelmeer verlegt und dafür die Zusage erhalten, daß britische Schiffe den Schutz der französischen West- und Nordküste übernehmen. Dazu Grey: Ein Angriff Deutschlands auf die französische Küste würde – ebenso wie eine Verletzung der belgischen Neutralität – die Lage ändern. Zur Zeit sei die Situation aber so, daß »Deutschland bereit ist, Frankreich nicht anzugreifen, wenn Frankreich im Fall eines Krieges zwischen Rußland und Deutschland neutral bleibt. Wenn Frankreich daraus keinen Nutzen zu ziehen vermag, dann deshalb, weil es durch ein Bündnis (mit Rußland) gebunden ist, an dem wir nicht beteiligt sind und dessen Bestimmungen wir nicht kennen.« Bei dieser Gelegenheit hebt der Außenminister hervor, für England bestehe keine Verpflichtung, sich an einem Krieg zu beteiligen, in den Frankreich nicht aus eigenem Antrieb, sondern nur aus Bündnistreue zu Rußland eintrete.

Trotz der von Grey immer wieder erwähnten britischen Nichteinmischung im Fall einer Neutralitätsverletzung Belgiens lassen sich weder die deutsche Regierung noch der deutsche Generalstab täuschen. Sie wissen bereits seit geraumer Zeit: Für England wäre der deutsche Einmarsch in Belgien ein Grund zum Kriegseintritt. Bereits Anfang 1906 haben nämlich geheime Besprechungen des englisch-französischen Generalstabs über ein gemeinsames Vorgehen für den Fall einer deutsch-französischen Auseinandersetzung begonnen. So schreibt denn auch Generalstabschef Moltke im Februar 1906 an Reichskanzler Bernhard Fürst von Bülow, er habe aus sicherer Quelle erfahren, daß man in England befürchte, Deutschland werde nach einem Sieg über Frankreich humanen Kapitulationsbedingungen zustimmen, dafür aber Belgien weiterhin besetzen und gleichzeitig Holland in Schach halten. Dies bedeute eine große Gefahr für Englands Sicherheit, denn so könne Deutsch-

Noch bevor in Berlin einem Bild des österreichischen Kaisers Franz Joseph zugejubelt wird, scheint ein …

… französischer Karikaturist den eigentlichen Kriegstreiber bereits ausgemacht zu haben: Kaiser Wilhelm II., der Offizieren und Soldaten eine Lektion in Geographie erteilt. Die fünf Kontinente: Asien, Amerika, Afrika, Ozeanien und – Deutschland!

land von der Nordseeküste aus in England einfallen. Deshalb müsse jede englische Regierung, wenn Deutschland die Selbständigkeit Hollands und Belgiens nicht unbedingt garantiere, im Fall eines deutsch-französischen Krieges an der Seite Frankreichs kämpfen, und zwar nicht nur mit der Flotte, sondern auch mit der Landarmee.

Der Schlieffen-Plan

Deutschlands Chance im Fall eines Krieges liegt jedoch gerade in der Überrumpelung Belgiens. »Macht mir den rechten Flügel stark«, hat noch auf dem Sterbebett am 4. Januar 1913 Generalfeldmarschall Alfred Graf von Schlieffen den Generalstab beschworen. Schlieffen, von 1891 bis 1905 Chef des deutschen Generalstabs, entwirft einen beinahe perfekten strategischen Feldzugsplan, der später seinen Namen trägt: Im Hinblick auf einen gefürchteten Zweifrontenkrieg, mit dem man immer rechnen muß, hat Schlieffen eine blitzartige Überwältigung Frankreichs in seinen Plan einbezogen. Die starke französische Festungslinie soll auf dem Weg durch belgisches Gebiet umgangen werden. Der Schlieffen-Plan sieht vor, daß die deutsche Armee erst zehn bis vierzehn Tage nach der Mobilmachung in Belgien einmarschiert, um für politische Verhandlungen, insbesondere mit England, genügend Zeit zu lassen.

In einer gewaltigen Umfassungsschlacht soll Frankreich in kürzester Zeit geschlagen werden, noch ehe der vermeintlich etwas schwerfälligere russische Aufmarsch beendet ist. Daher plant Schlieffen, im Osten nur geringe Sicherungstruppen zu belassen, ebenso in Elsaß-Lothringen, um mit der Hauptmasse von anderthalb Millionen Mann (»dem rechten Flügel«) nach Nordfrankreich einzubrechen – hauptsächlich durch das neutrale Belgien. Er kalkuliert exakt die zu erreichenden Tagesziele und kommt zu dem Ergebnis, die alles überrennende Großoffensive würde keine vier Wochen nach Beginn des Vormarsches vor Paris stehen. Dann wäre die Hauptstadt zu umfassen, das Gros der feindlichen Truppen von hinten auf die französische Festungslinie zurückzuwerfen und dort endgültig zu besiegen.

Schlieffens Nachfolger, Generaloberst Helmuth von Moltke, hält an dem Marsch durch Belgien fest, ändert aber sonst in manchen Punkten den in seinen Augen zu riskanten Plan: Trotz Schlieffens Ermahnungen schwächt Moltke den rechten Flügel um insgesamt 11 Divisionen, die er dem linken Flügel zuordnet. Das bedeutet eine Doppeloffensive mit nachfolgender Zangenbewegung. Er läßt dabei unbeachtet, daß für eine solche Operation – trotz der ge-

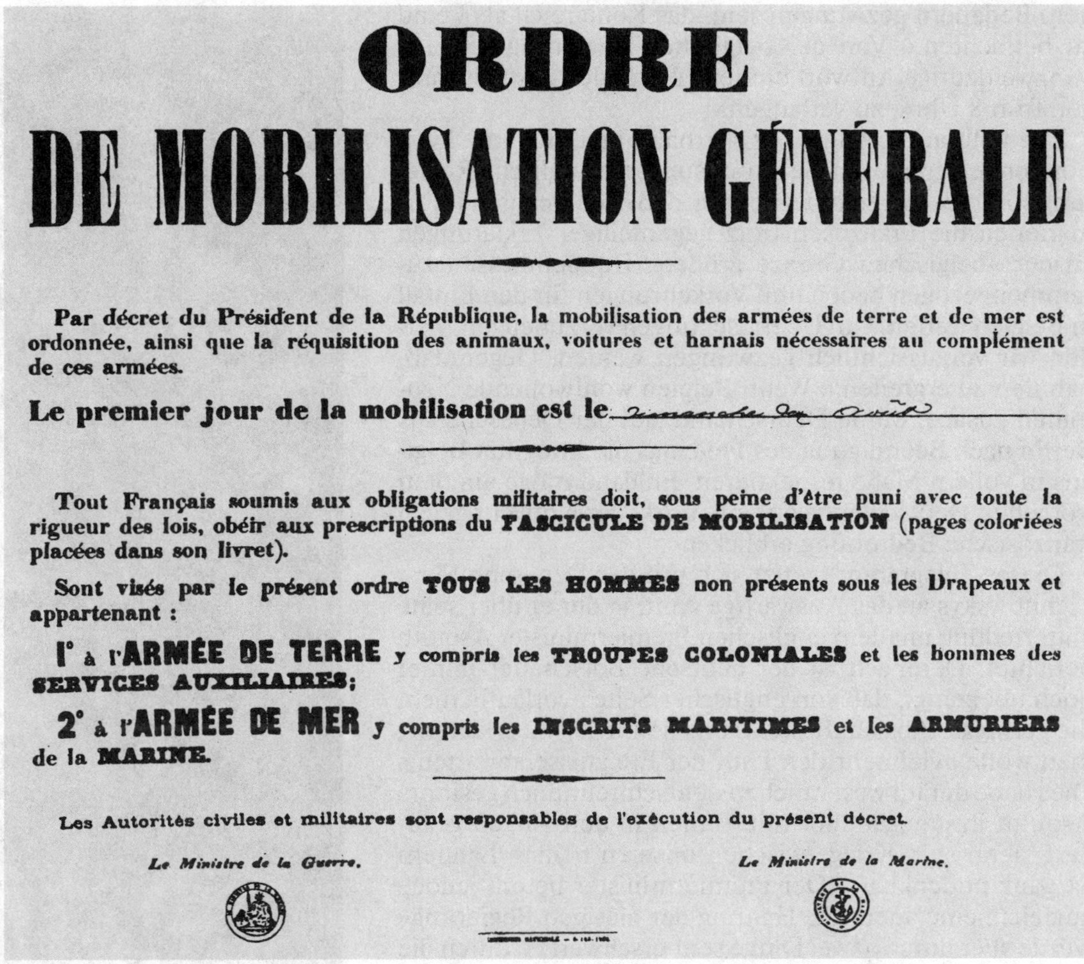

ORDRE
DE MOBILISATION GÉNÉRALE

Par décret du Président de la République, la mobilisation des armées de terre et de mer est ordonnée, ainsi que la réquisition des animaux, voitures et harnais nécessaires au complément de ces armées.

Le premier jour de la mobilisation est le dimanche deux août

Tout Français soumis aux obligations militaires doit, sous peine d'être puni avec toute la rigueur des lois, obéir aux prescriptions du FASCICULE DE MOBILISATION (pages coloriées placées dans son livret).

Sont visés par le présent ordre TOUS LES HOMMES non présents sous les Drapeaux et appartenant :

1° à l'ARMÉE DE TERRE y compris les TROUPES COLONIALES et les hommes des SERVICES AUXILIAIRES;

2° à l'ARMÉE DE MER y compris les INSCRITS MARITIMES et les ARMURIERS de la MARINE.

Les Autorités civiles et militaires sont responsables de l'exécution du présent décret.

Le Ministre de la Guerre. *Le Ministre de la Marine.*

Die Ereignisse überschlagen sich: Einen Tag, nachdem deutsche Truppenverbände durch Berlin zu ihrem Abtransport ziehen,

verkündet Frankreich die Generalmobilmachung

planten Einbeziehung aller Reserveverbände und deren Einsatz in vorderster Linie – sein Heer nicht stark genug ist.

Moltke will unter anderem auch den Einmarsch in Belgien um etwa eine Woche vorverlegen. Militärisch gesehen erscheint zwar der Vorstoß durch Belgien durchaus notwendig, aber aus politischer Sicht ist er höchst gefährlich. Und Fürst Lichnowsky, der deutsche Botschafter in London, warnt wiederholt den Reichskanzler vor den ernsten Folgen einer Verletzung der belgischen Neutralität. Doch Bethmann Hollweg ist nicht imstande, sich gegen den Generalstab durchzusetzen.

Brennpunkt Belgien

In den frühen Morgenstunden des 2. August 1914 überschreiten deutsche Truppen die luxemburgische Grenze. Auf den Protest Luxemburgs hat die deutsche Regierung eine Entschuldigung parat: »Unsere militärischen Maßnahmen bedeuten keine feindselige Handlung, sie dienen lediglich der Sicherung der in unserem Betriebe befindlichen dortigen Eisenbahnen gegen Überfall der Franzosen. Übrigens, Luxemburg entstehen gar keine Nachteile, für eventuelle Schäden erhält das Fürstentum volle Entschädigung.« Neutral bleiben die Schweiz, Schweden, Holland, Dänemark und Norwegen. Auch sie mobilisieren ihre Truppen, um notfalls die Neutralität des Landes zu verteidigen. Während Portugal zu seiner Bündnispflicht gegenüber England steht, entscheidet sich Spanien für Neutralität.

Im Verlauf des 2. August 1914 beauftragt das Auswärtige Amt telegraphisch den deutschen Gesandten in Brüssel, Klaus von Below-Saleske, an diesem Abend um 20 Uhr der belgischen Regierung folgendes mitzuteilen: »1) Deutschland beabsichtigt keinerlei Feindseligkeiten gegen Belgien. Ist Belgien gewillt, in dem bevorstehenden Krieg Deutschland gegenüber eine wohlwollende Neutralität einzunehmen, so verpflichtet sich die deutsche Regierung beim Friedensschluß, Besitzstand und Unabhängigkeit des Königreiches im vollen Umfang zu garantieren. 2) Deutschland verpflichtet sich unter obiger Voraussetzung, das Gebiet des Königreiches wieder zu räumen, sobald der Friede geschlossen ist. 3) Bei einer freundschaftlichen Haltung Belgiens ist Deutschland bereit, im Einvernehmen mit den königlich belgischen Behörden alle Bedürfnisse seiner Truppen gegen Barzahlung anzukaufen und jeden Schaden zu ersetzen, der etwa durch deutsche Truppen verursacht werden könnte. Sollte Belgien den deutschen Truppen feindlich entgegentreten ... so wird Deutschland zu seinem Bedauern gezwungen sein, das Königreich als Feind zu betrachten.« Von der belgischen Regierung sei eine »unzweideutige Antwort binnen 12 Stunden, also bis morgen früh 8 Uhr«, zu verlangen.

Ebenfalls am 2. August 1914 erhält Fürst Lichnowsky in London telegraphisch die Anweisung, die englische Regierung sofort davon zu unterrichten, daß nach sicheren Informationen die Franzosen trotz gegenteiliger Erklärungen an der »belgischen Grenze größere Truppenmassen zusammengezogen haben und Vorkehrungen für den Einfall in Belgien treffen. Um Überraschungen vorzubeugen, werden wir voraussichtlich gezwungen werden, Gegenmaßnahmen zu ergreifen.« Wenn Belgien wohlwollende Neutralität zusage, werde Deutschland laut der Depesche aus Berlin nach Beendigung des Feldzugs die Integrität Belgiens in vollem Maße respektieren. England möge »in dem Vorgehen Deutschlands nur einen Akt der Notwehr gegen französische Bedrohung erblicken«.

Dieses Telegramm kreuzt sich mit der Depesche Fürst Lichnowskys an das Auswärtige Amt, in der er über seine Unterredung mit dem englischen Premierminister Asquith berichtet. Demnach ist der deutsche Botschafter immer noch überzeugt, daß von englischer Seite »vorläufig nicht die geringste Absicht besteht, uns den Krieg zu erklären«; man wolle »vielmehr den Lauf der Ereignisse abwarten«. Dies habe der im wesentlichen deutschfreundlich gesinnte Asquith ihm gegenüber mit Tränen in den Augen geäußert, denn »ein Krieg zwischen unseren beiden Ländern ist ganz undenkbar«. Der Premierminister betont jedoch zugleich, eine »neutrale Haltung der hiesigen Regierung« würde aber durch »zwei Dinge sehr erschwert: 1. durch die Verletzung der Neutralität Belgiens, die von England mit garantiert« sei . . . »2. durch einen etwaigen Angriff deutscher Kriegsschiffe auf die gänzlich ungeschützte Nordküste Frankreichs, die die Franzosen in gutem Glauben auf die britische Unterstützung zugunsten ihrer Mittelmeerflotte entblößt« hätten.

Während dieses Telegramm in Berlin eintrifft, verspricht in London Außenminister Grey dem französischen Botschafter Cambon, daß, vorbehaltlich der Genehmigung durch das Parlament, die britische Flotte die französischen

1. August 1914. Die Fröhlichkeit kennt keine Grenzen bei den Soldaten, die als erste an die Westfront transportiert werden

den
die
Säbelspitze

Alfred Graf von Schlieffen, von 1891 bis 1905 deutscher Generalstabschef

Gratis! Extra-Blatt. Gratis!

Berliner Tageblatt

und Handels-Zeitung.

Montag, 3. August 1914. 43. Jahrgang

Der Krieg mit Frankreich.

Abbruch der diplomatischen Beziehungen.

Berlin, 3 August. Amtliche Mitteilung.

Bisher hatten deutsche Truppen dem erteilten Befehl gemäß die französische Grenze nicht überschritten.

Dagegen greifen seit gestern französische Truppen ohne Kriegserklärung unsere Grenzposten an. Sie haben, obwohl uns die französische Regierung noch vor wenigen Tagen die Innehaltung einer unbesetzten Zone von 10 Kilometern zugesagt hatte, an verschiedenen Punkten die deutsche Grenze überschritten.

Französische Kompagnien halten seit gestern Nacht deutsche Ortschaften besetzt. Bombenwerfende Flieger kommen seit gestern nach Baden, Bayern und unter Verletzung der belgischen Neutralität über belgisches Gebiet in die Rheinprovinz und versuchen, unsere Bahnen zu zerstören.

Frankreich hat damit den Angriff gegen uns eröffnet und den Kriegszustand hergestellt. Des Reiches Sicherheit zwingt uns zur Gegenwehr. Seine Majestät der Kaiser hat die erforderlichen Befehle erteilt.

Der deutsche Botschafter in Paris ist angewiesen, seine Pässe zu fordern.

Küsten schützen werde. Die für Frankreich äußerst wichtige Frage der Entsendung von Landstreitkräften läßt Grey jedoch noch offen. Nach seinen Worten wird die Mobilmachung der englischen Flotte am Abend des 2. August 1914 offiziell bekanntgegeben.

Inzwischen kursieren in Berlin die unterschiedlichsten Gerüchte über zahlreiche Grenzverletzungen durch französische Truppen und Flieger, auch über Bombenabwürfe auf Nürnberg. In Paris wiederum sprechen die Franzosen von Grenzverletzungen durch deutsche Truppen, was von den betroffenen Regierungen jeweils entschieden dementiert wird.

Am selben Tag erfolgt der Abschluß eines deutschtürkischen Geheimbündnisses, dem zwei Tage später auch Österreich beitritt. Der deutsche Botschafter in Konstantinopel, Hans von Wangenheim, hat sich anfangs gegen eine Allianz mit den Türken ausgesprochen, doch als Kaiser Wilhelm II. zu verstehen gibt: »Jetzt handelt es sich um die Gewinnung jeder Büchse, die auf dem Balkan bereit ist, für Österreich gegen die Slawen loszugehen«, setzt sich der Botschafter energisch für das Bündnis ein. In dem Vertrag verpflichten sich beide Staaten, im gegenwärtigen Konflikt zwischen Österreich-Ungarn und Serbien Neutralität zu wahren. Sollte allerdings Rußland mit aktiven militärischen Maßnahmen eingreifen, gelte für beide Staaten der »Casus foederis«, die gegenseitige Hilfe der Verbündeten.

Für den Kriegsfall ist vereinbart, daß der Türkei eine deutsche Militärmission zur Seite steht, die Einfluß auf die gesamte Armeeführung hat. Weiter verpflichtet sich Deutschland, das Gebiet des Osmanischen Reichs im Angriffsfall notfalls mit Waffen zu schützen. Der vorerst geheimgehaltene Vertrag kann nur mit Einverständnis beider Partner veröffentlicht werden. Dieses Bündnis gehört zu den besten Ideen des deutschen Kaisers: Damit sind die Russen im Schwarzen Meer eingeschlossen und vom alliierten Nachschub mit Waffen und Munition völlig abgeschnitten. Den dadurch entstehenden Mangel an Kriegsmaterial wird Rußland wohl kaum überwinden.

Es gibt kein Zurück

Am Morgen des 3. August 1914 teilt Generalstabschef Moltke dem Reichskanzler mit, daß am nächsten Tag deutsche Truppen in Belgien einmarschieren werden. Er empfiehlt, dies der belgischen Regierung bekanntzugeben, jedoch ohne Kriegserklärung, weil »ich noch immer darauf rechne, mit Belgien zu einer Verständigung zu kommen, wenn der belgischen Regierung der Ernst der Lage klar wird«.

In den Mittagsstunden beschließen in London Premierminister Asquith, Außenminister Grey und Kriegsmini-

Nachdem am 3. August 1914 das Extra-Blatt des »Berliner Tageblatts« (linke Seite) den Krieg mit Frankreich bekannt gibt, verlassen kurze Zeit darauf Kavallerieverbände unter den Hochrufen der Zivilbevölkerung die Hauptstadt des Deutschen Reiches

ster Lord Haldane auf eigene Verantwortung – ohne Zustimmung von König und Parlament – die Mobilisierung eines britischen Expeditionskorps für Frankreich. Und am Nachmittag versucht Grey während der Sitzung des Unterhauses, die Abgeordneten von der Notwendigkeit einer Beteiligung am Krieg zu überzeugen. Der Außenminister betont, daß England zwar durch keinen Vertrag gebunden sei, aber Frankreichs Küsten schützen müsse, weil die französische Flotte gleichzeitig englische Interessen im Mittelmeer verteidige. Sollten Belgien und auch Holland ihre Unabhängigkeit verlieren, so diene diese Maßnahme der Sicherheit Englands. Noch während das Unterhaus tagt, trifft die amtliche Mitteilung vom deutschen Ultimatum an Belgien ein und von dessen Ablehnung durch die belgische Regierung.

Kurz danach übergibt in Berlin Botschafter Sir Edward Goschen das Londoner Ultimatum: Bis 24 Uhr müsse der britischen Regierung eine bindende Zusicherung vorliegen, daß Deutschland die belgische Neutralität beachten werde. Laut Anweisung aus London soll Goschen andernfalls seine Pässe fordern und erklären: »Seiner Majestät Regierung fühlt sich verpflichtet, alle in ihrer Macht stehenden Schritte zur Aufrechterhaltung der Neutralität Belgiens und zur Innehaltung eines Vertrages zu tun, an den Deutschland ebensosehr gebunden ist wie wir selbst.«

Als Grey von der entscheidenden Unterhaussitzung in das Foreign Office zurückkommt, schlägt er mit geballter Faust auf den Tisch und ruft aus: »Ich hasse den Krieg! Ich hasse den Krieg!« Um 19 Uhr erhält Goschen die Antwort der deutschen Regierung. Sie lautet: »Unmöglich!« Bethmann Hollweg sagt in dem anschließenden Gespräch zu Goschen, der von der englischen Regierung »getane Schritt ist ganz furchtbar; bloß wegen eines Wortes, ›Neutralität‹, eines Wortes, das in Kriegszeiten so oft mißachtet worden ist – bloß wegen eines Fetzens Papier will Großbritannien nun mit einer stammverwandten Nation Krieg führen, die nichts Besseres wünscht, als in Freundschaft mit ihm zu leben«.

Bereits eine Stunde zuvor hat der deutsche Botschafter in Paris, Freiherr von Schoen, im Auftrag Bethmann Hollwegs dem Präsidenten der französischen Republik die Kriegserklärung überreicht. Seine Begründung: die nicht nachweisbaren feindlichen Handlungen französischer Militärflieger über deutschem Gebiet und daß »mehrere dieser Flieger sichtlich die Neutralität Belgiens verletzten, indem sie das Gebiet dieses Landes überflogen«.

Tags darauf, am 4. August 1914, weist der französische Ministerpräsident in der entscheidenden Sitzung der Abgeordnetenkammer diese Beschuldigungen als abgeschmackte Ausreden zurück. Poincaré: »Was man angreift, das sind die Freiheiten Europas, und Frankreich, seine Verbündeten und seine Freunde sind stolz, deren Verteidiger zu sein. Frankreich, ungerechterweise herausgefordert, hat den Krieg nicht gewollt. Es hat alles getan, um ihn abzuwenden. Da er ihm aufgedrängt wurde, wird es sich gegen Deutschland verteidigen.« Mit seiner Kriegserklärung hat Bethmann Hollweg ungewollt einen Wunsch des französischen Präsidenten erfüllt: Bei einem Gespräch am 1. August 1914 mit dem russischen Botschafter in Paris, Alexander P. Iswolski, hatte Poincaré zwar noch einmal die Bündnistreue Frankreichs gegenüber Rußland betont, aber darauf hingewiesen, daß es »aus Erwägungen, die hauptsächlich England« betreffen, besser wäre, wenn »die Kriegserklärung nicht von seiten Frankreichs, sondern Deutschlands« erfolge.

Ebenfalls am 4. August 1914 eröffnet Wilhelm II. mit einer Thronrede die Kriegssitzung des Deutschen Reichstags. Der Kaiser beklagt, daß nun die von Deutschland treu bewahrte Freundschaft mit Rußland zerbrochen sei. »In aufgedrungener Notwehr mit reinem Gewissen und reiner Hand ergreifen wir das Schwert.« Nach der Thronrede versichert Kaiser Wilhelm: »Ich kenne keine Parteien mehr, ich kenne nur Deutsche, und zum Zeugen dessen, daß sie fest entschlossen sind, ohne Parteiunterschiede, ohne Standes- und Konfessionsunterschiede zusammenzuhalten, mit mir durch dick und dünn, durch Not und Tod zu gehen, fordere ich die Vorstände der Parteien auf, vorzutreten und mir dies in die Hand zu geloben.« Alle anwesenden Parteivorstände treten denn auch vor, und jedem einzelnen schüttelt der Kaiser die Hand.

Gehen die Lichter aus?

Trotz der überschwenglichen Begeisterung bei Freund und Feind sind sich die am Krieg beteiligten Regierungen kaum darüber im klaren, welche Konsequenzen mit dieser Entscheidung verbunden sind. Keiner der Staaten hat sich wirtschaftlich auf einen Krieg vorbereitet, so daß schon einige Wochen nach Kriegsausbruch die Munition knapp wird. Als Lord Kitchener, Englands populärster Feldherr, seinem Kriegsminister am 4. August 1914 vor Augen hält, daß man Millionen von Bürgern zu den Waffen rufen müsse, wird er beinahe »für verrückt« erklärt. Obwohl Großbritannien über eine Berufsarmee verfügt, muß es tatsächlich ab 1916 die zwangsweise Rekrutierung der männlichen Bevölkerung einführen.

Am Morgen des 5. August 1914, nachdem das Auswärtige Amt und Reichskanzler Bethmann Hollweg der britischen Regierung die Zusicherung verweigert haben, die belgische Neutralität zu wahren, verlangt Sir Edward Goschen seine Pässe. Dies bedeutet: Großbritannien hat Deutschland den Krieg erklärt. Seit dieser Stunde befindet sich Deutschland mit Rußland, Frankreich und England im offenen Kriegszustand, der durch gelegentliche Grenzkämpfe dokumentiert wird. Und Österreich-Ungarn? Die Donaumonarchie zögert ihre Kriegserklärung noch hinaus. Der Grund: Die Mobilmachung sei noch nicht weit genug fortgeschritten. Inzwischen gibt das deutsche Außenministerium seinem Botschafter in Wien, Heinrich von Tschirschky, die Order, am Ballhausplatz, dem Sitz des k.u.k. Auswärtigen Amtes, darauf zu drängen, daß Österreich-Ungarn die Kriegserklärung gegen Rußland, Frankreich und England sofort ausspreche.

In der Tat erklärt Österreich am 6. August 1914 Rußland den Krieg mit dem Hinweis auf dessen drohende Haltung im österreichisch-serbischen Konflikt und wegen des russischen Angriffs auf den Bündnispartner Deutschland.

Vier Tage später, am 10. August 1914, beruft Paris seinen Botschafter aus Wien ab. Am 13. August 1914 überreicht der britische Botschafter in Wien, Sir Maurice de Bunsen, die Kriegserklärungen Englands und Frankreichs. Der offizielle Anlaß: Da sich Österreich jetzt mit Rußland im Krieg befinde, außerdem das Deutsche Reich unterstütze, sehe sich England mit Rücksicht auf Frankreich ebenfalls »im Kriegszustand mit der österreichisch-ungarischen Monarchie«.

Der schwere und schicksalsträchtige politische Fehler der Reichsführung ist es, auch dann noch an der Hilfestellung für die k.u.k. Monarchie festzuhalten, nachdem sich die Voraussetzungen dafür als irrig erwiesen haben. Nun veranlaßt Bethmann Hollweg, um die Verletzung der belgischen Neutralität zu rechtfertigen, die für ihn nur einen »Fetzen Papier« bedeutet, die Kriegserklärung an Frankreich. So hat Deutschland von den drei Kriegserklärungen, die den Ersten Weltkrieg eröffnen, zwei abgegeben und mit Verletzung der belgischen Neutralität England einen Grund geliefert, sich seinen Verbündeten anzuschließen. Der britische Außenminister Grey scheint recht zu behalten mit dem, was er bereits am 3. August 1914 vorausgesagt hat: »In diesem Augenblick gehen in ganz Europa die Lichter aus; wir alle werden sie in unserem Leben nie wieder leuchten sehen.«

5. August 1914, London. Plakat der »Times«: England im Krieg

Times

AUGUST 5, 1914 1D.

BRITAIN AT WAR

Westfront

4. August: *Beginn des deutschen Überfalls auf Belgien.*
7. August: *Stadt und Zitadelle Lüttich werden von deutschen Truppen besetzt.*
8. August: *Französische Truppen besetzen vorübergehend Mühlhausen, nachdem sie zwei Tage zuvor ins Ober-Elsaß eingedrungen sind.*
17. August: *Bis zu diesem Tag ist der zweiwöchige Aufmarsch des deutschen Feldheeres gegen Frankreich abgeschlossen.*

18. August: *Die englische Expeditionsarmee schließt sich dem linken Flügel der Franzosen an. Gleichzeitig beginnt die Großoffensive des deutschen Umfassungsflügels.*
20. August: *Die deutsche 1. Armee rückt in Brüssel ein, während die französische 3. und 4. Armee ihre Gegenoffensive zwischen Diedenhofen und Dinant beginnt.*
24. bis 26. August: *Die Festungen Namur und Longwy werden von deutschen Truppen erobert.*
27. August: *Befehl der OHL, die große Umfassung bis zum Westen von Paris weiter durchzuführen.*
28. August: *Beginn der Schlacht bei St. Quentin.*
30. August: *Die deutsche 1. Armee gibt ihren Vormarsch nach Südwesten auf und kann somit Paris nicht mehr einkreisen.*
3. und 4. September: *Deutsche Truppen besetzen Reims und überschreiten die Marne.*
6. bis 12. September: *An der Marne tobt die bis dahin größte Schlacht der Weltgeschichte.*
13. September: *Beginn der zweitägigen Schlacht an der Aisne.*
14. September: *Der preußische Kriegsminister Erich von Falkenhayn löst Generaloberst Helmuth von Moltke als Generalstabschef des Feldheeres ab.*
14. bis 27. September: *Während der zweiten deutschen Offensive scheitern fast alle Operationen der Angreifer.*
2. bis 10. Oktober: *Schlacht bei Arras.*
9. Oktober: *Antwerpen, die größte belgische Festung, wird von deutschen Truppen eingenommen.*
12. und 13. Oktober: *Deutsche Truppen erobern Lille.*
15. und 16. Oktober: *Gent, Brügge, Zeebrugge, Ostende und Nieuport fallen in deutsche Hand.*
20. Oktober bis 3. November: *Die erste große Schlacht in Flandern entbrennt, wobei es dem englischen Expeditionsheer gelingt, Ypern zu halten.*
27. Oktober: *Während der Schlacht um Neuve Chapelle wird erstmals Reizgas eingesetzt.*
10. bis 18. November: *Zweite Schlacht um Ypern.*
17. bis 23. Dezember: *»Winterschlacht« in der Champagne und bei Arras.*

Ostfront

3. August: *Deutsche Grenztruppen besetzen Tschenstochau und Kalisch.*
20. August: *In der Schlacht bei Gumbinnen erleiden sowohl deutsche als auch russische Truppen hohe Verluste.*
23. August: *Generaloberst von Hindenburg und Generalmajor Ludendorff übernehmen als Oberbefehlshaber bzw. Stabschef das Kommando der deutschen 8. Armee.*
26. bis 30. August: *Schlacht bei Tannenberg.*
28. bis 30. August: *Erste Schlacht bei Lemberg.*
3. September: *Russische Truppen besetzen Lemberg, die Hauptstadt Galiziens.*
7. September: *Beginn der zweiten Schlacht bei Lemberg.*
8. bis 10. September: *In der Schlacht an den Masurischen Seen erleiden die Russen eine schwere Niederlage.*
28. September: *Die deutsche 9. Armee beginnt ihren überraschenden Vorstoß gegen Warschau und Iwangorod.*
18. Oktober: *Beginn der großen Angriffsoperation der russischen Südwestfront.*
1. November: *Das Oberkommando Ost wird geschaffen und Hindenburg zum Oberbefehlshaber aller deutschen Truppen an der Ostfront ernannt.*

17. bis 25. November: *Die Schlacht bei Lodz.*
6. Dezember: *Deutsche Truppen besetzen das geräumte Lodz.*

Balkan

28. Juli: *Unweit von Belgrad fallen die ersten Schüsse des Krieges.*

12. August: *Bei ihrem Versuch, die Drina zu überqueren, wird die k.u.k. 5. Armee von den Serben zurückgeschlagen.*
20. August: *Die k.u.k. 6. Armee scheitert ebenfalls an der Drina.*
Anfang Dezember: *k.u.k. Truppen besetzen Belgrad, müssen die serbische Hauptstadt jedoch nach kurzer Zeit wieder aufgeben.*

Seekrieg

1. August: *In der Ostsee fallen die ersten Schüsse, als der Hafen Libau von deutschen Kriegsschiffen unter Beschuß genommen wird. Zur gleichen Zeit verläßt die Bevölkerung von Helgoland die deutsche Nordseeinsel.*
5. August: *Beim ersten Gefecht auf See versenken zwei englische Zerstörer den deutschen Minenleger »Königin Luise« vor der englischen Ostküste.*

8. August: *Der erste Angriff eines U-Bootes – es handelt sich um das deutsche U-Boot U 13 – schlägt fehl.*
9. August: *Erste Versenkung eines U-Bootes – U 15 wird von einem englischen Kreuzer gerammt.*
28. August: *Seegefecht vor Helgoland zwischen deutschen und englischen Verbänden.*
5. September: *Der erste erfolgreiche U-Boot-Angriff – U 21 versenkt den britischen Leichten Kreuzer »Pathfinder«.*
22. September: *Das deutsche U-Boot U 9 versenkt im Kanal drei britische Kreuzer – 62 Offiziere und fast 1400 Matrosen fallen diesem Angriff zum Opfer.*
30. Oktober: *Die türkische Schwarzmeerflotte beschießt die russischen Stützpunkte Sewastopol und Noworossisk. Am selben Tag schießen britische Schlachtkreuzer und französische Kampfschiffe ein Munitionsdepot an den Dardanellen in die Luft.*

1914

31. Oktober: *Die Royal Navy verliert ihren ersten Flugzeugträger.*
8. Dezember: *Das Geschwader des Grafen Spee wird vor den Falkland-Inseln von englischen Verbänden vollständig aufgerieben.*

Luftkrieg

24./25. August: *Beim ersten nächtlichen Luftangriff wirft ein Zeppelin Bomben über Antwerpen ab.*
30. August: *Ein deutsches Flugzeug vom Typ Taube wirft drei Bomben über Paris ab.*
22. September: *Erster Luftkampf in der Geschichte.*
26. September: *Einem japanischen Marineflieger gelingt es erstmals in der Geschichte des Luftkrieges, ein Schiff zu versenken.*
8. Oktober: *Erster erfolgreicher englischer Bombenangriff über deutschem Boden.*

5. November: *Erster deutscher Luftsieg.*
21. November: *Britischer Luftangriff auf die Zeppelinwerke in Friedrichshafen.*
24. Dezember: *Erster erfolgreicher deutscher Bombenangriff über England.*

Naher Osten

29. Oktober: *Die Türkei eröffnet die Feindseligkeiten gegen Rußland.*
3. November: *Rußland erklärt der Türkei den Krieg.*
5. November: *Jetzt befindet sich die Türkei auch mit England und Frankreich offiziell im Kriegszustand.*
7. November: *Ein englisch-indisches Expeditionskorps landet bei Kuwait.*

9. Dezember: *Das alliierte Expeditionskorps nimmt al-Kurna ein.*
19. Dezember: *Beginn der Gegenoffensive der türkischen 3. Armee als Antwort auf den Vormarsch russischer Truppen auf Erzurum an der Kaukasusfront.*

Kolonialkrieg

7. August: *Beginn der allgemeinen Mobilmachung in Deutsch-Südwestafrika.*
8. August: *Mit dem Beschuß des Funkturms von Daressalam durch den britischen Kreuzer »Pegasus« beginnen die Kampfhandlungen in Deutsch-Ostafrika.*
14. August: *Englische Truppen stoßen in den Norden Kameruns vor. Zur gleichen Zeit überschreiten französische Truppen von Osten und Süden her die Grenzen Kameruns.*
27. August: *Englische und japanische Kriegsschiffe eröffnen die Blockade gegen das deutsche Pachtgebiet Kiautschou. Am selben Tag findet die Übergabe der deutschen Kolonie Togo an die Franzosen und Engländer statt.*
9. September: *Die Südafrikanische Union erklärt Deutsch-Südwestafrika den Krieg.*
11. September: *Mit diesem Tag beginnt die Besetzung des deutschen Schutzgebietes Mikronesien durch Japan.*
21. September: *Deutschguinea wird den Engländern übergeben.*

7. Oktober: *Die Insel Jap wird von japanischen Truppen besetzt.*
2. November: *Deutsch-Ostafrika. In der Nähe des Hafens Tanga geht ein britisch-indisches Expeditionskorps an Land.*
5. November: *Deutsch-Ostafrika. Die britisch-indischen Kräfte müssen sich nach einem Gegenangriff der deutschen Schutz truppen (Gen. Lettow-Vorbeck) zurückziehen.*
7. November: *Kiautschou. Kapitulation der Festung Tsingtau.*

Außerdem ...

13. August: *Im preußischen Kriegsministerium wird eine Kriegsrohstoffabteilung errichtet.*
23. August: *Japan erklärt Deutschland den Krieg.*

18. November: *Erich von Falkenhayn legt Reichskanzler Bethmann Hollweg ein Strategiepapier vor, das unter anderem einen Separatfrieden mit Rußland vorsieht.*

DIE WESTFRONT 1914

DIE ERSTEN GROSSEN SCHLACHTEN

Schon bald kommt es zum unbeweglichen Stellungskrieg. Hauptursache: Die Überlegenheit der Verteidiger

Im Morgengrauen des 4. August 1914 beginnt der deutsche Überfall auf Belgien. So ist schon in den ersten Tagen der Krieg in vollem Gange. Die deutschen Truppen versuchen jedoch vergeblich, die das Maastal sperrende Festung Lüttich zu erobern: Von ihrer Einnahme hängt der zügige Vormarsch der deutschen Umfassungsarmeen ab.

Bis zum 6. August 1914 steht die belgische Feldarmee mit 4 Divisionen zwischen Namur und Löwen sowie einer Kavalleriedivision in Brüssel, außerdem verstärkt je eine Division die Festungen Namur und Lüttich. Für Sicherungsaufgaben wird ein Teil der Garde civile (Bürgerwehr) mobilisiert – sie soll vor allem die Eisenbahnlinien und Brücken schützen. Da der belgische Generalstab eine Verteidigung der Maaslinie für unmöglich hält, sollen sich die Truppen notfalls in die Festung Antwerpen zurückziehen und französische und englische Hilfe abwarten.

In diesem Krieg werden von den Belgiern erstmals Kampfwagen eingesetzt. Sie verwenden dafür Minerva-Tourenwagen, die mit einem einzigen Hotchkiss-Maschinengewehr bestückt sind. Diese neuen Fahrzeuge machen den deutschen Kavalleriepatrouillen beim Vorrücken auf die befestigte Stadt Antwerpen sehr zu schaffen. Später nutzen die Belgier ihre gepanzerten Kraftwagen zur Verstärkung von Kavalleriepatrouillen für Aufklärungszwekke, ebenso bei Blitzaktionen. Diese Methode greifen anschließend auch die Franzosen auf, die ihre berittene Kavallerie mit gepanzerten Kraftwagen ausrüsten.

Marsch der deutschen Truppen durch Belgien

Donnerstag, 6. August 1914, London. Die *Morning Post* berichtet:

»Die deutsche Invasionsarmee brandete durch Belgien wie ein planmäßig geregelter Strom und wälzte sich Tag und Nacht ununterbrochen dahin. Sie bot im ganzen ein Bild der zum Zerstören bestimmten Macht und Gewalt.

Die belgischen Straßen sind gepflastert; auf jeder Straßenseite sind gekieselte Fußsteige für Radfahrer und Fuß-

Englische Soldaten in einem Waldstück. Solche und ähnliche Bilder werden sich in den nächsten vier Jahren ständig wiederholen: Eine Haubitze wird schußbereit gemacht

Auch diese Bilder ähneln sich: Vor und – wie hier – kurz nach Kriegsausbruch kennt die Freude keine Grenzen. Auch gegen Langeweile ist gesorgt: Zeitungen verkürzen den Weg zur Front. Doch schon bald . . .

gänger. Die deutsche Armee marschierte in drei Kolonnen: in der Mitte auf dem Pflaster die Artillerie mit ihren Kanonen und Munitionswagen; rechts und links die Kavallerie und Infanterie. Die Männer waren feldgrau von Kopf bis Fuß; die Kanonen und Munitionswagen ebenso. Vom Straßenstaub waren auch viele Pferde ganz grau geworden. Aber Geschirr und Uniformen, Gewehre und Wagen, fast alles war neu oder wie neu. Alles wirkte stark, stolz, stramm und aufeinander passend: Die Füße des einen schienen sich in die Fußstapfen des anderen zu setzen.

Der nächtliche Vorbeimarsch war noch schauerlicher als der bei Tag. Die Häuser waren wie ausgestorben; befehlsgemäß mußten Läden und Vorhänge geschlossen werden. Nur durch einen Spalt, durch einen aufgehobenen Vorhang in einem ganz dunklen Zimmer, konnte man den phantastischen Vorbeimarsch dieser feldgrauen Männer sehen oder vielmehr undeutlich sehen; das ging endlos weiter. Helm- und Lanzenspitzen wogten immerzu; manchmal blitzte von einem Mondstrahl oder einer Gasflamme ein Säbel auf. Man schloß die Augen, verschloß Zimmer und Haus, aber das Geräusch der monotonen Schritte, der Rhythmus der genagelten Stiefel – selbst die Infanterie trug Stiefel –, das Pferdegetrappel, das Knirschen der Kanonen- und Wagenräder verfolgten einen bis in den Schlaf.«

Am 7. August 1914 können zwar Stadt und Zitadelle Lüttich von Deutschen besetzt werden, aber die letzten der zwölf starken Außenforts fallen erst neun Tage später nach dem Einsatz der inzwischen herbeigeholten 42-cm- und 30,5-cm-Mörser sowie der schweren Minenwerfer.

... sieht der Alltag anders aus: Eine Frau mit ihren Kindern auf der Flucht – Hab und Gut haben auf einem Handkarren Platz gefunden. So gesehen in Belgien

Es zeigt sich bald die äußerst komplizierte militärische und politische Ausgangslage der Mittelmächte. Deutschland und Österreich stehen an mehreren Fronten zu Lande und zur See einer Übermacht der Entente gegenüber, darunter das britische Weltreich als Hauptgegner.

Durch den Kriegseintritt Englands werden die Mittelmächte weitgehend von ihren überseeischen Zufahrtswegen abgeschnitten. Zwei andere Staaten, Italien und Rumänien, weigern sich, auf seiten der Mittelmächte in den Krieg einzutreten, und verhalten sich vorerst neutral. Auch das am 2. August 1914 geschlossene Geheimbündnis zwi-

Die belgische Post hat für diese Briefmarke Lüttich als Motiv gewählt,

und die Artillerie des deutschen Heeres hat die Festung Lüttich als Ziel gewählt: Die Zerstörungen, die die Geschosse der 42-cm-Haubitze angerichtet haben, sind gewaltig

schen Deutschland und der Türkei kann die Lage nicht verbessern: Die Anhänger der Entente im türkischen Kabinett zögern einen sofortigen Kriegseintritt hinaus, auf den besonders der deutsche Generalstab drängt.

Vor- und Nachteile

Die Alliierten der Entente verfügen von Anfang an über ein viel größeres Kriegspotential als Deutschland und Österreich. Sie haben weitaus mehr Reserven, nicht nur an Menschen, sondern vor allem an strategischen Rohstoffen, an landwirtschaftlicher Nutzfläche und industrieller Kapazität. Die ökonomische Unterlegenheit der Mittelmächte verstärkt sich durch die von den Alliierten verhängte Blockade und wirkt sich zwangsläufig auf die gesamte Kriegswirtschaft, auf die Kampfkraft der Streitkräfte sowie auf die innenpolitischen Verhältnisse aus. Dagegen können England und Frankreich in zunehmendem Maße Rohstoffe aus ihren Kolonien beziehen und vor allem den Handel mit den USA ausweiten. So verfügen die Alliierten über eine beträchtliche Überlegenheit und damit auch über die größeren Siegeschancen.

Durch den zahlenmäßigen Vergleich läßt sich jedoch zu Kriegsbeginn kein vollständiges Bild vom tatsächlichen Kräfteverhältnis auf dem Schlachtfeld ableiten. Daher kann sich zum Beispiel die potentielle Überlegenheit der Alliierten in der ersten Kriegsphase nicht voll auswirken, denn ein Großteil der Soldaten muß erst mobilisiert und eingewiesen werden, was mehrere Monate in Anspruch nimmt. Außerdem ist die qualitative Ausbildung besonders wichtig für Verlauf und Ausgang der Kampfhandlungen. Dazu gehören auch erstklassige Waffen, ferner Kampftechnik, Kampfmoral der Soldaten sowie das Niveau der Führungskräfte und deren Organisationstalent.

Deutschland wiederum ist dank seiner intensiven Kriegsvorbereitungen im Vorteil, was wesentlich zu den Anfangserfolgen beiträgt, die es ihm ermöglichen, über vier Jahre lang der alliierten Übermacht standzuhalten. Die Streitkräfte der Großmächte beider Seiten besitzen zwar im wesentlichen typengleiche Waffen, außerdem gibt es kaum Unterschiede im Ausbildungsstand der Truppen, aber dennoch verfügt der deutsche Generalstab über ein Feldheer mit höherer Kampfkraft; sie resultiert teilweise aus besserer Bewaffnung und Ausrüstung, aber auch Organisation, Führung und Ausbildung sind nahezu perfekt; hinzu kommt ein hoher Grad an operativer Beweglichkeit.

Auch die schnellere strategische Entfaltung des Heeres, wie Mobilmachung, Aufmarsch und damit verbundene frühzeitigere Gefechtsbereitschaft der Truppen, spielt eine große Rolle. Außerdem hat Deutschland eine größere Anzahl kampfkräftiger Reservedivisionen, vorgesehen für den Einsatz in der ersten Linie, dazu eine einheitlichere Militärdoktrin im Vergleich zur Entente, mit dem Bestreben, dem Gegner das Gesetz des Handelns zu diktieren. Von ebenso großer Bedeutung ist das moderne leistungsfähige Eisenbahnnetz. Es ermöglicht der Armeeführung, im aufwendigen Mehrfrontenkrieg die strategischen Vorteile auf der inneren Linie auszunutzen. Und was besonders wichtig ist: Die deutschen Armeekorps und Infanteriedivisionen verfügen über eine höhere artilleristische Feuerkraft. Gerade der Anteil an schweren Geschützen für Steilfeuer liegt weitaus höher als bei den Franzosen oder Russen.

Es gibt jedoch Bereiche, in denen der Gegner überlegen ist, wie beispielsweise die leichte Feldartillerie der Franzosen. Obwohl die Mittelmächte eine Mobilmachung von Millionenheeren vorbereitet haben, stellt sich heraus, daß die vorhandenen Bestände an Waffen und Kampfmitteln in keinem Land ausreichend sind, um die Feldheere einheitlich nach dem neuesten Stand auszurüsten. So kann zum Beispiel in Deutschland von den 1,2 Millionen Kriegsfreiwilligen nur ein kleiner Teil sofort eingestellt werden, weil es an Waffen und Ausrüstung mangelt.

Die Hauptkriegsschauplätze befinden sich in West- und Osteuropa, während der Balkan nur einen Nebenkriegsschauplatz bildet. Die strategische Planung der deutschen Führung sieht vor, zuerst Frankreich innerhalb von sechs

Die höhere artilleristische Feuerkraft der deutschen Armee gleichen die Franzosen teilweise durch ihre beweglichere leichte Feldartillerie aus

Generaloberst Helmuth von Moltke

General Joseph Jacques C. Joffre

Feldmarschall Sir John Denton P. French

Wochen in die Knie zu zwingen. Danach will man die Hauptkräfte an die Ostfront verlegen, um gemeinsam mit dem österreichisch-ungarischen Heer Rußland niederzuwerfen. Bis Frankreich endgültig geschlagen ist, soll der k.u.k. Verbündete den deutschen Truppen den Rücken freihalten.

Die Gegenspieler im Westen

Generaloberst Helmuth von Moltke (1848–1916), Chef des Generalstabs und Neffe des berühmten Feldmarschalls, der 1870/71 die Franzosen besiegte. Dieser etwas kränkelnde und blaß aussehende Aristokrat, den man gegen seinen Willen 1906 zum Chef des Generalstabs ernannt hat, sagt über sich selbst: »Für die Aufgabe des Feldherrn im Kriege bin ich zu schwerblütig, zu bedächtig und bedenklich, zu gewissenhaft, wenn Sie wollen. Es geht mir die Fähigkeit ab, unter Umständen alles auf eine Karte zu setzen, was die eigentliche Größe des wahren und geborenen Feldherren, die Größe von Napoleon, von unserem Alten Fritz und meinem Onkel ausmachte.« Moltke ist die Oberste Heeresleitung (OHL) unterstellt.

General Joseph Jacques C. Joffre (1852–1931) ist der Generalstabschef und Oberbefehlshaber der französischen Truppen in Frankreich. Der bedächtige, aus dem Volk stammende Generalissimus ist bei seinen Soldaten sehr beliebt und wird von ihnen »Papa Joffre« genannt. Ihm untersteht das Grand Quartier Général, das französische Große Hauptquartier.

Feldmarschall Sir John Denton P. French (1852–1925) ist in den Jahren 1914 und 1915 Befehlshaber des britischen Expeditionskorps in Frankreich. Dieser ruhig wirkende, untersetzte Mann ist äußerst energisch und der Typ eines Draufgängers.

Strategische Operationen

Überraschend dringen französische Truppen am 6. und 7. August 1914 in das Ober-Elsaß ein und besetzen am 8. August 1914 vorübergehend Mühlhausen, um durch ihre militärische Präsenz die Kriegsbegeisterung der Bevölkerung zu wecken. Und sechs Tage danach, am 14. August 1914, gehen von Lothringen aus die französische 1. und 2. Armee in Richtung Saar zur Offensive über. Die deutsche 6. Armee weicht vorerst planmäßig aus. Zwei Tage lang vermutet Generaloberst von Moltke irrtümlicherweise hier den Angriff der französischen Hauptkräfte. Daher setzt er fast die gesamte Hee-

Nachrichtenübermittlung anno 1914. Die Telegraphie wird zwar genutzt, doch oft ist es sicherer, auf herkömmliche Methoden zurückzugreifen: Ein französischer Kavallerist schickt eine Taube auf den Flug, die eine Nachricht in das Hauptquartier der Franzosen bringen soll

resreserve mit 6 mobilen Ersatzdivisionen in dieser Nebenrichtung ein. Und das Oberkommando der 6. Armee beschließt – entgegen der ursprünglich festgelegten Operationsaufgabe –, eine Gegenoffensive zu eröffnen.

Bis zum 17. August 1914 ist der zweiwöchige Aufmarsch des deutschen Feldheeres mit rund 1,6 Millionen Mann gegen Frankreich abgeschlossen. Die Offensive ist nach dem Schlieffen-Plan als strategische Umfassungsoperation vorgesehen und soll mit einem Vorstoß des rechten Flügels und der Mitte mit ihrer 1. bis 5. Armee, des 1., 2. und 4. Kavalleriekorps sowie 3674 Geschützen durch Belgien und Nordostfrankreich beginnen. Die Verbände haben die Aufgabe, die französische Festungsfront sowie den linken Flügel des französischen Heeres zu umgehen und Paris einzuschließen.

Dann soll die Masse des französischen Heeres gegen die Schweizer Grenze gedrückt und in einer großen Kesselschlacht, wie einst bei Cannae, zerschlagen werden. Die Hauptstoßrichtung dieser Offensive verläuft durch Belgien – ihr Drehpunkt: Metz-Diedenhofen. Der deutsche linke Flügel mit der 6. und 7. Armee sowie dem 3. Kavalleriekorps und 1214 Geschützen hat die linke Flanke dieses riesigen Schwenkungsmanövers zu decken, um starke Kräfte des Gegners zu binden.

Das französische Feldheer, dazu die Festungsbesatzungen von Belfort, insgesamt 5 Armeen und ein selbständiges Kavalleriekorps, haben sich innerhalb von 12 Tagen bis zum 18. August 1914 im Raum Mézières versammelt. Der schwächere rechte Flügel, der die Verbände der 1. und 2. Armee umfaßt, steht inzwischen auf der Linie Belfort–Epinal–Nancy. Seine Aufgabe: Er soll die deutsche Front zwischen Straßburg und Metz durchbrechen und Lothringen erobern. Ein sofortiger Nebenangriff soll parallel zu dieser Operation bis ins Ober-Elsaß führen. Dieser sogenannte »Plan Nr. XVII« hat zwar offensiven Charakter, ist aber von schwerwiegendem Nachteil. Er überläßt nämlich die strategische Initiative den Deutschen und macht die Operation der französischen Hauptkräfte vom deutschen Vorgehen abhängig.

Diese Hauptkräfte – in der Mitte die 3. Armee, der linke Flügel mit einem Kavalleriekorps und der 5. Armee sowie der 4. Armee als strategische Reserve – sammeln sich zwischen Verdun und Hirson. Als sich Anfang August schon der deutsche Überfall auf Belgien abzeichnet, tritt die »Variante zum Plan Nr. XVII« in Kraft: Die 4. Armee wird zwischen die 3. und 5. Armee eingeschoben. Nach diesem Plan sollen nun die nördlich Verdun stehenden Hauptkräfte in Richtung Südbelgien vorstoßen und damit den deutschen Schwenkungsflügel spalten. Ungeachtet der vorliegenden Aufklärungsberichte hält das französische Oberkommando den Einsatz eines deutschen Reservekorps in vorderster Linie für einfach undenkbar und unterschätzt damit in gefährlicher Weise die Stärke des Schwenkungsflügels.

Ebenfalls bis zum 18. August 1914 schließt sich die englische Expeditionsarmee – zu diesem Zeitpunkt lediglich 4 Infanteriedivisionen und eine Kavalleriedivision – bei Maubeuge dem linken Flügel der Franzosen an. Ihr Oberkommando ist selbständig. Das Zusammenwirken der britischen und französischen Kräfte erfolgt aufgrund der noch vor Kriegsbeginn getroffenen Vereinbarungen, und das bedeutet: Für alle Operationen der Alliierten auf dem westlichen Kriegsschauplatz sind die Absichten des französischen Oberkommandos maßgebend.

Die wichtigsten Merkmale der Aufmarsch- und Operationspläne beider Seiten sind zum einen die Annahme, daß der Krieg nur kurz sein wird, zum anderen der Mangel an strategischen Reserven, die einseitige Festlegung auf den Bewegungskrieg, dazu die fehlende Kooperation der Land- und Seekriegführung sowie der Operationen zwischen den verbündeten Mächten. Eine strategische Überraschung des Gegners ist kaum zu erreichen, denn die Mobilmachung und der Aufmarsch der Millionenheere erfolgen ausschließlich durch Eisenbahntransporte und können daher nicht geheimgehalten werden. Die Generalstäbe kennen im großen und ganzen die Operationspläne ihrer Gegner, wie zum Beispiel die Franzosen den deutschen Vormarsch durch Belgien. Eine interessante Feststellung: Keine Seite

Die Massen werden mobilisiert. Ein französischer Divisionskommandeur spricht zu seinen Soldaten

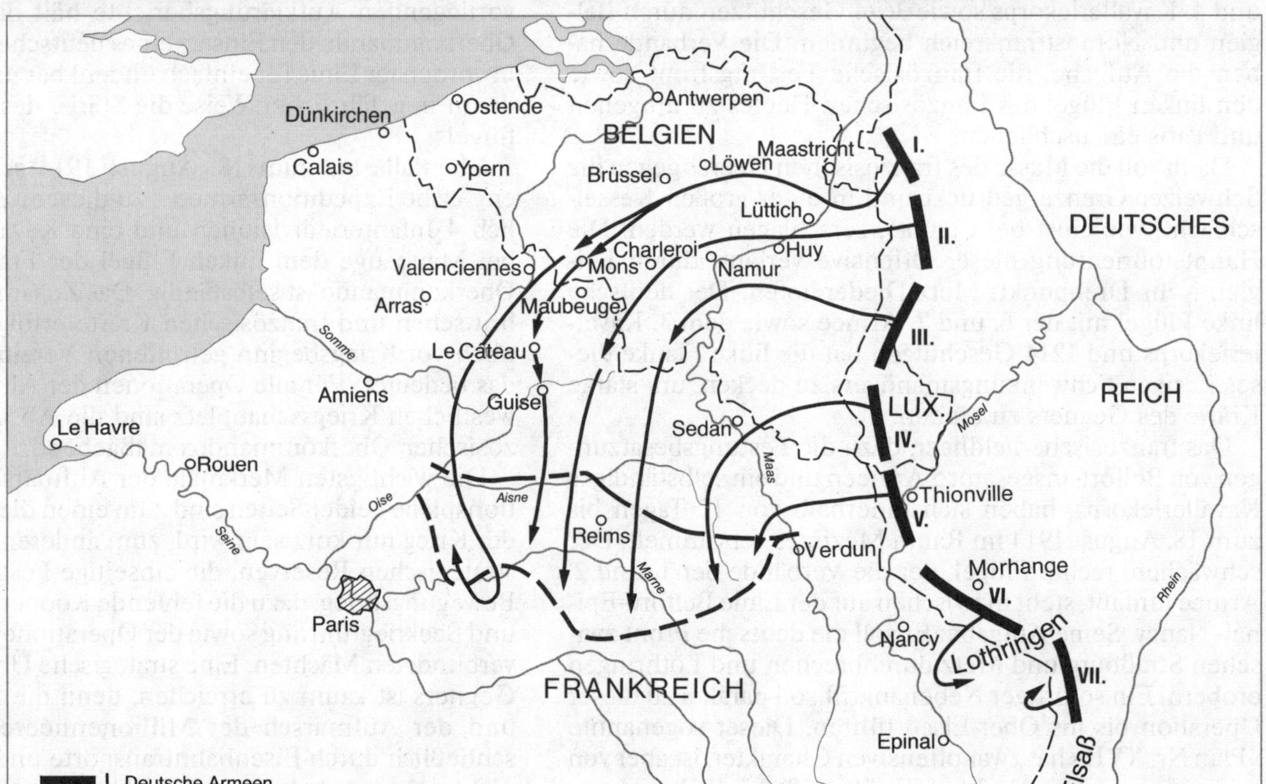

Der deutsche Vormarsch im August und September 1914

versucht, Mobilmachung und Aufmarsch des Gegners ernsthaft zu stören.

Die Hauptschwäche all dieser Pläne ist das Mißverhältnis zwischen den strategisch-operativen Zielen und den vorhandenen Kräften und Kampfmitteln. Kein Generalstab berücksichtigt die realen ökonomischen Möglichkeiten des eigenen Landes und der Gegenseite. Zu Beginn des Krieges hat keine der beiden Koalitionen auf einem der Kriegsschauplätze eine entscheidende Überlegenheit, um den Gegner in kurzer Zeit niederwerfen zu können. Da einsatzbereite Reserven kaum vorhanden sind, werden die Streitkräfte strategisch gestaffelt.

Deutsche Großoffensive

Am Dienstag, dem 18. August 1914, beginnt die Großoffensive des deutschen Umfassungsflügels mit der 1. bis 5. Armee, die den Krieg gegen Frankreich schnell entscheiden soll. Damit reißt die OHL die strategische Initiative an sich. Dank der starken Überlegenheit an Kräften und Kampfmitteln gewinnt der Vormarsch in seiner Hauptstoßrichtung durch Belgien schnell an Boden. Bereits am 20. August 1914 rückt die 1. Armee in Brüssel ein. Der erste größere Fehler des deutschen Heeres: Es läßt die belgische Armee unbehelligt, die hartnäckigen Widerstand leistet und sich in die Festung Antwerpen zurückzieht. So werden hier bis Anfang Oktober mehrere deutsche Divisionen gebunden.

Das französische Oberkommando, durch den weit ausholenden deutschen Vorstoß nördlich von Maas und Sambre überrascht, versucht jetzt, die drohende Umfassung seines linken Flügels zu verhindern, indem es ihn nach Norden hin verlängert und verstärkt. Zu gleicher Zeit organisieren die französischen Befehlshaber das Zusammenwirken mit der englischen Expeditionsarmee, über die man bei der OHL kaum etwas weiß.

Am 20. August 1914 erteilt General Joffre der 3. und 4. Armee überraschend den Befehl zur Gegenoffensive, um so schnell wie möglich den deutschen Schwenkungsflügel zwischen Diedenhofen und Dinant zu durchbrechen. In den darauffolgenden fünf Tagen entwickeln sich auf über 250 Kilometer Breite Grenzschlachten zwischen der Schelde und den Vogesen. Dort prallen die Hauptkräfte beider Seiten aufeinander, und es entstehen drei operative Schwerpunkte, der erste davon im nördlichen Frontabschnitt.

Gerade hier sind Kräfteverhältnis und operative Lage für die deutschen Armeen besonders günstig: Sie besitzen teilweise zweieinhalbfache Überlegenheit. Obwohl sie bei Mons, Namur und Dinant Erfolge verzeichnen, gelingt es ihnen aber an keiner Stelle, den Gegner zu umfassen und ihm den Rückzug abzuschneiden. In der Mitte, dem zweiten operativen Schwerpunkt, können die deutsche 4. und 5. Armee den französischen Durchbruchsversuch in den Schlachten bei Neufchâteau (Belgien) und Longwy vereiteln und den eigenen Vormarsch fortsetzen.

Deutsche Ulanen bei der Siegesparade in Brüssel

Auf dem Weg nach Antwerpen. In langen Tagesmärschen erreichen – von den Deutschen unbehelligt – Teile der belgischen Armee Antwerpen, unterbrochen von wenigen Ruhepausen, während Kameraden vorsichtshalber den Rückzug decken

Unterdessen nutzen die Japaner den Krieg der europäischen Großmächte, um ihre Expansionspolitik weiter betreiben zu können. Am 23. August 1914 erklärt Japan offiziell Deutschland den Krieg, denn es ist an einer Eroberung der deutschen Kolonien im Pazifik und dem Gebiet von Kiautschou interessiert. Zwar bleibt Japan nur als Randstaat am Weltkrieg beteiligt, aber sein Kriegseintritt ist von schwerwiegender Bedeutung: So kann das russische Hauptquartier Stawka seine sibirischen Truppen nach Europa verlegen. Die von der Entente gewünschte Entsendung japanischer Truppen auf den europäischen Kriegsschauplatz lehnt man in Tokio jedoch kategorisch ab. Erst drei Jahre später, 1917, werden einige japanische Kriegsschiffe zur Verstärkung ins Mittelmeer laufen. An seinen ehemaligen Gegner Rußland liefert Japan jetzt Waffen, Munition und andere Ausrüstungen.

Blutige Kämpfe im Westen

Bereits nach sechs Tagen Vormarsch gelingt es den Deutschen zwischen dem 24. und 26. August 1914, die Festungen Namur und Longwy zu erobern. Und im Süden, dem dritten Schwerpunkt, in Lothringen, läuft seit dem 20. August 1914 die Gegenoffensive der deutschen 6. und 7. Armee. Hier werden die französischen Truppen in einer Frontalschlacht auf ihre Festungslinie zurückgedrängt, nicht ahnend, daß dadurch deren Widerstandskraft noch vergrößert wird. Einige Zeit danach zieht das französische Oberkommando einen Teil dieser Truppen zur Verstärkung des gefährdeten linken Flügels ab. Obwohl die deutschen Armeen in den Grenzschlachten gesiegt und den »Plan Nr. XVII« des französischen Oberkommandos zunichte gemacht haben, können sie jedoch das Hauptziel, starke englische und französische Kräfte zu zerschlagen, nirgendwo erreichen.

Mit Beendigung der Grenzschlachten überschreitet die deutsche Offensive ihren Höhepunkt, und durch die zunehmende Frontausdehnung schwindet der Überraschungseffekt. Die bisher zahlenmäßige Überlegenheit des rechten Flügels mit seiner 1., 2. und 3. Armee geht verloren. Während sich die deutschen Etappenlinien erheblich verlängern, profitieren die Armeen der Alliierten vom Vorteil der kürzeren Verbindungslinien. In den Grenzschlachten müssen beide Seiten durch ihre veraltete Angriffstaktik schwere Verluste hinnehmen: So haben zum Beispiel die Franzosen am 22. August 1914 bei Longwy noch mit Hornsignal, Trommelwirbel und fliegenden Fahnen angegriffen, wobei es ihnen gelingt, die dichten Angriffslinien der deutschen Truppen durch das äußerst präzise Feuer ihrer 75-mm-Feldkanonen zu dezimieren.

Am 27. August 1914 befiehlt die OHL, obwohl sich der deutsche Schwenkungsflügel bereits um 12 Divisionen gelichtet hat, in ihren »allgemeinen Anweisungen an die

August 1914. London, Trafalgar Square: Während sich englische Rekruten ihren Sold auszahlen lassen,

finden deutsche Bahnbedienstete und Militärs noch die Zeit, sich zu einem Gruppenphoto mit den ersten erbeuteten französischen Geschützen zu versammeln

1. bis 7. Armee für den Fortgang der Operationen«, die große Umfassung bis zum Westen von Paris weiter durchzuführen. Die 1. Armee erhält als Marschziel die untere Seine nordwestlich von Paris, die 2. Armee die Seine-Metropole selbst, und die 6. und 7. Armee sollen in Richtung Neufchâteau durchbrechen. Die OHL ist nämlich der Annahme, die belgische Armee löse sich allmählich auf und die linke Flanke sowie die Mitte des französischen Heeres befänden sich in vollem Rückzug.

Dies ist allerdings ein schwerwiegender Irrtum: Das französische Oberkommando ist gerade im Begriff, eine planmäßige Abwehr der deutschen Offensive zu organisieren. Es hat unter anderem den gefährdeten linken Flügel zurückgenommen und dahinter, bei Amiens, die Bildung einer neuen (6.) Armee eingeleitet. Dies bleibt jedoch dem deutschen Oberkommando vorerst unbekannt. General Joffre überschätzt aber die Kampfkraft seiner Truppen. Die Franzosen setzen unterdessen übertriebene Hoffnungen auf die russische Offensive in Ostpreußen, in deren Anfangserfolgen die Pariser Presse bereits den Vormarsch auf Berlin sieht.

Ende August 1914 kommt es an der gesamten Westfront zu blutigen Kämpfen. Erst unter größten Anstrengungen gelingt es der 3. Armee unter Generaloberst Freiherr von Hausen, den Versuch des französischen Heeres zu vereiteln, die deutschen Armeen auf der Linie Amiens–Laon–Verdun zu stoppen. In der Schlacht bei St. Quentin vom 28. bis 30. August 1914 drohen aber der erbitterte französische Widerstand, besonders an und hinter der Maas, sowie der überraschende Gegenangriff der französischen 5. Armee, die auseinandergezogene deutsche Front zu zerreißen. So müssen die deutschen Armeen des rechten Flügels schnellstens ihre Stoßrichtung ändern und nach Süden und Südosten einschwenken.

Auch die deutsche 1. Armee muß am 30. August 1914 ihren Vormarsch nach Südwesten aufgeben und die Absicht fallenlassen, Paris einzukreisen. Sämtliche Versuche der 1. Armee (GenOberst v. Kluck), in die tiefe Flanke und den Rücken der englischen Expeditionsstreitmacht zu gelangen und sie zu vernichten, sind trotz zahlenmäßiger Überlegenheit gescheitert. Es bleibt lediglich eine frontale Verfolgung.

Obwohl mehr und mehr zutage tritt, daß der deutsche Vormarsch nicht wie geplant verläuft, glaubt die Oberste Heeresleitung immer noch, die Einnahme von Paris stehe unmittelbar bevor. Am 30. August 1914 wird aus einem Flugzeug über der französischen Hauptstadt ein Banner abgeworfen, dessen Inschrift den bevorstehenden Einmarsch der deutschen Truppen ankündigt.

Verteidigungsvorkehrungen in Paris

Montag, 31. August 1914. Befehl des Militärgouverneurs von Paris:

»In vier Tagen, vom 30. August ab gerechnet, müssen die Hausbesitzer, Pächter und Mieter in der Zone der alten und neuen Forts ihre Häuser sämtlich zerstört haben. Widrigenfalls werden sie mit dem gesamten darin befindlichen Gut vom Militär gesprengt.

General Galliéni«

Die Kämpfe Ende August/Anfang September 1914 zeigen, daß die Oberkommandos der einzelnen Armeen und die in Luxemburg stationierte Oberste Heeresleitung mehr und

Entlang einer Hügelkette aufgestellt und einsatzbereit: Französische 75-mm-Feldkanonen, aufgenommen von der offiziellen französischen Wochenschau »Annales De La Guerre«,

der auch der Einsatz dieser Feldkanone eine Aufnahme wert war

Von links nach rechts: Generaloberst Max Freiherr von Hausen, Generaloberst Alexander von Kluck sowie der Gouverneur von Paris, General Galliéni

3. September 1914. Bekanntmachung: Die Regierungsmitglieder haben Paris verlassen, während das Militär den Befehl übernommen hat, »um der nationalen Verteidigung einen neuen Impuls zu geben«

GOUVERNEMENT MILITAIRE DE PARIS

Armée de Paris,
Habitants de Paris,

Les Membres du Gouvernement de la République ont quitté Paris pour donner une impulsion nouvelle à la défense nationale.

J'ai reçu le mandat de défendre Paris contre l'envahisseur.

Ce mandat, je le remplirai jusqu'au bout.

Paris le 3 Septembre 1914

Le Gouverneur Militaire de Paris
Commandant l'Armée de Paris

GALLIÉNI

mehr den Überblick über die operative Lage verlieren und die Initiative langsam ihren Händen zu entgleiten droht. Schuld daran ist vor allem das Fehlen jeglicher Fernsprechverbindungen zwischen der OHL und den Oberkommandos der 1. bis 3. Armee. Selbst die genauen Fliegermeldungen werden vielfach nicht genutzt. Auch der technisch völlig unzureichende Funkverkehr trägt dazu bei, daß Moltke den Armeeführern freie Hand läßt. Außerdem fehlt eine einheitliche Führung des rechten Flügels mit seiner 1., 2. und 3. Armee als Heeresgruppe. Schlimmer noch: Moltke billigt nachträglich die von der 1. Armee geänderte Vormarschrichtung.

Reims wird besetzt

Am 2. September 1914 gibt die OHL eine neue Weisung: Die alliierten Armeen sollen in südöstlicher Richtung gegen die Schweiz abgedrängt und vernichtet werden. Doch dieser Befehl ist durch die Ereignisse bereits überholt. Die 1. Armee unternimmt derzeit Gewaltmärsche, um die englische Expeditionsarmee einzukreisen, ohne die Weisung der OHL zu beachten, sich der deutschen 2. Armee (GenOberst v. Bülow) anzuschließen und den Flankenschutz des rechten Flügels zu übernehmen. Jetzt sind die deutschen Truppen tatsächlich nur noch 40 Kilometer von Paris entfernt, doch von einer Einschließung der Hauptstadt hat man längst abgesehen. Das französische Oberkommando kennt inzwischen die Absicht des Gegners, läßt den Rückzug hinter die Marne fortsetzen und plant seit dem 1. September 1914 eine allgemeine Gegenoffensive.

Die deutsche 1. und 2. Armee gehen bei ihrem weiteren Vormarsch am 3. und 4. September 1914 östlich an Paris vorbei und überschreiten die Marne. Am 3. September

Eine leichte Funkstation der deutschen Armee. Rechts Generaloberst Karl von Bülow

1914 besetzt die 3. Armee Reims und überquert zwei Tage später ebenfalls den Fluß. Dadurch entsteht das, was die französische Führung sofort erkennt: Die offene Flanke des deutschen Heeres ist nun der Gefahr eines Angriffs von Paris her ausgesetzt. Das Oberkommando der 1. Armee und auch die OHL haben diese Bedrohung unterschätzt.

Tags darauf, am 4. September 1914, verwirft die OHL den längst nicht mehr durchführbaren Plan, die alliierten Hauptkräfte in Richtung Schweiz abzudrängen. Die 1. und 2. Armee sollen sofort den Vormarsch einstellen und den Flankenschutz gegen Paris übernehmen. Der 3., 4. und 5. Armee wird befohlen, unterdessen weiter vorzustoßen und so der 6. und 7. Armee den Weg über die Mosel zu öffnen. Damit will man eine doppelseitige Umfassung erreichen, denn insgeheim hofft die OHL, daß es ihr doch noch gelingen wird, die Armeen der französischen Mitte und des rechten Flügels gegen die Schweizer Grenze abzudrängen und dort zu vernichten.

Doch auch die Anweisungen der OHL vom 5. September 1914 sind bei Eintreffen bereits überholt, so daß die Armeeoberkommandos nach eigenem Ermessen handeln müssen. Die strategisch-operative Lage und das Kräfteverhältnis haben sich seit dem Erreichen der Marne zugunsten der Alliierten verändert. Damit verlieren die Deutschen ihren operativen Vorteil, und es droht ihnen die Gefahr, selbst umfaßt zu werden. Die Abgabe von 2 Korps an die russische Front nach Ostpreußen, das Zurücklassen von Belagerungstruppen vor Antwerpen und Maubeuge, schwere Kampf- und Marschverluste, außerordentliche Versorgungsschwierigkeiten infolge der immer längeren Etappenlinien, zerstörte Eisenbahnanlagen und dergleichen tragen erheblich zur Schwächung der deutschen Kräfte im Westen bei. An motorisierten Transportkolonnen herrscht akuter Mangel, und die Eisenbahnendpunkte liegen bis zu 125 Kilometer hinter der kämpfenden Truppe. Dabei ist es unvermeidlich, daß die Operationen allmählich ins Stocken geraten. Innerhalb von zwei Wochen hat die 1. Armee bei glühender Hitze und teilweise unter

September 1914. Endlos zieht sich der Marsch der deutschen Feldartillerie durch Frankreich

schweren Kämpfen über 500 Kilometer zurückgelegt. So mehren sich seit Ende August die Ersatzanforderungen, doch die OHL verfügt über keine einsatzbereiten Reserven. Auch die Niederlage des österreichisch-ungarischen Heeres in Galizien macht sich in diesen Tagen negativ bemerkbar.

Per Droschke zur Front

Die fehlerhafte Planung seines Generalstabs kommt Frankreich teuer zu stehen: Anfang September 1914 befindet sich das Land in einer scheinbar hoffnungslosen Lage: Wichtige Industriezentren sind vom Feind überrollt, Paris ist unmittelbar bedroht, und die Regierung hat ihren Sitz nach Bordeaux verlegt. Die beträchtlichen Verluste haben das Heer geschwächt und dessen Moral durch den langen Rückzug untergraben. Ein Flüchtlingsstrom nach dem anderen verstopft die Straßen nach Süden und Südosten.

Trotzdem hat das französische Oberkommando unter General Joffre nicht die Nerven verloren, sondern die Gegenoffensive vorbereitet und wieder eine geschlossene Front hergestellt. Die 6. Armee wird an die offene Flanke der deutschen Armeen in den Raum Paris verlegt, die Hauptstadt in Verteidigungszustand versetzt und hinter der Marne die neu aufgestellte 9. Armee zusammengezogen. Joffre schafft auch eine enge Kooperation mit dem englischen Oberkommando, das sogar zeitweise den Rückzug auf die Kanalhäfen erwogen und bisher die Teilnahme an einer Gegenoffensive strikt abgelehnt hat.

Am 4. September 1914 beschließt das französische Oberkommando, auf der gesamten Front von Paris bis Verdun in spätestens zwei Tagen zum Generalangriff überzugehen. Man will den deutschen rechten Flügel umfassen und damit den feindlichen Druck auf Paris beseitigen. Wie General Joffre betont, hängt das Schicksal Frankreichs vom Gelingen der Gegenoffensive ab. Mit dieser für das deutsche Oberkommando völlig überraschenden Operation reißen die Alliierten vorerst die strategische Initiative an sich.

Kurz vor Beginn der Marneschlacht, am 4. September 1914, verpflichten sich Frankreich, Großbritannien und Rußland im Londoner Abkommen feierlich, keinen Separatfrieden zu schließen und gemeinsam gegen die Mittelmächte vorzugehen. Sie stellen sich auf einen längeren, mit aller Härte geführten Krieg ein.

Vom 6. bis 12. September 1914 tobt an der Marne auf rund 240 Kilometern Breite die bis dahin größte Schlacht der Weltgeschichte. Sie beginnt als Begegnungsschlacht, da beide Seiten im Vorgehen sind. Besonders ungünstig ist das Kräfteverhältnis im Abschnitt der deutschen 1. Armee, deren 10 Divisionen mindestens 16 englische und französische gegenüberstehen. Einen Tag zuvor bildet der Erkundungsangriff eines Korps der 1. Armee den überraschenden Auftakt zur bevorstehenden Schlacht, stößt es doch

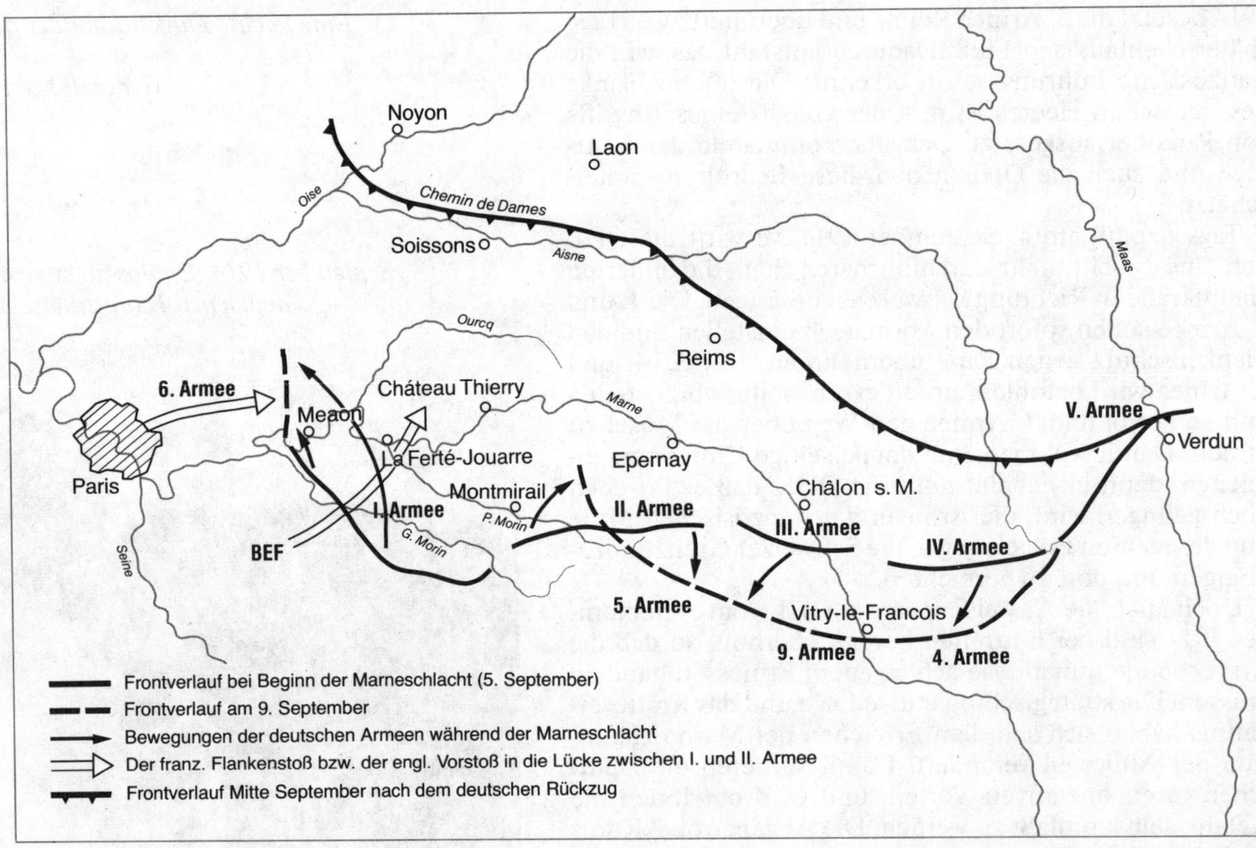

Die Marneschlacht

direkt in die Bereitstellungen der französischen 6. Armee hinein. Erst dadurch erfährt das deutsche Oberkommando in letzter Minute die Absichten der Alliierten.

Am frühen Morgen des 6. September 1914 soll die französische Gegenoffensive beginnen. Die Rettung für die Franzosen und zugleich die Entscheidung der Schlacht an der Marne hängt jetzt von der umgehenden Zuführung einer frischen Division ab. Gerade wird am Stadtrand von Paris, in Noisy-le-Sec, die 7. Infanteriedivision (Gen. de Trentinian) entladen. Irgend jemandem kommt die für den Ersten Weltkrieg einmalige Idee, wie man die Soldaten schnellstens vom Bahnhof direkt an die Front befördern kann: per Droschke. Man zieht sie aus dem Straßenverkehr, insgesamt fast siebenhundert Wagen, die bereitwillig mit laufendem Taxometer in die Vorstadt rasen. Hier lädt jeder von ihnen vier feldmarschmäßig ausgerüstete Infanteristen ein. Sie nehmen den größten Teil der 13. Brigade auf und fahren bei Anbruch der Dunkelheit an die Front. Diese Episode wird später als das »Wunder an der Marne« in jeder Chronik erwähnt. Unbekannt bleibt jedoch bis heute, wer diesen genialen Einfall hatte.

Die Führung der deutschen 1. Armee, die trotz Weisung der OHL noch am 5. September 1914 südlich der Marne weiter vorgestoßen ist, muß ihre Truppen in zweitägigen Gewaltmärschen auf das Nordufer des Flusses zurückzie-

Verstärkung für die kämpfenden Truppen. Französische Verbände marschieren durch ein Dorf zur Marneschlacht. Viele werden ihre Dörfer nicht wiedersehen

6. September 1914. Ein Ereignis, das in keiner Chronik fehlt: In Paris werden alle Droschken requiriert, um Reserveverbände auf dem schnellsten Weg in den bedrohten Frontabschnitt zu bringen

Auf einer Landstraße irgendwo in Frankreich: Ein letztes aufmunterndes Wort auf dem Weg zur Front

Soldaten des britischen Expeditionsheeres warten auf ihren Einsatz, während zur gleichen Zeit die deutsche Artillerie ihre 30,5-cm-Haubitze lädt . . .

hen. In der Teilschlacht am Ourq zwischen dem 5. und 9. September 1914 gelingt es nur unter größten Anstrengungen, den Angriff der französischen 6. Armee zurückzuschlagen. Durch die plötzliche Kehrtschwenkung der 1. Armee wird allerdings der deutsche rechte Flügel auseinandergerissen, denn die 2. und auch die 3. Armee greifen weiter nach Süden an. Dies verursacht eine Desorganisation der rückwärtigen Verbindungen. Es entsteht eine etwa 40 Kilometer breite Lücke zwischen der 1. und 2. Armee, die nur unzureichend durch Heereskavallerie gedeckt werden kann, denn Reserven sind nicht vorhanden.

Gegen Mittag des 8. September 1914 gelingt es starken französischen und englischen Kräften, mit insgesamt 16 Infanterie- und 2 Kavalleriedivisionen in die entstehende Lücke einzudringen und bereits am Tag darauf die Marne zu überqueren. Die Lage der beiden deutschen Armeen verschlechtert sich angesichts der Gefahr eines operativen Durchbruchs zusehends. Selbst die taktischen Erfolge, vor allem bei der 3. Armee, können die Krise nicht beheben. Daher bleibt der 2. Armee, danach auch der 1. Armee keine andere Möglichkeit, als zwischen dem 9. und 13. September 1914 die Schlacht abzubrechen und sich über die Aisne zurückzuziehen.

Schlacht an der Marne

Sonnabend, 12. September 1914, Rom. Der *Corriere della Sera* berichtet:

»Am rechten Ufer der Marne, auf den sanften Höhen, die sich wellenförmig dahinziehen, hatte der Widerstand der Deutschen furchtbare Formen angenommen. Sie hatten am Rand des Flußtals eine lange Reihe von Schützengräben ausgehoben und zahlreiche Artillerie in guter Dekkung in Wäldern versteckt aufgestellt. Vor ihren Stellungen befand sich ein vollkommen offenes Gelände ... Wir verlassen die Niederung und gelangen an den Rand der Hochebene, die durch die deutschen Schützengräben versperrt war.

Ein furchtbares Bild, grauenerregend und erhebend zugleich, bietet sich uns dar. Die weite Ebene ist mit Leichen übersät. Es sind Franzosen. Hunderte und aber Hunderte menschlicher Körper liegen da, soweit der Blick reicht. Weithin, nach rechts und links, in dunstiger Ferne auf den gelben Stoppeln der geschnittenen Felder, dehnt sich die niedergemähte menschliche Ernte aus. Wo die Hochebene beiderseits endet, erscheinen die Toten nur noch wie kurze, unregelmäßige Striche; sie bilden eine lange, gewundene Linie, die fern verblaßt, schmaler wird und verschwimmt. Sie liegen alle in einer Richtung gelagert, wie niedergemähtes Gras ...

Wenn man diesen Geländeabschnitt durchschritten hat, stößt man wieder auf Gefallene; diesmal sind es Deutsche. Am Rande einer breiten Straße erzählen uns die Leichen von einem harten Handgemenge, Mann gegen Mann.

Eine Gruppe deutscher Krieger, die auf verlassenem Posten allein zurückgeblieben war, hatte den Straßendamm als Brustwehr benützt und blieb da, andauernd feuernd, zwischen den beiden Straßengräben. Sie hatte sich nicht mehr zurückziehen können. Sie hat so lange, wie sie konnte, Widerstand geleistet: Der letzte französische Gefallene liegt drei Meter von ihr entfernt. Dann ist der Sturm über sie hinweg und hat sie vernichtet. Von Bajonetten durchbohrt, ist die kleine Schar gefallen.

Manch verbogenes Bajonett, das auf dem Platze liegenblieb, manch zerbrochener Gewehrschaft zeugt von dem

Sie können sich glücklich schätzen: Britische Kavalleristen kehren von der Front zurück

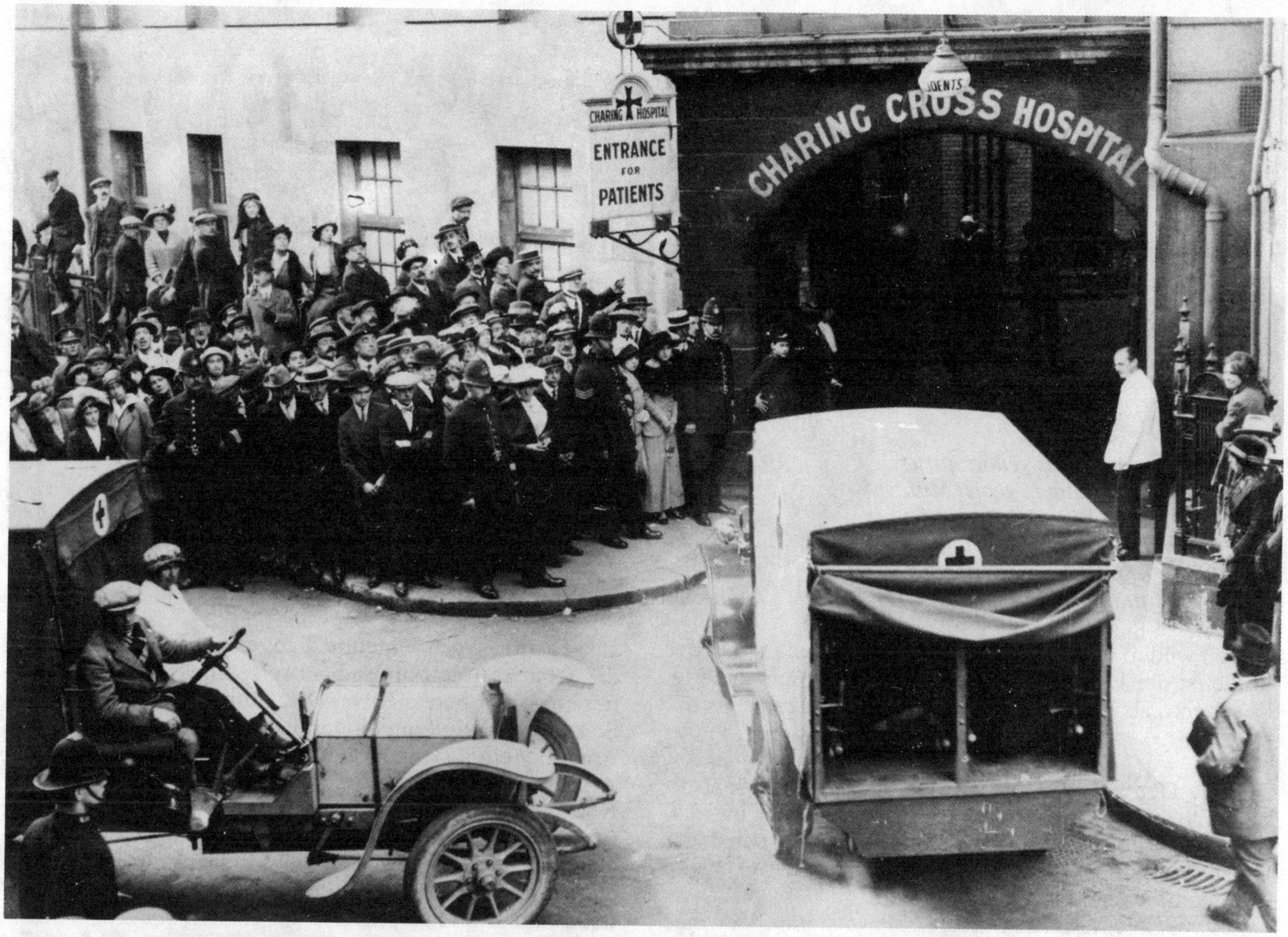

Ambulanzwagen liefern britische Soldaten, die an der Westfront verwundet worden sind, in das Londoner Charing Cross Hospital ein

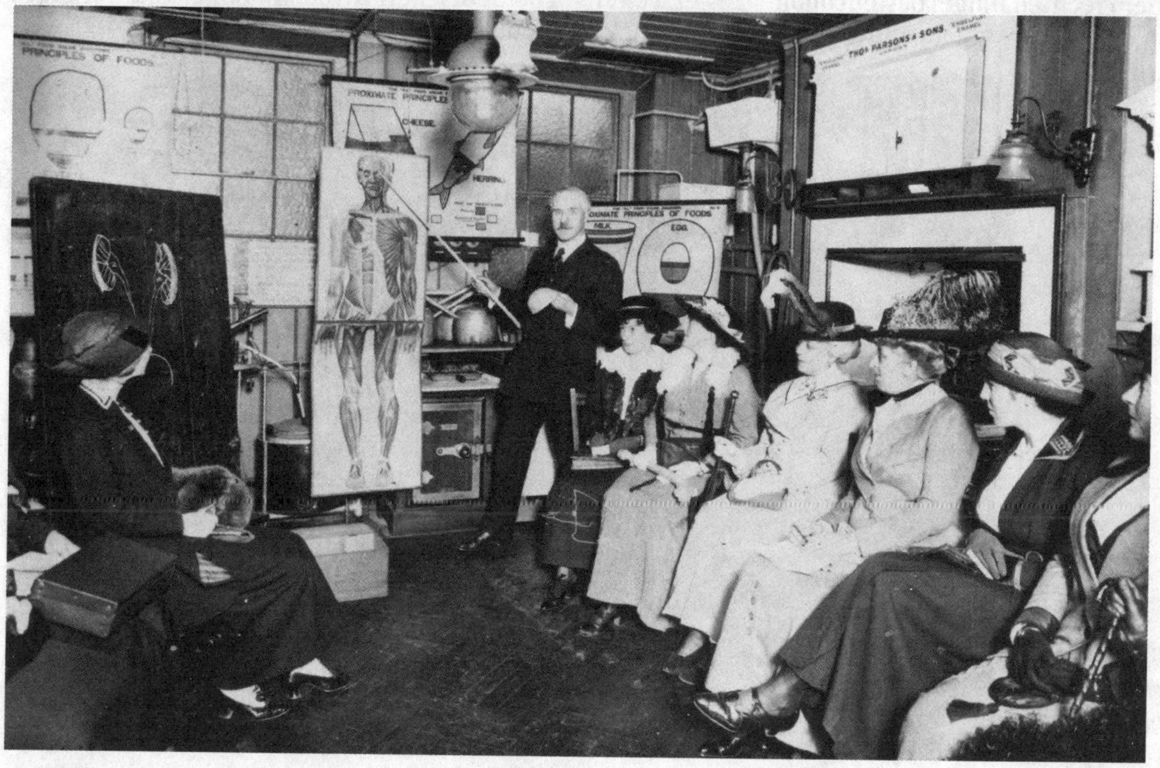

Sie hingegen haben den Einsatz an der Front noch vor sich: Rote-Kreuz-Schwestern werden im Londoner Institute of Hygiene unterrichtet

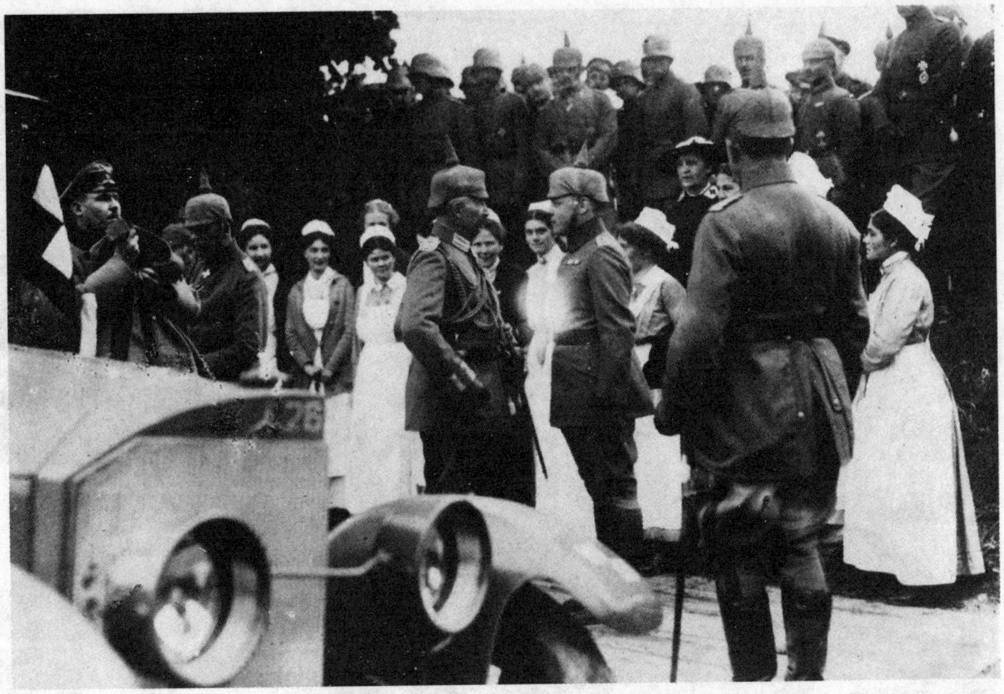

Auch das gehört dazu: Ihre Majestäten geben Mut. Ob es Wilhelm II. ist, der während einer Frontbesichtigung mit den Krankenschwestern eines Militärhospitals spricht . . .

kurzen wilden und verzweifelten Ringen. Der erste in der Reihe ist der Unteroffizier, der die Schar kommandierte. Es scheint, als kommandiere er noch im Tode.«

Daß die Deutschen es nicht geschafft haben, Paris abzuschneiden und die französischen Hauptstreitkräfte im Rükken anzugreifen, ist auf ein Zusammenspiel verschiedener Umstände zurückzuführen, die seit 1860 in jedem Feldzug vorgekommen sind . . .

Erstens: Die riesigen Armeen – die verstärkte 1. Armee (GenOberst v. Kluck) auf dem rechten Flügel besteht allein schon aus 320000 Soldaten – sind gezwungen, ohne ein gut ausgebautes Nachrichtennetz auszukommen. Dadurch ist die Stoßrichtung notwendigerweise direkt und vom Gegner im voraus berechenbar. Dies führt zu Frontalangriffen. So kann der Feind mit modernen Verteidigungswaffen den Angreifer einfach niedermetzeln. Hätten die französischen Armeen bei den ersten Grenzkämpfen in Belgien und Nordfrankreich etwas wagemutiger angegriffen, wäre ihnen ein ähnlich vernichtender Erfolg wie den Briten gelungen, die am 23. August 1914 bei Mons mit ihrem heftigen Schnellfeuer aus dem Hinterhalt das Vordringen starker deutscher Kräfte stoppen.

Zweitens: Die deutschen Armeen können während des Vormarschs nicht mit Hilfe der Eisenbahn versorgt wer-

. . . oder ob es Georg V. ist, der einer Royal Field Artillery Station in England einen Besuch abstattet

den, sondern sind auf den Nachschub durch Pferdetransporter angewiesen, die jedoch oftmals auf sich warten lassen, da die Zufahrtswege nicht selten blockiert sind. Als das Tempo des deutschen Vormarschs nachläßt, finden die Franzosen und Engländer Zeit, ihre Verbände umzugruppieren und mit der Bedrohung ihres linken Flügels fertig zu werden. So bereiten sie die Schlacht an der Marne vor, die in Wirklichkeit eine gegen die offene Flanke des Gegners gerichtete Operation ist.

Drittens: Entschlußlosigkeit bei den Oberkommandos auf beiden Seiten führt dazu, daß aus den unzureichenden Informationen falsche Schlußfolgerungen gezogen werden. Dies verursacht schließlich bei den Deutschen die Aufgabe des Schlieffen-Plans. Mehrere richtige Entscheidungen werden übrigens von Heeresbefehlshabern getroffen, die sich auf Luftaufklärung und nicht auf die der Kavallerie stützen. Bezeichnend ist auch, daß der überstürzte deutsche Rückzug, der am frühen Nachmittag des 9. September beginnt, auf Anordnung Oberstleutnants Hentsch geschieht, eines jüngeren deutschen Stabsoffiziers, der als Moltkes Abgesandter an der Front fungiert. Die Verantwortung dafür trägt jedoch Generaloberst von Moltke.

Die Schlacht an der Aisne

Für die Alliierten kommt dieser Rückzug, der mit Einverständnis der OHL erfolgt, völlig überraschend. Erst am nächsten Tag, dem 10. September 1914, erfährt General Joffre davon. Die verblüfften englischen und französischen Truppen verfolgen die Deutschen nur zögernd, nehmen 40000 Mann gefangen und erbeuten 200 Geschütze. Die deutsche 3. Armee muß sogar fast 70 Kilometer zurückgehen. Um das rückwärtige Gebiet in Belgien und Nordfrankreich zu sichern, hat die OHL bereits am 5. September 1914 die Bildung einer neuen (7.) Armee bei St. Quentin beschlossen. Die alte 7. Armee wird zu diesem Zweck aufgelöst.

Am 9. September 1914 stellt man die erfolglosen Durchbruchsversuche der 6. Armee in Lothringen ein, die nun ebenfalls für die neu aufgestellte 7. Armee Kräfte abgeben muß. Trotzdem schafft es die neue 7. Armee nicht mehr, in die Entscheidung an der Marne einzugreifen. Im weiteren Verlauf der Marneschlacht wird am 11. September 1914 auch für die 3., 4. und 5. Armee der Rückzug befohlen. Reims sowie die halbkreisförmige Abschnürung von Verdun gibt man auf. Erst am 13. September 1914 kommen die durch den Fall von Maubeuge freigewordenen Kräfte heran. Dadurch kann die Lücke zwischen der deutschen 1. und 2. Armee geschlossen und die Gefahr eines alliierten Durchbruchs gebannt werden. Nur der 1. Armee droht noch immer eine Einkreisung durch die französische 6. Armee.

Die Franzosen und Engländer hoffen, die deutschen Armeen bis nach Belgien, möglichst noch weiter, zurück-

12. September 1914. Die Schlacht an der Aisne: Eine britische Brigade transportiert Haubitzen. Rechts der deutsche Oberstleutnant Hentsch

Generalquartiermeister von Stein (links) und Generalstabschef von Falkenhayn

werfen zu können. So entbrennt am 13. und 14. September 1914 an der Aisne eine heftige Schlacht. Aber die Angriffe der bereits geschwächten und unter Munitionsmangel leidenden Alliierten können weder hier noch an anderen Abschnitten Erfolge erzielen: Die Deutschen haben sich inzwischen eingegraben.

Krisen auf beiden Seiten

Aufgrund der bisher unerfreulichen Lage erfolgt am 14. September 1914 eine Umbesetzung in der deutschen Führung: Generaloberst von Moltke, der sich als unfähig erwiesen hat, mit der komplizierten Situation fertig zu werden, sowie sein Stellvertreter, Generalquartiermeister von Stein, werden abgelöst. Neuer Generalstabschef des Feldheeres wird der preußische Kriegsminister Erich von Falkenhayn (1861–1922), ein Favorit des Kronprinzen, der fest davon überzeugt ist, daß es diesem tüchtigen General gelingen wird, die französische Front zu durchbrechen. Der Führungswechsel bleibt vorerst geheim, um das Eingeständnis des Mißerfolgs zu verschleiern.

Der Rückzug aller deutschen Truppen aus Lothringen sowie die schwere Niederlage des österreichisch-ungarischen Heeres in Galizien haben die Führungskrise in der OHL bewirkt. Drei Tage später, am 17. September 1914, brechen die Alliierten ihre Angriffe vorerst ab, denn inzwischen ist auf deutscher Seite wieder eine feste Abwehrfront entstanden. Sie verläuft jetzt von Noyon–Soissons–Reims–Varennes–Nordfront bis Verdun und zur elsaß-lothringischen Grenze.

Die Marneschlacht zeigt eine Wende im Verlauf des Ersten Weltkrieges, obwohl die Schlacht keine eindeutige Entscheidung gebracht hat. Doch das deutsche Heer erleidet eine Niederlage von strategischer Bedeutung. Damit ist der Blitzkriegplan des deutschen Generalstabs endgültig gescheitert. Es hat sich erwiesen, daß es bei dem vorhandenen Kräfteverhältnis der Alliierten und deren technischer Ausrüstung unmöglich ist, sie in einer Umfassungsoperation von über 600 Kilometern Tiefe blitzartig zu zerschlagen. Ein anderer Grund: Das Tempo des Vormarschs wird von der mit schwerem Marschgepäck beladenen Infanterie bestimmt.

Diese Tatsachen widersprechen der bisherigen Konzeption, auf der der gesamte Kriegsplan der Mittelmächte beruht. Für die Kriegführung der beiden Bündnispartner bedeutet dies eine schwere Niederlage, die ständige Kontroversen über eine Weiterführung des Krieges hervorruft. Man kann sich vor allem nicht darüber einigen, auf welchem Kriegsschauplatz die Hauptanstrengungen künftig liegen sollen. Diese Unstimmigkeiten haben auch politische Auswirkungen, da die Entente größeren Einfluß auf die Haltung Italiens und Rumäniens gewinnt.

Bereits in den ersten Kriegswochen erweisen sich sämtliche bisherigen Voraussagen über mögliche Menschen- und Materialverluste als unrichtig. Nicht nur die Schwierigkeit, Millionenheere zu führen, sondern auch die materielle Sicherstellung weiträumiger Operationen sind in der Praxis viel komplizierter, als die Militärtheoretiker es sich in Friedenszeiten vorgestellt haben. Die militärische Führung beider Seiten steht den neuen Angriffs- und Verteidigungsmethoden verständnislos gegenüber. In fast allen Armeen, sei es bei den Mittelmächten oder der Entente, ist ein Teil der höheren Offiziere den Anforderungen des Krieges nicht gewachsen und muß umgehend ersetzt werden. Bis Mitte September 1914 werden allein in Frankreich 33 höhere Truppenführer, darunter zwei Armeeoberbefehlshaber und sieben Korpskommandeure, aus Altersgründen abgelöst.

Viele deutsche Verbände besitzen Ende September 1914 nur noch eine Gefechtsstärke von 50 bis 60 Prozent. Gerade die Verluste an aktiven Offizieren sind erschreckend hoch. Auch das französische Heer hat bis jetzt insgesamt

329000 Mann an Toten, Verwundeten, Vermißten oder Gefangenen eingebüßt; das ist ein Sechstel seiner Gesamtkriegsverluste. Auf beiden Seiten fehlt es an ausgebildetem Nachwuchs und Reserven. Außerdem herrscht katastrophaler Munitionsmangel – besonders bei der schweren Artillerie. Ferner sind die Mobilmachungsvorräte fast aufgebraucht; sie hätten also kaum für einen vorgesehenen Blitzkrieg gereicht.

Die Industrie ist auf absehbare Zeit nicht imstande, ihre Kapazität dem ungeheuren Bedarf anzupassen. Das Ausmaß des Munitionsverbrauchs: An der Westfront wird an einem Großkampftag von einer Seite mehr Munition verschossen, als die deutsche Armee während des ganzen Krieges 1870/71 benötigt hat. Ab Ende September müssen die deutschen und französischen Oberbefehlshaber den Munitionsverbrauch drastisch einschränken. So wird zum Beispiel bei der französischen 9. Armee der tägliche Verbrauch auf drei Schuß je Geschütz festgelegt. Die Munitionsfrage wird immer dringlicher: Beide Gegner sind an größeren Abschnitten der Westfront zur Abwehr in befestigten Feldstellungen übergegangen, denn direkte Angriffe verlangen einen unverhältnismäßig hohen Munitionseinsatz. Die nur mit schwachem Artilleriefeuer unterstützten Infanterieangriffe erweisen sich als äußerst verlustreich und kommen bald zum Stehen.

Für die Weiterführung des Krieges ist daher die Lösung der Munitionskrise das größte Problem, vor allem für die

Ein fast alltägliches Bild: Nach starker Artillerievorbereitung greifen deutsche Infanteristen an

Kriegsgefangenschaft. Viele leiden darunter (rechts französische Kriegsgefangene), manche empfinden sie als das kleinere Übel (unten das Kriegsgefangenenlager im bayerischen Hammelburg)

Deutschen. Es fehlt ihnen an Salpeter, dem Rohstoff für die Pulver- und Sprengstoffherstellung. In Tag- und Nachtschichten versuchen die Rüstungsindustrien der kriegführenden Länder, ihre Munitionsproduktion kurzfristig zu steigern. In Frankreich und Deutschland gelingt dies nur, weil man bei der Feldartillerie jetzt auch die zwar schnell und leicht herzustellenden, aber minderwertigen Graugußgranaten mit einfachem Zünder einsetzt.

An der Westfront stehen beide Gegner Mitte September vor der Frage, wie man die Operationen zum eigenen Vorteil weiterführen soll. So ist zum Beispiel General Joffre fest davon überzeugt, daß trotz des Scheiterns der französisch-englischen Angriffe an der Aisne am 13. und 14. September 1914 der Krieg in kurzer Zeit zu beenden sei. Der neue deutsche Generalstabschef von Falkenhayn und seine Offiziere glauben wiederum, daß die Entente-Armeen am Ende ihrer Kräfte seien und eine neue Offensive den Sieg bringen werde. Sie haben, wie es scheint, die Niederlage an der Marne noch nicht in ihrer ganzen Tragweite erkannt, sondern sehen in dem Rückzug lediglich ein taktisches Manöver, um die Verbände für einen erneuten Angriff zu sammeln und aufzufrischen.

Was im ersten Ansturm nicht gelungen ist, will von Falkenhayn nun in einer zweiten Offensive mit den dezimierten Armeen und aus einer operativ ungünstigen Lage heraus erzwingen. Doch in den Tagen vom 14. bis 27. September 1914 scheitern fast alle deutschen Operationen zwischen Soissons und der Mosel unter schweren Verlusten. Dadurch hat sich die Lage des deutschen Westheeres wesentlich verschlechtert. Trotzdem bleibt die OHL bei ihrer bisherigen Strategie, den Krieg zuerst im Westen zu entscheiden. Die Verbündeten sollen bis dahin die Ostfront mit eigenen Kräften halten.

Doch das Armeeoberkommando (AOK) der Donaumonarchie fordert bereits seit Anfang September von der deutschen Führung, die Hauptanstrengungen umgehend nach dem Osten zu verlegen. Es sei wichtiger, gemeinsam den schwächeren Gegner Rußland niederzuschlagen. Falkenhayn gelingt es aber mit Unterstützung von Wilhelm II., die Priorität der Kriegführung im Westen durchzusetzen. So kommt es in den darauffolgenden Monaten zu immer neuen Meinungsverschiedenheiten zwischen der OHL und dem AOK.

Seit Ende September 1914 entwickelt sich an der Westfront ein gewisses militärisches Gleichgewicht. Den 84

September 1914. Sie wissen noch nicht, was sie erwartet. Ist es der Sieg, die Gefangenschaft, werden sie verwundet, finden sie gar den Tod? Französische Truppen auf dem Weg zur Front

Aufgenommen mit einem Fernobjektiv: Soissons

deutschen Divisionen stehen jetzt 85½ französisch-englische gegenüber. Von Noyon bis zur Schweizer Grenze verharrt die Front im Stellungskrieg. Nur im Raum nördlich der Oise, wo noch keine geschlossene Front besteht, finden Kampfhandlungen statt. Beide Seiten versuchen hier, die Nordflanke des Gegners zu umfassen, um wieder einen Bewegungskrieg einzuleiten.

»Wettlauf zum Meer« oder auch »Wettlauf um die offene Flanke« wird die von Ende September bis Mitte November 1914 dauernde Operation bezeichnet, in der sich die Front bis zur Küste ausdehnt. Die rückwärtigen Verbindungen des deutschen Heeres sind noch immer stark zerstört und werden von den Alliierten in Antwerpen und im Raum Lille bedroht, was nicht zuletzt darauf zurückzuführen ist, daß die Entente über intakte Bahnverbindungen verfügt.

Beginn des Stellungskrieges

Donnerstag, 1. Oktober 1914, Paris. Die Zeitung *Le Matin* beschreibt einen deutschen Schützengraben:

»Betrachtet dieses Bild genau, und ihr werdet einsehen, warum die Schlacht an der Marne so lange dauerte und die Schlacht an der Aisne noch dauert. So sehen die deutschen Gräben aus. Die Infanterie richtet sich in richtigen kleinen Festungen ein, geschützt vor dem Gesehenwerden und vor den Kugeln. Das Regenwasser fließt in einem hinteren Abflußgraben ab. Die Leute können sitzen und schlafen. Weder unsere Artillerie noch unsere Infanterie kann so einen eingegrabenen Deutschen sehen. Die Granaten sind nur wirksam, wenn sie genau in den Graben fallen. Hier wird der Kampf zur Jagd. Die Gefahr wächst überall aus dem Boden heraus.

Bevor man den Feind besiegt, muß man ihn ausgraben. Bedenket ferner, daß die deutsche Artillerie ebensolche befestigte Stellungen hat, daß sie von Drahtverhauen umgeben ist und daß zwischen den Geschützen Maschinengewehre auf unsere Stürmer lauern, daß hinter den Feldgeschützen schwere Artillerie steht, deren große Tragweite jeden Rückzug mit einer Feuermauer deckt. Denkt an alles, und ihr werdet ermessen können, was es für Anstrengungen kostet, eine Armee, die so Fuß gefaßt hat, aus ihren Stellungen zu vertreiben.«

In den letzten Septembertagen 1914 enden nach frontalen Gefechten und mit dem Eingraben der Truppen schon die ersten französischen Umfassungangriffe bei Noyon. Beide Seiten werfen immer neue Verbände auf den Nordflügel und schwächen damit ihre Front südlich der Oise. Fast die gesamte Kavallerie ist im Einsatz, die jedoch gegen Schnellfeuergeschütze und Maschinengewehre nichts ausrichten kann. Die großen blutigen Kavallerieattacken zeigen das besonders deutlich.

Zwischen dem 2. und 10. Oktober 1914 tobt im Rahmen der Angriffsoperation des deutschen rechten Flügels die Schlacht bei Arras. Alle Umfassungsversuche der deutschen 6. Armee und der 7 Kavalleriedivisionen werden jedoch unter schweren Verlusten zurückgeschlagen. Der damit gekoppelte Durchbruchsversuch bei Roye erleidet das gleiche Schicksal.

Dagegen gelingt es den Deutschen vom 27. September bis 9. Oktober 1914, unter Einsatz von 30,5-cm- und 42-cm-Mörsern, die größte belgische Festung, Antwerpen, nach verhältnismäßig kurzer Belagerung einzunehmen. Etwa 82 000 Mann, die Masse der belgischen Armee, ziehen sich rechtzeitig nach Westen zurück, um nicht abgeschnitten zu werden. Sie verstärken später die französisch-englische Front an der flandrischen Küste. Erbeutet werden 1300 Geschütze sowie große Mengen an Kriegsmaterial und strategischen Rohstoffen. Der schnelle Fall Antwerpens ist für die Entente ein schwerer Verlust.

Am 12. und 13. Oktober 1914 wird die nordfranzösische Industriestadt Lille von deutschen Truppen erobert. Die zur selben Zeit einsetzenden französisch-englischen Angriffe in Richtung Brüssel bleiben jedoch schon in den Anfängen stecken und prallen auf eine neue deutsche Offensive, in deren Verlauf am 15. und 16. Oktober 1914 Gent, Brügge, dazu an der Küste Zeebrugge, Ostende und Nieuport in deutsche Hand fallen.

Kein Raum für Operationen

Jetzt ist kein freier Raum mehr für Operationen vorhanden: Es besteht eine durchgehende, wenn auch nur dünn besetzte Stellungsfront bis zur Nordseeküste. Damit ändern sich die Bedingungen für eine weitere Kriegführung, die allerdings ganz neue Angriffsmethoden erfordern.

Inzwischen hat sich der Schwerpunkt der Kämpfe nach Flandern verlagert. Um die britischen Truppentransporte zur See wirksamer bekämpfen zu können, will General von

5. Oktober 1914. »Der Wettlauf zum Meer«: Französische Kavallerie durchquert ein Waldstück

Fast schon eine Idylle. Nur: Das Geschütz läßt diesen Vergleich nicht zu

Antwerpen. Britische Soldaten auf ihrem Panzerwagen mit einem aus den Trümmern geretteten Terrier

Bewaffnete deutsche Bahnbedienstete auf dem Gelände des Hauptbahnhofs von Antwerpen

Deutscher Soldat mit aufgepflanztem Bajonett

Jeder Brief aus dem besetzten Antwerpen geht durch die Zensurstelle

Deutsche Ulanen in Lille

Dieses Bild stammt ebenfalls aus der nordfranzösischen Industriestadt: Der Kronprinz von Bayern (x) an der Spitze seiner Truppen bei der Rückkehr von der Siegesparade

Falkenhayn nun bis zur französischen Kanalküste vordringen, Dünkirchen und Calais besetzen und damit den Kanal, die Verbindung zwischen England und Frankreich, beherrschen.

Vom 20. Oktober bis 3. November 1914 entbrennt die erste große Schlacht in Flandern. Alle Versuche der Deutschen, mit der 6. Armee (Kronprinz v. Bayern) von Lille aus bis zur Nordsee vorzudringen und mit der 4. Armee (Herzog v. Württemberg) von der Küste aus nach Ypern durchzubrechen, scheitern. Bei Ypern entwickeln sich wochenlange erbitterte Kämpfe. Unter äußersten Anstrengungen kann die englische Expeditionsarmee die Stadt und den Frontbogen halten, denn für Großbritannien steht der Besitz der Kanalhäfen auf dem Spiel. Weil die Angriffe der Deutschen an schmalen Frontabschnitten (bei Ypern auf 9 Kilometer Breite) ohne ausreichende Tiefengliederung und Artillerieunterstützung erfolgen, können sie trotz zahlenmäßiger Überlegenheit nur geringe Geländegewinne erzielen.

Nachdem die belgischen Truppen zum eigenen Schutz Ende Oktober die Seeschleusen bei Nieuport öffnen und das Gelände unter Wasser setzen, müssen sich die über die Yser vorgedrungenen deutschen Verbände zurückziehen. Nun beginnt an der Westfront, nach Abbruch der Angriffsoperationen in Flandern, ein jahrelanger zermürbender, blutiger Stellungskrieg.

Die in aller Eile aufgestellten 4 Reservekorps der 4. Armee, überwiegend junge Kriegsfreiwillige, erleiden bei Langemarck und Ypern in dem dichtbesiedelten, von zahllosen Gräben und Kanälen durchzogenen sumpfigen Gelände an der Yser verheerende Verluste. Zehntausende dieser ungenügend ausgebildeten und von älteren Reserveoffizieren ohne Fronterfahrung geführten jungen Soldaten werden hier als Kanonenfutter in den Tod gejagt.

Kronprinz Rupprecht von Bayern

Herzog Albrecht von Württemberg

21. Oktober 1914. Zwei britische Offiziere begutachten in Bas Maisni ein französisches 75-mm-Feldgeschütz und einen Munitionswagen

Oktober 1914. Erste Schlacht um Ypern: Während Zivilisten das Bombardement aus sicherer Entfernung beobachten,

führen drei Briten einen deutschen Gefangenen ab

25. Oktober 1914. Belgische Hundewagen und Geschütze auf dem Weg zu den Kampflinien

31. Oktober 1914. Verwundete indische Soldaten in einem französischen Dorf

Im Deutschen Reich scheinen bisher die wenigsten zu wissen, wie es an der Westfront zugeht: Deutsche Infanteristen rücken über offenes Gelände vor . . .

Während der Schlacht um Neuve-Chapelle wird am 27. Oktober 1914 zum erstenmal im Weltkrieg Reizgas eingesetzt. Die deutschen Kanoniere feuern rund 3000 Schrapnells, Kaliber 10,5 cm Ni, auf die französischen Stellungen, die neben der Brisanzladung und den Schrapnellfüllkörpern das unangenehme Dianisdinsalz enthalten, das einen starken Niesreiz verursacht. Durch die für die Verteidiger günstige Witterung bleibt jedoch dieser Gasangriff auf französischer Seite unbemerkt.

Die zweite Schlacht um Ypern

Am 3. November 1914 wird General von Falkenhayn offiziell zum Chef des Generalstabs des Feldheeres ernannt. Große Freude will an diesem Tag bei ihm jedoch nicht aufkommen, da er eingestehen muß, daß nach dem Mißerfolg in Flandern eine baldige Kriegsentscheidung im Westen unmöglich ist. Obwohl gerade jetzt auch die deutsch-österreichische Angriffsoperation bei Warschau und Iwangorod am russischen Widerstand gescheitert ist, will Falkenhayn erst im Westen einen Prestigeerfolg erringen und zumindest den Frontbogen bei Ypern zerschlagen sowie die Stadt erobern. Erst wenn das geschehen ist, sollen stärkere Kräfte an die Ostfront verlegt werden.

Vom 10. November 1914 an tobt acht Tage lang die zweite Schlacht um Ypern. Auch jetzt bleiben alle Durch-

bruchsversuche der deutschen 4. und 6. Armee unter schwersten Verlusten stecken. Hier, bei Ypern, zeigt sich erstmalig in diesem Krieg die Überlegenheit der Verteidigung gegenüber den Angriffstruppen, auch was die Kampfmittel und Kampfmethoden angeht: Jeder Infanterieangriff, ist er auch noch so heftig, wird entweder aus dem Graben, durch Maschinengewehrfeuer oder verdeckt schießende Artillerie abgewiesen. Die Verteidigung hat den großen Vorteil gegenüber dem geringen Angriffstempo der Infanterie, mit Hilfe von Kraftwagenkolonnen und der Eisenbahn rechtzeitig Reserven heranzuholen und örtliche Einbrüche in den Stellungen sofort abzuriegeln.

In der zweiten Novemberhälfte entwickelt sich die Lage des deutschen Heeres äußerst kritisch: Die Armeen in Flandern können nur noch vier Tage lang mit Artilleriemunition versorgt werden, und die Divisionen der 4. Armee besitzen durchschnittlich kaum 2000 Gewehre. Außerdem sind Typhus und Ruhr ausgebrochen. Auch von der Ostfront kommen Hiobsbotschaften: Die deutsche Angriffsoperation bei Lodz hat einen ernsten Rückschlag erlitten. So häufen sich in dieser Zeit erneut die Forderungen des AOK und des deutschen Oberkommandos Ost, endlich Verstärkungen zu entsenden.

Falkenhayn sieht sich nun unter dem Druck von Reichskanzler Bethmann Hollweg und Kaiser Wilhelm II. gezwungen, am 18. November die Angriffe bei Ypern endgültig einzustellen und das Schwergewicht der Kriegführung nach dem Osten zu verlegen. Schweren Herzens muß er dem Abtransport einiger Divisionen an die Ostfront zustimmen. Danach wird eine neue strategische Konzeption für die Weiterführung des Krieges erörtert. Als die alliierte Aufklärung die deutschen Truppenverlegungen meldet, ist das französische Oberkommando der Ansicht, sie müßten mit einem Rückzug an der Westfront in Zusammenhang stehen. So plant General Joffre, den Gegner bis zum Jahresende durch taktische Angriffe zu zermürben.

Unterdessen drängt das Stawka-Hauptquartier seine westlichen Verbündeten, Entlastungsangriffe durchzuführen, denn die russische Offensive ist Anfang Dezember zum Stehen gekommen. Es erfolgen zwar zwischen dem 17. und 23. Dezember 1914 mehrmalige französische An-

... und die deutsche Artillerie bringt ein Geschütz in Stellung. So geschehen im November 1914

Während der gesamten Kriegszeit werden solche Spendenmarken von der Deutschen Reichspost angeboten. Die Briefmarke der belgischen Post zeigt eine Teilansicht von Ypern

griffe in der »Winterschlacht« im Gebiet der Champagne und bei Arras, aber ohne nennenswerten Erfolg. Ende Dezember 1914 erstarrt die über 700 Kilometer lange Front von der Küste bis zur Schweizer Grenze im Stellungskrieg. An zahlreichen Frontabschnitten liegen die vordersten Gräben kaum 50 Meter von den feindlichen Stellungen entfernt.

Völlig neue Maßstäbe

Die erste Phase des Weltkrieges endet im November/Dezember 1914. Sie zeigt vor allem, daß die Strategen auf beiden Seiten nur einen kurzen Krieg geplant haben. Die Tatsachen widersprechen der bisherigen Theorie, der Krieg könne durch einen Feldzug oder eine strategische Operation rein militärisch entschieden werden. Nun müssen die kriegführenden Mächte umdenken und sich auf einen langwierigen, alle Mittel und Kräfte erschöpfenden Krieg einstellen, auf den sie nicht vorbereitet sind. Doch niemand, weder die Führung der Mittelmächte noch die der Entente, rechnet Ende 1914 mit einer etwa vierjährigen Kriegsdauer. Man glaubt, daß in ein bis eineinhalb Jahren alles vorbei sein wird.

Ein herausragendes Merkmal am Ende des ersten Kriegsjahres ist der unbewegliche Stellungskrieg. Seine Hauptursachen: die Überlegenheit der Abwehr gegenüber dem Angreifer, die Erschöpfung der Heere auf beiden Seiten, dazu der Mangel an personellen und materiellen Reserven sowie das Unvermögen der Rüstungsindustrie, den Bedarf der Front kurzfristig zu decken. Eine weitere Rolle spielt die Begrenzung des Kriegsschauplatzes. Obwohl keine Seite dies vorausgesehen und geplant hat, ist der Stellungskrieg letzten Endes das zwangsläufige Ergebnis der

14. November 1914. Deutsche Infanteristen warten am Waldrand auf ihren Einsatz

Die heftigen Kämpfe, die bis Mitte Dezember andauern – hier deutsche Infanteristen im Schützengraben –,

sind Weihnachten für kurze Zeit vergessen: Britische und deutsche Offiziere (links) sowie Mannschaften (unten) während der inoffiziellen Waffenruhe, die über Weihnachten herrscht

In jenen Tagen nur wenigen vergönnt: Ein wärmendes Feuer in einem Bauernhaus

gesamten Kriegführung von 1914 und ihrer technischen Voraussetzungen.

Der Stellungskrieg setzt völlig neue Maßstäbe, nicht nur für die Entwicklung neuer Waffensysteme, sondern auch auf dem Gebiet der Kriegskunst und der strategischen Planung, der Kriegswirtschaft und des Luftkrieges. Die deutsche militärische Führung sieht jedoch zu dieser Zeit im Stellungskrieg eine eher zufällige und daher vorübergehende Erscheinung. Offiziell spricht man von »Gefechtswinterquartieren«. Die von der OHL herausgegebene erste Weisung für den Stellungskrieg macht vor allem darauf aufmerksam, daß die vorderste Linie unbedingt zu behaupten sei und rückwärtige Stellungen angelegt werden müßten.

In dieser Weisung, datiert vom 25. November 1914, heißt es unter anderem:

1.) Eine neue Dimension, um Nachrichtenmaterial zu sammeln, ergibt die Luftaufklärung mit Flugzeugen. Sie ist verläßlicher und reicht tiefer in das Gebiet des Gegners hinein, als es früher mit Fesselballons möglich war.

2.) Die Einführung der drahtlosen Telegraphie, um Einsatzbefehle und Anweisungen weiterzugeben. Außerdem ermöglicht es Abhöreinheiten, Gespräche auf hoher militärischer Ebene zu belauschen. Auch im Schützengraben kann man auf diese Weise telephonisch erteilte Befehle abfangen, die von angrenzenden feindlichen Grabenabschnitten weitergegeben werden. Die Möglichkeiten, feindliche Linien von oben zu beobachten oder die Absichten des Gegners abzuhören, machen es äußerst schwierig, auf dem Schlachtfeld mit dem Überraschungsmoment zu operieren. Das wiederum führt zu einem Nachlassen aller offensiven Bestrebungen. Gleichzeitig bietet sich die Gelegenheit, den Gegner mit falschen Informationen oder vorgetäuschten militärischen Einrichtungen zu irritieren. Den Täuschungsmanövern wird immer größere Bedeutung beigemessen.

3.) Eine neue Methode, um die Initiative an der Front zu behalten, unabhängig von dem Vorhandensein der Infanterie. Sie besteht darin, die Artillerie ständig in die Kampflinie miteinzubeziehen. Die Kanoniere sind durch Stahlplatten geschützt. So ist es möglich, mit Hilfe direkter Feuerunterstützung den Gegner unter Kontrolle zu halten.

Probleme der Kriegführung

Ein Grundproblem der Kriegskunst im Ersten Weltkrieg ist der taktische Durchbruch einer Stellungsfront und seine operative Erweiterung. Freund und Feind sind jetzt auf der Suche nach erfolgversprechenden Mitteln, Methoden und Formen des Durchbruchs. Für die Feldzüge im Herbst 1914 sind bis zu den Flandernschlachten bewegliche Operationen großen

Eine Brieftaube als Spion: Der selbstauslösende Photoapparat soll Aufschlußreiches über den Gegner bringen. Und als Nachrichtenübermittler sollen Tauben eh geeigneter sein,

wie diese Feldpostkarte beweisen will

Ausmaßes charakteristisch. Anschließend besteht jedoch die weitere Kriegführung beider Seiten im wesentlichen aus dem Versuch, die gegnerische Stellungsfront zu durchbrechen. Dadurch gewinnen Vorbereitung und Durchführung von Verteidigungsoperationen zunehmend an Wichtigkeit.

Zu den wesentlichen Neuerungen für das Heer, die sich bereits Ende 1914 abzeichnen, gehört vor allem die wachsende Bedeutung der Fliegerkräfte sowie des Kraftwagens. Unerwartet stark gestiegen ist die Bedeutung der Artillerie, besonders der schweren Mörser und schweren Artillerie, die sowohl der Verteidigung als auch dem Angriff dienen. Selbst den Pionieren und Nachrichtentruppen schenkt man immer mehr Interesse. Aufhorchen läßt alle die unerwartet schnelle Einnahme der starken belgischen und französischen Festungen, deren Verteidigung nicht mit Feldbefestigungen kombiniert ist.

Auch in der Taktik treten gravierende Änderungen ein: Man stellt unter anderem fest, daß bei einem Infanterieangriff die dichten Schützenketten stärker aufgelockert werden müssen und die Stoßkraft des Infanterieangriffs unbedingt durch eine Staffelung in die Tiefe verstärkt werden muß. Auf dem Gefechtsfeld beginnt sich nun das Maschinengewehr zu einer beherrschenden Waffe herauszukristallisieren. Da die angreifende Infanterie in den meisten Fällen ungenügend mit Feuermitteln zur Niederhaltung der Verteidigung ausgestattet ist und beweglichere Angriffswaffen als die übliche Artillerie fehlen, ist die Verteidigung dank ihrer Schnellfeuerwaffen, wie Maschinengewehre und Geschütze, dem Angreifer stark überlegen.

Auch die größeren militärischen Anfangserfolge der deutschen Truppen und der günstige Frontverlauf im Westen – sie haben jetzt Luxemburg, fast ganz Belgien mit der flandrischen Küste sowie bedeutende nord- und ostfranzösische Industriegebiete, dazu das für die Kriegsproduktion wichtige Erzbecken von Briey-Longwy besetzt – lassen darüber nicht hinwegtäuschen.

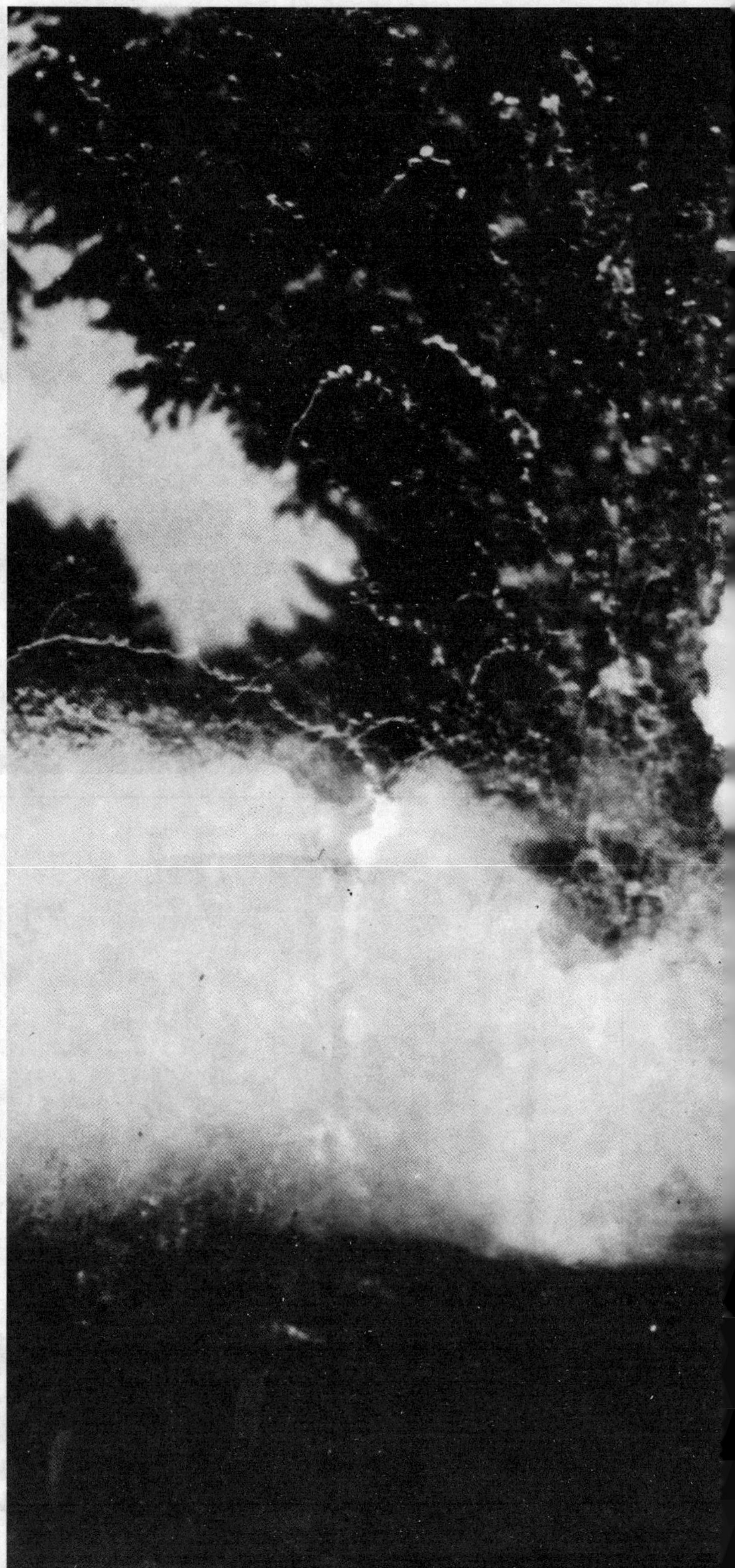

Viel zu oft werden solche Bilder um die Welt gehen: Eine Gasbombe explodiert

DIE OSTFRONT 1914

DIE VERLUSTE SIND ERSCHRECKEND

Die unerwartet starken Angriffe Rußlands zwingen Deutschland, Truppen aus dem Westen abzuziehen

Ein Hüne leitet als Generalissimus die Geschicke der russischen Armee: Großfürst Nikolaj Nikolajewitsch, hier an der Kaukasusfront

Es ist der 2. August 1914, die Mobilmachung hat gerade begonnen. Während bei strahlendem Sonnenschein im ganzen Reich die Regimenter singend und blumengeschmückt zu den Verladebahnhöfen ziehen, reiten an diesem Sonntagmorgen aus den Grenzgarnisonen die ersten Patrouillen ins Feindesland. Das Jägerregiment zu Pferde Nr. 11 ist in Tarnowitz (Oberschlesien) dicht an der Grenze stationiert. Kurz nach 8 Uhr traben bereits mehrere von ihnen zum Erkundungsritt nach Rußland hinein. Zu einem dieser Spähtrupps, der nur aus zwei Reitern besteht, gehört der Jäger Paul Grun. Sie überqueren ein Wiesengelände und sehen in der Ferne die blauschimmernden Höhenzüge.

Vorsichtig nähern sich die beiden Reiter dem ersten polnischen Ort: Staro-Krzepice. Aus deckendem Gebüsch beobachten sie das Dorf, aber von russischen Truppen ist nichts zu erkennen. So reiten sie in das Dorf hinein. Da peitschen plötzlich vom Kirchturm Schüsse. Jäger Grun stürzt tödlich getroffen aus dem Sattel. Sein Begleiter kann sein Pferd noch herumreißen und zurückgaloppieren. Es ist 9.30 Uhr. Der erste Gefallene des Ersten Weltkrieges liegt im Staub am Straßenrand. Millionen Soldaten werden ihm folgen. Bereits einen Tag später, am 3. August 1914, besetzen deutsche Grenztruppen Tschenstochau und Kalisch.

Am 6. August 1914, einige Stunden bevor die Donaumonarchie Rußland den Krieg erklärt, überschreitet ein Trupp Soldaten, Marschlieder singend, die Grenze des Zarenreiches. Die blaugrau uniformierten Männer gehören als selbständige Einheit zu den Verbündeten der Mittelmächte: »Polnische Legion« nennt sich diese Einheit. Einer von ihnen berichtet: »Es war gegen 9.45 Uhr morgens, als die Marschkolonne das Grenzdorf Michalowice erreichte und vor sich die bereits verlassenen Gebäude der russischen Zollstation erblickte. Es ertönte das Kommando ›Achtung!‹, und mit festem Schritt überschritt die Kompanie die Grenze des Zarenreiches. Dann ließ Oberleutnant Kasprzycki halten und erklärte in kurzer, von tiefer Erregung getragener Ansprache, daß sich das Sehnen von Geschlechtern erfüllt habe und der polnische Soldat mit dem Bajonett in der Hand dem Vaterland den Weg zur

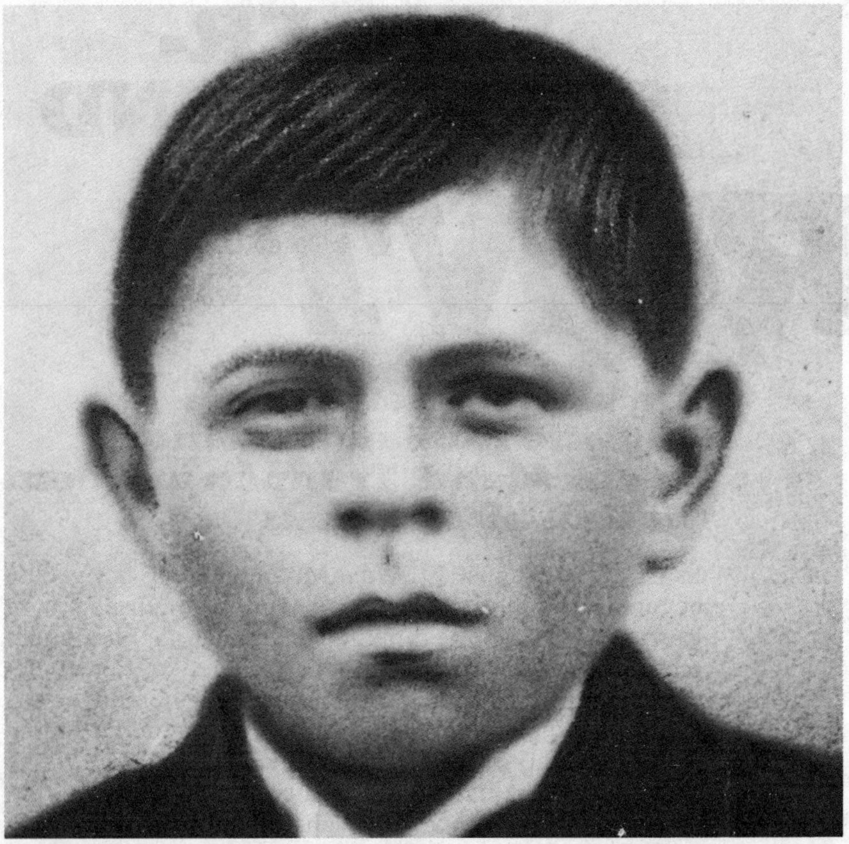

Der Jäger Paul Grun (hier ein Jugendbildnis), der erste Gefallene des Ersten Weltkrieges

Freiwillige polnische Jungschützen beim Exerzieren. Sie gehören zur »Polnischen Legion«. Deren Führer, Josef Pilsudski, ist auf dem rechten Bild zu sehen: An der Spitze seiner Offiziere reitet er durch das Grenzgebiet

Unabhängigkeit zu ebnen im Begriff sei. Noch am selben Abend fielen bei Slomniki die ersten Schüsse.« Es sind die Kader der von Josef Pilsudski, einem Mann des polnischen Landadels in Litauen, gegründeten Organisationen.

Pilsudski, der über den Sozialismus den Weg zum Nationalismus beschritten hat, mußte mehrere Jahre in sibirischer Verbannung verbringen. Nach seiner Rückkehr gelingt es ihm, vor der russischen Geheimpolizei »Ochrana« nach Österreich zu entkommen. Er läßt sich in Krakau nieder und leitet von dort aus den Subversionskampf gegen die Zarenmacht. Pilsudski, der nie in einer Armee gedient hat, eignet sich so viel militärisches Wissen an, daß er seine kleinen Freiwilligen-Einheiten, die polnischen »Schützenverbände«, nicht nur ausbilden kann, sondern auch von allen Mitgliedern, selbst von gedienten Soldaten, uneingeschränkt als »Kommandant« anerkannt und respektiert wird.

Er gründet in Galizien, zwischen Krakau und Lemberg, Offiziers- sowie Unteroffiziersschulen und drillt seine Leute hart, nicht nur im Waffendienst, Exerzieren und Schießen, sondern bringt ihnen auch die Taktiklehre bei. Mit Duldung der k.u.k. Behörden und Geldern des Evidenzbureaus des k.u.k. Generalstabs, des österreichischen Geheimdienstes, stellt Pilsudski den getarnten Kern der künftigen polnischen Armee auf.

Jetzt, einige Stunden bevor die österreichisch-ungarische Armee die russische Grenze überschreitet, marschiert die »Polnische Legion« unter österreichischem Oberkommando gegen das Zarenreich. Pilsudskis Plan ist es, die polnische Bevölkerung in Russisch-Polen zu einem Aufstand gegen die Russen anzuspornen. Es ist der erste Schritt zur nationalen Befreiung nach fast 125 Jahren Unterdrükkung.

Doch der »Kommandant« muß eine bittere Enttäuschung erleben. Die Bevölkerung ist nicht gewillt, sich gegen die russische Herrschaft zu erheben, und begegnet Pilsudskis »Legion« recht reserviert. Trotz allem kämpfen die schnell anwachsenden Einheiten der »Legion« voller Ausdauer auf seiten ihrer österreichischen und deutschen Kameraden gegen die Truppen des Zaren.

Rußland startet Offensive

Im Kampf der Mittelmächte gegen Rußland entstehen anfangs zwei getrennte Fronten: Ostpreußen und Galizien. Für die deutsche Führung ist die Ostfront vorerst ein Nebenkriegsschauplatz, auf dem die Truppen strategisch defensiv bleiben sollen. Für die Donaumonarchie dagegen gilt Rußland von vornherein als

Die Kampfhandlungen auf dem osteuropäischen Kriegsschauplatz im Jahr 1914

Feldmarschall Franz Graf Conrad von Hötzendorf, der Chef des Generalstabes der k.u.k. Armee

Hauptkriegsschauplatz. Feldmarschall Franz Graf Conrad von Hötzendorf (1852–1925), Chef des Generalstabes der k.u.k. Armee, ein entschlossener Mann und hervorragender Stratege, der bei den deutschen Heerführern sehr hohes Ansehen gewinnt, steht an der Spitze eines schwerfälligen, schlecht ausgebildeten Heeres, mit dem sich seine ehrgeizigen Pläne kaum verwirklichen lassen. Ihm ist das österreichisch-ungarische Armeeoberkommando (AOK) unterstellt.

Die politische sowie militärische Führung Frankreichs und Großbritanniens setzen große Hoffnungen auf die »russische Dampfwalze«. Daher drängen sie seit Kriegsausbruch die russische Regierung und das Hauptquartier Stawka zur Offensive gegen Deutschland und Österreich-Ungarn.

Generalissimus Großfürst Nikolaj Nikolajewitsch (1856–1929), Onkel des Zaren, ein Hüne von Gestalt, ist sehr beliebt bei seinen Truppen, ja, er wird von ihnen geradezu verehrt. Dem General – die Deutschen sehen in ihm einen ernst zu nehmenden Gegner – untersteht die Stawka, das russische Große Hauptquartier. Da der Großfürst die Zerschlagung des französischen Heeres befürchtet, befiehlt er, die Offensive gegen die Mittelmächte noch vor Abschluß der strategischen Entfaltung des Heeres zu eröffnen.

So marschiert bereits in den ersten Augusttagen die russische Nordwestfront, Abschnitt Kowno–Lomza, mit der 1. und 2. Armee gegen Ostpreußen auf. Sie soll die deutsche 8. Armee zerschlagen, Ostpreußen besetzen und danach den Vormarsch gegen die untere Weichsel fortsetzen. Für den Hauptschlag gegen Österreich-Ungarn geht zur selben Zeit die Südwestfront mit 4 Armeen in weitem Bogen von der rumänischen Grenze bis südlich Lublin vor. Sie hat die Aufgabe, die in Galizien versammelten Armeen der Donaumonarchie umfassend anzugreifen und zu vernichten. Danach ist – gemäß Plan A (Austria) – der allgemeine Vormarsch beider Fronten auf Berlin und Wien sowie Budapest vorgesehen. Dem russischen Hauptquartier Stawka gelingt es jedoch nicht, für den Hauptvorstoß gegen die k.u.k. Monarchie eine entscheidende Überlegenheit an Kräften und Kampfmitteln zu schaffen.

Auf Drängen der Westalliierten beschließt das russische Hauptquartier am 7. August 1914, noch eine dritte Operationsrichtung zu bilden: Thorn–Posen. Dazu werden bei Warschau zwei Armeen, die neu aufgestellte 9. und 10. Armee, versammelt und auch der Nordwest- und Südwestfront Kräfte entnommen. Das Ergebnis: Diese Zersplitterung macht die Verwirklichung der Operationsziele unmöglich.

An der etwa 900 Kilometer langen Grenze zu Rußland hat die deutsche 8. Armee (GenOberst v. Prittwitz) bis zum 10. August 1914 ihre Bereitstellungen erreicht. Sie ist schwächer als geplant und verfügt in Schlesien lediglich über das ihr unterstellte Landwehrkorps mit 2 Divisionen und 72 Geschützen. Die Aufgabe der 8. Armee: Sie soll Ostpreußen sichern, möglichst viele russische Kräfte binden und nur im äußersten Notfall das Gebiet räumen.

Seit dem 17. August 1914 rückt die russische 1. Armee (Gen. v. Rennenkampf) nordöstlich und seit dem 19. August 1914 die 2. Armee (Gen. Samsonow) südwestlich der Masurischen Seen vor. Ihr Ziel ist es, die deutsche 8. Armee doppelseitig zu umfassen. Generaloberst von Prittwitz konzentriert seine starken Kräfte anfangs gegen die im Nordosten einbrechende russische 1. Armee. Dort stoßen am 20. August 1914 die Hauptkräfte in der Schlacht bei Gumbinnen aufeinander, in der beide Seiten schwere Ver-

Angriff und Rückzug der russischen Truppen in Ostpreußen
Gegenangriffe der deutschen Truppen in Ostpreußen (August – September 1914)
Vernichtung von 2 russischen Armeekorps (Schlacht bei Tannenberg)
Angriff und Rückzug der österreichisch-ungarischen Truppen in Galizien
Offensive der russischen Truppen in Galizien (August – September)
Einschließung von Przemysl durch russische Truppen
Angriff deutscher und österreichisch-ungarischer Truppen auf Warschau und Iwangorod und Rückzug (September – Oktober 1914)
Angriff deutscher Truppen auf Lódź (November)
Operationen der russischen Truppen bei Warschau und Iwangorod (Sept. – Nov.)
Weitestes Vordringen der russischen Truppen
Frontlinie Ende 1914
Festungen
Ostsee
Kurisches Haff
Memel
Tilsit
Königsberg
Gumbinnen
Danzig
Ostpreußen
DEUTSCHES
REICH
Lötzen
Masurische
Seen
Allenstein
Tannenberg
Johannisburg
Weichsel
Graudenz
Thorn
Lomza
Bialystok
Przasnysz
Narew
Plock
Nowogeorgiewsk
Warthe
Bzura
Warschau
Bug
RUSSISCHES
REICH
Bolymow
Siedlce
Posen
Kalisch
Lodz
Rowka
Brest-Litowsk
Pripjet
Iwangorod
Radom
Lublin
Tschenstochau
Schlesien
Kielce
Chelm
Sandomierz
Styr
Luzk
Rowno
Kattowitz
Krakau
Tarnow
Wislaka
Dubno
Jaroslau
Lemberg
Zloczów
Limanowa
Przemysl
Galizien
Dunajec
Gorlice
Beskiden
San
Tarnopol
Dnjestr
Stryj
Karpaten
Stanislau
ÖSTERREICH-
UNGARN
Kolomea
Czernowitz
Bukowina

General von Rennenkampf, Oberbefehlshaber der russischen 1. Armee (oben), und General Samsonow, Oberbefehlshaber der russischen 2. Armee

luste erleiden. Durch die unerwartet früh einsetzende Offensive der russischen Nordwestfront ist eine äußerst schwierige Lage für die deutsche Streitmacht entstanden, so daß am 21. August 1914 deren Oberbefehlshaber dringende Verstärkungen anfordert, um Ostpreußen halten zu können.

Als Generaloberst von Prittwitz die Nachricht vom Anmarsch der russischen 2. Armee erfährt, will er die Schlacht bei Gumbinnen abbrechen und seine Truppen hinter die Weichsel zurückziehen. Daraufhin werden Prittwitz und sein Stabschef, Generalmajor von Waldersee, sofort abgelöst und durch den bereits pensionierten Generaloberst von Hindenburg als Oberbefehlshaber sowie Generalmajor Ludendorff als Stabschef ersetzt. Die Berufung Ludendorffs ist keine Sensation: Er hat sich bereits bei Lüttich durch entschlossenes Handeln hervorgetan.

Hohe russische Verluste

Bereits am 23. August 1914 übernehmen der neue Oberbefehlshaber und sein Stabschef das Kommando der 8. Armee. Sie konzentrieren mit Hilfe der Eisenbahnen fast alle verfügbaren Truppen gegen die auf Allenstein vorrückende, zahlenmäßig weit stärkere russische 2. Armee. Durch Funkaufklärung kennt man allerdings die Absichten der russischen Armeeführung und kann deshalb Risiken eingehen, die unter normalen Umständen nicht möglich gewesen wären.

Am 25. August 1914 ist man bei der Obersten Heeresleitung der Meinung, die Entscheidung in Frankreich sei bereits gefallen. Daher werden 2 Armeekorps vom rechten Flügel der 2. Armee von der Westfront nach Ostpreußen verlegt. Diese plötzliche Schwächung in der Hauptstoßrichtung verändert jedoch das Kräfteverhältnis erheblich zugunsten der westalliierten Armeen.

Unterdessen greift die durch lange Märsche und Nachschubschwierigkeiten geschwächte russische 2. Armee die Verbände der 8. Armee in Ostpreußen an. In der vom 26. bis 30. August 1914 entbrennenden Schlacht bei Tannenberg gelingt es der deutschen Armeeführung, gestützt auf überlegene schwere Artillerie, nach einem taktischen Durchbruch die Masse der russischen Truppen einzukreisen und vernichtend zu schlagen.

Die 2. Armee, deren Oberbefehlshaber, General Samsonow, den Freitod wählt, verliert rund 120000 Mann. Die Reste weichen hinter den Narew zurück. Damit hat die

Generalfeld-marschall von Hindenburg (ganz links) und General-major Ludendorff

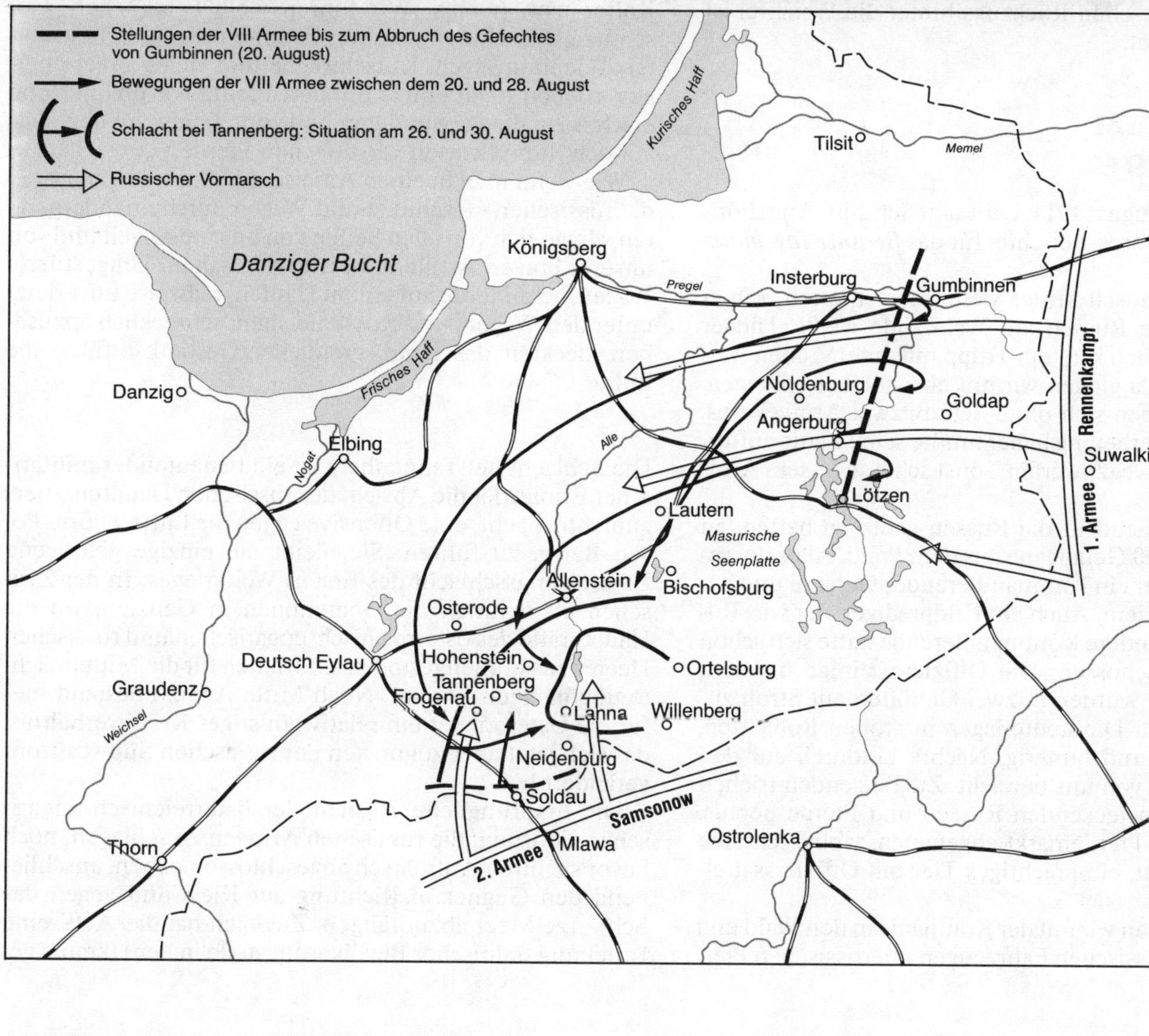

Die Kämpfe in Ostpreußen, August 1914

Seine Unterlegenheit an Material sucht Rußland durch die Masse Mensch auszugleichen: Russische Artillerie . . .

russische Nordwestfront die Initiative verloren, und die Gefahr eines deutschen Rückzugs hinter die Weichsel ist vorerst abgewendet.

Unser Sieg bei Tannenberg

Sonnabend, 30. August 1914. Leutnant Schmitt, Angehöriger des 1. Armeekorps, berichtet für das *Berliner Tageblatt:*

»Als wir nach Rauschwerder weitermarschierten, sahen wir links, daß die Russen am Waldrande weiße Tücher schwenkten. Endlich kam ein Trupp mit einer großen weißen Fahne, und da gingen wir mit ebensolcher entgegen. Die Russen ergaben sich ohne Schuß, zwei Armeekorps. Der russische Oberbefehlshaber mußte seine Leute auffordern, die Waffen wegzuwerfen, sonst schösse unsere Artillerie.

Nun kamen, nachdem die Russen geblasen hatten, an dieser Stelle 20000 Gefangene aus dem Wald. Alles durcheinander, darunter ein kommandierender General und andere höhere Offiziere. Auch ein Feldprediger, der wie Tolstoi aussah. Der andere Kommandierende hatte sich schon vorher selbst erschossen. Die Offiziere, einige hundert, Generalstab usw. wurden in zwei Gehöften auf Stroh zusammengepfercht. Die Leute lagen in großen Roßgärten, teilweise barfuß und hungrig, Nächte hindurch auf den feuchten Wiesen von uns bewacht. Zu Tausenden trieben wir die noch drinsteckenden Russen und Pferde heraus. Es wurde großer Pferdemarkt abgehalten, wobei ich eine Fuchsstute erhielt, ein prächtiges Tier mit Offizierssattelzeug.

Tags darauf ritten wir mit der Kompanie in den Wald und schleppten auf russischen Fahrzeugen mit russischen Pferden Waffen, Feldstühle, Tische, Aktentaschen, Karten, Koffer usw. heraus. Wir fuhren viele Feldküchen, Geschütze, Maschinengewehre, Patronenwagen, Scheinwerfer, Telephonwagen, Kutschwagen und vieles andere heraus, trieben noch einige hundert Pferde vor uns her und erschossen die verwundeten und zum Teil bis an den Hals auf den Sumpfwiesen versunkenen Pferde.

Wie wenn man in einen Ameisenhaufen stößt, so waren die russischen Geschütze und Wagen durcheinandergeraten, als sie sich von allen Seiten von uns umzingelt und von unserer braven Artillerie beschossen sahen. Umgestürzte Wagen, acht Pferde auf einem Haufen, teilweise unverletzt unter den Wagen, und Russenleichen, schrecklich anzusehen, deckten das Land, greulicher Gestank erfüllte die Luft.«

Die Schlacht bei Tannenberg ist ein bedeutender militärischer Erfolg, der die Absicht des russischen Hauptquartiers zunichte macht, eine Offensive gegen die Linie Thorn–Posen–Berlin zu führen. Sie bleibt die einzige gelungene Einkreisungsschlacht des Ersten Weltkrieges. In der Zwischenzeit nehmen die Operationen in Galizien, wo die Hauptkräfte des österreichisch-ungarischen und russischen Heeres zusammengestoßen sind, einen für die Mittelmächte ungünstigen Verlauf. Noch Mitte August bestand hier für die Österreicher ein relativ günstiges Kräfteverhältnis, das sich jetzt aber zugunsten der russischen Südwestfront verändert hat.

Die ursprüngliche Absicht der österreichisch-ungarischen Führung: die russischen Armeen zu schlagen, noch bevor sie ihren Aufmarsch abgeschlossen haben, anschließend den Gegner in Richtung auf Kiew und gegen das Schwarze Meer abzudrängen. Zugleich hat das AOK eine Erhebung polnischer Bevölkerungsteile in der Ukraine ge-

. . . und ein Infanterie-Spähtrupp der russischen 2. Armee (links) an der preußischen Grenze sowie russische Artilleristen, die ihr Geschütz in Feuerstellung gebracht haben

General Schilinski, Oberbefehlshaber der russischen Nordwestfront

gen den Zarismus erhofft. Diese weitreichenden operativen Ziele stehen jedoch in krassem Widerspruch zu den militärischen Möglichkeiten des k.u.k. Heeres und der recht schwierigen Ausgangslage, bedingt vor allem durch den Einsatz der 2. Armee gegen Serbien. Außerdem mußte die Heeresführung, verunsichert durch die neutrale Haltung Rumäniens, Mitte Juli 1914 den Aufmarsch in Galizien hinter die Dnjestr–San-Linie zurückverlegen. So können die Truppen erst nach mehrtägigen erschöpfenden Märschen in ihre Bereitstellungsräume gelangen.

Beide Seiten, die russische Südwestfront jedoch früher als geplant, treten fast zu gleicher Zeit die Offensive an, so daß es in den ersten Tagen laufend zu Begegnungsschlachten kommt. Die Operation in Galizien beginnt auf einer Front von etwa 300 bis 400 Kilometern. Während die Südwestfront mit der 3. und 8. Armee von Osten, gleichzeitig mit der 4. und 5. Armee von Norden her konzentrisch auf die galizische Hauptstadt Lemberg sowie auf die starke Festungsstadt Przemysl am San vorrückt, richtet der österreichisch-ungarische linke Flügel mit der 4. und 1. Armee, der zahlenmäßig überlegen ist, seinen Hauptstoß in Richtung der Linie Chelm–Lublin. Er wird durch das schwache deutsche Landwehrkorps mit 2 Divisionen und 72 Geschützen unterstützt, das von Tschenstochau und Kalisch aus vorgeht. Der österreichische rechte Flügel mit seiner 2. und 3. Armee soll die Offensive decken.

Unverhoffte Schwierigkeiten

Generalstabschef Conrad von Hötzendorf hofft bis zuletzt auf den deutschen Entlastungsangriff von Ostpreußen her über den Narew in Richtung Siedlce (östlich Warschau). Geplant ist auch ein deutsch-österreichisches Zusammenwirken zwischen Bug und Weichsel. Doch der Vormarsch der russischen Nordwestfront gegen Ostpreußen macht einen deutschen Unterstützungsangriff unmöglich. So bestehen für die beiden Verbündeten von Anfang an unvorhergesehene Schwierigkeiten, ihre Kampfhandlungen zu kooperieren.

Gerade zu jener Zeit, als Generaloberst von Hindenburg die russische 2. Armee bei Tannenberg schlägt, kommt südlich von Lublin der linke Flügel des österreichisch-ungarischen Heeres nach anfänglichen Erfolgen zum Stehen. Inzwischen hat in den Tagen vom 28. bis 30. August 1914, in der ersten Schlacht bei Lemberg, der rechte Flügel der k.u.k. Streitkräfte in Ostgalizien durch die russische 3. und 8. Armee eine schwere Niederlage erlitten und ist auf Lemberg zurückgeworfen worden. Nur drei Tage später, am 3. September 1914, besetzten die russischen Truppen Lemberg, die Hauptstadt Galiziens.

Anfang September 1914 erhält die 8. Armee Weisung, auch die russische 1. Armee zu schlagen, dessen Oberkommando weiterhin untätig bleibt und die Schwächung der deutschen Truppen nicht ausnutzt. Erst danach soll der Entlastungsangriff über den Narew stattfinden, den das österreichisch-ungarische Armeeoberkommando bereits seit Kriegsbeginn immer wieder fordert. Nach dem Eintreffen der Verstärkungen aus dem Westen beginnt vom 8. bis 10. September 1914 der Angriff auf die russische 1. Armee, die in der Schlacht an den Masurischen Seen eine schwere Niederlage erleidet. Die Russen büßen hier etwa 100000 Mann ein, können sich aber rechtzeitig einer Umfassung durch Rückzug hinter den Njemen entziehen.

Die Operationen der russischen Nordwestfront sind nach einem Gesamtverlust von etwa 220000 Mann und über 600 Geschützen zusammengebrochen. General Schilinski, ihr Oberbefehlshaber, wird abgelöst. Da sie aber das strategische Zusammenwirken mit dem französisch-englischen Heer im Westen erreicht und den deutschen Angriff über den Narew zunichte gemacht hat, wird der ostpreußischen Operation der Russen große Bedeutung beigemessen.

Im russischen Hauptquartier Stawka

Mittwoch, 2. September 1914, Paris. Kriegsberichterstatter P. Naudeau schreibt im *Le Journal:*

»Was zwischen der Ostsee und den Karpathen geschieht, wird sofort in den großen blauen Waggons bekannt, deren Tapeten Landkarten sind. Telegraph und Telephon melden den winzigsten Vorgang. Will der Generalissimus eine Stellung besichtigen oder mit einem Befehlshaber sprechen: Immer ist eine Lokomotive unter Dampf. Das Hauptquartier rollt plötzlich fort und kehrt, nach zwei oder drei Tagen, mit seinen Archiven, seinem Generalstab, mit Restaurant und Elektrizitätsmaschine, geräuschlos zurück.

Auch das stolze Antlitz des Generalissimus, des Großfürsten Nikolaj, ist in dem Rahmen dieses ernsten Raumes manchmal zu sehen. Scheu naht man sich dem Feldherrn, auf dem alle Verantwortung ruht; die Haltung des Mannes, der das russische Heer zum Sieg führen soll, ermutigt nicht

Deutsche Wochenblätter nehmen sich schon lange vor der Zeit der Nationalsozialisten gern der Russen als »Untermenschen« an. Hier eine »Karikatur«, die sich auf die Schlacht an den Masurischen Seen (5. bis 15. September) bezieht

zu Vertraulichkeit. Neben ihm erblicke ich Januschkewitsch, den Chef des Großen Generalstabs, mit dem sanften, fast noch jünglinghaften Kopf eines stillen Denkers, und den Quartiermeister Daniloff, dem man den Beinamen ›der schwarze Daniloff‹ gegeben und oft die Rolle einer Grauen Eminenz zugeschrieben hat.

Die einzigen Fremden, die in dem rollenden Hauptquartier wohnen dürfen, sind die Militärbevollmächtigten der Verbündeten. Hier ist, in Khaki mit der Russenmütze, der französische General Marquis de la Guiche; da, mit der Kosakenmütze, der Engländer; und dort drückt der Japaner lächelnd die Hand eines Berichterstatters aus Tokio. Alles aber wird von der Persönlichkeit des Großfürsten Nikolaj beherrscht, die mit ihrer Mischung von Willensgewalt und huldvoller Hoheit bezaubert.«

Seit dem 7. September 1914 tobt bereits die zweite Schlacht bei Lemberg: Das österreichische Heer unternimmt den verzweifelten Versuch, mit den teilweise schwer geschlagenen Armeen bei Lemberg zur Gegenoffensive überzugehen. Unterdessen bedroht der russische Nordflügel, verstärkt durch die von Warschau herangezogene 9. Armee, Flanke und Rücken der österreichisch-ungarischen Streitkräfte. Nun muß das AOK am 11. September 1914 den allgemeinen Rückzug hinter San und Duna befehlen und ihn wenig später sogar bis in den Raum von Krakau und in die Karpaten ausdehnen. Völlig demoralisiert lassen sich große Teile der zurückflutenden österreichisch-ungarischen Truppen gefangennehmen.

Die starke Festung Przemysl mit ihren 17 Hauptwerken wird von der Front überrollt, hält aber der russischen Bela-

Dieses Bild bezieht sich ebenfalls auf die Schlacht an den Masurischen Seen, spiegelt jedoch die bittere Realität des Krieges wider: Russische Gefangene warten auf den Abtransport

September 1914. Abseits, von den kriegführenden Parteien fast nie ins strategische Kalkül gezogen, kämpfen die Einheiten der »Polnischen Legion« zwar an der Seite der Mittelmächte, doch ihr Kampf gilt in erster Linie einem befreiten Polen

gerung stand, obwohl keine Aussicht auf Entsatz besteht. Trotz der Vernichtung des Gegners gelingt den Russen der Einfall in die Donaumonarchie nicht: Die Führung der russischen Südwestfront handelt zu unentschlossen, außerdem sind ihre Truppen durch die schweren Verluste von rund 250 000 Mann geschwächt, dazu kommen große Nachschubschwierigkeiten durch wachsende Entfernungen von den Eisenbahnendpunkten und vor allem der Munitionsmangel. Der russische Vorstoß muß schließlich nach und nach eingestellt werden.

Die Offensiven der Südwestfront in Galizien zählen zu den bedeutendsten Operationen des Ersten Weltkrieges. Das österreichisch-ungarische Heer hat in Galizien eine Niederlage erlitten, von der es sich nie wieder erholt. Eine Viertelmillion Soldaten und Offiziere sind gefallen, verwundet oder vermißt, 100 000 in Gefangenschaft. Das k.u.k. Offizierskorps hat ein Drittel seines aktiven Bestandes eingebüßt. Fast 450 Geschütze und unübersehbare Mengen an Waffen und Material sind verlorengegangen. In russischer Hand befinden sich nun der größte Teil Galiziens und die Bukowina mit ihren Ölfeldern bei Drohobycz.

Schlimmer noch: Die Niederlage verschärft die Widersprüche in der Koalitionskriegführung der Mittelmächte. Sowohl die Wiener Regierung als auch das österreichisch-ungarische AOK machen ihre deutschen Verbündeten dafür verantwortlich. Man beschuldigt sie faktisch des Verrats und droht sogar indirekt mit einem Sonderfrieden, falls sie nicht sofort militärische Hilfe leisten. Auf jeden Fall ist das österreichisch-ungarische Heer seit diesem Zeitpunkt nicht mehr in der Lage, größere Angriffsoperationen allein mit Erfolg durchzuführen.

Deutschland wird stärker aktiv

In der zweiten Septemberhälfte 1914 herrscht an der Ostfront eine kurze Gefechtspause, denn beide Seiten müssen ihre dezimierten Armeen auffüllen. Durch den empfindlichen Mangel an Kampfmitteln, Munition, Waffen und Ersatz lassen sich jedoch die künftigen Operationen materiell und personell kaum sicherstellen. So trifft zum Beispiel ein Großteil der russischen Ersatzmannschaften ohne Gewehre an der Front ein. Die russische Feldartillerie der Südwestfront verfügt nur über 25 Granaten je Geschütz; für die Mörser hat sie noch weniger. Die strategische Initiative liegt allerdings

Der Stab der russischen Südwestfront bespricht das weitere Vorgehen

immer noch beim russischen Heer, das sich auf eine zahlenmäßige Überlegenheit stützen kann. Nach den schweren Verlusten in Galizien zählt das k.u.k. Feldheer lediglich noch 504000 Mann und 1578 Geschütze.

Ende September 1914 bereitet das russische Oberkommando eine neue Großoffensive vor mit dem Ziel, über die Provinz Posen und durch Schlesien nach Deutschland vorzustoßen – 4 Armeen mit 16 Armeekorps sammeln sich für diesen Vorstoß hinter der mittleren Weichsel und dem San. Dies entspricht den Vereinbarungen, die Stawka mit den westlichen Alliierten Mitte September getroffen hat: Die militärischen Hauptanstrengungen sollen sich gegen die Deutschen richten. Die geplante Offensive, die sich durch Umgruppierung der Armeen und Nachschubschwierigkeiten erheblich verzögert, wird durch eine Angriffsposition der Mittelmächte durchkreuzt.

Die OHL hat bereits am 18. September 1914 eine gemeinsame Angriffsoperation aus Südpolen heraus geplant, um das k.u.k. Heer zu entlasten und der deutschen Westfront weitere Rückenfreiheit zu verschaffen. Man will vor allem durch einen militärischen Erfolg den befürchteten Kriegseintritt Rumäniens auf seiten der Entente verhindern. Zu diesem Zweck wird innerhalb weniger Tage dic Masse der 8. Armee mit der Eisenbahn nach Oberschlesien verlegt und dort eine neue 9. Armee aufgestellt. An ihrer Spitze: Generaloberst von Hindenburg, seit dem 18. September 1914 zum Leiter aller Operationen an der deutschen Ostfront ernannt, und sein Chef des Stabes, Generalmajor Ludendorff.

Am 28. September 1914 beginnt die deutsche 9. Armee, für die Russen völlig unerwartet, noch dazu ohne ein klares operatives Ziel, den Vormarsch gegen Warschau und Iwangorod. Ihre Aufgabe ist es, die rechte Flanke der russischen Südwestfront zu umfassen und den Gegner zu schlagen, wo er gerade steht. Erst Anfang Oktober soll dann der Angriff der k.u.k. 1. Armee und danach auch der Vormarsch der 2., 3. und 4. Armee in Galizien erfolgen.

Bis zur ersten Oktoberwoche erreichen die 1. und 9. Armee auf breiter Front die San–Weichsel-Linie, wobei es ihnen jedoch nicht gelungen ist, russische Kräfte westlich der Weichsel zu zerschlagen. Der Hauptgrund: Es fehlt die entscheidende Stoßkraft, da die deutsche 9. Armee von den Warschauer Südforts bis nach Iwangorod auseinandergezogen ist.

Die Offensive stößt jedenfalls auf stark überlegene russische Armeen. Der Befehl Ludendorffs, Warschau im Handstreich zu nehmen, erweist sich daher als undurchführbar. In Galizien wiederum gelingt es inzwischen den österreichisch-ungarischen Armeen, Przemysl vorübergehend zu entsetzen.

Im belagerten Przemysl

Sonnabend, 10. Oktober 1914, Wien. Kriegsberichterstatter von Rheden schreibt im *Neuen Wiener Tagblatt:*

»Vom 6. Oktober an wurden volle 72 Stunden hindurch alle Mittel in rücksichtslosester Weise aufgeboten, um die Festung zu Fall zu bringen. Artilleristisch waren die Russen sehr gut vorgesehen. Sie hatten außer ihrer ohnehin sehr

Russisch-Polen. Deutsches Jägerbataillon auf dem Vormarsch gegen Warschau und Iwangorod

zahlreichen und guten Feldartillerie noch einen reichen Belagerungspark von 21- und 24-Zentimeter-Kalibern, ferner eine Menge von Marinegeschützen in Tätigkeit, die alle Werke mit größter Präzision ununterbrochen unter Feuer hielten, um das Herankommen der Infanterie auf Sturmdistanz zu ermöglichen und unsere Verteidigungsmittel bis dahin möglichst zu vernichten oder ihre Wiederherstellung unmöglich zu machen. Alles scheiterte aber an der wirklich überlegenen Ruhe unserer Offiziere und Mannschaften in der Verteidigung ...«

Am 18. Oktober 1914 beginnt die große Angriffsoperation der russischen Südwestfront. Im Verlauf der wechselvollen schweren Kämpfe bei Warschau und Iwangorod erleiden die deutsche 9. und die k.u.k. 1. Armee Ende Oktober eine schwere Niederlage. Um ihrer Zerschlagung zu entgehen, vollziehen sie einen schnellen Rückzug nach Oberschlesien und Westgalizien. Es kommt ihnen dabei zugute, daß sie dank der Meldungen des Geheimdienstes sowie der Funkaufklärung über die operativen Absichten der Russen informiert sind. Bei ihrem Rückzug wenden die deutschen Truppen die »Taktik der verbrannten Erde« an: Sie zerstören planmäßig sämtliche Eisenbahnanlagen, Brükken, Straßen und Telegraphenleitungen und verlangsamen so erheblich den russischen Vormarsch. Die k.u.k. Truppen werden in Galizien bis zu den Ausläufern der Karpaten zurückgedrängt. Przemysl wird erneut eingeschlossen.

Die russische Offensive, die Posen, Schlesien und sogar das lebenswichtige oberschlesische Industrierevier bedroht, sowie das Scheitern der Angriffsoperation in Südpolen haben Ende Oktober/Anfang November 1914 die Lage der Mittelmächte an der Ostfront erheblich verschärft. Die 200 Kilometer lange Grenze zwischen Krakau und Posen ist nur schwach geschützt. Daher arbeitet man dort fieberhaft am Bau von Verteidigungsstellungen.

Die Zukunft steht auf dem Spiel

Weil im Westen die Front im Stellungskampf erstarrt ist, gewinnt seit Anfang November 1914 der osteuropäische Kriegsschauplatz für die Mittelmächte immer größere Bedeutung. Das Schicksal des Deutschen Reiches und auch der Donaumonarchie hängt jetzt ausschließlich von der Abwehr der russischen Offensive ab.

Am 1. November 1914 wird das Oberkommando Ost (Oberost) geschaffen und Hindenburg zum Oberbefehlshaber aller deutschen Truppen an der Ostfront ernannt. Die tatsächliche Führung liegt jedoch beim Chef des Generalstabs, Generalmajor Ludendorff. Das Oberkommando Ost hat von Anfang an eine relativ selbständige Stellung gegenüber der OHL.

In den ersten Novembertagen muß die russische Offensive wegen Nachschubschwierigkeiten vorübergehend eingestellt werden. Das Oberkommando Ost, durch Funkaufklärung über die Absichten des russischen Hauptquartiers unterrichtet, beschließt nun, die Situation zu einem überraschenden Manöver in die rechte Flanke und den Rücken der russischen Hauptkräfte in Richtung Lodz zu nutzen. Mit Unterstützung der Eisenbahn werden die 9. Armee und alle übrigen verfügbaren Einheiten in wenigen Tagen bei Hohensalza und Thorn konzentriert. Die k.u.k. Armeen sollen gleichzeitig in Galizien vorgehen. Damit – so scheint es – hat das Oberost den Gegner unterschätzt, obwohl ihm die große russische Überlegenheit bekannt ist. Außerdem liegt zur Zeit keine Zusage der OHL vor, weitere Verstärkungen aus dem Westen zu schicken.

Am 8. November 1914 gibt Generalstabschef von Falkenhayn zu, daß jetzt im Osten alles auf dem Spiel stehe und man unbedingt weitere Kräfte für die Ostfront freistellen müsse. Wenn auch die Türkei durch ihren Kriegseintritt am 2. November 1914 russische Truppen binde, so könne sich dies aber noch nicht spürbar als Entlastung auswirken.

Winterkämpfe in den Karpaten

Dienstag, 10. November 1914. Bericht aus dem deutschen Großen Hauptquartier:

»Im Schnee ausgehoben sind die Schützengräben und die Feuerstellungen der Artillerie. Über glatte Schneeflächen, über steile Hänge führen die Angriffe. Schneebedeckte, enge und gewundene Pässe müssen gestürmt oder im feindlichen Feuer überwunden werden. Die Gefechte sind überaus heftig. Es liegt in der Natur des Gebirgskrieges, daß die Angriffe häufig nur frontal durchgeführt werden können. Umfassungsbewegungen erfordern im Hochgebirge unendliche Zeit, die der Gegner ausnutzt, um der Umfassung eine neue starke Front auf den die Nebentäler beherrschenden Höhen entgegenzustellen. So mußte häufig in heftigem Frontalkampf der Feind niedergerungen und auf rückwärtige Stellungen zurückgedrängt werden...

In endlosem Zuge arbeitet sich mit Pferde- und Menschenkraft eine Munitionskolonne auf Schlitten zur Paßhöhe hinauf. Die schwerfälligen Fahrzeuge einer geleerten Verpflegungskolonne begegnen ihr auf ihrem Marsch talabwärts. Schwere Bremsschuhe verhindern nur mit Mühe das Abgleiten der Wagen auf den schmalen, glatten Windungen des Weges. Kraftwagen der höheren Befehlshaber keuchen mühsam bergauf und winden sich zwischen den Fahrzeugen hindurch. Dort hilft ein Trupp russischer Gefangener, einen an steilem Absturz im Schnee festgefah-

Während der Winterkämpfe in Masuren ist ständiger Nachschub an Lebensmitteln und Munition (über)lebenswichtig

Ohne Schlittengespanne ginge für die Munitionskolonnen im verschneiten Ostpreußen nichts mehr

renen Kraftwagen zu befreien. Am stahlblauen Himmel kehren ratternd zwei Flugzeuge von der Erkundigung der russischen Stellungen zurück. Ein eiserner Wille nur scheint hier auf diesen verschneiten Gebirgsstraßen zu herrschen: den droben kämpfenden Kameraden unter allen Umständen Munition und Verpflegung heranzuführen. Der Begriff des ›Hindernisses‹ hat in den Karpathen seine Bedeutung verloren.«

Die am 11. November 1914 schlagartig beginnende Flankenoperation kommt für die russische Führung völlig überraschend. So durchbricht die 9. Armee zwischen Warthe und Weichsel den Nordflügel der russischen Südwestfront und drängt ihn auf Lodz zurück. In den Tagen vom 17. bis 25. November 1914 tobt eine erbitterte Schlacht bei Lodz. Den deutschen Truppen gelingt es allerdings nicht, die Russen vollständig einzukreisen und zu zerschlagen. Statt dessen droht ihnen nun selbst die Einschließung: Die Russen sind inzwischen zu einer Gegenoffensive übergegangen. Nur unter äußersten Anstrengungen des Oberost gelingt es, das Schlimmste zu vermeiden. Am 6. Dezember 1914 besetzen deutsche Truppen das geräumte Lodz, das polnische Textilindustriezentrum.

Was die Stärke der eingesetzten Truppen und deren Kampfmittel sowie die strategischen Ziele betrifft, gehören die Operationen in Russisch-Polen von Ende September bis Mitte Dezember wohl zu den bedeutendsten des Ersten Weltkrieges. An der gesamten Ostfront ist die Lage derzeit sehr unterschiedlich: Vom 1. bis 15. Dezember 1914 gelingt es zum Beispiel den k.u.k. Truppen in Westgalizien, die Russen in der Schlacht bei Limanowa-Lapanow zu schlagen und an die Duna zurückzudrängen. Im äußersten Süden dagegen stehen die russischen Truppen tief in der Bukowina und in Galizien. Sie haben Czernowitz besetzt, den Kamm der Karpaten erreicht und teilweise überschritten, so daß ein Einfall in Ungarn droht. An der Hauptfront dagegen ist die Offensivkraft der russischen Armeen infolge schwerer Verluste, die seit Anfang November 530000 Mann betragen, sowie wegen Mangel an Verpflegung, Waffen und Munition völlig erschöpft.

So fordert Anfang Dezember das russische Hauptquartier vom französischen Oberkommando dringend Entlastungsangriffe, um den Abtransport deutscher Truppen an die Ostfront zu verhindern. Seit Ende November sind nämlich 8 Infanteriedivisionen und eine Kavalleriedivision nach dem Osten verlegt worden. Die OHL will unbedingt die deutschen Angriffe in Nordpolen fortsetzen, um den Übergang zum gefürchteten Stellungskrieg zu verhindern. Man beabsichtigt damit aber auch, den Separatfriedensversuchen mit Rußland Nachdruck zu verleihen. Am 21. Dezember 1914 kommt jedoch das deutsche Vorgehen am Fluß Rawka endgültig zum Stehen. In Ostpreußen wiederum ist die deutsche 8. Armee vor der überlegenen russischen Nordwestfront und deren 10. sowie aufgefrischten 1. Armee gezwungen, sich in die Stellung der Linie Lötzen–Angerapp zurückzuziehen.

Das erste Kriegsweihnachten

Mittwoch, 30. Dezember 1914, Berlin. Leutnant Esser berichtet in der *Vossischen Zeitung:*

»Hinten auf der Lichtung vor mir wurde noch gekämpft, und die in unserer Nähe aufgefahrenen Geschütze sandten unter lange widerhallendem Donnern ihre Granaten hin-

Wie viele ihrer Kameraden werden sie Weihnachten nicht zu Hause verbringen: Russische Kriegsgefangene nach dem letzten Kampf in Ostpreußen auf ihrem langen Marsch in eine ungewisse Zukunft ...

über. Auf der Chaussee zogen Soldaten einen Korbschlitten mit Verwundeten heran, und über die Lichtung stampften Krankenträger mit ihren Bahren, um die Gefallenen zu sammeln, die hier am Waldrande begraben werden sollten. Rückwärts unter den hohen Fichten standen an gedeckter Stelle die waldgrünen Unterstände der Jäger, die hier Weihnachten feierten.

Ihre Weihnachtslieder durften sie nur halblaut singen, und der Lichterschein der Christbäume mußte sorgfältig abgeblendet werden. Vielleicht war auch ihr Brief an die ›russischen Kameraden‹ von Erfolg gewesen, den sie in einem Henkelkorb voll Kognak, Wurst, Brot und Aepfeln auf der Brücke zwischen den Vorposten niedergestellt hatten. Die ›russischen Kameraden‹ wurden darin gebeten, sich am heiligen Abend ruhig zu halten, damit die Deutschen bei ihrem Christfest nicht gestört würden. Sie wollten sich dreizehn Tage später durch gleiches Wohlverhalten dankbar erweisen.«

Auf der etwa 1200 Kilometer langen Front besteht von der Bukowina bis zum Kurischen Haff eine durchgängige Linie. Der sich auch hier entwickelnde Stellungskrieg hat, im Gegensatz zur Westfront, nur vorübergehenden Charakter. Die Operationen des russischen Heeres schaffen jedoch eine Lage, die die OHL im Jahre 1915 zwingen wird, die Hauptanstrengungen des deutschen Heeres an die Ostfront zu verlagern.

DIE DONAU-MONARCHIE SCHEITERT

DER KAMPF AUF DEM BALKAN

Obwohl die k.u.k. Heeresführung mehr als 450 000 Mann gegen Serbien aufbietet, zerschlagen sich ihre Hoffnungen

In Topschinder, einem Ort unweit von Belgrad, fallen am Abend des 28. Juli 1914 – laut k.u.k. Bericht – die ersten Schüsse des Krieges. Das Ziel: der österreichische Schleppdampfer »Joseph« von der Donaudampfschiffahrtsgesellschaft. Unterhalb der nahe Belgrad liegenden alten Festung Kalimegdan wird der Schlepper erneut beschossen. Der an der Zigeunerinsel liegende k.u.k. Monitor »Temes« kommt ihm sofort zu Hilfe und eröffnet das Feuer auf die Festung Kalimegdan. Die Kanonen der Festung erwidern kurz darauf das Feuer.

Gegen 23 Uhr tauchen aus der Dunkelheit zwei weitere k.u.k. Monitore, die »Szamos« und »Bodrog«, auf und schießen aus allen Rohren auf die serbische Festung. Im Garten des Semliner Hotels, das in einer Vorstadt auf österreichischer Seite liegt, verstummt die Zigeunerkapelle nach dem ersten Schußwechsel. Viele Gäste eilen ans Donauufer, um das Spektakel mitzuerleben. Von Zeit zu Zeit beleuchten Scheinwerfer der Monitore zur Belustigung der Zuschauer die alten Festungswerke. Auf einmal gehen in Semlin alle Lichter aus: Man hat den Strom ausgeschaltet, um der serbischen Artillerie in Belgrad keinen Zielpunkt zu bieten.

Kurz nach 1 Uhr nachts ist die Sawebrücke plötzlich taghell erleuchtet. Danach folgt eine ungeheure Detonation, die selbst den Kanonendonner übertönt. Eine haushohe Feuersäule schießt in den Himmel, das Bersten von Metall ist zu hören. Die Serben haben die Brücke in die Luft gejagt. Eine k.u.k. Einheit erreicht im Laufschritt ihre Stellungen. Kurz darauf beginnen die in Semlin verschanzten Kanonen mit dem Beschuß des serbischen Ufers und der Stadt Belgrad.

Der k.u.k. Generalstab hat Alternativen für den Aufmarsch im Kriegsfall vorbereitet. So ist für einen Zweifrontenkrieg gegen Rußland sowie Serbien und Montenegro geplant, die Hauptkräfte sofort gegen Rußland einzusetzen: Die »A-Staffel« mit drei Armeen und einer Armeegruppe sowie die »B-Staffel« mit einer Armee. Die »Minimalgruppe Balkan«, sie zählt zwei schwache Armeen, soll zur Defensive gegen Serbien aufmarschieren.

Ende Juli 1914 wiegt sich das k.u.k. Armeeoberkommando (AOK) noch in der Hoffnung, Serbien und Monte-

Sie sind eine wertvolle Unterstützung für die Landtruppen: Österreichisch-ungarische Monitore auf der Donau

Der k.u.k. Monitor »Brodog«. Er ist eines der drei Kriegsschiffe, die am Abend des 28. Juli 1914 die serbische Festung Kalimegdan unter Beschuß nehmen

Dunkle Farbe für den Ernstfall: Dragoner der k.u.k. Kavallerie färben ihre Schimmel

negro ließen sich noch vor Kriegseintritt Rußlands besiegen. Daher möchte man Bulgarien und Rumänien als Allianzpartner der Mittelmächte gewinnen. So rollen ab 25. Juli 1914, seit Beginn der Teilmobilmachung gegen Serbien, die Verbände der »Minimalgruppe Balkan« und die »B-Staffel« mit ihrer 2. Armee bereits an die Balkanfront – mit dem Ergebnis: Die Kräfte werden zersplittert und der Aufmarsch der »A-Staffel« gegen den Hauptgegner Rußland um mehrere Tage verzögert. Trotzdem befiehlt

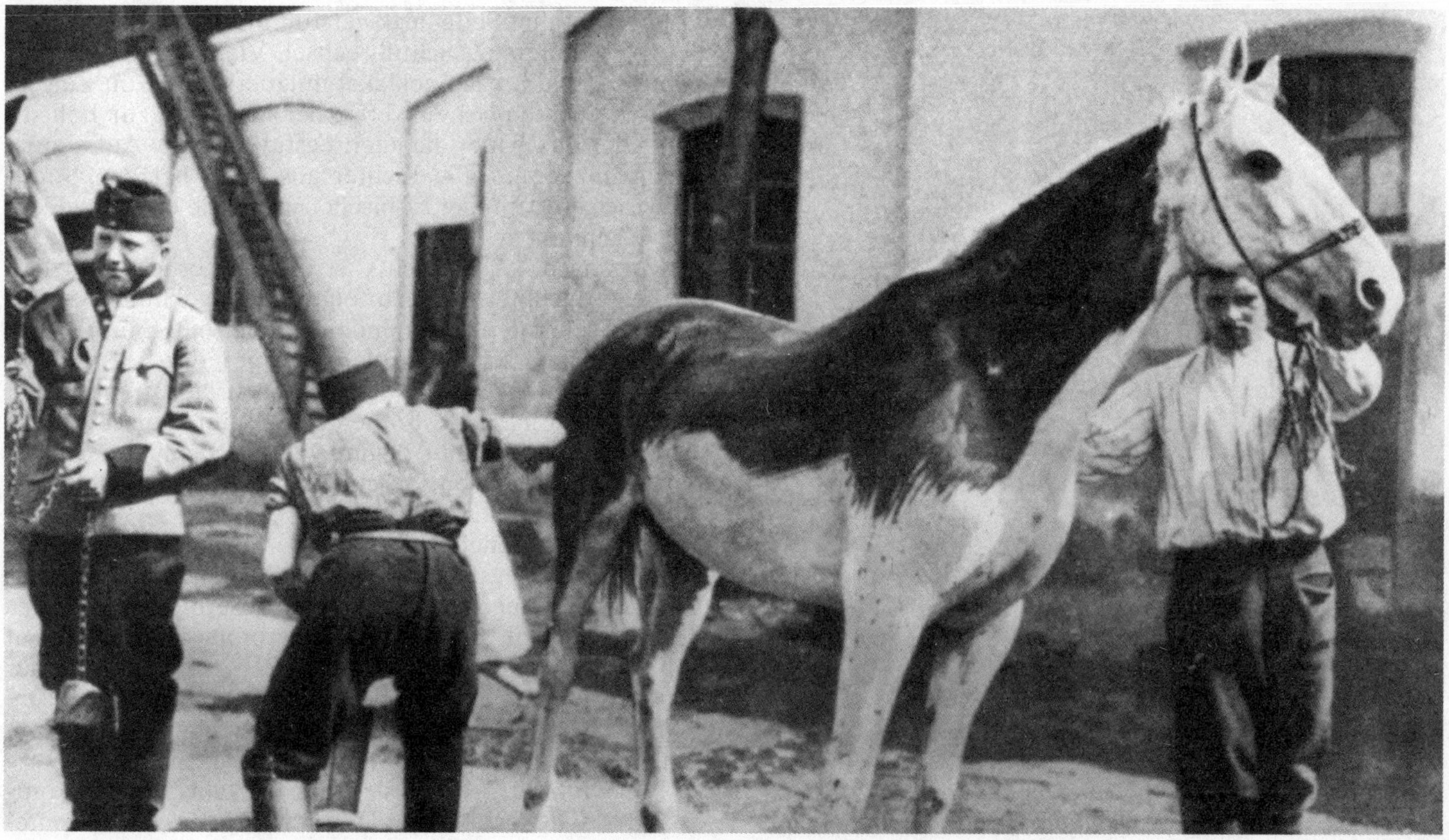

das AOK, nicht zuletzt im Vertrauen auf baldige deutsche Hilfe, auch in Galizien die Offensive zu ergreifen.

Bis zum 9. August 1914 vollzieht sich auch der Aufmarsch des serbischen Feldheeres mit drei Armeen, einschließlich der Armeegruppe Uzice mit den Hauptkräften, also der 1. und 2. Armee, zwischen Morava und Kolubara sowie mit der schwachen 3. Armee zwischen Save und Drina. Die Aufgaben der serbischen Verbände sind rein defensiver Natur. Verteidigungsaufgaben haben auch die

Feldartillerie der serbischen Armee während des Aufmarsches. Obwohl die serbischen Verbände gegenüber den k.u.k. Truppen nur defensiv eingestellt sind,

bringen sie dem Heer der Donaumonarchie empfindliche Verluste bei: Schwere Batterien im Einsatz gegen österreichisch-ungarische Verbände

Briefmarken mit den Bildnissen zweier Könige, deren Völker von einem übermächtigen Gegner bedroht sind: König Nikita von Montenegro (links) und König Peter I. von Serbien

Feldtruppen Montenegros mit ihren fünf schwachen Divisionen und ihrem Grenzschutz gegen Albanien, die jetzt gegen die Herzegowina und Cattaro aufmarschieren.

Die österreichische Niederlage in Galizien beeinflußt zwangsläufig die Vorgänge auf dem serbischen Kriegsschauplatz, obwohl die k.u.k. Armeen hier anfangs eine beträchtliche zahlenmäßige Überlegenheit besitzen. Am 12. August 1914 führt die 5. Armee einen Angriff durch mit dem Ziel, die Drina zu überqueren. Er wird aber unvorhergesehenerweise durch die Serben zurückgeschlagen. Am 20. August 1914 beginnt die 6. Armee ihre Operation an der Drina. Auch dieser Angriff schlägt fehl.

Bis zum 24. August 1914 wirft die serbische Armee, von Frankreich und Rußland zur Offensive gedrängt, die österreichisch-ungarischen Truppen über die Drina und im Norden bei Sabac auch über die Save zurück. Aufgrund der frühzeitigen Offensive der russischen Südwestfront zieht nämlich das AOK seit dem 18. August 1914 die Masse der 2. Armee an die russische Front ab, die ursprünglich den Angriff auf Belgrad führen sollte. So endet die erste Operation des mächtigen Österreich-Ungarn gegen das kleine Serbien mit einer Niederlage und schweren Verlusten.

k.u.k. Truppen von den Serben zurückgeworfen

Donnerstag, 20. August 1914. Das *Berliner Tageblatt* berichtet:

»Die Wahrheit ist aus tausend Dingen zu erkennen. Ein schwerer Feldzug ist es in Serbien. Die Wege sind bodenlos, und die Hütten bieten den müden Soldaten nur ein erbärmliches Quartier. Ununterbrochen steigt das Gelände, sich rückwärts auftürmend, nach Serbien hinein. Es ist für den Angreifer ein beständiger Anmarsch bergauf, wo der Verteidiger demgemäß immer in höher gelegenen und rückwärts von seinen eigenen Bauern staffelweise vorbereiteten Positionen den Angreifer empfangen kann. Auch die Sonne hatten die Serben mit sich, weil man viel klarer gegen Westen, die Sonne hinter sich, sieht und schießt. Trotzdem sind die österreichisch-ungarischen Truppen, mit Elan alle Schwierigkeiten überwindend, vorgegangen bis gegen Kragujevac.

Es wurden Bergkuppen genommen, wo serbische Gefallene Seite an Seite tausendweise hingemäht dalagen. Die Gefangenen trugen allmählich mehr und mehr nur noch zerfetzte Uniformen, zuletzt zum Teil nur ihre eigenen Bauernkleider. Sie berichteten von Kriegsmüdigkeit, Munitions- und Proviantmangel und schienen ein Bild der Erschöpfung des serbischen Heeres widerzuspiegeln. Aber durch die Ausdehnung der Front bis Belgrad hinauf entstand eine Lockerung der österreichisch-ungarischen Anmarschlinie, die die Serben zu einer letzten Tat der Verzweiflung ansporte.

Alle Kräfte von überall her, von Mazedonien, der bulgarischen Grenze und ihrem rechten Flügel unterhalb Belgrad, das dritte Aufgebot, aus Fünfzigjährigen bestehend, und neu ausgehobene Jünglinge unter zwanzig Jahren – alles wurde gegen Westen geworfen, um den rechten österreichisch-ungarischen Flügel einzudrücken. So erfolgte die Räumung Serbiens hie und da unter schweren Rückzugskämpfen, aber ohne die schweren Verluste, von denen die Serben zu berichten wissen.«

Dies alles trägt dazu bei, das militärische und politische Prestige der Donaumonarchie zu erschüttern. Die direkte Folge: Auch die ententefreundlichen Kräfte in den übrigen Balkanstaaten sowie die nationale Befreiungsbewegung der Völker in Österreich-Ungarn werden gestärkt. So hat der völlige Mißerfolg der zweiten k.u.k. Offensive gegen Serbien militärisch wie auch politisch schwerwiegende Auswirkungen an der Balkanfront.

Der erneute Vorstoß der österreichisch-ungarischen Truppen beginnt am 8. September 1914 und wird bereits Mitte September aufgehalten. Am 6. November 1914 erneuern die 6. und 5. Armee die Offensive. Sie überschreiten die Drina und Save und besetzen Anfang Dezember Belgrad. Mitte Dezember aber wirft eine serbische Gegenoffensive die k.u.k. Verbände wieder hinter Drina und Save zurück. Dabei verfügen die österreichisch-ungarischen Truppen insgesamt über eine beträchtliche zahlenmäßige Überlegenheit: Von Kriegsbeginn bis Mitte Dezember gelangen 462 000 Mann gegen Serbien zum Einsatz. Die Gesamtverluste betragen jedoch rund 274 000 Mann. Mit dem Mißerfolg der Offensive wird die Absicht der Mittelmächte durchkreuzt, eine direkte Landverbindung zur Türkei herzustellen, die dringend Kriegsmaterial und Waffen braucht.

Der König kehrt in seine Hauptstadt zurück

Mittwoch, 16. Dezember 1914. Die *Neue Zürcher Zeitung* berichtet:

»Am 15. Dezember waren die letzten k.u.k. Truppenteile wieder über die Donau zurückgegangen, worauf König Peter mit den Prinzen Georg und Alexander an der Spitze seiner Truppen aufs neue in Belgrad einzog. In der Geschichte des serbisch-österreichischen Krieges wird es kaum eine ergreifendere Episode geben, als es der Einzug des Königs Peter in seine wiedereroberte Hauptstadt war. Zuerst begab sich der greise Monarch nach der Kathedrale. Das Portal war geschlossen, der König aber wartete geduldig, bis der Schlüssel des Gotteshauses gebracht wurde.

In der Kirche selbst, während der wenigen Minuten, die der König dort verbrachte, herrschte eine erhabene, feierliche Stille, die nur mitunter durch das Schlucken der vor Rührung tief erschütterten Menge unterbrochen wurde. Kurze Zeit hernach fuhr König Peter im Triumph nach dem Schlosse, wo während der dreizehn Tage der österreichischen Okkupation General v. Frank residiert hatte. Das Haupttor des Hofgartens war weit geöffnet, das königliche Automobil sauste hindurch, über die österreichische Flagge hinweg, die man vom Schlosse heruntergerissen hatte, um sie unter dem Wagen des serbischen Herrschers auszubreiten.«

Hauptursache für die Niederlage der k.u.k. Armeen: die Unterschätzung des serbischen Heeres, das für die nationale Unabhängigkeit des Landes kämpft und in der Bevölkerung wirksame Unterstützung findet. Auch die ungenügende materielle Sicherstellung der Kampfhandlungen, die zumeist unter sehr schwierigen topographischen Bedingungen stattfinden, und die fehlerhafte Planung der Operationen spielen dabei eine wichtige Rolle. Nachdem auch die serbische und montenegrinische Armee schwere Verluste erlitten haben, führt dies seit dem Winter 1914/15 zu einer fast zehnmonatigen Kampfpause.

Sie sorgen sich um die Zukunft ihres Landes: Ministerpräsident Nikola Pasitsch (links) im Gespräch mit Kronprinz Alexander von Serbien

DER SEEKRIEG 1914

ENGLAND IST ÜBERLEGEN

Trotz einiger Anfangserfolge der deutschen Marine behauptet sich die englische Flotte auf den Weltmeeren

Bei Kriegsbeginn befinden sich in der Ostsee sieben deutsche Kleine Kreuzer, zehn Torpedoboote, vier U-Boote sowie einige Minenleger und Hilfsschiffe, die dem Befehl des Großadmirals Prinz Heinrich von Preußen unterstehen. Ihre Aufgabe: im westlichen Teil der Ostsee die Seeherrschaft zu behaupten, russische Landungen sowie Angriffe auf deutsche Häfen zu verhindern und den Handelsweg nach Schweden für die Erzeinfuhr zu sichern. Die Ostseestreitkräfte können über den bis zum Juni 1914 ausgebauten Kaiser-Wilhelm-Kanal, der die Nord- mit der Ostsee verbindet, jederzeit durch Teile der Hochseeflotte verstärkt werden.

Die Baltische Flotte des Zaren besteht im Kern aus fünf Panzerkreuzern und vier Linienschiffen älterer Bauart. Sie soll von den Marinestützpunkten Reval und Kronstadt aus den Finnischen Meerbusen sichern. Denselben Zweck erfüllt eine ausgedehnte Minensperre von über 3000 Minen.

Die ersten Schüsse in der Ostsee fallen am 1. August 1914, als die Kleinen Kreuzer »Augsburg« und »Magdeburg« den Hafen von Libau unter Beschuß nehmen, verbunden mit einer Minenoperation vor dem Finnischen Meerbusen. Um das Eindringen der Royal Navy in die Ostsee zu verhindern, erfolgt ebenfalls die Verminung des Großen und Kleinen Belt. Dies behindert jedoch mehr die eigene strategische Ausnutzung des Nordsee-Eingangs über den Skagerrak als die erwartete Durchfahrt der britischen Flotte.

Die sich auf dem europäischen Kontinent abspielenden gewaltigen Schlachten und Operationen stellen in den ersten Monaten des Weltkrieges die Kampfhandlungen zur See völlig in den Schatten. Doch selbst die begrenzten Gefechte auf den verschiedenen, oft weit auseinanderliegenden Seekriegsschauplätzen, besonders aber die Kampfhandlungen in der Nordsee, gewinnen für beide Seiten zunehmend an Bedeutung. Deutschland und Großbritannien sind die Hauptgegner zur See. In den an der Nordsee liegenden Häfen verharren die deutsche Hochseeflotte und die erheblich stärkere Grand Fleet vorerst noch in der Defensive.

Weil die Royal Navy in den Jahren von 1912 bis 1914 mehr Schiffe in Bau gegeben hat als die deutsche Marine,

Auf hoher See. Blick auf das Deck eines deutschen Zerstörers, dessen Geschütze für den Einsatz bereit sind

Großadmiral Prinz Heinrich von Preußen

wächst deren Überlegenheit mit zunehmender Kriegsdauer. Es steht fest, daß die englischen Großkampfschiffe über größere Geschützkaliber, höhere Geschwindigkeit und einen größeren Aktionsradius verfügen. Selbst die älteren englischen Kreuzer und Linienschiffe sind vergleichbaren deutschen Einheiten zum Teil weit überlegen. Auch die englischen Leichten Kreuzer und Torpedoboote haben eine stärkere Bewaffnung, höhere Geschwindigkeit und einen größeren Aktionsradius. Es stellt sich jedoch mit Fortschreiten des Krieges heraus, daß die deutschen Schiffe bessere Standfestigkeit und höhere Sinksicherheit besitzen. Und was besonders wichtig ist: Die Wirkung ihrer Panzersprenggranate ist sehr viel größer. Trotzdem können die entscheidenden Nachteile im allgemeinen Kräfteverhältnis dadurch nicht ausgeglichen werden.

Die englische Blockade

Der deutsche Admiralstab befindet sich im Krieg gegen Großbritannien in einem seestrategischen Dilemma, aus dem er sich nie befreien kann. Von den wesentlichen Aufgaben der Seekriegführung, wie Schutz der eigenen Küsten, Störung des feindlichen Handelsverkehrs sowie Sicherung des eigenen Überseehandels, gelingt es nur, die Überwachung der eigenen Küsten zu übernehmen, später auch, durch den

Der Kleine Kreuzer »Augsburg«, der zusammen mit . . .

U-Boot-Krieg – wenigstens in beschränktem Umfang –, die alliierte Handelsschiffahrt zu stören. Für die Sicherung des eigenen Überseehandels fehlen jedoch die seestrategischen Voraussetzungen: Die beiden Nordseeausgänge zu den Weltmeeren werden von der britischen Flotte von Anfang an versperrt. Erstaunlicherweise unternehmen deutsche Marineeinheiten 1914 kaum einen Versuch, die britischen Truppentransporter im Kanal anzugreifen. Vielleicht geschieht dies sogar aufgrund der Absicht, die Generalstabschef von Moltke gegenüber dem Admiralstab vertritt: ». . . es ist günstiger, wenn die englische Expeditionsarmee in Frankreich mitvernichtet wird.«

Dank der günstigen geographischen Lage und der Kräfteüberlegenheit kann die Royal Navy, ohne das Risiko einer Seeschlacht im Raum der Deutschen Bucht eingehen zu müssen, eine Fernblockade in der nördlichen Nordsee und im Kanal errichten. Übrigens sind die Netz- und Minensperren zwischen Dover und Calais sowie die englischen Patrouillenfahrten derart wirksam, daß bis Kriegsende kein einziges Überwasserschiff es wagt, die Sperre zu passieren. Auch die Blockadelinie aus leichten Seestreitkräften und Minensperren zwischen den Shetlandinseln und Norwegen ist so engmaschig, daß es nur einigen deutschen Auslands- und Hilfskreuzern gelingt, sie zu durchbrechen. Darüber hinaus wird die Helgoländer Bucht von englischen Schiffen mehr und mehr vermint.

Die seestrategische Lage des Kaiserreichs ist nicht gerade günstig, ist die Nordsee doch der Hauptkriegsschauplatz für die deutschen Hochseestreitkräfte. Sie zählen neben anderen Einheiten insgesamt sechs Linienschiffsgeschwader, fünf Kreuzer-Aufklärungsgruppen, acht Torpedobootflottillen, zwei U-Boot-Flottillen sowie drei Minensuchdivisionen.

Der am 30. Juli 1914 dem Chef der Hochseestreitkräfte, Admiral von Ingenohl, erteilte Operationsbefehl ist jedoch inzwischen überholt, da man nicht mit einer englischen Fern-, sondern Nahblockade gerechnet hat. Er sah vor, durch begrenzte Vorstöße gegen die britischen Blockadekräfte sowie durch einen Minen- und U-Boot-Krieg allmählich den Kräfteausgleich und damit günstige Voraussetzungen für eine Entscheidungsschlacht mit der Royal Navy zu schaffen. Ein Zusammenwirken der Hochseeflotte mit dem Heer ist bisher nicht geplant.

Das veraltete ostasiatische Kreuzergeschwader steht dem deutschen Admiralstab für den Krieg in Übersee zur Verfügung. Einige Kleine Kreuzer sind in den afrikanischen

. . . der »Magdeburg« die ersten Schüsse in der Ostsee abgibt

Kolonien stationiert, ebenso einige Hilfskreuzer. Die Mittelmeerdivision setzt sich aus dem Schlachtkreuzer »Goeben« und dem Kleinen Kreuzer »Breslau« zusammen.

Helgoland wird geräumt

Sonntag, 2. August 1914, Hamburg. Die *Norddeutsche Allgemeine Zeitung* berichtet:

»Die Bevölkerung von Helgoland hat ihre Insel verlassen. Die Dampfer ›Rugia‹ und ›Cobra‹ brachten die gesamte Einwohnerschaft aufs Festland, wo sie auf die Ortschaften der Niederelbe verteilt wurde. Altona erhielt 1000, Blankenese 300 Helgoländer zur friedlichen Einquartierung.

Wie es in Helgoland seit dem Abzug der Bewohner aussieht, schildert ein Augenzeuge: ›Nicht nur die Badegäste, auch alle Bewohner der Insel sowie sämtliche Angehörige der Besatzung haben die Insel verlassen müssen, damit nicht bei einer Beschießung Nichtkombattanten in Gefahr geraten. So sieht man in den öden Straßen zwischen den menschenleeren Häusern nur Verteidiger der Festung, Offiziere, Matrosen, Seesoldaten und Pioniere, die von früh bis spät tätig sind, um die Festung auf die höchste Stufe der Widerstandsfähigkeit zu bringen. Nur wenige Zivilpersonen sieht man, Techniker und Arbeiter, die bei den Armierungsarbeiten beschäftigt sind, sonst nur Uniformen. Zwei Krankenschwestern sind die einzigen weiblichen Wesen auf der Insel. In den verlassenen Gärten spielen einsame Hunde und Katzen, scharren die Hühner, hinter geschlossenen Fenstern singt der Kanarienvogel, aber kein Mensch tritt durch die Türen. Eine verwunschene Stadt. Haus und Hof, Hab und Gut haben die Bewohner zurücklassen müssen, nur wenig konnten sie bei der eiligen Abreise mitnehmen. Alles Zurückgelassene steht unter der Obhut der Kommandantur. Selbst das Füttern der Haustiere, die sonst dem Verhungern preisgegeben wären, hat sie übernommen.«

Der Kriegseintritt Großbritanniens sichert Frankreich und Rußland die Herrschaft auf den Weltmeeren. Fast alle englischen Einheiten der Home Fleet sind in der Nordsee

Obwohl der deutsche Admiralstab schon zu Beginn des Krieges alles versucht, die alliierte Vorherrschaft auf den Weltmeeren wenigstens teilweise zu brechen, erweisen sich vor allem die britischen Verbände als überlegen: Teile der englischen Flotte auf See

konzentriert. Im Hauptstützpunkt Scapa Flow liegt das Gros der Grand Fleet. Ihre Aufgabe: die britischen Küsten und Seeverbindungen zu schützen.

Durch die Fernblockade zwischen Schottland und Norwegen will man Deutschland von seinen überseeischen Zufahrten abschneiden. Die schwächere Channel Fleet soll die Truppentransporte nach Frankreich sichern. Einige Schlachtschiffe der Royal Navy und zahlreiche Kreuzer sind im Mittelmeer, an der Ost- und Westküste Amerikas, in Australien und Ostasien stationiert.

Im britischen Stützpunkt Malta sind unterdessen die Hauptkräfte der französischen Flotte versammelt. Laut der neuen französisch-englischen Marinekonvention vom 6. August 1914 übernehmen die Franzosen den Schutz des Seewegs nach Indien durch den Suezkanal und der Truppentransporte von Nordafrika nach Frankreich. Sie sollen außerdem die k.u.k. Flotte in der Adria blockieren sowie die Zufahrtswege für Montenegro und Serbien sichern.

Die russische Flotte wiederum operiert auf völlig getrennten Schauplätzen. So hat die Baltische Flotte in der Ostsee die Zugänge zum Finnischen und Rigaer Meerbusen sowie die Ostseeküste zu schützen, während die schwachen Flottenkräfte im Schwarzen Meer lediglich der Küstenverteidigung dienen. Österreich-Ungarns Hauptflottenstützpunkt Pola liegt am Südzipfel der Halbinsel Istrien im Adriatischen Meer. Die österreichischen Kriegsschiffe sollen von Pola und Cattaro aus die Adria verteidigen sowie die Zufahrten nach Serbien und Montenegro abschneiden.

Wie schwierig es zu Beginn des Krieges noch ist, sich über weite Entfernungen zu verständigen, zeigen die widersprüchlichen Befehle der britischen Admiralität an ihren Befehlshaber der Mittelmeerflotte, Admiral Sir Berkly Milne. Kurz vor Kriegsausbruch liegen zwei deutsche Schiffe, der moderne Schlachtkreuzer »Goeben« (23 000 t) und der Kleine Kreuzer »Breslau« (4550 t) im Hafen von Messina, um Kohlen zu bunkern. Der Geschwaderchef, Vizeadmiral Souchon, nimmt anschließend sofort Kurs auf Nordafrika, denn er vermutet, daß die Franzosen bereits in den ersten Mobilmachungstagen ihre Kolonialtruppen mit einer Flotte von Truppentransportern zum europäischen Kriegsschauplatz bringen werden. Für Souchon eine günstige Gelegenheit, den Seekrieg zu beginnen.

Das erste Gefecht auf See

In der Morgendämmerung des 4. August 1914 eröffnet die »Breslau« das Feuer auf den Hafen von Bône, wo gerade die Einschiffung der französischen Kolonialtruppen erfolgt. Nur eine Stunde später nimmt die »Goeben« Philippeville unter Beschuß und löst damit die Explosion eines Munitionslagers aus. Gerade als die beiden wieder in Richtung Osten abdampfen, werden sie von den britischen Schlachtkreuzern »Indomitable« und »Indefatigable« gesichtet. Die deutschen Kreuzer sind

Während die deutschen Marinestreitkräfte in erster Linie versuchen, die britischen Verbände in der Nord- und Ostsee sowie im Atlantik zu binden, ist das Operationsgebiet der österreichisch-ungarischen Marine hauptsächlich das Mittelmeer. Hier das k.u.k. Schlachtschiff »Erzherzog Ferdinand Maximilian«

Der Chef der deutschen Hochseestreitkräfte, Admiral von Ingenohl. Rechts der Schlachtkreuzer »Goeben«

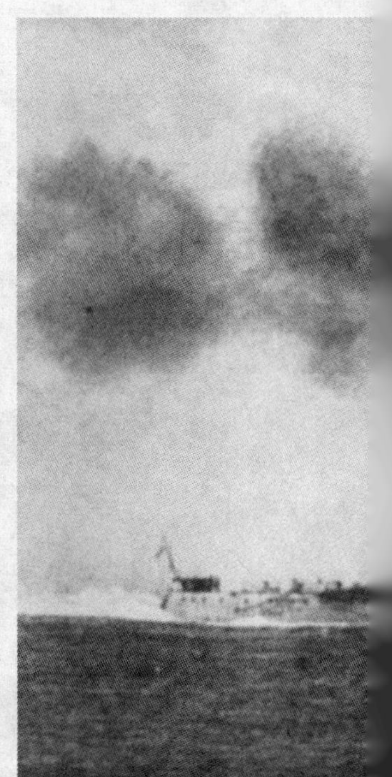

Winston Churchill, der Erste Lord der Admiralität

aber schnell genug, um den Engländern bei Anbruch der Dunkelheit zu entwischen und Messina anzulaufen. Was Vizeadmiral Souchon allerdings nicht weiß: Die britischen Schlachtkreuzer haben noch keine Feuererlaubnis.

Als Winston Churchill, Erster Lord der Admiralität, zwei Tage zuvor von der Anwesenheit des deutschen Schlachtkreuzers in Messina erfährt, erteilt er seinem Befehlshaber im Mittelmeer aus Sorge um die französischen Truppentransporte eigenmächtig die Order, die »Goeben« aufzuspüren und zu verfolgen, notfalls auch anzugreifen. Da England zu diesem Zeitpunkt noch nicht offiziell den Krieg erklärt hat, wird Churchill von der Regierung gezwungen, seine Weisung an Admiral Sir Berkley Milne am 4. August 1914 zu widerrufen. So muß der Admiral untätig zusehen, bis ihm die Eröffnung der Feindseligkeiten per Funkspruch bekanntgegeben wird.

Der erste Zusammenstoß auf See ereignet sich am 5. August 1914 gegen 12 Uhr mittags, als die britischen Zerstörer »Lance« und »Landrail« sowie der Leichte Kreuzer »Amphion« den deutschen Minenleger »Königin Luise« sichten. Dieser umgebaute Postdampfer ist gerade dabei, an der Ostküste Englands, in den Gewässern vor Harwich, ein Minenfeld anzulegen. Die britischen Einheiten nehmen die »Königin Luise« sofort unter Beschuß und versenken sie innerhalb kurzer Zeit. Ein Teil der deutschen Besatzung wird von dem Leichten Kreuzer »Amphion« gerettet, der allerdings am nächsten Morgen um 6.30 Uhr auf zwei Minen läuft, die die »Königin Luise« am Vortag gelegt hat. Das Schiff versinkt mit 151 Mann und den meisten an Bord befindlichen deutschen Matrosen.

Am Abend des 6. August 1914 entschließt sich Vizeadmiral Souchon, mit seinen beiden Schiffen den Hafen Messina wieder zu verlassen und die vorgesehene Fahrt nach Konstantinopel anzutreten. Um die Royal Navy zu täuschen, nimmt er erst Kurs Richtung Pola in der Adria, dreht dann aber bei Dunkelheit in Richtung Kap Matapan ab, gefolgt von dem britischen Leichten Kreuzer »Gloucester«, der mit der »Goeben« Fühlung hält, ohne in die Reichweite der deutschen Geschütze zu geraten.

Täuschung der Royal Navy

Sonnabend, 8. August 1914, München. Die *Münchner Neuesten Nachrichten* berichten:

»Die ›Göben‹ und die ›Breslau‹ lagen im Hafen von Messina, die ›Göben‹ ein Prachtschiff neuester Konstruktion. Die Neutralität Italiens sicherte völkerrechtlich nur einen vierundzwanzigstündigen Aufenthalt. In aller Ruhe nahmen sie Kohlen ein und rüsteten sich zur Abfahrt aus dem Hafen. Der Hafendamm war weithin schwarz von Menschen. Man wußte, daß die feindlichen Schiffe die deutschen Kreuzer erwarten würden. ›Die deutsche Flagge sinkt mit dem Schiff, aber sie wird nicht heruntergeholt.‹ Der Kommandant ließ die Flagge oben am Mast festnageln. Die Nationalhymne tönte von den Schiffen herüber, ein dreifaches Hurra der Mannschaft, und langsam fuhren die Schiffe zum Hafen hinaus dem Feinde entgegen. Die Bevölkerung war von diesem Heldenmut tief ergriffen.

Den am Ausgange des Hafens lauernden Feinden entkamen die beiden Kreuzer durch eine Kriegslist. Zur Verwunderung der Engländer kam die Musik immer näher, um sich dann plötzlich nach Westen hin zu entfernen. Das kam daher: Bald nachdem die ausfahrenden Schiffe mit sorgfältig abgeblendeten Lichtern den Hafen von Messina in nördlicher Richtung verlassen hatten, waren die Musikkorps in eine Barkasse gestiegen und hatten, andauernd ›Die Wacht am Rhein‹ blasend, die Fahrt noch ein Stück nordwärts fortgesetzt. ›Göben‹ und ›Breslau‹ aber waren nach Süden gesteuert durch eine vielen noch unbekannte Rinne, die vom letzten großen Erdbeben stammt. Als die Engländer entdeckten, daß sie überlistet waren, befanden sich die beiden deutschen Kreuzer schon längst weit außerhalb des Schußbereichs der englischen Geschütze.«

Unterdessen hält sich Admiral Troubridge mit seinen vier Panzerkreuzern »Black Prine«, »Defence«, »Duke of Edinburgh« und »Warrior« am Ausgang der Adria auf und will die »Goeben« dort abfangen. Durch einen irrtümlich abgesandten Funkspruch mit der Nachricht, Österreich habe England den Krieg erklärt, muß Troubridge zu seinem größten Ärger das Vorhaben aufgeben und statt dessen verhindern, daß die österreichische Flotte von der Adria ins Mittelmeer gelangt.

Die »Gloucester« bleibt weiterhin den Deutschen auf den Fersen und eröffnet am Nachmittag des 7. August 1914 das Feuer auf die »Breslau«. Dadurch ist Vizeadmiral Souchon gezwungen, dem bedrängten Kleinen Kreuzer zu Hilfe zu kommen und das britische Schiff anzugreifen. Gegen Abend gibt die »Gloucester« ihre Verfolgungsjagd jedoch auf, und so kann Souchon mit seinen beiden Einheiten unbehelligt die Fahrt fortsetzen und in der Ägäis den Hafen Denusa anlaufen, um dort noch einmal Kohle zu bunkern.

Am nächsten Tag, dem 8. August 1914, erfolgt in der Nordsee der erste Angriff eines deutschen U-Bootes. Als U 13 die zur Grand Fleet gehörenden Schlachtschiffe »Ajax«, »Monarch« und »Orion« in Reichweite hat, schießt es einen Torpedo auf die »Monarch« ab, der allerdings sein Ziel verfehlt.

Nur 24 Stunden später können dagegen die Engländer die erste Versenkung eines deutschen U-Bootes melden. In der Abenddämmerung des 9. August 1914 gelingt es dem Leichten Kreuzer »Birmingham«, das aufgetauchte U 15 auf der Wasseroberfläche so gezielt zu rammen, daß es in zwei Teile zerbricht.

Am 10. August 1914 hat Souchon mit der »Goeben« und dem Kleinen Kreuzer »Breslau« wohlbehalten die Dardanellen erreicht und wird nun von einem türkischen Zerstörer durch die verminten Gewässer bis Konstantinopel geleitet. Um die Alliierten, vor allem Engländer, denen das Geheimbündnis zwischen Deutschland und der Türkei nicht bekannt ist, nicht zu verärgern, meldet die türkische Regierung am 13. August 1914 offiziell den »Ankauf« der beiden deutschen Schiffe, die auf »Yawuz Sultan Selim«

Die beiden Kriegsschiffe »Goeben« und »Breslau« stehen unter seinem Kommando: Vizeadmiral Souchon

Ein Verband der Grand Fleet nähert sich dem Gegner. Vorn das Schlachtschiff »Orion«, dem als drittes Schiff die »Monarch« folgt, die am 8. August von einem deutschen U-Boot erfolglos torpediert wird

und »Midillih« umgetauft werden. Vizeadmiral Souchon und seine Besatzungen bleiben jedoch weiterhin an Bord ihrer Schiffe.

Der erste Feuerwechsel in der Nordsee

Sonnabend, 22. August 1914, Berlin. Matrose Otto Wegener berichtet im *Berliner Tageblatt:*

»Am 18. August morgens hatte unser Kleiner Kreuzer ›Stralsund‹ den ersten Feuerwechsel in der Nordsee. Wir fuhren nach dem Kanal bis vor die Themse. Um Mitternacht durchbrachen wir unbemerkt die Vorpostenlinien der englischen Flotte. Bei Tagesanbruch kehrten wir zurück, um so nebenbei die Vorpostenlinie aufzurollen. Um 5.30 Uhr sichteten wir rechts und links von uns je sechs englische Zerstörer und einen kleinen englischen Kreuzer.

Die Engländer waren sehr erstaunt darüber, daß wir von Westen kamen, und verlangten von uns ein Erkennungszeichen. Darauf hißten wir unsere Flagge und eröffneten das Feuer, das von den Engländern alsbald erwidert wurde. Der englische Kreuzer machte aber bald kehrt, riß aus, während die Zerstörer uns angriffen. Wir haben den Engländern aber gezeigt, daß wir schießen können. Drei der Zerstörer haben wir kampfunfähig gemacht. Von einem der Fahrzeuge wurde die Kommandobrücke glatt heruntergeschossen. Das Gefecht dauerte etwa anderthalb Stunden.

Die englischen Zerstörer feuerten vier Torpedos auf uns ab, die aber alle vorbeigingen. Auch feindliche 8,8-Zentimetergeschosse schlugen mindestens 20 Meter von unserem Schiffe entfernt ins Wasser. Wir sind vollkommen unversehrt geblieben. Nachdem wir den Engländern, die über unsere Unerschrockenheit offenbar ganz erstaunt waren, ordentlich eins aufgebrannt hatten, fuhren wir weiter. Jetzt sind wir wieder an Ort und Stelle und haben heute morgen gekohlt, um bald wieder einen gleichen Husarenstreich ausführen zu können.«

Zum ersten Seegefecht in der Nordsee kommt es am 28. August 1914. Eine britische Zerstörerflottille und zwei Leichte Kreuzer unter Commodore Reginald Tyrwhitt dringen in die Bucht von Helgoland ein, um die als Küstenschutz patrouillierenden deutschen Zerstörer anzugreifen. Zur Täuschung hat die britische Admiralität drei U-Boote eingesetzt, die vor dem Eintreffen der Zerstörer und Kreuzer etwa 40 Seemeilen westlich von Helgoland aufgetaucht Position beziehen und als Lockvogel dienen sollen. Tatsächlich gehen die bei Helgoland stehenden deutschen

Der Kleine Kreuzer »Stralsund«

Ein britisches U-Boot kurz nach dem Auftauchen. Die U-Boote gewinnen immer mehr an Bedeutung

Torpedoboote und die zwei Kleinen Kreuzer auf das Täuschungsmanöver ein, denn sie beabsichtigen ebenfalls, dem Feind eine Falle zu stellen und ihn in den Wirkungsbereich der auf Helgoland stehenden Geschütze zu locken.

Wie von den Engländern erhofft, laufen die Torpedoboote nach Westen, drehen aber, als die britischen Zerstörer und Leichten Kreuzer am Horizont auftauchen, fluchtartig nach Süden ab. Im gleichen Augenblick treten die beiden Kleinen Kreuzer »Frauenlob« und »Stettin« in Erscheinung und stoßen gegen die britischen Einheiten vor. In dem anschließenden Feuerwechsel wird die »Frauenlob« beschädigt, während sich die »Stettin« zurückziehen kann. Nach dem für die Engländer unbefriedigenden Ergebnis beschließt Commodore Tyrwhitt, mit seinen Einheiten wieder abzudrehen. Ohne sein Wissen hat die Admiralität jedoch zwei weitere Kreuzerverbände in Marsch gesetzt: Commodore W. E. Goodenough mit einem Geschwader Leichter Kreuzer und Vizeadmiral Sir David Beatty mit fünf modernen Schlachtkreuzern. Das Versäumnis der Admiralität, die Operation mit den beteiligten Befehlshabern vorher abzustimmen, führt beinahe dazu, daß sich – bedingt durch schlechte Sicht – britische Kriegsschiffe gegenseitig unter Feuer nehmen.

Trotz dieses Zwischenfalls erleiden die deutschen Seestreitkräfte im Seegefecht bei Helgoland eine empfindliche Niederlage. Sie verlieren drei Kleine Kreuzer und ein Torpedoboot; von den Besatzungen sind etwa 700 Mann gefallen. Kurz danach wird der Handlungsspielraum der Kaiserlichen Marine weiter eingeschränkt: Reichskanzler Bethmann Hollweg und Wilhelm II. setzen sich mit der Direktive durch, daß die Flotte auf jeden Fall als Druckmittel für mögliche Friedensverhandlungen mit Großbritannien erhalten bleiben müsse. Seitdem ist jedes größere Flottenunternehmen an die Zustimmung des Kaisers gebunden.

Beginn des U-Boot-Krieges

Zu den im Weltkrieg erfolgreichsten Offizieren der Kaiserlichen Marine zählt Kapitänleutnant Otto Hersing, Kommandant des U-Bootes U 21. Er soll am 2. September 1914 in den Firth of Forth eindringen und versuchen, die dort vor Anker liegenden Einheiten der britischen Home Fleet anzugreifen. Er wird aber nahe der Brücke über den Forth entdeckt und kann,

Warten auf den Einsatz. Ein britischer Leichter Kreuzer in der Nordsee

Vizeadmiral Sir David Beatty (links) und Kapitänleutnant Otto Hersing, Kommandant des U-Bootes »U 21«

ohne verfolgt zu werden, entkommen. Drei Tage später unternimmt Hersing den ersten erfolgreichen U-Boot-Angriff des Krieges auf ein fahrendes Schiff und versenkt den britischen Leichten Kreuzer »Pathfinder« vor St. Abbs Head.

Am 13. September 1914 gelingt den Engländern ein Vergeltungsschlag. Lieutenant Commander Max Horton vom U-Boot E-9 versenkt durch Torpedotreffer den Kleinen Kreuzer »Hela«. Anschließend läuft Horton mit seinem U-Boot, am Mast eine Totenkopfflagge, wieder in den Hafen ein. So entsteht daraus die Tradition, daß britische U-Boote, die von einer erfolgreichen Feindfahrt zurückkehren, mit der Piratenflagge geschmückt sind.

Da sich schon nach kurzer Kriegsdauer die Konzeption einer entscheidenden Seeschlacht als nicht mehr durchführbar erweist, befaßt sich die deutsche Marineführung verstärkt mit dem Einsatz von U-Booten. Für die britische Admiralität ist die Sicherung ihrer Truppentransporte von England nach Frankreich zur Zeit das vordringlichste Problem. Eine Gruppe alter Kreuzer patrouilliert daher ständig vor der belgischen Küste, um überraschende Angriffe der deutschen Flotte abzuwehren.

Da geschieht am 22. September 1914 etwas Unvorhergesehenes, etwas, das zu einer der größten Schiffskatastrophen dieses Krieges führt: Die drei Kreuzer »Aboukir«, »Cressy« und »Hogue« sind auf Patrouillenfahrt, als um 6.30 Uhr eine gewaltige Explosion die Steuerbordseite der »Aboukir« aufreißt. Zwanzig Minuten später kentert der Kreuzer. Die anderen beiden Schiffe lassen Boote herab, um die Überlebenden aufzunehmen, denn man glaubt, die »Aboukir« sei auf eine Mine gelaufen. In Wirklichkeit aber ist sie von dem deutschen U-Boot U 9 (KptLt. Weddigen) torpediert worden. Während der folgenden halben Stunde versenkt U 9 auch die Kreuzer »Cressy« und »Hogue«. Insgesamt 62 Offiziere und fast 1400 Matrosen fallen dieser Katastrophe zum Opfer.

Großer Erfolg des U-Bootes U 9

Dienstag, 25. September 1914. Amtlicher Bericht des Admiralstabes:

»Am 22. September in der Frühe befand sich ›U 9‹ zwanzig Seemeilen nordwestlich von Hoek van Holland mit annähernd südwestlichem Kurs dampfend. Die See war ruhig, das Wetter klar, teils neblig. Gegen 6 Uhr sichtete man von ›U 9‹ drei große feindliche Kreuzer, die bei weiten Schiffsabständen in Dwarslinie nebeneinander fahrend sich in entgegengesetzter Richtung näherten.

›U 9‹ beschloß, zuerst den in der Mitte fahrenden der drei Kreuzer anzugreifen, führte die Absicht aus und brachte dem Kreuzer – es war die ›Aboukir‹ – einen tödlichen Torpedotreffer bei. Der Kreuzer sank nach wenigen Minuten. Als nun die beiden anderen Kreuzer nach der Stelle dampften, wo die ›Aboukir‹ gesunken war, machte ›U 9‹ den erfolgreichen Torpedoangriff auf die ›Hogue‹. Auch dieser Kreuzer verschwand nach kurzer Zeit in den Fluten. Nun wandte sich ›U 9‹ gegen die ›Cressy‹. Beinahe unmittelbar nach dem Torpedoschuß kenterte die ›Cressy‹, schwamm noch eine Weile kieloben und sank dann.

Das ganze Gefecht hat, vom ersten Torpedoschuß bis zum letzten gerechnet, ungefähr eine Stunde gedauert. Angaben der britischen Presse, in der Nähe des Gefechtsortes hätten sich Begleitschiffe der Unterseeboote befunden und noch dazu unter holländischer Flagge, sind ebenso unwahr wie die Erzählungen überlebender Engländer, die Kreuzer seien von mehreren deutschen Unterseebooten angegriffen worden und man habe durch Geschützfeuer mehrere von ihnen vernichtet. Tatsächlich ist nur ›U 9‹ dort gewesen. Nach dem Sinken der ›Cressy‹ fanden sich mehrere britische Kreuzer, Torpedofahrzeuge usw. an der Stelle ein; einzelne Torpedobootszerstörer verfolgten das Unterseeboot.

Noch am Abend des 22. September, nicht weit von Terschellingbank, wurde ›U 9‹ von den Zerstörern gejagt. Mit Einbruch der Dunkelheit gelang es ›U 9‹, außer Sicht der Torpedofahrzeuge zu gelangen. Am folgenden Tage langte das Boot mit seiner siegreichen Besatzung unversehrt im heimischen Hafen an.«

Jetzt verstärkt die militärische Führung ihre Forderung, U-Boote auch gegen den englischen Seehandel einzusetzen. Genaue Berechnungen ergeben aber, daß für eine wirksame Blockade Englands etwa 220 U-Boote erforderlich sind, also fast das Zehnfache dessen, was zur Verfügung steht. Der deutsche Admiralstab sieht in einem verstärkten U-Boot-Krieg die beste Möglichkeit, Großbritannien in die Knie zu zwingen oder zumindest empfindlich zu schwächen.

Die russische Baltische Flotte beginnt ihren Einsatz im Ostseeraum mit einer großangelegten Minenoffensive: Seit Anfang Oktober 1914 werden innerhalb von drei bis vier Monaten fast 1600 Minen vor deutschen Küstenplätzen von der Memel bis zum Kap Arkona gelegt. Sie verursachen den Untergang eines Panzerkreuzers und weiterer dreizehn Dampfer.

Im Mittelmeer dagegen besitzen die Alliierten die uneingeschränkte Seeherrschaft. In der von englischen und französischen Kriegsschiffen blockierten Adria beschränken sich die altersschwachen österreichisch-ungarischen Flotteneinheiten auf kleine, sporadisch durchgeführte Unternehmungen. Auch im Schwarzen Meer kommt es gelegentlich zu kleinen Kampfhandlungen zwischen russischen und türkischen Seestreitkräften.

Die einzige Möglichkeit für die Westalliierten, Rußland direkte Hilfe zu leisten, sind Seeoperationen. Daher sollen ab dem 15. Oktober 1914 drei britische U-Boote in der Ostsee stationiert werden. Es sind E-9, E-10 und E-11. Im letzten Augenblick verzögert sich das Auslaufen von E-11, so daß es seine Fahrt erst mit zwei Tagen Verspätung antritt. E-9 gelingt es relativ leicht, das Skagerrak in der Nacht vom 17./18. Oktober 1914 zu passieren. Bereits am nächsten Morgen greift E-9 den deutschen Großen Kreu-

Nur das Mondlicht gibt dieser Szene einen gewissen Reiz: Deutsches U-Boot im Nordseekanal. Bald wird es für den Gegner zur tödlichen Gefahr . . .

Drangvolle Enge herrscht im »Herz« eines U-Bootes, dem Maschinenraum. Rechts Kapitänleutnant Otto von Weddigen, dem es mit seinem U-Boot »U 9« am 22. September 1914 gelingt,

drei britische Kreuzer zu versenken, darunter auch die »Aboukir«

*Drama im Mittelmeer. Ein französisches Fahrgastschiff ist hundert Meilen vor der Küste gesunken.
Nur noch einige Holzplanken zeigen die Stelle an, wo das Schiff torpediert wurde – ohne jede Vorwarnung*

*Drama in der Irischen See. 27. Oktober 1914:
Das britische Schlachtschiff »Audacious« sinkt, nachdem es auf eine Mine gelaufen ist*

zer »Victoria Luise« an, allerdings ohne Erfolg. Immerhin weckt dies die besondere Aufmerksamkeit der deutschen Patrouillenfahrzeuge, so daß sich E-9 nach dem Ausfall einer Maschine nur sehr langsam und mit größter Vorsicht weiterbewegen kann. Als E-11 zwei Tage danach durch das Skagerrak in die Ostsee gelangen will, ist dieses Vorhaben nicht mehr möglich.

Am 20. Oktober 1914 wird der erste britische Dampfer nach Prisenordnung versenkt. Dies kündigt den beginnenden U-Boot-Handelskrieg an und markiert einschneidende Veränderungen in der Seekriegführung. Mit drei ver-

senkten Schiffen im ersten Kriegsjahr bleibt jedoch der U-Boot-Handelskrieg noch bedeutungslos.

Am 30. Oktober 1914 beschießt die türkische Schwarzmeerflotte, angeführt von den ehemaligen deutschen Kriegsschiffen »Goeben« und »Breslau«, die russischen Stützpunkte Sewastopol und Noworossisk. Die britische Admiralität plant daraufhin Vergeltungsmaßnahmen und beordert Vizeadmiral John Carden mit seinem Geschwader an die Dardanellen, um die türkischen Festungen unter Beschuß zu nehmen. Seine beiden Schlachtkreuzer und zwei französische Kampfschiffe der Dreadnought-Klasse

Der U-Boot-Handelskrieg tritt in seine erste Phase. Die Besatzung eines deutschen U-Bootes bringt ihr Geschütz in Stellung

Schon bald gehören diese Bilder zur Tagesordnung: Ein Dampfer wird nach Prisenordnung versenkt

Vizeadmiral Maximilian Graf von Spee, der das ostasiatische Kreuzergeschwader befehligt, zu dem auch der Panzerkreuzer »Gneisenau« gehört

feuern insgesamt 76 Granaten vom Kaliber 30,5 cm auf das Munitionsdepot in Sedd-ül-Bahr ab, das nach gewaltigen Detonationen in die Luft fliegt.

Tags darauf, am 31. Oktober 1914, verliert die Royal Navy im Ärmelkanal den ersten Träger, der Wasserflugzeuge an Bord nehmen kann. Die Versenkung des Trägers – ein Umbau des Kreuzers »Hermes« – ist dem deutschen U-Boot U 27 mit zwei Torpedotreffern gelungen. In der amtlichen britischen Meldung heißt es: »Die HMS Hermes ist auf dem Rückweg von Dünkirchen nach Dover gestern abend durch zwei Torpedoschüsse eines deutschen U-Bootes versenkt worden. Torpedojäger, die zu Hilfe eilten, retteten den größten Teil der Besatzung. Ungefähr vierzig Mann werden vermißt.«

Zusammenstoß im Pazifik

Ende Oktober 1914 befindet sich Vizeadmiral Maximilian Graf von Spee mit seinem ostasiatischen Kreuzergeschwader, bestehend aus zwei Panzerkreuzern, vier Kleinen Kreuzern sowie mehreren Kanonenbooten und Troßschiffen, vor der Küste von Chile. Der Flottenstützpunkt Tsingtau im chinesischen Pachtgebiet Kiautschou am Gelben Meer ist bis zum Kriegsausbruch die Basis aller deutschen Auslands-Seestreitkräfte. Angesichts der zu erwartenden japanischen Kriegserklärung kehrt Graf Spee, der sich zur Zeit mit den beiden großen Panzerkreuzern »Scharnhorst« und »Gneisenau« (11600 t) sowie den Kleinen Kreuzern »Emden« und »Nürnberg« im Seegebiet der Karolinen-Inseln aufhält, nicht mehr nach Kiautschou zurück, sondern steuert die Westküste Südamerikas an. Hier hat sein Geschwader wenigstens die Möglichkeit, in den Häfen des befreundeten Chile die Kohlevorräte aufzufrischen.

Graf Spee ist in diesem Krieg der erste Befehlshaber zur See, der seinen Gegner durch Funktäuschung überlistet. Zur selben Zeit, etwa Ende Oktober 1914, passiert Konteradmiral Sir Cristopher Craddock mit seinen Einheiten, den Panzerkreuzern »Good Hope« und »Monmouth«, dem Leichten Kreuzer »Glasgow«, dem Hilfskreuzer »Otranto« und der langsamen »Conopus«, einem Linienschiff der Vor-Dreadnought-Klasse, die nördlich des Feuerland-Archipels liegende Magalhães-Straße von Ost nach West. Im Pazifik schlägt er dann Nordkurs ein und läßt die schnelle »Glasgow« vorausfahren.

Am frühen Morgen des 1. November 1914 erreicht den deutschen Vizeadmiral die Meldung eines deutschen Handelsdampfers, daß die »Glasgow« in der Bucht von Coronel, etwa 450 Kilometer südlich Valparaiso, vor Anker liege. Vorsorglich hat Graf Spee bereits seit Tagen völlige Funkstille befohlen; nur der Kleine Kreuzer »Leipzig« soll zur Täuschung den Funkverkehr aufrechterhalten. Aufgrund der starken deutschen Funksignale begibt sich Craddock mit seiner Hauptstreitmacht auf die Suche nach der »Leipzig«, ohne das langsame Tempo der »Canopus«, 12 Seemeilen pro Stunde, zu berücksichtigen.

Am Nachmittag des 1. November 1914 haben die gegnerischen Geschwader Sichtkontakt, und beide Befehlshaber sind erstaunt, plötzlich mehr als einem Schiff gegenüberzustehen. Obwohl die Artilleriegeschütze der britischen

Der britische Panzerkreuzer »Good Hope«, der während des Seegefechts bei Coronel von den Deutschen versenkt wird

Panzerkreuzer fast dieselbe Reichweite haben, sind die »Scharnhorst« und die »Gneisenau« durch ihr Feuerleitsystem im Vorteil. Bei untergehender Sonne gelingt es ihnen, das britische Flaggschiff »Good Hope« und die »Monmouth« zu versenken; die Kreuzer »Glasgow« und »Otranto« können in westlicher Richtung entkommen.

Seegefecht bei Coronel

Dienstag, 3. November 1914, Chicago. Die *Daily News* berichtet:

»Nachdem die ›Monmouth‹ schon mächtig Schlagseite hatte, versuchte sie, zu entkommen, wobei sie in die Nähe der ›Nürnberg‹ geriet. Auf der ›Nürnberg‹ sind sie sich zuerst nicht klargewesen, um was für ein Schiff es sich handelte. Anfangs haben sie geglaubt, es sei die ›Dresden‹. Sie haben dann drahtlos angefragt, jedoch keine Antwort erhalten, dann durch Lichtsignale, es war ja schon Nacht – ebenfalls ohne Erfolg. Dann sind sie vorsichtig näher herangegangen und haben schließlich den Scheinwerfer spielen lassen, worauf sie die englische Flagge erkannten. Darauf wurde die ›Monmouth‹ aufgefordert, die Flagge zu streichen; zehn Minuten wurden gewartet. Währenddessen hatte der Engländer noch manövriert, so daß die ›Nürnberg‹ ihn nun von vorn hatte, während er ihr die Breitseite, und zwar gerade die Schlagseite, zeigte. Nach Ablauf der zehn Minuten eröffnete die ›Nürnberg‹ das Feuer, worauf die ›Monmouth‹ langsam zu sinken begann.«

Am 2. November 1914 gibt die englische Regierung bekannt, daß sie die gesamte Nordsee als Kriegsgebiet betrachte. Mit der Fernblockade und den damit verbundenen

Konteradmiral Sir Christopher Craddock findet dabei den Tod

Vor dem Gefecht bei Coronel. Das deutsche Kreuzergeschwader mit den Panzerkreuzern »Scharnhorst« und »Gneisenau« sowie den Kleinen Kreuzern »Nürnberg«, »Leipzig« und »Dresden« ankern – neben einigen chilenischen Kriegsschiffen – in der Bucht von Valparaiso

Kontrollen – auch der neutralen Schiffahrt – wollen die Alliierten verhindern, daß die Mittelmächte entweder auf Schiffen neutraler Länder oder auf dem Transitweg durch neutrale Staaten kriegswichtige Güter erhalten. Gleichzeitig weitet Großbritannien die Liste der Konterbande auch auf Lebensmittel aus. Die Engländer beabsichtigen damit, den Handel mit dem neutralen Ausland selbst zu kontrollieren, um Export und Transit nach Deutschland sowie Österreich-Ungarn durch Abkommen und Druckmaßnahmen wirksamer unterbinden zu können.

Diese verschärfte Wirtschaftsblockade trifft jetzt vor allem die deutsche Einfuhr an Lebens- und Futtermitteln. Anfangs hatte sich dies lediglich auf die kriegswirtschaftlichen Importe der Mittelmächte, wie zum Beispiel Kautschuk und Chilesalpeter, beschränkt. Noch fließt zwar ein beträchtlicher Warenstrom über die angrenzenden neutralen Länder nach Deutschland, aber die Fernblockade und die neuen britischen Bestimmungen werden künftig für die deutsche Hochseeflotte zu einem fast unlösbaren Problem: Ein Durchbruchversuch an den Ausgängen der Nordsee oder nahe der englischen Küste bedeutet unweigerlich den Verlust der deutschen Flotte. Alle bisherigen Versuche, seien es Minen- und U-Boot-Unternehmungen gegen die englische Küste, Nachtangriffe von Torpedobooten, seien es Kreuzervorstöße, bei denen englische Häfen beschossen werden – alle Versuche, wenigstens Teile der Royal Navy zu vernichten, bleiben ohne wesentliche Ergebnisse.

Vernichtende Niederlage

Nach dem Desaster vor Coronel erkennt die britische Admiralität, welche Gefahr Graf Spee mit seinem Geschwader für die alliierte Handelsschiffahrt darstellt. Daher wird beschlossen, einen Verband schneller Schlachtkreuzer zu den Falkland-Inseln in

Nach dem Gefecht bei Coronel. Die »Scharnhorst« nach ihrem Erfolg über die »Good Hope« bei der Kohlenübernahme in einem chilenischen Hafen

Marsch zu setzen, da nach den Erkenntnissen des britischen Secret Service damit zu rechnen ist, daß Graf Spee in Kürze den Hafen Port Stanley anlaufen wird. Admiral Sir Doveton Sturdee solle mit Höchstgeschwindigkeit versuchen, noch vor den Deutschen die Falkland-Inseln zu erreichen. Als der Admiral am 7. Dezember 1914 mit seinen beiden Schlachtkreuzern »Inflexible« und »Invincible« dort eintrifft, wird er bereits von sechs britischen Kreuzern erwartet.

Am 8. Dezember 1914 nähert sich Graf Spee mit seinen Einheiten den Falkland-Inseln und befiehlt der »Gneisenau« und dem Kleinen Kreuzer »Nürnberg«, vorab den Hafen von Port Stanley zu erkunden, außerdem die Telegraphenstation durch Beschuß zu zerstören. Die beiden Schiffe haben kaum die Einfahrt zum Hafen erreicht, als sie die Dreibeinmasten der britischen Schlachtkreuzer sehen. Es bleibt ihnen nur die Möglichkeit, sich schnellstens zurückzuziehen. Die anfangs überraschten Engländer nehmen nun die Verfolgung auf.

Um 12.50 Uhr hat Admiral Sturdee den Vorsprung der »Gneisenau« und der »Nürnberg« eingeholt und sich bis auf Schußweite dem deutschen Verband genähert. Graf Spee erkennt die Hoffnungslosigkeit seiner Lage gegenüber den britischen Schlachtschiffen mit ihrer überlegenen Artillerie. Er beschließt, sich mit der »Scharnhorst« und der »Gneisenau« dem Kampf zu stellen, um den Kleinen Kreuzern Gelegenheit zur Flucht zu geben.

Die Schlacht beginnt um 13.20 Uhr. Die Schiffe sind so weit voneinander entfernt, daß sie außerhalb der Reichweite der deutschen Geschütze liegen. Um 16.17 Uhr wird die »Scharnhorst« so schwer getroffen, daß sie Schlagseite bekommt und mit der gesamten Besatzung, darunter auch Graf Spee, untergeht. Die »Gneisenau« kann noch bis 17.30 Uhr dem konzentrischen Feuer der britischen Schlachtkreuzer standhalten. Dann befiehlt der Kommandant, die Flutventile zu öffnen. Gegen 18 Uhr versinkt die »Gneisenau« in den Fluten. Nur 187 Mann der Besatzung werden gerettet.

Mit dem Untergang der beiden Panzerkreuzer ist auch das Schicksal der anderen deutschen Schiffe besiegelt: Um 19.27 Uhr sinkt die »Nürnberg«, vernichtet durch den Panzerkreuzer »Kent«; um 19.53 Uhr versenken der Leichte Kreuzer »Bristol« und der Hilfskreuzer »Macedonia« den deutschen Kohlendampfer »Baden«; um 21.23 Uhr schikken der Panzerkreuzer »Cornwall« und der Leichte Kreuzer »Glasgow« gemeinsam den Kleinen Kreuzer »Leipzig« auf den Grund des Meeres. Der Kleine Kreuzer »Dresden« kann zwar entkommen, aber drei Monate später wird er von der »Glasgow« nahe den Juan-Fernandez-Inseln versenkt. Mit diesem für die Kaiserliche Marine unglaublichen Verlust innerhalb weniger Stunden endet im wesentlichen der deutsche Kreuzerkrieg in Übersee.

Seeschlacht bei den Falkland-Inseln

Donnerstag, 10. Dezember 1914, London. *The Times* berichtet:

»Die englischen Schiffe konzentrierten ihr Feuer zunächst auf die ›Scharnhorst‹, da man wußte, daß sich der deutsche Kommandant darauf befinden mußte. Hin und her schwankend infolge der unwiderstehlichen Stöße der englischen Geschosse, gab die ›Scharnhorst‹ lange Zeit Schüsse ab, die meist zu kurz trafen oder über die englischen Schiffe hinweggingen.

Nach einer Stunde begann sich die ›Scharnhorst‹ stark auf eine Seite zu legen, und man bemerkte, daß an Bord Feuer ausgebrochen war. Sie war im Begriff zu sinken. In diesem Augenblick gab die ›Canopus‹ Flaggensignale, mit denen sie bedeutete, daß das Feuer eingestellt worden sei und daß Boote abgeschickt worden seien, um die Offiziere und Soldaten der ›Scharnhorst‹ zu retten. Admiral von Spee antwortete, er sei im Begriff, die letzte Salve mit denjenigen Kanonen abzugeben, die noch nicht zerstört worden seien. Inzwischen drang das Wasser in den Kielraum der ›Scharnhorst‹. Das Schiff rollte ein wenig hin und her, dann tauchte sein Vorderteil unter Wasser, während das Hinterteil noch kurze Zeit aus dem Meere hervor-

Vereinzelte Erfolge der deutschen Kriegsmarine – das Bild oben zeigt einen Dampfer nach einem U-Boot-Torpedoangriff – ändern nichts an der britischen Überlegenheit auf See

Der englische Admiral Sir Doveton Sturdee

Die Spendenmarke erinnert an Graf Spee (oben). Rechts: Die Schlacht bei den Falklandinseln. Das Bild, von der »Invincible« aufgenommen, zeigt deutsche Marinesoldaten nach dem Untergang der »Gneisenau«. Die hier Gezeigten wurden fast alle gerettet. Im Hintergrund die »Inflexible«

ragte. Dann, unvermutet, stieg eine Dampfwolke empor, und das Stahlgerippe des Schiffes verschwand. Während sich das Meer still über dem Kreuzer schloß, war jeder Mann auf seinem Posten. Der Admiral ging mit seinen Leuten unter. Auch zwei seiner Söhne fanden in der Seeschlacht den Tod.«

Deutscher Vorstoß zur englischen Ostküste

Mittwoch, 16. Dezember 1914. Amtliche deutsche Meldung:

»Teile unserer Hochseestreitkräfte haben einen Vorstoß nach der englischen Ostküste gemacht und in der Frühe die befestigten Küstenplätze Scarborough, Hartlepool und Whitby beschossen. Bei ihrer Annäherung an die englische Küste wurden unsere Kreuzer bei unsichtigem Wetter durch vier englische Torpedobootszerstörer erfolglos angegriffen. Ein Zerstörer wurde vernichtet, ein anderer kam in schwer beschädigtem Zustande aus Sicht. Die Batterien von Hartlepool wurden zum Schweigen gebracht, die Gasbehälter vernichtet. Mehrere Detonationen und drei große Brände in der Stadt konnten von Bord aus festgestellt werden.

Die Küstenwachtstation und das Wasserwerk von Scarborough, die Küstenwacht- und Signalstation von Whitby wurden zerstört. Unsere Schiffe erhielten von den Küstenbatterien einige Treffer, die nur geringen Schaden verursachten. An anderer Stelle wurde noch ein weiterer englischer Torpedobootszerstörer zum Sinken gebracht.«

Bei der Beschießung von Hartlepool werden 82 Personen, meistens Zivilisten, getötet und 250 verwundet.

Am 21. Dezember 1914 kann die österreichisch-ungarische U-Boot-Flotte ihren ersten Erfolg erzielen: Sie hat das französische Schlachtschiff »Jean Bart« in der Straße von Messina torpediert und schwer beschädigt.

Die wichtigsten Schlußfolgerungen aus dem Seekrieg von 1914: Das enge Zusammenspiel von See- und Wirtschaftskrieg scheint in den folgenden Jahren weiter an Bedeutung zu gewinnen. Als außerordentlich wirksames Seekriegsmittel haben sich die Minen (Minensperren) erwiesen. In diesem ersten Kriegsjahr ist es noch auf keiner Seite zu einem Zusammenwirken größeren Ausmaßes zwischen See- und Landstreitkräften gekommen.

Deutsche Auslandskreuzer

Bei Ausbruch des Ersten Weltkrieges sind die im Ausland befindlichen deutschen Kreuzer völlig auf sich allein gestellt. Sie haben weder die Möglichkeit, ihre Munitionsvorräte zu ergänzen, noch verfügen sie über eigene Kohlenversorgung oder über Docks. Sie wissen, daß sie früher oder später dem Feind zum Opfer fallen. Den sicheren Untergang vor Augen, versuchen sie daher alles, um noch unzählige feindliche Schiffe auf den Meeresgrund zu schicken, bevor sich ihr eigenes Schicksal erfüllt.

Englische Torpedobootzerstörer in Aktion: Die Schiffe erzeugen eine Nebelwand

Im Nordseekanal. Blick auf das Deck eines britischen Zerstörers

Zu den derzeit wohl bekanntesten aller deutschen Kriegsschiffe zählt der Kleine Kreuzer »Emden« (FregKpt. v. Müller). Er stammt aus der Kaiserlichen Werft in Danzig: Stapellauf 26. Mai 1908, Größe 3592 Tonnen, ab 1910 Auslandsdienst in Ostasien.

Nach Kriegsausbruch operiert die »Emden« vorerst vom deutschen Schutzgebiet Kiautschou aus. Die erste Prise, der russische Dampfer »Rjesan«, wird als Hilfskreuzer ausgerüstet und unter dem Namen »Cormoran« in Dienst gestellt. Nach kurzem Zusammentreffen mit dem ostasiatischen Kreuzergeschwader unter Vizeadmiral Graf von Spee erhält die »Emden« den Befehl zur Kreuzerkriegführung im Indischen Ozean: Am 22. September 1914 erfolgt die Beschießung der Hafenanlagen und Öltanks von Madras an der indischen Ostküste, am 28. Oktober 1914 nimmt die »Emden« die Hafenanlagen von Penang an der Malakkastraße unter Beschuß. Dabei werden der russische Kreuzer »Schemtschug« und der französische Zerstörer »Mousquet« versenkt. Inzwischen beteiligen sich achtzehn alliierte Kriegsschiffe an einer Suchaktion, um die »Emden« aufzuspüren.

Emden auf der Jagd

Montag, 14. September 1914. Kapitänleutnant von Mücke berichtet:

»In den nächsten Tagen blühte unser Geschäft. Es spielte sich folgendermaßen ab: Wenn ein Dampfer kam, wurde er zum Stoppen gebracht und ein Offizier mit etwa zehn

Mann an Bord geschickt. Diese machten den Dampfer fertig zum Versenken und gaben die nötigen Anordnungen für das Vonbordgehen der Passagiere usw. Während wir damit beschäftigt waren, tauchte in der Regel schon die nächste Mastspitze über dem Horizont auf. Wir brauchten uns gar nicht zu beeilen. Die Dampfer kamen ganz allein auf uns zu.

Wenn der nächste Dampfer nahe genug herangekommen war, fuhr ›Emden‹ ihm entgegen, machte ihm ein freundliches Signal, was ihn veranlaßte, sich zu unserem ersten gekaperten Dampfer zu begeben. Dann gingen wieder ein Offizier und einige Mann an Bord, machten den Dampfer klar zum Versenken, gaben die nötigen Anordnungen für Vonbordgehen der Passagiere usw., und wenn dies geschehen war, tauchte die dritte Mastspitze schon auf. ›Emden‹ fuhr wieder entgegen, und das neckische Spiel wiederholte sich. So haben wir zeitweise fünf bis sechs Dampfer auf einem Fleck gehabt.«

Fregattenkapitän Karl von Müller

Am 9. November 1914 läuft Fregattenkapitän von Müller die Cocos-Inseln südwestlich Sumatra an, um die Funkstation Port Refuge zu zerstören, was auch bei einem Landungszug gelingt. Während dieser Zeit sichtet der britische leichte Kreuzer »Sydney« die »Emden« und nimmt sie mit seiner überlegenen weitreichenden Artillerie, die es ihm erlaubt, außerhalb des Feuerbereichs des deutschen Kreuzers zu bleiben, unter Beschuß.

Müller läßt sein Schiff auf Strand setzen und nach erneuten Artillerietreffern die Kriegsflagge auf dem bereits völlig zerstörten Schiff niederholen. 133 Mann der Besatzung fallen, der Rest wird gefangengenommen. Dem Landungszug unter Kapitänleutnant von Mücke gelingt es noch am selben Tag, die Insel auf dem beschlagnahmten Schoner »Ayesha« zu verlassen. Nach einem Wechsel auf den Lloyd-Küstendampfer »Choising« erreichen die Männer unter abenteuerlichen Umständen am 22. Mai 1915 Konstantinopel. Der Kleine Kreuzer »Emden« hat im Kreuzerkrieg 16 Schiffe mit 70825 BRT aufgebracht.

Kapitänleutnant von Mücke

Der Kleine Kreuzer »Karlsruhe« (FregKpt. Köhler) ist auf der Germaniawerft in Kiel gebaut worden: Stapellauf 11. November 1912, Größe 6191 Tonnen, 375 Mann Besatzung, ab 15. Januar 1914 im Auslandsdienst in der ostamerikanischen Station. Dieser Kleine Kreuzer besitzt gute Dreh- und Manövriereigenschaften. Nach Ausbruch des Krieges rüstet die Mannschaft den Dampfer »Kronprinz Wilhelm« als Hilfskreuzer um, der anschließend Kaperfahrten im Atlantik unternimmt.

Für die »Karlsruhe« beginnt der Kreuzerkrieg in einem Gefecht mit dem britischen Leichten Kreuzer »Bristol«. Danach kann sie ihren Verfolgern stets entkommen. Am 4. November 1914 sinkt sie in den westindischen Gewässern nach einer geheimnisvollen Explosion, die sich an der Brückenvorkante ereignet und 263 Besatzungsmitgliedern das Leben kostet. Die »Karlsruhe« hat im Kreuzerkrieg 17 Schiffe mit 76609 BRT aufgebracht. Noch lange Zeit nach ihrem zunächst nicht bekannt gewordenen Untergang werden erhebliche feindliche Kräfte durch weitere

Fregattenkapitän Erich Köhler

Auch sie sind dafür verantwortlich, daß viele feindliche Schiffe auf den Weltmeeren versenkt werden: Kapitänleutnant Paul Thierfelder (links) und Korvettenkapitän Max Thierichens

Nach dem Angriff eines deutschen Kreuzers: Die Besatzung eines versenkten englischen U-Boot-Jägers treibt in ihren Rettungsbooten auf hoher See – grausame Realität eines unmenschlichen Seekrieges

Suchaktionen nach der »Karlsruhe« von anderen Operationen abgehalten.

Der Kleine Kreuzer »Königsberg« ist auf der Kaiserlichen Werft in Kiel gebaut worden: Stapellauf 12. Dezember 1905, Größe 3814 Tonnen, 320 Mann Besatzung, im Auslandsdienst in Deutsch-Ostafrika. Auch dieser Kleine Kreuzer besitzt gute Dreh- und Manövriereigenschaften. Nach Ausbruch des Ersten Weltkrieges führt die »Königsberg« zunächst einen ziemlich erfolglosen Kreuzerkrieg im Indischen Ozean und im Golf von Aden. Am 6. August 1914 gelingt die erste Versenkung eines britischen Dampfers, doch der Kohlenmangel beeinflußt vorerst weitere Unternehmungen. Am 20. September 1914 kann die »Königsberg« den britischen Kreuzer »Pegasus« auf der Reede von Sansibar vernichten.

Ab 30. Oktober 1914 wird sie im Rufidji-Delta (Deutsch-Ostafrika) von britischen Seestreitkräften blockiert und am 11. Juli 1915 durch Artillerietreffer zerstört. Siebzehn Besatzungsmitglieder kommen dabei um. Das Wrack wird nun ausgeschlachtet und desarmiert. Vier der Geschütze, das restliche Material und die Besatzung des Kreuzers bilden eine willkommene Unterstützung für die Schutztruppe in Deutsch-Ostafrika.

Der Dampfer »Kaiser Wilhelm der Große« (FregKpt. Reymann), Baujahr 1897, Größe 14349 BRT, 584 Mann Besatzung, liegt bei Ausbruch des Krieges in Bremerhaven. Seine Ausrüstung als Hilfskreuzer ist am 2. August 1914 abends beendet. Das Schiff läuft am 4. August 1914 aus und erreicht auf dem Seeweg nördlich von Island den Atlantik. Ein britischer Fischdampfer und zwei Frachter werden versenkt. Zwei englische Postdampfer entläßt Kommandant Reymann wegen der an Bord befindlichen großen Anzahl von Fahrgästen, deren Übernahme auf das eigene Schiff nicht möglich ist.

Am 17. August 1914 ankert der Hilfskreuzer an der westafrikanischen Küste vor Rio de Oro innerhalb der

Die Artillerie des britischen Leichten Kreuzers »Sydney« bedeutet für die »Emden« das Aus. Überhaupt durchqueren die britischen Kriegsschiffe – rechts die »Royal Oak« – meist ungehindert die Weltmeere . . .

spanischen Hoheitsgewässer, um Kohlen zu ergänzen und eine erforderliche Maschinenreparatur durchzuführen, die einen längeren Aufenthalt bedingt. Am 26. August 1914 beschießt der britische Leichte Kreuzer »Highflyer« den vor Rio de Oro liegenden deutschen Hilfskreuzer und verletzt damit die spanische Neutralität. Nach dem Verbrauch der letzten Munition befiehlt Reymann die Selbstversenkung des Schiffes. Die Besatzung wird interniert.

Der Dampfer »Kronprinz Wilhelm«, Baujahr 1901, Größe 14908 BRT, 503 Mann Besatzung, verläßt bei Kriegsausbruch New York und trifft am 6. August 1914 östlich der Bahamas auf den Kleinen Kreuzer »Karlsruhe«, dessen Besatzung das Schiff als Hilfskreuzer ausrüstet. Das Kommando übernimmt jetzt der Navigationsoffizier der »Karlsruhe«, Kapitänleutnant Thierfelder. Die Ausrüstung muß jedoch nach wenigen Stunden abgebrochen werden, als plötzlich der britische Panzerkreuzer »Suffolk« gesichtet wird. Das Operationsgebiet liegt hauptsächlich östlich der südamerikanischen Gewässer. Gesamterfolg der »Kronprinz Wilhelm«: 15 Schiffe mit rund 53000 BRT.

In 250 Tagen legt das Schiff 37666 Seemeilen zurück. Davon nimmt allerdings die Übernahme von Kohlen aus fünf deutschen und acht aufgebrachten feindlichen Schiffen – insgesamt 24000 Tonnen – 65 Tage, also mehr als ein Viertel der Gesamtzeit, in Anspruch. Dies zeigt deutlich die Schwierigkeiten der als Hilfskreuzer operierenden ehemaligen großen Schnelldampfer. Der erhebliche Mangel an Vorräten jeglicher Art sowie die Bedenken des Schiffsarztes hinsichtlich des Gesundheitszustandes der Besatzung veranlassen den deutschen Admiralstab, der Internierung in Newport-News (USA) am 11. April 1915 zuzustimmen.

Der Dampfer »Prinz Eitel Friedrich«, Baujahr 1904, Größe 8797 BRT, 402 Mann Besatzung, läuft am 2. August 1914 in Tsingtau ein und wird dort am 4. August 1914 von den Besatzungen der Kanonenboote »Luchs« und »Tiger« als Hilfskreuzer ausgerüstet. Anschließend übernimmt Korvettenkapitän Thierichens das Kommando. Zusammen mit dem Kleinen Kreuzer »Emden« (FregKpt. v. Müller) stößt er am 12. August 1914 im Hafen von Pagan zum ostasiatischen Kreuzergeschwader (Vizeadm. Graf v. Spee). Nach Eintreffen des ebenfalls in Tsingtau ausgerüsteten Hilfskreuzers »Cormoran« werden beide Schiffe zur Kreuzerkriegführung an die australische Westküste beordert. Gesamterfolg der »Prinz Eitel Friedrich«: 4 Dampfer und 7 Segler mit rund 30000 BRT.

Am 27. Oktober 1914 findet bei Mas-a-fuera erneut ein Treffen mit dem ostasiatischen Kreuzergeschwader statt. Nach Übernahme von Kohlen und Proviant im Hafen von Valparaiso operiert der Hilfskreuzer zunächst weiter im Seegebiet vor Chile, um das Ablaufen des Kreuzergeschwaders nach Süden zu verschleiern. Der auftretende Mangel an Kohlen, vor allem auch an Trinkwasser veranlassen den Kommandanten, den beabsichtigten Durchbruch in die Heimat aufzugeben und mit Einverständnis des deutschen Admiralstabs am 10. März 1915 Newport-News anzulaufen. Dort wird das Schiff am 9. April 1915 interniert.

Die von der deutschen Kriegspropaganda als spektakulär bezeichneten Unternehmen der Kleinen Kreuzer, Kanonenboote und Hilfskreuzer, die zum Teil bis 1917 erfolgen, sind im Grunde genommen bedeutungslos – sie erzielen lediglich eine psychologische Wirkung in Deutschland.

DER LUFTKRIEG 1914

VON DER AUFKLÄRUNG ZUM ANGRIFF

Erst gegen Ende des Kriegsjahres entdecken die kriegführenden Nationen das Flugzeug als taktische Angriffswaffe

Zu Beginn des Ersten Weltkrieges befinden sich die Fliegerkräfte der kriegführenden Nationen noch in der Erprobungsphase. Die Hauptursache dafür ist die bisher skeptische, teilweise sogar ablehnende Haltung der Kriegsministerien und Generalstäbe gegenüber der neuen Waffe, aber auch der unzureichende technische Stand der Flugzeuge selbst. Die Oberkommandos bei Freund und Feind zeigen anfangs wenig Verständnis für einen sich herauskristallisierenden Luftkrieg, dem sie wenig Chancen einräumen.

Im Gegensatz zu den riesigen Flotten und Armeen sind die Fliegerkräfte kaum einsatzfähig, denn die Rolle, die sie in einem Krieg spielen sollen, ist noch unklar. Was fliegerisches Können anbelangt oder auch technische Möglichkeiten, so gibt es unter den Kriegsparteien kaum Unterschiede, da die internationalen Beziehungen auf dem Gebiet der Luftfahrt zu einem weitverzweigten Austausch von Ideen und Techniken geführt haben.

Beherrscht von der Vorstellung eines schnell verlaufenden Bewegungskrieges, wird das Flugzeug bestenfalls als Mittel zur operativen Aufklärung und Ergänzung der Kavallerie betrachtet. Die Fliegerkräfte beider Seiten, durchweg mit wenig erprobten Einheitsflugzeugen ausgerüstet, werden gleichmäßig auf die Armeen und Armeekorps verteilt. Eine zentrale Führung oder Verwaltung gibt es zu dieser Zeit noch nicht.

Im August 1914 beträgt die Einsatzstärke der Fliegerkräfte: Deutschland = 246 Flugzeuge und 11 Luftschiffe; Österreich-Ungarn = 35 Flugzeuge und 1 Luftschiff; Rußland = 300 Flugzeuge und 11 Luftschiffe; Frankreich = 160 Flugzeuge und 5 Luftschiffe; England = 110 Flugzeuge und 6 Luftschiffe; Belgien = 25 Flugzeuge.

In den ersten Kriegswochen bestehen die deutschen Fliegerkräfte aus Flieger-, Luftschiffer-, Ballon-, Flugabwehr- und Wetterdienstformationen und sind in 33 Feld- und 8 Festungsfliegerabteilungen formiert. Jedes Armeeoberkommando und aktive Korpskommando verfügt über eine Fliegerabteilung. Ihre Aufklärungsergebnisse während der Offensive des deutschen Heeres im Westen bleiben jedoch zumeist ungenutzt, denn es herrscht ein allgemeines Mißtrauen gegenüber den von Piloten und Beobachtern gelieferten Meldungen. Mit aller Entschiedenheit wird

Oktober 1914. Irgendwo im nordfranzösischen Kampfgebiet: Erste Hilfe für einen abgeschossenen englischen Flieger

Farnborough, England, kurz nach Beginn des Krieges: Eine lange Reihe von Doppeldeckern steht für Trainingsflüge bereit

der Vorschlag abgelehnt, Flugzeuge zu offensiven Zwecken einzusetzen. Kaum einer der deutschen Befehlshaber denkt darüber nach, welche Möglichkeiten sich ihm mit dieser neuen technischen Errungenschaft bieten.

Ähnlich verhält es sich auch auf britischer Seite. Nur die Franzosen sind allen ein Stück voraus: Im französischen Oberkommando laufen sämtliche Luftaufklärungsergebnisse zusammen. Selbst den Einsatz von Flugzeugen zu Operationszwecken haben die Franzosen rechtzeitig erkannt. Ihre Piloten sind nicht nur mit den obligatorischen Pistolen und Gewehren ausgerüstet, sondern auch mit bleistiftgroßen Wurfpfeilen, Fléchettes genannt, die sie über feindlichen Truppenansammlungen ausstreuen. So werfen französische Piloten während der Marne-Schlacht täglich bis zu 50000 Wurfpfeile ab.

Die Fléchettes oder Stahlpfeile haben eine Länge von etwa 13 Zentimetern und sind in einem Behälter untergebracht. Der Inhalt dieser Behälter, etwa 250 Fléchettes, wird über dem gegnerischen Konzentrationsraum abgeworfen. Die deutschen Soldaten nennen die Wurfgeschosse »den stillen Tod«. Doch nur in den seltensten Fällen erreichen sie ihr Ziel. Treffen sie aber, sind sie imstande, sogar einen Reiter samt Pferd zu durchbohren.

Die Hauptgründe, warum die Fliegerkräfte beider Seiten bereits nach einigen Wochen in eine schwierige Lage geraten: Da ist zunächst einmal die unzureichende technisch-organisatorische Vorbereitung des Luftkrieges, wie zum Beispiel rechtzeitige Sicherstellung von Ersatzkräften für entstandene Verluste; ferner Instandhaltung von Maschinen und Anlage von Feldflugplätzen; schließlich das Fehlen von fachlich geschultem Bodenpersonal.

Die deutschen Fliegerkräfte verlieren bis Oktober 1914 rund hundert Flugzeuge. Die russischen, britischen und französischen Verluste sind fast genauso hoch. In keinem Land ist die Flugzeugindustrie in der Lage, die Ausfälle zu ersetzen oder die erforderlichen Ersatzteile zu liefern. Selbst in Frankreich, wo die Flugzeugindustrie am weitesten entwickelt ist – allein im Oktober 1914 werden hier über hundert Flugzeuge gebaut –, mangelt es an Ersatzteilen und Motoren. Daher gelingt es keiner Seite, einen wesentlichen Vorsprung auf dem Gebiet der Luftkriegführung zu erlangen.

Die Aufgaben wandeln sich

In den ersten Monaten des Krieges ist die operative Fernaufklärung die Hauptaufgabe der Fliegerkräfte sowohl bei den Alliierten als auch bei den Mittelmächten. Die operative Luftaufklärung scheint zu dieser Zeit, als an der West- und Ostfront noch der Bewegungskrieg herrscht, von so großer Bedeutung zu sein, daß man einen anderen Einsatz von Flugzeugen vorerst gar nicht in Betracht zieht.

Erst als im Spätherbst 1914 der Stellungskrieg einsetzt, erwachsen den Fliegerkräften neue Aufgaben: Jetzt be-

Kurz vor dem Start. Zwei deutsche Flieger lassen sich in ihrer Gotha photographieren. Sie stehen vor ihrem ersten Feindflug gegen die Franzosen

ginnt vor allem die sogenannte taktische Graben- und Nahaufklärung, erfolgt die Überwachung der Frontlinien, die Aufklärung von Artilleriestellungen, Depots, Truppenansammlungen, Verkehrsverbindungen hinter der Front und dergleichen. Nach und nach gewinnt das Luftbildwesen große Bedeutung für die Vorbereitung von Durchbruchsangriffen und deren Abwehr. Die Beobachtung des eigenen Artilleriefeuers führt zur Anwendung der drahtlosen Telegraphie als Nachrichtenverbindung mit dem Flugzeug. Ende Oktober 1914 findet auf französischer Seite das erste durch Funk geleitete Artillerieschießen statt, und Anfang Februar 1915 gelangen bei den deutschen Fliegerkräften die ersten Funkgeräte zum Einsatz.

Auch die Fesselballons, die dank ihrer Eigenschaften selbst bei stärkerem Wind stabil genug bleiben und einwandfreie Beobachtungen ermöglichen, spielen eine äußerst wichtige Rolle als Artillerie-Beobachtungsmittel. Als jedoch Freund und Feind damit beginnen, ihre Ziele gegen

Eine französische Breguet. »Whitebrait«, Weißfisch, ist der Spitzname dieses Flugzeuges, das mit einem 140 PS starken Motor ausgerüstet ist

Erdsicht und vor allem gegen die Beobachtung vom Fesselballon aus wirksam zu tarnen, schlägt die Stunde für Artilleriebeobachtungsflugzeuge.

Bereits im Spätherbst 1914 gelingt es, Funkgeräte herzustellen, die sich für den Einbau in Flugzeugen eignen. Damit ist endlich das Problem der einwandfreien Verbindung zwischen Batterie und Flieger gelöst. Von jetzt an gehört die Lenkung des Artilleriefeuers zu den wichtigsten Aufgaben aller Fliegerkräfte. Da beide Seiten ihre Maschinen aus dem gleichen Grund immer häufiger aufsteigen lassen, stören sich die eigenen und gegnerischen Flugzeuge oft bei der Durchführung dieser Einsätze. Und es dauert nicht lange, bis man Mittel gefunden hat, um den feindlichen Flieger zu zwingen, das Weite zu suchen, oder um ihm zumindest seine Aufgabe zu erschweren: Statt eines Karabiners oder anderer Handfeuerwaffen, die Pilot oder Beobachter bei sich haben, wird neben dem Sitz des Beobachters ein zu Anfang noch recht primitiv installiertes Maschinengewehr angebracht. Dies ist die Geburtsstunde des Luftkampfes.

Als das Jahr 1914 zu Ende geht, ist der Luftkrieg noch im »experimentellen« Stadium. Doch die zunehmende feindliche Artilleriebeobachtung aus der Luft wird nicht nur für die Flieger, sondern auch für die Erdtruppen immer lästiger. Man versucht daher, mit den zur Verfügung stehenden Luftabwehrmitteln, wie Infanteriewaffen, Maschinengewehren oder improvisierten, zahlenmäßig jedoch zu schwachen Flakgeschützen, die unheilbringenden »Artillerie-Lenker« zu vertreiben. Es erweist sich aber als unmöglich, die Tätigkeit der Flieger damit wirkungsvoll zu stören. Als einzige Lösung bleibt nur, die feindlichen Maschinen in der Luft zu bekämpfen. Für eine solche Aufgabe sind jedoch besonders konstruierte Flugzeuge erforderlich.

Diese Idee greifen zuerst die Franzosen auf und bauen um die Jahreswende 1914/15 den Jagdeinsitzer vom Typ Morane-Saulnier-Parasol. Sie haben nämlich festgestellt, daß für Aufklärungsflugzeuge, selbst wenn sie mit einem Maschinengewehr für Beobachter ausgerüstet sind, wenig Hoffnung besteht, erfolgreiche Luftkämpfe durchzuführen.

Dieses neue französische Jagdflugzeug ist mit einem starr eingebauten, durch den Propellerkreis schießenden Maschinengewehr mit Geschoßabweisern an den Propellerblättern ausgerüstet. Hinzu kommt die von Capitaine de Vergnette entwickelte Gruppenflugtaktik. Das Ergebnis: Die französischen Fliegerkräfte erreichen bald die absolute Luftüberlegenheit. Dadurch erleiden die Deutschen schwere Verluste, und ihre Fliegerkräfte sind für mehrere Monate praktisch lahmgelegt.

Luftschiffe im Einsatz

Die ersten gezielten Versuche, durch Bombenabwürfe aus der Luft Zerstörungen hinter der unmittelbaren Kampfzone anzurichten, unternehmen zunächst die Deutschen, bald danach aber auch die Franzosen. Die deutschen Starrluftschiffe, die populä-

Was hier nach Massenproduktion in den englischen Wolseley-Werken aussieht, ist zwar bemerkenswert, doch im ersten Jahr des Krieges kann die Flugzeugproduktion den steigenden Bedarf nicht decken

ren Zeppeline, nach ihrem Konstrukteur Ferdinand Graf von Zeppelin benannt, sind die ersten, die im Luftkrieg eine bedeutsame Rolle spielen, weil sie sich am besten für den Kriegseinsatz eignen und ihnen eine besondere, wenn auch noch nicht festumrissene Aufgabe zugedacht ist. Die offensive Rolle der Luftschiffe besteht zu Anfang darin, Festungen und Truppenansammlungen hinter der Front zu bombardieren.

Bereits am 5. August 1914 versucht man zum erstenmal, eine Festung aus der Luft anzugreifen. An diesem Tag steuert das Luftschiff Z.VI mit acht schweren Artillerie-Geschossen an Bord die Festung Lüttich an. Als es jedoch wegen der Wolken auf 1580 Meter niedergeht, um das Angriffsziel zu suchen, wird es durch Maschinengewehrfeuer so stark beschädigt, daß es nach dem Abdrehen zu einer Bruchlandung kommt.

Der erste deutsche Flieger, der im Weltkrieg bei seinem Einsatz den Tod findet, ist Oberleutnant Reinhold Jahnow. Er stürzt am 13. August 1914 mit seiner Maschine, die plötzlich Motorschaden hat, in Malmedy (Belgien) ab und erliegt seinen Verletzungen. Jahnow ist Besitzer der deutschen Fliegerlizenz Nr. 80 und startete während des Balkankrieges von 1912 mehrere Aufklärungsflüge für die türkischen Streitkräfte.

Den ersten Bombenangriff des Krieges unternehmen Lieutenant Césari und Corporal Pindhommeau von den französischen Fliegerkräften: Sie greifen am 14. August 1914 den Zeppelin-Hangar in Metz-Frescaty an.

Der erste britische Aufklärungsflug über deutschem Gebiet wird von Lieutenant Mappleback und Captain Joubert de la Ferte von der 4. Squadron des Royal Flying Corps (RFC) mit einer BE2b und einem Blériot-Flugzeug am 19. August 1914 durchgeführt.

Am 21. August 1914 versuchen die Luftschiffe Z.VII und Z.VIII, Bomben auf französische Truppen in den Wäldern der Vogesen abzuwerfen. Als Z.VII unter 1000 Meter niedergeht, muß die Besatzung feststellen, daß es ihnen mit dem Bombenabwurf nicht gelungen ist, die Handfeuerwaffen des Gegners auszuschalten. So geht das Luftschiff verloren, ebenso Z.VIII, das versehentlich von deutschen Truppen abgeschossen wird.

Am nächsten Tag, dem 22. August 1914, erfolgt der erste Abschuß eines britischen Flugzeugs. Es ist die AVRO 504 der 5. Squadron des RFC, geflogen von Lieutenant Waterfall, dessen Maschine - durch das Gewehrfeuer der deutschen Infanterie getroffen - in Belgien abstürzt.

Die einzig wirklich erfolgreiche Luftaufklärung im ersten Kriegsjahr unternimmt das Schütte-Lanz-Luftschiff SL 2, das am 22. August 1914 nahezu 480 Kilometer weit russisches Gebiet überfliegt. Die Besatzung berichtet nach der Rückkehr in den Stützpunkt Liegnitz von ihren Erkundungen, vor allem über die in der Festung Przemysl eingeschlossenen Österreicher. Auf seinem Flug hat das Luftschiff in zweieinhalb Tagen beachtliche 1384 Kilometer zurückgelegt. Trotz dieses Erfolgs hat es den Anschein, daß die übermittelten Informationen nicht ausgewertet worden sind, denn die nachfolgende russische Offensive trifft die Österreicher völlig überraschend. So sind die Flieger in den ersten Wochen denn auch oft verärgert, da niemand ihre Aufklärungsergebnisse richtig ernst nimmt - außerdem werden sie von Freund und Feind gleichermaßen beschossen.

Zu Beginn des Krieges werden die Flugzeuge fast ausschließlich für die operative Luftaufklärung eingesetzt. Das Flugzeug als Angriffswaffe ist noch nicht bekannt

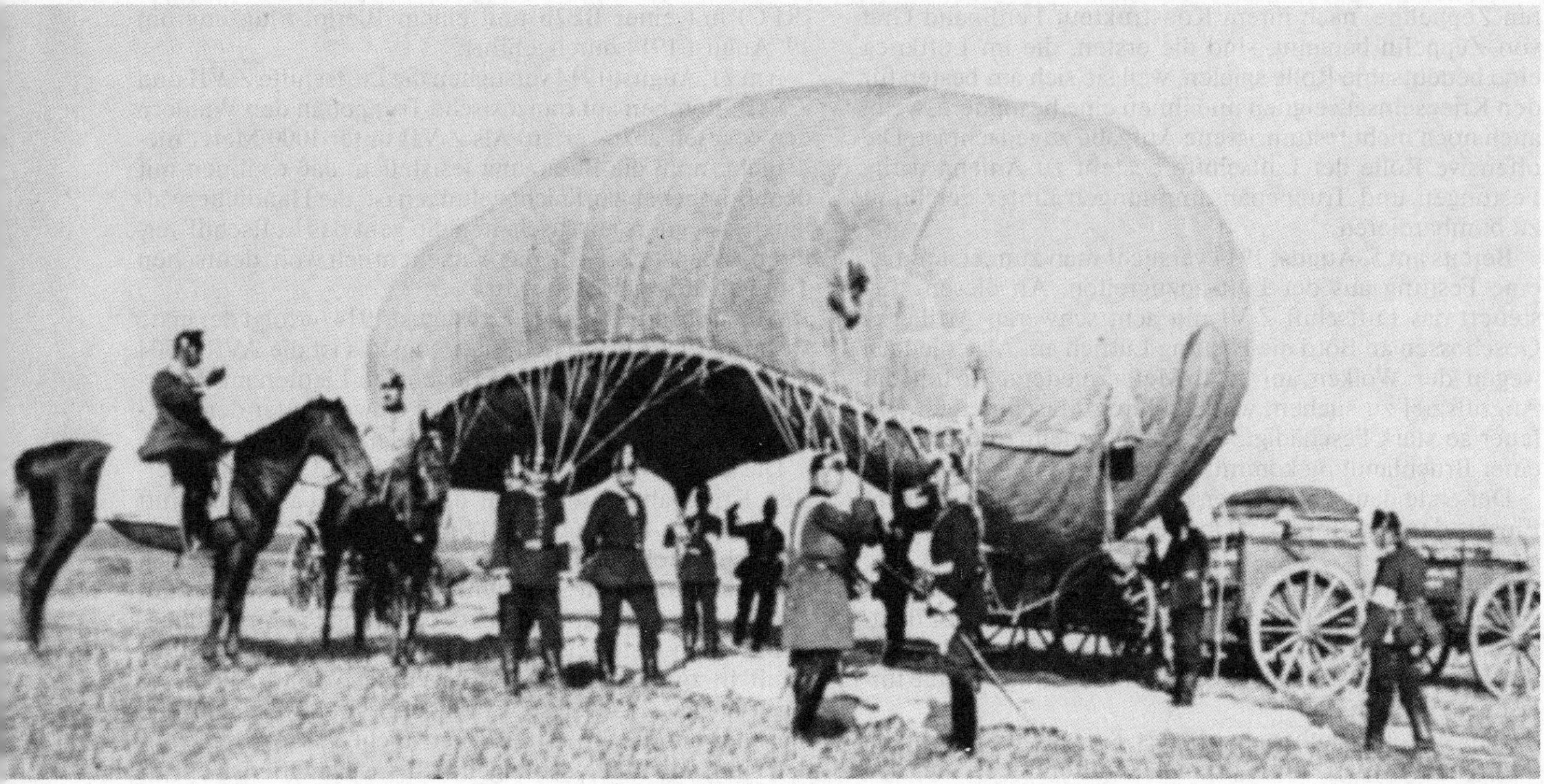

Westfront: Eine deutsche Einheit macht einen Fesselballon startklar. Neben den Flugzeugen werden diese Ballons häufig für die operative Luftaufklärung eingesetzt, da sie auch bei starkem Wind stabil genug bleiben

Zum ersten nächtlichen Luftangriff startet in der Nacht vom 24./25. August 1914 ein Zeppelin, der Bomben auf Antwerpen abwirft. Der völlig unerwartete Angriff ruft in der belgischen Hafenstadt Bestürzung hervor.

Der erste Nachtangriff

Donnerstag, 27. August 1914, Amsterdam. Der *Telegraaf* berichtet:

»Zum erstenmal in der Geschichte ist eine große Stadt im Dunkel der Nacht vom Himmel bombardiert worden. In der Nacht vom 24. zum 25. August Schlag 1 Uhr wurde ich durch gewaltiges Surren von Motoren geweckt. Es kam von oben. Ich öffnete das Fenster und sah in der Luft südlich von dem großen Bahnhof ein riesiges Wesen, das gerade einen Lichtstrahl auf die Erde warf.

Unmittelbar danach erscholl etwas wie gedämpftes Geläute, dicht gefolgt von einem Donnerschlag. Dann wieder ein Lichtstrahl nach einer längeren Pause, zwei Sekunden darauf wieder der Schall, als wenn mit aller Kraft zwei Güterwagen gegeneinanderplatzten. Als das furchtbare Spiel dreimal vorüber war, erscholl Kanonendonner von den Scheldeforts her, dazwischen Gewehrfeuer aus der Stadt und von außen. Das Feuern der Verteidiger Antwerpens hielt an, ebenso das Bombenwerfen aus dem deutschen Luftkreuzer. Die Bestürzung der Antwerpener Bevölkerung war groß.«

Am 25. August 1914 wird zum erstenmal ein deutscher Pilot von drei englischen Maschinen der 2. Squadron des RFC im Luftkampf bedrängt und über französischem Gebiet zur Notlandung gezwungen. Wie sich danach herausstellt, ist sein Gegner Lieutenant Harvey-Kelly, der als erster britischer Pilot des RFC am 13. August 1914 in Frankreich gelandet ist und nun auf alliierter Seite gegen die Deutschen kämpft.

Das erste Flugzeug in der Geschichte der Luftfahrt, das durch einen Rammstoß vernichtet wird, ist ein österreichischer Zweisitzer, geflogen von Leutnant Baron von Rosenthal. Dieser Vorfall geschieht am 26. August 1914, als Stabshauptmann Pjotr N. Nesterow vom Kaiserlich-Russischen XI. Korps der Luftsquadron, der einen unbewaffneten Doppeldecker Morane Typ M fliegt, im Luftkampf nahe Lwow (Galizien) seinen Gegner durch Rammen zum Absturz bringt. Während Nesterow selbst nicht überlebt, kommt der Baron mit dem Schrecken davon. Nesterow ist nicht nur jener Pilot, der als erster einen Looping geschafft hat, sondern auch der erste im Luftkampf Gefallene der Kaiserlich-Russischen Fliegerkräfte. Die meisten Todes-

Zwei deutsche Luftschiffe der Marine warten auf ihren Einsatz. Rechts Ferdinand Graf von Zeppelin, der 1873 als württembergischer Offizier der Kavallerie die ersten Entwürfe für ein steuerbares Luftschiff entwickelte

fälle werden allerdings durch Bruchlandungen oder Abstürze ohne Feindeinwirkung verursacht.

Am 28. August 1914 startet das Luftschiff Z.V zu einem Tageseinsatz nach Mlawa, südlich der Grenze zu Ostpreußen, um den dortigen Eisenbahnknotenpunkt aus niedriger Höhe zu bombardieren. Noch auf dem Anflug wird das Luftschiff von deutschem Maschinengewehrfeuer zur Notlandung gezwungen. Ähnlich ergeht es einem französischen Luftschiff, das die eigenen Bodenstreitkräfte zum Absturz bringen.

Jedes Flugzeug oder Luftschiff wird, sobald es innerhalb der eigenen Reichweite fliegt, von den Schützen sozusagen als Freiwild betrachtet. Daher passiert es, daß britische Piloten häufig von Franzosen oder eigenen Leuten beschossen werden, selbst noch im rückwärtigen Gebiet. Das liegt einerseits daran, daß man die Truppen nicht im Erkennen der Kennzeichen geschult hat, andererseits, so wird vermutet, wollen manche Soldaten durch ihre Schießkünste den Kameraden imponieren.

Paris ist die erste Hauptstadt, der ein Bombenangriff gilt. Am 30. August 1914, um 13.30 Uhr, erscheint über der Seine-Metropole ein deutsches Flugzeug vom Typ Taube, am Steuer der Dragonerleutnant von Hiddessen. Es kreist fast eine Stunde lang in einer Höhe von 2000 Metern und wirft drei Bomben ab, die auf die Rue des Recollets und die Rue des Vinaigriers fallen. Eine Frau wird getötet, zwei weitere Personen werden schwer verletzt.

Die Bevölkerung glaubt zuerst, daß es sich um eine Gasexplosion handelt, und läuft neugierig zu der Stelle, wo die Detonationen erfolgt sind. Die kurz danach auftauchende Feuerwehr sowie die Polizei sperren das Gelände sofort ab. An drei weiteren Stellen wirft das Flugzeug mit Sand beschwerte Säcke ab, an denen ein 2,5 Meter langes Banner mit den deutschen Nationalfarben befestigt ist. Es trägt die Aufschrift: »Das deutsche Heer steht vor den Toren von Paris. Es bleibt Euch nichts übrig, als Euch zu ergeben.«

Deutscher Flieger über Paris

Mittwoch, 2. September 1914, Rom. Der Korrespondent P. Croci berichtet im *Corriere della Sera:*

»Ich war in meinem Büro, als ich um 6.45 Uhr plötzlich ein lebhaftes Gewehrfeuer hörte. Ich trat hinaus auf den Balkon und sah, wie alles sich aus den Fenstern herausbeugte oder von der Straße heraufsah. Der Himmel war von wunderbarer Klarheit. In der Höhe schwebte wie ein Falke, von Norden kommend, ein deutsches Flugzeug, eine ›Taube‹. Die Maschine trägt zwar den Namen einer Taube, aber in Wirklichkeit bietet sie mit den gekrümmten Flügeln und

Eine Taube nach dem Start vom Flughafen der Fliegertruppe in Köln-Longerich. Der Dragonerleutnant von Hiddessen steuert ein Flugzeug dieses Typs, als er über Paris drei Bomben abwirft

dem fächerförmigen Schwanz von fern eine höchst seltsame Ähnlichkeit mit einem Riesenfalken.

Langsam kreist die Maschine über der Stadt, die die Wiege der Flugkunst war, langsam, als wollte sie Paris herausfordern. Mit einem Fernglas kann man leicht alle Bewegungen der Flügel und des Schwanzes unterscheiden. Vom äußersten Ende eines Flügels hängt eine Flagge herab. In dem Augenblick, in dem die ›Taube‹ über den mit Neugierigen gefüllten Opernplatz fliegt, ist sie vielleicht 1000 Meter hoch.

Sie wendet sich gegen die Seine, aber plötzlich, als ob sie eine Gefahr bemerkt hätte, ändert sie den Kurs, um sich nach Nordwesten zu wenden und auf 2000 Meter zu steigen. Sie kommt wieder über das Börsenviertel und gegen den Nordbahnhof, die Linie der Boulevards überschneidend; jetzt sehen wir sie senkrecht über unseren Köpfen. Inzwischen prasselt von allen Seiten das Gewehrfeuer; alle Schildwachen auf den Dächern geben Feuer, und man glaubt auch, das charakteristische Knattern der Maschinengewehre zu unterscheiden. Selbst von der Straße feuert man.«

Den ersten britischen Luftraid gegen Deutschland unternehmen vier Flugzeuge des Royal Naval Air Service: Am Morgen des 22. September 1914 starten in Antwerpen je zwei Maschinen zum Bombenangriff auf die Zeppelinhallen bei Düsseldorf und nahe Köln. Lediglich das von Lieutenant Collet gesteuerte Flugzeug findet sein Ziel, die Luftschiffshalle bei Düsseldorf. Collet läßt drei 9-kg-Bomben fallen, die jedoch nicht explodieren. Alle Flugzeuge kehren unbeschädigt zurück.

Am selben Tag spielt sich der vermutlich erste Luftkampf ab, an dem mehrere Maschinen beteiligt sind. In dem Augenblick, als ein britisches Flugzeug versucht, einen deutschen Drachenballon, den 1892 heimlich von den Deutschen entwickelten widerstandsfähigen Beobachtungsballon, zu bombardieren, wird es selbst von einer deutschen Albatros-Maschine angegriffen. Der am Bein verwundete Pilot ist damit der erste britische Flugzeugführer, der persönlich einen Treffer abbekommen hat.

Das erste Flugzeug, das von einer anderen Maschine im Luftkampf mit dem Maschinengewehr vernichtet wird, ist ein deutscher zweisitziger Doppeldecker vom Typ Aviatik. Den Abschuß am 5. Oktober 1914 bei Jonchery nahe Reims verursachen Sergeant Frantz und Corporal Quénault, die eine Voisin V 89 mit Schubmotor fliegen, ausgerüstet mit einem Hotchkiss-Maschinengewehr. Dieses Duell kennzeichnet den Wendepunkt im Luftkrieg.

Eine weitere »Premiere« findet am 8. Oktober 1914 statt: Die Engländer verbuchen den ersten erfolgreichen Bombenangriff auf Deutschland und starten zugleich den ersten strategischen Einsatz von Flugzeugen. Während Antwerpen von deutscher Artillerie unter Beschuß genommen wird und die Evakuierung der Stadt erfolgt, entschließt sich die kleine Staffel des Royal Naval Air Service (RNAS), ihren Flugplatz nicht zu räumen. Die Maschinen werden ins Freie gerollt und auf den ganzen Flugplatz verteilt, um

Beschädigungen durch feindliche Granaten so gering wie möglich zu halten.

Am Morgen ist es besonders dunstig, und man macht sich Sorgen, ob das Wetter überhaupt aufklart, um zu einem Schlag auszuholen. Die Besatzungen haben sich das ehrgeizige Ziel gesteckt, die Zeppelinhallen bei Düsseldorf und nahe Köln zu bombardieren. Doch die Zeit läuft ihnen davon, und die Deutschen sind bereits in den Vororten von Antwerpen. Um 13.20 Uhr startet Squadron Commander Spencer Gray trotz schlechter Sicht mit einer Sopwith-Tabloid-Maschine. Er fliegt nach Köln, kann aber die Hangars bei dem dichten Nebel nicht ausmachen. Eine Zeitlang kreist Gray über der Stadt, läßt dann seine Bomben auf den Hauptbahnhof fallen und landet um 16.45 Uhr wieder in Antwerpen.

Lieutenant R. L. G. Marix befindet sich seit 13.30 Uhr mit seiner Tabloid auf dem Flug nach Düsseldorf. Dort ist das Wetter besser als in Köln, denn er kann die Hallen für Luftschiffe in einem Düsseldorfer Vorort ausmachen, geht im Sturzflug hinunter und läßt seine vier 9-kg-Bomben aus einer Höhe von etwa 200 Metern fallen. Das Hallendach wird durchschlagen, und das im Hangar befindliche Luftschiff, der Zeppelin Z.IX, geht in Flammen auf. Ein deutscher Sportflieger, dessen Maschine auf dem Flugplatz steht, schnappt sich einen Soldaten mit Gewehr und startet sofort, um den Engländer zu verfolgen. Dem Soldaten gelingt es tatsächlich, das englische Flugzeug ein paarmal zu treffen.

Die Tabloid ist zwar schwer beschädigt, aber es gelingt Marix beinahe noch, Antwerpen zu erreichen. Etwa 30 Kilometer vom Flugplatz entfernt, muß er notlanden. Mit dem Fahrrad, das er sich bei einem Bauern beschafft, trifft er noch rechtzeitig auf dem Flugplatz ein, ehe um 18 Uhr die allgemeine Räumung befohlen wird. Am nächsten Mittag sind die Offiziere des RNAS bereits in Ostende.

Aber auch die deutschen Flieger haben ihr Erfolgserlebnis. Am 5. November 1914 erringen Leutnant Demuth und Leutnant Flashar den ersten deutschen Luftsieg: Sie schießen nahe Soissons einen französischen Einsitzer vom Typ Blériot ab.

Erster deutscher Luftsieg im Weltkrieg

Sonnabend, 15. November 1914. Amtlicher Bericht:

»Am 5. November 1914, 2.30 Uhr nachmittags, startete ein Rumpler-b-Doppeldecker [Beobachter vorn, Führer hinten] der Feldfliegerabteilung 33 in Loire-Ferme mit dem Leutnant Demuth vom Reitenden Feldjäger-Korps als Be-

Ein Bild aus den Anfängen des Luftkrieges: Ein britischer Pilot wirft eine Bombe ab

8. Oktober 1914. Eine britische Sopwith Tabloid auf dem Weg nach Deutschland. Dem Piloten gelingt es, mit vier 9-kg-Bomben . . .

obachter und Leutnant Flashar vom Infanterieregiment 164 als Flugzeugführer zur Fernaufklärung im Raume Vic-sur-Aisne, Villers-Cotterêts, Fere-en-Tordenais, Soissons.

Feindliche Flugzeuge wurden zunächst nicht gesichtet. Der Doppeldecker befand sich nachm. um 4.15 Uhr auf dem Rückfluge in 2000 Meter Höhe über Mercin et Vaux, südwestlich nach Westen, als Leutnant Demuth hinter dem eigenen Flugzeug plötzlich einen französischen Blérioteindecker mit gleichem Flugkurs bemerkte. Der Eindecker flog etwa 100 Meter rückwärts, 15 Meter südlich und 20 Meter höher gestaffelt. Leutnant Demuth verständigte sich sofort mit seinem Flugzeugführer über den aufzunehmenden Luftkampf und machte den Karabiner schußfertig.

Inzwischen hatte der Franzose seine günstigere taktische Stellung dazu ausgenutzt, sein Flugzeug zu drücken und so die Entfernung auf etwa 80 Meter zu verringern.

In diesem Augenblick legte Leutnant Flashar mit großer Ruhe den Rumpler in eine schwache Linkskurve und bog den Oberträger scharf nach rechts. Damit war für den Leutnant Demuth ein vorzügliches Schußfeld nach hinten geschaffen. Er schoß, als sich eben über die Bordwand des gegnerischen Flugzeuges ein Sturzhelm und ein Arm mit einer Faustfeuerwaffe in der Hand schoben.

Unmittelbar nach dem Schuß überkippte der Eindecker nach vorn, kurvte etwas nach links, stieß so schnell nach unten, daß Leutnant Demuth trotz sofortigen Repetierens einen zweiten Schuß nicht mehr anbringen konnte, und verschwand im Bodendunst, der infolge ganz tiefstehender Sonne undurchsichtig war.

Der Rumplerdoppeldecker landete 4.45 Uhr – im weiteren unbehelligt – auf dem Flughafen der Abteilung. Leutnant Demuth meldete der Abteilung lediglich die Tatsache des Luftkampfes, ließ das Schicksal des Franzosen jedoch im Ungewissen.

Kurz darauf wurden von der Infanterie und Artillerie der vorderen deutschen Linie beim zuständigen Generalkommando (IV. Reservekorps) Beobachtungen über den Luftkampf und den Absturz des französischen Flugzeugs gemeldet, auf Grund deren das Generalkommando protokollarische Untersuchungen veranlaßte.

Am 14. November erging ein Armeebefehl der I. Armee, der folgende Sätze enthielt: . . . Wie jetzt einwandfrei festgestellt ist, hat am 5. November der Leutnant Demuth in einem von Leutnant Flashar geführten Flugzeug von der Feldfliegerabteilung 33 bei einem Kampf in der Luft ein feindliches Flugzeug heruntergeschossen.

Ich spreche den . . . und den Leutnant Demuth und Flashar zu den erreichten Erfolgen meinen Dank und meine Anerkennung aus.

Der Oberbefehlshaber, gez. v. Kluck.

Der Abschuß wurde der obersten Heeresleitung gemeldet und erhielt in der beim Feldflugchef geführten Abschußliste der feindlichen Flugzeuge die Nr. 1.

Der nachherige Oberleutnant Demuth erhielt nicht allein den vom Feldflugchef verliehenen Ehrenbecher für Sieger im Luftkampfe, sondern auch die goldene Uhr, die zu Anfang des Krieges ein Kölner Bürger, Herr Draing mit Namen, bei der Generalkriegskasse hinterlegt hatte für denjenigen, der das erste französische Luftfahrzeug herunterschießen würde. Eine ähnliche Uhr war auch dem Leutnant Flashar beschafft worden.«

Während im November 1914 die deutschen Truppen den Durchbruch zur französischen Kanalküste (»Der Wettlauf zum Meer«) versuchen, ordnet die Oberste Heeresleitung (OHL) an, ein strategisches Bombengeschwader mit 36 Maschinen unter dem Befehl von Major Wilhelm Siegert aufzustellen. Zur Tarnung erhält es die Bezeichnung »Brieftaubenabteilung Ostende«. Seine Aufgabe: Die Bomber, zum größten Teil kleine Aviatik-BI-Maschinen, die nur wenige leichte Bomben befördern können, sollen von Ca-

... den Luftschiffhangar in Düsseldorf zu treffen. Der Hangar sowie der Zeppelin Z.IX gehen in Flammen auf. Zurück bleibt ein Chaos

lais aus Einsätze gegen London fliegen. Doch daraus wird nichts, da es nicht gelingt, Calais zu nehmen. So können die Bomber wegen mangelnder Reichweite nur zu Angriffen auf die englische Südküste und gegen französische Städte eingesetzt werden.

Der zweite strategische Bombenangriff der Engländer erfolgt am 21. November 1914. Drei britische Doppeldecker vom Typ AVRO 504, die zum RNAS gehören, starten vom französischen Flugplatz bei Belfort mit je vier 9-kg-Bomben an Bord. Das Ziel: die Luftschiffswerft in Friedrichshafen. Das Unternehmen führt Squadron Commander Briggs, die anderen Piloten der zweisitzigen Doppeldecker (ohne Begleiter) sind Flight Commander Babington und Lieutenant Sippé, alle vom 504. Squadron. Bei diesem Raid müssen rund 400 Kilometer feindliches Gebiet überflogen werden. Es ist zugleich der erste Tieffliegerangriff der Geschichte: Die AVROS kommen im Tiefflug heran, nur drei Meter über dem Bodensee. Im Verlauf des Angriffs werden eine Zeppelinhalle und das zur Füllung der Luftschiffe erforderliche Gaswerk zerstört. Commander Briggs wird abgeschossen und gerät in Gefangenschaft.

Luftangriff auf Zeppelinwerke in Friedrichshafen

Sonntag, 22. November 1914. Die *Neue Zürcher Zeitung* berichtet:

»Um die Mittagsstunde war das Kommando der Bewachungsmannschaft der Halle von Konstanz aus benachrichtigt worden, daß vom Rheintal her sich mehrere Flieger näherten, welche die Richtung nach Friedrichshafen einschlügen. Bald darauf wurden die Flieger auch von Friedrichshafen aus gesichtet. In einer Höhe von etwa tausend Metern erschien am tiefblauen Himmel ein Doppeldecker, dem bald ein zweiter und einige Minuten später ein dritter Doppeldecker folgten.

Der erste Flieger nahm direkt die Richtung gegen die Zeppelinwerft. Er näherte sich mit ungeheurer Geschwindigkeit. Sobald er in Schußweite kam, krachten die Schüsse der Kanonen und knatterte das Maschinengewehrfeuer des Abwehrkommandos. Der Flieger beschrieb über der Halle einen Kreis und sauste dann mit rasender Schnelligkeit aus etwa tausend Metern Höhe direkt auf die Ballonhalle hinab.

Es folgte nun eine aufregende Szene. Die Landsturmleute, die zur Bewachung der Halle aufgestellt waren, eröffneten ein heftiges Feuer auf das niedergehende Flugzeug; das Maschinengewehrfeuer knatterte, und das Geschützfeuer weckte ein tausendfaches Echo über dem See. Als der Flieger nur noch etwa vierzig Meter über der Halle war, sah man plötzlich einige kochtopfähnliche Bomben herabfallen; gleichzeitig aber schien der Flieger die Herrschaft über seinen Apparat verloren zu haben. Der Doppeldecker sauste in steilem Gleitfluge zur Erde, wo er noch etwa fünfzig Meter weiterrollte und dann auf einer Wiese auf dem Gelände der Zeppelinwerft stehenblieb.«

Am 4. Dezember 1914 wird die erste operative Wasserflugzeug-Einheit der Kaiserlichen Marine aufgestellt. Zwei Tage später werden die Maschinen zum Stützpunkt Zeebrugge in Belgien verlegt.

Etwa vierzehn Tage später, am 11. Dezember 1914, führt die Einheit den ersten Flugzeugraid gegen Großbritannien durch: Ein deutsches Flugzeug, Typ Taube, gesteuert vom Fliegeroffizier Leutnant Caspar, wirft über Dover mehrere Bomben ab, die aber nahe dem Admirality Pier ins Meer fallen.

Doch nur drei Tage später, am 24. Dezember 1914, findet der erste erfolgreiche Bombenangriff auf England statt:

Der Pilot einer Aviatik-Maschine schafft es, mit seinen beiden Bomben ganz in der Nähe von Dover Castle eine Explosion zu verursachen.

Erster deutscher Luftangriff gegen England

Sonnabend, 26. Dezember 1914. Ein britischer Marineoffizier berichtet in der *Times:*

»Um 5 Uhr 30 Minuten setzten wir die Flugzeuge ins Wasser, die nach Cuxhaven fliegen sollten. Zweien gelang der Abflug nicht. 15 Minuten, nachdem die Flugzeuge ins Wasser gelassen worden waren, erschienen ein Zeppelin und eine Taube, die lebhaft von uns mit Ballonabwehrkanonen und Maximgeschützen beschossen wurden.

Der Zeppelin verschwand für eine Weile, aber die Taube kam heran und flog schließlich über uns. Die Gewehre gingen knack-knack, und die Maschinengeschütze knatterten. Dazwischen mischte sich von Zeit zu Zeit ein hellerer Knall der Geschütze. Die Taube flog jedoch außerordentlich schnell und so hoch, daß wir sie nicht erreichen konnten. Sie warf eine Bombe, die einige Meter entfernt von einem der uns begleitenden Kriegsschiffe niederfiel.

In einem Augenblick glaubten wir, daß wir den Apparat getroffen hätten. Die Taube kam aber nicht herunter, sondern verschwand, so schnell sie konnte. Der Zeppelin kam wieder in Sicht und sah gegen die Sonne, die hinter ihm stand, geradezu wunderbar aus, aber er war einige Meilen entfernt. Um 8 Uhr hatte der erste Angriff stattgefunden; um 9 Uhr kam die Taube wieder, griff eines unserer Unterseeboote an und warf sechs Bomben. Bis zu 70 Fuß hoch spritzte das Wasser an den Aufschlagstellen in die Lüfte. Auch über unseren Schiffen erschien die Taube wieder, wir schossen nach ihr, verfehlten sie aber.«

Am 4. Dezember 1914 wird die erste operative Wasserflugzeug-Einheit der Kaiserlichen Marine aufgestellt. Wasserflugzeuge, in Friedrichshafen gebaut, werden in einem besetzten Hafen an der Kanalküste verschifft

KRIEGS-SCHAUPLATZ NAHER OSTEN

Die Hoffnungen, die die Mittelmächte auf ihren neuen Verbündeten gesetzt haben, zerschlagen sich schnell . . .

November 1914. Türkische Schützen nehmen aus einem Unterstand nahe der Dardanellen ein feindliches Flugzeug mit ihrem Maschinengewehr unter Beschuß

Das Deutsche Reich und die Türkei schließen am 2. August 1914 einen geheimen Bündnisvertrag, der es den prodeutsch eingestellten Jungtürken um Kriegsminister Enver Pascha ermöglichen soll, auf seiten der Mittelmächte in den Krieg einzutreten. Dies verzögert sich jedoch durch den Widerstand der ententefreundlichen Kräfte in der Regierung, ebenso durch den ungenügenden Rüstungsstand. Zwar beginnt die Türkei bereits am 2. August 1914 ihre Mobilmachung, erklärt aber am nächsten Tag vorerst nur die bewaffnete Neutralität.

Dieses Geheimbündnis ist für Berlin von eminenter Bedeutung: Es sichert der deutschen Militärmission, die sich seit 1913 in der Türkei befindet, entscheidenden Einfluß auf die Operationen der türkischen Streitkräfte zu. Den Deutschen geht es in erster Linie darum, den Seeweg zwischen Rußland und seinen westalliierten Verbündeten zu sperren. In jungtürkischen Regierungskreisen glaubt man wiederum, die Expansionsziele, wie Transkaukasien, Krim, dazu Mittelasien, die sich gegen Rußland und Großbritannien richten, mit deutscher Unterstützung verwirklichen zu können.

Bereits Anfang August 1914 drängt besonders Generalstabschef Helmuth von Moltke auf den sofortigen Kriegseintritt der Türkei. Sie soll umgehend Rußland angreifen und gleichzeitig die islamische Welt gegen die Ententemächte aufwiegeln.

Als am 10. August 1914 Vizeadmiral Souchon mit dem deutschen Schlachtkreuzer »Goeben« und dem Kleinen Kreuzer »Breslau« in die Dardanellen einläuft, beschleunigt dies den Kriegseintritt der Türkei. Die türkische Regierung meldet offiziell den »Ankauf« der Schiffe, gliedert sie mit der gesamten deutschen Besatzung in die türkische Marine ein und ernennt Vizeadmiral Souchon zum türkischen Flottenchef.

Seit Kriegsausbruch treffen neben zahlreichen Transportern mit Kriegsmaterial auch deutsche Offiziere, Marineartilleristen und Waffenspezialisten in Konstantinopel ein. Ihre Aufgabe ist es, die militärischen Kriegsvorbereitungen, darunter die Befestigung der Meerenge, voranzutreiben. Etwa um den 25. September 1914 beginnt die Verminung der Dardanellen. Und am 29. Oktober 1914

Dokumentation der traditionell guten Beziehungen der Mittelmächte mit dem Nahen Osten und den arabischen Staaten: Deutsche sowie k.u.k. Briefmarken in Marokko und der Türkei

eröffnet die türkische Flotte durch einen Feuerüberfall auf die russischen Schwarzmeerhäfen Odessa, Noworossisk und Sewastopol die Feindseligkeiten gegen Rußland.

Kleiner Kreuzer »Midillih« (Breslau) greift Odessa an

Mittwoch, 4. November 1914, Berlin. Matrose H. Böhme berichtet in der *B.Z. am Mittag:*

»Mit nur zwei Torpedobooten fuhren wir nach Odessa, drangen nachts um 8 Uhr in den Hafen ein und waren eine Stunde und 25 Minuten drinnen. Ich vergesse es mein Leben lang nicht. Stockfinster war die Nacht; ganz abgeblendet, Maschinentüren zu, daß kein Licht nach außen scheint, schlichen wir uns in den Hafen.

In der Einfahrt passierten wir drei auslaufende Dampfer. Der letzte hatte uns bemerkt, aber es war zu spät, wir waren drin. Vor uns lag ein großes Kanonenboot. Der Posten auf demselben hatte uns bemerkt und schlug Alarm. ›Klar bei Torpedo‹ – und das Schicksal des Kanonenbootes war besiegelt. Eine furchtbare Detonation, und dann sank es mit Mann und Maus. Das war das Alarmzeichen für ganz Odessa.

Die im Hafen liegenden Dampfer heulten mit Sirenen und Dampfpfeifen, die Glocken von den russischen Schiffen, die wir beschossen, schrien laut um Hilfe, und unsere beiden Geschütze donnerten und blitzten dazwischen. Der Hafen schwamm voller Menschen, Scheinwerfer spielten, kurz und gut, es war ein Höllenlärm . . . Ich vergesse diese Nacht in meinem Leben nicht. Die Strandbatterien konnten uns im Hafen nicht beschießen, sonst hätten sie ihre eigenen Schiffe beschossen.

Als wir aber den Hafen verließen, überschütteten sie uns förmlich mit Geschossen. Doch umsonst: Wir entkamen in der Dunkelheit. Unser Erfolg in Odessa war: ein Kanonenboot, ein Hilfskreuzer, drei Dampfer (darunter ein französischer), ein Küstenwachschiff in den Grund gebohrt, drei Dampfer schwer beschädigt, fünf Petroleumtanks brannten, die elektrische Lichtzentrale zerstört [Odessa hatte wenigstens vier Wochen kein Licht], die Mole zerstört usw. – und das alles nur von zwei ungeschützten, kleinen Torpedobooten.«

Enver Pascha, türkischer Kriegsminister und Vizegeneralissimus der osmanischen Armee

Auf diese türkische Provokation reagiert Rußland am 3. November 1914 mit der Kriegserklärung. Zwei Tage später befindet sich die Türkei auch mit Frankreich und England im Kriegszustand. Zu diesem Zeitpunkt verfügt das türkische Heer über etwa 8000 Offiziere und 300000 Mann. Seine 3 Armeen bestehen aus 13 Armeekorps und 2 selbständigen Divisionen. Darüber hinaus gibt es in der Türkei über eine Million wehrtaugliche Männer, deren Mobilisierung allerdings große Schwierigkeiten bereitet.

Die Führungspositionen im Heer liegen in den Händen zahlreicher deutscher Offiziere. So ist General Bronsart von Schellendorff Chef des Generalstabs, und General Liman von Sanders hat die Funktion des Leiters der Opera-

Noch spielen sie auf beim Marsch an die Front: Türkisches Freiwilligen-Regiment

tionsabteilung. Auch der Oberbefehlshaber der bei Konstantinopel stehenden türkischen 1. Armee sowie dessen Stabschef und die leitenden Offiziere in den Armeekorps sind Deutsche. Mitte Dezember 1914 reist Generalfeldmarschall von der Goltz nach Konstantinopel. Er hat lange vor 1914 die Reorganisation des türkischen Heerwesens geleitet. Goltz wird nun persönlicher militärischer Berater des Sultans und des stellvertretenden Oberbefehlshabers der türkischen Armee, Enver Pascha.

Die militärische Schwäche der Türkei und die geringe Kampfkraft der Truppen sind offensichtlich. Ihre Ursachen: Rückständigkeit im sozialökonomischen Bereich, die kaum vorhandene Rüstungsindustrie und das äußerst schlechte Verkehrswesen. Außerdem sind die meisten Soldaten Analphabeten. Auch die Folgen des verlorenen Balkankrieges machen sich bemerkbar. Auf dem Gebiet der Bewaffnung und Ausrüstung ist die Türkei völlig auf deutsche und österreichisch-ungarische Unterstützung angewiesen. Die Truppen befinden sich zum größten Teil in einem desolaten Zustand.

Das Rückgrat der türkischen Flotte bilden jetzt die beiden deutschen Schiffe »Goeben« und »Breslau«. Daneben verfügt sie zwar noch über einige moderne Zerstörer, Torpedoboote, Kanonenboote und Minenleger, doch die anderen Flotteneinheiten sind hoffnungslos veraltet und haben nur geringen Kampfwert. Außerdem ist die Munitionsversorgung katastrophal. Mitte November 1914 besitzt das türkische Heer einen Munitionsvorrat, der kaum für zwei Schlachten ausreicht.

General Liman von Sanders, Leiter der Operationsabteilung

Wie sich die Bilder gleichen:
Nach heftigem, vorbereitendem Artilleriefeuer . . .

. . . verlassen türkische Infanterieverbände ihre Schützengräben und gehen zum Angriff über

Rumänien, das bisher die Transportzüge mit Kriegsmaterial für die Türkei unbeanstandet passieren ließ, verweigert seit Mitte September 1914 überraschend die Transiterlaubnis. Die Versorgung der türkischen Streitmacht mit Waffen und Munition wird daher zwangsläufig zum vorrangigsten Problem für die deutsche Führung: Alle Land- und Seewege zur Türkei haben die Alliierten inzwischen blockiert, auch die Eisenbahnlinie von Berlin nach Konstantinopel innerhalb des serbischen Gebietes.

Neue Fronten entstehen

Durch den Kriegseintritt der Türkei dehnt sich der Krieg in einen Weltkrieg aus, denn im Nahen Osten sind mehrere neue Fronten entstanden: Dardanellen, Kaukasus, Palästina und Mesopotamien.

Die türkische 1. und 2. Armee stehen jetzt bei Konstantinopel beiderseits der Meerenge. Der Transport des Nachschubs von Konstantinopel zu den entfernteren Frontabschnitten ist durch das kaum vorhandene Verkehrsnetz mit größten Schwierigkeiten verbunden – die Entfernungen zu den weitverstreuten Garnisonen betragen bis zu 2500 Kilometer! So gibt es zum Beispiel nach Mesopotamien und Palästina lediglich eine eingleisige Bahnverbindung, die zum Teil noch im Bau ist. Bis zur Kaukasusfront muß der Nachschub vom Endpunkt der Eisenbahn noch weitere 700 Kilometer über kaum befahrbare Rollbahnen transportiert werden.

Die vorhandenen Bedingungen für eine Kriegführung im Nahen Osten sowie die militärischen Möglichkeiten der

Auch die Briten sind nicht untätig: Feldartillerie im Einsatz gegen Araber, die auf türkischer Seite kämpfen

Türkei stehen weit hinter den Erwartungen der deutschen Führung sowie der meisten deutschen Stabsoffiziere zurück: Laut Planung soll das türkische Heer Rußland im Kaukasus angreifen, das Gebiet von Baku erobern sowie den Weg nach Persien und Indien öffnen. Vorgesehen sind weitere Vorstöße in Richtung Persischer Golf, Suezkanal und nach Ägypten.

Die Kampfhandlungen an der Kaukasusfront beginnen mit dem Vormarsch russischer Truppen auf Erzurum. Die Offensive kann jedoch von der rund 100000 Mann zählenden türkischen 3. Armee, die über 244 Geschütze verfügt, gestoppt werden.

Danach erfolgt zwischen dem 19. Dezember 1914 und Anfang Januar 1915 die von Enver Pascha ungenügend vorbereitete und von ihm persönlich geleitete Gegenoffensive. Seiner Ansicht nach wird es ihm gelingen, über Aserbaidschan und Persien hinaus bis nach Indien vorzustoßen. Bereits nach vierzehn Tagen endet jedoch die Operation mit der katastrophalen Niederlage bei Sarykamisch und einer fast völligen Vernichtung der 3. Armee, die man weder für den Gebirgs- noch Winterkrieg ausgerüstet hat. Das Ergebnis: Fast 80000 Mann sind erfroren oder verhungert, Tausende von Soldaten desertiert. Nach diesen enormen Verlusten kommt es südlich der russisch-türkischen Grenze zum Stellungskrieg. Und der von der deutschen Führung geplante türkische Vorstoß zum Suezkanal muß vorerst auf 1915 verschoben werden.

Inzwischen hat Großbritannien an der Front in Mesopotamien die Initiative ergriffen: Am 7. November 1914 landet überraschend ein englisch-indisches Expeditionskorps bei Kuwait, um die britische Vormachtstellung am Persischen Golf zu festigen, denn die Ölquellen sind für die Versorgung der Royal Navy lebenswichtig. Das Korps stößt nach der Landung auf Basra vor und nimmt am 9. Dezember al-Kurna ein. Damit wird das Vorhaben eines deutschen Geheimkommandos vereitelt, das die Ölleitungen

Drei Briefmarken der britisch-indischen Post

und Raffinerien der Anglo-Persian-Oil Company bei Abadan (Persien) zerstören sollte.

Selbstverständlich wird durch den Kriegseintritt der Türkei ein Teil der russischen und britischen Kräfte im Nahen und Mittleren Osten gebunden und eine gewisse Entlastung für die Mittelmächte in Europa erreicht. Weitaus folgenschwerer als die Ausweitung des Krieges erweist sich für die Alliierten jedoch die Sperrung der Dardanellen für den gesamten Handelsschiffsverkehr. So ist die wichtigste Seeverbindung zwischen Rußland und seinen Verbündeten unterbrochen, und dies wirkt sich an der Ostfront erheblich auf Rußlands militärische Operationen aus. Andererseits ist die Türkei voll und ganz auf die Lieferungen der Mittelmächte an technischen Kampfmitteln, Waffen und anderen Ausrüstungen, ebenso auf Steinkohle und Eisenbahnmaterial sowie Kredite angewiesen. Ohne diese Hilfsleistungen ist sie kaum in der Lage, den Krieg fortzusetzen.

Bereits Ende 1914 zeigt sich deutlich, daß die Pläne der Mittelmächte im Nahen Osten die militärischen Kräfte der Türkei bei weitem übersteigen. Am 12. November 1914 ruft der türkische Sultan, zugleich das geistliche Oberhaupt des Islam, zum Heiligen Krieg gegen die Alliierten auf, was allerdings unter den Mohammedanern nicht das erwartete Echo findet. Dagegen gelingt es der Entente, große Teile der islamischen Bevölkerung für ihre Kriegführung zu gewinnen.

Für das Deutsche Reich und die k.u.k. Monarchie ist jedoch zunächst einmal eine direkte Landverbindung zur Türkei vorrangig, um das türkische Heer, das äußerst mangelhaft bewaffnet und ausgerüstet ist, mit Nachschub zu verstärken. Dieses Problem kann jedoch erst im Herbst 1915 gelöst werden.

November 1914. Beduinen auf ihren Kamelen in Kairo

Die Briefmarken der türkischen Post zeigen den Bosporus und die Sultan-Achmed-Moschee

DER KOLONIAL-KRIEG

DIE KÄMPFE IN ÜBERSEE UND AFRIKA

Da der Krieg in Europa für die deutsche Führung Vorrang hat, haben die Alliierten in den Kolonien oft leichtes Spiel ...

Die Kampfhandlungen in den deutschen Kolonien, den sogenannten Schutzgebieten, spielen nur eine untergeordnete Rolle, denn das Kaiserreich hat kaum die Möglichkeit, seine kolonialen Gebiete zu verteidigen. Das entscheidende Hindernis: die Royal Navy. Sie verfügt weltweit über Stützpunkte und besitzt damit die Seeherrschaft. In Berlin herrscht die Ansicht vor, daß sich das Schicksal der Kolonien ohnehin auf den europäischen Schlachtfeldern entscheiden wird.

Noch vor 1914 werden zwischen dem Generalstab und den Befehlshabern der jeweiligen Kaiserlichen Schutztruppe auch die Möglichkeiten einer Verteidigung im Kriegsfall diskutiert. Doch durch die steigenden Rüstungsanstrengungen ist Deutschland nicht in der Lage, dafür ausreichende Mittel zur Verfügung zu stellen. Die deutschen Schutzgebiete sind – mit Ausnahme des Flottenstützpunktes Tsingtau im Pachtgebiet Kiautschou, der der Marineverwaltung untersteht – nur auf Angriffe von Einheimischen, aber nicht auf einen Krieg mit modernen Waffen gegen äußere Gegner eingerichtet.

Die Schutztruppen in sämtlichen deutschen Kolonien zählen insgesamt 15 000 Mann, verstärkt durch Polizeikräfte, um die Einheimischen in Schach zu halten. Unmittelbar nach Kriegsausbruch beginnen die Alliierten mit Operationen gegen die deutschen Kolonien, die ab sofort vom Mutterland abgeschnitten und völlig auf sich allein gestellt sind. Es besteht lediglich eine Verbindung mit Deutsch-Ostafrika, das von Deutschland aus zweimal mit Kriegsmaterial versorgt wird. Die kritische Situation läßt erkennen, daß die Kapitulation der Kolonien nur eine Frage der Zeit ist.

Zu den deutschen Schutzgebieten gehören: Kiautschou in Nordchina (552 qkm, 192 000 Einwohner), mehrere Südseeinseln im pazifischen Raum (245 000 qkm, 641 000 Einwohner), Togo (87 200 qkm, 1 032 000 Einwohner), Kamerun (790 000 qkm, 2 753 000 Einwohner), Deutsch-Südwestafrika (835 100 qkm, 98 000 Einwohner) und Deutsch-Ostafrika (995 000 qkm, 7 660 000 Einwohner). Die Gesamtfläche beträgt 2 953 000 Quadratkilometer – zwölfmal so groß wie die heutige Bundesrepublik Deutschland. Die Einwohnerzahl der besetzten Gebiete: über zwölf Millionen.

Dezember 1914. Deutsche Matrosen, die der Schutztruppe von Kiautschou angehört haben, verbringen ihr Weihnachten als Kriegsgefangene in Japan

Angehörige der deutschen Schutztruppe von Kiautschou auf einem Beobachtungsposten im Hafen Tsingtau

Der Fall von Kiautschou

Das an der Bucht von Kiautschou gelegene Gebiet kann Deutschland 1898 für 99 Jahre von China pachten. Als Gegenzug besetzten die Engländer Wei-hai-wei, einen Hafen am Nordzipfel der Provinz Schantung, an der Straße von Tschili, und die Russen übernehmen Port Arthur als Marinestützpunkt. Dieses gepachtete Stück Land ist nur 552 qkm groß, wird aber indirekt durch einen anschließenden 50 Kilometer breiten neutralen Streifen vergrößert. Im Gegensatz zu den anderen Schutzgebieten, die dem Kolonialamt unterstehen, ist für Kiautschou das Reichsmarineamt (RMA) zuständig.

In den sechzehn Jahren bis zum Ersten Weltkrieg wird dort viel Aufbauarbeit geleistet. Die Hauptstadt Tsingtau entwickelt sich – nicht zuletzt als Endpunkt der Schantungbahn – zu einer blühenden Stadt, die über einen ausgezeichnet angelegten Naturhafen verfügt. Zwischen 1898 und 1914 wächst die Bevölkerung von 83000 auf knapp 200000 an. Der Gouverneur – zu Beginn des Krieges ist es der Kapitän zur See Meyer-Waldeck – ist stets ein Marineoffizier. Die militärische Besatzung besteht aus dem III. Seebataillon mit 1200 Mann und der Matrosenartillerieabteilung Kiautschou mit 200 Mann. Artilleristisch ist das Gebiet mit Schwerpunkt zur See durch zwei 28-cm-Batterien, je eine 24-cm-, 21-cm- und 15-cm-Batterie sowie zwei 8,8-cm-Batterien geschützt.

Bei Kriegsbeginn wird die Besatzung auf 4800 Mann verstärkt. Nachdem der Kleine Kreuzer »Emden« am 5. August 1914 als letztes größeres Kriegsschiff Tsingtau verlassen hat, verbleiben im Hafen nur noch die Kanonenboote »Luchs«, »Tiger«, »Jaguar« und »Iltis«, der Minenleger »Lauting« sowie der ältere k.u.k. Kreuzer »Kaiserin Elisabeth«. Die Besatzungen der Schiffe werden teilweise auf Hilfskreuzer verlegt oder zur Verteidigung der Landfront herangezogen; auch die Schiffsgeschütze werden aufgeteilt; sie werden ebenfalls auf den Hilfskreuzern und an Land gebraucht. Außerdem ist noch ein Flugzeug vom Typ Etrich A-II Taube vorhanden, das der Oberleutnant zur See Plüschow steuert.

Am 10. August 1914 richtet Japan ein Ultimatum an Deutschland und verlangt darin die Übergabe des Schutzgebietes Kiautschou. Bereits am Mittag des 15. August 1914 geht die japanische Blockadeflotte in der Kiautschou-Bucht vor Anker. Und am nächsten Tag wiederholt Tokio das Ultimatum: Das gesamte Pachtgebiet sei bedingungslos und ohne Entschädigung bis zum 15. September 1914

Der sogenannte Diederichsstein erinnert an den 14. November 1897. An diesem Tag wurde Kiautschou deutsches Schutzgebiet

Briefmarken der Republik China, des Deutschen Postamtes in China und des Schutzgebietes Kiautschou

zu übergeben. Die japanische Forderung bleibt jedoch unbeantwortet. Als am 23. August 1914 die Kriegserklärung Japans an Deutschland erfolgt, telegraphiert der Gouverneur von Tsingtau, Kapitän zur See Meyer-Waldeck, an Kaiser Wilhelm II.: »Einstehe für Pflichterfüllung bis zum äußersten.«

Die Zusammensetzung der deutschen Verteidigung: III. Seebataillon mit den Detachments Peking und Tientsin, dazu die Besatzungen mehrerer Kanonenboote sowie des österreichisch-ungarischen Kreuzers »Kaiserin Elisabeth«, insgesamt also jene erwähnten 4800 Mann. Das ist erschreckend wenig. Auch die Festung Tsingtau ist gegen den Angriff einer Militärmacht wie Japan völlig unzureichend ausgerüstet. Nach Ablauf des Ultimatums eröffnen am 27. August 1914 englische und japanische Kriegsschiffe die Blockade gegen das deutsche Pachtgebiet. Sechs Tage später, am 2. September 1914, landen alliierte Truppen im neutralen China: Mit der ersten Landungswelle werden 2000 Engländer und 2300 Japaner an den Küsten der Provinz Schantung abgesetzt.

Am 18. September 1914 kommt es im Grenzgebiet Kiautschou-Schantung zum ersten Feuerwechsel zwischen Deutschen und Japanern, und am 26. und 27. September 1914 beginnen die rollenden Sturmangriffe der japanischen und englischen Truppen auf die deutschen Stellungen im Vorgelände der Festung. Doch die Verteidiger können dem Gegner schwere Verluste zufügen und jeden Eroberungsversuch vereiteln. In der darauffolgenden Nacht zieht sich die deutsche Besatzung auf die Festungswerke zurück. Bereits am Morgen des 28. September 1914 ist nicht nur die Festung, sondern auch das gesamte Pachtgebiet von der Landseite her eingeschlossen.

Seit Anfang Oktober 1914 treffen fast täglich neue japanische Verstärkungen ein. Man will mit dieser gewaltigen Übermacht an Menschen und Material sowie durch ständigen Beschuß den Kampfwillen der Deutschen zermürben. Trotz der aussichtslosen Lage verteidigt sich die Besatzung weiterhin mit aller Entschlossenheit. Besonders mutig zeigt sich Oberleutnant zur See Plüschow, »der Flieger von Tsingtau«, der immer wieder mit seinem zerbrechlichen Flugzeug vom Typ Taube Bombenangriffe auf die japanischen Schiffe unternimmt.

Am 17. Oktober 1914 gelingt es dem deutschen Torpedoboot »S 90« (KptLt. Brunner), die Blockade zu durchbrechen und den japanischen Kreuzer »Takatschio« durch drei Torpedotreffer zu versenken. Von der 264 Mann starken Besatzung werden nur ein Offizier und neun Matrosen gerettet. Anschließend wird das Torpedoboot 60 Kilometer südlich von Tsingtau auf Strand gesetzt und in die Luft gejagt, da eine Rückkehr unmöglich ist. Auch die im Hafen liegenden abgerüsteten Kriegsschiffe werden nach dem Vordringen des Gegners vom Werftpersonal versenkt.

Vom 29. Oktober 1914 an steht das deutsche Schutzgebiet nahezu neun Tage lang unter pausenlosem Artilleriefeuer von See und Land her. Am Morgen des 31. Oktober 1914, dem Geburtstag des japanischen Kaisers, versuchen

Als wär's im Deutschen Reich: Die Hohenzollernstraße in Tsingtau

Der Gouverneur des Pachtgebietes Kiautschou, Kapitän zur See Meyer-Waldeck

die Belagerer einen vergeblichen Generalsturm auf die Festung. Erst am 6. November 1914 gelingt es ihnen, trotz zäher Verteidigung, die Außenbefestigungen einzunehmen. Nachdem die deutsche Besatzung ihre letzten Granaten abgefeuert hat, sprengt sie in der Nacht zum 7. November 1914 die Geschütze. Die in Tsingtau stationierten deutschen Kanonen- und Torpedoboote sowie der k.u.k. Kreuzer »Kaiserin Elisabeth« werden von den eigenen Besatzungen versenkt.

Die Kapitulation der Festung erfolgt am 7. November 1914 unter ehrenvollen Bedingungen. Danach werden die Gefangenen nach Japan überführt. Deutsche Verluste: 199 Tote, 500 Verwundete. Japanische Verluste: Von 53 000 Mann sollen nach japanischen Angaben etwa 1800 gefallen oder verwundet sein. Tsingtau bleibt zunächst in japanischer Hand und wird Anfang 1922 an China zurückgegeben.

Die deutschen Südseeinseln

Die weder durch Truppen noch durch Seestreitkräfte geschützten und kaum befestigten deutschen Südseeinseln sind jedem Invasionsversuch wehrlos ausgeliefert. Seit Kriegsbeginn operieren in den umliegenden Gewässern starke englische, französische, australische, neuseeländische und auch japanische

Einheiten. Der erste Überfall ereignet sich am 12. August 1914: Ein australischer Flottenverband erscheint plötzlich an der Reede von Herbertshöhe und im Hafen von Rabaul, des zu Deutschguinea gehörenden Neu-Pommern, setzt ein Landungskommando aus, das in allen Postämtern der Insel die Telegraphenanlagen zerstört, und zieht sich anschließend wieder zurück.

Fast zur selben Stunde gehen nahe der Karolinen-Insel Jap zwei englische Kreuzer vor Anker. Nach vorheriger Funkwarnung vernichten sie durch Artilleriebeschuß die dortigen Funktürme und das Stationsgebäude.

Einen Monat später, und zwar ab dem 11. September 1914, besetzen japanische Truppen die Marianen- und Marschall-Inseln sowie die Karolinen einschließlich der Palau-Inseln. Damit fällt das gesamte deutsche Schutzgebiet Mikronesien unter japanische Verwaltung.

Nachdem in den frühen Morgenstunden des 11. September 1914 zwei australische Torpedoboote den Hafen von Rabaul nach Minen abgesucht haben, läuft ein australischer Flottenverband in den Hafen ein, bestehend aus einem Schlachtschiff, drei Kreuzern, einem Kanonenboot, zwei U-Booten, vier Torpedobootzerstörern, einem Transportschiff und einem Lazarettschiff sowie mehreren Kohlendampfern. Gleichzeitig setzen auf Herbertshöhe und Rabaul auch englische Schiffe ihre Landungstruppen aus.

Am 14. September 1914 legt der britische Brigadekommandeur, Colonel W. Holmes, dem deutschen Stellvertretenden Gouverneur E. Haber in Herbertshöhe die Kapitulationsbedingungen vor. Haber erbittet drei Tage Bedenkzeit und unterzeichnet dann am 17. September 1914 in Anwesenheit von Colonel Holmes die Kapitulationsurkunde.

Nachdem japanische Verbände vor dem Hafen von Tsingtau an Land gegangen sind, sprechen bald auch die Belagerungsgeschütze aus dem Land der aufgehenden Sonne

Major Zimmermann, der Kommandeur der deutschen Schutztruppe in Kamerun

Die offizielle Übergabe Deutschguineas an die Engländer erfolgt am 21. September 1914, morgens 10 Uhr.

Acht Tage danach, am 29. August 1914, läuft in den Hafen von Apia auf der Samoa-Insel Upolu ein aus acht Schiffen bestehendes neuseeländisches Flottengeschwader ein, zu dem auch ein französischer Panzerkreuzer gehört. Etwa 1400 neuseeländische »Freiwillige« gehen gegen Mittag als Besatzungstruppen an Land. Die Insel Jap wird am 7. Oktober 1914 von japanischen Truppen besetzt. Samoa geht an Neuseeland über, Deutschguinea an Australien, und die Südseeinseln nördlich des Äquators fallen an Japan.

Togo fällt an die Alliierten

Das ohne natürliche Hindernisse begrenzte und nach allen Seiten hin offene deutsche Kolonialgebiet liegt eingekeilt zwischen englischen und französischen Kolonien. Es bietet mit seinem gut ausgebauten Wege- und Straßennetz ein verlockendes Ziel. In Togo sind keine Schutztruppen stationiert, und das Land verfügt lediglich über eine farbige, etwa 550 Mann starke Polizeitruppe, die von fünf weißen Offizieren und Unteroffizieren geführt wird. Bei Kriegsausbruch werden fast alle im Land befindlichen wehrfähigen Deutschen zur Unterstützung der Polizeitruppe eingezogen.

Am 8. August 1914 veranlaßt der stellvertretende Gouverneur, Dr. von Doering, die Verlegung der Polizeitruppe nach Kamina. Hier befindet sich nämlich eine Großfunkstation, die jetzt einzige Verbindung zu den anderen deutschen Schutzgebieten in Afrika und zum europäischen Mutterland. Um den Vormarsch der englischen und französischen Truppen zu erschweren, werden mehrere Eisenbahnbrücken sowie die bei Togblekofe stehende kleinere Funkstation gesprengt. Inzwischen besetzen die Engländer die Hafenstadt Lome und erklären das etwa 120 Kilometer landeinwärts reichende Gebiet als ihren Besitz. Die Franzosen wiederum verleiben sich zuerst den weiter östlich gelegenen Hafenplatz Anécho ein, ehe sie am 11. August 1914 in der Nähe von Tokpli den Grenzfluß Monu überschreiten und das Gebiet von Sagada besetzen.

Zwischen dem 12. und 15. August 1914 nehmen die von Lome aus entlang der Palimebahn nach Norden vorstoßenden Engländer die Städte Tsewie, Neope und Assahun ein. Hier fällt am 12. August 1914 nahe Togblekofe, etwa 12 Kilometer von der Küstenstadt Lome entfernt, der erste Schuß in diesem Krieg, abgegeben von einem Soldaten im Dienst der britischen Krone. Es ist Sergeant Major Alhaji Grunshi vom Gold Coast Regiment der West African Frontier Force. 200 Kilometer östlich, an der Grenze zur französischen Kolonie Dahóme, finden zu dieser Zeit zahlreiche Gefechte zwischen vereinzelten deutschen Patrouillen und Vorhuten französischer Truppen statt.

Den Deutschen liegt zwar daran, Kamina mit seiner Großfunkstation möglichst lange zu halten, aber sie wissen auch, daß kaum eine Chance besteht, der feindlichen Übermacht zu widerstehen. Daher jagen sie in der Nacht vom 24. zum 25. August 1914 sämtliche Funktürme und das Maschinenhaus der Funkstation in die Luft.

Am 25. August 1914 beginnen bereits die Verhandlungen zwischen Dr. von Doering, dem Kommandeur der deutschen Truppen, und dem Befehlshaber der vereinigten englisch-französischen Kräfte. Nur 48 Stunden später, am 27. August 1914, morgens um 8 Uhr, findet die Übergabe der Kolonie Togo statt. Ungefähr zwei Drittel des Territoriums werden Französisch-Westafrika abgetreten, ein Drittel wird englisches Mandat.

Die Kämpfe in Kamerun

Die geographische Lage der deutschen Kolonie sowie die Beschaffenheit ihrer Grenzen ermöglichen es den alliierten Streitkräften, von allen vier Seiten gleichzeitig in das Schutzgebiet einzudringen. Die vor 1914 stattgefundenen Aufstände der Duala-Stämme haben die deutsche Kolonialherrschaft in Kamerun ziemlich geschwächt. Bei Kriegsausbruch stehen dem Kommandeur der Schutztruppe, Major Zimmermann, 195 Deutsche und 1550 Einheimische zur Verfügung; die Polizeitruppe zählt 30 Weiße und 1200 Farbige. Durch die Mobilmachung werden die Truppen auf 1460 deutsche Offiziere und Unteroffiziere sowie 6550 einheimische Soldaten verstärkt. Ihre Bewaffnung: 14 Geschütze, 60 Maschinengewehre und etwa 6800 Gewehre und Büchsen. Auf alliierter Seite stehen ungefähr 15000 Mann mit überlegener Bewaffnung.

Drei der insgesamt nur vierzehn Geschütze, die den Schutztruppen in Kamerun zur Verfügung stehen

Am 14. August 1914 stoßen die Engländer von der britischen Kolonie Nigeria aus in den Norden Kameruns vor, besetzen den Grenzort Tepe und unternehmen am 28. August 1914 einen zweitägigen Sturmangriff auf Garua, der von den Deutschen abgewiesen wird. Bei diesen erbitterten Kämpfen fällt der britische Kommandeur, Colonel MacLear. Während seit dem 25. August 1914 weiter südlich eine andere britische Abteilung am Grenzfluß entlang in den Ossidingen-Bezirk eindringt, gelingt es unterdessen einer berittenen Kolonne, auf dem Akwa-Jafe-River deutsches Gebiet zu erreichen und sich zum Angriff auf die Station Rio-del-Rey vorzubereiten. Nicht ganz zwei Wochen später vertreiben Teile der Kamerun-Schutztruppe, unterstützt durch eine Stammkompanie der Polizei aus Duala, den Gegner in mehreren Angriffswellen aus dem gesamten Ossidinge-Bezirk.

Ebenfalls Mitte August 1914 überschreiten auch französische Truppen aus Fort Lamy unter Colonel Largeau von Osten und Süden her die Grenze nach Kamerun. Ihr erstes Ziel: die am Logone liegende deutsche Militärstation Kusseri. Der Vorstoß wird jedoch entdeckt und zurückgeschlagen. Zur gleichen Zeit gehen französische Einheiten von Libreville aus, unterstützt von dem Kanonenboot »La Surprise«, gegen die an der Bai von Corisco gelegene deutsche Station Ukoko vor. Trotz heftiger Gegenwehr muß sich die Besatzung ins Landesinnere zurückziehen.

Am 4. September 1914 erscheinen britische Schiffe vor Victoria. Das an der Küste ausgesetzte Landungskorps zieht

Sie werden für den Einsatz auf alliierter Seite in Kamerun gebraucht: Angehörige des 1. Bataillons des Nigeria-Regiments besteigen die Waggons, die sie ins Kampfgebiet bringen

sich aber wenig später wieder zurück. Nun beginnen die englischen Kriegsschiffe »Dwarf« und »Cumberland«, zusammen mit der nigerianischen Gouverneursjacht »Joy«, den Hafen von Duala zu blockieren und in das Innere des Hafenbeckens einzudringen. Da die Einfahrt jedoch unter deutschem Artilleriefeuer liegt, noch dazu durch versenkte Schiffe schwer zu befahren ist, verzichtet man auf dieses Vorhaben und wartet erst Verstärkungen ab.

Am 26. September 1914 trifft an der Reede des Hafens von Duala ein französischer Truppentransporter ein. Er hat 77 Offiziere und Unteroffiziere an Bord, dazu 1023 Senegalschützen. Der Transporter schließt sich den vier großen und mehreren kleinen britischen und französischen Transportschiffen an, darunter zwei englische und ein französischer Kreuzer sowie ein englisches Kanonenboot, die alle vor der Kamerun-Mündung für eine großangelegte Landeoperation bereitliegen.

Als am Morgen des 27. September 1914 die Lage aussichtslos für sie erscheint, sprengen die Deutschen ihre in der Nähe von Duala gelegene Telegraphenstation und kapitulieren um 11 Uhr vormittags bedingungslos.

Die meisten Deutschen ziehen sich jetzt in das Landesinnere zurück, verfolgt von etwa 30000 Mann starken alliierten Kräften unter Brigadier General A. W. Dobell. In dem nun einsetzenden Buschkrieg versuchen die Deutschen, den Gegner unter steter Beunruhigung so weit wie möglich ins Innere Kameruns zu locken, um ihn hier aus einer geeigneten Position heraus erfolgreich zu bekämpfen.

Unterdessen müssen die Deutschen am 25. Oktober Edea räumen. Bis zum Jahresende 1914 spielt sich in Kamerun entlang der Flüsse ein zermürbender Kleinkrieg zwischen Savanne und Dschungel ab.

Deutsch-Südwestafrika

In den Jahren 1904 bis 1907 sind hier die Aufstände der Herero- und Nama-Stämme blutig unterdrückt worden, und deshalb befürchtet die deutsche Kolonialverwaltung bei Kriegsausbruch neue Unruhen. Die Stärke der Schutztruppen beträgt im Sommer 1914: 2000 Aktive und 3000 Reservisten unter Oberstleutnant von Heydebreck. Die vorhandene Ausrüstung: 12500 Gewehre, 24 Maschinengewehre, 66 Geschütze, insgesamt zehn verschiedene Typen aus Armee- und Marinebeständen, dazu größere Mengen Munition, ein paar fahrbare Funkstationen und zwei alte Flugzeuge.

Die allgemeine Mobilmachung beginnt hier am 7. August 1914. So wächst die Stärke der kolonialen Streitmacht auf etwa 6000 Mann, von denen 3000 zur kämpfenden Truppe gehören. Der potentielle Gegner ist die Südafrikanische Union, ein britisches Dominion, mit etwa 60000 modern ausgerüsteten und bewaffneten Soldaten sowie 340000 afrikanischen Hilfskräften. Die regulären britischen Truppen in Südafrika werden mittlerweile an die europäische Westfront verlegt. Unterdessen gelingt es den Deutschen dank ihrer leistungsfähigen Eisenbahnlinien, die gesamten Schutztruppen im Süden, also an der Grenze zu Südafrika, zu konzentrieren.

Deutsch-Südwestafrika. Warten auf den Feind: Geschütze in Gefechtsstellung

Sie sind in der Überzahl: Südafrikanische berittene Truppen am Oranje, dem Grenzfluß zwischen Deutsch-Südwestafrika und der Südafrikanischen Union

Am 8. und 13. August 1914 bauen die Deutschen ihre Küstenfunkstationen in der Lüderitzbucht und in Swakopmund ab; die erstere verlegen sie in das Landesinnere nach Aus. Von den England feindlich gesinnten Buren erfährt der deutsche Gouverneur von Deutsch-Südwestafrika, Dr. Seitz, am 26. August 1914, daß die britische Regierung den Befehlshaber der südafrikanischen Truppen, General Botha, drängt, Deutsch-Südwestafrika anzugreifen und die Großfunkstation Windhuk im Handstreich zu nehmen. Dies scheint einer der Gründe zu sein, warum die Südafrikanische Union am 9. September 1914 Deutsch-Südwestafrika den Krieg erklärt. Gleich am nächsten Tag dringen die Schutztruppen in die Walfisch-Bai ein. Daraufhin gehen die Engländer mit zwei Kreuzern, vier Torpedobooten und zwölf Transportschiffen in der Lüderitzbucht vor Anker und schiffen 8000 Mann aus, die alle deutschen Zivilisten gefangennehmen und in die Kapkolonie schaffen.

Am 13. September 1914 greifen die südafrikanischen Truppen die an der Südgrenze liegende deutsche Polizeistation Ramansdrift an. Im Gegenzug besetzen die Deutschen die britische Grenzstation Nakab. Und am 24. September 1914 wiederum beschießt ein britischer Hilfskreuzer Swakopmund.

In dem Gefecht bei Sandfontein gelingt den Schutztruppen unter Oberstleutnant von Heydebreck am 29. September 1914 ein Erfolg: Sie zerschlagen drei südafrikanische Schwadronen, zwingen weitere zur Kapitulation und machen 215 Gefangene. Bis Anfang Oktober 1914 haben die Unionstruppen allerdings im Süden Ramansdrift und im Norden den Caprivizipfel erobert. Danach kommt es zunächst zur Einstellung aller Angriffe auf Deutsch-Südwest.

Inzwischen ist nämlich in Südafrika unter Beteiligung von Delarey, De Wet, Beyers, Maritz, Kemp und anderen ein Burenaufstand gegen die englische Herrschaft ausgebrochen, den General Botha mit allen Kräften unterdrückt. De Wet wird gefangengenommen, Delarey und Beyers sind tot, Kemp ergibt sich erst am 25. Januar 1915 bei Upington, und Maritz kämpft auf deutscher Seite weiter. Durch den Aufstand verzögern sich die Angriffe auf Deutsch-Südwest, ebenso auf Deutsch-Ostafrika. Die Ko-

Oberstleutnant von Heydebreck, Kommandeur der Schutztruppe in Deutsch-Südwestafrika

Der Gouverneur von Deutsch-Südwestafrika, Dr. Seitz

Nachfolger des tödlich verunglückten Heydebreck wird Major Victor Franke

lonie Deutsch-Südwest ist jetzt im Süden und Osten von englischen Truppen umschlossen, im Westen von See her durch britische Hilfskreuzer und Kriegsschiffe blockiert.

Das portugiesische Angola an der Nordflanke ist zwar offiziell noch neutral, beschlagnahmt aber auf britischen Druck hin sämtliche für das Schutzgebiet bestimmten Versorgungstransporte. Als Oberstleutnant von Heydebreck erfährt, daß in Mossamedes ein mehrere tausend Mann starker portugiesischer Truppenverband gelandet sei und sich angeblich bereits auf dem Marsch nach Süden befinde, beordert er die Abteilung Franke nach Norden, um ihn aufzuhalten. Am 17. November 1914 ereignet sich ein tragischer Zwischenfall: Oberstleutnant von Heydebreck verunglückt tödlich.

Anfang Dezember 1914 führt sein Nachfolger, Major Franke, eine Strafexpedition gegen das portugiesische Fort Naulila – dort ist der deutsche Bezirksamtmann Dr. Schulze-Jena mit zwei Begleitern heimtückisch ermordet worden. Am 18. Dezember 1914 hat Franke sein Ziel erreicht und stürmt mit 600 Mann das Fort. Die 800 Mann starke Besatzung wird vernichtend geschlagen.

Bis zur zweiten Dezemberhälfte 1914 finden nur unbedeutende Scharmützel mit Patrouillen der Unionstruppen statt. Erst Ende des Jahres, nach Niederschlagung des Burenaufstandes, landen stärkere südafrikanische Truppen in der Walfisch-Bai.

Das Ringen um Deutsch-Ostafrika

Hier, in der größten und bevölkerungsreichsten aller deutschen Kolonien, die auch über erhebliche natürliche Hilfsmittel verfügt, spielen sich die langwierigsten Kämpfe ab. Deutsch-Ostafrika hat die zahlenmäßig stärkste Schutztruppe, dazu Einheimische, die – im Unterschied zu anderen Kolonien – immer zu den Deutschen halten. Zwei weitere Faktoren: Dank der beiden Eisenbahnlinien können schnelle Truppenverschiebungen durchgeführt werden, außerdem gelingt es 1915/16 zwei deutschen Schiffen, die nötigsten Güter, wie Waffen, Munition und Ausrüstung, aus Deutschland heranzuschaffen. Dies verlängert erheblich die Möglichkeit, einem weitaus überlegenen Gegner Widerstand zu leisten.

Das Gros der Kolonialkräfte bilden Schutztruppe und Polizei, bestehend aus 267 deutschen Offizieren und Unteroffizieren sowie 4612 einheimischen Askaris. Ihren Höchststand erreichen sie während des Krieges mit etwa 3000 deutschen Offizieren, Beamten und Unteroffizieren sowie 12100 Askaris. Etwa 200000 bis 300000 Afrikaner verrichten Träger- und andere Hilfsdienste. Die Kräfte des Gegners zählen insgesamt 130000 englische, südafrikanische, indische und afrikanische Soldaten sowie mehrere hunderttausend Träger. Kommandeur der deutschen Streitkräfte in Ostafrika ist der energische Oberstleutnant (später General) Paul von Lettow-Vorbeck.

Am frühen Morgen des 5. August 1914 erreicht die Küstenfunkstation Daressalam die Nachricht von der britischen Kriegserklärung an Deutschland. Daraufhin erklärt der Gouverneur, Dr. Schnee, den Kriegszustand für die Kolonien. Die Engländer errichten sofort eine strikte Blokkade des Schutzgebietes von See her und zerschneiden die deutschen Überseekabel. Drei Tage später, am 8. August 1914, nimmt der britische Kreuzer »Pegasus« den Funkturm von Daressalam unter Feuer, jedoch ohne Erfolg. Bereits am 13. August 1914 kapern die Engländer auf dem Njassasee den deutschen Dampfer »Hermann von Wissmann«. Der Gegenschlag erfolgt am 15. August 1914: Fort Taveta zu Füßen des Kilimandscharo wird durch deutsche Truppen besetzt. Am 23. August 1914 wiederum versucht der britische Kreuzer »Pegasus«, die Telegraphenstation in Bagamoyo durch Artilleriebeschuß zu zerstören.

Die kriegerischen Handlungen in Deutsch-Ostafrika finden zu dieser Zeit in fünf weit voneinander gelegenen Gebieten statt: Die Küste des Indischen Ozeans bei Daressalam, das südwestlich liegende deutsch-britische Grenzgebiet zwischen Tanganjika- und Njassasee, das britische Ostufer des Victoriasees, die Gegend nordöstlich des Kilimandscharo und ein Gebiet nordwestlich des Kiwusees bilden die Schauplätze. In allen diesen Landstrichen kämpfen die Schutztruppen gegen britische Kolonialtruppen; lediglich im Raum Kiwusee stehen ihnen Belgier gegenüber.

Dem in Daressalam stationierten deutschen Kreuzer »Königsberg« (Kpt.z.S. Looff) gelingt es am 20. September 1914 vor Sansibar, den britischen Kreuzer »Pegasus« zu versenken. Die »Königsberg« operiert anschließend im Indischen Ozean und im Golf von Aden, ehe sie sich Ende Oktober 1914 vor den starken Einheiten der Royal Navy in das Delta des Rufidji-Flusses zurückziehen muß.

Am 2. November 1914 beginnt nun der erste konzentrische gegnerische Angriff: In der Nähe des Hafens von Tanga geht ein britisches Landungskorps (Maj.Gen. Aitken) an Land, bestehend aus einem englischen und 8 indischen Regimentern sowie einigen Spezialtruppen. In dem Ort liegen nur einige Züge der Schutztruppe. Mehrere Verbände aus dem Inneren des Landes sowie das freiwillige Schützenkorps aus Usambara schließen sich bereits am Abend den Verteidigern an.

Die deutsche Hauptstreitmacht befindet sich zur Zeit noch am Kilimandscharo. Lettow-Vorbeck versucht nun, in Eilmärschen Entsatz zu leisten. Bereits in der Nacht vom 3./4. November 1914 stehen seine Truppen vor Tanga. 1000 Mann aus der Schutztruppe, ausgerüstet mit 21 Maschinengewehren, führen einen Gegenangriff nach dem anderen durch. Am Morgen des 5. November 1914 müssen sich die englisch-indischen Truppen, nachdem sie hohe Verluste erlitten haben, auf die Schiffe zurückziehen.

Der Kampf um Tanga

Ein Bericht von General Paul von Lettow-Vorbeck, dem Kommandeur der deutschen Streitkräfte:

Er kommandiert die deutschen Schutztruppen in Deutsch-Ostafrika: Paul von Lettow-Vorbeck

Der Gouverneur von Deutsch-Ostafrika, Dr. Schnee

Noch am Vormittag gab ich an Hauptmann von Prince persönlich den Befehl, mit seinen zwei Europäerkompagnien nach Tanga hineinzurücken, um bei einem Angriff gegen die am Ostrande des Ortes liegende Askarikompagnie schnell und ohne Befehl eingreifen zu können. Schon fing ich an zu zweifeln, ob der Feind am 4. November überhaupt noch angreifen würde, als um 3 Uhr nachmittags ein Askari in seiner einfachen und strammen Art die Meldung machte: ›Adui tajari‹ – ›Der Feind ist bereit.‹ Das kurze Wort werde ich niemals vergessen. Im nächsten Moment ging gleichzeitig das Gewehrfeuer auf der ganzen Front los . . .

Bis dicht an den Bahnhof und in die Stadt hinein war der Feind mit zwanzigfacher Übermacht vorgedrungen. Hauptmann von Prince war mit seinen beiden Europäerkompagnien sofort vorgestürmt und hatte die zurückgehenden braven Askari augenblicklich zum Stehen und Wiedervorgehen gebracht. Das britische, nur aus Europäern, langgedienten Mannschaften, bestehende North Lancashire

Der deutsche Dampfer »Hermann Wissmann« liegt in einer Bucht des Njassasees vor Anker

Regiment, 800 Mann stark, wurde mit schweren Verlusten zurückgeworfen, und auch der zwischen diesem Regiment und dem Strande vorgehenden indischen Brigade (Kaschmir-Schützen) wurden die von ihr genommenen Häuser in hartnäckigem Straßenkampf entrissen ...

Die ganze Front raffte sich auf und stürzte sich mit jubelndem Hurra vorwärts. Inzwischen war auch die 4. Kompagnie eingetroffen; wenn sie infolge eines Mißverständnisses auch nicht noch weiter über die 13. ausholend eingesetzt wurde, sondern sich zwischen dieser und unserer Front einschob, so kam sie doch noch vor Dunkelheit zum wirksamen Eingreifen. In wilder Flucht floh der Feind in dicken Klumpen davon, und unsere Maschinengewehre, aus Front und Flanke konzentrisch auf ihn wirkend, mähten ganze Kompagnien Mann für Mann nieder. Mehrere Askari kamen freudig strahlend heran, über dem Rücken mehrere erbeutete englische Gewehre und an jeder Faust einen gefangenen Inder ...

Tanga. Englische Dampfer, im Hintergrund zu sehen, bringen Landungstruppen

Man stelle sich diesen Augenblick vor: im dichten Walde, alle Truppenteile, vielfach sogar Freund und Feind durcheinander gemischt, die verschiedensten Sprachen durcheinander geschrien, und dazu die rasch hereinbrechende tropische Dunkelheit, und man wird verstehen, daß die von mir angesetzte Verfolgung gänzlich mißglückte. Ich hatte mich auf dem rechten Flügel befunden und schnell die zunächst erreichbaren Teile in der Richtung auf Ras Kasone zu energischem Nachdrängen angesetzt. Dann hatte ich mich auf den linken Flügel begeben. Dort fand ich von unseren Leuten fast nichts vor; erst nach längerer Zeit hörte ich in der Nacht Schritte von den Nagelstiefeln einer Askariabteilung ...

Erst im Laufe der Nacht gewann ich am Bahnhof in Tanga Klarheit darüber, daß fast alle Kompagnien dahin abmarschiert waren. Sie erhielten selbstverständlich Befehl zu sofortiger Rückkehr. Leider war hierdurch aber doch eine solche Verzögerung eingetreten, daß es nicht möglich war, die Geschütze der nachträglich eingetroffenen Batterie Hering noch in der Nacht bei Mondschein gegen die Schiffe in Wirkung zu bringen.

Erst am Morgen des 5. November trafen die Truppen, deren starke Erschöpfung ja begreiflich war, wieder in Tanga ein und besetzten im wesentlichen wieder die Stellung des vorigen Tages. Jetzt mit allen Kräften gegen die feindliche Einschiffung bei Ras Kasone vorzudrücken war nicht angebracht, da die dortige Gegend ganz übersichtlich war und von den beiden in unmittelbarer Nähe liegenden Kreuzern beherrscht wurde. Aber den starken Patrouillen und einzelnen Kompagnien, welche zur Störung des Feindes auf Ras Kasone vorgingen, gelang es doch, einzelne Abteilungen des Feindes, einige seiner Boote und auch das Deck des am Hospital liegenden Kreuzers überraschend unter Maschinengewehrfeuer zu nehmen. Im Laufe des Tages verstärkte sich der Eindruck immer mehr, daß die Niederlage des Feindes gewaltig gewesen war ...

In wilder Auflösung waren seine Truppen geflohen, Hals über Kopf in die Leichter gestürzt ... Aus Gefangenenaussagen und aufgefundenen offiziellen englischen Schriftstücken ging hervor, daß das gesamte englisch-indische Expeditionskorps, 8000 Mann stark, von unserer wenig über 1000 Mann starken Truppe so vernichtend geschlagen worden war ...

Die Beute an Waffen gestattete, mehr als drei Kompagnien modern zu bewaffnen; die 16 erbeuteten Maschinengewehre waren uns hierbei besonders willkommen ... Die Materialbeute war erheblich; außer den 600000 Patronen hatte der Feind sein gesamtes Telephongerät und so

Nur kurz sind die Erholungsphasen zwischen den anstrengenden Kämpfen. Ganz links Paul von Lettow-Vorbeck

viele Bekleidung und Ausrüstung liegen lassen, daß wir auf mindestens ein Jahr unseren eigenen Ansprüchen, besonders an warmen Mänteln und wollenen Decken, genügen konnten. Die eigenen Verluste, so schmerzlich auch an sich, waren an Zahl doch gering. Etwa 16 Europäer, unter ihnen auch der treffliche Hauptmann von Prince, und 48 Askari und Maschinengewehrträger waren gefallen.«

In jenen drei Tagen, als die Kämpfe bei Tanga toben, versuchen weitere britische Einheiten zu den nordwestlich des Kilimandscharo liegenden Longidobergen vorzustoßen. Eine deutsche Abteilung (Maj. Kraut) wirft sie verlustreich auf beiden Seiten zurück. Auch der zu gleicher Zeit von belgischen Einheiten durchgeführte Angriff bei Kifumbiro wird abgewiesen.

Etwa Mitte November 1914 nehmen britische Kriegsschiffe erneut Daressalam unter Feuer. Danach ist es in Deutsch-Ostafrika bis zum Jahresende relativ ruhig.

Der Luftkrieg in den Kolonien

Unter den Fliegern, die in den deutschen Kolonien mit völlig unzureichenden Mitteln einen beachtenswerten Erfolg erzielt haben, ist Oberleutnant zur See Günther Plüschow der wohl bekannteste.

Plüschow kommt noch vor Ausbruch des Krieges mit zwei Flugzeugen vom Typ Etrich A-II Taube in das Schutzgebiet Kiautschou, um zusammen mit Leutnant Müllerskowski vom III. Seebataillon die Möglichkeiten eines militärischen Flugzeugeinsatzes in diesem Gebiet zu erproben. Während Müllerskowski kurz vor Kriegsbeginn bei einem Erprobungsflug abstürzt und schwer verletzt wird, unternimmt Günther Plüschow im Raum Kiautschou erfolgreiche Aufklärungs- und Bombenflüge gegen die japanische Armee und Marine.

Auf Befehl des Gouverneurs verläßt Plüschow mit seinem Flugzeug bereits vor der Kapitulation die belagerte Festung Tsingtau und landet auf dem damals noch neutralen chinesischen Festland. Er rettet von der Fahne des in Tsingtau stationierten III. Seebataillons die Spitze, den Fahnenring, ein Stück des Bandeliers und das vom Prinzen Heinrich von Preußen geschenkte Fahnenband. Nach abenteuerlicher Flucht über Japan und Amerika kommt er nach Europa, wird aber von den Engländern erkannt und nach Großbritannien in ein Kriegsgefangenenlager gebracht.

Ähnlich ergeht es dem Fliegeroffizier Alexander von Scheele, den man 1914 zur Schutztruppe nach Deutsch-Südwestafrika versetzt hat. Er soll die Verwendungsmöglichkeit der gebräuchlichsten deutschen militärischen Flugzeugtypen für Tropeneinsätze testen. Nach Ausbruch des Ersten Weltkrieges fliegt Scheele, zusammen mit dem k.u.k. Leutnant Fiedler und dem Flieger Trück, die beiden in Deutsch-Südwest stationierten Maschinen. Nach wiederholten Abstürzen gelingt es ihnen trotz fehlender Werkstätten und Ersatzteile immer wieder, ihre nicht tropentauglichen Maschinen flugfähig zu machen. Sie konstruieren sogar Behelfsbomben und unternehmen für die Schutztruppe wertvolle Aufklärungsflüge. Ende Mai 1915 stürzt Scheele zum achten Male ab, wird jedoch nur verletzt und gerät nach der Kapitulation in Gefangenschaft.

Seit Juli 1914 hält sich der Flieger Büchner in Deutsch-Ostafrika auf, um Schauflüge zu veranstalten. Er wird samt seinem Flugzeug bei Kriegsausbruch von der Schutztruppe übernommen. Bei einem Absturz verbrennt das Flugzeug zwar teilweise, aber er kann es mit primitiven Mitteln wieder flugtauglich machen, da der Motor nur schwach beschädigt ist. Als Werkstätte dient ihm die Schmiede des Deutschafrikaners Haller in Daressalam.

D

WAS AUSSERDEM GE- SCHAH

WICHTIGE EREIGNISSE IM JAHR 1914

Der deutschen Industrie gelingt es, Salpetersäure zu gewinnen · Das Strategiepapier Falkenhayns

Für die kriegführenden Mächte ist es Ende 1914 kaum noch möglich, die Kämpfe über einen längeren Zeitraum materiell sicherzustellen. Der Mangel an Gerät, Waffen, Munition und Bekleidung macht sich bereits nach den ersten großen Schlachten bemerkbar. Doch erst jetzt beginnen die Regierungen und Militärbehörden, ihre Wirtschaft verstärkt auf Rüstungsindustrie umzustellen, damit der sich ausweitende Krieg weitergeführt werden kann. In Deutschland verläuft dieser komplizierte Prozeß am schnellsten, dagegen ist die Umstellung im Zarenreich am schwierigsten.

Die Hauptursache für eine schnelle kriegswirtschaftliche Entwicklung in der deutschen Industrie: Die starke Abhängigkeit von den schwer zu beschaffenen ausländischen Rohstoffen hat die Suche nach möglichen Ersatzprodukten beschleunigt. Vorausschauend ist schon am 13. August 1914 auf Initiative der Industrie die Kriegsrohstoffabteilung im preußischen Kriegsministerium errichtet worden. Sie dient der zentralen Erfassung aller Rohstofflieferanten. Durch diese Zentralisierung wird von Anfang an auch jede Neuentwicklung erfaßt.

Inzwischen ist es der deutschen Wirtschaft und chemischen Industrie gelungen, in großtechnischen Anlagen aus den einheimischen Stickstofferzeugnissen (Ammoniak) Salpetersäure zu gewinnen. So kann durch Steigerung der Stickstoffproduktion die Munitionskrise allmählich behoben werden. Diese Erfindung ist für die Fortführung des Krieges von eminenter Bedeutung: Ohne jene Entdeckung hätten die Deutschen bereits im Frühjahr 1915 den Krieg wegen Mangel an Pulver und Sprengstoff beenden müssen.

Unter dem Druck der Gesamtkriegslage hat der Kriegsminister Erich von Falkenhayn, seit dem 17. September 1914 auch Generalstabschef, eine neue strategische Konzeption erarbeitet, die er Reichskanzler Bethmann Hollweg am 18. November 1914 vorlegt. Mit dieser neuen Strategie will Falkenhayn versuchen, den Krieg zugunsten Deutschlands zu beenden.

Sein Plan basiert auf der Erkenntnis, daß ein militärischer Sieg über die drei Alliierten nicht mehr möglich

Obwohl die Rüstungsschraube in den kriegführenden Nationen erst allmählich angezogen wird, ist der Ausstoß schon ganz beachtlich

Frankreich. Frauen in der Rüstungsindustrie: In Saint Charmond werden Kugeln in Schrapnellhülsen gefüllt

ist. Selbst für eine Niederwerfung entweder Rußlands oder Frankreichs reichten die Kräfte nicht aus. Wenn die Entente weiterhin zusammenhielte, drohe Deutschland und Österreich-Ungarn ein Erschöpfungskrieg an mehreren Fronten und die Gefahr der Niederlage.

Daher zieht General von Falkenhayn in Erwägung, durch einen Separatfrieden mit dem schwächeren Gegner Rußland die Entente zu sprengen. Er ist davon überzeugt, dies auf diplomatischem Weg schaffen zu können. Mit Sicherheit aber, so glaubt Falkenhayn, würde Rußlands Ausscheiden auch Frankreich zum Nachgeben veranlassen.

Ist der Hauptgegner Großbritannien dann nicht bereit, die deutschen Forderungen zu akzeptieren, soll das Inselreich durch eine U-Boot-Blockade ausgehungert werden. Falkenhayns Idee wird von der Marineführung unterstützt. In dem Gespräch mit Reichskanzler Bethmann Hollweg drängt der Generalstabschef zu Separatfriedenssondierungen mit Rußland. Der erste Versuch erfolgt im Dezember 1914 über dänische Diplomaten.

Während der Kämpfe um das deutsche Schutzgebiet Kiautschou (China) gelingt es am 26. September 1914 einem japanischen Marineflieger erstmals in der Geschichte des Luftkrieges, ein Schiff zu versenken. Er fliegt den Bombenangriff in der Bucht von Kiautschou mit einem Farmann-Wasserflugzeug und wirft eigenhändig ein Artilleriegeschoß mit Steuerschwanz auf einen deutschen Minenleger, der nach dem Volltreffer sinkt.

Unter dem Einfluß des Stellungskrieges entstehen in Frankreich etwa Mitte Oktober 1914 die ersten Bombenfliegerstaffeln.

Deutschland. Frauen in der Großstadt: Die alliierte Blockade erschwert das Leben der Zivilbevölkerung

Deutsches Reich. Schon im ersten Kriegsjahr gibt es Versorgungsengpässe: Aufruf an die Bevölkerung

Spare Seife!
Denn sie besteht aus den jetzt so nötigen und knappen Fetten und Oelen.
aber wie?
Tauche die Seife nie in das Waschwasser!
Halte sie nie unter fließendes Wasser!
Vermeide überflüssiges Schaumschlagen!
Halte den Seifennapf stets trocken!
Wirf die Seifenreste nicht weg!
Hilf Dir durch den Gebrauch von Bürsten, Sand, Bimsstein, Holzasche, Scheuergras (Zinnkraut), Zigarrenasche und durch häufiges Waschen in warmem Wasser!
Kriegsausschuß für Oele und Fette
Berlin NW 7

Westfront

16. Februar: *Befehl des französischen Oberkommandos, die Offensive in der Champagne wieder aufzunehmen.*
10. März: *Beginn der Großoffensive bei La Bassée.*
22. April: *Der »Schwarze Tag von Ypern«. Durch den ersten Gasangriff in der Kriegsgeschichte verlieren die Franzosen 15 000 Mann.*
9. Mai: *Die Franzosen eröffnen die Lorettoschlacht.*
25. September: *In der Champagne und im Artois beginnt gleichzeitig die französisch-britische Großoffensive.*

1. November: *Die Alliierten stellen die Großoffensive ein.*
1. Dezember: *General Joffre wird zum Oberbefehlshaber aller französischen Armeen in Europa ernannt.*

Ostfront

13. Januar: *Mit 20 1/2 Divisionen beginnen die Mittelmächte ihre großangelegte Offensive in den Karpaten.*
31. Januar: *Erster Giftgasangriff an der Ostfront.*
2. März: *Gegenoffensive der russischen Streitkräfte.*
12. März: *Unter dem Druck der russischen Offensive kapituliert die Festung Przemysl mit 120 000 Mann.*
7. Mai: *Offensive der Mittelmächte bei Gorlice.*
3. Juni: *Verbände der Mittelmächte befreien Przemysl.*
12. Juni: *Die Mittelmächte erobern die galizische Hauptstadt Lemberg.*
5. August: *Deutsche Truppen ziehen in Warschau ein.*
18. August: *Kowno kapituliert. Die Russen verlieren ihren stärksten Stützpunkt an der Nordwestfront.*

23. August: *Zar Nikolaus II. übernimmt den Oberbefehl über das Heer.*
26. August: *Die Heeresgruppe Mackensen besetzt die Festung Brest-Litowsk.*
13. September: *Russische Truppen greifen verstärkt am Styr und an der Strypa an, werden jedoch bis Mitte November endgültig zurückgeschlagen.*

Balkan

11. Juni: *Serbische Verbände marschieren in Tirana (Albanien) ein.*

4. September: *Bulgarien verpflichtet sich, an der Seite der Mittelmächte in den Krieg einzutreten.*
5. Oktober: *Französische und britische Truppen der neu aufgestellten »Orientarmee« landen unter Verletzung der griechischen Neutralität in Saloniki.*
7. Oktober: *Die Mittelmächte eröffnen ihre Offensive gegen Serbien.*
9. Oktober: *Die serbische Hauptstadt Belgrad kapituliert.*
14. Oktober: *Kriegserklärung Bulgariens an Serbien.*

Italien

4. Mai: *Italien kündigt den Freundschaftsvertrag mit Deutschland und Österreich-Ungarn.*
23. Mai: *Kriegseintritt Italiens auf seiten der Entente.*

23. Juni: *Beginn der ersten Isonzo-Schlacht.*
17. Juli: *Erneute italienische Großoffensive am Isonzo.*
18. Juli: *Nachdem die beiden ersten Angriffe gescheitert sind, versuchen italienische Verbände zum dritten Mal, die österreichisch-ungarischen Verteidigungslinien am Isonzo zu durchbrechen.*
4. November: *Vierte Offensive der Italiener am Isonzo.*

Seekrieg

24. Januar: *70 Seemeilen vor Helgoland. Schweres Feuergefecht zwischen britischen und deutschen Hochseegeschwadern.*
19. Februar: *Alliierte Seestreitkräfte beschießen an den Dardanellen türkische Außenforts.*
20. Februar: *Nächster schwerer Angriff auf die Außenforts der Dardanellen.*
18. März: *Der Vorstoß der alliierten Seestreitkräfte durch die Dardanellen wird zurückgeschlagen.*

7. Mai: *Die Versenkung des britischen Luxusliners »Lusitania« durch ein deutsches U-Boot sorgt weltweit für erregte Auseinandersetzungen. – Die Versenkung der »Lusitania« fällt in den Beginn des U-Boot-Krieges, der sich bis Ende des Jahres verstärkt fortsetzt.*

Luftkrieg

19. Januar: *Beim ersten deutschen Luftschiffangriff auf England kommen vier Menschen ums Leben.*
10. März: *Als britische Truppen bei Neuve Chapelle deutsche Linien angreifen, erhalten sie erstmals direkte Unterstützung aus der Luft.*
20. März: *Der erste deutsche Luftschiffangriff auf Paris richtet wenig Schaden an.*

1. April: *Den Franzosen gelingt es erstmals, dem Flugzeugführer zu ermöglichen, allein, also ohne Hilfe eines Schützen, gegnerische Flugzeuge mit einem MG anzugreifen.*
16. Mai: *Eine französische Bomberstaffel richtet bei einem Angriff auf die »Badische Anilinfabrik« in Ludwigshafen beträchtlichen Schaden an.*
30. Mai: *Ein Zeppelin führt den ersten deutschen Bombenangriff auf London durch.*
7. Juni: *Einem britischen Bomberpiloten gelingt es in Belgien, durch Bombenabwurf einen Zeppelin zu vernichten.*

1. August: *Der erste offensive Angriff mit einem Jagdeinsitzer endet mit dem Erfolg des deutschen Fliegers Max Immelmann.*
10. August: *Der englischen Flakabwehr gelingt es erstmals, ein deutsches Luftschiff abzuschießen.*
12. August: *Erster erfolgreicher Luftangriff auf ein Schiff. Der Pilot eines englischen Wasserflugzeugs beschädigt ein türkisches Versorgungsschiff so schwer, daß es wenige Tage danach sinkt.*

Naher Osten

3. Februar: *Englische Einheiten schlagen einen türkischen Angriff am Suezkanal erfolgreich zurück.*
12. bis 15. April: *Nach erbitterten Kämpfen bei Schaiba zwischen britisch-indischen und türkischen Truppen müssen die Türken den Versuch aufgeben, Basra zurückzuerobern.*
25. April: *17000 britische Soldaten landen zu Beginn der Dardanellenoperation auf der Halbinsel Gallipoli.*
4. August: *Gallipoli. Zwei weitere britische Divisionen werden an Land gesetzt.*
22. November: *Bei einem erbitterten Gefecht erweisen sich türkische Truppen Teilen des britischen Expeditionsheeres überlegen, so daß sich die Engländer in das stark befestigte Kut-el-Amara zurückziehen.*

18. Dezember: *Die Dardanellenoperation wird aufgegeben. Es beginnt die Evakuierung von 120000 alliierten Expeditionssoldaten – die bis dahin größte amphibische Evakuierung der Kriegsgeschichte.*

Kolonialkrieg

1. Januar: *Kamerun. Englische Truppen rücken in Ossidinge ein.*
2. Januar: *Kamerun. Dschang wird ebenfalls von den Briten erobert.*
10. Januar: *Kamerun. Überraschend geben die Engländer Dschang wieder auf.*
19. Januar: *Deutsch-Ostafrika. Der Versuch der Engländer, die Hafenstadt Tanga zu erobern, mißlingt.*
11. Februar: *Deutsch-Südwestafrika: General Luis Botha wird von den Alliierten zum Oberkommandierenden aller südafrikanischen Streitkräfte ernannt.*
10. April: *Deutsch-Ostafrika. Einem deutschen Versorgungsschiff gelingt es, die englische Blockade zu durchbrechen und Tanga zu erreichen.*
20. April: *Deutsch-Südwestafrika. Truppen General Bothas besetzen Keetmanshoop.*
7. Mai: *Deutsch-Südwestafrika. General Botha zieht mit seinen Verbänden in den wichtigen Eisenbahnknotenpunkt Karibib ein.*

1915

11. Mai: *Kamerun. Die Schutztruppen räumen Eseka, den Endpunkt der Mittellandbahn.*
12. Mai: *Deutsch-Südwestafrika. Die Truppen der Südafrikanischen Union besetzen die Hauptstadt Windhuk.*
10. Juni: *Kamerun. Die Schutztruppen müssen Garua den Alliierten überlassen.*
25. Juni: *Kamerun. Besam, Assobam und Lomie sind nach tagelangen alliierten Angriffen völlig zerstört.*

4. Juli: *Deutsch-Südwestafrika. Die Kämpfe sind beendet. Waffenstillstandsvertrag zwischen der Schutztruppe und der Südafrikanischen Union.*
11. Juli: *Deutsch-Ostafrika. Der Kleine Kreuzer »Königsberg« wird von zwei britischen Monitoren, deren Artillerie von einem Flugzeug aus gelenkt wird, in der Mündung des Rufidji versenkt.*
5. Oktober: *Kamerun. Beginn einer großangelegten Offensive des Expeditionskorps gegen Jaunde, den Sitz des deutschen Gouverneurs.*
6. November: *Kamerun. Indische Truppen besetzen Dschang.*
29. Dezember: *Kamerun. Die Schutztruppen räumen kampflos Ngila.*

Außerdem ...

10. Februar: *Im Deutschen Reich wird die Tagesration Mehl auf 225 Gramm pro Person festgelegt.*
26. März: *Als Folge der Auseinandersetzung um die Dardanellenoperation wird unter dem Druck der Konservativen die Regierung Asquith umgebildet, nachdem kurz zuvor der Hauptinitiator der Operation, Winston Churchill, abgesetzt worden ist.*

1. August: *Rumänien nimmt den Getreide- und Ölexport an die Mittelmächte wieder auf.*
28. Oktober: *Der Deutsche Bundesrat verfügt, daß nur noch an vier Tagen der Woche Fleisch- und Wurstwaren verkauft werden dürfen.*

DIE WESTFRONT 1915

BEGINN DES MINIERKRIEGES

Der Stellungskrieg erfordert ein Umdenken. Mit den bisherigen Angriffsstrategien bleiben die Erfolge aus

Seit Ende Oktober 1914 sind die Kampfhandlungen an der Westfront in den Stellungskrieg übergegangen. Doch zu Anfang fehlt es noch an einer taktischen Tiefe des Stellungssystems. Es besteht zum Beispiel beim deutschen Heer meistens nur aus zwei parallel verlaufenden Gräben. Daher versucht man jetzt auf beiden Seiten, möglichst schnell die eigenen Linien pioniertechnisch auszubauen. Sowohl die Deutschen als auch die Franzosen wagen es in dieser Zeit immer wieder, die gerade entstehende gegnerische Stellungsfront zu durchbrechen. Auf die neuen Bedingungen des Stellungskrieges muß sich vor allem die gesamte Organisation der Etappe einstellen.

Für 1915 plant General Joffre, zumindest die verlorengegangenen französischen Gebiete zurückzuerobern. Die erste Voraussetzung dafür: ein bedeutendes Übergewicht an Waffen und Kräften, besonders an schwerer Artillerie und Munition. Zu Beginn des Jahres 1915 stehen den deutschen Truppen mit etwa 1,7 Millionen Mann, die sich vorerst strategisch defensiv verhalten, rund 2,4 Millionen alliierte Soldaten gegenüber. Obwohl sich der Stellungskrieg durch seinen zunehmenden Materialeinsatz auf die Dauer gesehen ungünstig für die Deutschen auswirkt, hat er wiederum den Vorteil, daß man leichter die operativen Reserven schwerpunktmäßig von einem Kriegsschauplatz zum anderen verschieben kann. Selbst das kurzfristige Verlegen der Reserven zwischen den einzelnen Frontabschnitten des jeweiligen Kriegsschauplatzes wird bedeutend einfacher.

Zu den wichtigsten Grundsätzen der deutschen Abwehrtaktik zählt auch 1915, daß trotz der bereits bestehenden Tiefengliederung der Verteidigung die äußerst stark besetzte Hauptkampflinie an der vordersten Front bis zum letzten Mann gehalten werden soll. Die Oberste Heeresleitung (OHL) und auch die ihr unterstellten Armeeoberkommandos sind der festen Ansicht, eine vorzeitige Räumung der Hauptkampflinie würde den Angriffsgeist der Truppe mindern. Daher werden nach dem Halte-Prinzip der OHL sogar ungünstig plazierte Stellungen, in denen das Ausharren blutige Verluste verursacht, keineswegs geräumt. Bis jetzt hat man die zweiten und dritten Stellungslinien wegen akuten Kräftemangels lediglich an den un-

Trotz Luftaufklärung durch Flugzeug und Fesselballon sind Leiter und Feldstecher unentbehrlich: Deutscher Beobachtungsposten

Elsaß: Schnee und Kälte behindern die deutschen Schützen in ihrem Gewehrgang (oben). Nordfrankreich: Offener Laufgraben innerhalb der deutschen Front

mittelbar bedrohten Frontabschnitten ausgebaut. Das auf deutscher Seite zur Abwehr alliierter Angriffe taktisch durchgeführte Sperrfeuer verschlingt inzwischen immer mehr Munition.

Englische Pioniereinheiten versuchen 1915 als erste, mit einer neuen Kampfart den Durchbruch zu erzwingen – es beginnt der sogenannte Minierkrieg. Unter riesigem Arbeitsaufwand graben sie bis in die feindlichen Stellungen hinein mehrere hundert Meter lange tiefliegende Stollen und füllen sie anschließend mit Sprengstoff. Auf diese Weise will man mächtige Breschen in die gegnerische Front schlagen. Die zugleich zum Angriff übergehende Infanterie soll den überraschten Feind in seinen Schützengräben überrollen. Aber der Minierkrieg bringt keinen taktischen Erfolg.

Französische Verluste

Nun befiehlt das französische Oberkommando am 16. Februar 1915, die Offensive in der Champagne wiederaufzunehmen. Es ist die erste große Durchbruchsschlacht. Die französische 4. Armee beabsichtigt, in schneidigen Attacken die Stellungen der deutschen 3. Armee südöstlich Reims zu durchbrechen und die Höhen nördlich der Linie Massiges–Perthes–Souain zu gewinnen. Danach ist ein Vorstoß auf Vouziers vorgesehen. – Seit der Marneschlacht hat die deutsche 3. Armee auf dem welligen Kreideplateau günstig gelegene Verteidigungsstellungen errichtet, aber noch nicht richtig ausgebaut.

Die Anlage von Sturmausgangsstellungen und Laufgräben sowie Teilvorstöße kündigen bereits einige Tage zuvor die französische Offensive an. Diese starke Artillerievorbereitung mit bisher nicht gekanntem Munitionseinsatz läßt das Ausmaß der künftigen Materialschlachten im Westen erahnen. Das erstmals angewandte mehrstündige Trommelfeuer soll die Verteidiger demoralisieren, deren Stellungen vernichten und dem anschließend folgenden Infanterieangriff den Durchbruch ermöglichen. Zwar entstehen bei der 3. Armee durch die ununterbrochenen französischen Angriffe immer wieder kritische Situationen, aber die Deutschen können ihre Stellungen halten.

Die Ursache für den Mißerfolg der Offensive: Das französische Oberkommando hat noch keine neuen Angriffsmethoden für den Stellungskrieg entwickelt – so bleiben die dicht aufeinanderfolgenden Infanterieangriffe im Sperrfeuer der deutschen Artillerie und der Maschinengewehre liegen. Die deutsche Abwehr hat nämlich die Möglichkeit, sich in den Pausen zwischen den einzelnen Attacken auf den nächsten Angriff vorzubereiten. Nachdem nur ein kleiner Streifen von 8 Kilometer Breite und 2 Kilometer Tiefe unter hohen Verlusten erobert worden ist, läßt General Joffre die erfolglosen Angriffe einstellen. In der gesamten Winterschlacht in der Champagne verlieren die

Franzosen rund 240000 Mann. Deutsche Verluste: 45000 Mann.

Drei Wochen später, am 10. März 1915, eröffnet die britische 1. Armee bei Artois ihre Offensive, die sich gegen die Stellungen der deutschen 6. Armee nordwestlich von La Bassée richtet. Sie erfolgt jedoch zu spät, um den französischen Durchbruchsversuch in der Champagne wirksam zu unterstützen. Der auf Lille zielende Angriff scheitert trotz des 35 Minuten dauernden heftigen Trommelfeuers aus 340 Artilleriegeschützen und großer infanteristischer Überlegenheit. Nach der Einnahme des Dorfes Neuve Chapelle, das mit hohen Verlusten erkauft wird, kommt auch diese Offensive zum Stehen.

Damit ist erneut der Versuch gescheitert, vom Stellungskrieg in einen Bewegungskrieg überzugehen. Auf dem am 29. März 1915 in Chantilly tagenden alliierten Kriegsrat hält das französische Oberkommando trotz der bisherigen Mißerfolge an der Offensivplanung fest. Die britischen und französischen Oberbefehlshaber sowie deren Kriegsminister einigen sich nun, Anfang Mai bei Artois eine gemeinsame starke Offensive durchzuführen. Der von General Foch, Befehlshaber der Provisorischen Heeresgruppe Nord, vorgelegte und von General Joffre gebilligte Plan sieht vor: Der Hauptstoß mit der französischen 10. Armee soll sich vor allem gegen die deutschen Stellungen bei Arras-Loos richten. Die britischen Truppen werden gleichzeitig bei La Bassée und die belgischen bei Dixmuiden zur Unterstützung angreifen.

Ein neues Kampfmittel

Unterdessen beschließt der deutsche Generalstabschef von Falkenhayn, im Westen weiter strategisch defensiv zu bleiben, denn er ist gezwungen, die militärischen Hauptanstrengungen jetzt gegen Rußland zu richten. Um jedoch den Abtransport der Truppen von der Westfront nach Galizien möglichst zu verschleiern, befiehlt das deutsche Oberkommando, ablenkende Vorstöße an verschiedenen Frontabschnitten zu unternehmen.

Um wenigstens einen der Kanalhäfen zu erobern, beabsichtigt die deutsche Führung, eine geheime Waffe einzusetzen. Bereits seit Februar 1915 wird geplant, für den Abschnitt der deutschen 4. Armee einen Angriff gegen den britisch-französischen Frontbogen bei Ypern durchzuführen – und hier soll erstmals in größerem Umfang (wenn auch nur im taktischen Rahmen) chemischer Kampfstoff verwendet werden. Mit dem überraschenden Einsatz hofft man, den Durchbruch zur Küste und die Einnahme von Ypern zu ermöglichen. Für diese Operation ist ein besonderes Gasregiment gebildet worden, um die Wirkung des neuen Kampfmittels zu testen. – Seit Oktober 1914 laufen schon die Vorbereitungen zum Einsatz dieser neuen Waffe, an deren Entwicklung das Kriegsministerium und die

Ein Bild, das sich Tausende Male wiederholt: Deutsches Feldgeschütz in Aktion (oben). 1. Februar 1915: Die französischen Generäle Castlenau, Joffre und Pau

Der westeuropäische Kriegsschauplatz im Jahr 1915

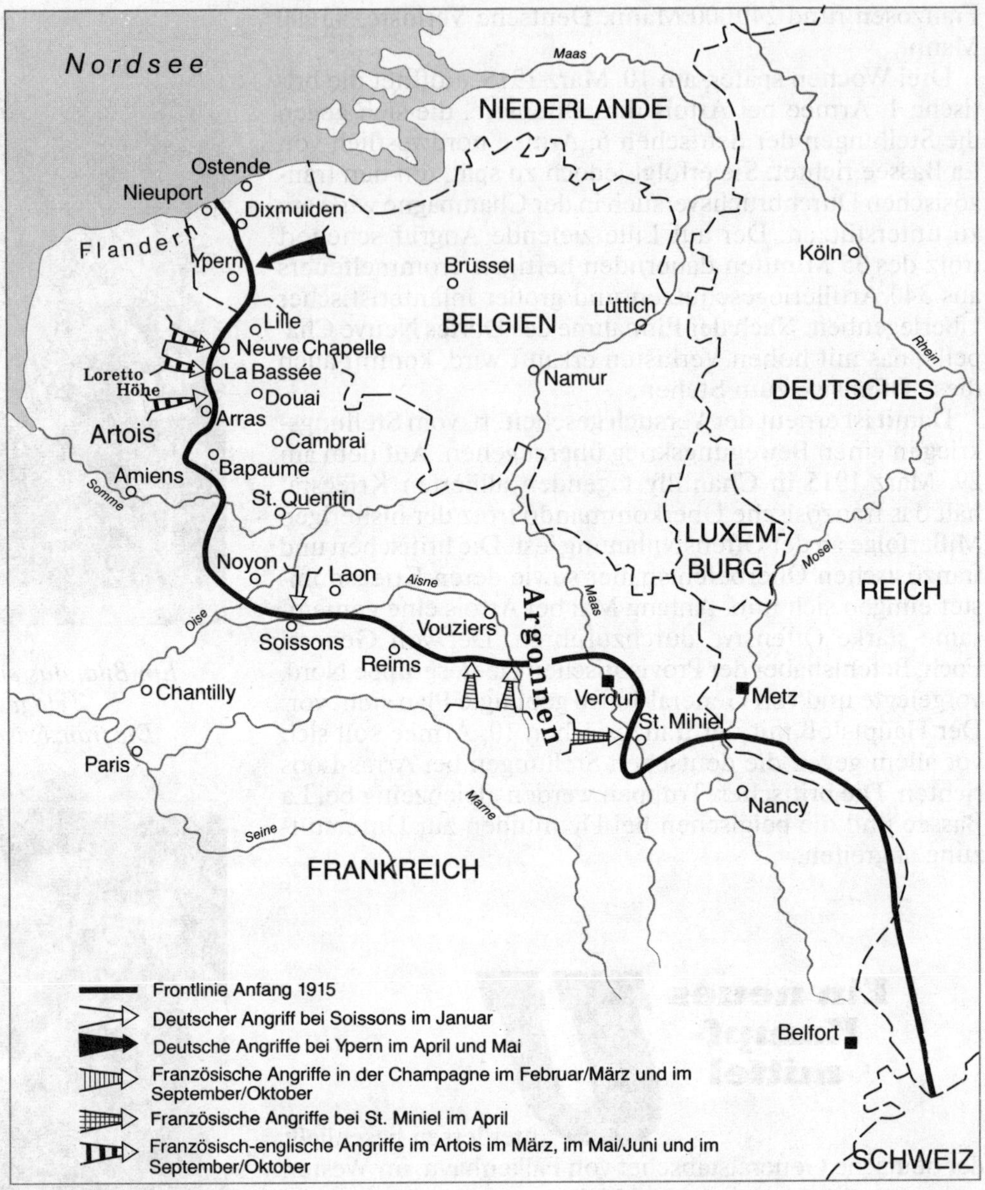

März 1915: Schlacht um Neuve Chapelle: Eine Belagerungsbatterie nimmt die gegnerischen Stellungen unter Beschuß

10. März 1915. Ein Bild, auf das die Sieger nicht stolz sein können: Neuve Chapelle nach seiner Einnahme

Kaum vorstellbar, aber wahr: Das ist das Hauptquartier der 21. Infanterie-Brigade der englischen 7. Division während der Schlacht um Neuve Chapelle

General Foch, der Befehlshaber der Provisorischen Heeresgruppe Nord der Franzosen

Die zwei Briefmarken dokumentieren das Schicksal Belgiens: Das Bildnis König Alberts von Belgien wird von der Deutschen Reichspost verdrängt

OHL eng mit den Bayer-Werken in Leverkusen zusammenarbeiten.

Die erste Erprobung an der Westfront erfolgt im März 1915 bei Nieuport in Flandern. Der in einer 12-T-Granate verwendete Kampfstoff zeigt sogar eine stärkere Wirkung als beim Test im Januar 1915 an der Ostfront: Die höhere Lufttemperatur beschleunigt die Verdunstung der Kampfstoffmischung.

Einer der bekanntesten deutschen Chemiker, Geheimrat Professor Dr. Haber, empfiehlt die Anwendung von Chlor aus Druckgasflaschen, um so den Gegner in seinen Stellungen zu vernichten. Die Vorbereitungen trifft man unter größter Geheimhaltung. Im preußisch-deutschen Kriegsministerium wird die Abteilung Chemie gebildet und in dem damaligen Kaiser-Wilhelm-Institut eine spezielle Forschungsabteilung aufgebaut.

Chlor steht als lästiger Abfallstoff der chemischen Industrie in großen Mengen zur Verfügung und soll, als Flüssigkeit unter Druck verdichtet, in Stahlflaschen von 20 und 40 Kilogramm Inhalt aus der vordersten Stellung durch Öffnen der Ventile in Gasform ausströmen und vom Wind gegen den Feind getrieben werden. Da es zweieinhalbmal schwerer als Luft ist, erreicht es den Gegner auch in Schützengräben, Unterständen und hinter Deckungen. Im Gegensatz zu Gasgeschossen ist man aber hier auf günstige Windrichtung und Windstärke angewiesen. Zu schwacher Wind ist zu unstet und von wechselnder Richtung und gefährdet die eigene Truppe. Zu starker Wind treibt die Gaswolke zu schnell über die feindliche Stellung, wirbelt sie hoch und verdünnt sie, so daß feindliche Artillerie und Reserven ungenügend erfaßt werden.

Nach Bereitstellung der für einen Blasangriff notwendigen Chlorgasflaschen und dem Bau der erforderlichen Abblasvorrichtungen wird auf dem Truppenübungsplatz Wahn bei Köln die Erprobung der »Geheimwaffe des Ersten Weltkrieges« durchgeführt. Während eines Versuchsblasens, bei dem die Wirkung des Chlorgases festgestellt werden soll, sind hohe Offiziere und sogar der Kaiser anwesend. Das Versuchsobjekt: Schafherden, die in der Abzugsrichtung der Chlorgaswolke weiden. Bei diesem Test werden auch die meteorologischen Bedingungen überprüft, unter denen die Ausbreitung der Giftstoffwolke ihr Maximum erreicht. Dabei ermittelt man, daß bei Windgeschwindigkeiten bis zu 4 m/s und geringer Sonneneinstrahlung das optimalste Verhältnis für die Ausbreitung der Gaswolken herrscht.

Zur selben Zeit wird das Pionierregiment 31 zum Gaspionierregiment 35 (Oberst Peterson) umgegliedert und mit Spezialisten verstärkt: Chemiker, Meteorologen und Gerätetechniker gehören unter anderem dazu. Der Kommandierende General des XV. Armeekorps, General von Deimling, schreibt darüber in seinen Memoiren: »Zum 25. Januar 1915 wurde ich von Falkenhayn mit meinem Generalstabschef in das Hauptquartier nach Mezières zu einer Besprechung bestellt. Auch der Chef der 4. Armee, Generalleutnant Ilse, war zugegen. Falkenhayn eröffnete uns, daß ein neues Kampfmittel, das Giftgas, zur Anwendung kommen solle, mein Korpsbezirk sei für den ersten Versuch in Aussicht genommen. Das Giftgas würde in

März 1915. Granattrichter erleichtern den Angriff: Deutscher Infanterietrupp sucht vor feindlichem Artilleriebeschuß Deckung

Stahlflaschen geliefert werden, die in die Schützengräben einzubauen und bei günstigem Wind abzublasen seien. Ich muß gestehen, daß die Aufgabe, die Feinde vergiften zu sollen wie die Ratten, mir innerlich gegen den Strich ging, wie es wohl jedem anständig fühlenden Soldaten so gehen wird. Aber durch das Giftgas konnte vielleicht Ypern zu Fall gebracht werden, konnte ein feldzugentscheidender Sieg errungen werden . . .«

Die Chlorgasflaschen werden bereits seit März 1915 im Bereich der Westfront installiert. Man muß allerdings längere Zeit mit dem Einsatz warten, da der Wind vorwiegend aus westlicher oder nordwestlicher Richtung kommt. Diese lange Vorbereitungszeit erschwert wiederum die Geheimhaltung: So erfährt die französische Heeresleitung durch Aufklärungsberichte von diesem Kampfmittel, unterschätzt aber dessen Bedeutung.

Bis Ende April 1915 sind allein bei der 4. Armee im Raum Ypern über 6000 Druckgasflaschen mit je 40 Kilogramm Masse für einen Blasangriff eingebaut. Da der geplante Angriff von der deutschen Führung zunächst als Experiment angesehen wird und man sich weder einen operativen noch strategischen Erfolg verspricht, lehnt die OHL die vorsorgliche Bereitstellung von Reserven für diesen Frontabschnitt ab. Selbst General von Falkenhayn hegt die größten Zweifel am Erfolg des Blasangriffs.

Nachdem die meteorologischen Beobachter an der Ypern-Front endlich einen günstigen Nordwind vorhersagen, soll der Angriff in den Morgenstunden des 22. April

Generalleutnant Ilse (links). Rechts: Deutsche Infanteristen werden durch einen Gasangriff gestoppt, den ihre eigenen Kameraden durchgeführt haben. Ironie des Schicksals: Auf viele wartet dabei der Tod

1915 beginnen. Da tritt jedoch plötzlich Windstille ein, und das Abblasen muß auf abends 18 Uhr verschoben werden. Erst dann ergeben sich bessere Windverhältnisse und Windgeschwindigkeiten von 2 bis 3 m/s.

Die ersten Gasangriffe

Im Frontabschnitt zwischen Steenstrate und Poelcapelle wird nun aus fast 6000 Stahlflaschen fünf Minuten lang Chlorgas abgeblasen. Eine weißgelbe Wolkenwand wälzt sich in 6 Kilometer Breite gegen die Schützengräben der hier erst seit kurzem eingesetzten französischen Kolonialtruppen und der kanadischen Infanterie. Keiner der Soldaten verfügt über eine Schutzmaske, obwohl den französischen und britischen Heerführern der bevorstehende Gasangriff aus Meldungen von der belgischen Armee, von deutschen Überläufern und durch Frontbeobachtung bekannt ist. Doch die Alliierten haben keinesfalls mit derart verheerenden Auswirkungen gerechnet.

Dieser unheilvolle Tag, der 22. April 1915, wird später als der »Schwarze Tag von Ypern« bezeichnet. Dazu ein englischer Feldgeistlicher, Augenzeuge dieses Giftgaseinsatzes: »Da sahen wir plötzlich etwas, was unser Herz fast stillstehen ließ – Menschen flohen wie von Sinnen, völlig verwirrt, über die Felder. ›Die Franzosen fliehen!‹ riefen wir aus. Wir wollten unseren Augen kaum trauen ... Eine graugrüne Wolke schwebte heran, die sich allmählich gelb färbte und alles, was sie berührte, zerstörte, auch den ganzen Pflanzenwuchs vernichtete. Kein Mensch hatte mit einer solchen Gefahr gerechnet. Die französischen Soldaten taumelten uns entgegen. Sie waren blind, sie husteten, sie keuchten, ihre Gesichter waren blau angelaufen, vor Todesangst waren sie sprachlos, und hinter ihnen, in den gasgefüllten Gräben, so stellten wir danach fest, hatten sie Hunderte von toten und sterbenden Kameraden zurückgelassen.«

Die völlig überraschten Verteidiger verlieren 15000 Mann – 4500 Mann sterben qualvoll – an Gasvergifteten. Beinahe ohne einen Schuß abzugeben, gelingt es der unmittelbar hinter der Gaswolke angreifenden deutschen Infanterie, die ersten Linien der Alliierten zu überrennen. Der Erfolg dieses Masseneinsatzes chemischer Kampfstoffe: Das XXIII. Reservekorps hat den Gegner zwischen Steenstrate und Het Sas über den Kanal geworfen, und das XXVI. Reservekorps ist bis zur Linie südlich Pilkem und

Mai 1915. Auch sie müssen mit dem Gas »leben«: Englische Soldaten in Erwartung eines Gasangriffs

nordwestlich St. Julien vorgestoßen. Rund 1800 Franzosen und 10 Briten werden gefangengenommen, ferner 51 Geschütze, darunter 4 schwere, und etwa 70 Maschinengewehre erbeutet.

Am Morgen des 23. April erteilt das Oberkommando der 4. Armee den Befehl, in Richtung Poperinghe weiter anzugreifen. Da für dieses Unternehmen jedoch keine ausreichenden Kräfte zur Verfügung stehen und die Alliierten sofort Reserven an den bedrohten Frontabschnitt herangezogen haben, bleibt der Angriff ohne Erfolg. Das deutsche Armeeoberkommando hat es versäumt, sich kräftemäßig darauf vorzubereiten, um das Überraschungsmoment auszunutzen. So kann der Gegner durch schnelles Reagieren den Angriff stoppen und die Front wieder schließen.

Zwei Tage später, am 25. April 1915, muß die OHL wegen der schweren Verluste auf deutscher Seite den Durchbruchsversuch einstellen. Und der kaiserliche Generalstab, der sich vom Einsatz der völkerrechtswidrigen chemischen Kampfstoffe eine schnelle Wende im Kriegsverlauf versprochen hat, zeigt sich enttäuscht. In seinen Kriegserinnerungen schreibt denn auch Ludendorff, daß die Voraussagen über die Wirkung der Blasangriffe offensichtlich stark übertrieben waren.

Der am 2. Mai 1915 bei Ypern erneut durchgeführte Gasangriff bringt auch diesmal nicht den gewünschten Erfolg. So gelingt es den Deutschen nicht, weder einen der Kanalhäfen zu erobern noch den Ypern-Bogen abzuschnüren – und die hohen Verluste von 35 000 Mann veranlassen die deutsche Führung, den mißlungenen Vorstoß am 9. Mai 1915 abzubrechen. Doch der Einsatz von chemischen Kampfstoffen und die damit verbundene Verletzung der Haager Landkriegsordnung von 1907 hat für die deutschen Truppen schwere Folgen: Künftig setzt auch der Gegner in zunehmendem Umfang Giftgas ein, verstärkt seine Gastruppen und entwickelt neue Kampfgase.

Die Loretto-schlacht

Als die Deutschen im Raum Ypern am 9. Mai 1915 ihre Angriffe einstellen, eröffnet die französische 10. Armee noch am selben Tag mit 18 Divisionen eine neue Offensive. Sie richtet sich gegen die Vimy-Hügelkette nördlich von Arras und erfolgt auf einer Breite von 34 Kilometern. Das Angriffszentrum umfaßt sogar 7 Divisionen auf nur 12 Kilometern Breite. Hier, auf den Kalksteinhügeln, haben deutsche Truppen eine

Die Antwort der Franzosen: Eine Gasbatterie wird für den nächsten Angriff mit giftigen Gasen gefüllt

Tschechoslowakei 1935. Diese Briefmarke erinnert an den 20. Jahrestag der Schlacht von Arras, auch »Lorettoschlacht« genannt

starke Verteidigungsstellung ausgebaut und mit Stacheldrahtverhauen abgesichert.

Das französische Oberkommando hat für diese Offensive – von den Deutschen »Lorettoschlacht« genannt – Richtlinien herausgegeben, die alle Erfahrungen aus den bisherigen Durchbruchsversuchen berücksichtigen: Nach Überwindung der ersten Linien soll dem Gegner keine Zeit gelassen werden, sich wieder festzusetzen; dann will man auf möglichst breitem Frontabschnitt angreifen und den Truppen laufend frische Kräfte zuführen; und von einer noch stärkeren Massierung als bisher, besonders der schweren Artillerie und der Infanterie, verspricht man sich schließlich den gewünschten Effekt.

Der Verzicht auf den Bau von Schützengräben steht jedoch in krassem Gegensatz zu der Forderung nach einer mehrtägigen Artillerievorbereitung. An Munition werden rund 600000 Schuß für die Feldartillerie und 91000 Schuß für die schwere Artillerie bereitgestellt. Auch dies ist eine Fehleinschätzung, denn nach Beginn der Operation steht fest, daß mindestens das Dreifache gebraucht wird.

Offensive im Raum Arras

Dienstag, 11. Mai 1915. Meldung des französischen Oberkommandos:

»Unsere Erfolge nördlich von Arras haben sich heute merklich erweitert. Vor Loos nahmen wir im Verlauf äußerst heftiger Kämpfe nach einem erbitterten Ringen und trotz anhaltenden Geschützfeuers ein großes deutsches Werk und ein ganzes System von Schützengräben zu beiden Seiten der Straße Loos–Vermelles. Weiter südlich nahmen wir im Sturmangriff die große Feldschanze und die Kapelle von Notre-Dame-de-Lorette. Diese Stellung, die seit Monaten von den Deutschen, die eine wahre Festung aus ihr gemacht hatten, eifrig verteidigt wurde, ist heute nachmittag von unseren Truppen überflutet, umzingelt und genommen worden.

Wir setzten ohne Aufschub unseren Erfolg fort, indem wir dem Feind zwischen der Kapelle von Notre-Dame-de-Lorette und Ablain-Saint-Nazaire energisch zusetzten. Alle deutschen Schützengräben südlich der Kapelle fielen nacheinander in unsere Hände. Wir fanden dort mehrere hundert Leichen vor. Die von Ablain anrückenden Deutschen machten sodann einen Gegenangriff, der glatt abgewiesen wurde. Wir ergriffen alsbald wieder die Offensive und gewannen Boden in der Richtung der Zuckersiederei von Souchez. In Carency wurde die Einschließung der deutschen Stellung von uns noch enger zusammengezogen. Wir nahmen mehrere Häusergruppen im östlichen Teile des Dorfes, machten 50 Gefangene, darunter einen Offizier, und errangen Fortschritte gegen das östlich des Dorfes gelegene Gehölz.

Die Verbindungen von Carency und Ablain nach Souchez werden für den Feind immer schwieriger. Nach einem heftigen Kampfe bemächtigten wir uns des Friedhofes von Neuville-Saint-Vaast, der von den Deutschen sehr stark befestigt worden war. Wir machten sodann Fortschritte im Süden dieses Dorfes, das wir von Westen und Osten her überrannten. In dem ganzen Abschnitte Loos-Arras, wo wir seit dem Sonntag drei Schützengrabenlinien nahmen, wird auf der vierten Linie gekämpft. Die Gefangenen, deren Zahl fortgesetzt zunimmt, erklärten, es sei Weisung gegeben worden, die Kapelle und Feldschanze von Notre-Dame-de-Lorette um jeden Preis zu halten.«

Dem Angriff gehen eine fünftägige Artillerievorbereitung und stundenlanges Trommelfeuer voraus. Der Infanterie gelingt es, in die deutschen Stellungen einzudringen und die zweite Verteidigungslinie zu besetzen. Die zur Verfügung stehenden Kavallerieverbände sollen sofort den Durchbruch erweitern. Das Artilleriefeuer hat zwar die Schützengräben zerstört, aber es ist übersehen worden, daß die Stacheldrahtverhaue und einige Maschinengewehrnester noch intakt sind. Außerdem können die Reservetruppen nicht rechtzeitig eingreifen, da sie viel zu weit in der Etappe stehen. So zeigt sich bereits am ersten Abend, daß die Wucht des Angriffs nachgelassen hat.

Zur Überraschung der Franzosen sind sehr schnell deutsche Verstärkungen zur Stelle, die sofort mit Gegenangriffen beginnen. Nach sechs Wochen erbitterter Kämpfe muß General Foch die Offensive wegen hoher Verluste einstel-

Die Schlacht von Arras: Französische Verbände rücken unter schwerem Beschuß vor

Juni 1915. Französische Soldaten haben einen vorgeschobenen Schützengraben an der Lothringer Front besetzt

len. Allein bei Vimy waren 60000 Franzosen zu beklagen: Sie sind entweder verwundet worden oder sind gefallen. Der Geländegewinn ist kaum der Rede wert: Er beträgt lediglich 1,9 Kilometer auf einer Frontbreite von 5,4 Kilometern, darunter die Lorettohöhe und der völlig zertrümmerte Ort Carency.

Der ebenfalls am 9. Mai 1915 beginnende Vorstoß der britischen 1. Armee südwestlich Lille muß wegen unzureichender Artillerievorbereitung bereits nach wenigen Stunden abgebrochen werden: Der Sturmangriff endet teilweise schon vor den deutschen Stellungen. Zwar wird am 16. Juni 1915 die Offensive unter Einsatz aller zur Verfügung stehenden Reserven wiederholt, aber auch sie scheitert. Die französisch-britischen Gesamtverluste im Raum Arras und Lille: rund 132000 Mann.

Nach dem vergeblichen Versuch, einen Durchbruch zu erzielen, wird das französische Heer im Juni 1915 in drei Heeresgruppen gegliedert: Die Gruppe »Nord« umfaßt den Abschnitt an der Oise, der Somme und um Artois, die Gruppe »Mitte« den Frontabschnitt in der Champagne bis Soissons, die Gruppe »Ost« den Frontabschnitt Elsaß-Lothringen sowie den an der Maas. Und die britische Expeditionsarmee kann jetzt aufgrund einer massiven Freiwilligenwerbung von 22 auf 50 Divisionen verstärkt werden.

Zur gleichen Zeit befiehlt General von Falkenhayn seinen Truppen, an der Westfront ein zweites Stellungssystem in Abständen von zwei bis drei Kilometern, an unmittelbar bedrohten Abschnitten sogar ein drittes auszubauen. Jede einzelne Stellung setzt sich aus zwei oder auch drei Schützengräben zusammen, die etwa 2,40 Meter tief und bis zu 200 Meter voneinander entfernt sind. Um das Abriegeln gegnerischer Einbrüche zu erleichtern, werden zwischen den Stellungen Stützpunkte errichtet, wie gegen Fliegersicht geschützte Maschinengewehrnester und Artilleriestellungen. Eine solche Anlage soll künftig den feindlichen Durchbruch fast unmöglich machen.

Die Führung der alliierten Truppen versucht immer wieder, sich durch größeren Einsatz von Artillerie und Munition Vorteile zu verschaffen. Doch läßt sie dabei außer acht, daß durch den Mangel an schwerer Artillerie, vor allem an Steilfeuergeschützen, der vorbereitende Artilleriebeschuß mehrere Tage dauert, dadurch dem nachfolgenden Infanterievorstoß jeden Überraschungseffekt nimmt und das Gelände durch die vielen Einschläge in ein schwer passierbares Trichterfeld verwandelt. Was sich als besonders großer Nachteil erweist, ist die zu geringe Feuerunterstützung während des Infanterieangriffs, um die Verteidigung wenigstens zum Teil außer Gefecht zu setzen.

Statt dessen können die Deutschen mit Hilfe des gut ausgebauten Eisenbahnnetzes hinter den bedrohten Frontabschnitten entweder schon Reserven bereitstellen oder sie

Während deutsche Infanteristen bei ihrem Vorstoß von gegnerischen Granaten bedroht werden, machen ihre Kameraden im Schützengraben Jagd auf einen anderen Feind: Läuse

innerhalb kurzer Zeit heranführen und die Einbruchstellen abriegeln. Unverständlich erscheint, daß die französisch-britischen Offensiven in der Regel an schmalen Frontabschnitten erfolgen. Daher gelingt es ihnen kaum, deutsche Reserven an einen bestimmten Frontabschnitt zu binden. Selbst die von beiden Seiten eingesetzten chemischen Kampfstoffe bewirken keinen taktischen Durchbruch.

Seit dem Sommer 1915 taucht beim deutschen Heer ein Problem auf: Durch den akuten Kautschukmangel entsteht eine Unterlegenheit auf dem Gebiet der Motorisierung. Die Verwendung der Pkw muß drastisch eingeschränkt werden, und die Lkw bekommen Eisenräder ohne Bereifung, was ihre Leistungsfähigkeit erheblich mindert. In der Donaumonarchie dagegen steht das Armeeoberkommando vor der dringenden Frage, wie man die weitgehend veraltete Artillerie möglichst schnell modernisieren und verstärken kann.

Alliierte Überlegungen

Im ersten Halbjahr 1915 müssen die Alliierten statt der erhofften Siege schwere Niederlagen hinnehmen. Obwohl Italien am 23. Mai 1915 Österreich-Ungarn den Krieg erklärt hat, wirkt sich dies bisher noch nicht entlastend auf die anderen Kriegsschauplätze aus. In Frankreich dagegen macht sich eine zunehmende Kriegsmüdigkeit unter den Soldaten bemerkbar, und die Maßnahmen des Oberkommandos stoßen bei den Truppen sowie in Regierungskreisen auf ständig wachsende Kritik.

Um in absehbarer Zeit wieder zum Bewegungskrieg übergehen zu können, setzen jetzt einige Militärs, vor

Vier Stationen, die den häufigen (Leidens-)Weg eines europäischen Soldaten nachvollziehen. Nach der Einstellung (oben: englisches Plakat zur Anwerbung von Kriegsfreiwilligen) und der Begutachtung (unten: Lord Kitchener inspiziert die englische 10. Division) geht es an die Front (rechts oben: deutscher Truppentransport per Bahn). Am Ende folgt dann oft die Kriegsgefangenschaft (gefangene Franzosen schauen einem deutschen Verband in Cournay zu)

»Little Willie« (rechts) und »Mother« (unten), zweiter und dritter Prototyp des englischen »Tanks«. Während der »Kleine Willie« Prototyp blieb, ging die »Mutter« als »Mark I« in Serienproduktion

allem in Großbritannien, ihre Hoffnung auf die Entwicklung eines geländegängigen gepanzerten Kampfwagens. Er soll der angreifenden Infanterie den erforderlichen Feuerschutz geben und zugleich die feindlichen Maschinengewehrnester sowie Drahtverhaue überrollen.

Bereits Monate zuvor haben Winston Churchill, Lieutenant Colonel Ernest Swinton, einige Offiziere der Royal Navy sowie der Bankier Albert Stern von der Regierung die Genehmigung erhalten, mit öffentlichen Mitteln eine Versuchsreihe zu starten, um gemeinsam ein funktionsfähiges gepanzertes und bewaffnetes Kettenfahrzeug zu entwikkeln. Diese Teamarbeit führt gelegentlich zu derartigen Meinungsverschiedenheiten, daß daran das Projekt fast scheitert.

Doch am 15. Juni 1915 legt Swinton die erste fundierte Ausarbeitung vor, in der die technischen und taktischen Erfordernisse für einen Panzer genau angegeben sind. Ein solches Fahrzeug muß ein etwa 1,50 Meter hohes Hindernis und einen ebenso breiten Graben überwinden können. Ferner soll es mit einem leichten Schnellfeuergewehr und zwei Maschinengewehren bestückt und gegen panzerbrechende Munition geschützt sein sowie eine Geschwindigkeit von 6,5 km/h besitzen und sich für 10 Mann Besatzung eignen.

Die genannten Wünsche werden zwar im Verlauf der einzelnen Versuchsstadien etwas abgeändert, aber die ersten Panzerkonstrukteure, William Tritton und Walter Wilson, finden in Swintons Darstellung so viele praktische Hinweise, daß sie seine Vorschläge in die Praxis umsetzen. Das gleiche gilt für die Herstellungsfirma Fosters Ltd. in Lincoln, die den ersten Panzerwagen baut. Im September 1915 ist das britische Versuchsmodell fertig. Es weist jedoch so viele technische Mängel auf, daß sein serienmäßiger Bau vorläufig zurückgestellt werden muß.

Um die Existenz dieser Angriffswaffe zu verschleiern, wird ein Vierteljahr später beschlossen, eine irreführende Bezeichnung dafür zu suchen. Da die Form einem Wasserbehälter ähnelt, einigt man sich auf das Wort »Tank«. Dieser Ausdruck hat sich bis in unsere Zeit erhalten, auch wenn die heutige Panzergeneration kaum noch Ähnlichkeit mit jenen ersten Modellen hat.

Trotz aller Vorbehalte gegen die bisherige Kriegführung einigen sich die Alliierten anläßlich der am 7. Juli 1915 in Chantilly stattfindenden Konferenz darauf, eine neue große Offensive in der Champagne und bei Arras vorzubereiten. General Joffre ist fest davon überzeugt, daß diesmal ein Durchbruch möglich sei, wenn man gleichzeitig zwei oder mehrere Großangriffe vorbereite und jeweils in breiter Front die deutschen Stellungen angreife. Joffre hofft, mit einem Erfolg die Stimmung im Land und unter den Soldaten wieder zu heben.

Die große alliierte Offensive

Der für Ende August 1915 geplante Angriffstermin muß jedoch um vier Wochen verschoben werden, da sich nicht alle verbündeten Armeen, wie zum Beispiel Rußland, Serbien und Italien, verpflichten wollen, zum selben Zeitpunkt Entlastungsangriffe zu führen. So muß General Joffre die französischen und britischen Kräfte für die neue Großoffensive wesentlich verstärken. Er läßt kampfkräftige Divisionen durch andere Truppen ablösen und als Reserveverbände aufstellen, umfangreiche Munitionsvorräte anlegen und die schwere Artillerie durch Festungsartillerie verstärken. Auch die Bombenfliegerstaffeln werden ausgebaut.

Für den gemeinsamen alliierten Angriff stehen General Joffre an französischen, britischen und belgischen Kräften

Diese am 15. Juli entstandene Luftaufnahme unterstützt die Alliierten bei den Vorbereitungen für ihre Großoffensive. Das Bild zeigt die Gegend um Loos: Minenkrater trennen die feindlichen Linien, und eine Granate explodiert im Niemandsland. Von rechts oben sind die systematisch konstruierten deutschen Schützengräben auszumachen

150 Divisionen mit insgesamt 2,9 Millionen Mann zur Verfügung. Die OHL hat zu dieser Zeit 100 Divisionen mit 1,9 Millionen Mann an der Westfront stehen.

Am Morgen des 25. September 1915 beginnt die französisch-britische Offensive gleichzeitig an den beiden etwa 160 Kilometer auseinanderliegenden Frontabschnitten in der Champagne und im Artois. Das Hauptziel: Nach dem Durchbruch soll von Süden und Norden her der deutsche Frontbogen beseitigt werden. Man will die dort stehenden deutschen Armeen abschneiden und zerschlagen. General Joffre hofft, dieses Ziel mit den gleichen Angriffsmethoden, aber weitaus größerem Kräftepotential als im Frühjahr 1915 zu erreichen.

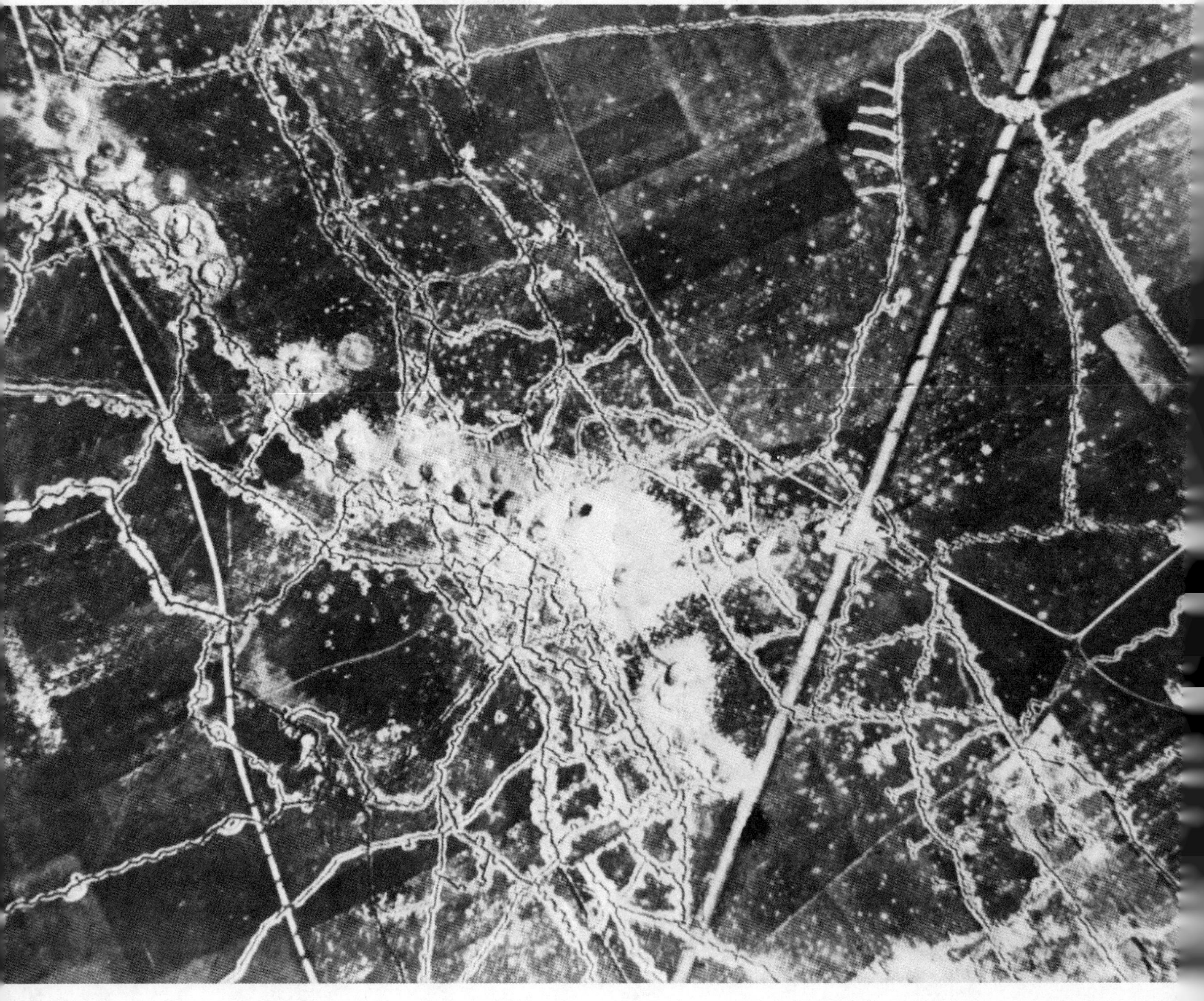

Briefmarke aus Frankreich und eine kanadische Kriegssteuermarke, deren Erlös die englische Kriegführung unterstützt

Der Schwerpunkt der Offensive liegt in der Champagne, zwischen den Argonnen und Reims. Hier stürmen nach tagelanger Artillerievorbereitung 27 französische Divisionen auf einer Breite von 32 Kilometern gegen nur 7 deutsche Divisionen an, und 7 bereitstehende Kavalleriedivisionen sollen sofort nach dem Durchbruch bis zur Landesgrenze vorstoßen.

Die französische Infanterie kann bereits im ersten Anlauf einen Geländestreifen von 17,5 Kilometern Breite und 3,5 Kilometern Tiefe erobern und die erste deutsche Stellung einnehmen. Die Angriffe kommen jedoch vor der zweiten Stellung – sie ist weitgehend unzerstört – zum Stehen.

Kurz vor dem Angriff

Mittwoch, 4. Oktober 1915. Bericht des Kriegsfreiwilligen Karl Meyser in der *Täglichen Rundschau:*

»Nacht! Ruhige, kalte, sternklare Nacht. Wir stehen im Graben. Dunkle, schwarze Gestalten, in Mäntel gehüllt. Fröstelnd schaut man durch die Scharten. Dunkel, unergründlich dehnt sich die Ebene vor dem kleinen Loch. Da ein heller Blitz, stärker werdend, unheimliche, geisterhafte Helle verbreitend. Unbarmherzig zeigt das Licht den spähenden Augen das Vorland. Dann erlischt die Kugel. Wir haben genug gesehen. Drüben, bei dem Franzmann, fehlen die Drahtverhaue. Das heißt Sturm! Kampf bis aufs Messer!

Unteroffiziere streichen durch den Graben, geräuschlos, wie Schatten. Wehe dem Posten, der nicht wacht! Sie wachen alle! Jeder Mann weiß: Nur Stunden noch, dann setzt das Granatfeuer ein, und dann – ja, dann wird drüben aus dem Graben eine Flut vorbrechen. Welle auf Welle rasender Menschen wird anstürmen gegen unsere Stellung, brüllend, mit stieren Augen, geifernd wie hungrige Wölfe.

Ewig dauert die Zeit. Da – ein Blitz, weit hinten in der Ferne! Ein fauchendes Sausen, dumpfes Einschlagen, und dann ein gellender Knall. Splitter surren und zischen durch die Luft; gelber, stinkender Qualm zieht über den Graben hin – 20 Meter zu kurz! Die Kanonade beginnt. Schuß auf Schuß saust heran! Klirren, Klingen und Fauchen in der Luft. Die Sandsäcke fliegen umher, Erde, Blut und Eisen. Leuchtkugel nach Leuchtkugel steigt auf. Die Mannschaften stehen auf ihren Plätzen. Rot, fieberglühend die Augen, die Hände zitternd vor Aufregung. 2 Uhr! Bald, fast jeden Augenblick, müssen sie kommen. Minuten rinnen, und jede bringt einen Knall, so gellend, so hart wie des Schicksals Tritt. Jetzt ausharren, sonst ist alles, alles verloren!«

Die am 25. September 1915 im Artois angreifende britische Expeditionsarmee beginnt ihre Offensive bei Loos mit dem ersten Einsatz chemischer Kampfstoffe. B. C. Foulkes, Kommandeur der britischen »Gasbrigade«, die man im Laufe des Jahres 1915 ausgebildet und auf den Einsatz vorbereitet hat, berichtet über diesen Angriff: »Die Briten hatten die Chlorflaschen auf Eisenbahnwaggons montiert und konnten sie daher erst kurz vorher auf dem inzwischen erweiterten Eisenbahnnetz in die Stellungen fahren. So wurde verhindert, daß die britischen Absichten durch vorzeitiges deutsches Abwehrfeuer gestört wurden. Außerdem wählte man geschickt einen Frontbogen aus, der bei wechselnden Windrichtungen eine größere Sicherheit bei der Anwendung gewährleistete.«

Auch bei diesem Einsatz steht die Wirkung in keinem Verhältnis zum technischen Aufwand: Die britischen Truppen dringen zwar an einigen Stellen bis 5 Kilometer tief in die deutschen Verteidigungslinien ein, aber dann erlahmt ihr Angriffsschwung. Ein Angehöriger vom 1. Middlesex-Regiment, das den Hauptstoß führt, schreibt: »Am Samstagmorgen um 5.45 Uhr ließen wir das Gas auf die ›Teufel‹ los – es war ein fürchterlicher Anblick –, und um 6.30 Uhr kletterten wir über die Brustwehr und griffen sie an ... Vier von uns liefen los; ich erreichte als einziger den ersten deutschen Graben, der angefüllt war mit Toten, ungefähr drei oder vier übereinander, alle vergast. Aber in der dritten Schützengrabenreihe hatten sie Maschinengewehre, und sie mähten uns nieder; überall sah man Schlamm und Blut. Als am Abend die Namen unserer Einheit aufgerufen wurden, meldeten sich 96 von 1020.«

Wie sich erst drei Wochen später herausstellt, sind nach dem britischen Ersteinsatz chemischer Kampfstoffe bei Loos etwa 2000 englische Soldaten dem eigenen Gasangriff zum Opfer gefallen. Es geschieht nicht selten, daß die Wolken wieder zurückgetrieben werden und dadurch auf beiden Seiten verheerende Verluste verursachen.

Ein Dokument des Grauens: Französische Soldaten mit Aluminium-Masken, unter denen sich mit Säure getränkte Watte befindet – als Schutz gegen giftige Gase

Bereits nach ein bis zwei Monaten hat man alle im Frontbereich stehenden deutschen und alliierten Truppenteile mit einem behelfsmäßigen Atemschutz ausgestattet. Diese mit Fixiersalz getränkten Mulläppchen enthalten Natriumthiosulfat, das sich neutralisierend auswirkt. Es hält allerdings nur kurzfristig vor, weil sich – besonders bei hoher Kampfstoffkonzentration – das Natriumthiosulfat nach wenigen Minuten verbraucht und die Schutzwirkung nachläßt.

Aus diesem Grund versucht man künftig, durch mehrere aufeinanderfolgende Blasangriffe, auch »Wellenangriffe« genannt, die Verluste des Gegners zu vergrößern. Da die Blasverfahren zu stark von den Gelände- und Witterungsverhältnissen abhängig sind, forschen inzwischen deutsche und alliierte Wissenschaftler nach verbesserten Anwendungsverfahren und neuen chemischen Kampfstoffen.

Am zweiten Tag der Großoffensive, am 26. September 1915, werden erneut massive Angriffe gegen die deutschen Linien geführt, die aber genauso wie am Vortag scheitern. Die Ursache dieses Mißerfolgs: Durch den sofortigen Einsatz deutscher Verstärkungen aus dem Osten gelingt es der 3. Armee (GenOberst v. Einem), die schwierige Lage zu meistern. Auch nördlich von Arras verlaufen die Angriffe der alliierten Streitkräfte ebenso erfolglos. Im Artois versuchen inzwischen französische Fliegerstaffeln, durch Bombenangriffe auf die Eisenbahnknotenpunkte Cambrai und Douai wenigstens die Nachschubwege der Deutschen zu stören.

Selbst die Anwendung von künstlichem Nebel und Chlorgas ermöglicht es den französischen und englischen Truppen nicht, bei Douai durchzubrechen. Sie schaffen es lediglich, drei bis vier Kilometer voranzukommen und die ersten deutschen Stellungen zu erobern. Schon am nächsten Tag ist ihre Angriffskraft endgültig erschöpft. Und die am 26. September 1915 zur Unterstützung der Infanterie eingesetzte französische Kavallerie wird auf freiem Feld zusammengeschossen. So kommt die unter großem Menschen- und Materialaufwand begonnene Offensive bereits nach zwei Tagen zum Stillstand.

Zwischen dem 11. und 13. Oktober 1915 versuchen die Franzosen und Engländer noch einmal, durch offensive Angriffe in die deutschen Stellungen einzudringen, aber auch dieser Vorstoß schlägt fehl. Daher entschließt sich das französische Oberkommando, die Offensive am 1. November 1915 abzubrechen, denn der geringe Geländegewinn steht in keiner Relation zu dem riesigen Munitionsverbrauch von 5,4 Millionen Granaten und den schweren Verlusten an Offizieren und Soldaten. Allein in der Schlacht bei Loos büßt die britische Expeditionsarmee 50000 Mann ein. Insgesamt verlieren die Franzosen und Engländer 250000, die Deutschen 150000 Mann.

General Joffre scheint nicht bedacht zu haben, daß zum Zeitpunkt des Angriffs, Ende September 1915, die Lage an der Ostfront es der deutschen Führung ermöglicht, Verstärkungen von dort abzuziehen und in Schnelltransportern an die Westfront zu verlegen. Außerdem ist es den Angreifern trotz starkem Artilleriebeschuß nicht gelungen, das Feuersystem der deutschen Verteidigung größtenteils auszuschalten.

Ein Bild wie von einem anderen Stern. Auch dieser Franzose muß eine Gasmaske tragen.

Führungskrisen bei den Alliierten

Die gescheiterte Herbstoffensive in der Champagne und im Artois führt in Frankreich zu einer innenpolitischen Krise. Nach Auflösung der Regierung unter Viviani wird Briand neuer Kabinettschef. Den Posten des Kriegsministers übernimmt jetzt General Gallieni. General Joffre dagegen, der bisher völlig unrealistische Offensivpläne entworfen hat, bleibt weiterhin französischer Armeeoberbefehlshaber.

Auch Großbritannien löst den Oberbefehlshaber der britischen Expeditionsarmee, Feldmarschall French, ab. Nachfolger wird Lieutenant General Sir Douglas Haig (1861–1928), von seinen Freunden »Lucky Haig« genannt, Erbe des berühmten Whisky-Herstellers, der in Oxford studiert und sich als Kriegsteilnehmer im Sudan und in Südafrika bewährt hat.

Nach diesem Debakel wird den Alliierten bewußt, daß nur ein einheitliches strategisches Vorgehen die Grundvoraussetzung für den Erfolg sein kann und daß die Zersplitterung der Kräfte und Mittel wesentlich zu den bisherigen Niederlagen beigetragen hat. Um künftig nach diesem neuen Konzept verfahren zu können, wird General Joffre am 2. Dezember 1915 zum Oberbefehlshaber aller französischen Armeen in Europa ernannt. Bisher unterstanden nämlich die französischen Verbände in der Orientarmee und auf Gallipoli dem Kriegsminister.

Vom 6. bis zum 8. Dezember 1915 findet im Hauptquartier von Chantilly auf Anregung des französischen Oberkommandos das erste Treffen der alliierten Generalstäbe statt. Man will hier für das kommende Jahr gemeinsam eine einheitliche Kriegführung festlegen und Einzelheiten erörtern. Nach lebhaften Diskussionen setzt sich schließlich General Joffre durch, der es immer noch für möglich hält, die deutsche Frontlinie zu durchbrechen und dann in einen Bewegungskrieg überzugehen, obwohl dies den Erfahrungen von 1915 widerspricht.

Generaloberst Karl von Einem

Die französischen und britischen Militärs sind sich nach der letzten Offensive darüber im klaren, daß dieser Krieg kurzfristig nicht zu beenden ist. Sie fordern daher mit Nachdruck, alle nur erdenklichen militärischen Kräfte zu mobilisieren und die Rüstungsindustrie auf Höchstleistungen zu bringen. General Foch spricht sich für zunehmende Materialschlachten aus, anstatt sich auf den Masseneinsatz der Infanterie zu konzentrieren. Nur durch eine längere

13. Oktober. Das Ende einer Großoffensive: Verwundete Briten passieren auf dem Rückweg den Ort Vermelles

Aristide Briand, der neue französische Kabinettschef (links), und Sir Douglas Haig, der neue Oberbefehlshaber der britischen Expeditionsarmee

Offensive mit ständigem Artilleriebeschuß und chemischen Kampfstoffen könne man die Deutschen allmählich zermürben.

Abschließend sind sich alle Beteiligten der Konferenz einig, daß der Krieg im Westen nur entschieden werden kann, wenn gleichzeitig die Verbündeten an der Ostfront starke Angriffsoperationen durchführen, um die Truppen der Mittelmächte dort zu binden. Auf den Nebenkriegsschauplätzen dagegen sei lediglich ein Minimum an Armeen erforderlich. Der russische Vorschlag, erst den schwächeren Gegner Österreich-Ungarn zu vernichten, wird von allen Anwesenden aus Überzeugung abgelehnt: Das wichtigste Ziel sei Deutschland.

Er wurde abgelöst: Feldmarschall Denton P. French

Deutsche Anstrengungen

In der Zwischenzeit macht sich auch die OHL darüber Gedanken, wie man die Armeen umgehend wieder auffrischen kann. Um möglichst schnell die starken Verluste an der Westfront auszugleichen, wird die Kriegstauglichkeit der gemusterten Rekruten weitaus großzügiger beurteilt als bisher. Hinzu kommt die Verkürzung der Ausbildungszeit von vier auf drei Wochen. Auf diese Weise gelingt es, das deutsche Heer wesentlich zu verstärken. Außerdem werden etwa zwei Millionen Arbeiter aus der Rüstungsindustrie eingezogen, da der Frontdienst bis jetzt noch absoluten Vorrang hat. Allein durch Umgliederung der vorhandenen Divisionen von bisher vier auf drei Infanterieregimenter entstehen neue Divisionen für das Feldheer. Diese neu aufgestellten

Und er informiert sich vor Ort: Major Winston Churchill mit General Fayolle im Hauptquartier des französischen 33. Korps

BEKANNTMACHUNG.

An alle deutschen Soldaten.

Jeden Tag ruft Ihr uns aus Euren Schuetzengraeben zu, dass Ihr zu uns herueberkommen wollt.

Warum kommt Ihr denn nicht?

Kommt Ihr unbewaffnet, zwei oder drei Mann auf einmal, so werden unsere Leute nicht schiessen.

In England bekommt Ihr gute Behandlung und vorzuegliches Essen.

Euren Angehoerigen wird geschrieben dass Ihr in Sicherheit seid. Ihr duerft nach Belieben Briefe schreiben. Bis zum Ende des Kriegs Koennt Ihr ruhig und bequem leben.

Glaubt nur nicht dass der Krieg bald zu Ende sein wird. So weit es England betrifft, kann er noch ein Jahr, oder sogar mehrere Jahre dauern.

Nach dem Krieg koennt Ihr gehen wo Ihr wollt: wir schicken Euch nur dann nach Deutschland zurueck, wenn Ihr es aus druecklich verlangt. Ausser Euch selbst wird niemand wissen dass Ihr zu uns heruebergekommen seid.

Das alles versprechen wir Euch feierlichst.

Es sind schon viele deutsche Kameraden zu uns gekommen. Euch fordern wir auch auf, Eure kalten, nassen Graeben moeglichst bald zu verlassen, um bei uns in Ruhe und Sicherheit zu leben.

Die Englische Heeresleitung.

4ten Dezember, 1915.

1st Army Printing Section, R.E. 720

Propaganda ist auch ein Teil des Krieges: Ein englisches Flugblatt fordert die deutschen Soldaten auf, zu desertieren

Verbände erhalten zur Erhöhung ihrer Feuerkraft schwere Feldhaubitzen.

Die Eigenart des Stellungskrieges: Er erfordert eine Vielfalt neuer Kampfmethoden und Entwicklungen in der Waffentechnik. Die Massenproduktion der neuen Nahkampfmittel für die Infanterie, wie etwa die sogenannte Grabenartillerie (Minen- und Granatwerfer), wie etwa Hand- und Gewehrgranaten, benötigt jedoch eine gewisse Anlaufzeit. Außerdem macht der ständig wachsende Bedarf an Geschützen und Artilleriemunition den Industrien der Kriegführenden sehr zu schaffen. Und immer wieder ruft die Front nach Neuerungen: Um das gegnerische Stellungssystem in seiner ganzen Tiefe bekämpfen zu können, sei es unumgänglich, die Reichweite der Geschütze aller Kaliber erheblich zu erhöhen.

Das noch 1914 in allen Armeen nur bei den Regimentern vorhandene Maschinengewehr wird 1915 zur Hauptwaffe der Infanterie. Daher gliedert man jedem Infanteriebataillon eine MG-Kompanie an. Die Truppe verlangt jetzt auch ein leichtes MG-Modell für Infanterieschützen, das bei den alliierten Armeen bereits seit Anfang 1915 eingesetzt wird. Seit dem Herbst 1914 hat sich beim deutschen Feldheer zwar die Zahl der Geschütze aller Kaliber von 2890 auf 4438 erhöht, aber die Lieferung von Gewehren und Munition ist so unzureichend, daß beispielsweise die neuen Rekruten die Handhabung der Gewehre nur mit Holzstangen erlernen und daß die zur Verfügung stehenden Maschinengewehre kaum den Bedarf am italienischen Frontabschnitt decken.

Zwischen Ende 1915 und Sommer 1916 macht sich bei den Mittelmächten eine gewisse Unterlegenheit auf waffentechnischem Gebiet bemerkbar. Es fehlt an Artillerie und Munition, insbesondere an schweren Flachfeuergeschützen, dazu an Nachrichtenmitteln, Maschinengewehren, Kraftfahrzeugen, Flugzeugen und vielem anderen mehr. Gerade in den Jahren 1915/16 unternehmen die Alliierten energische Maßnahmen, die zu einer gewaltigen Steigerung der Rüstungsproduktion führen, so zum Beispiel in Großbritannien durch den »Munition of War Act« vom 20. Juli 1915 oder in Frankreich durch die Verlagerung der gesamten Rüstungsproduktion auf Großbetriebe. Selbst die russische Industrie schafft es, seit Herbst 1915 ihre Kriegsproduktion wesentlich zu steigern.

Der seit Ende 1915 auf allen Kriegsschauplätzen dominierende Stellungskrieg ist an der Westfront am deutlichsten zu spüren. Hier, wo sich die stärksten Armeen gegenüberstehen, betreibt man den pioniertechnischen Ausbau der Stellungen am intensivsten. Für die künftig noch massiveren Artillerieangriffe wird auf deutscher und französischer Seite ein tiefgestaffeltes Netz von Verteidigungsstellungen ausgebaut, das sich hinter ausgedehnten Stacheldrahtfeldern verbirgt. Im Durchschnitt liegen zwischen den Fronten 200 bis 500 Meter Niemandsland, an manchen Stellen jedoch kaum 50 Meter.

Dieser bombensichere kilometerlange Tunnellaufgraben, der zu den vordersten Schützengräben führt, gehört zum tiefgestaffelten Netz der deutschen Verteidigungsstellungen

Vorteile für die Entente

Trotz der militärischen Erfolge arbeitet die Zeit gegen die Mittelmächte. Das überlegene Kriegspotential der Alliierten, der zunehmende Druck des Mehrfrontenkrieges und die alliierte Wirtschaftsblockade wirken sich spürbar aus. Da jedoch eine militärische Entscheidung des Krieges fast aussichtslos erscheint, gehen beide Seiten ab 1915 dazu über, den Gegner auf andere Weise zu treffen.

Dem deutschen U-Boot-Handelskrieg setzen die Briten ihre Blockade gegenüber – so soll die Zivilbevölkerung des jeweiligen Landes ausgehungert und dessen Wirtschaft erschüttert werden.

Das noch im Jahr 1915 bestehende militärische Gleichgewicht verschiebt sich allmählich zugunsten der Entente und bildet auf alliierter Seite die Voraussetzung für die 1916 geplanten Operationen. Als im Dezember 1915 eine gewisse Ruhe an der Front eintritt, werden in den Oberkommandos beider Seiten die Pläne für 1916 ausgearbeitet mit dem Ziel, im kommenden Jahr die Entscheidung des Krieges herbeizuführen.

Tausende solcher Blätter warnen die deutschen Soldaten in den Schützengräben

Der Zweifrontenkrieg bleibt für die OHL weiterhin das schwierigste Problem, mit dessen Lösung auch 1916 nicht zu rechnen ist. Daher vertritt General von Falkenhayn im November 1915 dem Reichskanzler gegenüber die Ansicht, Deutschland müsse »den letzten Mann und den letzten Groschen« einsetzen und »bis zum guten oder bitteren Ende« kämpfen. Er halte zwar die Menschen- und Rohstoffreserven bis 1917 für ausreichend, um einen Sieg zu erringen, aber die Möglichkeit politischer und auch sozialer Krisen könne man nicht ausschließen. Dies veranlasse ihn, die Kriegsentscheidung möglichst bald herbeizuführen.

Schon seit Monaten ist Falkenhayn fest entschlossen, 1916 die Hauptkämpfe an der Westfront auszutragen. Doch im Mittelpunkt seiner Überlegungen steht für ihn die Frage, wie man Großbritannien, den stärksten Gegner, auf andere Weise zum Frieden zwingen könne, denn für eine große Offensive gegen das englische Expeditionsheer in Flandern reichen die Kräfte einfach nicht aus. Die beste Möglichkeit sieht Falkenhayn in dem uneingeschränkten U-Boot-Krieg. Einen Feldzug im Osten lehnt Falkenhayn ab, da seiner Ansicht nach Rußland ohnehin geschlagen und von innenpolitischen Auseinandersetzungen bedroht sei.

Der einzige Weg, Deutschland zum Sieg zu verhelfen – so Falkenhayn –, sei die Niederwerfung Frankreichs. Da allerdings die erforderlichen 30 Divisionen für einen Massendurchbruch auf breiter Front fehlen, sucht der Generalstabschef nach einer neuen Lösung. Sein Plan: Mit relativ bescheidenen Kräften, dafür aber mit bisher noch nicht dagewesenem Artillerieeinsatz, soll die strategisch wichtige Festung Verdun auf schmaler Front angegriffen werden.

Falkenhayn ist davon überzeugt, daß das französische Oberkommando um jeden Preis versuchen wird, die Festung zu halten. So will er das französische Heer allmählich nach Verdun ziehen und dort »ausbluten«.

Der Generalstabschef vermutet, daß die neu aufgestellten, noch kriegsunerfahrenen britischen Verbände dadurch verfrüht ihre Offensive an der Somme beginnen. Dann sollen die britischen Armeen durch eine gewaltige deutsche Gegenoffensive zerschlagen und damit der Übergang zum Bewegungskrieg erreicht werden.

Bereits vor Weihnachten 1915 trifft die OHL alle Vorbereitungen für den Angriff auf Verdun. Dieses Vorhaben, das französische Heer mit geringen Kräften zu vernichten, die eigenen Verluste aber niedrig zu halten und dem Gegner dabei ständig das Gesetz des Handelns zu diktieren, ist völlig unrealistisch . . .

Weihnachten 1915. Während ostsüdöstlich von Loos dieser französische Horchposten nur 20 Meter von den Deutschen entfernt liegt (links), kehrt eine bayerische Patrouille zu ihrer verschneiten Unterkunftshütte in den Vogesen zurück

DIE OSTFRONT 1915

DER GRÖSSTE FEIND SIND EIS UND SCHNEE

Durch großangelegte Offensiven versuchen die Mittelmächte, die Ostfront weitgehend zu entlasten

Anfang des Jahres 1915 versuchen an der Ostfront beide Kriegsgegner, die strategische Initiative an sich zu reißen. Die deutsche Front zieht sich jetzt von der Memel bis zur Pilica, und die österreichisch-ungarischen Armeen stehen von der Pilica bis zur rumänischen Grenze. Seit den Niederlagen in Galizien und Serbien ist das k.u.k. Heer allerdings nicht mehr imstande, größere Angriffsoperationen mit eigenen Kräften durchzuführen oder eine russische Offensive erfolgreich abzuwehren. Daher hat die deutsche Oberste Heeresleitung (OHL) seit dem Spätherbst 1914 sieben deutsche Divisionen, dazu mehrere Armeeoberkommandos und Korpskommandos sowie Fliegerkräfte in den österreichisch-ungarischen Teil der Ostfront verlegt. Damit wächst der deutsche Einfluß auf die gemeinsame Kriegführung im Osten erheblich.

Im Morgengrauen des 23. Januar 1915 beginnt in den Karpaten die Offensive der Mittelmächte mit insgesamt 20 ½ Divisionen und über 1000 Geschützen, darunter die aus deutschen und österreichisch-ungarischen Truppen neu aufgestellte »Südarmee«, die unter deutschem Oberbefehl steht. Hier, in den Bergen der Karpaten, gibt es noch keine zusammenhängende russische Stellungsfront. Das Ziel dieser Offensive: Die »Südarmee« und der rechte Flügel der 3. Armee, die die Hauptangriffsgruppe bilden, sollen die russische Paßstellung bei Verecke und Uszok durchbrechen, die eingeschlossene Festung Przemysl entsetzen und die in Galizien stehenden russischen Kräfte von Süden her einkreisen. Die Vorzeichen für diese Offensive sind jedoch alles andere als günstig: Die Truppen sind für die außerordentlichen Schwierigkeiten eines Winterkrieges im Gebirge weder entsprechend ausgebildet noch ausgerüstet.

Acht Tage später, am 31. Januar 1915, unternimmt die deutsche 9. Armee bei Bolymow, etwa 50 Kilometer westlich von Warschau, einen Ablenkungsangriff. Dabei wird erstmals an der Ostfront Giftgas eingesetzt. Dieser gerade erst entwickelte neue Kampfstoff trägt die Bezeichnung 12-T-Granate. Die Granate enthält neben der Sprengstofffüllung eine Mischung aus Xylyl- und Xylylenbromiden. Bei der ersten Erprobung an der Front herrscht jedoch starker Frost, so daß durch die niedrigen Temperaturen nur

Ein Bild des Elends: Bauern, die nach den Kämpfen in der Umgebung von Przemysl in ihre Dörfer zurückkehren, finden nur noch Ruinen vor

In den nordöstlichen Karpaten: Russische Gebirgsartillerie hat in unwegsamem Gelände Stellung bezogen

ein Teil der Füllung verdampft und die Wirkung äußerst gering ist.

Dann stoßen die Deutschen am 7. Februar 1915 in Masuren (Ostpreußen) vor. Der ehrgeizige Plan des Oberbefehlshabers Ost: die hinter der Angerapp und den Masurischen Seen befindliche russische 10. Armee auf beiden Flanken zu umfassen und in einer Kesselschlacht, ähnlich wie bei Tannenberg im Herbst 1914, zu vernichten. Nach Zerschlagung der russischen Kräfte soll die Angriffsoperation in Richtung Südosten auf Bialystok weitergehen. Die Chancen scheinen erfolgversprechend, denn die deutsche 8. und 10. Armee verfügen in der Hauptangriffsrichtung über eine beträchtliche Überlegenheit.

Bei Schnee und eisigem Sturm rücken in den frühen Morgenstunden des 8. Februar 1915 beide Armeen gegen die Flügel der russischen 10. Armee vor, die an der Angerapp-Stellung weit auseinandergezogen ist. Durch besonders zähen Widerstand bei Lyck wird die 8. Armee südlich der Masurischen Seen vorerst aufgehalten, während die deutsche 10. Armee fast ungehindert an der nördlichen Flanke bis Suwalki vordringen kann. Bereits am 22. Fe-

bruar 1915 gelingt es den deutschen Truppen, mehr als vier Divisionen der russischen 10. Armee in den Wäldern nördlich von Augustow einzuschließen. Damit verliert der Gegner einen großen Teil seines Kriegsgeräts, und etwa 95 000 Mann geraten in deutsche Gefangenschaft.

Der Krieg im Winter fordert Tribut an Psyche und Physis. Da hilft auch ein kurzer Schlaf während einer Gefechtspause wenig

Die Einkreisung des russischen Heeres

Montag, 15. Februar 1915. Rittmeister H. Stilke schreibt in der *Täglichen Rundschau:*

»Unser Armeekorps bildete den äußersten linken Umfassungsflügel der Armee, die Ostpreußen vom Feinde befreien sollte. Am 8. Februar 1915, in den ersten Morgenstunden, trat die Division, die am weitesten links stand, den Vormarsch an. Der starke Schneefall der vorhergehenden Tage und ein am 6. Februar einsetzender riesiger Schneesturm hatten die Wege unpassierbar gemacht. Obgleich die Geschütze und andere Fahrzeuge auf Schlittenkufen gesetzt und die schweren Bagagefahrzeuge durch Schlitten ersetzt worden waren, bildeten die tief verschneiten und vereisten Hohlwege doch fast unüberwindliche Hindernisse.

Bald stieß auch die Vorhut in den ausgedehnten Grenzwaldungen südlich der Memel auf den Feind – meist Kosaken mit einigen Maschinengewehren und Geschützen, die ohne große Mühe vertrieben werden konnten. Am Abend betraten die vordersten Teile der Division zum ersten Male russischen Boden. Die Grenze war in dem verschneiten Gelände nicht zu erkennen, dafür zeigten uns aber die mit Vieh und Vorräten reichlich versehenen Höfe, daß wir in einem anderen Lande waren, denn in Preußen hatten die Russen systematisch das von ihnen besetzte Gebiet zur Wüste gemacht.

Am frühen Morgen des 9. Februar wurde der Vormarsch fortgesetzt. Unsere Marschstraße führte uns entlang einem Flüßchen mit steilen, völlig vereisten Ufern, das auf viele Meilen die Grenze zwischen den beiden Reichen bildet. Vor uns und in der linken Flanke hatten wir das russische Kavalleriekorps Leontiew, das unseren Vormarsch zu verzögern suchte. Viel hemmender aber war das Gelände; es fließen von Osten her zahlreiche Bäche, deren schluchtartige Betten mit den steilen, vereisten und verschneiten Hängen uns immer wieder schier unüberwindliche Hindernisse entgegenstellten. Geschütz für Geschütz, Fahrzeug für Fahrzeug mußten hier mit Hilfe unserer braven Pioniere an Seilen hinabgelassen und auf der anderen Seite wieder hinaufgezogen werden.

Und dabei galt es, durch schnellen Vormarsch den Feind zu überraschen, ihm den Rückzug zu verlegen. Endlos lang wurde die Marschkolonne, aber ›Vorwärts!‹ hieß es für alle. Waren die Hindernisse überschritten, eilte alles nach vorn, um den Anschluß wieder zu erreichen. Aber die Nacht brach herein, und wir waren noch meilenweit entfernt vom Ziel. Der östliche Horizont war erleuchtet von brennenden Dörfern, ein sicheres Zeichen, daß der Feind bereits im Rückzuge war. Da galt es, mit eiserner Energie die ermatteten Truppen vorwärtszutreiben; die ganze Nacht hindurch wälzte sich die Marschkolonne, oft in Reihen vorwärtsstampfend und gegen den eisigen Südostwind mühsam ankämpfend, dem Ziele zu.«

Doch eine Gegenoffensive der russischen Nordwestfront verhindert den Versuch, die russischen Linien bei Grodno zu durchbrechen und in den Rücken der in Polen stehenden russischen Armeen zu gelangen. Gegen Mittag des 2. März 1915 beginnen nämlich die inzwischen aufgefüllte 10. Armee sowie die russische 12. und 1. Armee bei Przasnysz ihre heftigen Angriffe. Trotz der Erfolge bei Augustow scheitert der Plan des Oberkommandos Ost, das nun die Offensive einstellen muß: Obwohl das Kräfteverhältnis noch überwiegt, mangelt es inzwischen an Kampfmitteln, um das anfangs gewonnene Gebiet zu erweitern.

Den Mittelmächten ist es mit ihren Winteroffensiven in den Karpaten und in Ostpreußen nicht gelungen, eine weitgehende Entlastung der Ostfront zu erreichen. Schlimmer noch: Für das österreichisch-ungarische Heer hat sich

März 1915. Das Vorgehen derjenigen, die einem übermächtigen Gegner Land überlassen: Die Taktik der verbrannten Erde. Hier ist es ein Dorf südlich von Mlawa im Raum Przasnysz, von dessen Häusern nur noch die verkohlten Grundmauern übriggeblieben sind

die Lage in den Karpaten gefährlich zugespitzt. Schon seit Mitte Februar 1915 sind die Angriffe bei minus 23 Grad Celsius in dem unwegsamen, tief verschneiten Gebirgsgelände auf den Kammhöhen steckengeblieben. Der Nachschub ist zusammengebrochen, Verwundete und Kranke können nicht abtransportiert werden, Zehntausende von Soldaten erfrieren. Die k.u.k. 3. Armee hat in drei Wochen mehr als die Hälfte und die 2. Armee zwei Drittel ihres Bestandes verloren. Selbst alle Versuche des Armeeoberkommandos (AOK), die Offensive Ende Februar durch Umgruppierung der österreichisch-ungarischen 2. Armee und durch Verstärkung mit Teilen der 4. Armee voranzutreiben, um wenigstens die Festung Przemysl zu entsetzen, scheitern.

Am 19. März 1915 gibt das russische Hauptquartier der Südwestfront den Befehl, zur Offensive überzugehen, während die Nordwestfront sich nur auf Verteidigung beschränken soll. Diesem Großangriff der russischen 3. und 8. Armee, verstärkt durch 21 Infanteriedivisionen und 14 Kavalleriedivisionen der 11. Armee, sind besonders die k.u.k. 2. und 3. Armee ausgesetzt, die sich zum Teil wieder hinter den Karpatenkamm zurückziehen müssen. Nur durch eine Verlegung neuer deutscher Verbände, darunter das sogenannte Beskidenkorps, läßt sich ein russischer Durchbruch verhindern.

Unter dem Druck der großangelegten russischen Offensive kapituliert am 22. März 1915 – nach fast fünf Monaten Belagerung – die Festung Przemysl mit 120000 Mann. Lediglich die österreichisch-ungarische Armeegruppe Pflanzer-Baltin kann auf dem äußersten rechten Flügel bis in die Bukowina nach Stanislau vorstoßen.

Kapitulation der Festung Przemysl

Montag, 22. März 1915. Armeebefehl des Feldmarschalls Erzherzog Friedrich:

»Nach viereinhalbmonatigen heldenmütigen Kämpfen, in denen der rücksichtslose und zähe, aber stets vergeblich anstürmende Feind ungeheure Verluste erlitt und nach blutiger Abweisung seiner noch in letzter Zeit, insbesondere am 20. und 21. März Tag und Nacht unternommenen Versuche, die Festung Przemysl mit Gewalt in die Hände zu bekommen, hat die heldenmütige Festungsbesatzung,

Diese zwei Briefmarken der kaiserlich-königlichen österreichischen Post zeigen Kaiser Franz Joseph I. als Feldmarschall

die noch am 19. März mit letzter Kraft versuchte, den übermächtigen Ring der Einschließung zu sprengen, durch Hunger gezwungen, über Befehl und nach Zerstörung und Sprengung aller Werke, Brücken, Waffen, Munition und des Kriegsmaterials aller Art die Trümmer von Przemysl dem Feinde überlassen.

Den unbesiegten Helden von Przemysl unseren kameradschaftlichen Gruß und Dank – sie wurden durch Naturgewalten und nicht durch den Feind bezwungen. Sie bleiben ein hehres Vorbild treuer Pflichterfüllung bis an die äußerste Grenze menschlicher Kraft. Die Verteidigung von Przemysl bleibt für ewige Zeiten ein leuchtendes Ruhmesblatt unserer Armee.«

Die Zersetzungserscheinungen, vor allem unter den Soldaten der k.u.k. Armee, die den slawischen Völkern der Donaumonarchie angehören, nehmen ständig zu. Am 3. April 1915 legt bei Zborow das gesamte Prager Infanterieregiment 28 kampflos die Waffen nieder und läuft zu den Russen über. Obwohl das AOK in seinem Befehl vom 4. April 1915 strenge Strafen androht, steigt die Zahl der Überläufer. Und Unterstützung durch den Verbündeten ist in dieser prekären Situation auch nicht in Sicht: An der deutschen Ostfront ist die Lage zur Zeit so angespannt, daß General von Falkenhayn die vor kurzem hierher verlegten 4 Armeekorps nicht wieder abziehen kann.

Am 13. April 1915 beschließt die OHL gemeinsam mit dem AOK eine große Durchbruchsoperation bei Gorlice in Westgalizien. Die OHL sieht sich nämlich gezwungen, die Offensive im Osten unter Einsatz neuer deutscher Verbände wiederaufzunehmen. Der Grund dafür: In Nordungarn besteht weiterhin die Gefahr eines russischen Angriffs. Daher richten sich die Hauptanstrengungen der Mittelmächte für 1915 in erster Linie gegen Rußland. Nachdem

Anfang März 1915. In einem Waldstück nahe bei Przemysl: Eine Kraftfahrerkolonne der Österreicher wärmt sich am Lagerfeuer

die diskreten Sondierungen bereits im März 1915 gescheitert sind, versucht Falkenhayn, den Separatfrieden mit Rußland jetzt durch verstärkten militärischen Druck zu erzwingen. Außerdem will die deutsche Führung durch eine erfolgreiche Offensive bewirken, daß sich Italien und Rumänien wie bisher neutral verhalten.

Um den 20. April 1915 lassen die Kämpfe in den Karpaten nach: Die außerordentlich hohen Verluste auf beiden Seiten vermindern die Angriffskraft. So belaufen sich allein die österreichisch-ungarischen Verluste während der mißlungenen Offensive, einschließlich Przemysl, auf etwa 600000 bis 800000 Mann, davon 100000 Gefallene, während bei den russischen Truppen darüber hinaus akuter Munitionsmangel herrscht. Die Situation an der Karpatenfront bleibt für die Verbündeten jedoch weiterhin bedrohlich, obwohl die Verluste der russischen Südwestfront mehr als eine Million Mann betragen. Die Mittelmächte befinden sich jetzt nämlich in einer äußerst schwierigen militärpolitischen Lage: Man hat sie im Osten in die Defensive gedrängt.

Ende April 1915 stehen an der gesamten Ostfront etwa 1,8 Millionen russische Soldaten, während die Kräfte der Mittelmächte rund 1,3 Millionen Mann zählen, wobei sich

Ihre Übermacht war zu groß: Russische Truppen ziehen in Przemysl ein

Der österreichische General der Kavallerie Pflanzer-Baltin

Im Frühjahr, wenn der Schnee geschmolzen ist, sind Straßen und Wege oft schwer passierbar. Hier bleibt eine russische Nachschubkolonne im Morast stecken

der Anteil der deutschen Truppen seit Ende Januar von 447000 auf 638000 Mann erhöht hat. Eine erhebliche Überlegenheit an Kräften und Kampfmitteln besitzen die Mittelmächte dagegen im Frontabschnitt zwischen Gorlice und Tarnow, den das russische Hauptquartier Stawka zugunsten der Karpatenoffensive sehr geschwächt hat. Obwohl Stawka durch Agentenmeldungen von den Angriffsvorbereitungen der Mittelmächte in diesem Frontabschnitt gewußt hat, versäumt man es, rechtzeitig wirksame Abwehrmaßnahmen zu treffen.

Am 2. Mai 1915 beginnt die deutsch-österreichisch-ungarische Offensive bei Gorlice. Ihre Überlegenheit, besonders an schwerer Artillerie, macht sich in der entscheidenden Angriffsrichtung, in der die 11. Armee und der rechte Flügel der 4. Armee vorstoßen, bemerkbar. Nach zwölfstündiger starker Artillerievorbereitung erfolgt der Durchbruch zwischen Gorlice und Tarnow auf einer Frontbreite von etwa 35 Kilometern. Beide Armeen unterstehen Generaloberst von Mackensen. Obwohl die 11. Armee im Bereich der AOK liegt, hat man den Deutschen die Führung der Operation übertragen.

Der taktische Durchbruch durch drei russische Stellungen gelingt innerhalb von drei Tagen, und die russische 3. Armee wird trotz zäher Verteidigung nach und nach auf

Unweit Gorlice wirbelt dagegen Staub auf: Deutsche bespannte Artillerie macht sich auf die Verfolgung des Feindes

Der Krieg fordert seine Opfer. Jetzt werden die Toten schon nach Hunderttausenden gezählt: Gefallene russische Soldaten im Schützengraben nach dem Ansturm deutscher Truppen

einer Breite von 150 Kilometern zum Rückzug gezwungen. Auch die benachbarten Armeen müssen das Feld räumen. Innerhalb von zwei Wochen wird die russische Front 100 Kilometer weit nach Osten bis an den San zurückgeworfen. Dieser Vorstoß zwischen Gorlice und Tarnow gehört im Ersten Weltkrieg zu den wenigen Beispielen, daß nach dem gelungenen taktischen Durchbruch der operative Erfolg erweitert werden konnte.

Die Einnahme von Gorlice und Tarnow

Dienstag, 11. Mai 1915, Köln. Die *Kölnische Zeitung* berichtet:

»Gorlice und Tarnow wurden von den Russen vor den rasch vorrückenden Truppen der Verbündeten in wilder Flucht verlassen. Die Stadt Gorlice allerdings, die westlich, südöstlich und gegen Norden in großem Bogen von russischen Schützengräben umzogen war, mußte vorher im Sturm genommen werden. Notgedrungen mußte die Stadt selbst beschossen werden, denn russische Reserven, Kavalleriekolonnen und Trains hielten sich dort noch auf.

Aber schon während des Artilleriefeuers arbeiteten sich unsere Sappeure tollkühn vor und gelangten bis an die russischen Drahtverhaue, die zum Teil durch die einschlagenden Geschosse bereits zerstört waren. Vom Beobachtungsposten aus sah man, wie stellenweise Pfähle, Blöcke, verwirrte Drahtklumpen in die Luft, viele Meter hoch, durcheinander gewirbelt wurden. Wo die Hindernisse noch vorhanden waren, zerschnitten sie sie und kehrten zurück.

Jetzt schwieg die schwere Artillerie; Feldartillerie wurde nach vorn gebracht und die Gräben vollends sturmreif gemacht. Dann ging die Infanterie in unaufhaltsamem Marschieren nach vorn. Währenddessen wurde immer wieder gefeuert, bis der Ansturm schließlich im Laufschritt an die feindlichen Stellungen überging. In den Schützengräben war der Nahkampf gräßlich, aber kurz. Wer von den Russen das Gewehr nicht fortwarf und sich ergab oder flüchtete, kam um.

Die Stadt brannte indessen. Überall sah man Flammen emporschießen, während das Krachen von Hunderten von Geschützen und das Pfeifen der Geschosse die Luft mit ohrenbetäubendem Lärm erfüllte. Was die Granaten nicht zerschmetterten, fraß das gierige Feuer. Mehrere Öltanks und eine Schwefelsäurefabrik fingen gleichfalls Feuer, und da und dort begannen in der ganzen Umgegend die hölzer-

Generaloberst August von Mackensen, der die Offensive der Mittelmächte bei Gorlice führt

Gorlice. Ein Bild, das ein Vierteljahrhundert später undenkbar gewesen wäre: Juden freuen sich über die Ankunft deutscher Soldaten

Wenige Stunden nach dem deutschen Ansturm, in der Nähe von Gorlice. Was zurückbleibt, ist erschreckend: Die Leichen gefallener russischer Soldaten vor zerschossenen Häusern

nen Bohrtürme der Naphtagruben wie Fackeln zu lodern, während Tank auf Tank krachend explodierte.

Auch Tarnow konnte nach der Erstürmung der Höhe 419 durch die Tiroler Kaiserjäger von den Russen nicht mehr gehalten werden. Sie gingen zunächst auf die steile, freistehende Höhe am Dunajec zurück, um dadurch wenigstens den allgemeinen Rückzug zu decken. Bis zum 5. Mai hielten sich die Russen hier; dann war für sie, die von allen Seiten von den nachdrängenden Jägerkolonnen bedroht waren, auch diese Höhe unhaltbar. Sie zogen ab: Es galt den Anschluß an die allgemeine Flucht aus Tarnow nicht zu versäumen.

In der Stadt waren die Russen schon am 3. Mai recht unruhig geworden. Sie begannen durch Nebengassen heimlich abzumarschieren. Am Mittwoch den 5. Mai wurde der Abmarsch ein entsetztes Davonlaufen, das bis 2 Uhr nachts andauerte. Die Einwohnerschaft war in den Häusern geblieben. Die Stadt war finster und völlig leer. Auf den Straßen lagen russische Ausrüstungsgegenstände, die die fliehenden Soldaten des Zaren, um schneller vorwärtszukommen, fortgeworfen hatten.

Jetzt wagten sich scheu die ersten Juden auf die Straße. Sie warteten. In der Dämmerung kam wirklich die erste österreichische Patrouille in die Stadt. Die Juden weinten, sangen, tanzten ... Plötzlich waren überall Stühle und Tische auf den Straßen aufgestellt. Prachtvolles weißes Brot lag bereit, das aus russischem Mehl bereitet war. Denn die russischen Mehlvorräte waren groß. Im letzten Augenblick vor der Flucht hatten die Russen noch 300 Waggons Mehl in Brand gesetzt. Die Kaiserjäger hielten sich in Tarnow nicht auf: Sie waren in scharfer Verfolgung des Feindes. Die jüdischen Männer und ihre Frauen, die Büfette an den Landstraßen errichtet hatten, liefen also mit den deutschen und österreichisch-ungarischen Soldaten mit. Sie brachten ihnen im Laufe Brot und Zigaretten, Wasser und tausend Leckerbissen zu. Ihr Jubel wie ihre Dankbarkeit waren unbeschreiblich.«

Die Lage des österreichisch-ungarischen Heeres hat sich durch den erfolgreichen Verlauf der Operation entspannt, so daß sich am 12. Mai 1915 bei Teschen die Generalstabschefs Falkenhayn und Conrad von Hötzendorf einigen, den Vorstoß bis zur Linie San–Dnjestr fortzusetzen. Sollte das operative Ziel erreicht werden, so beabsichtigt Falkenhayn, die Offensive abzubrechen und die deutschen Verbände der 11. Armee wieder an die Westfront zu verlegen.

Gerade in diesen Tagen hat die Stawka beschlossen, die schwer angeschlagene russische 3. Armee hinter den San und den Dnjestr zurückzunehmen, diese neue Frontlinie aber unbedingt zu halten. Weil die am 9. Mai 1915 an der Westfront bei Artois begonnene französisch-englische Offensive dem östlichen Verbündeten keine Entlastung gebracht hat, wird General Joffre vom russischen Hauptquartier gedrängt, die Offensive unbedingt fortzusetzen, um eine Verlegung weiterer deutscher Truppen von West nach Ost zu verhindern.

Um den 20. Mai 1915 entbrennen im Frontbereich an San und Dnjestr erbitterte Kämpfe. Während die 11. Ar-

Auf dem Marsch zum San: Österreichische Truppen kaufen in einem russischen Dorf Lebensmittel

mee bei Jaroslau bis zum San vorstößt, kommen die in den südlichen und nördlichen Abschnitten angreifenden k.u.k. Truppen (4. und 3. Armee) nur schwer voran. Die mit dem Mut der Verzweiflung geführten russischen Gegenangriffe behindern schließlich auch das weitere Vorgehen der 11. Armee. Dadurch erleidet die 4. Armee einen schweren Rückschlag. Auch jetzt desertieren Truppen: Während des örtlichen Rückzugs der k.u.k. Verbände läuft am 25. Mai 1915 bei Sieniawa ein tschechisches Regiment zur russischen Seite über.

Gegen Ende Mai 1915 verlieren die deutsch-österreichischen Armeen immer mehr an Stoßkraft. Der Hauptgrund ist die von den zurückweichenden russischen Truppen angewandte Taktik der »verbrannten Erde«. Durch die systematische Zerstörung der Straßen, Bahnlinien, Brücken und Gebäude wird der Nachschub für die Angriffsarmeen gestoppt.

Unterdessen erfolgt am 31. Mai 1915 in der Nähe von Bolymow unweit Warschau der erste Blasangriff deutscher Truppen an der Ostfront mit Chlorgas. Doch der häufig die Richtung wechselnde Wind und schnelle Gegenmaßnahmen auf russischer Seite reduzieren dessen Wirkung. Bei einem zweiten Versuch wenige Tage später schlägt der Wind während des Abblasens plötzlich um und verursacht unter den unvorbereiteten deutschen Truppen zahlreiche Verluste. Viele Truppenkommandeure lehnen deshalb an ihrem Abschnitt den Chlorgaseinsatz ab, weil sie sich davon keinen Vorteil versprechen.

Rußland gibt nicht auf

Kurz bevor in Galizien die Offensive begonnen hat, unternimmt das Oberkommando Ost ab 28. April 1915 an der 850 Kilometer langen Front zwischen der Pilica und der Memel Ablenkungsangriffe in Richtung Litauen und Kurland, um russische Kräfte zu binden. Gleich in den ersten Tagen werden

Auch sie sind auf dem Weg zum San: Österreichisch-ungarische Kavallerieverbände verfolgen die russischen Truppen

Die Taktik der verbrannten Erde dokumentiert neben zerstörten Ortschaften, Straßen und Bahnlinien auch diese große Weichselbrücke in der Nähe von Warschau (oben links), die von den Russen gesprengt wurde. – Das erschwert natürlich das Nachrücken der Angriffsarmee: Deutsche Pioniere lassen die ersten Pontons ins Wasser (oben rechts). Im Hintergrund die zerstörte Brücke

Schaulen und eine Reihe anderer Ortschaften besetzt, und am 8. Mai 1915 marschieren deutsche Truppen mit Unterstützung der Ostseestreitkräfte in den Hafen und die Stadt Libau ein. Den russischen Verbänden gelingt es allerdings, allen Umfassungsversuchen auszuweichen.

Als Mitte Mai die OHL den Oberbefehlshaber Ost veranlaßt, zugunsten der Kampfhandlungen in Galizien Kräfte abzugeben, befiehlt er trotzdem Anfang Juni den Angriff der deutschen »Njemenarmee« auf Kowno. Doch die südlich anschließenden deutschen Armeen sind wegen der erheblichen Reduzierung nicht mehr in der Lage, größere Unternehmen durchzuführen. So bleibt der weit nach Westen vorspringende russische Frontbogen in Mittelpolen weiterhin bestehen. Die entscheidende Entlastung der Ostfront kommt, ungeachtet des erfolgreichen Vormarsches in Galizien, nicht zustande.

Am 3. Juni 1915 können die Soldaten der Mittelmächte die Festung Przemysl befreien und danach den San erreichen. Weiter südlich stößt inzwischen die Südarmee gegen den Dnjestr vor. Am selben Tag beschließen in Pleß die beiden Generalstabschefs Falkenhayn und Conrad von Hötzendorf, durch den Einsatz neuer Verbände die Offensive über den San und den Dnjestr in Richtung Lemberg fortzusetzen. Der am 23. Mai 1915 erfolgte Kriegseintritt Italiens auf seiten der Alliierten zwingt allerdings das AOK, einen Teil seiner Kräfte von der Ostfront auf den neuen Kriegsschauplatz zu verlegen.

Die am 12. Juni 1915 weitergehende Offensive zur Rückgewinnung von Lemberg unternimmt die 11. Armee zusammen mit der ihr unterstellten k.u.k. 2. und 4. Armee. Bereits am 22. Juni 1915 wird die galizische Hauptstadt eingenommen und damit die bei Gorlice begonnene Operation erfolgreich beendet. Mehr als 350 Kilometer sind die deutsch-österreichischen Truppen unter ständig schweren

Endlos zieht sich der Treck der polnischen Landbevölkerung, die in ihre Heimatorte zurückkehrt (unten links). – Deutsche Truppen besetzen nach schweren Kämpfen Schaulen (unten rechts). Der abziehende Rauch der Geschosse und Granaten verdunkelt die gesamte Szene

Kämpfen nach Osten vorgedrungen. Sie haben den größten Teil Galiziens befreit und den Südabschnitt der Ostfront stabilisiert. Doch der Plan, der Falkenhayn vorschwebte, geht nicht in Erfüllung: Er hat weder die russische Regierung zu einem Separatfrieden bewegen noch die russischen Truppen vernichtend schlagen können.

Wie sich im Sommer 1915 herausstellt, befinden sich die Alliierten in einer noch schwierigeren Situation als die Mittelmächte. Die Niederlagen an der Ostfront und der Verlust von Hunderttausenden Soldaten haben die russische Armee stark erschüttert. Eine Reihe grober Führungsfehler sollen Schuld daran sein: So wirft man zum Beispiel General Iwanoff, dem Oberbefehlshaber der Südwestfront, vor, er habe zu lange an der Gegenoffensive festgehalten. Den Truppen sei es nicht gelungen, sich rechtzeitig vom nachdrängenden Gegner zu lösen. Die Verstärkungen habe man nicht schwerpunktmäßig eingesetzt, und einsatzbereite Reserven seien kaum vorhanden gewesen.

Wegen fehlender Gewehre kann der Ersatz weder ausgebildet noch bewaffnet werden. Nur zwei Schuß je Kanone ist der übliche Tagessatz der Artillerie. Nach dem Fall von Lemberg sinkt der Kampfgeist der erschöpften russischen Soldaten rapide, und die innenpolitische Krise verschärft sich. In Moskau sind jetzt Straßenunruhen an der Tagesordnung.

Ab 23. Juni 1915 wird in den eroberten Gebieten Kurland, Litauen und Bialystok-Grodno vom deutschen Oberkommando eine Militärverwaltung eingesetzt. Das Königreich Polen teilen die Mittelmächte in zwei Verwaltungszonen auf: In Warschau entsteht am 24. August 1915 ein deutsches und in Lublin am 1. Oktober 1915 ein österreichisch-ungarisches Generalgouvernement. Die lebhaften Debatten, ob Polen dem Deutschen Reich oder Österreich-Ungarn angegliedert werden soll, führen zur Verschärfung der Beziehungen zwischen der OHL und dem AOK der Donaumonarchie.

Das russische Oberkommando Stawka beschließt am 24. Juni 1915 nach eingehender Lagebesprechung, das Heer notfalls auf die günstige Abwehrlinie Njemen–Bug zurückzunehmen, um so den in Polen stehenden Armeen die Möglichkeit zu geben, der von Norden und Süden drohenden Umklammerung zu entgehen. Zugleich ließe sich dadurch Zeit gewinnen für eine personelle und materielle Stärkung des Heeres. Es erfolgt eilig die Einberufung der Duma, um die Opposition zu beschwichtigen. Außerdem werden umfangreiche Maßnahmen zur Steigerung der Rüstungsproduktion eingeleitet. Die zaristische Regierung ist

Juni 1915. Ostpreußen: Eine deutsche Telegraphenabteilung gibt die neuesten Erkenntnisse über den Gegner an das Hauptquartier durch

jedoch weiterhin entschlossen, trotz der kritischen Situation an der Front den Krieg fortzusetzen. Die entscheidenden Voraussetzungen für den Sieg sind laut Stawka die Verhinderung einer russischen Revolution sowie umfangreiche Entlastungsangriffe der Verbündeten Frankreich, England und Serbien.

Die Mittelmächte im Vorteil

Durch die derzeit günstige Lage an der Ostfront verzichtet die OHL vorerst auf die Rückführung deutscher Truppen zum westlichen Kriegsschauplatz. Die Offensive gegen Rußland soll so schnell wie möglich vorangetrieben werden. Man ist sich mit dem österreichisch-ungarischen AOK einig, daß durch konzentrische Angriffe der neugebildeten Heeresgruppe Mackensen und der Truppen des Oberbefehlshabers Ost (Armeegruppe Gallwitz) die bei Warschau nach Westen vorspringende russische Front aufgerollt werden muß. Die in Polen stehenden russischen Armeen sollen eingekesselt und zerschlagen werden. Falkenhayn und Conrad von Hötzendorf sind der festen Meinung, damit den Krieg gegen Rußland entscheiden zu können.

Ende Juni 1915 eröffnet im südlichen Frontabschnitt die Heeresgruppe Mackensen mit der 11. Armee sowie der k.u.k. 2. und 4. Armee ihre Offensive zwischen Bug und Weichsel in Richtung Norden auf Brest-Litowsk–Warschau. Die Angriffe werden jedoch durch den überraschend hartnäckigen russischen Widerstand wiederholt zum Stehen gebracht.

Inzwischen findet am 7. Juli 1915 im französischen Hauptquartier in Chantilly eine Sitzung des interalliierten Kriegsrates statt. Das Hauptthema: Rußlands militärische Lage und die mangelnde Koordination einer gemeinsamen Kriegführung der Ententemächte. Die auf dieser Sitzung von General Joffre zugesagte Wiederaufnahme offensiver Kampfhandlungen an der Westfront sowie der italienischen Front kommt jedoch für eine wirksame Unterstützung des russischen Heeres viel zu spät.

Am 13. Juli 1915 tritt auch aus dem nördlichen Frontbereich die Armeegruppe Gallwitz zu einer Offensive in Richtung auf das 140 Kilometer entfernte Siedlce an. In dem nur 39 Kilometer breiten Angriffsabschnitt liegen 10 einsatzbereite Divisionen und über 500 Geschütze. Von der russischen Artillerie ist wegen Munitionsmangel wenig zu befürchten. Nach kurzer, aber äußerst intensiver Artillerievorbereitung gelingt es den Deutschen, beiderseits Przasnysz zwei stark befestigte gegnerische Stellungslinien zu durchbrechen. Danach allerdings kommt der Angriff wegen erheblicher eigener Verluste vor dem Narew zum Stehen. Erst zwei Wochen später, am 27. Juli 1915, können durch erneuten starken Artillerieeinsatz und Zuführung von Reserven die beiden befestigten Brückenköpfe Pultusk und Roshan erobert werden.

Polen kommt nicht zur Ruhe: Nachdem Rußland die Besetzung von Russisch-Polen aufgegeben hat, wird es jetzt in zwei Verwaltungsbezirke aufgeteilt. Es entstehen ein deutsches und ein österreichisch-ungarisches Generalgouvernement

General Iwanoff, der Oberbefehlshaber der russischen Südwestfront

August 1915. Tag für Tag donnern die Geschütze an der russischen Front. Hier ein deutscher 21-cm-Mörser

Unterdessen beginnen die westlich der Weichsel befindlichen russischen Truppen, sich panikartig zurückzuziehen, und stoßen dabei frontal auf die 9. Armee und die Armeeabteilung Woyrsch, die gerade am 27. Juli 1915 die Weichsel zwischen Iwangorod und Warschau überqueren. Danach werden von den Truppen der Mittelmächte am 30. Juli Lublin, am 1. August Chelm und am 4. August Iwangorod eingenommen.

Im Verlauf des weiteren, fast ungehinderten Vormarschs überschreitet die Armeegruppe Gallwitz die gesamte Narewlinie zwischen Warschau und Lomza. Und am 5. August 1915 marschiert die 9. Armee unter dem Jubel der polnischen Bevölkerung in das von den Russen fluchtartig geräumte Warschau ein. Auf dem Nordflügel werden ebenfalls weitere Gebiete in Kurland und Litauen von russischen Truppen befreit. Als am 18. August 1915 die Festung Kowno kapituliert, haben die Russen ihren stärksten Stützpunkt der Nordwestfront verloren.

Ein neuer Oberbefehlshaber

Nachdem die Heeresgruppe Mackensen Ende Juli ihre Offensive auf dem Südflügel wiederaufgenommen hat, besetzt sie am 26. August 1915 die inzwischen geräumte, strategisch äußerst wichtige Festung Brest-Litowsk. Trotz aller Erfolge haben die Mittelmächte bereits Ende Juli erkannt, daß eine Einschließung und völlige Vernichtung der in Polen stehenden russischen Armeen kaum zu erreichen ist. Der erbitterte russische Widerstand bei Lublin und am Narew ermöglichte es Stawka, schnellstens die Truppen aus dem Warschauer Frontbogen zurückzunehmen. Daher gelingt es den deutschen und österreichisch-ungarischen Armeen nicht, die geplante Umfassungsoperation durchzuführen und den Gegner zu zerschlagen.

Trotzdem befindet sich das russische Heer im Sommer 1915 in einer äußerst prekären Lage: Hunderttausende von Soldaten desertieren oder lassen sich in der Panik des Rückzugs gefangennehmen. Außerdem verstopft ein gewaltiger Flüchtlingsstrom der russischen Zivilbevölkerung sämtliche Landstraßen. Durch die bewährte Methode der »verbrannten Erde« hinterläßt Stawka zwar eine Wüste, um so den Vormarsch der deutsch-österreichischen Armeen zu behindern, doch die militärischen Niederlagen verschärfen zunehmend die innere Krise des zaristischen Systems.

Am 23. August 1915 übernimmt Zar Nikolaus II. persönlich den Oberbefehl über das Heer, ernennt General Alexejew zum Generalstabschef und läßt den bisherigen Generalquartiermeister Danilow ablösen. Um die operative und strategische Führung zu verbessern, wird neben der bereits bestehenden Nordwest- und Südwestfront jetzt noch eine dritte, die Westfront, gebildet.

Mit der Sommeroffensive haben die Mittelmächte ihr strategisches Ziel zwar nicht erreicht, aber sie können einen wichtigen politischen Erfolg verbuchen: Bulgarien entschließt sich daraufhin zum Kriegseintritt gegen die Entente, und Rumänien will sich weiterhin neutral verhalten. Nach dem Fall Warschaus hoffen die Mittelmächte nun,

Rußland werde zusammenbrechen, aber das konsequente Nein des Zaren läßt Anfang August die Sondierungen für einen Separatfrieden endgültig scheitern.

In dem grundlegenden Befehl der OHL vom 27. August 1915, der die Weiterführung des Krieges gegen Rußland umfaßt, trägt sich von Falkenhayn mit dem Gedanken, an der Ostfront bald zur strategischen Defensive überzugehen. Andererseits aber billigt er dem Oberbefehlshaber Ost zu, die Offensive in Litauen und Kurland fortzusetzen. Einige Tage später genehmigt er ebenfalls weitere Angriffe der Heeresgruppen Prinz Leopold und Mackensen am mittleren Frontabschnitt.

Bereits Ende August 1915 eröffnen die k.u.k. Truppen mit bedeutend überlegenen Kräften ihre Offensive an der österreichisch-ungarischen Front in Richtung Rowno. Man will den noch von Russen besetzten Teil Galiziens und das wolhynische Festungsdreieck Dubno/Luzk/Rowno erobern. General Conrad von Hötzendorf beabsichtigt damit, sich Aufmarschraum für einen eventuellen späteren Vorstoß in die Ukraine, gegen Kiew oder Odessa, zu verschaffen. Doch aus diesen Plänen wird nichts.

Obwohl am 31. August 1915 Luzk besetzt und am 8. September 1915 Dubno vorübergehend erobert wird, bleibt der erwünschte Erfolg aus. Seit Anfang September führen nämlich starke russische Gegenangriffe zu schweren Rückschlägen, besonders bei der Südarmee – so wird die k.u.k. 4. Armee sogar zum Rückzug an den Styr gezwungen. Die Verluste der österreichisch-ungarischen Truppen sind ungewöhnlich hoch: Insgesamt verlieren sie 230000 Mann, darunter etwa 100000 Gefangene.

Im Norden beginnt am 9. September 1915 die Offensive des Oberkommandos Ost auf Wilna. Ziel: eine weitausgreifende Umfassung des rechten Flügels der russischen Front, danach das weitere Vorgehen bis Minsk und schließlich die Einnahme von Riga.

Es wird zwar am 18. September 1915 Wilna erobert, doch den russischen Truppen gelingt es, sich allen Umfassungsversuchen zu entziehen. Die Erschöpfung der deutschen Armeen, zum Teil bedingt durch katastrophale Nachschubverhältnisse, ist die Hauptursache für die Verlangsamung des weiteren Vorstoßes.

Am Nordflügel der deutschen Ostfront

Donnerstag, 16. September 1915. Aus einem Feldpostbrief, veröffentlicht im *Schwäbischen Merkur:*

»In mehreren Kolonnen waren die Russen neben der Straße her durch die Äcker marschiert; zerbrochene Bagagewagen, die im Graben liegen geblieben waren, zeugten davon, wie eilig sie es gehabt hatten. Bauern mit halbbeladenen Wagen kamen uns entgegen; die Russen hatten sie so lange vor sich hergetrieben, bis sie nicht mehr folgen konnten. Betten, Truhen, Spinnräder und Töpfe, kurz, alles, was sie in der Hast von ihrem ärmlichen Hausrat hatten aufladen können, führten sie mit sich. Nebenher lief das Vieh: Rinder, Fohlen, Schweine, Schafe . . .

Der neue russische Generalstabschef, General Alexejew

Endlich mußten sich die Russen stellen. Mehrere Tausend Mann wurden gefangen und eine größere Anzahl Geschütze, leichtere und schwerere, genommen. Die Bespannungen waren allerdings entkommen, und so mußten die Gefangenen selbst Hand anlegen, um die Beute in Sicherheit zu bringen. Täglich fanden sich Überläufer ein; sie seien gekommen, sagten sie, weil sie nichts mehr vom Kriege wissen wollten; einmal erschien sogar ein russischer Artilleriebeobachter, der, um sich gut einzuführen, sein Scherenfernrohr mitbrachte.

Bei unserem weiteren Vormarsch bezeichneten gewaltige Feuersbrünste die Rückzugsstraßen der Russen. Denn der Zar hatte befohlen, daß beim Anrücken der Deutschen Städte und Dörfer anzuzünden und sämtliche Vorräte des Landes fortzuschaffen oder zu vernichten seien, damit der Feind nichts als eine menschenleere Wüste anträfe . . . Wo es dem Militär unmöglich war, das Werk der Zerstörung vollständig durchzuführen, da sollten die Einwohner selbst Hand anlegen, ihr Eigentum zu vernichten; doch kaum ein einziger Hausvater wird sich wohl dazu haben entschließen können . . .

Das Städtchen Krakinow, das bei unserem ersten Vormarsch einen recht günstigen Eindruck gemacht hatte, war bei unserem diesmaligen Einrücken durch eine Feuersbrunst wie vom Erdboden getilgt. Glimmende Aschenhaufen ließen kaum noch die Grundrisse der Ortschaft erkennen. Die wenigen Einwohner, die zurückgeblieben waren, wußten Schreckliches zu berichten . . .

Alles Metall hatten die Russen mitgenommen; die Kirchenglocken waren entfernt worden und die Meßgerätschaften in den Fluß geworfen. Fast die gesamte männliche Bevölkerung, auch Knaben und Greise, hatten die

Die Generäle Linsingen, von Böhm-Ermolli und Graf von Bothmer

Er ist bei wichtigen Gefechten stets anwesend: Generaloberst Hindenburg. Rechts hinter ihm Generalmajor Ludendorff, ganz rechts Oberstleutnant Hoffmann

Russen mitgeschleppt, weil sie, wie man den Angehörigen sagte, beim Ausheben von Schützengräben helfen sollten. So hausen die Russen in ihrem eigenen Lande.«

Am 13. September 1915 eröffnen russische Truppen unter General Iwanoff am Styr und an der Strypa eine Reihe von Angriffen, die zeitlich mit den Operationen der westlichen Alliierten in der Champagne und im Artois sowie mit dem Feldzug in Serbien in Zusammenhang stehen. Am 22. September 1915 werden die österreichisch-ungarischen Truppen zwar gezwungen, bei Luzk auf das Westufer des Styr zurückzugehen, doch in den Tagen zwischen dem 26. und 28. September 1915 gelingt es ihnen, die Russen durch einen Gegenstoß hinter den Kormin und die Putilowka zurückzuwerfen.

Rußlands Angriffe scheitern

Als Ende September 1915 die große französisch-englische Offensive im Artois und in der Champagne losbricht, müssen die Mittelmächte die Operationen im Osten einstellen, um mehrere Divisionen umgehend an die Westfront und nach Serbien zu verlegen. Nach monatelangem Bewegungskrieg stabilisiert sich jetzt die Ostfront auf der Linie von Riga, Dünaburg bis zum Narotschsee, weiter über Baranowitschi, Dubno, Tarnopol bis Czernowitz. Langsam gehen auch hier die Kämpfe in einen Stellungskrieg über.

Nachdem General Iwanoff Verstärkungen herangeholt hat, richtet er seine verzweifelten Angriffe auf den südlichen Frontabschnitt gegen die deutsche Heeresgruppe IV (Gen.d.Inf. Linsingen), die k.u.k. 2. Armee (Gen.d.Kav. v. Böhm-Ermolli) sowie gegen die deutsche Heeresgruppe VI (Gen. Graf v. Bothmer) und die k.u.k. 7. Armee (Gen. d.Kav. v. Pflanzer-Baltin).

Mit dem rechten Flügel stoßen die russischen Kräfte in Richtung Starny–Kowel, mit dem Zentrum gegen die Bahn Brody–Dubno und mit dem linken Flügel gegen Ostgalizien vor. Ziel dieser Operation ist es, durch einen militärischen Erfolg Rumänien für die Entente zu gewinnen. In heftigen Kämpfen werden die Russen schließlich am 5. November 1915 wieder auf das Ostufer der Strypa und am 14. November 1915 über den Styr zurückgeworfen. Damit sind die russischen Angriffe gescheitert, und die Mittelmächte verfügen über den Frontabschnitt am Styr und Kormin sowie an der Putilowka und Ikwa.

Doch General Iwanoff beginnt am 27. Dezember 1915 eine neue Offensive in Ostgalizien – die bis Mitte Januar 1916 dauernde sogenannte Neujahrsschlacht. Er versucht mit allen Mitteln, unter rücksichtsloser Führung seiner Truppen, einen Sieg zu erringen, um nach dem Scheitern des Dardanellen-Unternehmens und der Niederwerfung Serbiens Rumänien doch noch zum Anschluß an die Alliierten zu bewegen.

Der Schwerpunkt aller Kriegshandlungen liegt 1915 weitgehend an der Ostfront. Die Ereignisse während des Feldzugs gegen Rußland stellen die Kampfhandlungen auf den anderen Kriegsschauplätzen mehr oder weniger in den Schatten. So sind die französisch-britischen Angriffsoperationen im Westen vor allem als Entlastungsangriffe für das russische Heer gedacht. Der Ostfeldzug beeinflußt auch die Haltung Italiens und die der neutralen Balkanstaaten.

Die Verlegung des militärischen Schwergewichts der Mittelmächte gegen Rußland ermöglicht es wiederum Großbritannien und Frankreich, ihre Wirtschaft schneller und radikaler auf den Krieg umzustellen und weltweite Hilfsquellen reibungslos zu mobilisieren. Großbritannien schafft es sogar, sein Heer auf eine Stärke von weit über zwei Millionen Mann auszubauen – eine der wichtigsten Voraussetzungen, um die Mittelmächte zu besiegen. Aller-

dings gelingt es 1915 weder den Alliierten noch den Mittelmächten, ihre strategisch-operativen Pläne zu verwirklichen. Der Grund dafür: die noch nicht ausreichende Rüstungsproduktion und das Unvermögen der Generalstäbe, einen Ausweg aus dem Stellungskrieg zu finden.

1915 ist jedoch für die Mittelmächte militärisch das erfolgreichste Jahr: Sie haben die strategische Initiative errungen, gegen Rußland und Serbien schlagkräftige Offensiven mit den größten territorialen Eroberungen sowie im Westen und an den Dardanellen wirksame Verteidigungsoperationen geführt. Ihr strategisches Ziel, Rußland auszuschalten oder zumindest für längere Zeit militärisch zu lähmen, haben die Mittelmächte nicht erreicht. So bleibt der Druck des Zweifrontenkrieges weiterhin bestehen. Schlimmer noch: Er droht sogar, sich künftig zu verstärken.

Die Eroberung großer Gebiete im Osten hat auch schwere, vielfach unersetzliche Menschenverluste gekostet: Die österreichisch-ungarische Armee büßt zwischen Anfang Mai und Ende August 1915 rund 500000 Mann an Toten, Verwundeten und Gefangenen ein. Die Deutschen wiederum haben an der Ostfront fast alle verfügbaren Reserven verbraucht, und die meisten Truppenteile besitzen Ende des Jahres 1915 nur äußerst geringe Kampfkraft. Ihre Ausrüstung ist durch den Verschleiß kaum noch zu verwenden, besonders der relativ kleine Kraftfahrzeugpark. Schwerwiegend sind auch die enormen Ausfälle an Pferden. Weitaus größere Verluste an Menschen und Material hat jedoch das russische Heer zu beklagen: Innerhalb von drei Monaten sind allein 750000 Mann in Gefangenschaft geraten.

Selbst nach Abschluß der Operationen im Osten kann es die OHL nicht wagen, die geplanten Truppenkontingente wieder an die Westfront zu verlegen, weil die russischen Armeen trotz aller Verluste nach wie vor zahlenmäßig überlegen sind. So bindet zum Beispiel die russische Front am 1. November 1915 immer noch fünf deutsche Divisionen mehr als im Mai.

1915 ist für die Alliierten ein Jahr schwerer Rückschläge. Das Fehlen einer einheitlichen strategischen Führung und koordinierter Operationen sind die wesentlichen Ursachen. Es ist den Franzosen und Engländern nicht gelungen, durch gemeinsame Offensiven das Verlegen starker deutscher Kräfte nach dem Osten zu verhindern. Und Rußlands Niederlagen sind vor allem dem Mangel an Waffen und Munition (schwere Artillerie!) zuzuschreiben.

Der Kriegseintritt Bulgariens auf seiten der Mittelmächte (rechts eine bulgarische Briefmarke) vergrößert die Sorgen Zar Nikolaus' II.

DER KAMPF AUF DEM BALKAN

DIE SUCHE NACH VERBÜNDETEN

Da Bulgarien über die stärkste Armee aller Balkanländer verfügt, wird es von beiden Seiten heftig umworben

Die letzte österreichisch-ungarische Offensive im Dezember 1914 hat das serbische Heer trotz überlegener Feindkräfte erfolgreich abwehren können. Doch anschließend bricht eine Flecktyphus-Epidemie aus, die innerhalb kurzer Zeit 30 000 Soldaten dahinrafft. Da außerdem die fast ununterbrochenen Kämpfe des Vorjahres das nicht sehr zahlreiche Kriegsgerät stark reduziert haben, sehen sich die Verbündeten erneut veranlaßt, bei der dringend erforderlichen Reorganisation und Neubewaffnung der Serben und Montenegriner energisch mitzuhelfen.

Eindrücke vom serbischen Kriegsschauplatz

Sonnabend, 27. Februar 1915, St. Petersburg. Kriegsberichterstatter M. Bojuwitsch schreibt in der *Rußkoje Slowo:*

»In Seitschar trafen wir den ersten Militärzug an. Die Soldaten trugen die Uniform, die ihnen schon in zwei Kriegen gedient hatte. Die Mäntel waren zerrissen, mitunter auch mit Blutflecken bedeckt; man sah deutlich, daß die Kleider Verwundeten und Gefallenen abgenommen und wieder zur Verwendung gelangt waren. Auch ihre Hosen und Blusen waren von jammervoller Beschaffenheit; statt Lederstiefel trugen sie durchweg ihre häuslichen Bastschuhe, und nur die Offiziere hatten Stiefel. Dabei war dies ein Regiment ersten Aufgebots, dem die Uniform geliefert wird! Das zweite und dritte Aufgebot müssen sich selbst einkleiden und erhalten vom Kommando nur die Waffen. Als ich diesem Regiment später wieder begegnete, hatten sich die Truppen 42 Tage in den Gräben aufgehalten, und ihre Kleidung bestand nur noch aus Lumpen. Einige serbische Regimenter trugen österreichische Uniformen, die Toten oder Schwerverwundeten abgenommen worden waren.«

Als erster verspricht General Pau, der auf seiner Reise nach Rußland auch Serbien besucht, zwei französische Armeekorps zu entsenden, die allerdings nie ankommen.

Ein ganzes Volk kämpft gegen einen schier übermächtigen Feind – und die Opfer, die Serbien bringt, sind groß. Die Zahl derer, die gefallen oder verwundet sind, geht in die Hunderttausende. Hier verläßt König Peter I. von Serbien, gefolgt von einigen Generälen, nach einem Besuch das Rot-Kreuz-Lazarett in Skopje

Serbien 1915. Die Briefmarke zeigt König Peter I. mit Stabsangehörigen in der Schlacht. Unten: Auch Thronfolger Prinz Alexander kümmert sich unermüdlich um die Belange seines Volkes. Hier ist er mit dem französischen General Pau in Nisch zu sehen. Im Hintergrund Ministerpräsident Pasitsch

Aber schon bald treffen fortlaufend Sendungen von Waffen, Munition, Proviant und Kleidungsstücken ein, Anfang 1915 von Rußland per Schiff über die Donau, später von Frankreich und England über Saloniki und Montenegro. Auch englische Offiziere und Mannschaften zur Bedienung der von den Engländern zur Verteidigung Belgrads gelieferten schweren sechszölligen Schiffsgeschütze sowie ein französisches Fliegerkorps werden nach Serbien abkommandiert.

Das englische Hilfskorps mit dem Hauptquartier in Semendria untersteht Konteradmiral Troubridge, dem ehemaligen englischen Marineattaché in Wien und Chef des Generalstabes der englischen Mittelmeerflotte. So kann mit Hilfe der Alliierten sechs Monate später wieder eine gut ausgerüstete, 230 000 Mann starke serbische Armee mit vorzüglicher Artillerie den Kampf gegen die Mittelmächte antreten.

Der Ende März 1915 in seinen Grundlagen von der deutschen Obersten Heeresleitung (OHL) entworfene Operationsplan für den Feldzug gegen Serbien sieht unter anderem einen konzentrischen Angriff von Osten, Norden und Nordwesten Richtung Nis vor. Mit dieser Offensive soll ein Großteil des serbischen Heeres im Landesinnern eingekreist und zerschlagen werden.

Die deutsche 11. Armee und die österreichisch-ungarische 3. Armee (Heeresgruppe Mackensen) ist für den entscheidenden Hauptstoß beiderseits von Belgrad über Donau und Save vorgesehen, unterstützt durch den Angriff der bulgarischen Nordarmee unter General Bojadschijeff. Drei andere bulgarische Armeen (Gen. Todorow), die von der serbischen Ostgrenze auf Skopje vorgehen sollen, haben die Aufgabe, ein Ausweichen des serbischen Heeres nach Süden zu verhindern. Der im Sommer 1915 zum Generalfeldmarschall beförderte von Mackensen erhält den Oberbefehl über die für diese Operation aufgestellte Heeresgruppe. Oberbefehlshaber der bulgarischen Armeen ist General Jekow.

Der Kriegseintritt Bulgariens

Nachdem Serbien noch im Frühsommer den Wunsch des russischen Oberkommandos ausgeschlagen hat, einen Entlastungsangriff durchzuführen, marschiert es am 11. Juni 1915 in Tirana (Albanien) ein, um einer, wie es offiziell erklärt, »Expansion Italiens« vorzubeugen. Für den Fall einer Offensive der Mittelmächte sieht sich das serbische Oberkommando durch die natürlichen Geländehindernisse an der Donau-Save-Front im Vorteil.

Da Bulgarien eine Aufmarschbasis gegen Rumänien und Serbien darstellt und seine Entscheidung für einen der beiden Bündnispartner letzten Endes sowohl die Haltung Rumäniens als auch Griechenlands beeinflussen muß, wird es von der Entente und den Mittelmächten gleichzeitig

Von den Briten unterstützt: Serbische Artilleristen bringen schwere englische Schiffsgeschütze in Stellung

Die mazedonische Stadt Skopje am Vardar ist eines der Ziele der Mittelmächte und ihrer Verbündeten. Noch haben die Serben das Sagen . . .

Von links nach rechts: General Bojadschijeff, Befehlshaber der bulgarischen Nordarmee, General Todorow, Kommandeur der bulgarischen 2. Armee, und General Jekow, Oberbefehlshaber der bulgarischen Streitkräfte

umworben. Und was nicht zu übersehen ist: Es verfügt über die stärkste Armee aller Balkanländer. Der bulgarische Zar Ferdinand und sein Ministerpräsident Radoslawoff sympathisieren mit den Mittelmächten und hoffen insgeheim, mit deren Hilfe ihre territorialen Ansprüche, das im zweiten Balkankrieg 1913 an Griechenland und Serbien verlorene Mazedonien, durchzusetzen. Die Bevölkerung dagegen ist überwiegend rußlandfreundlich.

Die Regierung zögert allerdings noch, den seit August 1914 vorliegenden Bündnisvertrag mit Deutschland zu unterzeichnen, ehe sich nicht die Kriegslage herauskristallisiert hat und die eigenen militärischen Vorbereitungen abgeschlossen sind. Das dem derzeitigen Kriegsminister General Jekow unterstehende bulgarische Heer hat eine Friedensstärke von rund 60000 sowie eine Kriegsstärke von fast 500000 Mann. Es leidet jedoch unter Munitionsmangel und ist mit zu wenig Artillerie ausgestattet. Außerdem haben sich die Armeen noch nicht ganz vom letzten Balkankrieg im Jahr 1912 erholt. Bulgarien ist daher völlig auf die deutschen und teilweise auch österreichischen Munitions- und Waffenlieferungen angewiesen. Doch solange der Landweg versperrt ist, muß man vergeblich auf das zugesagte deutsche Kriegsmaterial warten.

Das österreichisch-ungarische Armeeoberkommando (AOK) und die OHL haben bei den Vorbereitungen des Feldzuges eine Reihe auftauchender Probleme zu bewältigen: Wegen der schweren Verluste bei den Kämpfen an der Ostfront kann die k.u.k. Armeeführung lediglich die Hälfte der vorgesehenen Verbände bereitstellen. So sind die Deutschen gezwungen, die fehlenden Kräfte abzuzweigen. Darüber hinaus muß ein Teil der für die Operation gegen Serbien vorgesehenen Divisionen schnellstens zur Abwehr der großen französisch-britischen Herbstoffensive an die Westfront verlegt werden.

Als Ende September 1915 der Aufmarsch beendet ist, liegen an der serbischen Nord- und Nordwestgrenze 5 serbische Divisionen insgesamt 14 deutschen und k.u.k. Divisionen gegenüber. Vor Belgrad ist das Kräfteverhältnis noch krasser: Hier sind die Mittelmächte ihrem Gegner dreifach überlegen. Und den an der Ostgrenze liegenden 6 bulgarischen Divisionen stehen 4 serbische gegenüber.

Der Balkan ist im Herbst 1915 das Hauptziel der Mittelmächte, um endlich eine Landverbindung zur Türkei herzustellen, die ohne Waffen- und Munitionslieferungen zusammenzubrechen droht. Daher plant die OHL auf Drängen des Auswärtigen Amtes bereits seit dem Frühjahr 1915 eine Offensive gegen Serbien, die jedoch mehrfach verschoben werden muß: Die Situation an der West- und Ostfront gestattet es nicht, die erforderlichen Verbände zum Balkan zu verlegen, noch dazu, da sich Bulgarien, dessen Beteiligung vorausgesetzt wird, bisher nicht entschieden hat.

Das Fiasko der Alliierten bei den Dardanellen und eine Reihe militärischer Erfolge der Mittelmächte an der Ostfront verleiten Bulgarien zum Kriegseintritt. Am 6. September 1915 verpflichtet sich die bulgarische Regierung in einer geheimen Militärkonvention, spätestens fünf Tage nach Beginn der deutsch-österreichischen Offensive gegen Serbien mit 4 Divisionen daran teilzunehmen. Bulgarien erklärt sich auch bereit, mit einer weiteren Division gleichzeitig in Mazedonien einzumarschieren. Dafür wird Bulgarien auf Kosten der Türkei sofort ein Gebiet an der Maritza abgetreten. Ferner wird ihm nach der Aufteilung Serbiens ganz Mazedonien, dazu ein Teil Altserbiens zugesagt. Als sofortige Beihilfe bekommt es außerdem eine Kriegsanleihe von 200 Millionen Reichsmark.

Unter Verletzung der griechischen Neutralität beginnt am 5. Oktober 1915 in Saloniki die Landung französischer und britischer Truppen der neu aufgestellten »Orientarmee«. Die zuerst eintreffenden Verbände werden den Wadar stromaufwärts geschafft, um den Serben zu Hilfe zu kommen.

Am Morgen des 7. Oktober 1915 eröffnen die Mittelmächte ihre sorgfältig und langfristig vorbereitete Offensive gegen Serbien. Die 11. und 3. Armee, unterstützt durch starke Pioniereinheiten, überschreiten Save und Donau. Mehrere Batterien schwerer Geschütze nehmen Belgrad und die Vorstädte unter Feuer. Nach dieser artilleristischen Vorbereitung und der Bildung von Brückenköpfen dringen

Zar Ferdinand von Bulgarien

Vor der Abfahrt ins Aufmarschgebiet: Die ersten bulgarischen Infanterie-Regimenter

die Deutschen und Österreicher in die serbische Hauptstadt ein. Zwei Tage lang kommt es hier zu erbitterten Straßenkämpfen, denen über 5000 Einwohner zum Opfer fallen. Am 9. Oktober 1915 kapituliert Belgrad.

Verteidigung und Zerstörung von Belgrad

Freitag, 22. Oktober 1915, Frankfurt am Main. Kriegsberichter K. von Reden schreibt in der *Frankfurter Zeitung:*

»Als sich die Truppen der Verbündeten am 8. Oktober 1915 mittags außerstande sahen, den Angriff auf den Kalimegdan und die Fabrikvorstadt Belgrado mit der nötigen Raschheit vorzutragen, erbaten sie Artillerieunterstützung. Diese wurde ihnen durch die Monitore, die allein in der Lage waren, genügend nahe zu kommen, um einerseits die eigene Infanterie nicht zu gefährden, andererseits eine direkte und innige Verbindung mit der Infanterie während des Angriffs aufrecht zu erhalten. Es war nämlich immer klarer geworden, daß jedes der zahllosen Häuser dieser Stadtteile Belgrads, in denen sich die Serben festgesetzt hatten, erst systematisch einzeln zusammengeschossen werden mußte, ehe man wieder ein Stück vorwärts konnte.

Von der Donau führte eine breite, etwa zwei Kilometer lange Straße quer durch die breite, leicht ansteigende Mulde, in der das Fabrikviertel liegt, direkt zur Oberstadt. Sie läßt den Kalimegdan mit der Zitadelle rechts liegen. Zwischen dieser, ›Knez Mihalovic Venac‹ genannten Haupt-

1915. Fünf Wohlfahrtsmarken der kaiserlich-königlichen österreichischen Post. Sie zeigen von links nach rechts sowie von oben nach unten: Infanterie, Kavallerie, Artillerie, das Linienschiff »Vibris Unitis« sowie ein Aufklärungsflugzeug

straße und den buschigen Terrassen des Kalimegdan stehen nur wenige Häuser, während auf der anderen abliegenden Seite eine Menge kleiner Nebengassen in die große Straße münden. Das Feuer der hier in den Häusern versteckten und verbarrikadierten Serben mußte unterdrückt werden. Die Monitore, die selbst rücksichtslos dem serbischen Artilleriefeuer ausgesetzt waren, da sie ganz nahe heranfahren mußten, um die Wirkung ihrer Artillerie genau beobachten zu können, erhielten fortwährend die Bezeichnung der jeweiligen Ziele durch Flaggensignale der kämpfenden Truppen selbst. Die Serben aber wichen immer erst, wenn das betreffende Haus schon am Einstürzen war oder brannte.

Die Weiber warfen Handgranaten aus den Fenstern und waren die Wildesten der Wilden in diesem furchtbaren Gemetzel. Noch am 18. Oktober, als ich jenen Stadtteil besuchte, fand ich die frischen Spuren. Blutdurchtränktes Bettzeug in den Wohnungen, die vom Schutt herabgestürzter Decken oder halbeingefallener Mauern erfüllt waren, zerschossene Maschinengewehre, Patronengürtel, alte Vorderlader, hölzerne Pulverflaschen, Handbomben, Munitionskisten, alles sprach seine eigene schreckliche Sprache. Auf den Straßen selbst ein Meer von Glasscherben; dazwischen umgefallene Maste der Elektrischen, deren Schienen phantastisch gekrümmt waren ...

Im Morgengrauen des 9. Oktober gelang es dann, von Osten in die Belgrader Zitadelle einzudringen. Der ganze Osthang des Kalimegdan, eine Parkanlage seitlich der Zitadelle, 50 Meter über dem Fluß, war von kaum in nächster Nähe sichtbaren tiefen Schützengräben kreuz und quer durchzogen; überall war dichtes Gebüsch, zum Teil künstlich als Maske hingesetzt, bis man endlich an das erste Tor der Kernbefestigung gelangte. Hier hatte das Mörserfeuer alles derart zerstört, daß den Stürmenden ein systematischer Widerstand in dieser letzten Phase nicht mehr entgegengesetzt werden konnte.

Zwischen dem ersten und dem zweiten, dem innersten Tore, liegt ein etwa acht Meter tiefer und fünfzehn Meter breiter, senkrecht gemauerter Graben, der von einer massiven Steinbrücke überquert wird. Von dieser war nur mehr ein einen halben Meter breiter Steg übrig geblieben, der einzeln passiert werden mußte. An vielen Stellen in der Zitadelle waren durch die Beschießung die weiten, unter dem Paradeplatz gelegenen Hohlräume bloßgelegt worden, die große Vorräte enthielten ...

Im Park der Zitadelle, in den weiteren Festungsgräben, auf den Schanzen der Südseite, überall wurden die Geschütze gefunden, die noch bis zuletzt aushielten, bis man sie endlich entdeckt hatte. Sie waren zwar permanent auf Pivots drehbar eingebaut, jedoch völlig unter mit Gras bewachsenen starken Decken versteckt, noch dazu fast durchweg auf der dem Angriff abgekehrten Seite, so daß auch ihr Mündungsfeuer sie nicht verraten konnte. Ganz modern waren zwei 60 Kaliber lange 7,5 Zentimeter-Schiffsgeschütze, die trotz des geringen Kalibers wegen der für Artillerie abnormen Nähe der Ziele sehr empfindlich gewirkt hatten. Einem Fünfzehn-Zentimeter fehlte das halbe Rohr, zwei anderen hatten Sprengstücke die Lafette durchschlagen.«

Weder die serbische Infanterie (linke Seite) noch ihre Kameraden von der Artillerie – hier im Einsatz mit einem Feldgeschütz – können die Einnahme Belgrads durch Verbände der Mittelmächte verhindern

Da hilft kein Plan, keine Taktik – seine Streitkräfte sind einfach zu schwach: Der Woiwode Radimir Putnik, Generalissimus der serbischen Armee

Die Kämpfe auf dem Balkan vom Beginn des Jahres 1915 bis zum August 1916

Nachdem am 14. Oktober 1915 die Kriegserklärung Bulgariens an Serbien erfolgt, überschreiten bulgarische Truppen die Grenze nach Westen und stoßen sofort in das Innere des Landes vor. Das serbische Heer, nun von zwei Seiten in die Zange genommen, befindet sich in einer strategisch hoffnungslosen Lage. Bereits am 1. November 1915 marschieren die Truppen der Mittelmächte in das etwa 130 Kilometer südlich von Belgrad gelegene Kragujevac ein. Und am 5. November 1915 erobern die bulgarischen Verbände den strategisch äußerst wichtigen Eisenbahnknotenpunkt Nisch. Damit ist die Bahnverbindung Berlin–Sofia–Konstantinopel in deutscher Hand.

Die sich nach Süden zum Vardar zurückziehenden serbischen Kräfte werden von der in Mazedonien vorstoßenden bulgarischen 2. Armee behindert. Der Vormarsch der Bulgaren und die geplante Einkreisung der serbischen Truppen verlangsamt sich in den unwegsamen Bergen durch Nachschubschwierigkeiten und durch die erbitterten Verteidigungskämpfe der Serben, die darüber hinaus von der Bevölkerung unterstützt werden. Mit ihrem Rückzug in westlicher und südlicher Richtung inmitten des bereits winterlichen Hochgebirges können die serbischen Verbände der Einkesselung entgehen.

Je weiter die Armeen der Mittelmächte in Serbien vordringen, desto schwieriger wird deren Versorgung. Das Fehlen leistungsfähiger Bahnlinien, dazu ein schlecht ausgebautes Straßennetz behindern die operative Beweglichkeit der Truppen. Der ausreichende Nachschub an Munition ist für ein schnelles Vorgehen besonders wichtig, um dem Gegner keine Zeit zu lassen, neue Stellungen zu errichten.

Während der Kämpfe in den Bergen kommt es auch bei der Verpflegung zu Versorgungsschwierigkeiten, obwohl die Eisenbahn- und Schiffahrtswege oft nur etwa 50 Kilometer entfernt sind. Die Lkw-Kolonnen reißen mit ihren kettenumspannten Rädern die wenigen asphaltierten Straßendecken auf oder bleiben durch den ständigen Regen im Morast stecken. Selbst die Pferdefuhrwerke versinken in den aufgeweichten Wegen zum Teil bis an die Achsen, so daß der Einsatz von Pferden in außergewöhnlichem Maße zunimmt. Die Artillerie der 11. Armee braucht dadurch im Schnitt eine Stunde pro Kilometer.

Oktober 1915. Mazedonien: Soldaten der bulgarischen 2. Armee bringen ihr Maschinengewehr zur Flugabwehr in Schußposition

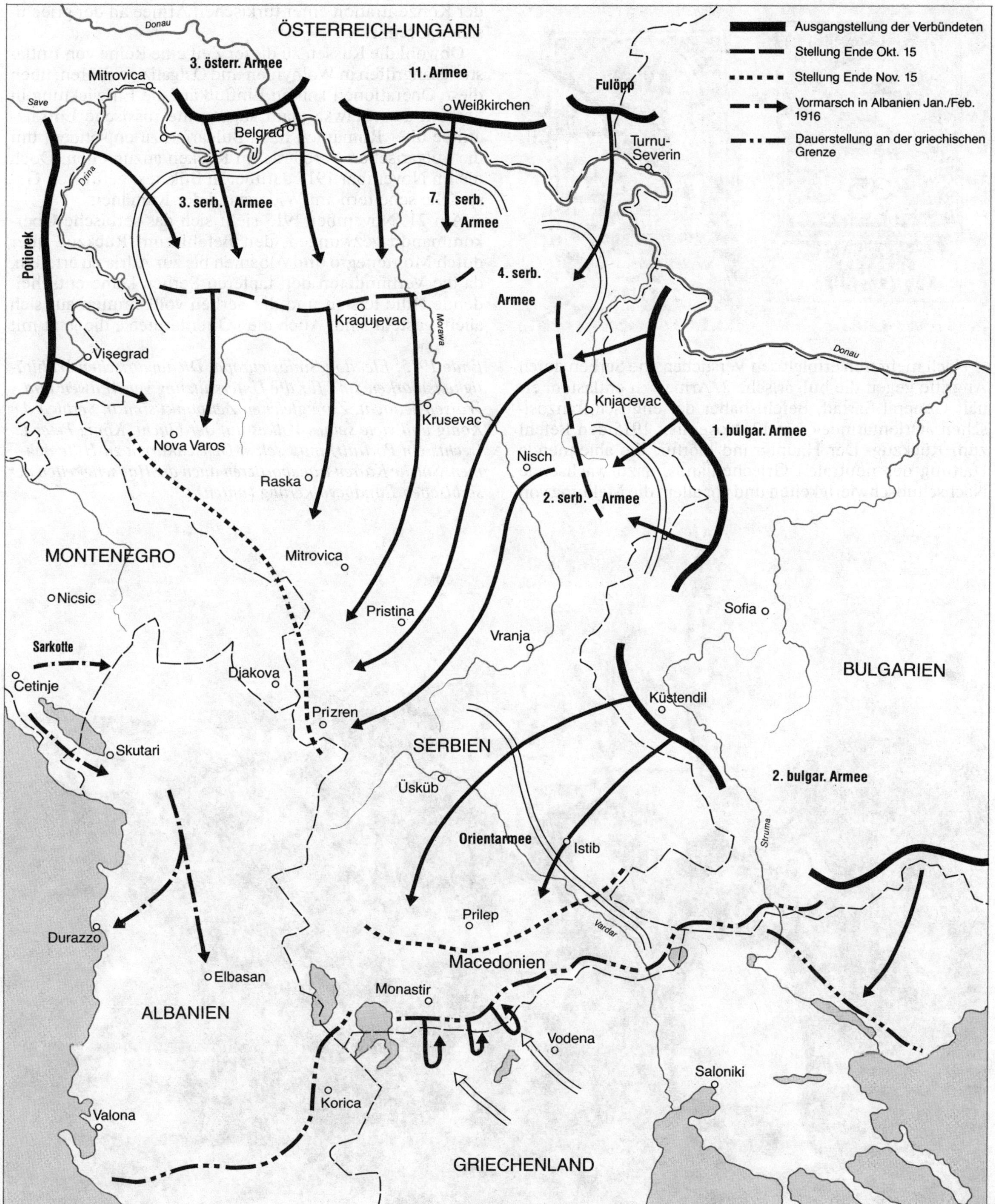
Ausgangstellung der Verbündeten
Stellung Ende Okt. 15
Stellung Ende Nov. 15
Vormarsch in Albanien Jan./Feb. 1916
Dauerstellung an der griechischen Grenze
Donau
ÖSTERREICH-UNGARN
3. österr. Armee
11. Armee
Mitrovica
Save
Weißkirchen
Fulöpp
Belgrad
Turnu-Severin
Drina
3. serb. Armee
7. serb. Armee
Potiorek
4. serb. Armee
Kragujevac
Morawa
Višegrad
Donau
Knjaćevac
Krusevac
Nova Varos
Nisch
1. bulgar. Armee
Raska
2. serb. Armee
MONTENEGRO
Mitrovica
Nicsic
Pristina
Sofia
Sarkotte
Vranja
Djakova
BULGARIEN
Cetinje
Küstendil
Prizren
Skutari
SERBIEN
Üsküb
2. bulgar. Armee
Struma
Orientarmee
Istib
Prilep
Durazzo
Vardar
Macedonien
Elbasan
Monastir
ALBANIEN
Vodena
Saloniki
Korica
Valona
GRIECHENLAND

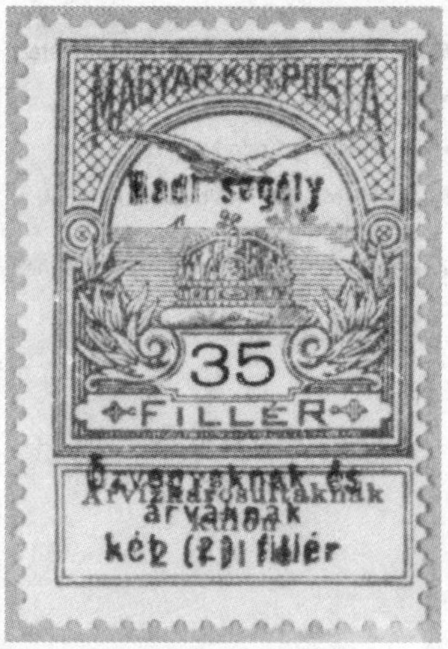

Nach mehreren erfolglosen Versuchen, die Serben durch Angriffe gegen die bulgarische 2. Armee zu entlasten, erhält General Sarrail, Befehlshaber der englisch-französischen »Orientarmee«, am 12. November 1915 den Befehl zum Rückzug. Der Hauptgrund hierfür: die ablehnende Haltung des neutralen Griechenlands, dazu wachsende Nachschubschwierigkeiten und vor allem die Meldung von der Konzentration einer türkischen Armee an der griechischen Grenze.

Obwohl die Russen zu dieser Zeit eine Reihe von Entlastungsangriffen in Wolhynien und Ostgalizien führen, üben diese Operationen keinen Einfluß auf die Entwicklung in Serbien aus. Stawka plant sogar, eine russische Entsatzarmee über Rumänien nach Bulgarien zu entsenden, um die bulgarischen Verbände im Rücken anzugreifen. Doch die im November 1915 darüber in Bukarest geführten Gespräche scheitern am Widerstand der Rumänen.

Am 21. November 1915 sieht sich das serbische Oberkommando gezwungen, den Befehl zum Rückzug quer durch Montenegro und Albanien bis zur Adria zu erteilen, da die Verbündeten den tapferen Serben keine entscheidende Hilfe leisten und die Serben vollkommen auf sich allein gestellt sind. Auch die »Orientarmee«, die jetzt mit

Ende 1915: Elend in Südosteuropa. Die ungarischen Wohltätigkeitsmarken sind für die Unterstützung von Witwen und Waisen gedacht. Zum gleichen Zeitpunkt sind in Serbien der König und viele seines Volkes auf der Flucht. König Peter I. (rechts ein Portrait) muß selbst Ochsenkarren zu Hilfe nehmen. Solche Karren transportieren auch die Habseligkeiten der serbischen Landbevölkerung (unten)

rund 80000 Mann in der Nähe von Saloniki zusammengezogen ist, rührt sich nicht, um die Zerschlagung der serbischen Armee zu verhindern. Angeblich ist die Frage des Oberkommandos zwischen den Franzosen und Engländern nicht zufriedenstellend gelöst.

König Peter auf der Flucht

Montag, 27. Dezember 1915, Berlin. Bericht eines albanischen Arztes im *Berliner Tageblatt:*

»Auf meiner Reise durch die wilden Berge Albaniens verbrachte ich eine Nacht voll Kälte und Sturm in dem verfallenen Hause eines elenden Dorfes. Plötzlich klopfte es mit starken Schlägen an die Tür. Eine heisere Stimme schrie in befehlendem Ton auf serbisch: ›Öffne!‹ Mein Wirt gehorchte dem Befehl. Im Dunkel der Nacht konnte man durch die geöffnete Türe Reiter erblicken. Zwei waren bereits von ihren Tieren gestiegen und hoben mit großer Sorgfalt einen Dritten, eingewickelt in einen großen Mantel, von seinem Pferde herunter. Sorgsam trugen sie ihn in das Zimmer. Es waren serbische Offiziere. Den Dritten hielt ich für einen verwundeten Kameraden. ›Zünde Feuer an!‹ befahlen sie dem Besitzer der Hütte.

Die brennenden Scheite flammten auf, und bei dem Lichtschein erkannte ich jetzt in dem Dritten mit dem vertrockneten Zigeunergesicht, den wirren, weißen Haarsträhnen und dem herabhängenden weißen Schnurrbart, den König Peter von Serbien. Unterdessen erschienen noch zwei Offiziere und zwei Soldaten, sie waren mit Kisten beladen, die sie öffneten, um den König sorgsam auf ein elendes Lager zu betten. Der König seufzte und sagte traurig zu seinen Begleitern: ›Ich danke euch, meine Brüder, ich danke euch!‹

Die Offiziere versuchten mit den geretteten Vorräten einen Tisch zu decken, aber der König lehnte es ab, zu essen. Nur einer seiner Begleiter, offenbar ein Arzt, gab ihm etwas zu trinken. Stumpf und stumm, ohne ein Wort zu reden, saßen die Offiziere um ihren König herum. ›Schlafen Sie ein wenig, ruhen Sie sich aus, meine Herren!‹ sagte der König zu ihnen. Die Offiziere streckten sich auf dem Boden aus, so gut es ging. Aber ich glaube, keiner von ihnen hat geschlafen, und noch ehe das Dunkel sich lichtete, erhoben sich der König und seine Begleiter, um das elende Dorf zu verlassen und über die finsteren ungastlichen Berge Albaniens weiter zu fliehen.«

Die von den Truppen der Mittelmächte schonungslos durchgeführte Beschlagnahme von Lebensmittelvorräten und Zugviehbeständen soll die Verfolgung der ins Hochgebirge ziehenden Serben beschleunigen. Doch die mutigen örtlichen Gegenangriffe der serbischen Verbände sowie die ungewöhnlich schwierigen Transportverhältnisse in dem winterlichen Hochgebirge stoppen die Hetzjagd immer wieder. Durch die heftigen Schneestürme können in den vordersten Kampflinien nur schwache Truppenkontingente eingesetzt werden. Die Batterien, meist von einheimischen Ochsengespannen mühsam gezogen, bahnen sich nur Schritt für Schritt ihren Weg durch das verschneite Berggelände.

Im Umkreis des historischen Amselfeldes, wo 1389 die Türken das serbische Heer besiegten, was den Serben jahrhundertelange Unfreiheit brachte, zählen die jetzt hier zusammengedrängten serbischen Truppen nur noch 300000 Mann. Sie haben über zwei Drittel ihrer ursprünglichen Stärke verloren und befinden sich derzeit in einer verzweifelten Lage: Der Vorstoß nach Süden, um sich der britisch-französischen »Orientarmee« anzuschließen, erweist sich als undurchführbar.

Anfang Dezember 1915, unmittelbar nach der Beendigung des serbischen Feldzugs, entbrennen zwischen der deutschen OHL, dem österreichisch-ungarischen AOK und dem bulgarischen Oberkommando starke Kontroversen über weitere Operationen auf dem Balkan. Nach Meinung der Deutschen ist Ende November 1915 mit Zerschlagung der serbischen Armee das Ziel des Feldzugs erreicht, und die OHL beginnt bereits mit der Verlegung ihrer Truppen an die Ost- und Westfront. Das AOK dagegen, unterstützt durch den bulgarischen Oberbefehlshaber General Jekow, drängt auf Stationierung starker deutscher Verbände auf dem Balkan. Man beabsichtigt die Vertreibung der »Orientarmee«, was einem Angriff auf Griechenland gleichkäme.

In der Tat: Die deutsche Führung sieht jetzt ihre Balkan- und Orientpolitik durch die Ansprüche der Donaumonarchie und Bulgariens gefährdet, denn die am 29. November 1915 getroffenen Vereinbarungen mit dem türkischen Kriegsminister Enver Pascha schließen die Kriegführung im Orient, vor allem eine neue Operation gegen den Suezkanal und Ägypten sowie Vorstöße in Mesopotamien und Persien ein.

Seit Mitte Dezember 1915 liegen Teile der »Orientarmee« nahe der griechischen Grenze zu Bulgarien in Stellung. Um einen Konflikt mit Griechenland zu vermeiden, übt die OHL auf Bulgarien Druck aus, damit dessen Truppen keinesfalls die griechische Grenze überschreiten in der Absicht, die »Orientarmee« zu verfolgen.

Inzwischen plant das AOK die Besetzung von Albanien und Montenegro. Dadurch treten erhebliche Gegensätze zwischen den Mittelmächten zutage, da die OHL diese Operation militärisch für völlig unangebracht hält. Am 20. Dezember 1915 wird trotz des Widerstandes der OHL die k.u.k. 3. Armee für diese Operation aus der Heeresgruppe Mackensen herausgelöst. Dies führt zu einer weiteren Vertiefung der Spannungen zwischen den deutschen und österreichisch-ungarischen Heeresleitungen, die sogar einen zeitweiligen Bruch verursachen.

Auf einem Paßweg an der Grenze zwischen Mazedonien und Montenegro. Die einen sind gefangen, aber sie leben, die anderen sind frei, doch ihr Schicksal ist ungewiß: Serbische Gefangene begegnen einer deutschen Bagagekolonne

DIE ITALIENISCHE FRONT

BLUTIGE KÄMPFE IM HOCHGEBIRGE

Durch den Kriegseintritt Italiens erhofft sich die Entente eine entscheidende Schwächung der Mittelmächte

Am 23. Mai 1915 tritt Italien auf seiten der Entente in den Krieg ein, da es in der Donaumonarchie den Hauptgegner seiner Expansionsbestrebungen in der Adria und im östlichen Mittelmeerraum sieht. Voraussetzung für diese folgenschwere Entscheidung ist es allerdings, so bald wie möglich die Kriegsbereitschaft von Heer und Marine wiederherzustellen, denn beide sind durch den Annexionskrieg in Libyen 1911/1912 noch geschwächt. Sowohl der Generalstabschef, Generalleutnant Cadorna, als auch Kriegsminister Zupelli betreiben durch ihr Rüstungsprogramm vom 11. Oktober 1914 unermüdlich die Reorganisation des Heeres. Insgeheim leiten sie auch schrittweise Maßnahmen für die künftige Mobilmachung und Grenzsicherung ein.

Bereits am 26. April 1915 hat sich die italienische Regierung durch den in London unterzeichneten geheimen Bündnisvertrag verpflichtet, spätestens nach vier Wochen die militärischen Operationen zu eröffnen. Dafür macht man Italien weitgehende territoriale Zusagen: Südtirol bis zur Brennergrenze, dazu Triest und Istrien sowie Teile der dalmatinischen und albanischen Küste. Eine sofortige Kriegsanleihe in Höhe von 50 Millionen Pfund Sterling wird ebenfalls zugesichert.

In der am selben Tag festgelegten geheimen russisch-italienischen Militärkonvention heißt es, daß sich beide Mächte auf die Niederwerfung Österreich-Ungarns konzentrieren werden. Obwohl Italien seine militärischen Vorbereitungen noch nicht beendet hat, kündigt es am 4. Mai 1915 den Dreibundvertrag mit Deutschland und der k.u.k. Monarchie. Knapp drei Wochen danach erklärt Italien Österreich-Ungarn den Krieg. Die Kriegserklärung an Deutschland wird erst 15 Monate später erfolgen, und zwar am 27. August 1916.

Seit dem Frühjahr 1915 ist die deutsche Regierung äußerst besorgt über einen eventuellen Kriegseintritt Italiens auf seiten der Alliierten. Man befürchtet in Berlin, daß ein solcher Schritt die militärische und kriegswirtschaftliche Lage wesentlich erschwert. Daher bedrängt Deutschland die österreichisch-ungarische Regierung, Italien gegenüber territoriale Zugeständnisse zu machen, um dessen neutrale Haltung zu sichern. Selbst nach der Kriegserklärung Italiens an Österreich-Ungarn beschränkt

Irgendwo an der Isonzofront: Ein schweres Geschütz wird von k.u.k. Artilleristen in Stellung gebracht

Der Chef des italienischen Generalstabes, Generalleutnant Luigi Cadorna (rechts), und sein Kriegsminister, General Vittorio Zupelli, reorganisieren die geschwächten Streitkräfte nach dem Annexionskrieg in Libyen. Unten zwei Briefmarken der italienischen Post, deren Aufdrucke auf das Ereignis von 1911/1912 in Nordafrika hinweisen

sich Deutschland lediglich darauf, die diplomatischen Kontakte mit Rom abzubrechen. Man hofft an der Spree, damit den nun ebenfalls befürchteten Kriegseintritt Rumäniens zu vermeiden. Besonders wichtig ist es, auch weiterhin kriegswichtige Rohstoffe über Italien und die Schweiz einführen zu können.

Italien verfügt 1915 bei Kriegsbeginn über ein Feldheer von rund 900 000 Mann, gegliedert in vier Armeen, in die »Karnische Gruppe« und die Heeresreserve. Der Generalstabschef des italienischen Heeres, Generalissimus Luigi Cadorna (1850–1928), erlangt die traurige Berühmtheit, ein Mann unbedachter Entschlüsse zu sein.

Zu den italienischen Marineeinheiten zählen Anfang Mai 1915 insgesamt 6 Großkampfschiffe (2 davon kurz vor der Fertigstellung), 7 Panzerkreuzer, 13 Kreuzer, 60 Zerstörer, 20 U-Boote sowie eine Anzahl von Torpedo-Schnellbooten, dazu rund 58 000 Mann Besatzung. Damit sind die italienischen Seestreitkräfte der österreichisch-ungarischen Flotte beträchtlich überlegen. Das am 10. Mai 1915 unterzeichnete Marineabkommen mit Frankreich und Großbritannien sieht vor, daß die italienische Marine den Oberbefehl über die verbündete Adriaflotte erhält. Sie soll vor allem die Straße von Otranto sichern.

Italien verkennt die Lage

Der am 1. April 1915 festgelegte Operationsplan des italienischen Generalstabes lautet: Mit den Hauptkräften, also der 2. und 3. Armee, über den Isonzo in Richtung Laibach (Ljubljana) vorzustoßen, um ein strategisches Zusammenwirken mit dem russischen und serbischen Heer zu ermöglichen. Die »Karnische Gruppe« soll in Richtung Villach vorstoßen, die 4. Armee Toblach angreifen und die gegen Südtirol eingesetzte 1. Armee defensiv bleiben. Die strategischen Ziele: Wien und anschließend die Donau entlang bis Budapest. Bereits in den ersten Kampftagen zeigt sich deutlich, daß die vom italienischen Generalstab geplanten Operationen völlig unrealistisch sind.

Österreich-Ungarn verfügt zwar gegen Italien anfangs nur über zahlenmäßig schwache, noch dazu schlecht ausgerüstete Truppen, die aber ihre Stellungen und Sperranlagen an den wichtigsten Übergängen der Gebirgsfront vorzüglich ausgebaut haben. Mitte Mai 1915 erreichen die k.u.k. Kräfte allerdings durch Truppenverlegungen von der russischen und serbischen Front wenigstens eine Stärke von 227500 Mann mit 640 Geschützen. Auf italienischer Seite stehen dagegen 460000 Mann mit 1810 Geschützen. Damit die Offensive an der Ostfront weitergeführt werden kann, haben sich General Falkenhayn und General Conrad von Hötzendorf schon am 21. Mai 1915 geeinigt, daß sich die österreichisch-ungarischen Verbände an der italienischen Front zunächst defensiv verhalten sollen.

Mit dem Kriegseintritt Italiens beginnt ab dem 23. Mai 1915 der erste große Feldzug im Hochgebirge. Die italienisch-österreichische Front hat eine Länge von etwa 600 Kilometern und ist in drei Frontabschnitte unterteilt: am Unterlauf des Isonzo, in Kärnten mit den Karnischen und Julischen Alpen sowie in den Tiroler Dolomiten. Der hochalpine Teil beträgt allein 450 Kilometer und erfordert mit seinen tief eingeschnittenen Tälern, seinen steilen Schluchten, den Gletschern, Fringraten und den eisbedeckten Gipfeln, die teilweise über 3000 Meter hoch sind, erstklassige bergsteigerische Fähigkeiten und eine ganz spezielle Ausrüstung der Truppen.

Hier müssen die Soldaten lernen, oberhalb der Schneegrenze zu leben und mit dem Risiko von Lawinen zu rechnen, die durch Explosionen verursacht werden können. Sie sind nicht nur der Gefahr von Erfrierungen ausgesetzt, sondern auch gezwungen, alles Notwendige mit sich zu

Die Sorgen Kaiser Franz Josephs I. werden nach dem Kriegseintritt Italiens noch größer

tragen. Ein Krieg in den Bergen favorisiert den Verteidiger, da fast jeder Angriff sich gegen Ziele in der Höhe richtet.

Die Artillerie kann man nur auf äußerst mühselige Weise, meist in Einzelteilen, transportieren. Oft müssen die Geschütze Stück für Stück auf einem engen, felsigen Plateau erst wieder zusammengebaut werden. So kommt es wiederholt zum Abbruch einer Offensive, im Isonzo-Abschnitt allein elfmal innerhalb von zweieinhalb Jahren. Keiner der Angriffe führt eine Entscheidung herbei. Im-

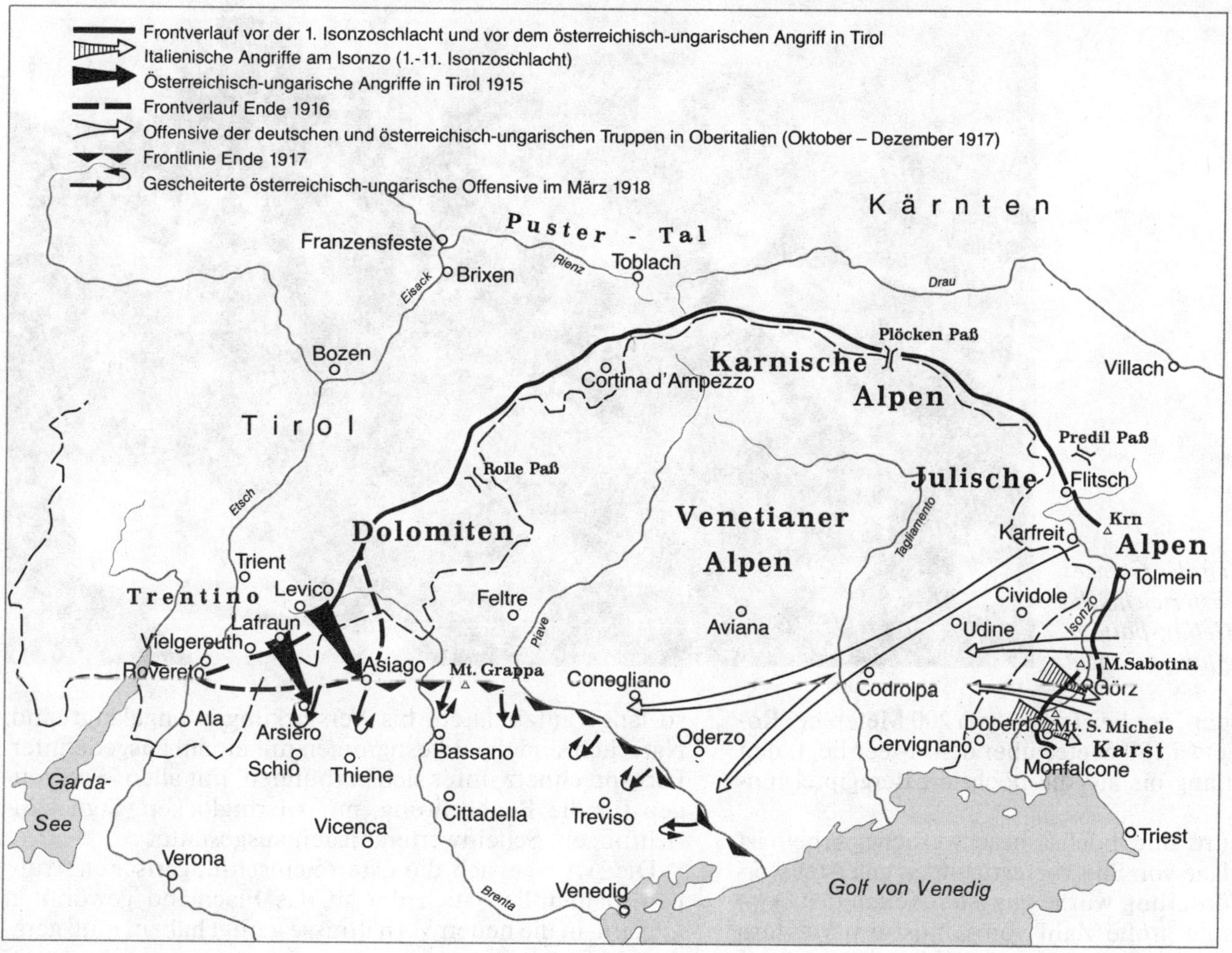

Der italienische Kriegsschauplatz von 1915 bis 1918

mer, wenn eine Offensive erfolgversprechend erscheint, scheitert sie im letzten Augenblick, weil die völlig erschöpften Soldaten nicht länger den Strapazen gewachsen sind.

Mit der Zeit entwickelt sich in den Alpen ein eigenartiger Stellungskrieg. Er stützt sich vor allem auf die in Felsen gesprengten Unterstände (Kavernen) und stellt gewaltige, kaum zu bewältigende Anforderungen an den Nachschub. Für jeden kämpfenden Soldaten in der vorderen Linie sind etwa sieben Mann zur Sicherung der Versorgung erforderlich. Am Unterlauf des Isonzo wiederum werden die Kampfbedingungen vom Karst bestimmt, einem wasserarmen, im Sommer glühendheißen Kalkplateau, dessen Gestein das Eingraben kaum möglich macht und die Granatsplitterwirkung enorm verstärkt.

Der Stellungskrieg im Hochgebirge

Freitag, 18. Juni 1915, Zürich. Oberst K. Müller berichtet in der *Neuen Zürcher Zeitung:*

»Auf beiden Seiten des Etschtales erblickt man mit dem bloßen Auge die befestigten Sperrstellungen, die in mehreren hintereinanderliegenden, das Tal flankierenden Linien vom Talboden, der bei Trient etwa 200 Meter, bei Rovereto dagegen etwa 180 Meter über dem Meer liegt, den Berghängen entlang bis auf die höchsten Berggipfel hinaufführen ...

Eine ungeheure und höchst beschwerliche Arbeit ist hier mit der Anlage von Sperrbefestigungen geleistet worden. Zu ihrer Förderung wurde aus allen Teilen der Doppelmonarchie eine große Zahl von Landsturmarbeitern herbeigezogen, die zum Teil uniformiert sind, zum Teil wenigstens als Abzeichen das schwarz-gelbe Armband und eine rote Kavalleriemütze tragen. Es sind dabei lustige Wiener, heißblütige Ungarn, Slowenen und Kroaten, ein buntes Völkergemisch.

Sie bauen betonierte granatsichere Unterstände und Stützpunkte als Infanteriestellungen, ziehen starke Drahthindernisse davor, errichten spanische Reiter als Wege- und Straßensperren und sprengen oder bohren in die Felswände des harten Marmorgesteins der Trentiner Alpen eine Menge unterirdischer Hohlräume, sogenannte Kavernen, und unterirdische Verbindungsgänge, sogenannte Poternen. Licht und Luftschächte sowie Heizöfen vermindern die Feuchtigkeit dieser unterirdischen Felsenwohnungen, die teils mit Wellblech verkleidet, teils mit Beton oder Mauerwerk gefüttert sind. Die Eingänge dieser Hohlräume sind gebrochen, zum Schutz gegen Geschoßeinschläge und gegen Gasstöße.

In den Stützpunkten halten Standschützen, untermischt mit aktiven Truppen, treue Wacht. Größere geschlossene Werke sind der Geländegestaltung entsprechend gegliedert, kleinere, wieder in sich geschlossene Stützpunkte innerhalb eines solchen größeren Werkes gewähren die Möglichkeit, den Feind auch nach einem Einbruch in die Stellung noch durch Flankenfeuer zurückzutreiben oder so lange aufzuhalten, bis Verstärkungen angelangt sind. Natürlich sind die Befestigungen mit einem ausgedehnten Fernsprechnetz unter sich verbunden, mit allen Werkzeugen für die Beobachtung, mit Alarmglocken, Signaleinrichtungen, Scheinwerferanlagen ausgestattet ...

An der Tiroler Grenze: Eine österreichisch-ungarische Gebirgsbatterie wird in Stellung gebracht

Die Art, wie sich die österreichisch-ungarischen Truppen, namentlich auch die an das Flachland gewöhnten Ungarn, in die neuen Verhältnisse gefügt haben, muß gera-

Kaum zu bezwingen sind die Kavernen, jene in die Felsen gesprengten Unterstände. In diesem Falle sind es italienische Schützen, die den Angriff des Gegners erwarten

Hervorragende Bergsteiger sind an der italienischen Front gefragt. Diese speziell ausgebildeten Verbände sind es, die für den so wichtigen Nachschub in den hochalpinen Regionen sorgen. Hier ersteigen k.u.k. Truppen, mit Rennwölfen und Steigeisen ausgerüstet, einen Berggipfel

dezu Bewunderung erwecken. Denn es ist keine Kleinigkeit für die Truppen, sich viele Tage und Nächte in der dünnen Luft dieser Höhe aufzuhalten, dort körperlich sehr anstrengende Märsche und Patrouillengänge zu vollführen und vor allem den unerhörtesten Witterungsextremen ausgesetzt zu sein ... Es gehört viel Standhaftigkeit dazu, in Fels- und Eiswüsten einsam und wirklich auf sich selbst gestellt den vielen Gefahren der Natur und dem Feinde dauernd Trotz zu bieten; Lawinen, Steinschlag, Kälte, Sturm, Nebel, auch Hunger und Durst sind keine Kleinigkeiten.

Der durch Tragtiere und Einzelträger besorgte Nachschub, ebenso wie der Abtransport der Verwundeten, deren jeder von sechs Mann zu Tal getragen werden muß, ist unendlich schwierig und muß auf Klettersteigen erfolgen, die dem Feinde unsichtbar sind. Die Italiener lassen diese Vorsicht häufig außer acht und müssen dann den geringsten taktischen Fehler mit schwersten Verlusten bezahlen. Gerät durch eine Flankierungsbewegung des Gegners der Nachschubweg unter Feuer, so ist die isolierte Truppe rettungslos verloren, da sie auch nicht mehr zu Tal gebracht werden kann.

Bei Angriffen werden die Italiener am meisten dadurch demoralisiert, daß die Verteidiger bis auf die nächsten Distanzen nicht schießen, sondern mit unheimlicher Ruhe zuwarten. Fällt dann die erste Salve, so wendet sich meist die ganze Masse der Angreifer zur Flucht ...

Besonders bewährt hat sich die österreichisch-ungarische Artillerie, für die es das Wort ›unmöglich‹ nicht zu geben scheint. Sie steht oft in nächster Nähe der Infanteriestellungen, während die Italiener mit ihren Geschützen hinterm Berge halten. Bis auf Kämme und Scharten von 1800 Metern und darüber sind die Gebirgsgeschütze von den

Linke Seite: Ein österreichisches Lager im karstartigen Gebiet des Doberdo-Plateaus (oben) sowie Tiroler Standschützen auf einem Felsgrat (unten). Während sich die österreichischen Verbände innerhalb der k.u.k. Armee ziemlich rasch an den Krieg im Gebirge gewöhnen,

brauchen die mit den weiten Ebenen vertrauten Ungarn etwas länger, um sich auf die topographischen Gegebenheiten einzustellen. Oben: Ungarische Husaren als Vorposten an der Isonzofront. Rechts: Auch bei der Bergung von Verwundeten – hier ist es ein österreichischer Soldat – fordert das unwegsame Gelände einen enormen Aufwand

Ein Baum auf einem Gipfel reicht aus, um sicherzugehen, ob die Kolonne, die für k.u.k. Verbände Proviant heranschafft, ungehindert passieren kann

braven Kanonieren geschleppt worden. Die Wirkung ist namentlich in den Felsen dementsprechend durchgreifend.«

Die Erwartungen der Alliierten, Italiens Kriegseintritt könnte die gute militärische Lage der Mittelmächte auf Anhieb beeinträchtigen, erfüllen sich nicht, denn die Deutschen haben mit ihrem Durchbruch bei Gorlice (1. bis 3. Mai 1915) vorzeitig das geplante Zusammenwirken der italienischen, russischen und serbischen Kräfte blockiert. Was sich allerdings auf längere Sicht zum Nachteil der Mittelmächte verändert, ist das Kräfteverhältnis gegenüber der Entente: Nur durch Schwächung der russischen und serbischen Front ist das k.u.k. Armeeoberkommando (AOK) imstande, allmählich rund 800000 Mann an die italienische Front zu verlegen. Die als besonders kampfkräftig geltenden Truppenteile bilden hier eine außergewöhnlich widerstandsfähige Abwehr.

Doch jetzt bahnt sich für die Donaumonarchie eine schwerwiegende Entwicklung an: Sie sieht sich einem Dreifrontenkrieg gegenüber. Hinzu kommt auch die für Deutschland spürbare Verschlechterung der ohnehin angespannten Rohstoff- und Lebensmittellage. Rom unterbindet nämlich, was man in Berlin nicht erwartet hat, gleich nach der Kriegserklärung an Österreich-Ungarn jede Ausfuhr einschließlich den Transitverkehr nach Deutschland. Darunter fallen die kriegswichtigen Lieferungen des italienischen Schwefels und der amerikanischen Baumwolle.

Die Kampfhandlungen auf dem italienischen Kriegsschauplatz spielen sich unter anderem zwei Jahre lang in elf Schlachten am Isonzo ab. Weitere wichtige Operationen sind Großangriffe der italienischen 1. und 3. Armee gegen die Brückenköpfe von Görz und die Doberdo-Hochfläche im westlichen Teil des Karstplateaus. Im Jahre 1915 toben allein vier Isonzoschlachten. Am 23. Juni 1915 leitet heftiges italienisches Artilleriefeuer die erste Isonzoschlacht ein. Dort, an der Südwestfront, sind die k.u.k. Verbände weitgehend gefestigt und abwehrbereit.

Die in einer Stärke von rund 100000 Mann im Raum Görz und Monfalcone anstürmenden Italiener sind zwar zahlenmäßig doppelt so stark wie der Gegner und artilleristisch dem Südflügel der k.u.k. Armee mehrfach überlegen, doch scheitern alle Angriffe an dem unerschütterlichen Abwehrwillen der österreichisch-ungarischen Soldaten auf dem Plateau von Doberdo.

An der Isonzofront

Sonnabend, 10. Juli 1915. London. Die *Morning Post* veröffentlicht den Bericht eines verwundeten ungarischen Offiziers:

»Die eine Seite des Höhenzuges halten die Italiener, die andere wir, und mit solcher Erbitterung wird gekämpft, daß ein und derselbe Laufgraben wochenlang immer wieder den Besitzer wechselt. Die Österreicher, Bosniaken und Serben, die die Krnhöhen verteidigen, beweisen durchweg hervorragende Tapferkeit und kämpfen mit Begeisterung. Daß ihnen aber die italienische Artillerie zu schaffen gibt, geht aus der Redensart hervor, die sie allgemein im Munde führen: Der Krn ist nicht mehr so hoch wie früher, der Gipfel ist ihm abgeschossen.

Schwindel kennen unsere Leute nicht. Auf jähen Steilstürzen, vor denen in Friedenszeiten der waghalsigste Tourist zurückschrecken würde, sieht man jetzt Kanonenschlünde unablässig Feuer speien. Noch höher hinauf kleben die Unterstände der Reservetruppen wie Schwalbennester an den Felswänden, und ganz oben, auf Gipfeln, die nur noch mit Ferngläsern wahrnehmbar sind, ziehen die Laufgräben. Siebentausend Fuß hoch liegen die Stellungen.

Man kämpft hier über den Wolken in verzweiflungsvollstem Handgemenge am Rande steiler Abstürze, die von uns wie von den Italienern gleicherweise die Todeswände genannt werden. Das Klima allerdings ist durchaus nicht nach dem Geschmack unserer Leute. Bei Tag herrscht die unsinnigste Hitze, bei Nacht eine Kälte, die kaum zu ertragen ist. Alle sind mit schweren Pelzmänteln und Decken ausgerüstet und frieren doch die ganze lange Nacht hindurch. Sie müssen der fürchterlichen Kälte wegen viel häufiger abgelöst werden als die Mannschaften irgendeiner anderen Front, zumal hier fast ausschließlich nur tagsüber gekämpft wird und jeder einzelne Angriff mit einem Bajonettgefecht endet. Nachts sind Freund und Feind die Hände derart steif, daß kein Mensch an anderes denkt, als wie er sich erwärmen kann. Ein stillschweigendes Abkommen herrscht zwischen den beiden Gegnern auf dem Krn: sich nachts in Frieden zu lassen.

Auch die Verpflegung der Truppen bietet größte Schwierigkeiten; sie sind zum Teil auf Konservenkost angewiesen, da man Fahrküchen auf diese Höhen unmöglich hinaufbringen kann. Außerdem sind die Mannschaften mit Kochkisten versehen. Ferner stellt die Tatsache, daß das Wasser mit Tragtieren herangeschleppt werden muß, große Anforderungen an die Genügsamkeit der Truppen. Als Unterkunft sind natürlich nur Freilager unter Zelten möglich, da ja in dieser Region auch kein Holz mehr aufzutreiben ist.

Ganz nahe liegen sich streckenweise die Laufgräben, so daß man deutlich die Unterhaltungen hört, das Klappern der Schüsseln und das Stöhnen der Verwundeten vernimmt. Aber nie bahnt sich ein freundschaftlicher Verkehr an, wie er sich so häufig auf der russischen Front entwickelt hat. Unsere Leute hassen den Feind aus tiefster Seele. Wenn die Italiener mit ihrem: Avanti! vorstürzen, schreien ihnen die unseren im Chor zu: Avanti! Avanti! Heraus mit euch, ihr Halunken!«

Nach Ablösung der abgekämpften italienischen Verbände beginnt am 17. Juli 1915 die zweite Großoffensive an der Isonzofront. Auch jetzt versuchen die Italiener, die Stellungen im Brückenkopf von Görz und auf der Doberdo-Hochfläche zu stürmen. Die italienische Infanterie kann zwar den Monte San Michele erobern, doch ist bereits am

Tag für Tag ist das Echo der Schüsse, Salven und der Granateinschläge zu hören. Hier ein Maschinengewehr der k.u.k. Truppen in Feuerstellung

Sie haben jetzt etwas Ruhe: k.u.k. Verbände nach ihrer Ablösung. Sie sind noch einmal glimpflich davongekommen: k.u.k. Soldaten warten vor einem Lazarett an der Isonzofront

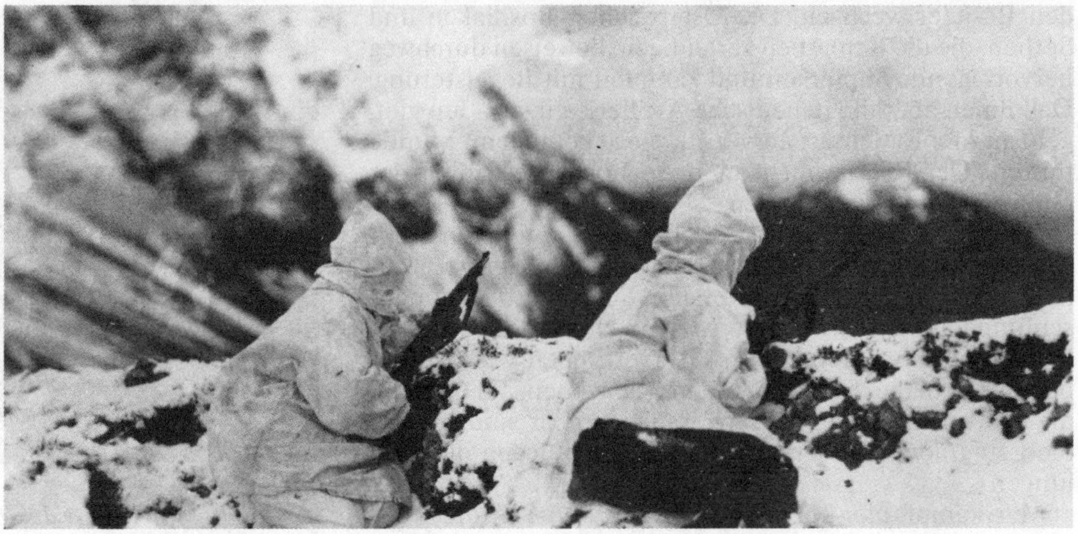

Neben den Anforderungen, die das Gelände an jeden einzelnen stellt, kommt noch die Unbill des Wetters hinzu: Hochgebirgsposten bei eisiger Kälte im Schnee

nächsten Tag die wichtige Höhe wieder in den Händen der k.u.k. Soldaten. Bis zum 10. August 1915 scheitern alle Durchbruchsversuche der Italiener. Den 78000 Mann der österreichisch-ungarischen Truppen gelingt es immer wieder, die Angriffe der 250000 Mann starken italienischen Streitkräfte abzuwehren.

Am 18. Oktober 1915 versucht Generalissimus Cadorna, mit einem dritten Großangriff an der gesamten Isonzofront zwischen Krn und dem Meer die österreichisch-ungarischen Verteidigungslinien zu durchbrechen. Ein mit 24 Divisionen und 2 Alpingruppen unternommener Vorstoß der Italiener zwischen Monfalcone und Plava erreicht nur geringe Erfolge, während die gleichzeitig geführten Angriffe gegen Flitsch und Tolmein unter schweren Verlusten auf beiden Seiten abgewiesen werden. Auch dieser Durchbruchsversuch endet am 4. November 1915 mit einem Abwehrerfolg der k.u.k. 5. Armee.

Nach sechs Tagen Ruhe gehen die Italiener am 10. November 1915 zu einer neuen, der vierten Offensive an der Isonzofront über. Selbst ein gewaltiger Ansturm gegen die Hochebene von Doberdo bringt auch diesmal keinen strategischen Erfolg. Görz wird inzwischen durch italienisches Artilleriefeuer fast völlig zerstört. Erst der Einbruch des Winters, auf den die italienischen Truppen nicht ausreichend vorbereitet sind, veranlaßt Cadorna, die Operation einzustellen. Das bis dahin unbekannte Flüßchen wird in den nächsten Monaten weiterhin zum Schauplatz mörderischer Kämpfe. In den vier ersten Isonzoschlachten verlieren die Italiener etwa 175000, die Österreicher rund 123000 Mann.

Die einzelnen Isonzoschlachten unterscheiden sich kaum voneinander: erst eine tagelange, sich von Schlacht zu Schlacht steigernde Artillerievorbereitung, danach Übergang zum Angriff mit Bajonettkämpfen. Den örtlichen Vorstößen in die österreichisch-ungarische Front folgen meist sofortige Gegenangriffe. Es gelingt daher dem Feind nicht, die österreichischen Stellungen zu durchbrechen und Görz, das Hauptziel aller Angriffe, einzunehmen. Dar-

Die Skijäger gehören zu den Verbänden, die die Hauptlast im Hochgebirge zu tragen haben: Angehörige einer österreichischen Ski-Division machen sich bereit zum Aufbruch

über hinaus sind die sehr geringen Geländegewinne von nur einigen Dutzend Kilometern mit enormen Verlusten verbunden. Die österreichischen Verluste entstehen meist durch gegnerischen Artilleriebeschuß auf fast deckungslose Felsvorsprünge. Da jedoch Menschen- und Materialreserven der k.u.k. Kräfte sehr beschränkt sind, wiegen sie doppelt schwer.

Ebensowenig erfolgreich sind begrenzte Angriffe der italienischen Truppen an anderen Frontabschnitten, wie zum Beispiel gegen die Befestigungswerke von Vielgereuth-Lafraun (Folgaria-Lavarone), die eine strategisch wichtige Verbindung nach Trient decken, dann im Gebiet von Cortina d'Ampezzo, in den Karnischen Alpen gegen den Plöckenpaß sowie bei Flitsch und Tolmein.

Wegen der für 1916 geplanten weiteren Kriegführung kommt es wiederholt zu Auseinandersetzungen zwischen der deutschen Obersten Heeresleitung (OHL) und dem österreichisch-ungarischen AOK, das seit Anfang Dezember 1915 darauf drängt, erst den schwächsten Gegner Italien gemeinsam auszuschalten und danach Frankreich in die Knie zu zwingen. Dieser Plan entspricht ausschließlich den Interessen der Donaumonarchie, die durch einen großen militärischen Erfolg die innere Krise überwinden will. Doch General von Falkenhayn, der sich gerade Mitte Dezember endgültig für die Operation bei Verdun entschieden hat, lehnt das Ansinnen entschieden ab, weil er »einen Sieg über Italien nicht für kriegsentscheidend« hält.

Die Erfolge im Jahr 1915 verdanken die Mittelmächte wesentlich der gemeinsamen Planung. Für 1916 dagegen verzichtet man darauf und bereitet getrennte Operationen auf zwei verschiedenen Kriegsschauplätzen vor: die Deutschen bei Verdun gegen Frankreich und die Österreicher in Südtirol gegen Italien. Damit sind ihre Erfolgsaussichten gleich Null.

Sozusagen der Kontrahent Kaiser Franz Josephs I.: Italiens König Viktor Emanuel

Mit welchen Mühen der Krieg im Hochgebirge verbunden ist, zeigt dieses Bild, aufgenommen im Tiroler Kampfgebiet: Ein italienisches Geschütz wird in eine Bergstellung gebracht

DER SEEKRIEG 1915

BLOCKADE DER ENGLÄNDER

Um die Übermacht Großbritanniens zu schwächen, ist dem deutschen Admiralstab nahezu jedes Mittel recht

Im Verlauf des Jahres 1915 verschlechtert sich das Kräfteverhältnis in der Nordsee drastisch zum Nachteil der Kaiserlichen Kriegsmarine: Während die deutsche Flotte lediglich zwei neue Schlachtschiffe, einen Schlachtkreuzer sowie sechs Kreuzer in Dienst stellt, erhält die Royal Navy dagegen neun Schlachtschiffe, einen Schlachtkreuzer und neunzehn Kreuzer. Die Engländer können auch weiterhin die Seeherrschaft behaupten, ohne einen einzigen Schuß auf die deutsche Hochseeflotte abzufeuern. Sie sperren, wie bereits im Herbst 1914, die Nordseeausgänge durch Fernblockade, sichern den Transport neuer Truppenkontingente sowie deren Nachschub an die Westfront und patrouillieren ständig in den Küstengewässern. Den für die Mittelmächte unerträglichen Blockademaßnahmen der britischen Regierung will die deutsche Führung energisch begegnen und nicht mehr länger zusehen, wie die Royal Navy unbeschadet ihre Ziele verfolgt.

Daher regt der Chef des Admiralstabes, von Pohl, in seiner Denkschrift vom 7. Januar 1915 an, in absehbarer Zeit den uneingeschränkten U-Boot-Handelskrieg zu eröffnen, ferner London und andere wichtige britische Städte mit Marineluftschiffen anzugreifen, systematische Vorstöße der Hochseeflotte in die Nordsee zu veranlassen sowie vor der flandrischen Küste mit Minenträgern und U-Booten einen Kleinkrieg zu reaktivieren.

Am 23. Januar 1915 erteilt der Chef der deutschen Hochseestreitkräfte, Admiral von Ingenohl, den Befehl für einen Vorstoß der I. und II. Aufklärungsgruppe mit drei modernen Schlachtkreuzern und zwei Zerstörerflottillen in das Gebiet der Doggerbank. Ziel ist es, die dort vermutlich patrouillierenden leichten englischen Aufklärungskräfte zu vernichten. Es soll jedoch keineswegs das Risiko eingegangen werden, mit Einheiten der britischen Schlachtflotte zusammenzustoßen. Die britische Admiralität wird aber, dank des gebrochenen deutschen Marine-Codes, von der Funkaufklärung über dieses Vorhaben informiert und befiehlt Admiral Beatty, mit fünf modernen Schlachtkreuzern, die über 34,3-cm-Geschütze verfügen, in die Nähe der Doggerbank vorzustoßen. Auch die gesamte Grand Fleet wird in Marsch gesetzt für den Fall, daß das Gros der deutschen Hochseestreitkräfte angreift.

Nördlich vom schottischen Festland. Orkney-Inseln, in einer Bucht vor Scapa Flow: Der Kapitän dieses deutschen Torpedobootzerstörers hat die Selbstversenkung befohlen. Wie diesem Zerstörer ergeht es vielen Schiffen Seiner Majestät des Kaisers im Jahr 1915, sei es durch Feindeinwirkung, sei es auf diese Weise

Das Gefecht an der Doggerbank. Rechts: Das deutsche II. Geschwader mit den Schiffen der »Deutschland«-Klasse (im Vordergrund) greift an – und kurz danach sprechen die schweren Geschütze: Es folgt Salve auf Salve (rechte Seite). Am Ende kentert, schwer getroffen, der Panzerkreuzer »Blücher« (unten) und sinkt kurze Zeit später

Als am 24. Januar 1915 plötzlich das britische I. und II. Schlachtkreuzergeschwader auftaucht, drehen die deutschen schweren Einheiten nach Südosten ab. Sofort eröffnen die britischen Schlachtkreuzer das Feuer, und es entwickelt sich an der Doggerbank ein Verfolgungsgefecht. Es ist der größte Zusammenstoß in der Nordsee seit Beginn des Krieges. Der Feuerwechsel findet auf einer Entfernung von über 8 Seemeilen (15 km) statt. Durch Übermittlungsfehler im Signalsystem richten die britischen Schlachtkreuzer ihr konzentriertes Feuer auf den alten Panzerkreuzer »Blücher«. Das in Brand geschossene Schiff kentert und sinkt innerhalb kurzer Zeit. Inzwischen können die anderen deutschen Schlachtkreuzer jedoch entkommen.

Seegefecht an der Doggerbank

Sonntag, 24. Januar 1915. Amtliche deutsche Meldung:

»Bei einem Vorstoß S. M. Panzerkreuzer ›Seydlitz‹, ›Derfflinger‹, ›Moltke‹ und ›Blücher‹ in Begleitung von vier kleinen Kreuzern und zwei Torpedobootsflottillen in die Nordsee, kam es vormittags zu einem Gefecht mit englischen Streitkräften in der Stärke von fünf Schlachtkreuzern, mehreren kleinen Kreuzern und 26 Torpedobootzerstörern. Der Gegner brach nach drei Stunden 70 Seemeilen West-Nordwest von Helgoland das Gefecht ab und zog sich zurück. Nach bisheriger Meldung ist auf englischer Seite

Das Gefecht an der Doggerbank. Der deutsche Panzerkreuzer »Moltke« feuert aus allen Rohren. Auch die »Seydlitz« (unten) ist an dem Gefecht beteiligt

In voller Fahrt: Die »Indomitable«. Sie gehört zum britischen Geschwader vor der Doggerbank

Korvettenkapitän Erdmann, der Kommandant der »Blücher«. Kapitän zur See war er nicht, wie die britische Meldung irrtümlich behauptet

ein Schlachtkreuzer, von unseren Schiffen der Panzerkreuzer ›Blücher‹ gesunken. Alle übrigen deutschen Streitkräfte sind in die Häfen zurückgekehrt.«

Versenkung der »Blücher«

Donnerstag, 4. Februar 1915. Bericht eines Augenzeugen von der »Arethusa«:

»Das Schiff war kaum zu verfehlen, da es fast still lag. Ein zweiter Torpedo traf die ›Blücher‹ voll mittschiffs. Die Mannschaft hielt sich schneidig bis zum letzten Augenblick. Wir sahen die Besatzung auf Deck aufgestellt und salutierend. Es war ein packender Anblick. Jeder, der einiges Gefühl besaß, mußte eine solche Kaltblütigkeit bewundern. Als wir den zweiten und letzten Torpedo losgelassen hatten, wußten wir, daß das Ende schnell kommen mußte, und fuhren bis auf 200 Meter an die ›Blücher‹ heran. Die Mannschaft wäre stramm salutierend in den Tod gegangen, wenn wir nicht Sirenenwarnungssignale gegeben hätten.

Einer der Offiziere rief auf deutsch hinüber, was vor sich ging. Die Deutschen verstanden es und schwenkten die Mützen, riefen Hurra und sprangen über Bord. Wir verloren keinen Augenblick, sondern warfen sofort zahlreiche Planken über Bord, an denen sie sich festhielten, bis sie unsere Boote auffischten. Inzwischen hatte unser Torpedo sein Ziel erreicht, das Schiff versank in den Fluten. Der Kommandant der ›Blücher‹, Kapitän zur See Erdmann, der sich unter den Geretteten befand, starb wenige Tage darauf an Lungenentzündung. Er wurde in Edinburgh mit militärischen Ehren beigesetzt.«

Nach dieser leichtfertigen Operation, die weitaus tragischer hätte enden können, wird Anfang Februar 1915 der bisherige Flottenchef Ingenohl durch Admiral von Pohl abgelöst. Die Stelle des Admiralstabschefs übernimmt Admiral Bachmann, der sofort allen größeren deutschen Kriegsschiffen strikten Befehl erteilt, sich nicht weiter als 100 Seemeilen von der Deutschen Bucht zu entfernen. Außerdem werden jetzt die Panzerung der Turmschächte und der Schutz vor Kartuschbränden verbessert. Die Großeinheiten der Royal Navy dagegen erhalten zentrale Feuerleitsysteme.

Im Januar 1915 fordert die deutsche Marineführung immer eindringlicher die Eröffnung des U-Boot-Krieges. Man ist davon überzeugt, auf diese Weise das vom Lebensmittel- und Rohstoffimport abhängige Großbritannien am schnellsten zu bezwingen. Doch diese Idee ist unrealistisch und kaum durchführbar: Im Februar 1915 stehen der Marine für den Einsatz gegen England lediglich 21 U-Boote zur Verfügung, darunter acht ältere mit begrenztem Aktionsradius. So können im Durchschnitt nur drei »Blockadestationen« mit jeweils einem U-Boot vor der britischen Westküste stehen. Der Grund dafür: Da fast zwei Drittel des gewöhnlich 17 Tage dauernden Einsatzes auf die An- und Abfahrt entfallen, ist ein Großteil der U-Boote durch die Besetzung der »Blockadestationen« gebunden, zumal ein weiterer Teil der U-Boote zwischenzeitlich überholt wird.

Trotzdem erwartet man in Berlin, daß die beabsichtigte Lahmlegung der britischen Wirtschaft durch rücksichtsloses Vorgehen der U-Boote und durch ihre beängstigende Wirkung auf die britische und neutrale Schiffahrt zu erreichen ist. Der Admiralstab schreckt auch nicht davor zurück, den U-Boot-Krieg uneingeschränkt zu führen, also unter vorsätzlicher Mißachtung des geltenden Völkerrechts.

Am 4. Februar 1915 erfolgt die offizielle Ankündigung des U-Boot-Krieges. Zur »Kriegszone« werden die Gewässer um Großbritannien erklärt. Da hier ab dem 18. Februar 1915 sämtliche Handelsschiffe versenkt werden sollen, wird die neutrale Schiffahrt vor dem Befahren dieses Seegebietes gewarnt. Der Befehl für die U-Boot-Kommandanten sieht denn auch keine unterschiedlichen Hinweise auf feindliche oder neutrale Schiffe vor, sondern es wird darin von allen Schiffen gesprochen, die englische Häfen ansteuern oder verlassen.

Die deutsche Marine verstärkt den U-Boot-Krieg: U 35 torpediert einen Dampfer auf hoher See – Folge der offiziellen Ankündigung unter dem neuen Flottenchef, Admiral von Pohl

Vier Tage später laufen die ersten U-Boote zum Einsatz aus. Der Admiralstab muß jedoch wegen energischer Proteste der neutralen Staaten, besonders der USA, gewisse Einschränkungen vornehmen. So sollen italienische und amerikanische Passagierdampfer nach Möglichkeit geschont werden.

Zwischen Februar und September 1915 ähnelt die Taktik der deutschen U-Boote im allgemeinen der Prisenordnung: Die meisten Schiffe werden von aufgetauchten U-Booten gestoppt und durch Artillerie oder Sprengladungen versenkt, nachdem die Besatzungen von Bord sind. Nur in seltenen Fällen findet keine Untersuchung nach Prisenordnung statt – hier wird denn auf das weitere Schicksal der Besatzung keine Rücksicht genommen.

Seeraid auf die Dardanellen

Unterdessen beginnt am 19. Februar 1915 bei Gallipoli die erste Phase der größten amphibischen Operation alliierter Seestreitkräfte mit dem Beschuß der Dardanellen-Außenforts. Die englisch-französische Flotte, bestehend aus acht englischen und vier französischen Linienschiffen, drei Kreuzern, achtzehn Torpedo- sowie zwei Unterseebooten und dem ganz neuen Großkampfschiff »Queen Elizabeth«, soll mit ihren weittragenden Schiffsgeschützen die nur schwach bewaffneten Erdwerke zerstören, um ein Durchfahren der Meerenge zu erzwingen. Doch mit dem ersten Angriff werden nur wenige Batterien ausgeschaltet, so daß die Türken beim Näherkommen der Flotte dem Gegner unverhofft mehrere Treffer beibringen können.

Am 25. Februar 1915 erfolgt der nächste schwere Angriff von See her, bei dem die Außenwerke der Dardanellen niedergekämpft werden, aber die »Agamemnon« und zwei andere Panzerschiffe sind durch türkisches Abwehrfeuer so stark beschädigt worden, daß sie sich zurückziehen müssen.

In den folgenden Tagen wird von einigen Schiffen die Beschießung nur auf weite Entfernung fortgesetzt, da sie bei Näherkommen festgestellt haben, daß die türkischen Batterien immer noch gefechtstüchtig sind.

Nachdem die Außenwerke zum Schweigen gebracht sind, unternehmen die Alliierten am 3. und 4. März 1915 die ersten Landungsversuche bei Sedd-ül-Bahr und bei Kum Kale. Durch die völlig unerwartete türkische Gegen-

U-Boot-Piraterie: Die Zeichnung zeigt die Evakuierung der Besatzung der »Linda Blanche« – wenige Minuten später wird das Schiff zerstört

wehr müssen sich allerdings die Landetruppen unter großen Verlusten wieder zurückziehen.

Trotzdem glaubt das Oberkommando der alliierten Flotten, daß die Dardanellen-Außenforts schwer beschädigt sind und nun der Einbruch in die Meeresstraße gewagt werden kann. Außerdem verfügt man jetzt in diesen Gewässern über 38 englische Schlachtschiffe mit 212 Geschützen, Kaliber 30,5 cm, über weitere 20 französische Schiffe mit 106 Geschützen gleichen Kalibers, und die »Queen Elizabeth« hat dazu noch acht Kanonen, Kaliber 38 cm, sowie zwölf 15,5-cm-Geschütze.

Der am 18. März 1915 um 11.30 Uhr begonnene Vorstoß in die Meeresstraße endet gegen Abend – dank der Treffsicherheit der türkischen Artillerie – für die alliierten Seestreitkräfte mit einem Desaster: Die Schiffe können sich unter einem Hagel von Geschossen nur mit Mühe zum Ausgang der Dardanellen zurückziehen.

Fiasko bei Gallipoli

Donnerstag, 25. März 1915. Der Sonderberichterstatter des »Wolffschen Büros« meldet:

»Die Alliierten fuhren um 11½ Uhr vormittags in den Dardanelleneingang ein und warfen Geschosse schwersten Kalibers zunächst nach Tschanak Kale. Um ½1 Uhr erreichte das Feuer seinen Höhepunkt. Es war jetzt konzentriert auf die Forts Tschimelik, Hamidije und die umliegenden befestigten Plätze.

Nach 1 Uhr flaute der Kampf zeitweilig ab, wurde aber bald darauf von der ganzen Flotte mit solcher Heftigkeit wieder aufgenommen, daß die Forts in Rauchwolken zeitweilig verschwanden. Um 2 Uhr nachmittags wird das französische Linienschiff ›Bouvet‹ getroffen, das mit dem Heck zu sinken begann, während der Bug sich hoch zum Himmel reckte.

Die Mannschaften der türkischen Forts, deren Kampfesmut aufs Höchste entfacht war, brachen in brausende Hurrarufe aus. Torpedoboote und andere Fahrzeuge eilten dem sinkenden Schiff zu Hilfe, konnten aber nur wenige Leute retten, da das Schiff rasch unterging. Ein Torpedoboot und ein Minensucher versanken gleichfalls von Haubitzgeschossen getroffen.

Wenige Minuten später sahen wir Korrespondenten, wie ein britisches Schiff von einem türkischen Geschoß auf dem Vorderdeck getroffen wurde. Mit gekapptem Mast, der im Gewirr der Takelage über Bord hing, versuchte das Schiff den Ausgang der Dardanellen zu gewinnen, was offenbar infolge eines Maschinenschadens von Sekunde zu Sekunde schwerer wurde. Gleich darauf erhielt ein anderes britisches Schiff einen Volltreffer auf Deck mittschiffs und mußte sich vom Kampfplatz entfernen.

Um 4 Uhr 45 Minuten mußte sich ein drittes britisches Kriegsschiff schwer beschädigt unter rasendem Feuer der türkischen Batterien aus dem Gefecht zurückziehen. Aber der schwerste Schlag für die Alliierten war, als sich das britische Schlachtschiff ›Irresistible‹ um 6 Uhr gezwungen sah, von vier Haubitzen getroffen, in der Bucht von Dardanos innerhalb des Feuerbereichs der türkischen Batterien auf Strand zu laufen.

Der alliierte Angriff auf die Dardanellen. Zwar gelingt es der »Queen Elizabeth«, einige schwach bewaffnete Erdwerke zu zerstören (links), auch werden die britischen Verbände durch französische Kriegsschiffe unterstützt (Mitte), doch am Ende scheitert diese Operation unter zahlreichen Verlusten am heftigen Widerstand der türkischen Verteidiger (rechts sinkt das britische Schlachtschiff »Irresistible«)

Eine volle Stunde lang versuchten die Alliierten, mit ihren Geschützen das der Vernichtung geweihte Schlachtschiff zu decken, bis acht Volltreffer die Aussichtslosigkeit all dieser Bemühungen besiegelten. Es versank 7 Uhr 30 Minuten abends, nachdem ein Teil der Besatzung gerettet worden war. Auch das englische Kriegsschiff ›Ocean‹, das steuerlos im äußeren Teil der Meerenge trieb, konnte nicht abgeschleppt werden und versank. Ein weiteres Kriegsschiff, die ›Gaulois‹, die nach Tenedos abgeschleppt wurde, ist später ebenfalls gesunken ... «

Im März 1915 erklären Paris und London im Rahmen ihrer »Hungerblockade«, daß sie den gesamten Schiffsverkehr von und nach den Häfen der Mittelmächte sowie jede Ein- und Ausfuhr der Mittelmächte über neutrale Häfen unterbinden werden. Den Reedereien der neutralen Staaten erscheint die Blockadepolitik der Entente weniger geschäftsschädigend zu sein als die Verluste durch den U-Boot-Krieg der Mittelmächte. Seine rücksichtslose Form stößt in der Weltöffentlichkeit auf schärfste Proteste.

Ende März 1915 wird das in der Nordsee operierende U-Boot U 29 (KptLt. Weddigen) von einem unter schwedischer Flagge fahrenden britischen Hilfskreuzer angegriffen und gilt seitdem als vermißt. Der von Freund und Feind geachtete Kommandant Weddigen hat es als erster verstanden, sein Tauchboot als Offensivwaffe auf hoher See gegen feindliche Panzerschiffe einzusetzen.

An einem Tag gelingt es ihm sogar, innerhalb von 30 Minuten drei englische Panzerkreuzer zu versenken. Anschließend fügt er auf seiner Fahrt um das ganze britische

Inselreich der englischen Handelsflotte schweren Schaden zu. Über seine Massenversenkungen veröffentlicht selbst die englische Presse ausführliche Kommentare.

U 29 auf Kaperfahrt

Montag, 5. April 1915, London. Kapitän Malley von der »Andalusien« berichtet in der *Daily News:*

»... Ich war der letzte, der unser Schiff verließ. Bevor ich eines der Boote bestieg, quetschte ich mir meine Seite. Als die Offiziere des Unterseeboots dies sahen, baten sie mich, das Rettungsboot zu verlassen und an Bord des Unterseeboots zu steigen. Das tat ich denn auch, und in Kapitän Weddigens ›Kleiner Schachtel‹, wie er seine Kajüte nannte, wurde ich von der Mannschaft verbunden. Man fand, daß ich eine Rippe gebrochen hatte, und begegnete mir infolgedessen mit aller möglichen Rücksicht. Kapitän Weddigen lud mich zu Zigarren und Portwein ein, und ich benutzte diese Gelegenheit, um dem Offizier so höflich wie möglich auseinanderzusetzen, was meine Meinung über die deutsche Politik den englischen Handelsschiffen gegenüber sei.

›Es war unsere Pflicht‹, antwortete Weddigen gleichgültig, ›aber wir wollen auch gar nicht Zivilpersonen töten, denn es sind die Schiffe und nicht die Menschen, die wir vernichten.‹ Während wir so dasaßen und uns unterhielten, kam es mir so vor, als kannte ich das Gesicht des Kapitäns nach Bildern, die ich gesehen hatte, und fragte ihn: ›Waren Sie nicht der Kapitän des Unterseeboots, das drei englische Kreuzer in der Nordsee versenkt hat?‹ – ›Richtig‹, antwortete er ernst. ›Ich hatte damals das Kommando über ›U 9‹, aber jetzt bin ich der Kommandant von ›U 29‹.‹

Inzwischen war die Besatzung der ›Andalusien‹ aus den Booten, die das Unterseeboot ins Schlepptau genommen hatte, an Deck desselben befohlen worden und stand nun dort dicht zusammengedrängt. Die Offiziere des Unterseeboots gaben der Mannschaft Zigarren. Keiner von den Deutschen war uns gegenüber unliebenswürdig. Die Freundlichkeit der Deutschen erreichte ihren Höhepunkt, als wir schieden. Das Unterseeboot holte eine französische Bark ein, und nachdem diese zum Halten gezwungen worden war, erhielten wir den Befehl, in die Boote zu gehen, um mit diesen an Bord des französischen Schiffes zu rudern. Mein Gespräch mit Kapitän Weddigen war wohl die letzte Unterredung, die jemand mit ihm gehabt hat.«

Am Freitag, dem 7. Mai 1915, erteilt Kapitänleutnant Walther Schwieger, Kommandant des deutschen U-Bootes U 20, den folgenschwersten Angriffsbefehl des Ersten Weltkrieges, der weltweit Aufsehen erregt und eine Wende einleitet, die zwei Jahre später den Kriegseintritt der USA bewirkt, was entscheidend zum Sieg der Alliierten beitragen sollte ...

In Sichtweite der irischen Küste erblickt Kapitänleutnant Schwieger um 14.20 Uhr den britischen Luxusliner »Lusitania« zum erstenmal durch das Periskop. Doch er bezweifelt, ob er das schnelle, aus Südsüdwest kommende Schiff stellen kann. Da dreht plötzlich der Riesendampfer nach Steuerbord, um Kurs auf die irische Küste zu nehmen. Um 15.10 Uhr befindet sich die »Lusitania« in der Schußlinie von U 20. Das Torpedo trifft die Steuerbordseite dicht hinter der Kommandobrücke.

Die Katastrophe wäre wahrscheinlich zu vermeiden gewesen, hätte dort tatsächlich die in den Schiffspapieren genannte Fracht gelegen. Statt dessen befinden sich an dieser Stelle Munitionsmagazine, die kurz darauf in die Luft fliegen und den Untergang des Schiffes letztlich ver-

Deutsches U-Boot auf Feindfahrt

7. Mai 1915. Nachdem der Luxusliner »Lusitania« (unten) um 14.20 Uhr zum erstenmal durch das Periskop (links) gesichtet wird, gibt Kapitänleutnant Walther Schwieger von U 20 um 15.10 Uhr den Befehl, das Schiff der Cunardlinie zu torpedieren

ursachen. Hunderte von Menschen stürzen durcheinander, die Rettungsboote reißen ab, und die »Lusitania« versinkt innerhalb von 18 Minuten. Jetzt entbrennt ein Streit um die Frage, ob die Versenkung der »Lusitania« eine legale Kriegshandlung oder ein Massenmord auf See war.

Die Fracht: Jägermunition

Schon der Bau des Riesendampfers ist als militärischer Akt anzusehen: Im Jahr 1903 schließt die britische Admiralität mit der Schiffahrtsgesellschaft »Cunard Steamship Company« ein Geheimab-

Captain William Turner, der Kommandant der »Lusitania«

kommen, das die Firma verpflichtet, zwei Passagierschiffe für Kriegszwecke zu bauen. Die Admiralität übernimmt sämtliche Kosten, und die Schiffahrtsgesellschaft verspricht, ihre ganze Dampferflotte im Kriegsfall der Royal Navy zu unterstellen. Der Chefkonstrukteur von »Cunard«, Leonard Peskett, entwirft nach Weisung der Admiralität das größte und schnellste Schiff der damaligen Zeit: 239 Meter lang, 26,8 Meter breit, 11 Meter tief, 25 Knoten schnell, 30400 BRT. Das Schiff wird auf den römischen Namen für Portugal getauft: »Lusitania«.

Seit der Jungfernfahrt am 7. September 1907 erwirbt sich das Passagierschiff auf der Linie Liverpool–New York rasch den Ruf des schnellsten Atlantik-Überquerers und den Namen »Windhund der Meere«. Die »Lusitania« schafft die Überfahrt in viereinhalb Tagen und entreißt damit dem Hamburger Schnelldampfer »Deutschland« die Trophäe für die schnellste Europa-Amerika-Fahrt, das »Blaue Band«.

Bereits im Februar 1913 bringt sich die Admiralität wieder in Erinnerung: Der Erste Lord der Admiralität, Marineminister Winston Churchill, läßt die Cunardlinie wissen, daß sich die Stunde der Bewährung nähere, denn »der Krieg gegen Deutschland ist sicher – spätestens im September 1914 wird er ausbrechen«.

Die »Lusitania« kommt unter strenger Geheimhaltung am 12. Mai 1913 zur Ausrüstung in ein Trockendock des Liverpooler Hafens. Dort werden vor allem die Bordwände besonders armiert und zwei Munitionskammern eingebaut. Schutz- und Oberdecks erhalten Panzerplatten, außerdem werden Pulvermagazine und Halterungen für Granaten eingebaut. Als letztes montiert man zwölf 15-cm-Schnellfeuergeschütze, die nach außen sorgfältig abgeschirmt sind.

Am 17. September 1914 wird die »Lusitania« als »Bewaffneter Hilfskreuzer« in das Flottenregister der britischen Admiralität aufgenommen. Eine Woche später erfährt Captain William Turner von der Admiralität, sein Schiff »Lusitania« habe die Aufgabe, in einem Schnelldienst zwischen New York und Liverpool Kriegsmaterial aus den USA nach England zu bringen. Den jeweiligen Kurs werde die Admiralität festlegen, ein Sonderstab in New York schaffe die Munition heran.

Um die deutschen Kriegsschiffe zu täuschen – so lauten die Befehle –, werde das Schiff weiterhin Passagiere befördern und jetzt unter amerikanischer Flagge fahren. Sollte aber ein deutsches U-Boot versuchen, die »Lusitania« zu stoppen, so habe der Kapitän unverzüglich das Feuer auf den Gegner zu eröffnen.

In New York muß Turner bald feststellen, daß das Verladen von Munition Schwierigkeiten bereitet: Die neutralen USA haben die Ausfuhr von Kriegsmaterial auf Passagierschiffen verboten. Und die New Yorker Hafenbehörde läßt Schiffe nur dann auslaufen, wenn sie zuvor den Inhalt ihrer Fracht auf einer detaillierten Ladeliste angegeben haben. Doch der britischen Admiralität gelingt es, den US-Zoll zu hintergehen: Ihre Leute entdecken, daß eine bestimmte Munitionssorte passieren darf, wenn sie als »Jagdgewehrpatronen« deklariert ist. Daraufhin lädt die »Lusitania« nur noch Jägermunition.

Auch die strikte Anweisung, vor dem Auslaufen die Ladeliste vorzulegen, umgehen die Engländer: Sie zeigen zunächst eine angeblich vorläufige, in Wahrheit aber gefälschte Liste vor und reichen später, wenn das Schiff längst den Hafen verlassen hat, die authentischen Ladepapiere nach. Mit derartigen Tricks kann die »Lusitania«, der beste Dampfer der Cunardlinie, so manche Munitionsladung sicher nach England transportieren und wird zunehmend zu einem immer wichtigeren Faktor der britischen Munitionsbeschaffung. Da tritt plötzlich das ein, was London schon seit langem befürchtet hat: Der deutsche Admiralstab geht zum U-Boot-Krieg gegen England über.

Bei Kriegsausbruch haben sowohl die Kaiserliche Marine als auch die Royal Navy die Wirksamkeit der U-Boote als Offensivwaffe unterschätzt. Sie erkennen zwar bald ihren Irrtum, haben aber bis zum Jahresanfang 1915 den

Krieg nach Prisenordnung laut Haager Friedenskonferenz von 1899 und 1907 geführt und keinen Versuch unternommen, Handelsschiffe ohne Vorwarnung zu versenken. Erst auf den wachsenden Druck der britischen Blockade reagieren die Deutschen am 4. Februar 1915 mit der Ankündigung des uneingeschränkten U-Boot-Krieges.

In einer Note an die USA warnt der preußische Außenminister »angesichts des Mißbrauchs neutraler Flaggen« seitens Großbritanniens, daß »Fehler nicht immer zu vermeiden« seien. Daher täten die neutralen Staaten gut daran, ihre Bürger und Waren von feindlichen Schiffen fernzuhalten. Washington reagiert prompt: Falls ein deutsches U-Boot ein US-Schiff oder das Leben amerikanischer Bürger gefährde, würden die USA die deutsche Regierung »streng zur Rechenschaft ziehen«.

Daraufhin will der britische Außenminister Grey von Oberst House, dem Chefberater von US-Präsident Wilson, folgendes wissen: »Was wird Amerika tun, wenn die Deutschen ein Passagierschiff mit amerikanischen Touristen versenken?« House zögert keinen Augenblick: »Das würde uns in den Krieg bringen.« – Dies hat Churchill vermutlich bewogen, die »Lusitania« in die Schußlinie deutscher U-Boote zu bringen.

Verwirrende Ereignisse

Die britische Admiralität sieht zumindest keinen Anlaß, die Fahrten der »Lusitania« zu stoppen, und dirigiert den getarnten Hilfskreuzer Mitte April 1915 erneut nach New York. Am Pier 54 lädt der Schnelldampfer weitaus mehr Kriegsmaterial und nimmt mehr Passagiere an Bord als auf den Reisen zuvor: 1248 Kisten mit 7,5-cm-Granaten, 4927 Kisten mit Gewehrpatronen, 2000 Kisten mit weiterer Munition für Handfeuerwaffen. Zusammen gut 10,5 Tonnen Sprengstoff. Die Passagierliste zählt 1257 Gäste, darunter 218 Amerikaner.

Am 30. April 1915 ist die »Lusitania« auslaufbereit. Captain Turner meldet sich vor der Abreise beim New Yorker Sonderstab der Admiralität und nimmt dessen Weisungen entgegen: Er soll Kurs auf die Südwestküste Irlands halten. Dort wird er westlich des Fastnet-Felsens von dem Kreuzer »Juno« erwartet, der den Auftrag hat, die restliche Fahrt der »Lusitania« nach Liverpool zu sichern.

Noch ehe das Schiff am 1. Mai 1915 den New Yorker Hafen verläßt, erscheint in den 50 größten Tageszeitungen der USA eine Anzeige der deutschen Botschaft: »Achtung! Reisende, die sich auf Atlantikfahrt einschiffen wollen, werden darauf hingewiesen, daß sich Deutschland und seine Verbündeten mit Großbritannien und seinen Verbündeten im Kriegszustand befindet. Das Kriegsgebiet schließt die Gewässer um die britischen Inseln ein. Nach einer offiziellen Mitteilung der Kaiserlich-Deutschen Regierung laufen Schiffe, die unter der Flagge Großbritanniens oder eines seiner Verbündeten fahren, in diesen Gewässern Gefahr, zerstört zu werden. Wer das Kriegsgebiet auf Schiffen Großbritanniens oder seiner Verbündeten bereist, tut dies auf eigene Gefahr.« Kein einziger Passagier macht jedoch seine Buchung rückgängig.

Der Untergang der »Lusitania« bewegt die Welt. Mit diesem Plakat werden Iren aufgefordert: »Nehmt Rache für die ›Lusitania‹, schließt euch noch heute einem irischen Regiment an«

ÉDITION DE PARIS

Le Matin

Que fait l'Italie?

ROI, MINISTRES, AMBASSADEURS

Rome, 7 mai. 1 h. soir. — Ce matin, à 8 heures un quart, le ministre de la guerre s'est rendu au Quirinal et a conféré avec le roi jusqu'à 8 heures et demie.

UN CRIME ET UNE BÊTISE DE PLUS

Le "Lusitania" torpillé et coulé

Le grand transatlantique anglais a sombré sous les coups des pirates allemands
Quel est le sort des passagers et de l'équipage ?

Londres, 7 mai. — *Dépêche particulière du "Matin".* — Suivant l'*Evening News* et la "Press Association" le *Lusitania* aurait été torpillé à deux heures de l'après-midi, à 8 milles au large d'Old-Head-of-Kinsale.

Le transatlantique aurait coulé à 2 h. 33.

On ignore encore le sort des treize cent treize passagers et des six cent soixante-cinq hommes de l'équipage.

Le torpillage d'un grand navire chargé de deux mille passagers et marins sans armes, de citoyens américains qui n'ont voulu prendre et n'ont pris aucune part à la guerre, de femmes et d'enfants, de ces êtres, en un mot, que tous les peuples civilisés ont coutume de respecter et même de protéger contre tous les périls — un tel crime, commis avec préméditation, froidement, impitoyablement, achève de déshonorer la marine militaire qui le commet, le souverain qui l'a ordonné, le peuple dont la barbarie monstrueuse éclate ainsi aux yeux de tous.

Le *Lusitania* coulé, c'est, dans un triptyque monstrueux, le complément de l'incendie de Louvain et du bombardement de Reims. Mais ce n'est pas aux

Communiqués o
(278° JOUR

Une attaque allemande s'est pro
Argonne, à Bagatelle. Elle a complè
Sur le reste du front, notamme
de Vauquois, violents combats d'art

Dans la nuit de jeudi à vendre
attaques, une à Frise (ouest de Pér
tin de Beauséjour. Il a été repoussé
Le temps, très mauvais dans la
toute action.
Dans l'après-midi simple comb
sur les Hauts-de-Meuse.

CE QUI S'EST PASSÉ SUR LE FRONT

(D'après le communiqué du 7 mai, 15 heures.)

8. Mai 1915.
Wie alle Zeitungen der Welt berichtet auch der Pariser »Le Matin« vom Untergang der »Lusitania«

Die Anzeigenflut alarmiert den britischen Marine-Geheimdienst. Man befürchtet einen Zusammenhang zwischen dieser Veröffentlichung und dem Auslaufen der »Lusitania«. Alle britischen Marinestellen werden sofort angewiesen, nach deutschen U-Booten im Westen und Süden Englands Ausschau zu halten. Diese Order löst jedoch erst das aus, was man verhindern wollte: Der deutsche Marine-Geheimdienst entziffert den Funkspruch und unterrichtet sofort den deutschen Admiralstab, der drei U-Boote (U 20, U 27 und U 30) mit Kurs Irland in Marsch setzt.

Inzwischen weiß auch die britische Admiralität, wo die U-Boote lauern, so daß bereits am 5. Mai 1915 Admiral Oliver dem Ersten Seelord, Marineminister Churchill, anhand der Lagekarte die genaue Position von U 20 erläutern kann. U 20 befindet sich unweit der Stelle bei Fastnet, dem vorgesehenen Treffpunkt, wo der britische Kreuzer »Juno« den Geleitschutz der »Lusitania« übernehmen soll. Oliver versucht Churchill klarzumachen, daß die »Juno« jedem U-Boot-Angriff hilflos ausgeliefert sei und man den Kreuzer zurückbeordern müsse.

Churchill stimmt dem Vorschlag zu: Dank Room 40, so der Deckname der Funkentschlüsselungsabteilung der britischen Admiralität, die bereits seit Dezember 1914 alle abgefangenen Funksprüche der deutschen Marine entziffert, ist er über die feindlichen Aktivitäten gut informiert (im November 1914 hat Churchill angeordnet, daß die entzifferten Funksprüche nur ihm persönlich ausgehändigt werden). Anschließend unterrichtet er den »Chief of the War Staff«, Admiral Oliver, und eine sehr begrenzte Zahl anderer höherer Offiziere des Naval Staff. So ist Churchill der aktuelle Standort jedes einzelnen deutschen U-Bootes bekannt.

Es läßt sich heute nicht mehr belegen, wer für diese folgenschwere Entscheidung verantwortlich gewesen ist. Fest steht nur, daß die Admiralität am Nachmittag des 5. Mai 1915 der »Juno« befohlen hat, ihre Fahrt abzubrechen und nach Queenstown zurückzukehren. Der Befehl hat allerdings fatale Folgen, da die »Lusitania« nicht darüber informiert wird. So steuert der Schnelldampfer schutzlos dem U-Boot U 20 (KptLt. Schwieger) entgegen. Erst als zwei britische Schiffe den Torpedos von U 20 zum Opfer fallen, versucht die Marinestelle Queenstown die »Lusitania« zu warnen: »U-Boote aktiv an der Südküste Irlands.«

Trotz dieser Warnung hält sich Captain Turner an die Weisung, seinen Kurs keinesfalls ohne Genehmigung der Admiralität zu ändern. Die Reaktion der Admiralität: Man funkt Turner irreführende Positionsangaben von U 20 und verschweigt ihm, daß drei Tage zuvor die Liverpool-Route um die Nordküste Irlands freigegeben worden ist. Als Turner schließlich gegen Mittag des 7. Mai den Befehl der Admiralität erhält, nicht Liverpool, sondern Queenstown anzulaufen, gerät sein Schiff unmittelbar in die Schußlinie von U 20. Damit wird die »Lusitania« von der britischen Admiralität direkt vor die Torpedorohre deutscher U-Boote gelenkt, um den Gegner zu einer Tat zu provozieren, die Amerika in den Krieg verwickeln soll.

Da der Ozeanriese über 48 Rettungsboote verfügt, doppelt so viele wie einst die »Titanic«, dazu noch 26 zusammenklappbare Rettungsflöße, ist es den Fischern aus dem nahe gelegenen Queenstown möglich, bis zum Abend 761 Menschen lebend zu bergen, auch Captain Turner, der weit über vier Stunden im kalten Wasser treibt, ehe er gerettet wird. Die übrigen 1198 Passagiere und Besatzungsmitglieder, darunter 124 Amerikaner, sind mit der »Lusitania« untergegangen.

In voller Fahrt: Eine deutsche Torpedobootflottille – neben den U-Booten eine weitere Bedrohung für die englische Flotte

Nach der Katastrophe bezichtigt die britische Admiralität den deutschen Admiralstab des Massenmordes auf See und beschuldigt gleichzeitig Captain Turner, durch seine Kursänderung das Unheil verursacht zu haben. In einem Schreiben der Admiralität an Richter Lord Mersey, der den »Lusitania«-Fall untersucht, wird dem Gericht sogar nahegelegt, Captain Turner als den Hauptschuldigen zu verurteilen.

Der Lord dagegen spricht Turner von jeder Schuld frei. Er ist über die Haltung der Admiralität derart empört, daß er nie wieder das Richteramt ausübt.

Turner bleibt stets dabei, daß er von der Admiralität einige Instruktionen erhalten habe, aber er weigert sich sein Leben lang, etwas über deren Inhalt zu sagen. Und die Akten des Naval Intelligence Department, die sich auf die »Lusitania« und ihre Ladung beziehen, sind im Navy Records Office in Bath aufbewahrt. Sie befinden sich noch immer auf der Geheimliste.

Untergang der »Lusitania«

Donnerstag, 3. Juni 1915. New York. Dr. Howard L. Fisher berichtet in der *New York Times:*

»Ich kann nicht verstehen, wie sich die Cunardlinie oder die englische Admiralität bei dieser Tragödie frei von Vorwurf fühlen können. Ohne ein begleitendes Torpedoboot mußte dieser Riesendampfer seinen Weg durch die gefährliche Zone machen. Wir waren von der deutschen Regierung gerade genügend gewarnt, und ich persönlich möchte nicht, daß mein Land irgendwelche offiziellen Schritte unternimmt. Es ist unwahr, wenn behauptet wird, daß die Passagiere wegen einer etwaigen Gefahr unbesorgt waren.

Ich selbst benutzte den Dampfer, um Zeit zu sparen und weil ich glaubte, daß im Falle der Begegnung mit einer treibenden Mine dieses Riesenschiff größere Aussichten zur Rettung böte als ein kleines. Auch alle Passagiere an Bord glaubten, daß wir im Falle einer Torpedierung Zeit genug haben würden, um uns zu retten. Was die Beamten der Cunardlinie ausgesagt haben, ist mir sehr gleichgültig, aber ich kann durchaus nicht sagen, daß die Disziplin oder die getroffenen Vorsichtsmaßregeln auf der ›Lusitania‹ genügt hätten.

Beim ersten Stoß rannte ich auf die Boote zu, aber kein Offizier war zu sehen; Männer, Frauen und Kinder machten einen wilden Ansturm auf ein Boot und versuchten dies herunterzulassen; aber einige Minuten später zerbrach das Boot krachend an der Schiffsseite, und alle Insassen fielen ins Meer. Dann sah ich, wie ein Matrose und ein Passagier sich an einem zweiten Boote zu schaffen machten, und zu meinem grenzenlosen Erstaunen gelang der Versuch. Erst dann sah ich einen der Offiziere, der Lady Mackworth ansprach und sagte: ›Fürchten Sie sich nicht, das Schiff kommt schon wieder in Gang.‹ Aber im selben Augenblick drehte sich das Schiff und sank in die Tiefe. Ich selbst habe mich dann durch Schwimmen so lange über Wasser gehalten, bis ich gerettet wurde.«

Das Drama vor der irischen Küste erregt die Welt wie kaum ein anderes Ereignis. Welche politische Brisanz der Fall hat, wird aus einem Leitartikel der mit Trauerrand erscheinenden *New York Tribune* deutlich: »Seit dem 7. Mai werden Millionen in diesem Land bedauern, daß in Flandern keine Amerikaner mitfechten gegen die Hunnen und Vandalen.« Tatsächlich erwartet man in England stündlich den Kriegseintritt der USA.

Die Auseinandersetzung um die Frage Kriegsverbrechen oder berechtigte Kriegshandlung verstummt seit dem Mai 1915 nicht mehr. Die Engländer behaupten stets, die »Lusitania« sei ein unbewaffnetes, rein ziviles Schiff gewesen. In Wirklichkeit war der Cunard-Liner schwer bewaffnet und mit gefälschten Ladepapieren ausgestattet, um die wahre Fracht zu verheimlichen: riesige Mengen an Munition und Konterbande. Der deutsche Admiralstab dagegen vertritt die Ansicht, der Torpedoschuß sei schon deshalb gerechtfertigt, weil die »Lusitania« Gewässer durchfahren habe, die die Deutschen zum Kriegsgebiet erklärt hatten. Für sie sei »die warnungslose Versenkung ein militärisch und völkerrechtlich einwandfreier Kriegsakt«.

Zum Schiffsunglück befragt, erklärt der Generalvertreter der Cunardlinie in den USA, Charles Summer, in der *Daily Mail:* »... In Wahrheit ist die ›Lusitania‹ das sicherste Schiff auf den Meeren und ist für jedes Unterseeboot zu schnell. Kein deutsches Kriegsschiff kann an sie heran. Die ›Lusitania‹, in deren Bauch 324 Heizer und Kohlentrimmer schuften, erreicht 25 Knoten Geschwindigkeit [46,3 km]. Die Geschwindigkeit des schnellsten deutschen

Die englische U-Boot-Falle: Ein britischer Segler wird durch eine hydraulisch betriebene Geschützplattform zum Q-Schiff umfunktioniert

U-Bootes beträgt dagegen über Wasser 13,5 Knoten, unter Wasser nur 7,5 Knoten. Es steht fest, daß der U-Boot-Angriff allein das Schicksal der ›Lusitania‹ nicht so schnell besiegelt hätte. Wahrscheinlicher ist, daß der Torpedo einen Teil der geheimen Munitionsladung entzündete. Erst deren Explosion fügte dann dem Ozeanriesen so schweren Schaden zu, daß er in der ungewöhnlich kurzen Zeit sank und dabei die Mehrzahl seiner Passagiere und Besatzungsmitglieder mit sich riß.«

Die letzte Reise der »Lusitania« fällt gerade in die beginnende Phase des verschärften U-Boot-Krieges. Vorausgegangen ist ein Befehl der britischen Admiralität an alle Dampferkapitäne, den Stoppschüssen deutscher U-Boote nicht mehr Folge zu leisten, sondern sofort zum Rammstoß anzusetzen. Nachdem mehrere deutsche U-Boote den als britische Handelsschiffe getarnten Hilfskreuzern in die Falle gegangen sind, haben die U-Boot-Kommandanten Order erhalten, sich in den Gewässern um die britischen Inseln nicht mehr an die Regeln des Kreuzerkrieges zu halten – also Schiffe auch ohne Vorwarnung anzugreifen.

Churchill erläutert später, weshalb ihm diese Verschärfung des U-Boot-Krieges durchaus gelegen kam. Er sei es gewesen, der durch seine Befehle an die britische Handelsmarine die U-Boote gezwungen habe, nur noch unter Wasser anzugreifen: »Getaucht liefen sie ein größeres Risiko, ein neutrales für ein britisches Schiff zu halten und neutrale Seeleute zu töten, womit Deutschland in Auseinandersetzungen mit anderen Mächten verwickelt wurde.«

Die U-Boot-Fallen

Die Hoffnung der deutschen Führung, durch den U-Boot-Krieg Großbritanniens Wirtschaft zum Erliegen zu bringen, erfüllt sich nicht: Die Rüstungsproduktion in England erreicht gerade im Sommer 1915 ihren bisherigen Höhepunkt, und die zivile Versorgung verspürt die Verluste kaum. Inzwischen ist durch die Bewaffnung der Frachter – die britische Handelsflotte zählte im Herbst 1914 über 21 Millionen BRT – sowie deren militärische Sicherung im Küstenvorfeld die britische U-Boot-Abwehr erheblich gestärkt. Auch die U-Boot-Jagd, im Herbst 1914 noch überwiegend von bewaffneten Motorjachten oder Fischereifahrzeugen geführt, bekommt neue, schnelle Einheiten.

Mit zunehmender Bedrohung der Handelsschiffahrt durch deutsche U Boote arbeitet man in Großbritannien fieberhaft an Mitteln zur Bekämpfung dieser Gefahr. Eine wirkungsvolle Maßnahme ist der Einsatz von Q-Schiffen als »U-Boot-Fallen«. Es sind harmlos wirkende Frachtdampfer oder Segler, die über eine starke, gut getarnte Artillerie verfügen, um die nichtahnenden deutschen Unterseeboote nach dem Auftauchen sofort unter Beschuß zu nehmen. Die Besatzungen dieser Q-Schiffe werden aus besonders ausgesuchten Seeleuten rekrutiert.

1915 schließt England mit verschiedenen neutralen Ländern Verträge ab, wodurch den Briten eine bessere Kontrolle der Ex- und Importe dieser Länder ermöglicht wird. Die Briefmarken zeigen von links nach rechts sowie von oben nach unten: König Haakoon von Norwegen, König Christian von

Dänemark, Königin Wilhelmina der Niederlande, König Gustav V. von Schweden

Auch mit der Schweiz schließen die Briten einen solchen Vertrag. Die Briefmarken der Schweizer Bundespost zeigen Wilhelm Tell und den Tellknaben mit Armbrust und Apfel

Der erste erfolgreiche Einsatz einer solchen »U-Boot-Falle« ereignet sich am 25. Juli 1915, als der kleine Kohlendampfer »Prince Charles« von U 36 gestoppt wird. Der britische Kapitän läßt das U-Boot bis auf 500 Meter herankommen, ehe er die Kanone enttarnt und auf den Gegner zielt. U 36 wird so schwer getroffen, daß es nicht mehr tauchen kann und aus einer Entfernung von 270 Metern durch erneuten Beschuß versenkt wird.

Statistisch gesehen ist zwar der Erfolg dieser Q-Schiffe recht minimal – sie versenken während des ganzen Krieges nur 15 U-Boote –, aber ihre psychologische Wirkung ist beachtlich. Da die U-Boot-Kommandanten nie genau wissen, ob sie es mit einem solchen Q-Schiff zu tun haben, greifen sie künftig nur noch getaucht mit Torpedos an. Dadurch ist es kaum möglich, zwischen einem feindlichen und einem neutralen Handelsschiff zuverlässig zu unterscheiden. So zieht sich Deutschland im Endeffekt den Groll aller seefahrenden Nationen zu.

England verliert bis zum März 1917 nur vier, bis Kriegsende jedoch 27 Q-Schiffe. Hätten die Briten diese »U-Boot-Fallen« gleich zu Anfang in großer Zahl als Überraschungsmoment eingesetzt anstatt nach und nach – die Wirkung wäre viel bedeutender gewesen.

Die Blockade dehnt sich aus

Die britische Regierung hat im Jahr 1915 durch Verträge mit Norwegen, Dänemark, den Niederlanden, Schweden und der Schweiz ein System geschaffen, das England eine bessere Kontrolle der Ex- und Importe dieser Länder ermöglicht. Somit wird auch der Transit strategisch wichtiger Waren nach Deutschland und in die Donaumonarchie stark eingeschränkt. Gleichzeitig weitet sich durch den Kriegseintritt Italiens auf seiten der Entente die unbeschränkte Blockade gegenüber den Mittelmächten auch auf den Mittelmeerraum aus.

Die Aktivitäten der alliierten Seestreitkräfte im Mittelmeer beschränken sich 1915 – die Operation in den Dardanellen ausgenommen – lediglich auf die Sicherung der eigenen Seeverbindungswege sowie auf die Sperrung der Straße von Gibraltar und der Straße von Otranto, dem Zugang zur Adria. Unter dem Oberbefehl des italienischen Flottenchefs di Savoia entsteht aus den italienischen Marineeinheiten sowie aus französischen und britischen Kontingenten die »Erste Flotte«, deren Stützpunkte an der italienischen Adriaküste liegen. Der französische Flottenchef dagegen übernimmt die aus französischen und britischen Seestreitkräften im Mittelmeer gebildete »Zweite Flotte«, gestützt auf Malta und Bizerte in Tunesien.

In der Adria unternehmen beide Seiten, vor allem die eingeschlossene k.u.k. Flotte, meist wirkungslose Vorstöße auf die gegnerische Küste. Die »Erste Flotte« der Alliierten befaßt sich inzwischen immer häufiger mit der Abwehr von U-Booten, die von den deutschen Werften an der

Brennpunkt Mittelmeer. Oben der französische Panzerkreuzer »Leon Gambetta«, der Ende April 1915 von dem k.u.k. Torpedoboot »U 5« versenkt wird. Links werden Depeschen zwischen einem Wasserflugzeug und dem deutschen U-Boot »U 35« ausgetauscht. Unten das italienische Schlachtschiff »Benedetto Brin«, das am 27. 9. 1915 von Agenten des k.u.k. Geheimdienstes im Hafen von Brindisi versenkt wird

Nordseeküste in Einzelteilen per Eisenbahn verschickt und erst in den österreichischen Adriahäfen zusammengebaut werden. Seit dem Sommer 1915 operieren etwa dreizehn deutsche U-Boote von Cattaro und Pola aus. Trotz ihrer geringen Anzahl und der Wachsamkeit des Gegners gelingt es ihnen, der alliierten Handelsschiffahrt in der Adria und im Mittelmeer empfindliche Verluste zuzufügen.

Deutsche U-Boote haben 1915 insgesamt 640 gegnerische und neutrale Schiffe mit einer Gesamttonnage von 1189031 BRT versenkt, ein Sechstel davon ohne Vorwarnung. Die eigenen Verluste: 20 Boote, eine relativ große Zahl im Vergleich zu den im Einsatz befindlichen U-Booten. Bis Ende 1915 werden 54 neue Boote in Dienst gestellt, weitere 31 befinden sich im Bau.

Kaperfahrten von 1915 bis 1918

Nach den schlechten Erfahrungen, die die Kaiserliche Marine im ersten Kriegsjahr mit den als Hilfskreuzer eingesetzten Ozeandampfern gemacht hat, geht man im Jahr 1915 dazu über, kaum bekannte mittelgroße Frachtschiffe mit wesentlich kleinerem Kohlenverbrauch als Handelsstörer umzurüsten. Sie besitzen zwar geringere Geschwindigkeit, dafür aber einen weitaus größeren Aktionsradius.

Der wohl erfolgreichste Hilfskreuzer in der Seekriegsgeschichte ist der ehemalige Bananentransporter »Pungo«, Baujahr 1914, 4788 BRT, Besatzung 235 Mann. Das Kommando des am 4. September 1915 in Dienst gestellten Handelsstörers übernimmt Korvettenkapitän Graf zu Dohna-Schlodien. Das Schiff läuft am 29. Dezember 1915 unter seinem neuen Namen »Möwe« zu seiner ersten großen Fahrt aus.

Die ersten Operationen sind Mineneinsätze, und zwar am 2. Januar 1916 bei Kap Wrath an der Nordküste von Schottland, dann sieben Tage später in den Flußmündungen der Gironde und Loire. Bereits am 9. Januar 1916 stoßen mehrere Handelsschiffe nahe Kap Wrath in die Minensperren und versinken.

Anschließend operiert der Handelsstörer »Möwe« im Nord- und Mittelatlantik bis nach Pernambuco. Das Ergebnis: 14 feindliche Frachtdampfer und ein Segler von insgesamt 58000 BRT gekapert und versenkt. Die beiden aufgebrachten US-Schiffe »Appam« und »Westburn« werden von den eigenen Besatzungen in amerikanische Häfen überführt. Die »Möwe« nimmt 199 Gefangene an Bord und erbeutet Goldbarren im heutigen Wert von etwa 85 Millionen DM. Wegen zu starker Abnutzung der Maschinenanlagen muß der Kommandant das Unternehmen abbrechen.

Am 4. März 1916 wird die »Möwe« bei Horns-Riff von der deutschen Hochseeflotte aufgenommen und unter dem Namen »Vineta« ab 12. Juni 1916 den Ostseestreitkräften für Handelskriegsfahrten im Kattegatt und Skagerrak

Er erhielt den Orden »Pour le mérite«: Korvettenkapitän Burggraf und Graf zu Dohna-Schlodien, der Kommandant der »Möwe«. Rechts mit den Offizieren seiner Besatzung

Die Besatzung eines zerstörten britischen Handelsschiffes wird von der »Möwe« an Bord genommen

unterstellt. Ab 24. August 1916 heißt das Schiff wieder »Möwe«.

Am 22. November 1916 treten Graf zu Dohna-Schlodien und seine Besatzung die zweite Kaperfahrt im Atlantik an, die sich bis Kapstadt ausdehnt. Das Unternehmen dauert genau vier Monate und ist noch erfolgreicher als das erste: 21 Dampfer und 5 Segler mit rund 119000 BRT, dazu 404 Gefangene. Die Prise »Yarrowdale« erreicht trotz der Nordseeblockade einen deutschen Hafen und operiert später als Hilfskreuzer »Leopard«. Der gekaperte britische Dampfer »Saint Theodore« dient zunächst als Kohlendampfer, bevor er am 28. Dezember 1916 als Hilfskreuzer »Geier« in Dienst gestellt wird. Nach seiner Rückkehr dient der Handelsstörer »Möwe« in der Ostsee als Hilfs-

Eines der 42 von der »Möwe« zerstörten Handelsschiffe sinkt

Bei den Kaperfahrten der »Wolf« erweist sich »Wölfchen« für die Nahaufklärung als sehr nützlich. Unten Korvettenkapitän Nerger

streuminenschiff. Durch die von ihm gelegten Minen gehen insgesamt 42 Handelsschiffe mit 186825 BRT und 16100 Tonnen Kriegsschifftonnage verloren.

Ein anderer deutscher Handelsstörer, der in 451 Tagen 64000 Seemeilen – das ist der fast dreifache Erdumfang – zurücklegt, ist der Hilfskreuzer »Wolf«, ehemals »Wachtfels«, Baujahr 1913, 5809 BRT, mit einem Flugzeug (»Wölfchen«) an Deck. Ab 16. Mai 1916 unter Korvettenkapitän Nerger in Dienst gestellt, operiert der Kreuzer zunächst aber unter dem Namen »Jupiter« als Hilfsschiff im Ostsee-Einsatz.

Am 30. November 1916 läuft die »Wolf« zu der am längsten dauernden Kaperfahrt aus. Erstmals wird einem Handelsstörer ein Flugzeug mitgegeben, das sich während der Operation besonders für Nahaufklärung als sehr nützlich erweist. Zu den wirkungsvollsten Aufgaben der »Wolf« zählt das Legen von Minensperren vor Kapstadt, Kap Agulhas und Bombay. Der am 27. Februar 1917 aufgebrachte Dampfer »Turitella« (ehemals »Gutenfels«) wird anschließend als Hilfskreuzer »Iltis« eingesetzt.

Kommandant Nerger gelingt es, ohne von der britisch-französischen Flotte entdeckt zu werden, durch den Atlantik und den Indischen Ozean bis in den Pazifik vorzustoßen. Unterwegs geschieht allerdings ein unvorhergesehener Zwischenfall: Am 1. März 1917 werden beim

An Bord der »Wolf«

Geschützladen zwei Mann der Besatzung durch eine krepierende Granate getötet und weitere zum Teil schwer verletzt.

Bereits am 26. Juni 1917 befindet sich der Hilfskreuzer im Gebiet nördlich von Neuseeland, um hier den Seeweg nach Australien und am nächsten Tag die Cook-Straße zu verminen. Am 3. Juli 1917 erfolgt die Verminung der Bass-Straße an der Südküste Australiens, und am 4. September 1917 werden die letzten Minen in die Singapore-Straße geworfen.

Skorbut und Beriberi, eine Vitamin-B_1-Mangel-Krankheit, woran die Besatzung inzwischen leidet, dazu eine dringend erforderliche Überholung des Schiffes zwingen den Handelsstörer zur Rückkehr. Auf dem Weg nördlich von Island erreicht die »Wolf« am 18. Februar 1918 wieder ihren Heimathafen.

Insgesamt hat der Hilfskreuzer auf seiner langen Fahrt 14 Handelsschiffe mit 38391 BRT aufgebracht und 13 Schiffe mit 73988 BRT durch Minen versenkt. Ferner sind der japanische Panzerkreuzer »Haruna« (28000 t) und ein weiteres feindliches Kriegsschiff durch die von der »Wolf« gelegten Minen schwer beschädigt worden.

Darüber hinaus hat der Handelsstörer die Bindung zahlreicher feindlicher Marineeinheiten bewirkt: Als beispielsweise bekannt wird, daß er sich im Indischen Ozean aufhalten soll, werden nicht weniger als 55 Kriegsschiffe, darunter 3 Panzerkreuzer, zur Verfolgungsjagd auf ihn angesetzt.

Der einzige unter Segel fahrende Handelsstörer ist der Hilfskreuzer »Seeadler«, das ehemalige US-Segelschiff »Pass of Balmaha« (Prise), Baujahr 1878, 1571 BRT (mit einem 900-PS-Hilfsmotor), Besatzung 64 Mann. Das Kommando hat der legendäre »Seeteufel«, Kapitänleutnant Felix Graf von Luckner. Der Segelhilfskreuzer verläßt am 21. Dezember 1916 den Heimathafen, um im Atlantik und Pazifik – als norwegische »Maletta« getarnt – Kaperkrieg zu führen. Selbst einem britischen Kommando vom Kreuzer »Avenge«, das vor der Durchfahrt südlich von Island zu Kontrollzwecken an Bord kommt, entgeht die geschickte Täuschung.

Dank raffiniert ausgeklügelter Methoden gelingt es Graf von Luckner, 14 feindliche Schiffe mit rund 28000 BRT, vor allem Segler, zu kapern und dann zu versenken. Als nach Monaten an Bord Skorbut und Beriberi wüten, wird am 29. Juli 1917 die zu den französischen Gesellschaftsinseln gehörende unbewohnte Südsee-Insel Mopelia angelaufen, um Frischproviant zu besorgen. Doch am 2. August 1917

Berlin. Am Ende steht die Ehrung: Korvettenkapitän Nerger führt seine Besatzung nach fünfzehn-monatiger Kaperfahrt am 25. März 1918 zu einem Empfang

wirft eine riesige Flutwelle den Segler auf ein Korallenriff und zerschlägt ihn.

Am 23. August 1917 machen sich Graf von Luckner und fünf Mann seiner Besatzung, nur mit einem MG, Handgranaten und Gewehren bewaffnet, im offenen Boot »Kronprinzessin Cäcilie« auf den Weg, um ein Schiff zu kapern. Sie legen 2300 Seemeilen zurück. Als sie sich bereits auf einem US-Zweimastschoner im Hafen der Wakaya-Insel befinden, werden sie von einem australischen Suchkommando gefangengenommen. Graf Luckner versucht wiederholt vergeblich, aus dem Gefängnis zu entkommen. Die auf Mopelia zurückgebliebene Mannschaft, der es am 5. September 1917 gelingt, den französischen Schoner »Lutèce« zu kapern, erleidet bei den Osterinseln Schiffbruch und wird in Chile interniert.

An der Kaperfront

Felix Graf von Luckner: »Eines Sonntagsmorgens steht neben uns eine große englische Viermastbark. Sie macht mächtige Fahrt und wundert sich sehr, daß wir Schritt halten. Aber die haben da drüben ja keine Ahnung, daß wir mit dem Motor nachhelfen. ›What ship?‹ – ›Pinmore‹, kam die Antwort. ›Pinmore?‹ – Mensch, Felix, das ist doch das Schiff, auf dem du als Leichtmatrose beinahe zwei Jahre gefahren bist.

Ich mußte erstmal abseits gehen, um meine Erregung zu verbergen. Die Notwendigkeit, auch dieses schöne Schiff zu versenken, fiel mir unglaublich schwer. Was hatte ich dort an Bord alles erlebt! Und wie lange war das nun her und was war seitdem alles geschehen!

Doch erst rief die Arbeit. Das Prisenboot holte die Mannschaft und den Kapitän Mullen herüber. Das war ein braver Mann von echtem Schrot und Korn. Seine unverwüstliche Laune war bald für unseren Kapitänsverein unentbehrlich. Nachdem alle die ›Pinmore‹ verlassen hatten und man auf meinen Befehl wartete, ob das schöne Schiff durch Sprengpatronen oder durch Artillerie versenkt werden solle, befahl ich etwas ganz anderes.

Ich ließ mich hinüberrudern und ging drüben allein an Bord.

Das erregte allgemeine Verwunderung. Aber die guten Leute wußten ja nicht, was mich zu diesem Schritt bewegte. Ich wollte mein altes Schiff wiedersehen und Abschied nehmen von den Stätten meiner Jugend. Langsam ging ich über das Deck. Es war, als ob das Schiff mit mir spräche. Im

Kapitänleutnant Graf von Luckner (links) und Korvettenkapitän (früher Fregattenkapitän) Tietze

Etwas verklärt wirkt diese Zeichnung der »Seeadler«, jenes legendäre Segelschiff des Grafen von Luckner

Logis fand ich noch das Brett, das ich mir eigenhändig angebracht, und am Ruder war noch mein Name lesbar, den ich hier eingeschnitzt hatte.

Als das Schiff versenkt wurde, ging ich in meine Kajüte. Ich konnte das Ende nicht mitansehen. Mir war recht wehmütig zumut.«

Der Hilfskreuzer »Greif« (die ehemalige »Guben«), Baujahr 1914, 4962 BRT, wird am 23. Januar 1916 als Handelsstörer in Dienst gestellt. Das Kommando übernimmt Fregattenkapitän Tietze. Das Schiff läuft am 21. Februar 1916 aus, um im Atlantik Handelskrieg zu führen. Doch Kommandant Tietze hat das große Pech, daß ihm bereits am 29. Februar 1916 südlich von Island die beiden britischen Hilfskreuzer »Alcantara« und »Andes« begegnen. Jetzt nähert sich auch noch der Kreuzer »Comus« mit zwei Zerstörern. Obwohl es dem deutschen Handelsstörer gelingt, die »Alcantara« (15300 BRT) durch Torpedotreffer zu versenken, wird er im Gefecht mit den überlegenen feindlichen Kräften so schwer beschädigt, daß Fregattenkapitän Tietze die Selbstversenkung befiehlt. 150 Seeleute geraten in Gefangenschaft, die restliche Besatzung und der Kommandant gehen mit dem Schiff unter.

Die vom Hilfskreuzer »Möwe« am 31. Dezember 1916 in den Swinemünder Hafen eingebrachte Prise, der englische Dampfer »Yarrowdale« (4600 BRT), wird zum Handelsstörer umgerüstet und erhält den Namen »Leopard«. Kommandant ist Korvettenkapitän von Laffert. Am 3. März sticht die »Leopard« in See, um auf der Nordroute in den Atlantik zu gelangen.

Bereits am 16. März 1917 wird der neue Handelsstörer zwischen Norwegen und Island von zwei englischen Kreuzern gestellt und in ein schweres Gefecht verwickelt. Die »Leopard« geht mit der gesamten Besatzung unter.

DER LUFTKRIEG 1915

ALLIIERTE ANFANGS ÜBERLEGEN

Recht bald wird deutlich, welchen Einfluß die Luftüberlegenheit auf den Kampfverlauf der Truppen ausübt

Der erste Versuch eines strategischen Bombenangriffs wird von deutschen Starrluftschiffen durchgeführt. Bereits nach Ausbruch des Weltkrieges hat man als oberste zentrale Kommandostelle des gesamten Marineluftfahrtwesens einen Befehlshaber der Marineluftfahrtabteilungen ernannt, dem die Luftschiffe unterstellt sind.

Für die Deutschen ist das Luftschiff der zur Zeit wichtigste Bombenträger. Man plant daher, die Zeppeline nicht nur zur Fernaufklärung, sondern verstärkt für Bombenangriffe auf militärische Ziele im feindlichen Hinterland einzusetzen. Im August 1914 sind zwar schon vier Luftschiffe verlorengegangen, doch zwischen Januar und November 1915 werden 50 Zeppelinangriffe gegen englische Städte geflogen, wenn auch der größte Teil der Luftschiffe nicht sein Ziel erreicht.

Wegen der verwandtschaftlichen Bindungen zum britischen Königshaus hat sich der Kaiser anfangs dagegen gesträubt, seine Einwilligung zur Bombardierung Englands zu geben. Aber der preußische Staatssekretär des Marineministeriums, Großadmiral Alfred von Tirpitz, verspricht sich davon eine bedeutende psychologische Wirkung auf die Bewohner Londons. Am 7. Januar 1915 stimmt der Kaiser letztlich zu, daß Bomben über England abgeworfen werden, vorausgesetzt, bei den Zielobjekten handelt es sich ausschließlich um militärische Anlagen.

In den Anweisungen für die Kommandanten der Zeppeline wird strikt untersagt, das britische Königshaus anzugreifen. Da die Angriffe bei Nacht erfolgen, besteht das navigatorische Problem, die Zielobjekte zu finden. Tageseinsätze wiederum sind kaum durchführbar, weil die Luftschiffe von der Abwehr leicht auszumachen sind und eine große Angriffsfläche bieten.

Am Dienstag, dem 19. Januar 1915, starten drei Zeppeline der Marine, L3, L4 und L6, von Fuhlsbüttel und von Nordholz aus zum ersten Bombenangriff auf England. Während L6 wegen eines Maschinenschadens umkehren muß, setzen L3 und L4 ihren Flug fort, überqueren unbeschadet die Nordsee und erreichen gegen 20 Uhr die Küste von Norfolk. L3 läßt einige Bomben auf Yarmouth fallen, und L4 entlädt seine Bomben in der Grafschaft Norfolk. Bei diesem ersten Luftangriff auf England werden vier

Luftabwehr anno 1915: Ein erobertes französisches Maschinengewehr, behelfsmäßig auf die Laderampe eines kleinen Lastwagens montiert, dient deutschen Soldaten zur Abwehr feindlicher Flieger

Nordsee. Die Luftschiffe sind in den ersten beiden Kriegsjahren die wichtigsten Bombenträger für die Deutschen. Obwohl leicht auszumachen, richten sie doch beträchtlichen Schaden bei den Gegnern an . . .

Menschen getötet und zwanzig verletzt. Seitens der Abwehr fällt kein einziger Schuß. Danach verhindert zunächst schlechtes Wetter weitere Angriffe.

Erster Luftschiffangriff auf England

Mittwoch, 20. Januar 1915, London. Die *Times* berichtet:

»Nördlich der holländischen Insel Vlieland waren nachmittags drei Zeppeline gesehen worden, die in westlicher und nördlicher Richtung flogen. Offenbar handelt es sich um dieselben, die dann die englische Küste bombardierten. Sie haben ihren Flug übers Meer anscheinend gemeinsam gemacht und sich dann an der englischen Küste getrennt.

In Yarmouth gab es um ½ 9 Uhr abends einen Knall, als wenn eine große Kanone in der Hauptstraße der Stadt abgeschossen worden wäre. Ohne Rücksicht auf die Vorsichtsmaßregeln, die ihnen die Behörden erteilt hatten, verließ der größte Teil der Einwohner die Häuser und eilte auf die Straßen, um zu sehen, was es gebe. Gleich darauf wurde Geschrei in fünf oder sechs Gegenden der Stadt gehört. Nun entstand eine fürchterliche Panik, denn die Behörden ließen sofort das elektrische Licht auslöschen, und die Menschen in den Straßen mußten, so gut es in der Dunkelheit ging, ihre Wohnungen aufsuchen.

Es stand fest, daß die Ursache dieses Wirrwarrs ein Luftfahrzeug war. Von welcher Art, ließ sich zunächst nur vermuten, aber man nahm allgemein an, es muß ein Luftschiff gewesen sein, denn man hatte Scheinwerfer in großer Höhe gesehen. Das feindliche Luftfahrzeug ist nicht wieder entdeckt worden. Es wurde auch in Yarmouth gegen den Angreifer nichts unternommen; die Truppen halfen der Polizei nur, die Beschädigungen festzustellen.«

Die zum »Fliegerkorps der Obersten Heeresleitung« zusammengefaßte »Brieftaubenabteilung Ostende« (Maj. Wilhelm Siegert) unternimmt in diesem Krieg den ersten Versuch, Flugzeuge in größerer Anzahl im Verband fliegen zu lassen. Der erste geschlossene Angriff erfolgt am 23. Januar 1915 mit 12 Maschinen gegen Dünkirchen. Es entsteht allerdings nur geringer Schaden. Eines der Bombenflugzeuge aus dem Verband wird von einem britischen Flugzeug abgeschossen. Zum zweiten und vorerst letzten

Luftangriff starten mehrere Maschinen in der Nacht vom 28./29. Januar 1915.

Ähnliche Praktiken wendet jetzt auch die französische 1ère Groupe de Bombardement bei ihren Angriffen auf Industrieanlagen in Süddeutschland an. Die Maschinen sind auf den Flugplätzen zwischen Nancy und Luneville stationiert. Doch selten ist das Wetter in den ersten vier Monaten des Jahres 1915 so günstig, daß es Flüge auf große Entfernungen zuläßt.

Die französischen Bombenflugzeuge vom Typ Voisin XIII-50, mit einer Geschwindigkeit von 90 km/h und einer Bombenlast von 100 kg, fliegen allerdings nicht in geschlossener Formation, sondern folgen einander in gewissem Abstand. Erst kurz vor dem Ziel bilden sie einen Schwarm und greifen dann gemeinsam an. Zu Beginn des Krieges hat man den Flug im Verband noch nicht versucht, weil man befürchtete, durch das Flakfeuer größere Verluste zu erleiden.

Am 15. Februar 1915 unternimmt eine russische Maschine vom Typ Ilja Muromez, das erste im Kriegseinsatz befindliche viermotorige Flugzeug der Welt, ihren ersten Angriff auf Ostpreußen und wirft 272 kg Bomben ab. Bald danach wird diese riesige, sehr robust gebaute Maschine weiterentwickelt. Dem Russen Igor Sikorsky ist es bereits 1913 gelungen, das erste viermotorige Flugzeug-Grand-Baltiski- und 1914 die noch größere Maschine Ilja Muromez zu konstruieren. Die Maximalflugzeit beträgt 5 Stunden, bei den nachfolgenden Modellen sogar 7½ Stunden, die mitgeführte Bombenlast 400 bis 900 Kilogramm. Seit Dezember 1914 ist eine selbständige Staffel von Flugzeugen in Jablonna/Polen stationiert, die den Kern der russischen Bombenfliegerkräfte darstellt.

Bis zum Beginn der russischen Revolution im Jahr 1917 werden 73 Maschinen davon gebaut. Sie fliegen insgesamt

... was nicht zuletzt dieses Bild der Zerstörung beweist: Zerbombte Häuser nach dem Luftangriff auf Yarmouth

In ihm haben acht Personen Platz: Russischer Sikorsky-Doppeldecker

Die Zielsicherheit ist gering: Albatros-Doppeldecker wirft zwei Bomben ab

400 Einsätze und bombardieren das Hinterland des Gegners. Nur ein Flugzeug wird bei seinem Feindflug am 12. September 1916 abgeschossen. Zur Bewaffnung dieser Maschinen gehören sieben Maschinengewehre. Außerdem ist die Ilja Muromez der erste Bomber, der einen Bordschützen hinten im Heck des Flugzeuges hat.

Bomben über Calais

Als die Wetterbedingungen sich etwas gebessert haben, starten am 17. Februar 1915 erneut die beiden deutschen Luftschiffe L3 und L4. Über der Nordsee geraten sie plötzlich in ein Unwetter und gehen an der Küste Jütlands zu Bruch. Ihre Besatzungen werden in Dänemark interniert.

Einen Monat danach, in der Nacht vom 16./17. März 1915, unternimmt der Konstrukteur Ernst Lehmann mit dem Zeppelin Z 12 die erste Luftschiffmission des Heeres über England. Es ist gleichzeitig der erste Einsatz, bei dem ein einziehbarer Spähkorb verwendet wird, der an einem langen Drahtseil unterhalb des Zeppelins hängt. In diesem Spähkorb sitzt ein Beobachter und hält per Telefon Verbindung mit dem Luftschiff. Er soll die Ansteuerung des Zieles bei Dunkelheit ermöglichen.

Obwohl während des Fluges nach England Nebel aufkommt, will Lehmann nicht aufgeben. Aber es gelingt ihm nicht, die Themsemündung zu finden. So muß er wieder in Richtung Frankreich abdrehen. Schon bald kann er die Lichter von Calais auf der anderen Seite des Ärmelkanals ausmachen. Da erteilt Lehmann den Befehl, die Motoren zu drosseln und den Spähkorb abzusenken.

Dieser Korb ist seine Erfindung und besteht aus einer kleinen sperrholzverkleideten Wanne mit einem Cockpit, Seitenflossen zur Stabilisierung und einem Telefon. Nach Mitternacht erreicht Z 12 Calais, ist aber weder vom Boden noch von der eigenen Beobachtungsgondel aus zu erkennen. Als alle Bomben abgeworfen sind, wird der Spähkorb eingeholt, und Z 12 kann unbehelligt seinem Heimatflughafen zusteuern.

Vieles hängt vom Zufall ab

Anfang des Jahres 1915 werden die Aufklärungsflugzeuge noch immer mit behelfsmäßigen Bombenabwurf- und Zielvorrichtungen versehen. Die begrenzte Tragfähigkeit dieser Maschinen gestattet lediglich die Mitnahme von Bomben bis höchstens 20 Kilogramm. Diese Bomben zeigen jedoch kaum eine Wirkung auf operative Ziele im rückwärtigen, frontnahen Gebiet. Daher versuchen die Flugzeugkonstrukteure der Mittelmächte und auch der Alliierten, spezielle Flugzeugtypen zu entwickeln, die man als Bomber einsetzen kann. Da ihre Aufgaben anfangs rein taktischer Natur sind, stellen die Bomber lediglich eine in die Tiefe erweiterte »vertikale« Artillerie dar.

Die ersten Bombenzielgeräte werden fast gleichzeitig von allen kriegführenden Staaten entwickelt. Die Franzosen bringen im Februar 1915 das Dorana-Bombenzielgerät

Aber auch die Flak steckt noch in den Kinderschuhen: Eine deutsche Feldkanone auf einem Drehgestell dient als Flugabwehr

Der Gegner ist bei der Flugabwehr ebenfalls noch auf Provisorien angewiesen. Während bei den Engländern beim Abfeuern des Maschinengewehres ein Scott-Motorrad als Stütze herhalten muß,

versuchen es die Franzosen mit einer leichten Haubitze als Flak

heraus und zwei Monate danach das Lafay-Zielgerät. Mit einem solchen Bombenzielgerät läßt sich die Fallgeschwindigkeit unter Berücksichtigung der Seitenabweichung errechnen. Die ersten Geräte sind noch recht einfach, sie verbessern aber wenigstens die Möglichkeit, aus großen Höhen das Ziel zu treffen. Weitaus schwieriger ist es dagegen, das Ziel zu finden und zu identifizieren, denn die Navigationssysteme sind zu jener Zeit noch nicht präzis genug. So müssen die Besatzungen bei ihren Einsätzen zunächst einmal auf klare Sicht warten und sind dann in erster Linie auf gutes Kartenmaterial angewiesen.

Das Bombardieren ganz bestimmter Ziele hinter der unmittelbaren Frontlinie wird zunehmend schwieriger, da beide Seiten darauf aus sind, ihre Tarnung ständig zu verbessern. Unterdessen versucht man von den Luftschiffen aus, die Position durch Kreuzpeilung auf dem Funkwege festzustellen, was sich aber als wenig hilfreich erweist.

Als die Gefahr der Bombenangriffe wächst, werden Flakbatterien zur Abwehr eingesetzt, doch von 1000 Schußsalven wird höchstens ein einziges Flugzeug getroffen. Die meisten dieser Geschütze sind auf fahrbaren Lafetten montiert und so eingestellt, daß ihre Geschosse in einer vorgegebenen Höhe explodieren.

Allerdings stellt sich bald heraus, daß genaue Feuerstöße der einzelnen Geschütze völlig unmöglich sind, weil die Bedienungsmannschaften nicht imstande sind, den Zielpunkt genau zu berechnen, selbst wenn sie die Höhe der Flugzeuge und deren Geschwindigkeit kennen. So geht man dazu über, mehrere Flakbatterien von einer zentralen Kontrollstelle aus zu leiten. Jetzt stellt man die Geschütze so ein, daß ihre Geschosse ein vorher festgelegtes Sperrfeuer bilden, dem die feindlichen Maschinen nicht ausweichen können.

Die ersten wirksamen, von Luftfahrzeugen abschießbaren Raketen werden 1915 konstruiert und sind als Abwehrwaffe gegen Luftschiffe und Ballons gedacht. Es handelt sich um eine kleine Rakete, die Lieutenant Y. Le Prieur, Angehöriger der französischen Flotte, erfunden hat. Man befestigt sie an den äußeren Verstrebungen des Flugzeugs und feuert sie durch Knopfdruck ab. Leider ist diese Rakete jedoch auf eine Entfernung von mehr als 120 Meter zu ungenau. Sie wird schon bald von dem inzwischen weiterentwickelten Maschinengewehr abgelöst, das bedeutend wirksamer ist.

Die entscheidende Erfindung, um Jagdflugzeugen den Abschuß von Luftschiffen zu ermöglichen, ist der Einsatz von Brand- und Leuchtspurmunition für Maschinengewehre. Schon seit etwa 1910 haben die Forschungsabteilungen der meisten Staaten Versuche mit dieser Munition angestellt, doch erst die Angriffe der Luftschiffe im Jahre 1915 beschleunigen deren Entwicklung und Produktion.

Die erste Schlacht zu Lande, bei der Luftstreitkräfte zur direkten Unterstützung der Bodentruppen eingesetzt werden, findet bei Neuve Chapelle statt, als britische Truppen zwischen dem 10. und 12. März 1915 die deutschen Linien angreifen. Zu den neuen Kampftechniken der Engländer zählt eine einfache Methode, das sogenannte »Clock System«, um das Geschützfeuer der Artillerie präziser leiten zu können. Anhand einer Scheibe aus Zelluloid, die in

Schon ein Stück weiter als die Flak: Brand- und Leuchtspurmunition ermöglichen es, Luftschiffe erfolgreich anzugreifen

März 1915. Schlacht bei Neuve Chapelle: Abgeschossenes britisches Flugzeug

konzentrische Kreise und Segmente aufgeteilt ist, ermittelt der Beobachter vom Flugzeug aus die Geschoßbahn in Relation zum Ziel, das in der Mitte der Scheibe liegen soll. Diese Methode vergrößert die Wirksamkeit der britischen Artillerie.

Ferner wenden die Engländer jetzt ein besseres photogrammetrisches Verfahren an, ähnlich dem der Franzosen. Dazu dient ihnen eine kastenförmige Kamera, die sehr viel deutlichere Aufnahmen als bisher von den Verteidigungsanlagen des Feindes macht. Diese genauen, anschließend auf Landkarten übertragenen Hinweise vermitteln nicht nur der Artillerie einen besseren Überblick, sondern auch der angreifenden Infanterie auf ihrem Weg durch das Labyrinth der feindlichen Schützengräben. Die systematisch durch Luftaufnahmen durchgeführte Kontrolle der deutschen rückwärtigen Gebiete ermöglicht es ebenfalls, eintreffende Verstärkungen festzustellen.

Die am häufigsten angegriffenen Ziele sind Eisenbahnknotenpunkte wie Courtrai, Menin, Lille und Douai, auch ein Hauptquartier bei Fournes. Da jedoch nur wenige Bomben abgeworfen werden – keine wiegt mehr als 10,5 kg –, sind die Auswirkungen dieser ersten taktischen Angriffe noch sehr gering. Man stößt dabei kaum auf Gegenwehr. So manche Verluste werden auch durch Unfälle verursacht – so explodiert auf alliierter Seite eine Bombe beim Beladen.

Die ersten sogenannten »Kontakt-Patrouillenflüge« unternehmen deutsche Fliegerkräfte während der Schlacht von Neuve-Chapelle. In zwei Sondereinsätzen soll herausgefunden werden, wie weit sich die britische Infanterie schon vorgekämpft hat. Diese Aktion ist unbedingt erforderlich, weil den Kommandeuren zur Stunde der genaue Überblick fehlt.

In der Nacht vom 20./21. März 1915 wird der erste Zeppelinangriff auf Paris durchgeführt. Ein Luftschiff wirft wahllos mehrere Bomben über der Seine-Metropole ab. Ein Mann findet dabei den Tod, acht Personen werden verletzt.

Seit Anfang 1915 bemüht man sich auf beiden Seiten in ähnlicher Weise, den Einsatz der Fliegerkräfte neu zu organisieren und den Gegebenheiten des Luftkrieges anzupassen. Daher entsteht bei der Obersten Heeresleitung eine neue Dienststelle unter dem Chef des Feldflugwesens. Er hat nicht nur beratende Funktion bei der OHL und im Kriegsministerium in sämtlichen Fragen der Luftrüstung und der Luftkriegführung, sondern auch weitgehende Befugnisse: Ihm unterstehen zum Beispiel in waffentechnischer Hinsicht alle Fliegerkräfte und Luftschifferformationen an der Front und in der Heimat. Auch der Nachschub und das Einsatzwesen gehören zu seinem Aufgabenbereich. Hiervon sind allerdings ausgenommen die Marineflieger und Luftschifferformationen, die Fliegerabwehr sowie der Nachschub für die bayerischen Fliegertruppen.

Bei jeder Armee wird jetzt eine Feldfliegerabteilung als Truppenteil eingegliedert. Und jedes Armeeoberkommando erhält einen Stabsoffizier der Flieger als Berater, der die Fliegerkräfte der Armee waffentechnisch betreut. Doch weder der Chef des Feldflugwesens noch der Stabsoffizier der Flieger haben Befehlsgewalt. Damit gibt es selbst im Rahmen einer Armee noch keine einheitliche Leitung der Fliegerkräfte. Ende März 1915 stehen dem deutschen Heer 71 Feldfliegerabteilungen (FFA) zur Seite.

Nach England liegt das nächste Ziel für die deutschen Luftschiffe auf dem Kontinent: Paris (links ein Zeppelin der Marine). Mitte: Bei den Franzosen findet das vor dem Cockpit montierte Maschinengewehr mehr und mehr Verwendung. Ist es zunächst ständiger Begleiter bei Beobachtungsflügen, so ist es das auch bald bei Feindflügen. Rechts: Deutsche Albatros-Doppeldecker warten auf ihren Einsatz

Frankreichs »Wunderwaffe«

Im Frühjahr 1915 hört der französische Lieutenant Roland Garros, der als erster das Mittelmeer überflog, daß der Flugzeugkonstrukteur Saulnier den Versuch unternommen hat, Stahlplatten am Propeller anzubringen, um Geschosse eines gegnerischen Maschinengewehrs, die auf die Luftschraubenblätter aufschlagen, abzulenken. Daraufhin läßt Garros im März 1915 die Luftschraube seiner Morane »Parasol« mit keilförmigen Geschoßabweisern ausrüsten und ein MG direkt vor dem Cockpit auf den Rumpf der Maschine montieren.

So wird zum erstenmal ein schneller und wendiger Eindecker auf eine für den Luftkampf geeignete Konstruktionsart bewaffnet, die es dem Flugzeugführer ermöglicht, selbst sein Ziel »aufs Korn zu nehmen«. Ein Prinzip, das auch heute noch Gültigkeit hat.

Am 1. April 1915 trifft Garros in 3000 Meter Höhe über den französischen Linien auf vier deutsche Albatros-Doppeldecker. Die auf Beobachtung der unter ihnen liegenden französischen Gräben konzentrierten Deutschen sehen keine Veranlassung, die sich nähernde Morane zu fürchten. Sie kennen die Gefährlichkeit ihrer mit Maschinengewehren ausgerüsteten Doppeldecker. Bei Eindeckern besteht diese Furcht nicht, schon gar nicht, wenn nur ein Mann darin sitzt.

Doch plötzlich geschieht das Unglaubliche: Aus dem direkt auf sie zufliegenden französischen Flugzeug tanzen

Anthony Fokker vor seinem Jagdeinsitzer E I

Flammen unmittelbar hinter dem Propeller, und Geschosse fliegen ihnen um die Ohren. Bevor sie sich von ihrer Überraschung erholen können, trudelt eines der deutschen Flugzeuge brennend zur Erde. Die übrigen machen kehrt und fliehen in Richtung deutsche Stellungen – mit der Neuigkeit von dem geheimnisvollen Flugzeug, das durch die Blätter eines sich drehenden Propellers schießen kann.

Im Verlauf der nächsten zwei Wochen gelingt es Garros, fünf weitere deutsche Flugzeuge abzuschießen. Die deutschen Flieger sind jetzt zunehmend verunsichert, die Generäle dagegen wenig geneigt, dem Gehörten Glauben zu schenken.

Dem Jagdeinsitzer haben die Alliierten monatelang die Luftherrschaft zu verdanken, was bei den deutschen Fliegertruppen eine schwere Krise hervorruft. Schlimmer noch: Zum erstenmal in der Kriegsgeschichte wird klar, welchen bedeutenden Einfluß die Luftüberlegenheit auf den Kampfverlauf der erdgebundenen Truppen ausübt. So können zum Beispiel die deutschen Aufklärungsflugzeuge kaum noch die alliierten Jagdeinsitzer abwehren, um ihre Aufträge durchzuführen, die jetzt besonders wichtig sind, da im Stellungskrieg die Kavallerie als Aufklärungsinstrument ausfällt.

Daher tappen die Erdtruppen völlig im dunkeln, was sich auf der gegnerischen Seite abspielt, und die deutsche Führung kann wegen der mangelnden Luftaufklärung die Angriffsvorbereitungen des Gegners kaum noch rechtzeitig erkennen. Die Einsätze der alliierten Jagdeinsitzer bewirken andererseits, daß sich die Mittelmächte verstärkt mit dem Bau von Aufklärungs- und Bombenflugzeugen befassen.

Die Erfindungen des Anthony Fokker

Am 18. April 1915 ereignet sich allerdings ein Zwischenfall, der weitreichende Folgen für die Geschichte des Luftkampfes hat: An diesem Morgen greift ein tieffliegender französischer Eindecker vom Typ Morane »Parasol« die am Bahnhof von Courtrai versammelten deutschen Truppen an. Dem Schützen F. Schlenstedt, der gerade dort Wache hält, gelingt es, mit einem gut gezielten Gewehrschuß die Benzinleitung der Maschine zu durchschlagen und den Angreifer herunterzuholen. Der Pilot, Lieutenant Roland Garros, findet keine Zeit mehr, sein Flugzeug noch in Brand zu setzen, bevor man ihn gefangennimmt. So kann das Geheimnis seiner bisherigen Erfolge gelüftet werden: Man entdeckt, daß sein Eindecker mit einem starren Maschinengewehr ausgestattet ist, mit dem der Pilot nach vorn durch den Luftschraubenkreis schießen kann.

Sofort wird in einige deutsche Maschinen ein starres, durch den Propellerkreis schießendes MG eingebaut, aber zur größten Überraschung funktioniert das System der Geschoßabweiser nicht: Während die französischen Geschosse mit Kupfermantel einwandfrei abgelenkt werden, durchschlagen die viel härteren deutschen Chrommantelgeschosse die Propeller glatt. Um eine für die im Entstehen befindliche deutsche Jagdfliegerei so wichtige Lösung zu finden, wird vom Generalstab ein junger begabter holländischer Flieger namens Anthony Fokker schnellstens nach Berlin gebeten.

Man weiß heute nicht mehr, warum die Wahl gerade auf den in Schwerin arbeitenden Flugzeugkonstrukteur gefallen ist und nicht auf einen namhaften deutschen Waffenspezialisten. Vermutlich stammt die Empfehlung von General von Falkenhayn, der zu Pfingsten 1914 bei einer Kunstflugvorführung Fokkers leichten Eindecker kennengelernt und als damaliger Kriegsminister einen Auftrag für die Fliegertruppe gegen die Meinung der Militärs durchgesetzt hat. Fokker, der zum erstenmal in seinem Leben ein Maschinengewehr in der Hand hält, leiht sich das MG aus und fährt nach Schwerin zurück.

Innerhalb von 48 Stunden entwickelt er mit seinen Technikern einen Synchronisationsmechanismus für gesteuertes Schießen durch den Propellerkreis. Die Grundidee dieser genialen Konstruktion: Die Waffe wird über Nocken und Wellen direkt vom Motor abgezogen, nämlich in dem Augenblick, in dem sich kein Propellerblatt vor der Mündung des MGs befindet. Nach den Vorführungen wird der Mechanismus zur Produktion freigegeben, und schon bald stellt Fokker in seinem Schweriner Werk monatlich bis zu 3000 Synchronisatoren her.

Den ganzen Krieg hindurch zählt die Luftaufklärung zur Unterstützung der Flotte und des Heeres zu den wichtigsten Aufgaben der Fliegerkräfte. Darüber hinaus dienen sie den Schiffsverbänden und Landtruppen als Beobachter von Zielen, die man weder von See noch von Land her einsehen kann. Der erste Test, das Feuer der Schiffsgeschütze per Funk von einem Flugzeug aus zu leiten, beginnt im Februar 1915 in England. Weitere Versuche am 7. April 1915 ergeben: Dieses Vorhaben ist durchführbar.

Schon wenig später werden an den Dardanellen die Versuche in die Tat umgesetzt: Der Beobachter des von der »Manica« aufgestiegenen Fesselballons leitet am 25. April 1915 das Geschützfeuer des englischen Linienschiffs »Triumph«, das die Landungsoperation der britisch-französischen Truppen am Südzipfel der Halbinsel Gallipoli vorbereiten soll.

Im selben Monat wird die »Brieftaubenabteilung Ostende« mit 20 Bombern kurzfristig an die Ostfront verlegt, um die deutsch-österreichische Durchbruchsoperation bei Gorlice zu unterstützen. Sie bildet die erste vollmobile Einheit der Luftstreitkräfte, die über eigene Eisenbahnzüge verfügt und schnell den Einsatzort wechseln kann, je nachdem wo sie gebraucht wird. Aufgrund der Erfahrungen dieser Gruppe plant man, weitere deutsche Bombenflugzeuge für strategische Zwecke einzusetzen.

Irgendwo an der Ostfront: Eine zur Staffel Nr. 7 der OHL gehörende »G 107« auf Feindflug

Leutnant Oswald Boelcke (links) und Leutnant Max Immelmann

Nach erfolgreichem Einsatz: Maschinen des Typs Fokker E I werden in den Hangar zurückgebracht

Inzwischen hat der Konstrukteur Fokker das als »Kampf-Einsitzer« bezeichnete Jagdflugzeug entwickelt, das er nun im Mai 1915 – in Anwesenheit des Kronprinzen – der im Frontbereich stehenden Feldfliegerabteilung 62 persönlich vorführt. Leutnant Oswald Boelcke und Leutnant Max Immelmann, die späteren Fliegerasse, sind nach ihren ersten Schießproben auf ein Bodenziel von der Maschine begeistert.

Bereits drei Monate danach werden die ersten serienmäßig mit einem synchronisierten MG ausgestatteten Fokker-Eindecker an die Front geliefert. Dank seiner Flugeigenschaften mit 130 Kilometern Geschwindigkeit und 1300 Metern Gipfelhöhe ist der Fokker-Jagdeinsitzer Fok E1 den alliierten Maschinen weit überlegen.

Die Unerschrockenheit der französischen Bomberpiloten zeigt der Angriff, den die 1ère Groupe de Bombardement unter Commandant de Göys am 26. Mai 1915 gegen die »Badische Anilinfabrik« in Ludwigshafen fliegt. Es ist ein Vergeltungsschlag für die ersten deutschen Einsätze mit Kampfgas zu Beginn des Jahres. Achtzehn Voisin-

Bombenflugzeuge, beladen mit 9-cm- und 15-cm-Bomben (Artilleriegeschosse mit angebrachten Blechflossen) starten kurz vor Tagesanbruch, finden ihr Ziel und richten in dem Ludwigshafener Werk beträchtlichen Schaden an. Nur ein einziges Flugzeug geht wegen Motorschadens dabei verloren. Es wird östlich von Neustadt an der Hardt zur Landung gezwungen.

Diese erste französische Fliegereinheit für strategische Bombenangriffe ist bereits am 13. November 1914 entstanden und am 4. Dezember 1914 zum erstenmal gegen Freiburg im Breisgau eingesetzt worden. Doch jener erste sowie alle nachfolgenden Angriffe gegen industrielle und militärische Ziele oder gegen Städte und Verkehrswege verursachen meistens nur geringe Schäden und kaum Verletzte. Allein die Tatsache, daß diese Einheit deutsche Städte bombardiert, erzeugt Furcht unter der Zivilbevölkerung, ehe man feststellt, daß die Maschinen nur selten etwas ausrichten.

In der Nacht vom 30./31. Mai 1915 erfolgt der erste Luftschiffangriff auf London. Ein Zeppelin der Marine wirft eine Reihe von Brand- und Sprengbomben auf die verdunkelte britische Hauptstadt ab. Es entstehen mehrere Brände, bei denen 7 Personen getötet und 35 verwundet werden. Der Sachschaden ist erheblich.

London erlebt den ersten Bombenangriff

Dienstag, 1. Juni 1915, Köln. Die *Kölnische Volkszeitung* berichtet:

»Wie wir erfahren, haben unsere Luftschiffe nicht nur die Vororte, sondern auch London selbst mit Bomben belegt. Der Angriff erfolgte kurz vor 11 Uhr nachts; eine ganze Anzahl von Bomben ist im östlichen Stadtteil, unweit der großen Londoner Docks, niedergegangen, eine Bombe in der Liverpool Street, wo drei Häuser zertrümmert worden sind. Besonders schwer ist die Gegend um die Broadstreet und Liverpool Streetstation mitgenommen worden, da die dort befindliche Eisenbahnbrücke, die über ein breites Schienenfeld führt, zerstört wurde. Durch polizeiliche Absperrungen hat man das Betreten dieser Gegend auf mehrere Tage verboten. Die bis zum anderen Mittag dauernden Brände verursachten großen Schaden.«

Deutscher Bomber-Raid

1. Juni 1915, London. Meldung der britischen Admiralität:

»In der Nähe von Ramsgate, Brentwood und gewissen anderen Orten in der Nachbarschaft Londons wurden während der Nacht Zeppeline gesichtet. Während ihres Raids warfen sie etwa 90 Bomben an verschiedenen, nicht weit auseinander liegenden Orten ab. Eine Anzahl Feuersbrünste brach aus, von denen aber nur drei so stark waren, daß die Dienste der Dampfspritzen benötigt wurden. Alle Feu-

Hinter den deutschen Linien: Eine etwas ungewöhnliche Landung, eine Landung, die der französische Pilot wohl kaum beabsichtigt hat

Bald werden sie fast zur Routine, die Angriffe der deutschen Luftschiffe gegen England

ersbrünste sind rasch und wirksam bekämpft worden, und nur einmal war Distriktsalarm nötig. Sie wurden alle durch Zündbomben verursacht. Keine öffentlichen Gebäude, aber viele Privatgebäude wurden beschädigt.«

Der nächste Angriff auf London ist für die Nacht vom 6./7. Juni 1915 vorgesehen. Die Zeppeline LZ 37, LZ 38 und LZ 39, in der Gegend von Brügge stationiert, starten am 6. Juni 1915 nach Einbruch der Dämmerung. Über dem Ärmelkanal erhalten sie jedoch die Anweisung, wieder umzukehren, da die Wetterbedingungen zu ungünstig sind. Sie drehen daraufhin in Richtung Calais ab, um anstelle von London jetzt Eisenbahnlinien auf dem Festland zu bombardieren. Die britischen Abhörstationen an der Ostküste haben allerdings die deutschen Funksprüche abgefangen und die Admiralität informiert. Die sofort benachrichtigte britische 1. Staffel der R.N.A.S. in Dünkirchen soll nun die Zeppeline auf ihrem Rückflug angreifen.

Um 0.30 Uhr steigen mehrere Flugzeuge auf. Eines von ihnen wird von Flight Sub-Lieutenant J. S. Mills geflogen, der sich zum Stützpunkt der Zeppeline bei Evere auf den Weg macht. Als er sich dem Flugplatz nähert, wird er von mehreren Suchscheinwerfern erfaßt. Er gibt zur Täuschung ein Leuchtsignal, als sei er im Begriff zu landen. Dadurch stellt die Flak ihr Feuer ein, und Mills kann seine Bomben aus einer recht geringen Höhe auf den Hangar von LZ 38 abwerfen. Der Zeppelin geht in Flammen auf. Mills entkommt und kehrt unbehelligt nach Dünkirchen zurück.

Unterdessen nähert sich ein anderes Flugzeug, eine Morane-Saulnier »Parasol« des Flight Sub-Lieutenant R. A. J. Warneford, dem Zeppelin LZ 37 südlich von Brügge. Warneford hat das Luftschiff schon in Küstennähe bei Ostende gesichtet und verfolgt es nun auf dessen Rückflug zum Stützpunkt bei Gontrode, ein paar Kilometer südöstlich von Gent. Bei diesem Einsatz wird erstmals ein Zeppelin von einem Flugzeug abgeschossen.

Die MG-Schützen an Bord des Luftschiffs feuern wiederholt Schüsse auf Warneford ab, um sein Näherkommen zu verhindern. Das Flugzeug ist zwar nicht mit einem Maschinengewehr ausgerüstet, trägt aber statt dessen sechs 9-kg-Bomben unter dem Rumpf.

Während die Besatzung des Luftschiffs argwöhnisch den Verfolger beobachtet, ob er irgendwelche Tricks anwendet, passiert der Zeppelin Gent und ist nur noch ein paar Minuten von seinem Flughafen bei Gontrode entfernt. Der Kommandant des Luftschiffs, Oberleutnant Otto van der Haegen, hofft jetzt, das Flugzeug in die Reichweite der auf dem Stützpunkt stehenden Flak zu bringen, und gibt den Befehl, runterzugehen. Dadurch verliert er allerdings den einzigen Vorteil, den das Luftschiff gegenüber einem Flugzeug besitzt – die Höhe.

Als Warneford bemerkt, daß der Koloß vor ihm langsam zu Boden sinkt, stürzt er sich auf ihn und läßt etwa 50 Meter über dem Zeppelin seine sechs Bomben gleichzeitig fallen. Fünf davon verfehlen zwar ihr Ziel, aber die sechste trifft LZ 37 direkt in der Mitte und verursacht eine riesige Explosion.

Warnefords Maschine dreht sich durch den gewaltigen Druck um 180 Grad. Doch es gelingt ihm, das Flugzeug wieder unter Kontrolle zu bringen. Die Trümmer von LZ 37

Er vernichtet als erster ein Luftschiff durch Bombenabwurf: Flight Sub-Lieutenant Warneford. Rechts Anthony Fokker mit Leutnant Kurt Wintgens, dem der erste – unbestätigte – Sieg mit einem synchronisierten Maschinengewehr zugeschrieben wird – installiert in einer Fokker E I

fallen auf einen Vorort von Gent, töten vier Menschen und verletzen viele Bewohner. Ein Angehöriger der Besatzung überlebt wie durch ein Wunder. Er stürzt – eingeklemmt in der Kabine – in die Tiefe, durchschlägt damit das Dach eines Klosters und landet bewußtlos auf einem Bett im Schlafsaal.

Warneford befindet sich unterdessen auf dem Rückflug, als plötzlich sein Motor aussetzt. Er kann gerade noch auf einem Feld hinter den deutschen Linien notlanden. Trotz der Dunkelheit schafft er es, die beschädigte Treibstoffleitung seiner Maschine notdürftig zu reparieren, eigenhändig den Propeller anzuwerfen, den Motor zu zünden und zu starten. Ohne weitere Störungen erreicht er die alliierte Front.

Technologischer Wettlauf

Obwohl der Fokker-Jagdeinsitzer Fok E 1 dank seiner Eigenschaften von den alliierten Fliegern gefürchtet ist, weil er im Luftkampf die besseren Chancen hat, werden jeder Aufklärungseinheit – beeinflußt durch die derzeit defensive deutsche Luftkriegstaktik – lediglich ein bis zwei Jagdeinsitzer zugeteilt. Ihre einzige Aufgabe ist es, die nur leicht bewaffneten eigenen Zweisitzer-Aufklärer zu schützen. Doch Max Immelmann geht am 1. August 1915 mit seinem Fokker-Eindecker zum ersten offensiven Einzelangriff über. In dem anschließenden Luftkampf erringt er den ersten deutschen Jagdeinsitzersieg und schießt über Douai eine britische Maschine ab.

Als Reaktion auf die Angriffe der Fokker-Maschinen versucht man, unbewaffneten Flugzeugen sporadisch Geleitschutz zu geben. Dies veranlaßt die Franzosen im Au-

gust 1915 zur Einführung des ersten engen Formationsfluges aus taktischen Gründen, und zwar mit einer Fünfer-Formation unter Capitaine Felix Happe. Es stellt sich bald heraus, daß selbst die Fokker-E-III-Maschinen davor zurückschrecken, in Kampfberührung mit einer diszipliniert fliegenden Formation von vier oder mehr Flugzeugen zu kommen, da die Bordschützen im Rücksitz gefährlich sind. Letztlich ist die Fokker genauso verwundbar wie jedes andere im Einsatz befindliche Flugzeug, abgesehen von ihrer Bewaffnung und der Geschicklichkeit, damit umzugehen.

Von jetzt an beginnt ein Wettlauf auf dem Gebiet der Technologie und auch der Taktik. Beide Seiten bemühen sich, ein Flugzeug zu entwickeln, das dem Gegner an Geschwindigkeit, Manövrierfähigkeit und Flughöhe überlegen ist. Vorherrschend bleibt allerdings die Taktik, mit der dem Feind begegent wird.

Ebenso wichtig ist aber auch der verstärkte Einsatz von Flugzeugen, da nicht nur Heer und Marine die Fliegerkräfte immer mehr beanspruchen, sondern auch Luftkampf und Formationsflug mehr Flugzeuge als bisher erfordern. Daher muß die Anzahl der Maschinen für sogenannte strategische Bombeneinsätze reduziert werden. Gleichzeitig taucht auch die Frage nach dem Nachwuchs des fliegerischen Personals auf.

Die während des Jahres 1915 neu in Dienst gestellten Flugzeuge sind denen von 1914, abgesehen von ihrer Bewaffnung, nur wenig überlegen, obwohl sie leichter zu manövrieren und etwas sicherer geworden sind. Was allerdings die Entwicklung des Luftkrieges in hohem Maße behindert, sind die geringen Produktionszahlen einer völlig neuen Industrie, die noch dazu mit allen anderen sich entwickelnden kriegswichtigen Unternehmen in hartem Wettbewerb steht.

Ferner bereitet die Ausbildung des Bodenpersonals und die Organisation der Flugzeugwartung auf den Flugplätzen große Schwierigkeiten. Es gibt zwar noch ein paar Begeisterte aus der Vorkriegszeit, aber die meisten verfügen lediglich über elementare Kenntnisse.

Der Engpaß im Flugzeugbau entsteht gewöhnlich durch zu lange Lieferfristen der Motorenwerke, obgleich die Industrie allmählich zur Massenfertigung übergeht. In Großbritannien wiederum sind die Motorenwerke auf neue Zulieferer angewiesen, da man vor dem Krieg Material, zum Beispiel Zündmagneten, von Deutschland bezogen hat. Diese Zündmagneten kommen nun aus Frankreich.

Um die deutsche Flugzeug- und Motorenproduktion anzukurbeln, erfolgt eine stärkere staatliche Subventionierung der deutschen Flugzeugindustrie über das Kriegsministerium und seitens der ihm unterstellten Kriegsrohstoffabteilungen. Die wichtigsten Industriezweige erhalten profitable Serienaufträge, so daß durch die erwähnten Maßnahmen und den Bau neuer Werke die Produktion rapide ansteigt: von 1348 Flugzeugen im Jahr 1914 auf 4532 Maschinen im Jahr 1915. Die veralteten, noch vor Kriegsausbruch gebauten Flugzeugtypen werden Mitte 1915 durch ein neues technisch-taktisch verbessertes »C-Einheitsflugzeug« ersetzt.

Linke Seite. Bilder, die an der Tagesordnung sind: Ein zerstörtes Luftschiff und ein abgeschossenes Flugzeug. Diesmal hat es die Franzosen getroffen

Ausbildung tut not. Albatros-Aufklärer stehen für deutsche Flugschüler bereit

Nachdem kräftig Hand angelegt worden ist (rechts), erfolgt eine letzte Überprüfung durch Mechanikerinnen der Womens Royal Air Force

Da allerdings der sich ausweitende Luftkrieg eine zunehmende Spezialisierung verlangt und die Flugzeuge der Art des Einsatzes entsprechen müssen, gerät die OHL durch ihr Festhalten an dem Einheitsflugzeug immer mehr in Widerspruch zu den Anforderungen. Anders dagegen ist es bei den Alliierten: Hier werden zum Beispiel bereits Ende 1914 in den Geschwadern des Royal Flying Corps eigene Abteilungen für die Artillerie- und Bildaufklärung aufgestellt. Auch das französische Große Hauptquartier hat die wachsende Bedeutung des Luftkampfes erkannt und die Notwendigkeit, speziell dafür mehr einsitzige Jagdflugzeuge zu bauen. Im August 1915 können die Franzosen bei einem einzigen Angriff auf Deutschland bereits 62 Flugzeuge einsetzen.

15. August 1915: Das fünf Tage zuvor nahe Dover schwer beschädigte Luftschiff L12 wird in den Hafen von Ostende gebracht

Erfolge aus der Luft

Am 10. August 1915 startet das deutsche Luftschiff L12 zu einem Angriff auf England und überquert zwischen Ostende und Dover den Kanal. Kurz bevor es die Insel erreicht hat, wird L12 von den bei Dover stehenden Flakbatterien getroffen. Es ist das erste Luftschiff, das von englischen Abwehrstellungen abgeschossen wird.

Zwei Tage später, am 12. August 1915, gelingt es erstmals Flight Commander C. H. Emonds, von einem Short-Wasserflugzeug aus mit einem aus der Luft abgeschossenen Torpedo ein Schiff erfolgreich anzugreifen. Emonds, der sich im Einsatz an den Dardanellen befindet, läßt aus 5 Meter Höhe sein Torpedo ins Wasser fallen und beschädigt damit ein 270 Meter entfernt liegendes türkisches Versorgungsschiff (5000 t) so schwer, daß es wenige Tage danach sinkt.

Die erste anhaltende strategische Bombenoffensive des Krieges unternehmen italienische Fliegerkräfte am 20. August 1915. Sie verfügen über einige dreimotorige Doppeldecker »Caproni« Ca 32, die vier Mann Besatzung und eine Bombenlast von 272 kg an Bord haben. Mit diesen neuartigen Maschinen können sie bei Nacht die Alpen überfliegen und ihre Bomben auf österreichisch-ungarische Industrieanlagen im Raum Triest abwerfen. Italien ist nach Rußland der zweite Staat, der große Bomber in Dienst stellt.

In der Nacht vom 8./9. September 1915 fliegt Kapitänleutnant Heinrich Matthaei, Kommandant des Luftschiffs L13, zugleich ein ausgezeichneter Navigator, den bisher schwersten Angriff auf London und Umgebung. In jener Nacht wird erstmalig eine 300-kg-Bombe abgeworfen. Trotzdem sind die Aussichten, eine Großstadt wie London aus der Luft ernsthaft in Gefahr zu bringen, für ein Luftschiff sehr gering, weil es nur bei völliger Dunkelheit Bombeneinsätze fliegen kann und selbst Mondschein meiden muß, um nicht entdeckt zu werden.

Unser Flug nach London

Freitag, 24. September 1915, Berlin. Kapitänleutnant Matthaei berichtet im *Berliner Lokal-Anzeiger:*

»Als wir uns der Küste näherten, setzte ich das Höhensteuer in Bewegung, um noch höher zu steigen, damit der Lärm der Motoren unsere Ankunft nicht zu früh verrate. Die Kanoniere gingen zu ihren Kanonen, um etwaige feindliche Flieger abzuwehren, und von den anderen begab sich ein jeder auf seinen Posten. Mein Leutnant nahm seinen Standort bei den Abfeuerungsvorrichtungen, wo die Bomben ausgelöst werden und die Schnelligkeit registriert wird, mit der sie fallen gelassen werden in dem Augenblick, wo ich meine Befehle von der Kommandobrücke aus gebe, die sich in der vorderen Gondel befindet. Langsam traten die Umrisse der Stadt in Erscheinung, die still und verschlafen in der Entfernung unter uns lag ...

Plötzlich schießt ein enger Streifen glänzenden Lichtes aus der Dunkelheit und erreicht uns. Dann sehen wir einen zweiten, dritten, vierten, fünften Lichtstreifen, und dann immer mehr, die sich überkreuzend um uns her den Himmel absuchen. Unsere Motoren und Propeller verrieten bald unsere Gegenwart. Erst einer und dann noch mehrere

Ein englisches Short-Wasser-flugzeug wirft eine Bombe ab

Kapitänleutnant Heinrich Matthaei, Kommandant des Luftschiffes L13

der Lichtstreifen finden uns und verlieren uns wieder. Jetzt plötzlich kommt von unten ein ominöser Laut und übertönt den Lärm der Propeller. Kleine, rote Blitze und kurze Sprengpunkte, die sich deutlich von dem dunkelschwarzen Hintergrund abheben, werden sichtbar, vom Norden und vom Süden, von rechts und von links tauchen sie auf, und dem Blitze folgt von unten das Krachen der Geschütze.

Ich stellte zunächst die St. Pauls Kathedrale fest, und mit diesem Fixpunkt nahm ich meinen Kurs auf die Bank von England. Ein mächtiger Scheinwerfer befand sich unmittelbar neben der Kathedrale, und die Engländer hatten eine Batterie Geschütze unter der Bedeckung dieses Gotteshauses aufgestellt, wie ich es deutlich an dem Aufblitzen der Schüsse erkennen konnte ... Obgleich wir von allen Seiten beschossen wurden, hatte ich bis zu diesem Augenblick noch keine Bomben fallen lassen.

Als wir uns über der Bank von England befanden, rief ich durch das Sprachrohr meinem Leutnant zu, das Feuer zu beginnen. Von jetzt an mischte sich in das Getöse und das Blitzen der Kanonen der Lärm des Platzens unserer Bomben, und wir sahen die Flammen, die von den getroffenen Stellen aufloderten. Meine Sinne waren ausschließlich darauf konzentriert, die Punkte ausfindig zu machen, die auf unserem Angriffsprogramm als Gegenstände von militäri-

Gegen Ende des zweiten Kriegsjahres wird verstärkt die Entwicklung von Bombern vorangetrieben, da fieberhaft nach einem Waffensystem gesucht wird, das die Reichweite der schweren Artillerie übertreffen soll. Hier eine französische Lorraine-Dietrich-Maschine (2 × 220 PS), die zum Bomber umfunktioniert werden soll

scher Bedeutung standen. Gleichzeitig beschäftigte ich mich mit der Steuerung des Fahrzeuges und der Direktion des Feuers, wobei der verhältnismäßig kurze Aufenthalt über London, der von 10 Uhr 50 bis 11 Uhr, also genau 10 Minuten dauerte, viel länger erschien, als er in Wirklichkeit war.

Bald sah ich, wie Flammen aus den verschiedensten Gebäuden schlugen; über dem Holborn-Viadukt, in der Nähe der Eisenbahnstation von Holborn, ließ ich mehrere Bomben fallen. Von der Bank von England zum Tower ist es nur eine kurze Entfernung; ich versuchte daher, die große Themsebrücke zu treffen und glaube, daß ich hierin Erfolg hatte, obgleich ich nicht feststellen konnte, bis zu welchem Grade. Das Aufblitzen von Schüssen auf dem Tower zeigte, daß sich dort noch immer dieselben Geschütze befanden, die ich schon bei meinem vorhergehenden Angriff dort beobachtet hatte. Sie unterhielten ein lebhaftes Feuer auf uns.

Nachdem ich dann mein Fahrzeug so gesteuert hatte, daß ich mich unmittelbar über dem Bahnhof Liverpoolstraße befand, kommandierte ich Schnellfeuer, worauf die Bomben auf die Station niederregneten. Der unmittelbare Erfolg bestand in einer schnellen Reihenfolge von Explosionen und dem Auflodern von Flammen. Ich konnte

Eis und Schnee behindern die Luftaufklärung, auch die dieser deutschen Fliegerstaffel an der Westfront

Auf dem Werbeplakat der Fokker-Werke Schwerin ist links oben der Orden »Pour le mérite« abgebildet, im Soldatenjargon der »Blaue Max« genannt (nach dem Flieger Max Immelmann)

feststellen, daß wir gut getroffen und offenbar großen Schaden angerichtet hatten, was auch durch spätere Berichte bestätigt wurde. Flammen schlugen jetzt an allen Orten unter uns empor, und da ich somit meine Befehle ausgeführt hatte, lenkte ich mein Geschwader heimwärts. Trotz des lebhaften Geschützfeuers, dem wir ausgesetzt waren, wurden wir nicht getroffen ... Auf- und niedersteigend, bis wir eine günstige Luftströmung trafen, bewerkstelligten wir die Heimfahrt in kurzer Zeit.«

Da die britische Verteidigung jetzt strikte Verdunkelung anordnet, wird das Problem, ein bestimmtes Ziel zu finden, immer schwierger. Hinzu kommt der verstärkte Einsatz von Flak, der die Luftschiffe zwingt, in größeren Höhen - möglichst über den Wolken - zu fliegen, was wiederum die Sicht behindert. Auch die absenkbare Beobachtungsgondel erweist sich mit der Zeit als Fehlschlag.

Seit Oktober 1915 wächst durch die sogenannte »Fokker-Plage« die Gefahr für britische und französische Flugzeuge, denn Ende September sind größere Mengen des Jägers Fokker E III an der Westfront eingetroffen. Die beiden maßgeblichen Jagdflieger, Leutnant Oswald Boelcke und Leutnant Max Immelmann, bevorzugen nämlich zwei ganz besondere Angriffstaktiken, um den Gegner ins Schußfeld zu bekommen: Entweder fliegen sie das feindliche zweisitzige Flugzeug von unten aus einem toten Winkel an, so daß der Bordschütze sie von seinem hinteren Sitz aus nicht sehen kann, oder sie stoßen aus der Sonnenrichtung kommend von oben auf die unter ihnen fliegende Maschine, befeuern sie mit dem MG und tauchen sofort wieder ab.

Die zweite Methode hat Immelmann sogar noch weiterentwickelt. Nach dem Heruntergehen zieht er die Maschine wieder hoch, macht eine vertikale Drehung und stürzt aus der entgegengesetzten Richtung wieder nach unten. Dadurch nutzt er jeweils den Vorteil der Höhe aus und kann so eine ganze Serie von Angriffen fliegen.

Von Leutnant Boelcke, der die Ausbildung der meisten Piloten übernimmt, stammt übrigens die Idee, spezielle Jagdfliegereinheiten anstatt der bisher gemischten Verbände aufzustellen. Auch im Gebrauch der Schußwaffen ist Boelcke seinen Zeitgenossen überlegen. Er motiviert seine Männer, das Feuer nicht schon aus mehr als 300 Metern zu eröffnen, sondern den Feind aus nächster Nähe durch permanenten Beschuß zu erledigen.

Erst mit den Fokker-Jagdeinsitzern gelingt es der deutschen Fliegertruppe, ihre schwere Krise zu überwinden und sich die Luftüberlegenheit bis Ende 1915 zu erkämpfen. Ebenfalls trägt zu den Erfolgen bei, daß die bisherigen Aufklärungsmaschinen durch neue, besser zur Verteidigung der Jäger geeignete Typen ersetzt werden. Der Einsatz dieser neuen Jagdeinsitzer ist zugleich das erste Beispiel in diesem Krieg, wie technischer Vorsprung auf einem Einzelgebiet weittragende Auswirkungen auf den Gesamtverlauf des Luftkrieges haben kann und wie bedeutungsvoll dies die Kampfhandlungen auf dem Boden beeinflußt.

Der Übergang zum Stellungskrieg hat aber nicht nur die Entwicklung der Jagdeinsitzer beschleunigt, sondern auch die der Bomber. Der Grund dafür: Beide Kriegsgegner suchen fieberhaft nach Möglichkeiten, die Reichweite der schweren Artillerie durch ein neues Waffensystem zu übertreffen, da beide Seiten direkt hinter der Frontlinie riesige Depots mit Kriegsmaterial angelegt, Bereitschaftsräume für Truppenverbände gebildet und die Eisenbahn fast bis in den jeweiligen Frontabschnitt verlegt haben. Nun sollen Bomber künftig diese lohnenden Ziele bekämpfen und den Gegner damit zwingen, den Nachschub weiter ins rückwärtige Gebiet zu verlegen.

FOKKER
FOKKER
SCHWERIN

KRIEGS-SCHAUPLATZ NAHER OSTEN

Die britisch-französische Dardanellenoperation hat das Ziel, die Seeverbindung zu Rußland herzustellen

Die noch immer unzureichend bewaffneten und schlecht ausgerüsteten türkischen Armeen kämpfen im Jahr 1915 an mehreren, weit auseinanderliegenden Fronten des riesigen Osmanischen Reiches. So soll auch das von den Engländern als Protektorat übernommene Ägypten zu Beginn des Jahres von einem etwa 16000 Mann starken türkischen Expeditionskorps gewaltsam erkundet werden.

Nach dem Marsch durch die Wüste ist geplant, durch einen Handstreich den Suezkanal zu überqueren, um diesen so äußerst wichtigen Verbindungsweg zum Mittelmeer für die alliierte Schiffahrt zu sperren. Als bei Dunkelheit einige Vorhuten mit Pontons das Westufer erreicht haben, sind sie allerdings durch das plötzlich einsetzende Infanterie- und MG-Feuer gezwungen, sich wieder zurückzuziehen.

Am Morgen des 3. Februar 1915 werfen die Engländer einige indische Einheiten bei Serapeum auf das östliche Ufer, die nun das türkische Regiment, das sich hinter den Uferdünen verschanzt hat, in der Flanke angreifen. Den Türken gelingt es zwar, den Angriff abzuwehren, aber sie verlieren bei dem Gefecht ihren deutschen Kommandeur, Hauptmann von Hagen.

Den ganzen Tag über werden die weiter zurückstehenden türkischen Reserven und auch der Gefechtsstand des Djemal Pascha von den im Timsahsee und im Großen Bittersee liegenden feindlichen Kriegsschiffen unter Feuer genommen, was in dem deckungslosen Wüstengelände erhebliche Verluste verursacht. Djemal Pascha läßt noch am selben Abend das Unternehmen abbrechen. Da der Feind inzwischen alle Pontons am Kanalufer zerschossen hat, ist ein zweiter Übersetzversuch sowieso unmöglich.

Das sich nach Osten zurückziehende Expeditionskorps wird von den Engländern jedoch nicht weiter verfolgt, weil der britische Oberbefehlshaber das Risiko eines in der offenen Wüste geführten Kampfes nicht auf sich nehmen will. Er befürchtet, ein möglicher Fehlschlag könne einen Aufstand der ägyptischen Bevölkerung hervorrufen. Während sich das Gros des Expeditionskorps in Beersheba, etwa 70 Kilometer südwestlich von Jerusalem, versammelt, bleibt der Generalstabschef des türkischen 8. Armeekorps, Oberst Freiherr Kreß von Kressenstein, »Kommandant der

In der Steniabucht am Bosporus: Die jetzt zur türkischen Flotte gehörenden Kriegsschiffe »Goeben« und »Breslau« haben wieder einmal den Liegeplatz gewechselt. Der Schlachtkreuzer und der Kleine Kreuzer sind ein ständiger Unruheherd für die alliierten Schiffe

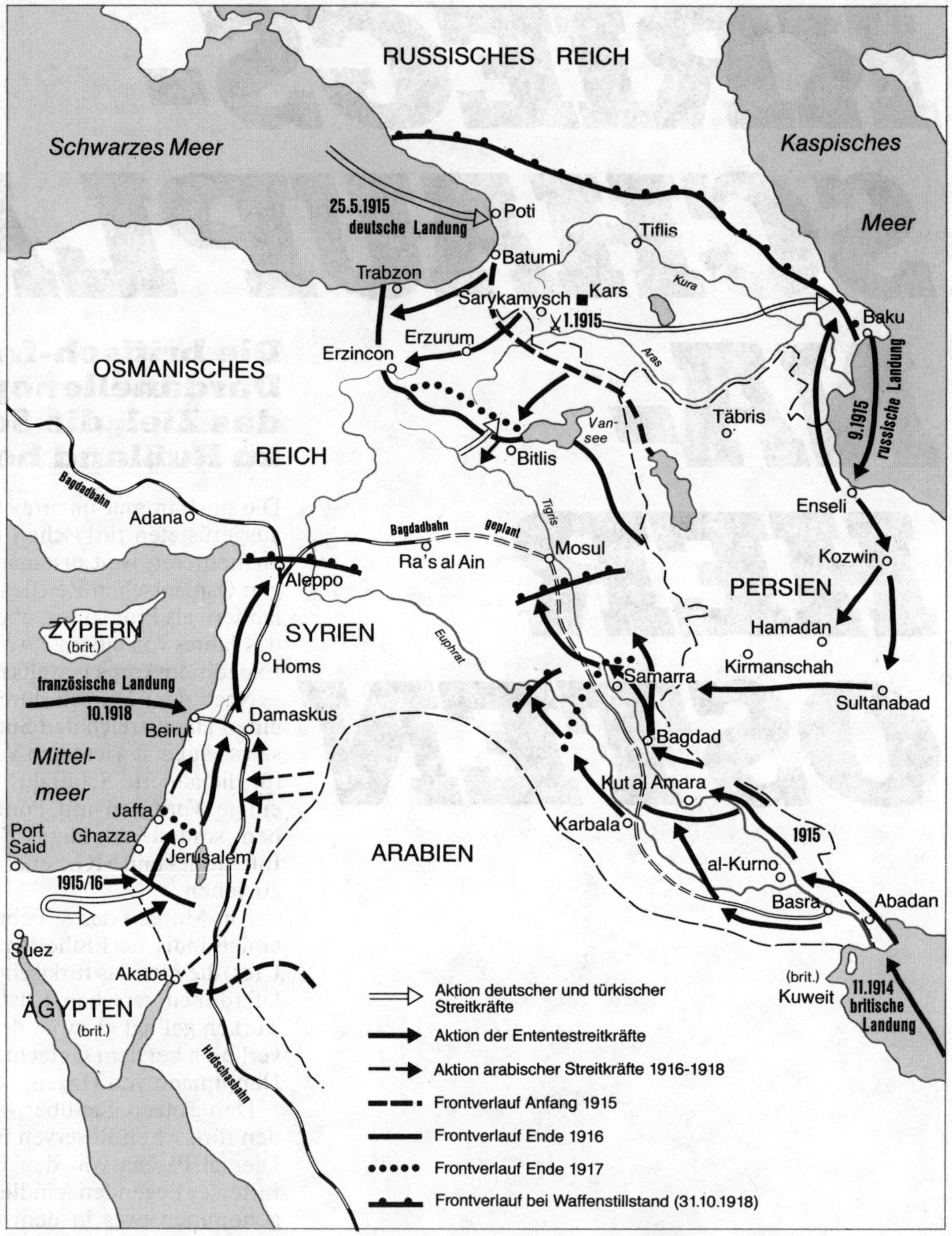

Der Kriegsverlauf in Vorderasien bis zum Jahr 1918

Wüste«, mit schwächeren Kräften, darunter auch deutschen, im Sinaigebiet zurück.

Unter Führung mehrerer deutscher Offiziere hat man von der Linie el Arish–Nekhl aus im Frühjahr und Sommer 1915 noch einige Vorstöße gegen den Suezkanal unternommen, um die Schiffahrt zu stören und die Engländer dadurch zu beunruhigen. Obwohl die Kanalzone von rund 70000 britischen Soldaten gesichert ist und die Türkei für eine erfolgreiche Operation weder über genügend Kräfte noch Kampfmittel verfügt, verlangt die deutsche Führung von ihrem Verbündeten, daß die Bedrohung des Suezkanals auch weiterhin zu den strategischen Zielen der türkischen Kriegführung gehören müsse.

Churchill wird abgesetzt

Am 16. Februar 1915 beschließt der britische Kriegsrat, zur Durchführung der britisch-französischen Dardanellenoperation auch Landstreitkräfte mit einzubeziehen. Dieses größte Landungsunternehmen des Ersten Weltkrieges hat das Ziel, die Seeverbindung zu Rußland herzustellen, um den Verbündeten mit Kriegsmaterial zu versorgen und den Blockadering um die Mittelmächte noch mehr einzuengen.

In der Diskussion mit seinem Stabschef: Djemal Pascha (links) mit Ali Fuad Bey im Hauptquartier an der Palästinafront

Ebenfalls an der Palästinafront: Türkische Lanzenträger reiten aus ihrem Camp

Großbritannien verspricht sich davon nicht nur einen politischen und militärischen Prestigegewinn im Orient, sondern will vor allem den Kriegsaustritt der Türkei bewirken. Trotz aller geäußerten Bedenken überträgt man diese Operation den Marineexperten, die auf der Insel Lemnos ein Expeditionskorps unter General Hamilton zusammenstellen. Doch die schlechte Organisation verzögert dessen Einsatzbereitschaft. So erfolgt die erste Phase der Dardanellenschlacht nur von See her.

Mitte März 1915 spricht man in London bereits von einem »großen nationalen Desaster«, nachdem der Flottenvorstoß mißlungen ist. Die innenpolitischen Spannungen führen sogar zum Rücktritt des Ersten Seelords, Fisher, und Winston Churchill, der Hauptinitiator der Operation, wird abgesetzt. Unter dem Druck der Konservativen erfolgt am 26. März 1915 sogar eine Umbildung der Regierung Asquith.

Das als Nebenkriegsschauplatz angesehene Mesopotamien, einst das reichste Kulturland der Erde, hat für die Engländer eine besondere Bedeutung, wie der britische Staatsmann Lord Curzon in seiner Rede vom 9. April 1915 bemerkt: »Nachdem die Türken, unsere Feinde, durch eine gemeine und hinterlistige Intrige in den Krieg getrieben worden waren und nachdem wir Millionen in den Petroleuminteressen der Gegenden am Flusse Karun angelegt hatten, bot der Krieg uns eine günstige Gelegenheit,

General Sir Jan Hamilton

unsere Hand auf die Länder am Nordende des Persischen Meerbusens zu legen . . .«

Daher haben britisch-indische Truppen bereits am 23. November 1914 Basra, den wichtigsten Hafen am Persischen Golf, als Ausgangspunkt für weitere militärische Operationen besetzt. Drei Wochen später ist es ihnen ebenfalls gelungen, die Stadt Korna am Zusammenfluß des Euphrat und Tigris zu erobern. Den Türken, die Basra unbedingt zurückgewinnen wollen, ist damit der kürzeste Weg von Bagdad nach Basra versperrt.

Den 15000 Mann starken türkischen Einheiten bleibt jetzt nichts anderes übrig, als von Bagdad aus den Tigris bis Amara zu befahren, von dort den Verbindungskanal Schatt-el-Hai bis Nasrije am Euphrat zu benutzen, um von da aus rund 190 Kilometer durch die Wüste zu marschieren, um Sobeir, 20 Kilometer südwestlich von Basra, zu erreichen.

Nachdem die türkischen Marschkolonnen etwa die Hälfte ihres Weges zurückgelegt haben, stoßen sie am 12. April

Mesopotamien. Während eine türkische Batteriebesatzung Schießübungen veranstaltet, patrouilliert die britische »Sedgefly« auf dem Tigris

1915 bei Schaiba auf die inzwischen beträchtlich verstärkten britisch-indischen Truppen. Hier kommt es bis zum 15. April zu erbitterten Kämpfen, in denen die Türken etwa 5000 Mann verlieren. Damit ist ihr Versuch, Basra zurückzuerobern, vorerst gescheitert.

Kämpfe am Persischen Golf

Freitag, 23. April 1915. Amtliche englische Meldung:

»Die Niederlage der Türken bei Schaiba ist vollständiger, als man hoffte. Die Türken haben nicht nur Automobile und Artilleriemunitionswagen zurückgelassen, sondern ihr Rückzug ist in Unordnung vor sich gegangen. Sie wurden von den Arabern beunruhigt, die sich erhoben. Nach hartnäckigen Gerüchten soll sich ihr Führer Suleiman Askari getötet haben. Man schätzt die türkischen Verluste in den Tagen vom 12. bis 15. April auf 6000 Mann. Alle Türken aus dieser Gegend befinden sich gegenwärtig nördlich von Khamsie, mehr als 90 Meilen von Basra.«

Trotz der an den Dardanellen bisher erfolgreich abgewehrten britisch-französischen Flottenoperation befindet sich die Türkei in einer äußerst schwierigen Lage: Da man nach wie vor auf Kriegsmateriallieferungen aus Deutschland angewiesen ist und die Küstenverteidigung bereits die Hälfte der Munition verschossen hat, sind die Chancen sehr gering, den in Kürze zu erwartenden alliierten Flottenvorstoß erneut zurückzuschlagen.

Durch die überraschende Verzögerung des nächsten Angriffs bleibt der türkisch-deutschen Führung allerdings noch genügend Zeit, die Verteidigung von Gallipoli entsprechend auszubauen. Die beiderseits der Dardanellen stehenden Truppen werden auf Kosten anderer Fronten von fünf auf sieben Divisionen, insgesamt 60000 Mann,

12. April 1915. Schlacht bei Schaiba: Türkische MG-Schützen der 18. Infanteriebrigade in einem Schützengraben

Leider sieht das Ende oft so aus: Ein toter Soldat neben einer aufgegebenen Batterie

Halbinsel Gallipoli: Türkische Truppen während einer Marschpause

An den Dardanellen. Die Masse Mensch: Türkische Infanteristen warten auf ihren Einsatz

Sedd-ül-Bahr. Ein englisches 155-mm-Geschütz wird von einem Leichter an Land gebracht

verstärkt und als 5. Armee unter dem Befehl von General Liman von Sanders zusammengefaßt. Man stellt sich diesmal auf eine bewegliche Küstenverteidigung mit Stellungen an den vermuteten Landungsplätzen ein.

Nach heftigem Feuer der Schiffsartillerie beginnt in den frühen Morgenstunden des 25. April 1915 die Landung der alliierten Streitkräfte auf der Halbinsel Gallipoli. Die 17000 Soldaten der britischen 29. Division werden in zwei Wellen an fünf verschiedenen Abschnitten am Südzipfel der Halbinsel abgesetzt: in der Morto-Bucht (S), bei Sedd-ül-Bahr (V), bei Kap Helles (W), bei Teke Burun (X) und an der Sighin-Dere-Mündung (Y).

Zur selben Zeit landet bei Ari Burun, nördlich von Gaba Tepe, das aus australischen und neuseeländischen Truppen bestehende 30000 Mann starke Korps »Anzac«. Um die türkischen Verteidiger abzulenken, erfolgen gleichzeitig zwei Scheinlandungen: eine französische Streitmacht von 16000 Mann auf dem asiatischen Festland bei Kum Kale und 10000 britische Marine-Infanteristen bei Bulair im Golf von Saros.

Der Operationsplan sieht vor, daß alle Truppen bis 8 Uhr morgens gelandet und bereits zwei Stunden später eine Frontlinie zwischen Eski-Hissarlik und Teke Burun bilden. Danach sollen sie in Richtung Kilid Bahr vorstoßen. Doch kaum haben die ersten Boote die schmalen Strände erreicht, schlägt ihnen das mörderische Feuer der türkischen Verteidiger entgegen.

Landung an den Dardanellen

Freitag, 7. Mai 1915. Amtlicher Bericht des Generals Sir Jan Hamilton:

»... Die Landung an der Sighin-Dere-Mündung war den King's Own Scottish Borderers und dem Marinebataillon ›Plymouth‹ anvertraut. Die Landungsstelle bestand hier aus einem schmalen Streifen südwestlich von Krithia, hinter dem sich eine 260 Fuß hohe, mit Gestrüpp bewachsene Klippe erhob. Beide Bataillone konnten sich zuerst auf der Höhe der Klippe festsetzen, und planmäßig wurde ver-

Gallipoli. Rechts: Der Landungsabschnitt »W«. Unten: Die Halbinsel mit den erwähnten Schauplätzen

sucht, mit den Truppen, die bei Teke Burun gelandet waren, in Fühlung zu kommen. Unglücklicherweise trat eine starke Abteilung des Feindes von Sighin-Dere her dazwischen. Unsere Truppen bei Teke Burun waren vollauf beschäftigt, die Türken vor ihrer Front anzugreifen, und der

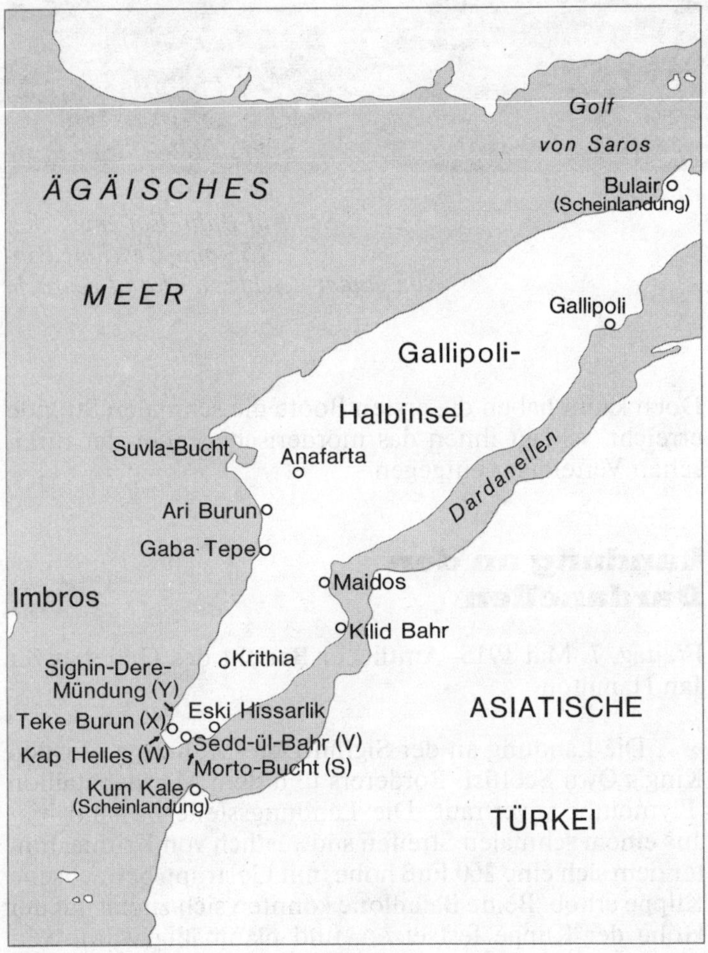

Versuch, die Verbindung mit den Truppen bei Teke Burun herzustellen, mußte aufgegeben werden.

Im Laufe des Tages wurden bedeutende türkische Kräfte, die auf den Klippen über dem Y-Strand vorgingen, beobachtet, und Oberst Koe war gezwungen, sich einzugraben. Von da ab waren unsere Bataillone kräftigen, wiederholt einsetzenden, von Feldartillerie unterstützten Angriffen ausgesetzt, wobei die Geschütze unserer Deckungsschiffe infolge der Beschaffenheit des Geländes keine nennenswerte Hilfe leisten konnten.

Die Schotten unternahmen wiederholt Gegenangriffe mit dem Bajonett, aber die Türken waren den Unsrigen weit überlegen. Oberst Koe, der inzwischen seinen Wunden erlegen ist, wurde schon sehr früh am Tage verwundet, und die Zahl der getöteten Offiziere und Mannschaften war sehr hoch. Am 26. April um 7 Uhr abends war von den Scottish Borderers nur die Hälfte übriggeblieben, und diese hatte Gräben zu halten, die für die vierfache Zahl bestimmt waren. Die Tapferen waren von den unausgesetzten Kämpfen vollkommen erschöpft, und da auch auf rechtzeitiges Eintreffen von Verstärkungen nicht zu rechnen war, mußte der Befehl zur Wiedereinschiffung gegeben werden ...

Die als X-Strand bezeichnete Landungsstelle nördlich Teke Burun besteht aus einem Sandstreifen, der ungefähr 200 Meter lang und 8 Meter tief ist und sich am Fuß einer niedrigen Klippe hinzieht. Hier wurden die Royal Fusileers an Land gesetzt, zugleich mit Armierungskräften vom Anson-Bataillon der Marinedivision ... Das Bataillon ging dann gegen die türkischen Stellungen auf Hügel 114 vor, mußte aber vor heftigen Gegenangriffen weichen.

Die Landung am V-Strand, zwischen Kap Helles und Sedd-ül-Bahr, sollte auf eigenartige Weise erfolgen: Drei Kompagnien der Dublin-Schützen sollten in Booten das Land erreichen, dicht gefolgt von dem Kohlendampfer ›River Clyde‹, der den Rest der Dublin-Schützen, die

Die King's Own Scottish Borderers greifen an

Munster-Schützen, ein halbes Bataillon vom Hampshire-Regiment und andere Einheiten an Bord hatte. Der Plan war, die ›River Clyde‹ mitsamt ihrer unter Deck befindlichen Menschenfracht am Strand auflaufen zu lassen, sobald die ersten Boote der Dublin Fusileers das Land erreicht hatten. Die vom Schiff mitgeführten Leichter sollten eine Brücke zum Land bilden, und so hofften wir, 2000 Mann mit größter Schnelligkeit an Land zu werfen. Der Rest der Truppen sollte dann von den in der Nähe ankernden Kriegsschiffen aus in Booten nachkommen.

Sedd-ül-Bahr. Türkische Granaten explodieren nahe der »River Clyde«

Nicht nur die Engländer sind bei der Dardanellenoperation dabei: Französisches Lager bei Sedd-ül-Bahr

Der mit V bezeichnete Strand liegt unmittelbar westlich von Sedd-ül-Bahr. Zwischen dem Dorf und dem Fort 1 bildet der Boden ein regelrechtes natürliches Amphitheater. Seine mit frischem Grün bewachsenen Terrassen, die bis zu einer Höhe von etwa hundert Fuß über dem Strand sanft ansteigen, können in ihrer ganzen Ausdehnung von dem Feuer des Verteidigers bestrichen werden.

Bis zum letzten Augenblick schien es, als ob die Landung ohne Widerstand erfolgen sollte. Aber kaum hatte das erste Boot den Strand berührt, als der Sturm losbrach. Ein Wirbelwind von Stahl und Feuer fegte über den Strand, die einfahrenden Boote und den an Land gesetzten Dampfer. Die Dublin Fusileers und die Marinebesatzung der Schleppboote erlitten außerordentlich schwere Verluste, bevor sie noch das Land erreicht hatten. Diejenigen, denen es gelungen war, zu landen und den schmalen Sandstreifen bis zum Fuß der Anhöhe zu durchlaufen, fanden unter einer Klippe einigen Schutz. Doch von den Booten vermochte keines den Rückweg anzutreten – sie wurden alle samt ihrer Besatzung auf dem Strand vernichtet.

Die Klippen bieten Deckung: Englische Soldaten schützen sich vor türkischen Geschossen

Nun war für die ›River Clyde‹ der Augenblick gekommen, ihre lebende Fracht auszuladen. Aber die Leichter in die richtige Stellung zu bringen wurde in verhängnisvoller Weise verzögert. Eine starke Strömung hinderte das Werk, dabei war das Feuer des Feindes so intensiv, daß fast alle Leute, die mit der Herstellung dieser Schiffsbrücke beschäftigt waren, niedergeschossen wurden. Schließlich konnten aber die Leichter, dank der hervorragenden Tapferkeit der Marinemannschaften, in Stellung gebracht und mit der Ausschiffung begonnen werden.

So kurz auch dic Entfernung bis zum Strand war, nur wenige überlebten den Hagel von Geschossen, der von vorn und von beiden Flanken aus über sie herniederging. Als die 2. Kompagnie der ersten folgte, gab die Schiffsbrükke in der Strömung nach. Die Leichter, die dem Ufer am nächsten waren, gerieten in tiefes Wasser, und viele, die den Kugeln entgangen waren, ertranken, als sie zum Ufer zu schwimmen versuchten – von der Ausrüstung in die Tiefe gezogen. Die Leichter wurden von neuem in Stellung gebracht, und die 3. Kompagnie der Munster Fusi-

leers stürmte an Land, wobei Schrapnells, Flinten und Maschinengewehre ihnen die schwersten Verluste zufügten . . .«

Obwohl die englisch-französischen Landungstruppen über eine weitaus bessere Bewaffnung und Ausrüstung verfügen, gelingt es der türkischen Abwehr, die Alliierten auf einem nur kleinen Frontabschnitt in die Verteidigung zu drängen, so daß sich die Kämpfe in einen mehrere Monate dauernden Stellungskrieg verwandeln.

Von den Türken erbeutet

Dienstag, 25. Mai 1915, Frankfurt am Main. Franz Babinger schreibt in der *Frankfurter Zeitung:*

»Aus den Geräten und Ausrüstungsgegenständen, die man bei Gefallenen und Gefangenen vorfand, ließ sich mit Sicherheit entnehmen, daß die ganze Unternehmung bis ins kleinste mit allen Mitteln vorbereitet war. Konserven in Hülle und Fülle, tadellose Bekleidung und dauerhaftes Schuhzeug, zusammenklappbare Drahtverhaue, allerlei Pionierwerkzeug, riesige Mengen an Wein und sonstigen Nahrungsmitteln; selbst starke Brabanter Pferde waren ans Land geschafft worden. Besonders vorzüglich war das Kartenmaterial. Ich fand unter den verschiedenen Proben eine musterhafte, vom englischen War Office zweifellos zu Landungszwecken ausgearbeitete Karte, die jeden Weg und Steg peinlich genau verzeichnete.

Besonders interessant war, daß an verschiedenen Stellen die Worte ›probable landing place‹ (mögliche Landungsstelle) eingedruckt waren; genau an diesen angegebenen Punkten fanden denn auch Ausschiffungen statt. Auch ein Armeebefehl des ehemaligen Oberbefehlshabers General

Der französische General d'Amade (links) und der englische General Townshend

Die Briefmarke der türkischen Post zeigt die Suleiman-Moschee

d'Amade wurde bei einem Toten entdeckt. Er war nach Inhalt und Stil im Sinne Joffres gehalten, hatte den Soldaten die Schrecken des Meeres ausgemalt, in das sie von den Türken im Falle der Besiegung gestoßen würden, und endete mit den Worten: ›toujours en avant, Soldats!‹«

Gallipoli: Ein Teil der Expeditionstruppen ist in der Suvla-Bucht gelandet (links).
Ebenfalls in der Suvla-Bucht: Unterstände der »Anzac«-Truppen (rechts)
und ein britisches Arbeitskommando (unten)

Das unterdessen in Mesopotamien kämpfende britische Expeditionskorps kann dagegen weitere beachtliche Erfolge erzielen.

Eine kleine Kanonenbootflottille unter General Townshend nimmt am 3. Juni 1915 die Kapitulation des Gouverneurs von Amara, der am Tigris zwischen Basra und Bagdad gelegenen Stadt, entgegen. 80 Offiziere und 2000 Mann werden gefangengenommen, außerdem sieben Feldgeschütze, sechs Marinegeschütze, zwölf Barken mit Stahlrumpf, vier Dampfer und beträchtliche Mengen an Gewehren und Munition erbeutet.

Am 6. August 1915 läßt General Hamilton zwei neue Divisionen in der Suvla-Bucht auf Gallipoli an Land setzen. Sie sollen, zusammen mit dem am 25. April gelandeten australisch-neuseeländischen Korps »Anzac«, die Halbinsel überqueren und bis Kilid Bahr vorstoßen. Doch auch dieses Unternehmen scheitert an zusammenhanglosen Aktionen in den zerklüfteten Hügeln und Schluchten. Nach enormen Anstrengungen erreicht gerade ein Bataillon die

Links: Generalfeldmarschall Freiherr von der Goltz. Rechts: In den Stellungen vor Kut-el-Amara. Deutsche und türkische Soldaten im Schützengraben

Kemal, dem späteren ersten Präsidenten der Republik Türkei, vertrieben werden und in ihrem Landekopf wieder Stellung beziehen.

Die 6. Division des Expeditionsheeres in Mesopotamien greift am 29. September 1915 die türkischen Stellungen bei Kut-el-Amara an. Trotz des starken Widerstandes gelingt es den britisch-indischen Truppen, die Verteidigungslinien zu erobern. Die sich nach Bagdad zurückziehenden türkischen Verbände werden von den britischen Streitkräften bis Ktesiphon verfolgt. Hier kommt es am 22. November 1915 zu einem erbitterten Gefecht, in dessen Verlauf sich die Türken als stärker erweisen. General Townshend muß seine Truppen den Tigris abwärts wieder in das stark befestigte Kut-el-Amara zurücknehmen, das nun von den Türken eingeschlossen wird.

Höhen, wird dort aber – vermutlich von der eigenen Schiffsartillerie – mit schwerem Geschützfeuer belegt. Trotzdem können die Engländer das Gelände halten, bis sie von den Truppen des neuen türkischen Befehlshabers Mustapha

Persien ist das Ziel

Am 12. Dezember 1915 trifft der zum Oberbefehlshaber der türkischen Irakarmee ernannte preußische Generalfeldmarschall Freiherr von der Goltz vor Kut-el-Amara ein und erkennt sofort, daß ein Erfolg nur durch langwierige Belagerung und gleichzeitige

Während des britischen Vormarsches auf Bagdad: Pferdetransport auf dem Tigris

Abwehr aller aus Basra eintreffenden britischen Entsatzkräfte erzielt werden kann.

In seinen Tagebuchaufzeichnungen heißt es: »Als die numerisch schwächere Partei halten wir die in Kut eingeschlossene Paona-Division umzingelt und müssen gleichzeitig das feindliche Entsatzheer abwehren. Wir sind dabei in der Zwangslage, daß unsere geringen Kräfte durch den an 300 Meter breiten Tigris-Strom getrennt und auf die unsichere Möglichkeit eines Übersetzens von einem Ufer auf das andere angewiesen sind. Dies wird oft von Wind und Wellengang verboten. Auch liegt der Übergang unter dem Fernfeuer von Kut. Hilfe und Kriegsmaterial können uns nur auf einer unsicheren, über 2000 Kilometer langen Etappenlinie zufließen. Der Feind hat den Seeweg hinter sich offen.«

Die deutsche Oberste Heeresleitung stellt Generalfeldmarschall von der Goltz für das Unternehmen in Mesopotamien Offiziere, Waffen und auch Geldmittel zur Verfügung, denn der Weg nach Persien gehört zu den Zielen der deutschen Kriegspolitik. Von der Goltz hat die Situation gleich richtig erkannt, und die Kämpfe um Kut-el-Amara erstrecken sich bis in das Frühjahr 1916.

Der Entschluß, die Dardanellenoperation abzubrechen, wird am 19. November 1915 anläßlich eines von Lord Kitchener in Saloniki abgehaltenen Kriegsrates gefaßt, und zwar in Anwesenheit von sieben englischen und fünf französischen Generälen, da trotz des Einsatzes von fast einer halben Million britischer und französischer Soldaten das Ziel, nach Konstantinopel durchzubrechen, nicht erreicht worden ist.

So beginnt ab 18. Dezember 1915 die bis dahin größte amphibische Evakuierung der Kriegsgeschichte von etwa 120000 Mann.

Da die Einschiffung der Hauptkräfte bei Ari Burun erfolgen soll, müssen auch die Truppen aus der Suvla-Bucht in nächtlichen Rückzugsaktionen entlang der Küste dorthin gebracht werden.

Räumung von Gallipoli

Donnerstag, 30. Dezember 1915, Rotterdam. Ein Korrespondent aus Konstantinopel berichtet in *Nieuwe Rotterdamsche Courant:*

»Am 18. Dezember schienen die Vorbedingungen für den Abzug aus den Stellungen von Anafarta und Ari Burun günstig zu sein. Der Nebel war so dick, daß man wirklich keine Hand vor Augen sehen konnte. Die Einschiffung konnte auch den ganzen Tag über fortgesetzt werden, ohne daß auf türkischer Seite etwas bemerkt wurde. Gegen Morgen des 19. Dezember kam jedoch etwas Wind auf. Für einige Augenblicke wurde der undurchdringliche Nebelschleier zerrissen, so daß man von den Anhöhen herab sehen konnte, was vor sich ging.

Die Alliierten räumen die Südspitze der Halbinsel Gallipoli: Eine türkische Granate explodiert vor dem Landungssteg des Lancashire-Abschnittes im Meer

Die Türken gingen nun sofort zu einem wütenden Angriff vor und überschütteten den Strand und die Reede mit einem Hagel von Geschossen. Die zu dieser Zeit noch an Land befindlichen Truppen schifften sich darauf in wilder Flucht und unter Hinterlassung von allem Material ein; die Transportschiffe beeilten sich, aus der gefährlichen Zone fortzukommen, so daß eine zurückgebliebene Abteilung Australier von ungefähr 1200 Mann, die nicht mehr rechtzeitig fortkommen konnte, in die Hände der nachdrängenden türkischen Truppen fiel.«

Als die Türken am 20. Dezember 1915 die Räumung des Brückenkopfes durch das Korps »Anzac« bemerken, werfen sie ihre Truppen nach Kap Helles. Trotz der schweren

Suvla-Bucht. Artilleristen mit ihrem Geschütz werden evakuiert

Angriffe gelingt es den Engländern auch hier, den Rückzug innerhalb weniger Tage durchzuführen.

Die Kämpfe auf Gallipoli gehören zu den blutigsten des Ersten Weltkrieges. Während der gesamten Dardanellenoperation sind auf beiden Seiten über 800000 Mann im Einsatz. Die Verluste der Alliierten betragen 35700 Tote und 107600 Verwundete, die der Türken 55000 Tote und 195000 Verwundete.

Wenn auch die Entente durch die Landung an den Dardanellen die Hälfte der türkischen Armee – noch dazu die kampfkräftigsten Einheiten – monatelang gebunden hat, so bedeutet das Scheitern des mit erheblichem Aufwand begonnenen Unternehmens einen Prestigeverlust, der heftige Auseinandersetzungen innerhalb der politischen und militärischen Führung Großbritanniens nach sich zieht.

Dezember 1915. Die Suvla-Bucht kurz vor der Evakuierung

DER KOLONIAL-KRIEG

ERBITTERTE KÄMPFE IN AFRIKA

Während die Alliierten von Erfolg zu Erfolg eilen, geben in Deutsch-Ostafrika die Schutztruppen den Ton an

Die von allen Seiten bedrängten deutschen Kolonialtruppen in Kamerun müssen sich allmählich in das Landesinnere zurückziehen, da die britischen und französischen Kräfte ihnen oft zehnfach überlegen sind. Ende des Jahres 1914 stoßen die Engländer über die Westgrenze vor und rücken am Neujahrstag in Ossidinge ein, das die Schutztruppen nach Bergung aller Vorräte rechtzeitig geräumt haben. Bereits einen Tag danach, am 2. Januar 1915, besetzen die britischen Truppen Dschang sowie das Plateau von Dschang bei Fong-Donera.

Ein Eingeborener steht Wache. Wie dieser Soldat setzen viele Afrikaner ihr Leben ein für eine Sache, die auf ihre Interessen keine Rücksicht nimmt

Überraschender Rückmarsch

Dienstag, 19. Januar 1915. Mitteilung des Reichskolonialamtes:

»Am 10. Januar traten unerwartet die Engländer in größter Eile den Rückmarsch nach Nkongsamba an. Von hier begann der Rücktransport von Truppen und Kriegsgerät auf der wieder in Betrieb gesetzten Nordbahn nach Duala. Auch die über Ossidinge in Vormarsch begriffenen englischen Truppen zogen sich gegen die Grenze zurück. Dem zurückweichenden Gegner folgten unsere Truppen in der allgemeinen Linie Ekoneman–Johann-Albrechtshöhe–Jabassi. Letzterer Ort wurde am 19. Januar wieder von uns besetzt. Die Beweggründe dieses auffallenden Rückzuges der Engländer von dem erst mit so großen Verlusten erkämpften Plateau von Dschang sind nicht bekannt. Vermutet Unzuverlässigkeit der englischen Eingeborenen-Truppen. Auch von Aufstandsbewegungen der Fulbe in Nigerien als Folge des ›Heiligen Krieges‹ sprechen Privatnachrichten.«

Am 14. Januar 1915 haben sich englische und französische Einheiten im Nordwesten vor Garua vereinigt und bei Bogele und Tongo Stellung bezogen. Der Versuch, gemeinsam gegen Garua vorzugehen, scheitert am harten Widerstand der Schutztruppen, daher begnügen sie sich

Schnell sind für den Rückzug der Engländer vom Dschang-Plateau die Verantwortlichen gefunden: Nigerianische Eingeborenen-Truppen

Oberregierungsrat Ebermaier, der Gouverneur von Kamerun

damit, die Garua-Besatzung vorerst einzukreisen. Unterdessen gelingt es allerdings Hauptmann Freiherr von Crailsheim, mit seinen eingeschlossenen Verbänden unbemerkt Garua zu verlassen, den englischen Etappenort Gurin jenseits der Grenze anzugreifen und ebenso unbehelligt wieder zurückzukehren.

Nachdem die Engländer schwere Artillerie über den Fluß Benue herangeschafft haben und Garua ab 31. Mai 1915 unter Beschuß nehmen, kann die Besatzung mit ihren kleinen 6-cm-Gebirgsgeschützen nicht wirksam darauf reagieren. Durch die mehrere Tage dauernde Beschießung sind alle Befestigungen und Unterstände zerstört. So muß Hauptmann von Crailsheim nach einem vergeblichen Ausbruchsversuch am 10. Juni 1915 zum Zeichen der Aufgabe die weiße Fahne hissen.

Die heftigsten Kämpfe finden im Küstengebiet östlich von Edea statt. Das in Kribi an der Batangaküste gelandete französische Schützenbataillon versucht immer wieder, in das Hinterland vorzustoßen, wird aber von den deutschen Küstentruppen stets blutig zurückgeschlagen. Auch die Ende Januar 1915 als Ablösung in Kribi eintreffenden englischen Truppen schaffen nicht den Durchbruch nach Jaunde, dem derzeitigen Sitz des deutschen Gouverneurs Ebermaier. Selbst als neue französische Verstärkungen zur

Unterstützung der Engländer in Kribi landen, scheitern weitere Vorstöße an dem hartnäckigen Widerstand des Hauptmanns von Hagen und seiner Männer. Daraufhin schiffen die Alliierten am 28. Februar 1915 ihre Truppen wieder ein, und Kribi fällt an die Deutschen zurück.

Unterdessen haben am 24. und 25. Februar 1915 britische und französische Verbände von ihrem etwa 100 Kilometer weiter nördlich gelegenen Stützpunkt Edea einen Vorstoß in Richtung Jaunde unternommen und sind in die deutsche Stellung am Ngwe-Fluß eingedrungen. Der inzwischen mit Verstärkungen anrückende Hauptmann Schlosser kann sie jedoch wieder bis Edea zurückwerfen. Weitere Versuche am 6. März 1915 sowie am 30. und 31. März 1915, die Ngwe-Stellung zu erobern, scheitern ebenfalls.

Erst am 14. April 1915 gelingt es den Alliierten, mit insgesamt 4000 Mann die rechte deutsche Flanke zu umgehen und die Kele-Ngwe-Stellung sowie die Befestigungen am Fluß Ndupe anzugreifen. Nach 16 Stunden schwerer Kämpfe weicht Major Haedicke mit seinen Truppen auf den Westrand des Kameruner Hochlandes aus.

Am 11. Mai 1915 muß Eseka, Endpunkt der Mittellandbahn, von den Schutztruppen geräumt werden. Als aber deutsche Abteilungen vom Njong und vom Sanaga die rückwärtigen Verbindungen des Feindes bedrohen, marschieren die Franzosen nach Norden ab, so daß die Mittellandbahn und Eseka wieder von Deutschen besetzt werden.

Im Süden und Südosten Kameruns befinden sich starke französische und belgische Streitkräfte auf dem Vormarsch in Richtung Besam, Lomie, Assobam und Dume. In dem urwaldähnlichen Gebiet zwischen Ngato und Besam, das durch zahlreiche Wasserläufe durchzogen und größtenteils versumpft ist, können die schwachen deutschen Kräfte sich über mehrere Wochen erfolgreich verteidigen, aber den Durchbruch letztlich nicht verhindern.

Bis zum 25. Juni 1915 sind Besam, Assobam und Lomie nach schweren Kämpfen völlig zerstört und von den Schutztruppen nicht mehr zu halten. Sie müssen sich in die Stellungen am Dscha und ab 10. Juli 1915 auf das Nordufer des Dscha Richtung Ebal zurückziehen.

Im Ostteil Kameruns werden die deutschen Einheiten trotz der ständig wechselnden Situation immer mehr auf die Dume-Stellung zurückgedrängt. Bertua wird inzwischen vom Gegner besetzt und stark befestigt. Trotzdem schafft es Hauptmann Eymael, Führer der Ostabteilung, durch ununterbrochene Angriffe, unterstützt von den Abteilungen des von Jukaduma vordringenden Hauptmanns von der Marwitz, Bertua und Njassi Ende Februar 1915 wieder zurückzuerobern. Doch die weitere Verstärkung der Franzosen im Juni 1915 ermöglicht deren Vorgehen über den Kadei in Richtung Gadji, Tschetschari und Bertua.

Am 5. Oktober 1915 – die Regenzeit hat gerade eingesetzt – startet das britisch-französische Expeditionskorps (Brig.Gen. Dobell) seine großangelegte Offensive gegen Jaunde, den Sitz des deutschen Gouverneurs. Vier Tage später überschreiten die Truppen den Fluß Mbila und nehmen Wumbiaga ein. Am 31. Oktober 1915 ist das erste Operationsziel erreicht: Die alliierten Kräfte stehen jetzt an der Linie Wumbiaga–Eseka. Den Schutztruppen bleibt bei einer solchen Übermacht nur die Möglichkeit, durch Aktionen aus dem Hinterhalt, wie das Sprengen von Eisenbahnanlagen und Brücken sowie das Durchschneiden der Telegraphen- und Fernsprechkabel, den Vormarsch des Gegners zu erschweren.

Ende November 1915 werden die Deutschen nach einem mehrtägigen Gefecht bei Makondo von überlegenen

Feldlager der deutschen Schutztruppen in Kamerun

Von der Besatzung verlassen: Deutsches Fort in Kamerun. Zwar sind die deutschen Schutztruppen in Kamerun noch nicht endgültig besiegt, doch ist ein Ende abzusehen wie in . . .

. . . Togo. Stempel bzw. Aufdruck auf den beiden deutschen Marken sowie auf der englischen Marke dokumentieren die wechselnden Besitzverhältnisse

französischen Einheiten gezwungen, den weiteren Rückzug anzutreten. Unterdessen greifen auch im Nordwesten Kameruns britisch-indische Verbände an, die seit dem 12. Oktober 1915 von Bare aus in nördlicher Richtung vorgestoßen sind.

Am 6. November 1915 besetzen indische Truppen den befestigten Ort Dschang, während zwei Tage danach die von Ossidinge vorgehenden Engländer in Bamenga eindringen. Nach mehreren wechselvollen Kämpfen gelingt es am 23. November 1915 den britischen Einheiten unter General Cunliffe, den Fluß Mbam nahe Bamkin zu überqueren und die deutsche Abteilung Schlosser über den Kim-Fluß zurückzuwerfen.

Hauptmann Schlosser und seine Männer, denen sich hier die Reste der Nordwest-Abteilung anschließen, verschanzen sich im Raum Ditam und Linte sowie bei Mwoimana und halten wochenlang den Vormarsch der englisch-indischen und französischen Kräfte auf. Als General Cunliffe endlich zum Angriff blasen läßt, findet man in den stark ausgebauten Stellungen keine Verteidiger mehr vor, denn inzwischen haben sich die meisten der im ganzen Land verstreut kämpfenden Abteilungen der Kolonialtruppen auf die im Wuteland liegende Station Joko zurückgezogen.

Doch bereits Mitte Dezember 1915 stehen französische Einheiten nur noch wenige Kilometer von Joko entfernt, das keineswegs auf eine längere Belagerung vorbereitet ist. In Anbetracht der vorstoßenden französischen Streitkräfte räumen die Schutztruppen am 29. Dezember 1915 kampflos den Ort Ngila. Ein Teil der Schutztruppen befindet sich zu dieser Zeit auf dem Rückzug nach Akonolinga, andere schlagen sich nach Jaunde durch. Die zwischen dem Sele-Fluß und Angul-Ejenga stehenden deutschen Abteilungen halten den Angriffen noch bis Weihnachten 1915 stand, nachdem sie ihre Verfolger in einen Hinterhalt gelockt haben.

Deutsch-Südwestafrika

Der im Herbst 1914 in der Südafrikanischen Union ausgebrochene Burenaufstand, den General Louis Botha erst am 25. Januar 1915 endgültig unterdrücken kann, ermöglicht es den schwachen deutschen Kolonialtruppen, bis Mitte März 1915 die aus der Lüderitzbucht und vom Oranje über Warmbad vorrückenden feindlichen Einheiten aufzuhalten.

Der am 11. Februar 1915 zum Oberkommandierenden aller südafrikanischen Streitkräfte ernannte General Botha beabsichtigt nun, der deutschen Schutztruppe den Garaus zu machen. Seine vom Süden vorstoßenden Kolonnen gelangen über Warmbad, Kalkfontein, dem Endpunkt der Südbahn, bis Keetmanshoop, das sie am 20. April 1915 besetzen, und die von Südosten über Hasuur in das Schutzgebiet eindringenden Truppen erreichen die Karasberge und marschieren von dort in Richtung Kabus.

Die dritte, Ende des Jahres 1914 von der Lüderitzbucht aus vorgehende Kolonne, die wegen heftigen Widerstands bis Ende Februar 1915 bei Garub stehenbleiben muß, kann am 2. April 1915 den Ort Aus besetzen, danach über Schakalskuppe, Kuibis und Brackwasser bis Bethanien vorrücken. Dadurch müssen sich die Abteilungen der Schutztruppe unter dem Druck der mindestens zehnfach überlegenen, mit den modernsten Waffen ausgerüsteten feindlichen Verbände nach Gibeon zurückziehen. Hier geraten sie in den ersten Maitagen 1915 in ein Gefecht mit den über Berseba vorstoßenden Truppen des Generals Mackenzie.

Ende April 1915 versuchen die bei Swakopmund stehenden südafrikanischen Truppen, entlang der Eisenbahnlinie Richtung Omaruru vorzudringen. Nahe der Station Trekkoppjes stoßen sie mit einer Abteilung der Schutztruppe zusammen, der es gerade gelungen ist, im Rücken des Feindes die Bahngleise zu sprengen.

Kleinkrieg hinter den feindlichen Linien

Sonntag, 5. Dezember 1915. Bericht eines Mitkämpfers in der *Norddeutschen Allgemeinen Zeitung:*

»Nachdem sich am 24. April 1915 fünf Kompanien mit zwei Batterien in unserem Lager bei Kilometer 124 [der Bahn Swakopmund–Karibib] unter dem Befehl des Majors Ritter versammelt hatten, rückten wir am Abend des 25. April ab. Es galt, den Feind an der Bauspitze der von den

Die Gegner: Deutsch-Südwest und Südafrikanische Union

Engländern wiederhergestellten Bahn bei Kilometer 80 anzugreifen. Nach einem Anmarsch von 60 Kilometern erreichten wir gegen 3 Uhr morgens über Eboni und Karub unseren Sammelpunkt an den Trekkoppjebergen, in gleicher Höhe mit zwei feindlichen Lagern an der Bahn. Kurz nach 4 Uhr ertönten mehrere starke Detonationen – eine unserer Patrouillen hatte im Rücken der Engländer die Bahn bei Kilometer 74 gesprengt.

Nun rückten wir vor, unsere Feldgeschütze gingen etwa sechs Kilometer von den feindlichen Lagern entfernt in Stellung. Der Feind schien bis dahin von unserem Anmarsch noch nichts entdeckt zu haben. Als es hell wurde, verrieten uns aber die unvermeidlichen Staubwolken, und bald war das Gefecht in vollem Gange. Ich befand mich bei der am weitesten nach Westen vorgeschobenen Flügelkompanie. Von hier aus konnten wir beobachten, wie der Feind eifrigst an der Wiederherstellung der gesprengten Bahnstrecke arbeitete, und zwar, wie wir bald darauf zu unserem Leidwesen sehen mußten, mit Erfolg. Denn als unsere ersten Granaten in die feindlichen Lager einschlugen und dort eine unbeschreibliche Verwirrung hervorriefen, fuhren aus ihnen zwei Züge ab und kamen auch über die Sprengstelle fort, ehe unsere Artillerie sie wesentlich beschädigen konnte.

Unsere Flügelkompanie arbeitete sich unterdessen mit Erfolg an das westliche feindliche Lager heran, trotz des heftigen Maschinengewehrfeuers, gegen das die Milchbüsche [das ist eine Art Wolfsmilchgewächs] auf der sonst ganz ebenen Sandfläche die einzige, nur sehr unzureichende Deckung boten. Auch unsere Artillerie kam jetzt auf etwa 3000 Meter heran. Die Zeltlager brannten lichterloh, und wir konnten deutlich sehen, wie aus dem Schrappnellhagel dauernd Tote und Verwundete zurückgeschleppt wurden.

Nach dreistündigem Gefecht schien das vor uns liegende Lager, dem wir uns auf etwa hundert Meter genähert hatten, sturmreif, unsere westliche Gruppe hatte den Bahndamm erkämpft, und wir erwarteten den Befehl zum Sturm. Dieser erfolgte aber nicht, denn, wie wir später erfuhren, rückten von allen Seiten Verstärkungen für den Feind heran …

Der Rückzug zu den etwa 1½ Kilometer hinter unserer Front befindlichen Pferden war das Schwerste am ganzen Tage. Ueber die keinen Schutz bietende glühende Sandfläche mußten wir langsam auf dem Bauche kriechend zurück. Die Kugeln aus den feindlichen Maschinengewehren, deren immer mehr in Stellung gebracht waren, pfiffen dicht über uns hin wie Hagelschlag. Als wir unsere Pferde hatten, waren wir bald aus dem Gewehrfeuer heraus. Eine Zeitlang bekamen wir dann noch Granatfeuer, Gott sei Dank buddelten sich die Brummer aber meist in die Erde und krepierten nicht …«

Am 7. Mai 1915 zieht General Botha an der Spitze seiner Verbände in den wichtigen Eisenbahnknotenpunkt Karibib ein. Inzwischen wird die Hauptstadt Windhuk unter dem Druck der von Süden vordrängenden feindlichen Truppen geräumt, die fünf Tage danach, am 12. Mai 1915, in Windhuk einmarschieren. Die Deutschen ziehen sich jetzt in den Nordteil des Landes zurück und verschanzen sich im Raum Korab.

Nachdem der Feind ebenfalls den Norden erreicht und die Orte Otawi, Gaub, Tsumeb und Namutoni besetzt hat, entschließt sich der bei den Truppen befindliche deutsche Gouverneur und Oberbefehlshaber Dr. Seitz, den aussichtslosen Kampf einzustellen. Er will den Siedlern des dünn bevölkerten Landes ein weiteres Blutvergießen ersparen und versuchen, möglichst günstige Übergabebedingungen auszuhandeln.

Am 9. Juli 1915 wird in der Nähe von Tsumeb ein Waffenstillstandsvertrag von Dr. Seitz sowie Oberstleutnant Franke, dem Kommandeur der Schutztruppen, und General Botha unterzeichnet.

Den Einwohnern wird laut Vertrag gestattet – ebenso den Kriegsgefangenen in Südafrika – auf ihre Farmen oder in ihre Berufe zurückzukehren. Offiziere dürfen ihre Waffen und Pferde behalten. Auch die noch rund 1300 Mann starke Schutztruppe braucht ihre Gewehre nicht abzugeben, wird aber in einem bestimmten Landesteil konzentriert. Bis Mitte August 1915 ist das ganze Schutzgebiet von den Kräften der Südafrikanischen Union besetzt.

Das Ringen um Deutsch-Ostafrika

Die unter dem Befehl von General Paul von Lettow-Vorbeck stehende Schutztruppe hat bisher alle britischen und belgischen Vorstöße aus den angrenzenden Kolonien erfolgreich abgewiesen. Obwohl das 8000 Mann starke britisch-indische Expeditionskorps Anfang November 1914 bei Tanga vernichtend

Das Ende der deutschen Herrschaft in Südwestafrika. General Botha (rechts) und Oberstleutnant Franke vor der Unterzeichnung des Waffenstillstandsvertrages

geschlagen wurde, unternehmen die Engländer am 18. und 19. Januar 1915 erneut den Versuch, die Hafenstadt Tanga zu erobern. Doch die von Mombassa aus vorrückenden Landstreitkräfte werden bereits in einem Gefecht zwischen Umba und Jassini von den Deutschen völlig aufgerieben. Dadurch fallen der Schutztruppe große Mengen an Kriegsmaterial in die Hände.

Am 10. April 1915 trifft dann unerwartet ein Schiff aus Deutschland ein, das die britische Blockade durchbrochen hat und nun nördlich von Tanga vor Anker geht. Seine Ladung besteht aus Waffen, Munition, Ausrüstung und Vorräten für die Schutztruppe. Die Besatzung dient gleichzeitig als Verstärkung. General von Lettow-Vorbeck verfügt jetzt über fast 2000 Europäer, 7500 Askaris und über 2000 eingeborene Hilfskrieger, die Träger nicht mitgerechnet.

Zwischen Januar und April 1915 sind die Angriffe der Engländer und Belgier genauso erfolglos wie bisher, sei es am Victoriasee, am Tanganjikasee oder in der Flußmündung des Rufidji. Überall scheitern ihre Vorstöße am erbitterten Widerstand der Deutschen. Daher ist für Anfang Mai 1915 eine Großoffensive geplant, an der rund 70000 australische und indische Kräfte teilnehmen. Bereits seit Ende April 1915 stehen mehr als 35 Transportdampfer mit 25000 Mann an Bord auslaufbereit auf der Reede von Mombassa. Sie sollen von See her den Angriff auf Tanga beginnen und nach Eroberung der Hafenstadt in das Innere der deutschen Kolonie vordringen.

Die anderen 45000 Mann sind für die Besetzung der strategisch äußerst wichtigen Usambarabahn vorgesehen. Um in deren Besitz zu gelangen, will man gleichzeitig gegen die gesamte Bahnlinie vorrücken. Die Deutschen erfahren jedoch rechtzeitig die englischen Angriffspläne und ziehen alle verfügbaren Truppen im Usambaragebiet zusammen, so daß die britischen Erkundungsabteilungen überall auf unvermutet heftigen Widerstand stoßen.

Ein plötzlicher Befehl aus London macht allerdings das ganze Vorhaben zunichte: Die bereits eingeschifften Truppen werden dringend für die großangelegte Dardanellenoperation der Alliierten gebraucht. So dampfen die Transportschiffe mit den 25000 Mann sofort von Mombassa in Richtung Norden ab.

Patrouillen im Einsatz

Bericht von General von Lettow-Vorbeck, dem Kommandeur der deutschen Streitkräfte:

»... Es blieb also nichts anderes übrig, als den gewollten Zweck durch kleine Abteilungen, Patrouillen, zu erreichen. Auf diese Patrouillen wurde in der Folgezeit der allergrößte Wert gelegt. Vom Engare-Nairobi aus umritten kleinere Abteilungen von acht bis zehn Mann, aus Europäern und Askari gemischt, die feindlichen Lager, die sich bis zum Longido vorgeschoben hatten, und legten sich an deren rückwärtige Verbindungen. Aus der Tangabeute standen Telephonapparate zur Verfügung, die sie an die englischen Telephonleitungen anschlossen; dort warteten sie dann ab, bis größere oder kleinere feindliche Abteilungen oder Ochsenwagentransporte vorbeizogen. Aus 30 Meter wurde der Feind dann aus dem Hinterhalte beschossen, Gefangene und Beute gemacht, und die Patrouille ver-

Nahe des Tanganjikasees. Aller Einsatz der eingeborenen Hilfstruppen nutzt nichts: Die Angriffe der Alliierten werden zurückgeschlagen

Hilfstruppen der Alliierten treffen in Uganda ein: Ein indisches Regiment aus dem Pandschab

Auch sie unterstützen die Alliierten: Eingeborene mit einem Maschinengewehr. Sie gehören zu der Einheit mit dem wohlklingenden Namen »King's African Rifles«

schwand wieder in der endlosen Steppe. So wurden damals Gewehre, Munition und Kriegsbedarf aller Art erbeutet.

Eine dieser Patrouillen hatte am Erokberge beobachtet, daß der Feind seine Reittiere zur bestimmten Zeit zur Tränke trieb. Schnell machten sich zehn unserer Reiter auf und lagerten nach zweitägigem Ritt durch die Steppe in der Nähe des Feindes. Sechs Mann kehrten mit den Pferden zurück, die vier anderen nahmen jeder einen Sattel und

schlichen sich auf wenige Schritte durch die feindlichen Posten bis in die Nähe der hinter dem Lager gelegenen Tränke. Ein englischer Soldat trieb die Herde, als ihm plötzlich zwei unserer Patrouillenreiter mit fertig gemachtem Gewehr und dem Zuruf: ›Hands up!‹ aus dem Busch gegenübertraten. Vor Erstaunen fiel ihm die Tonpfeife aus dem Munde.

Sofort wurde an ihn die Frage gerichtet: ›Wo sind die fehlenden vier Pferde?‹ Unser gewissenhafter Patrouillenmann hatte nämlich beobachtet, daß die Herde nur aus 57 Stück bestand, während er gestern 61 gezählt hatte! Diese vier waren schonungsbedürftig und im Lager zurückgelassen worden. Schnell wurden das leitende Pferd der Herde und noch einige andere gesattelt, aufgesessen, und im Galopp ging es herum um das feindliche Lager, den deutschen Linien zu. Auch in dem gefangenen Engländer, der, ohne Sattel, auf dem blanken Rückgrat des Pferdes diese ›Safari‹ nicht gerade bequem mitmachen mußte, regte sich der angeborene Sportsinn seiner Nation. Humorvoll rief er aus: ›Ich möchte jetzt wirklich das Gesicht sehen, welches mein Captain macht‹, und als die Tiere glücklich im deutschen Lager angekommen waren: ›It was a damned good piece of work‹ (Es war eine verteufelt gute Leistung).

Die so gemachte Beute, durch eine Anzahl auch sonst aufgetriebener Pferde und Maultiere verstärkt, gestattete die Aufstellung einer zweiten berittenen Kompagnie. Die Zusammensetzung der nunmehr vorhandenen zwei berittenen Kompagnien, aus Europäern und Askari gemischt, hat sich bewährt. Sie gab uns das geeignete Material, um die weiten, nördlich des Kilimandjaro gelegenen Steppengebiete mit starken mehrtägigen Patrouillen abzustreifen, auch bis zur Ugandabahn und zur Magadbahn vorzudringen, Brücken zu zerstören, Bahnpostierungen zu überfallen, Minen am Bahnkörper anzubringen …

Die Bahnzerstörungspatrouillen waren meist schwach: ein oder zwei Europäer, zwei bis vier Askari, fünf bis sieben Träger. Sie mußten sich durch die feindlichen Sicherungen hindurchschleichen und wurden vielfach von Spähern verraten. Trotzdem erreichten sie ihr Ziel meist und waren manchmal über zwei Wochen unterwegs …

Schlimm stand es, sobald einer krank oder verwundet war; es war dann oft trotz besten Willens nicht möglich, ihn zu transportieren. Das Tragen eines Schwerverwundeten von der Ugandabahn durch die ganze Steppe bis zu den deutschen Lagern, wie es vorgekommen ist, bedeutete daher eine ganz gewaltige Leistung. Das sahen auch die Farbigen ein, und es sind Fälle vorgekommen, wo ein verwundeter Askari im vollen Bewußtsein dessen, daß er rettungslos verloren und den zahlreich vorhandenen Löwen preisgegeben war, nicht klagte, wenn er verwundet im Busch liegengelassen werden mußte, sondern von sich aus Gewehr und Patronen den Kameraden mitgab, um wenigstens diese nicht verlorengehen zu lassen …

Der Einfluß dieser Unternehmungen auf die Selbständigkeit und den Tatendrang war bei Europäern und Farbigen so groß, daß sich schwer eine Truppe mit einem besseren soldatischen Geist finden dürfte. Freilich, manche Nachteile ließen sich nicht ausgleichen. Insbesondere konnten wir bei unserer Knappheit an Patronen keine so hohen Grade der Schießausbildung erreichen, um den Feind, wo wir ihn in ungünstige Lage gebracht hatten, wirklich aufzureiben.

Auch unsere Technik lag nicht müßig. Geschickte Feuerwerker und Waffenmeister konstruierten unausgesetzt

Eine Patrouille der Alliierten in der Steppe

im Verein mit den Ingenieuren der Fabriken geeignete Apparate für die Bahnsprengungen. Manche dieser Apparate zündeten, je nachdem sie eingestellt wurden, entweder sofort oder nachdem eine bestimmte Anzahl Achsen darüber gefahren war. Mit der zweitgenannten Einrichtung hofften wir die Lokomotiven zu zerstören, da die Engländer als Schutzmaßregel ein oder zwei mit Sand beladene Wagen vor den Maschinen laufen ließen. Als Sprengmaterial war Dynamit auf den Pflanzungen reichlich vorhanden, sehr viel wirksamer aber waren die bei Tanga erbeuteten Sprengpatronen . . .«

Neben den fast ständigen deutschen Übergriffen auf die zwischen Mombassa und Nairobi verkehrende Ugandabahn finden das ganze Jahr über wechselseitige Kämpfe östlich des Victoriasees bei Schirati und am Westufer bei Bukoba statt, ferner am Kiwusee. Auch am Südteil des Tanganjikasees kommt es zwischen Abercon und Bismarckburg sowie am Njassasee bei Karonga und Sphinxhafen zu wiederholten Angriffen. Die auf dem Tanganjikasee operierende deutsche »Kriegsflotte«, darunter die Kleindampfer »Graf Görtzen« und »Kingani«, versucht mit ihren Kleinkalibergeschützen, die Schutztruppe zu entlasten. Es gelingt ihr während eines Feuergefechts, den belgischen bewaffneten Kleindampfer »Delcommune« zu versenken.

Am 11. Juli 1915 wird der Kleine Kreuzer »Königsberg« (Kpt.z.S. Loof), der seit Oktober 1914 in der Flußmündung des Rufidji liegt, von den beiden britischen Monitoren »Mersey« und »Severn« vernichtet. Es ist das erste Kriegsschiff, das durch Monitore außer Gefecht gesetzt wird, deren Artilleriefeuer von einem Flugzeug gelenkt wird.

Die Vorgeschichte: Nach langer Suche kann Lieutenant H. Cutler von seinem Curtiss-Flugboot aus, das er einem südafrikanischen Goldschürfer abgekauft hat, den genauen Standort des Kleinen Kreuzers feststellen. Als man im Januar 1915 vergeblich versucht, die »Königsberg« von Sopwith-Wasserflugzeugen aus mit Bomben anzugreifen, macht im April 1915 ein Short-Wasserflugzeug Luftaufnahmen von dem Kleinen Kreuzer. Erst am 6. Juli tauchen zwei Monitore in der Flußmündung auf, um das deutsche Kriegsschiff unter Beschuß zu nehmen. Ihr Feuer wird per Funk von einem Flugzeug aus geleitet. Gerade in dem Augenblick, als die Granaten abgefeuert werden, gelingt es der »Königsberg«, das Flugzeug abzuschießen. Das Schiff erhält jedoch trotzdem so schwere Treffer, daß Kapitän zur See Loof die Versenkung befiehlt, nachdem man die Geschütze zum größten Teil an Land geschafft hat. Anschließend nimmt die Besatzung mit ihrer Schiffsartillerie an den Kämpfen der Schutztruppe teil.

Gouverneur Dr. Schnee und General von Lettow-Vorbeck sind ständig bemüht, die Verteidigungsmaßnahmen an den bedrohten Grenzabschnitten zu verbessern und sich auf zu erwartende Angriffe einzustellen. Wenn sie auch wissen, daß man kaum mit weiterem Nachschub an Waffen und Munition aus Deutschland rechnen kann, so ist wenigstens die Versorgung mit Lebensmitteln und Medikamenten auf längere Zeit gesichert.

Auf rund 7,6 Millionen Einwohner kommen immerhin fast 15 Millionen Stück Groß- und Kleinvieh. Ebenso sind Reis, Mais und Weizen reichlich vorhanden, dazu verschiedene Gemüsearten und Zuckerrohr, Kokos- und Erdnüsse liefern genug Öl. Es gibt auch große Mengen an Honig, Wachs, Kaffee und Tabak, und Alkohol wird aus Tropenfrüchten gebrannt. Für Bekleidung reichen die Bestände

Der Kleine Kreuzer »Königsberg«, der am 11. Juli 1915 in der Mündung des Rufidji-Flusses von den britischen Monitoren »Mersey« und »Severan« so schwer vernichtet wird, daß der Kapitän des Schiffes die Selbstversenkung befiehlt

an Baumwolle und Leder. Das Problem der Arzneimittel ist ebenfalls gelöst: Man stellt Chininersatz, Salben und Rizinusöl selbst her, verwendet Alkohol als Desinfektionsmittel und fertigt das Verbandzeug aus Baumwolle. So nutzt die Kolonialverwaltung die noch verhältnismäßig ruhige Zeit, um für die bevorstehenden gegnerischen Aktionen gewappnet zu sein.

WAS AUSSERDEM GESCHAH

WICHTIGE EREIGNISSE IM JAHR 1915

In einer deutschen Geschoßfabrik. Die Rüstungsschraube dreht sich immer schneller: Zwei Frauen an einer 125-Tonnen-Ziehpresse

Nahrungsmittel werden rationiert · Arbeiterunruhen und Kriegsmüdigkeit · Rumänien exportiert Getreide und Öl

Die britische Blockade beeinflußt nicht nur die kriegswichtige Rüstungsindustrie der Mittelmächte, sondern macht sich 1915 auch in der Landwirtschaft bemerkbar, da kaum noch mit Importen zu rechnen ist. So muß die Ernährung der Bevölkerung durch Eigenproduktion gesichert werden. Eine Ertragssteigerung der bäuerlichen Betriebe ist allerdings nicht zu erreichen: Es fehlt an künstlichem Dünger, an der genügenden Anzahl von Zugpferden und vor allem an Arbeitskräften.

Daher wird Anfang des Jahres 1915 im Rahmen der Kriegszwangswirtschaft angeordnet, daß es Brot und Mehl nur noch auf Karten gibt. Am 10. Februar 1915 erfolgt die Festsetzung der Mehltagesration auf 225 Gramm pro Person. Obwohl man der Bevölkerung Vorschläge zum Sparen beim Kochen macht und auf die Verwertung von Küchenabfällen hinweist, verschlechtert sich die Ernährungslage zusehends. Durch die Verknappung von Lebensmitteln und den damit verbundenen Preissteigerungen versucht die Regierung, durch Festsetzung von Höchstpreisen den Wucher zu unterbinden.

Am 25. März 1915 gibt der Magistrat von Berlin-Charlottenburg eine Verordnung heraus, die sogar das Kuchenbacken einschränkt. Darin heißt es: »Hefe, Backpulver und ähnlich wirkende Mittel dürfen zum Bereiten von Kuchen nicht verwendet werden. Kuchen darf an Roggen- und Weizenmehl insgesamt nicht mehr als 10 Prozent des Kuchengewichts enthalten ... Vom 26. März bis 12. April 1915 ist das Bereiten von jeglichem Kuchen in den Haushaltungen untersagt ... Zuwiderhandlungen gegen diese Verordnung werden gemäß § 44 der Bekanntmachung des Bundesrats vom 25. Januar 1915 mit Gefängnis bis zu sechs Monaten oder mit Geldstrafe bis zu 1500 Mark bestraft ... Die Verordnung tritt mit dem 26. März 1915 in Kraft.«

Die vor dem Krieg zum großen Teil aus dem Ausland bezogenen Futtermittel sind jetzt derart knapp, daß die Bauern zu rigorosen Maßnahmen greifen müssen. Sie sind durch die Einschränkung des Verbrauchs an Futtermitteln nicht mehr imstande, das Vieh mit den notwendigen Rationen zu versorgen. Es kommt daher im März 1915 zu ungeheuer vielen, als »Schweinemord« bezeichneten Notschlachtungen.

Englands Kriegsminister David Lloyd George

Unterdessen hat in Großbritannien Kriegsminister Lloyd George die Rüstungsbetriebe auf Massenproduktion umstellen lassen und auch Privatunternehmen als Zulieferer anerkannt, so daß sie nun zu den staatlich kontrollierten Betrieben zählen. Allerdings sind die Arbeiter an ihren Arbeitsplatz gebunden, haben kein Recht mehr zu streiken und sind auf die Lohnerhöhungen seitens der Regierung angewiesen. Dies löst im Sommer 1915 unter den Arbeitern im Industriezentrum am Clyde derartige Unruhen aus, daß starke Polizeikräfte teils mit der Waffe eingreifen müssen.

Auch in Frankreich macht sich eine gewisse Kriegsmüdigkeit bemerkbar: Hunderttausende von Metallarbeitern treten in den Streik. In Rußland ist die Stimmung innerhalb der Bevölkerung ähnlich. Unter dem Eindruck der militärischen Niederlage mehren sich die revolutionären Kräfte gegen das zaristische System, und es kommt in den Industriegebieten zu über tausend Streiks, die oft nur mit Waffengewalt zerschlagen werden.

Am 1. August 1915 sieht sich die rumänische Regierung aufgrund der deutsch-österreichischen Erfolge an der Ostfront veranlaßt, den Getreide- und Ölexport an die Mittelmächte wiederaufzunehmen. So ist es den Verbündeten möglich, bis Ende 1915 rund 500000 Tonnen Getreide aus Rumänien einzuführen, ebenso das bereits 1914 gekaufte Kontingent, allerdings zu weitaus höheren Preisen und gegen Bezahlung in Goldwährung. Dadurch kann aber wenigstens die größte Getreide- und Futtermittelnot in Deutschland, Österreich und der Türkei gemildert werden.

Am 28. Oktober 1915 verfügt der Deutsche Bundesrat, daß nur noch an vier Tagen der Woche Fleisch- und Wurstwaren verkauft werden dürfen. Darüber schreibt ein Schüler in seinem Aufsatz am 18. November 1915: »... Selten bekommen wir ein Pfund Fett von unserem Metzger. Wurst essen wir keine mehr. Es sind sogar fleisch- und fettlose Tage eingeführt, nämlich Dienstag und Freitag ... Oft essen wir Griessuppe, denn Reis kann man nicht mehr bekommen. Auch hat meine Mutter für den Winter Äpfel und Birnen gedörrt. So kann man sich aus der Not helfen ...«

Durch die von der Industrie entwickelten Ersatzstoffe gelingt es der deutschen Führung, im Jahr 1915 die Produktion von Kampfmitteln und Waffen wesentlich zu erhöhen. Darunter fällt die Gewinnung von Salpetersäure aus einheimischen Stickstofferzeugnissen für die Herstellung von Pulver und Sprengstoff, ebenso die Verarbeitung von Kartoffeln und Zuckerrüben zu Alkohol für Nitrozellulosepulver oder von Glyzerin für Nitroglyzerin.

Im Dezember 1915 wird in Rummelsburg bei Berlin ein Werk zur Herstellung von Aluminium in Betrieb genommen. Der erforderliche Rohstoff Bauxit kann im Landkreis Hessen abgebaut und zum Teil aus Ungarn importiert werden. Die Industrie verspricht sich für 1916 durch den Bau weiterer Aluminiumwerke eine zunehmende Unabhängigkeit von den durch Blockade erschwerten Rohstoffeinfuhren.

»Diese Frauen tun ihre Pflicht – Lerne, wie man Munition macht«. Von der Bevölkerung der kriegführenden Nationen werden mehr und mehr Opfer verlangt. Ob in England ...

... oder in Deutschland, wo es schon Kochbücher gibt, die eine abwechslungsreiche Kriegskost schmackhaft machen

THESE WOMEN ARE
DOING THEIR BIT
LEARN TO
MAKE
MUNITIONS

Westfront

4. Januar: *Beschluß des deutschen Armeeoberkommandos, Verdun anzugreifen.*
21. Februar: *Beginn des deutschen Angriffs auf Verdun, in dessen Verlauf erstmals Flammenwerfer eingesetzt werden.*
24. Juni: *Die Alliierten eröffnen die Schlacht an der Somme mit starkem Artilleriefeuer.*
15. Juli: *An der Somme beginnt der massive deutsche Gegenangriff.*
29. August: *Generalfeldmarschall von Hindenburg wird Chef des Generalstabes des Feldheeres.*

17. Dezember: *Überlegener Sieg der französischen Truppen unter General Nivelle bei Verdun.*

Ostfront

2. Januar: *Beginn der russischen »Neujahrsschlacht«.*
19. Januar: *Die dritte Schlacht um Czernowitz.*

18. März: *Beginn der russischen Offensive in Nordpolen mit dem Ziel, Polen und Litauen zurückzugewinnen.*
27. März: *In Paris beraten die Regierungen der Alliierten über die Verschärfung der Blockade gegen die Mittelmächte.*

4. Juni: *Beginn der russischen Offensive an der gesamten Südwestfront. Die dreimonatigen Angriffsoperationen bringen dem k.u.k. Heer die schwerste Niederlage seit Beginn des Krieges bei.*
17. September: *Die »Zweite Brussilow-Offensive« beginnt, scheitert jedoch nach kurzer Zeit.*
30. September: *Beginn der russischen Herbstoffensive, die jedoch ebenso scheitert wie die am 15. November einsetzende Winteroffensive.*

Balkan

10. Januar: *Der k.u.k. 3. Armee gelingt es, das schwer zugängliche Felsmassiv des Lovcen zu nehmen. Somit ist es den nachfolgenden Truppen leicht möglich, ins Innere Montenegros vorzustoßen. König Nikita und ein Teil seines Kabinetts fliehen nach Paris.*
18. Januar: *Kronprinz Alexander von Serbien, Generalissimus Putnik und dessen Stab fliehen nach Korfu.*
20. August: *Die Entente greift Bulgarien und das besetzte Serbien an.*
27. August: *Rumänien erklärt Österreich-Ungarn den Kieg und marschiert in Siebenbürgen ein.*
9. Oktober: *Vereinigte deutsche und k.u.k. Truppen schlagen die rumänische 2. Armee in Siebenbürgen.*

6. Dezember: *Die Mittelmächte rücken in die rumänische Hauptstadt Bukarest ein und erobern die Gegend um Campina und Ploesti, jenes strategisch wichtige rumänische Erdölgebiet.*

Italien

11. März: *Mit heftigem italienischem Artilleriefeuer beginnt die fünfte Schlacht am Isonzo.*

16. März: *Die Kämpfe am Isonzo werden eingestellt.*
14. Mai: *Beginn des österreichisch-ungarischen Offensivstoßes in Südtirol zwischen Etsch und Brenta.*
31. Mai: *k.u.k. Verbände ziehen in Asiago und Arsiero ein. Damit steht ihnen der Eingang zu den Tälern offen, die zur Po-Ebene führen.*
6. August: *Beginn der italienischen Großoffensive an der gesamten Front zwischen dem Isonzo und der Adria (sechste Isonzoschlacht).*
4. November: *Ende der neunten Isonzoschlacht.*

Seekrieg

8. Februar: *In einer Note richten sich Deutschland und Österreich-Ungarn an alle neutralen Staaten: Ab Ende Februar werden bewaffnete Handelsschiffe als Kriegsschiffe behandelt.*

25. April: *Deutsche Schlachtkreuzer und Zerstörer beschießen die Hafenanlagen von Yarmouth und Lowestoft. Die Großoffensive der deutschen Hochseeflotte gegen die Royal Navy hat begonnen.*
31. Mai: *Die Schlacht am Skagerrak.*
5. Juni: *Nach zwei Torpedoangriffen eines deutschen U-Bootes sinkt der englische Kreuzer »Hampshire« vor der Westküste der großen Orkney-Insel. An Bord befand sich unter anderem der britische Kriegsminister Lord Kitchener.*

1916

10. Juni: *Die »Deutschland«, das erste Handels-U-Boot, wird in Dienst gestellt.*
9. Juli: *U-»Deutschland« erreicht ohne Feindberühung den amerikanischen Hafen Baltimore.*
9. August: *Zwischen Einheiten der britischen und deutschen Hochseeflotte kommt es vor der englischen Ostküste zum letzten Gefecht in diesem Jahr.*

Luftkrieg

23. Januar: *Als erste deutsche Kampfflieger erhalten Oswald Boelcke und Max Immelmann*

den höchsten preußischen Tapferkeitsorden, den »Pour le mérite«.
27./28. Januar: *Französische Flugzeuge werfen Bomben auf Freiburg im Breisgau.*
29./30. Januar: *Erster Zeppelinangriff auf Paris.*
31. Januar/1. Februar: *Ein deutsches Luftschiffgeschwader belegt Dock-, Hafen- und Fabrikanlagen in Mittelengland mit Spreng- und Brandbomben.*
31. März bis 6. April: *In sechs aufeinanderfolgenden Nächten erlebt England die bisher schwersten Luftschiffangriffe.*
18. Juni: *Der Jagdflieger Max Immelmann verunglückt tödlich.*
22. Juni: *Französische Bomber greifen Karlsruhe an. Es ist der erste, sich ausschließlich gegen die Zivilbevölkerung richtende Luftschiffangriff in der Geschichte.*
2./3. September: *Beim größten gegen Großbritannien gerichteten Luftschiffangriff während des ganzen Krieges wird zum erstenmal über England ein Luftschiff von einem Flugzeug abgeschossen.*
8. Oktober: *Die deutsche Führung entschließt sich, die Fliegereinheiten unter der Bezeichnung »Deutsche Luftstreitkräfte« zusammenzufassen.*
28. Oktober: *Der Jagdflieger Oswald Boelcke verunglückt tödlich.*

Naher Osten

31. Januar: *Starke britische Verbände treffen in Mesopotamien ein, um das belagerte Kut-el-Amara zu entsetzen.*
29. April: *Das von den Engländern besetzte Kut-el-Amara*

mit seinen 13000 Soldaten muß sich den türkischen Belagerern bedingungslos ergeben.
5. Juni: *Erhebung der Araber gegen die türkische Herrschaft unter Großscheich Hussein von Mekka.*
4. August: *Der Frontalangriff der deutsch-türkischen Streitkräfte gegen die befestigten Dünenkämme vor dem Suezkanal wird zurückgeschlagen.*

Kolonialkrieg

18. Februar: *Kamerun. Die Reste der deutschen Kolonialtruppen strecken ihre Waffen.*

19. September: *Deutsch-Ostafrika. Portugiesische Soldaten überschreiten die Grenze zum deutschen Schutzgebiet, nachdem die Engländer eine Reihe von Hafenstädten besetzt haben.*

Außerdem ...

24. Januar: *Im Londoner Unterhaus wird eine Gesetzesvorlage für die allgemeine Wehrpflicht angenommen.*
13. bis 15. Mai: *Hungerdemonstrationen in Leipzig.*
21. November: *Österreichs Kaiser Franz Joseph I. stirbt. Am selben Tag wird Erzherzog-Thronfolger Karl Franz Joseph zum neuen Regenten Karl I. ausgerufen.*

2. Dezember: *Der Reichstag verabschiedet das »Gesetz über den Vaterländischen Hilfsdienst«.*
7. Dezember: *Lloyd George wird britischer Premierminister.*

DIE GROSSEN MATERIAL-SCHLACHTEN

DIE WESTFRONT 1916

Zwei Ereignisse prägen den Kriegsverlauf in Westeuropa: Der Kampf um Verdun und die Schlacht an der Somme

Die Schlacht an der Somme. Französische Artilleristen bringen eine Batterie von 115-mm-Kurzrohr-Geschützen an einen bedrohten Frontabschnitt

In der letzten Januarwoche 1916 unterbreitet das französische Oberkommando seinen Verbündeten konkrete Vorschläge für eine gemeinsame Kriegführung in den kommenden Monaten: Die russischen Truppen sollen Galizien erobern und Rumänien dazu bewegen, auf seiten der Alliierten in den Krieg einzutreten. Für die »Orientarmee« auf dem Balkan ist vorgesehen, sich weiterhin defensiv zu verhalten. Gleichzeitig will man sich bemühen, Griechenland als Verbündeten zu gewinnen. Als entscheidende Operation gilt jedoch die für Juni/Juli 1916 vorgesehene französisch-englische Großoffensive an der Somme.

General Joffre ist fest davon überzeugt, den geplanten Durchbruch strategisch erweitern zu können, den Rückzug des deutschen Westheeres zu erzwingen und anschließend wieder einen Bewegungskrieg zu führen. Um Großbritannien und Rußland genügend Zeit für eine Steigerung ihrer Rüstungskapazität einzuräumen, sollen die ausschlaggebenden Großangriffe im Westen und im Osten nicht vor dem 1. Juli 1916 stattfinden. Man einigt sich ebenfalls, die Wirtschaftsblockade gegen die Mittelmächte wesentlich zu verschärfen.

Für diese geplanten Operationen stehen den Alliierten an fast allen Fronten überlegene Kräfte und Kampfmittel zur Verfügung. Lediglich bei der schweren Artillerie sind die Deutschen im Vorteil. An der Westfront hat General Joffre 50 Reservedivisionen, darunter 37 französische und 13 britische, die Deutschen dagegen nur insgesamt 26 Divisionen. Noch Anfang Februar 1916 sind die Alliierten der Ansicht, mit einer deutschen Offensive sei nicht vor April zu rechnen, und sie vermuten, daß der Angriff in der Champagne erfolgen wird.

Das Ziel der deutschen Offensive heißt aber Verdun und läuft unter dem Decknamen »Gericht«, vorbereitet und geführt vom Oberkommando der 5. Armee. Ihr Oberbefehlshaber ist nominell der deutsche Kronprinz, aber die eigentliche Führung liegt in den Händen des Stabschefs Generalleutnant Schmidt von Knobelsdorf. Beide unterschätzen jedoch die Schwierigkeiten des Angriffs und die tatsächliche Stärke der Festung Verdun. Von Anfang an geht das Armeeoberkommando davon aus, Verdun durch schneidige Angriffe auf beiden Maasufern möglichst rasch zu erobern und damit den Frontvorsprung zu beseitigen – das steht jedoch im krassen Gegensatz zu Falkenhayns Konzeption einer lang andauernden Ausblutungsschlacht.

Obwohl dies seinem eigenen Plan widerspricht, akzeptiert Generalstabschef von Falkenhayn am 4. Januar 1916 das Vorhaben des Armeeoberkommandos, begrenzt allerdings den Angriff auf das östliche Maasufer, um den Schlachtverlauf beeinflussen zu können. Das Ergebnis: Falkenhayn nimmt der Armee damit die Möglichkeit, die Festung überraschend einzunehmen. Schlimmer noch: Er behält sich die Verfügungsgewalt über den Einsatz der Reserven vor.

Nun geschieht etwas Erstaunliches: Das riesige Ausmaß der meist nächtlichen Vorbereitungen läßt sich durch Täuschungsangriffe in der Champagne und im Artois weitgehend geheimhalten. Hilfreich sind auch die Fliegerkräfte mit insgesamt 168 Flugzeugen, die durch sogenanntes Sperrfliegen erreichen, die Angriffsvorbereitungen abzuschirmen. Außerdem gelingt es durch den Einsatz mehrerer Luftschiffe und Fesselballons, den gesamten Festungsbereich von Verdun in Tausenden von Luftbildern zu erfassen.

Bedingt durch schlechtes Wetter, wird der Angriff vom 12. auf den 21. Februar 1916 verschoben, was sich jedoch

Ein deutscher Mörser im Einsatz. Während die Kräfte und Kampfmittel der Alliierten an allen Fronten überlegen sind, haben die Deutschen bei der schweren Artillerie Vorteile

nachteilig auswirkt, da der Überraschungseffekt teilweise verlorengeht. Die inzwischen hellhörig gewordenen Franzosen ziehen in diesen neun Tagen fieberhaft Kampfmittel und Truppen heran.

Kampf um Verdun

In den Morgenstunden des 21. Februar 1916 beginnt mit einem achtstündigen Trommelfeuer von bisher unbekanntem Ausmaß und nachfolgendem Einsatz schwacher Infanteriekräfte die Schlacht um Verdun, dem nördlichen Eckpfeiler der französischen Festungsfront zwischen Luxemburg und der Schweiz. Die letzten größeren Kämpfe haben sich hier Ende Oktober 1914 ereignet.

Bis August 1915 haben die Franzosen aus Verdun Truppen abgezogen und die Festungswerke bis auf ortsfeste Geschütze desarmiert, damit die Artillerie während der Herbstoffensive 1915 in anderen Frontabschnitten eingesetzt werden konnte – um dann seit dem Spätherbst 1915 aus Verdun eine befestigte Region innerhalb der gesamten Front zu machen. Anstelle der ständigen Befestigungswerke entstand nach und nach ein neues System von Feldbefestigungen, das nun die Hauptlast der Verteidigung übernehmen muß. Allerdings: Es ist nicht vorgesehen, Verdun um jeden Preis zu halten.

Die befestigte Region Verdun besteht im Winter 1915/16 aus den inneren und äußeren Linien des Forts, aus der eigentlichen Hauptverteidigungslinie, ferner aus drei davor liegenden Feldstellungen, die zwei bis drei Kilometer auseinander liegen. Auf den Höhen beiderseits der Maas, vor allem auf dem Ostufer, liegen rund zwanzig große und vierzig mittlere Forts aus Eisenbeton mit zahlreichen versenkbaren Panzertürmen, eingebettet in meterhohes Erdreich. Mehrere Forts sind unter großem Arbeitsaufwand in den Fels hineingetrieben und dadurch selbst gegen schwerste Kaliber geschützt.

Zahlreiche betonierte Unterstände, Maschinengewehrnester, Drahtverhaue und dergleichen befinden sich zwischen den Linien. Sie sind geschickt dem teils hügeligen, teils von Tälern durchzogenen waldreichen Gelände angepaßt. Neben den günstigen Geländebedingungen ist es in erster Linie das Labyrinth von Feldbefestigungen und ständigen Anlagen, das die eigentliche Stärke der Region Verdun ausmacht, einer Region, in der um die Jahreswende 1915/16 nur wenige französische Kräfte stehen. Ein weiterer Schwachpunkt sind die zweite und dritte Feldstellung: Sie sind noch nicht fertiggestellt.

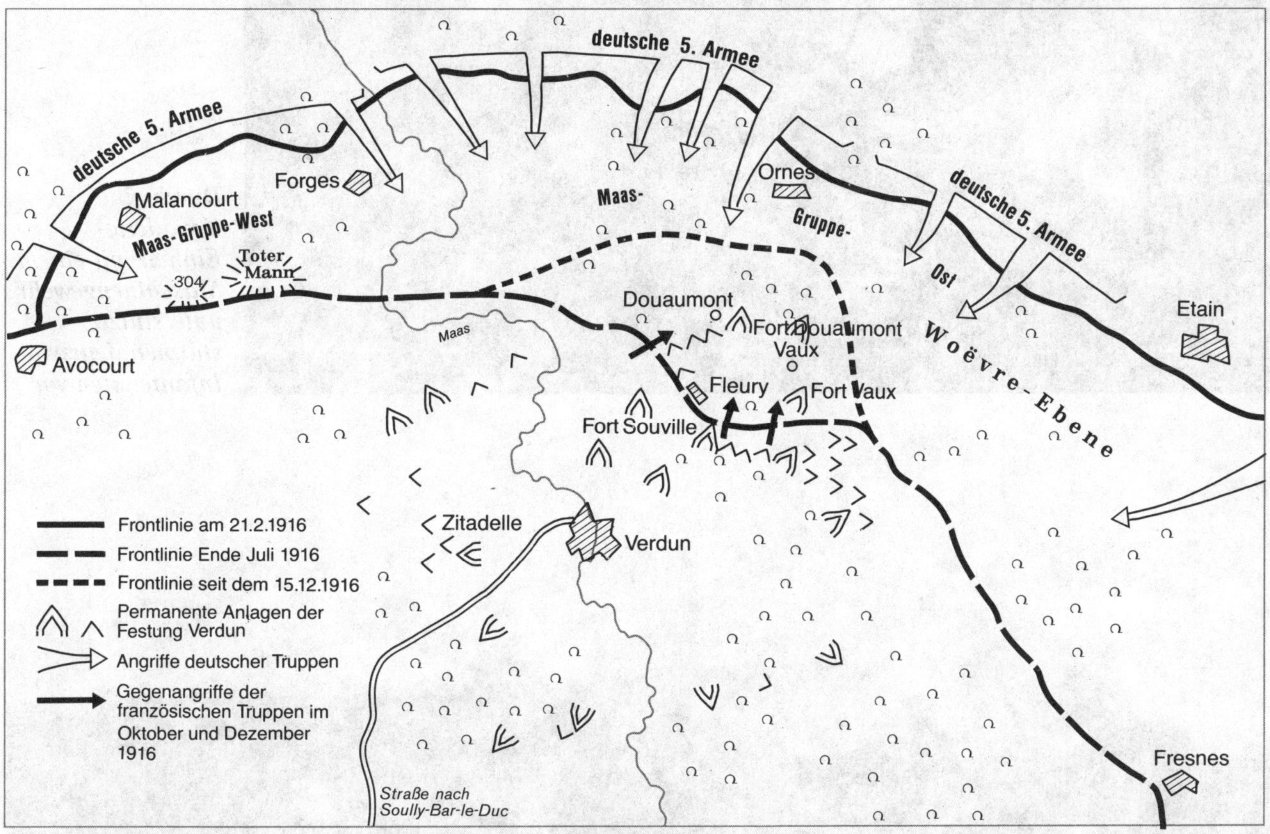

Die Schlacht um Verdun

Erstes Ziel des Angriffs: das etwa 400 Meter hoch gelegene Fort Douaumont im Nordabschnitt von Verdun. Die deutsche Infanterie führt den Angriff sofort nach kurzer massierter Artillerievorbereitung durch, um den Überraschungseffekt zu nutzen. Bei diesem Angriff wird zum erstenmal eine große Anzahl von Flammenwerfern eingesetzt, die sich bald als furchterregende Waffe erweisen und künftig – zusammen mit Handgranatentrupps – die angreifende Infanterie unterstützen.

Rechte Seite: General Joffre (links) und General Pétain (rechts) in Verdun. Darunter die Schlagzeile des »Le Petit Parisien« vom 25. Februar 1916: »Die Schlacht um Verdun«

Durch eine Kavallerie-Einheit mit einem Maschinengewehr unterstützt, stürmen deutsche Infanteristen vor

Für den Vorstoß auf das östliche Maasufer sind insgesamt 10 Divisionen vorgesehen, davon im Nordabschnitt, der Hauptrichtung, auf 13 Kilometer Breite 6½ Divisionen mit 858 Geschützen. Ihnen stehen nur 3 französische Divisionen mit 263 Geschützen gegenüber. Neu ist hier der besonders starke Einsatz von Artillerie. Die bereitgestellte Munitionsmenge: 2,5 Millionen Schuß.

Am 22. Februar 1916 gelingt es den erst an diesem Tag angreifenden Hauptkräften, wenn auch unter schweren Verlusten, die ersten französischen Stellungen niederzukämpfen. Drei Tage später erstürmt das Infanterieregiment 24 in einem Überraschungsangriff die Panzerfeste Douaumont. Nach Eroberung dieses Forts schaffen es die Deutschen, in die Hauptverteidungslinie einzudringen. Doch jetzt ist die Angriffskraft ihrer Infanterie erschöpft – allerdings können die für Aufklärungszwecke und vereinzelte Bombenangriffe eingesetzten deutschen Fliegerkräfte in wenigen Tagen die Luftüberlegenheit erringen.

Am 24. und 25. Februar 1916 verschärft sich die auf französischer Seite durch das gewaltige Artilleriefeuer entstandene Krise: Bei einigen Truppenteilen treten bereits Demoralisierungserscheinungen auf, und zum Erstaunen des französischen Oberkommandos bricht die Abwehr stellenweise völlig zusammen. In der noch mehrere tausend Einwohner zählenden Stadt Verdun, die unter dem Feuer der weittragenden deutschen Artillerie liegt, droht eine Panik auszubrechen.

Der Befehlshaber von Verdun beabsichtigt daraufhin, das östliche Maasufer zu räumen, was allerdings vom französischen Oberkommando strikt untersagt wird. Statt des-

41e Année. — N° 14.263.

ABONNEMENTS
Seine et Seine-et-Oise
Trois Mois
Six Mois
Un An
Départements et Colonies
Trois Mois
Six Mois
Un An
Étranger
Trois Mois
Six Mois
Un An

Le Petit Pari

5 centimes — Le plus fort tirage des journaux du monde

La Bataille pour Verdun

Les Allemands, qui avaient quelque peu modifié leur tactique en Artois et sur l'Yser, semblent être revenus, du côté de Verdun, aux errements anciens C'est, en réalité, une véritable bataille qu'ils ont engagée là, sur un front de quarante kilomètres et avec des masses considérables. Je dirai même qu'ils n'avaient pas pris la peine de dissimuler leurs projets, ni leurs préparatifs. Ainsi la bataille commencée le 28 janvier, va probablement atteindre son point culminant, mais sans que la surprise ait accompagné un effort que l'ennemi aurait bien voulu rendre décisif.

L'attaque menace deux côtés de la forteresse à la fois, celui de Brabant-sur-Meuse et, plus au sud, la région de Haute-Charrière et de Fromezey. Sur ce dernier point, cependant, elle n'est pas encore franchement dessinée ou, du moins, son premier essai n'a pas réussi. Mais la continuation du feu d'artillerie permet de supposer qu'elle reprendra d'un moment à l'autre. Il est évident que plus elle tarde et moins elle a de chances d'aboutir. Sur les points où l'ennemi a donné avec une particulière frénésie, nous avons pu être amenés à modifier nos positions par d'insensibles reculs, mais nulle part il n'a pu réussir à rompre notre front et ses efforts se chiffrent par des sacrifices énormes.

Je ne crois pas utile d'en dire plus, ni de disséquer les communiqués au cours même de la lutte. Ils enregistrent, naturellement, des hauts et des bas, dont l'importance variable ne peut encore affecter le dénouement de celle-ci. Mais je crois pouvoir affirmer que l'offensive allemande s'est heurtée à une résistance que, peut-être, elle n'attendait pas, si bien que les troupes assaillantes ont déjà subi des pertes formidables. Quand on se souvient de la barrière qu'il a fallu improviser dans le Nord, au moment de la bataille de l'Yser, on peut être rassuré sur les résultats définitifs de cette nouvelle et violente agression.

Lieutenant-colonel ROUSSET.

FRANCE ET GRANDE-BRETAGNE

« Les représentants du Parlement britannique déposent cette palme aux pieds de Jeanne d'Arc comme le symbole de la réconciliation complète des deux pays à l'heure où les deux peuples unis dans le même sentiment de vénération pour l'héroïne de la vieille France, défendent ensemble la liberté du monde. »

sen soll der neu eingesetzte General Pétain Maßnahmen zur Verteidigung organisieren. Bis zum 28. Februar 1916 werden erstmals nur mit Lastwagen innerhalb von 48 Stunden 7½ Infanteriedivisionen und über 300 schwere Geschütze herangeschafft. Damit ist der Versuch der deutschen 5. Armee, wenigstens das östliche Maasufer innerhalb weniger Tage zu erobern, gescheitert. Lediglich 8 Kilometer kann die französische Front im nordöstlichen Teil zurückgedrängt werden. Jetzt liegen die deutschen Truppen ohne feste Stellungen unter dem ständigen Feuer der Festungswerke, wodurch sich die Situation von Tag zu Tag verschlimmert.

Inzwischen ist das französische Oberkommando fest entschlossen, Verdun um jeden Preis zu halten. Alle Reserven des Feldheeres werden herangezogen, darunter auch zahlreiche Divisionen, die man für den geplanten Großangriff an der Somme vorgesehen hat. Die Schlacht bei Verdun tritt nun in eine neue Phase: der Beginn der größten Zermürbungs- und Materialschlacht des Weltkrieges.

Die ständige Sicherung des Nachschubs auf der rund 60 Kilometer langen Straße nach Souilly-Bar-le-Duc ist jetzt für die Franzosen von entscheidender Bedeutung, denn damit steht oder fällt dieser Frontabschnitt. Die Zeit arbeitet jedoch für die Alliierten. In der Woche vom 28. Februar bis zum 6. März 1916 werden auf 3900 Lastkraftwagen im Tag- und Nachteinsatz über 190000 Mann und fast 25000 Tonnen Versorgungsgüter nach Verdun transportiert, um den Kräfteausgleich zu erreichen. Es gelingt weder den deutschen Ferngeschützen noch den Fliegerkräften, diesen rollenden Nachschub zu unterbinden.

Mitte des Jahres 1916 beträgt die Zahl der im Frontbereich von Verdun eingesetzten französischen Kraftfahrzeuge 12000 Wagen – so viele besitzt das gesamte deutsche Westheer nicht. Es ist das erste Mal in der Kriegsgeschichte, daß eine kämpfende Armee hauptsächlich durch den Masseneinsatz motorisierter Kolonnen versorgt wird.

Seit dem 3. März 1916 unternimmt das Oberkommando der deutschen 5. Armee den Versuch, anfangs durch beständige kleine Angriffe, wie auf das Fort Vaux, später durch größere auf dem östlichen Maasufer, Verdun wenigstens schrittweise zu erobern. Doch auf dem Ostufer der Maas kommen die deutschen Truppen bis zum Juni kaum einen Kilometer voran. Ab 6. März 1916 steht auch das westliche Ufer unter deutschem Beschuß, um das von dort kommende mörderische französische Flankenfeuer auszuschalten, was allerdings nicht gelingt. Daher liegt hier bis zum Mai das Schwergewicht der deutschen Angriffe.

Französischer Armeebefehl

Erste Märzhälfte 1916. General Joffre an die Armee von Verdun:

»Soldaten der Armee von Verdun! Seit drei Wochen haltet Ihr den furchtbaren Sturm aus, den der Feind bisher gegen uns unternommen hat. Deutschland rechnete auf einen Erfolg seiner Anstrengungen, die es für unwiderstehlich hielt und für die es seine besten Truppen und seine mächtigste Artillerie eingesetzt hatte. Es hoffte, daß die Einnahme von Verdun den Mut seiner Verbündeten stärken und die neutralen Länder von der deutschen Überlegenheit überzeugen würde. Es hatte seine Rechnung ohne Euch gemacht. Tag und Nacht habt Ihr, trotz einer beispiellosen Beschießung, allen Angriffen widerstanden und Eure Stellungen gehalten. Der Kampf ist noch nicht beendet, denn die Deutschen brauchen den Sieg. Ihr werdet ihnen

General Pétain. Er hat die Aufgabe, die Verteidigung von Verdun zu organisieren

Mitte März 1916. Calais: Italiens Oberbefehlshaber Cadorna (Mitte) wird von General Joffre (rechts neben ihm) zu einer Lagebesprechung begrüßt

den Sieg zu entreißen wissen! Wir besitzen Munition im Überfluß sowie zahlreiche Reserven. Besonders aber besitzt Ihr Euren Glauben an die Geschicke der Republik. Das Land hat seine Blicke auf Euch gerichtet. Ihr werdet zu denen gehören, von denen man sagen wird: Sie haben den Deutschen den Weg nach Verdun versperrt!«

Die Franzosen sind dank ihres gut organisierten Nachschubs bereits Ende März 1916 bei Verdun den deutschen Kräften – außer bei der schweren Artillerie – überlegen, was sich durch rege Angriffstätigkeit bemerkbar macht. Inzwischen bezweifelt selbst Generalstabschef von Falkenhayn, ob es tatsächlich möglich ist, das französische Heer hier auszubluten. Trotzdem werden die sinnlosen Angriffe der 5. Armee noch monatelang fortgesetzt. Man will auf jeden Fall versuchen, einen Erfolg zu erzwingen.

Tag für Tag verschlingt diese jetzt hauptsächlich aus Prestigegründen geführte Schlacht alle Reserven der OHL: Von den im Februar 1916 eingesetzten 25½ Divisionen existieren Mitte Mai nur noch 5. Besonders schlimm sind die Ausfälle bei der schweren Artillerie; hier verfügt das Heer über keine Reserven mehr. Auf beiden Seiten wird im Verlauf der Schlacht immer stärker Artillerie eingesetzt, so daß die Verluste an Menschen und Material kaum noch vorstellbar sind. Auf dem von Granattrichtern aufgewühlten Kampfgelände liegen Tausende von Leichen, und der Frontverlauf wird immer unübersichtlicher. Tagtäglich passiert es, daß die Truppen in das Feuer der eigenen Artillerie geraten.

Die meisten französischen Soldaten liegen in zahlreichen gut ausgebauten Unterständen oder in den Festungswerken. Auf deutscher Seite dagegen bilden verschlammte Granattrichter, in denen sich eine Handvoll Infanteristen

In einem französischen Verbindungsgraben vor Verdun: Ausrangierte Weinfässer dienen den Soldaten als Trinkwasserbehälter

März 1916. Leuchtmunition, von den Deutschen abgeschossen, erhellt die Nacht

mit Maschinengewehren verteidigen kann, die einzige Möglichkeit, Widerstand zu leisten. Dort sind die Soldaten oft tagelang dem Artilleriefeuer sowie Kälte und Regen schutzlos ausgesetzt. Moral und Kampfgeist sinken daher in der »Hölle von Verdun« rapide.

Im März 1916 sollen sich auf deutscher Seite erstmals Einheiten geweigert haben, wieder anzugreifen. Ähnliche Probleme hat der französische Befehlshaber während der seit dem 7. März 1916 tobenden Kämpfe um die Höhe »Toter Mann«. Er droht jedem Truppenteil an, der versuchen sollte, sich weiter zurückzuziehen, ihn mit eigenen Maschinengewehren oder Artillerie beschießen zu lassen. Beteiligte, die im Mai 1915 die Kämpfe um die Lorettohöhe miterlebt haben, behaupten, das Ringen um den

Der französische General Nivelle

»Toten Mann« übertreffe jene Schrecken, die man damals für das Höchstmaß des Erträglichen gehalten habe, noch bei weitem.

Ab 1. Mai 1916 beginnt das französische Oberkommando, seine Offensive an der Somme vorzubereiten, die nun Vorrang vor den Kämpfen um Verdun erhält. Als Kampftruppen sind die Reserven der Heeresgruppe Mitte vorgesehen, deren Führung General Pétain am 8. Mai 1916 übernimmt. Sein Nachfolger als Oberbefehlshaber der französischen 2. Armee bei Verdun wird General Nivelle, der unbedingt – koste es, was es wolle – die Initiative auf dem Schlachtfeld in dic Hand bekommen will.

Am 20. Mai 1916 gelingt es den Deutschen endlich, die von den französischen Truppen erbittert verteidigte Höhe »Toter Mann« zu besetzen, nachdem sie die letzte wichtige Höhe vor Chattancourt gestürmt und den Ort Cumières eingenommen haben. Drei Tage später erfolgt ein französischer Großangriff zur Rückgewinnung von Fort Douaumont. Die Franzosen können sich zwar bis zu den Trümmern des Forts durchkämpfen, müssen sich aber 48 Stunden danach wieder zurückziehen. Alle nachfolgenden Angriffe scheitern ebenfalls.

Am 3. Juni 1916 stürmt deutsche Infanterie das monatelang heiß umkämpfte Fort Vaux. Jetzt droht General Nivelle auch noch die Gefahr, seine Truppen vom östlichen Maasufer zurückzunehmen. Die Lage ist derart ernst, daß in einer vom französischen Parlament einberufenen Geheimsitzung über die Situation bei Verdun beraten wird.

Gerade in diesem kritischen Augenblick beginnt am 4. Juni 1916 im Osten die großangelegte Offensive der russischen Südwestfront unter General Brussilow. General von Falkenhayn muß eiligst mehrere Divisionen vom Westen an die Ostfront verlegen. Als in der zweiten Junihälfte die Schlacht erneut eskaliert, läßt das Oberkommando der

Anfang Juni 1916. Nach monatelangen Kämpfen gelingt es deutschen Truppen, Fort Vaux zu erobern

5. Armee das als »Grünkreuz« neuentwickelte Phosgengas einsetzen, um die Franzosen wenigstens vom östlichen Maasufer zu vertreiben. Aber der am 21. Juni 1916 eröffnete deutsche Angriff wird schon zwei Tage später nach geringen Anfangserfolgen eingestellt.

Die Frontlinie bei Verdun verläuft jetzt von Nordwesten nach Südosten und wird von den drei stark befestigten französischen Stellungen gehalten, dem Werk Côte de Froide Terre, der Batterie von Souville und dem Fort Tavannes. Zwischen dieser ersten und zweiten Linie liegen auf einem langgedehnten Rücken die Werke von Thiaumont, die im Südwesten mit dem Werk Côte de Froide Terre abschließen. Etwa in der Mitte befindet sich die vorgeschobene Panzerfeste Thiaumont. Nach intensiver Artillerievorbereitung können die Deutschen zwischen dem 23. und 26. Juni 1916 die Panzerfeste Thiaumont und deren Zwischenwerke erstürmen sowie den größten Teil des stark befestigten und zäh verteidigten Dorfes Fleury erobern.

In der »Hölle von Verdun«

Donnerstag, 6. Juli 1916. Bericht aus dem deutschen Großen Hauptquartier:

»Das wechselvolle Ringen auf dem linken Maasufer nahm während des ganzen Maimonats ohne Ermatten seinen Fortgang. Es galt, die nach der Einnahme des Waldes von Avocourt zwischen diesem und dem ›Toten Mann‹ entstandene ›Sackstellung‹ auszuräumen. Dieses Ziel ist in schrittweisen, durch kleinere Rückschläge nur vorübergehend gehemmten Vorarbeiten ohne Rast erreicht worden. Abschnittweise wurden die nördlichen, die westlichen, zuletzt am 21. Mai die östlichen Ausläufer der Höhe 304 gestürmt.

Östlich des ›Toten Mannes‹ ist am 23. Mai die Trümmerstätte, die einstmals das Dorf Cumières war, gestürmt worden. Die an diesem Tage noch gescheiterte Eroberung der Caurettehöhe und des ganzen Geländes von der Südkuppe des ›Toten Mannes‹ bis zur Südspitze von Cumières konnte bis Ende Mai erzwungen werden. Auch in diesem Abschnitt brachte der Juni häufige und gleichermaßen erfolglose Gegenstöße.

Seit der Maimitte versuchten die Franzosen mit verzweifelter Anstrengung, den Schwerpunkt der Maaskämpfe auf das rechte Ufer hinüberzureißen. Nach einer riesigen Artillerievorbereitung holten sie zu einem wuchtigen Schlage gegen Fort Douaumont aus. Es gelang ihnen, am 22. Mai bis an die Kehle des Forts vorzustoßen. Da setzte der Gegenangriff ein; schon der 24. Mai brachte den Franzosen eine schwere Niederlage. In glänzendem, fortgesetz-

tem Angriff eroberten die Deutschen die ihnen entrissenen Stellungen zurück, drangen weit über sie hinaus, brachten am 1. Juni den ganzen Caillettewald in ihre Hand. In den folgenden Tagen wurden Dorf Damloup und endlich auch das Fort Vaux erstürmt und fest in deutsche Hand gebracht. Seine tapfere Besatzung, die sich in den unteren Gewölben gehalten hatte, mußte am 7. Juni kapitulieren.

Am 8. Juni setzte ein neuer Vorstoß ein, der zunächst ein starkes feindliches Feldwerk der Feste Vaux, dann in ständigem Fortschreiten die Stellungen westlich und südlich der Thiaumontferme und endlich am 23. Juni das Panzerwerk Thiaumont selbst und den größten Teil des Dorfes Fleury in deutsche Hand brachte, den Zentralpunkt und den linken Flügelpunkt der zweiten französischen Hauptstellung.

Alle diese Errungenschaften mußten und konnten gegen wütende französische Gegenangriffe gehalten werden, zuletzt noch am 26. und 27. Juni gegen einen Stoß größten Maßstabes auf der ganzen Frontbreite des Abschnittes Thiaumont–Fleury. Die Kämpfe dieser zwei Tage rechnen zu den schwersten und für die Franzosen verlustreichsten des ganzen Krieges. Unerbittlich nahm hier der Zermürbungsprozeß an Frankreichs Heeren seinen Fortgang.«

Die seit Monaten vorbereitete Offensive an der Somme wird von den Alliierten als wichtigste Operation für das Jahr 1916 angesehen. Doch bereits im Frühjahr 1916 sind die französischen und britischen Oberbefehlshaber gezwungen, ihre Pläne weitgehend zu korrigieren, da zwischenzeitlich die Masse des französischen Heeres bei Verdun gebunden ist. So muß General Joffre den Anteil seiner für die Offensive an der Somme vorgesehenen Divisionen von 43 auf 11 verringern, ebenso die Angriffsbreite entsprechend einengen. Die neue Situation erfordert es, daß das britische Expeditionsheer den Hauptstoß führen soll, daher neugegliedert und verstärkt werden muß, was gewisse Verzögerungen hervorruft. Obwohl die Franzosen wiederholt drängen, den Beginn der Somme-Offensive vorzuverlegen, um Verdun zu entlasten, lehnt der englische Oberbefehlshaber General Haig dies kategorisch ab.

Zwischen Januar und Anfang Juni 1916 erhöht sich die Gefechtsstärke des britischen Expeditionsheeres immerhin von 450000 auf 650000 Mann, und ständig kommen Truppen aus den Dominien dazu. Es wird nicht nur die Artillerie wesentlich verstärkt, sondern auch die Bewaffnung der Infanterie erheblich verbessert. Ebenso sind – vor dem Gegner gut abgeschirmt – die ersten Panzer eingetroffen. Das Royal Flying Corps erhält neue bessere Maschinen und zählt zur Zeit 637 Flugzeuge.

Die intensiven Vorbereitungen hinter der Frontlinie dauern schon gut sechs Monate. General Ferdinand Foch (1851–1929), der energische Oberbefehlshaber der Heeresgruppe, kümmert sich im rückwärtigen Gebiet persönlich

Links: Ein Bild, das betroffen macht: Französischer Wachposten vor der stark befestigten Batterie von Souville. Mitte: Ob die Signale der beiden Engländer ankommen? Rechts: Der deutsche Soldat verläßt sich bei der Nachrichtenübermittlung lieber auf seinen Schäferhund

um die Organisation der Nachschubwege. Er stellt ungezählte motorisierte Kolonnen aus Tausenden von Lkw zusammen und läßt einige Dutzend neuer Feldflugplätze anlegen.

Die Offensive an der Somme soll mit mehreren kurz aufeinanderfolgenden begrenzten Angriffen nach einem gewaltigen Artilleriefeuer eröffnet werden. Man will in dieser Schlacht die Deutschen systematisch zermürben und ihre Stellungsfront schrittweise durchbrechen. Hat die Artillerie unter Einsatz riesiger Munitionsmengen einen Abschnitt wirksam bestreut, so soll sie sofort vorgezogen werden, um anschließend das neue, entferntere Ziel unter mörderischen Beschuß zu nehmen. Dies soll sich so lange wiederholen, bis man die gegnerische Stellungsfront endgültig durchbrochen hat. Der Nachteil dieser Taktik: Sie erfordert lang andauernde Angriffe, noch dazu auf breiter Front, um gegnerische Flankenangriffe zu verhindern.

Die beiden maßgebenden Generäle, der Franzose Joffre und der Engländer Haig, teilen keineswegs die Ansichten General Fochs. Sie sind weiterhin für ein möglichst schnelles Eindringen in die deutsche Stellungsfront. Nur der Oberbefehlshaber der britischen 4. Armee, General Rawlinson, stimmt der Taktik von General Foch zu, die allmählich auch von den anderen akzeptiert wird. Und Mitte des Jahres 1916 ist man bei den Alliierten endgültig davon überzeugt, daß nur eine zermürbende Materialschlacht die Chance bietet, vom Stellungskrieg in den

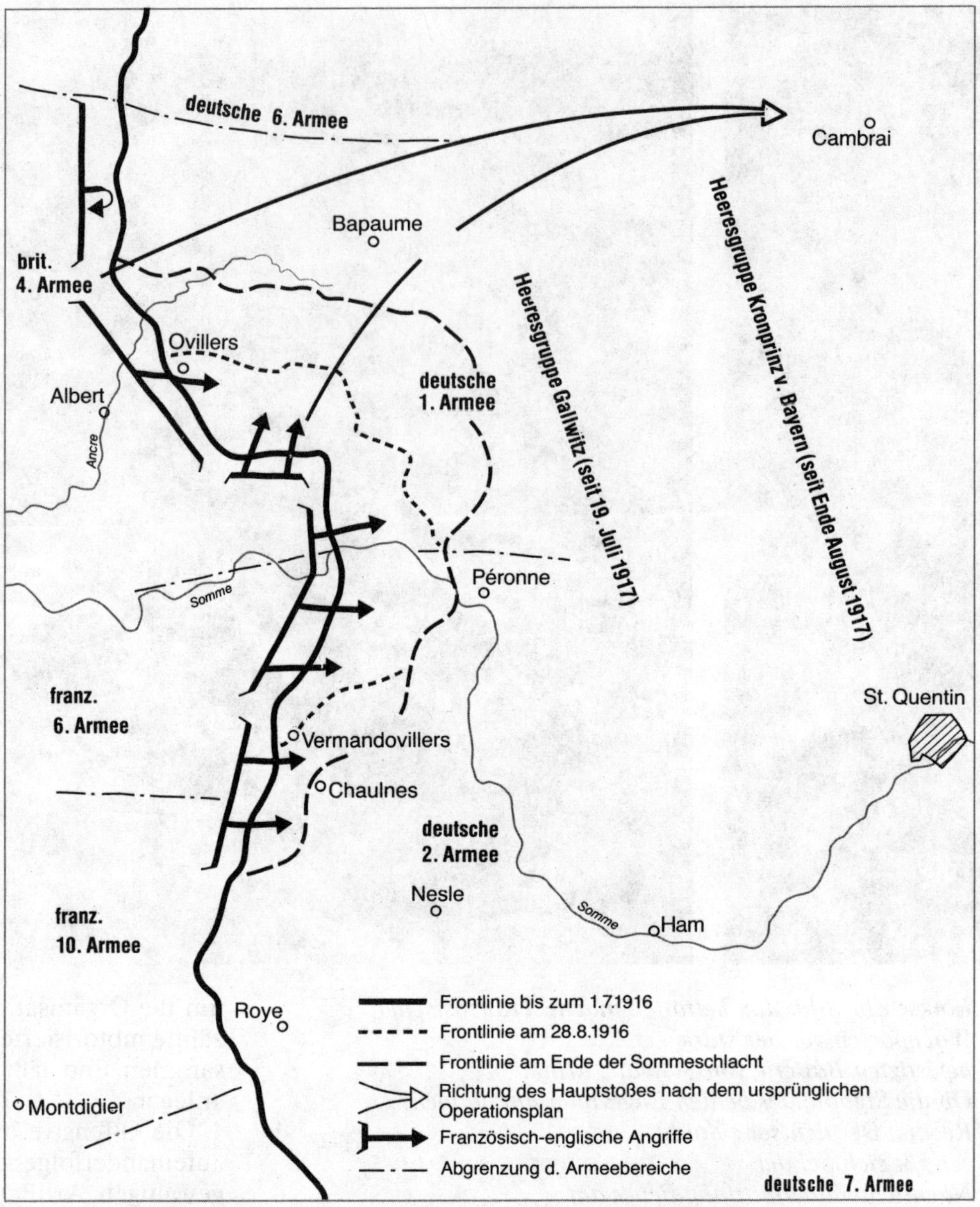

Eine Materialschlacht sondergleichen: Die Schlacht an der Somme

Bewegungskrieg überzugehen, um den Gegner in einer großen Umfassungsschlacht endgültig zu zerschlagen. Große Reitermassen, die hinter der Front bereitstehen, sollen dann die Verfolgung der Deutschen aufnehmen und die ganze Westfront aufrollen.

Die alliierten Angriffsvorbereitungen hat die OHL zwar rechtzeitig erkannt, aber General von Falkenhayn rechnet mit dem Hauptangriff keineswegs im Frontabschnitt der 2. Armee unter Generaloberst von Bülow, sondern im Artois gegen die 6. Armee unter Kronprinz Rupprecht von Bayern. Daher werden auch die im Bereich der 6. Armee stehenden Reserven nicht freigegeben. Die deutschen Verteidigungslinien an der Somme bestehen aus zwei durchgehenden Stallungssystemen bis zu 1000 Meter Tiefe mit gut ausgebauten Gräben und sicheren Unterständen, dazwischen liegen bis zu 40 Meter breite Drahtverhaue. Die Entfernung zur zweiten Stellung beträgt etwa sieben Kilometer. Jedes Waldstück, jedes Dorf, jedes einzeln liegende Gehöft gleicht einer Festung.

Die Schlacht an der Somme

Bei Tagesanbruch des 24. Juni 1916 beginnt die Schlacht an der Somme. Die Artillerie der Alliierten nimmt sieben Tage lang die deutsche Verteidigungslinie unter unglaublich starken Beschuß, der zeitweise in ein Trommelfeuer übergeht. Der Angriffsabschnitt ist etwa 40 Kilometer breit und umfaßt das Gebiet der Ancre und Somme zwischen den Dörfern Gommécourt nordwestlich von Bapaume und Vermandovillers südwestlich von Péronne. Nördlich der Somme greifen unterdessen zwei französische Divisionen und britische Truppen an.

Fast 6,5 Millionen Granaten hat man für die Kanoniere bereitgestellt. Nach den ungezählten Einschlägen gleichen die vorderen deutschen Stellungen einer Kraterlandschaft;

Ein französischer Vorposten auf der Somme

die Besatzungen sind zum größten Teil verschüttet. Auch die im Hintergrund liegenden Anmarschwege, Befehlsstände, Truppenunterkünfte, Depots und Eisenbahnanlagen sind zerstört. Die deutsche Front liegt unter einer dichten Rauchwolke. Französische und britische Flugzeuge haben die rückwärtigen Verbindungen bombardiert und das Artilleriefeuer wirksam auf die wichtigsten deutschen Verteidigungspunkte gelenkt. Die deutsche Artillerie büßt viele ihrer Geschütze ein.

Das am 1. Juli 1916 in gesamter Frontbreite einsetzende Trommelfeuer ist an Intensität kaum noch zu überbieten: Zerfetzte Menschenleiber, Erdreich, Pfähle, Steine und Gewehre werden emporgeschleudert. Außerdem lassen die Alliierten kurz vor dem Infanterieangriff noch zehn Minenstollen, an denen die Pioniere mehrere Wochen gearbeitet haben, in die Luft jagen. Von den deutschen Verteidigern wird nie mehr eine Spur gefunden. Manche Krater zählen mehr als 50 Meter Durchmesser und sind über 20 Meter tief.

Hinter der Feuerwalze dringen jetzt 19 französische und britische Divisionen in den von nur 7 deutschen Divisionen verteidigten Frontabschnitt ein. Sie sind davon überzeugt, daß sich nach diesem Feuerüberfall kein Lebender mehr in den Stellungen befindet. Völlig überraschend stoßen sie aber plötzlich auf heftigen Widerstand. An mehreren Punkten werden die Angreifer sogar in ihre Ausgangsstellungen zurückgedrängt.

Nur südlich der Somme gelingt es französischen Einheiten, einen 20 Kilometer breiten und 2,5 Kilometer tiefen Streifen zu erobern und die erste deutsche Stellung zu stürmen, stellenweise auch bis zur zweiten Linie westlich von Péronne vorzustoßen. Doch schon am nächsten Tag müssen sie das Gebiet zum Teil wieder räumen. Dank des

Trommelfeuer der Engländer an der Somme: Die schweren Haubitzen sind Tag für Tag im Einsatz

Selbst die Sanitätsstationen bleiben nicht verschont: Ein deutscher Verbandsplatz im Kampfgebiet, der unter Feuer genommen worden ist

energischen Vorgehens von 7 Reservedivisionen der deutschen 2. Armee und dem Einsatz starker Artillerie kann die Offensive in einigen Tagen zum Stehen gebracht und der Durchbruch verhindert werden.

Die britischen Truppen müssen ihren Geländegewinn von ein paar hundert Metern einschließlich der vier zerstörten Dörfer mit verheerenden Verlusten bezahlen. Die von kampfunerfahrenen Offizieren geführten und meist ungenügend ausgebildeten Soldaten greifen noch in fast geschlossener Linie an. Allein an einem einzigen Tag, dem 1. Juli 1916, büßen die Engländer insgesamt 60000 Mann ein, darunter 20000 Gefallene. Dies bedeutet den höchsten Tagesverlust in der britischen Kriegsgeschichte.

Im Trommelfeuer an der Somme

Donnerstag, 10. August 1916, Stuttgart. Eugen Kalkschmidt schreibt im *Schwäbischen Merkur:*

»Am 24. Juni 1916, morgens 6.30 Uhr, setzte mit ungewöhnlicher Heftigkeit und Bösartigkeit wütendes Schrapnellfeuer auf das Dorf Vermandovillers und die davor liegenden Stellungen ein. In den Lüften fauchte und zischte es ohne Unterlaß ... Hagelschauerartig prasselten die kleinen gefährlichen Bleikugeln auf die Erde, klatschten durch die Blätter der Bäume, durchschlugen krachend die wenigen noch vorhandenen Schiefer- und Ziegeldächer. Laut brummend, gleich riesigen Hummeln, schwirrten die ›Ausbläser‹ durch die Luft. Stundenlang ging es so fort. Fast ohne Pause!

Den ganzen 25. Juni dauerte das gleiche Feuer an. Ununterbrochen, Tag und Nacht. Am 26. Juni setzte die feindliche schwere Artillerie ein. Mit mittleren Kalibern (12 cm) beginnend, wurden die deutschen Gräben bald mit schweren und schwersten Granaten beschossen. Hohl gurgelnd kamen sie angewackelt, die 15-, 20,5- und 23,5-cm-Granaten, bohrten sich in die Erde, schwarze, braunrote oder gelbe Rauch- und Erdfontänen in die Luft schleudernd.

Bald aber grollte in die uns längst bekannten Bässe ein neuer Ton, ein eigentümlich bohrendes Rauschen und Rollen. Explosionen von ungeheurer Kraft folgten dem Einschlag. Die ganze Umgebung bebte. Die Lichter erloschen, und Rauchsäulen von 40 Meter Höhe stiegen aus den Einschlagstellen empor. Das war ein neues Kaliber. Aufgefundene Bodenstücke und Blindgänger entpuppten

Granattrichter. Hier zeigt sich kein Leben mehr: Fauna und Flora sind ausgerottet

Ob Franzosen, ob Deutsche, ob Engländer – aus allen Rohren wird gefeuert. Wenig später stehen die Soldaten dann . . .

es als 38-cm-Granaten. Besonders das Dorf war das Ziel dieser schweren Batterie. Ganze Dächer wirbelten in der Luft umher, wenn ein Haus getroffen wurde. Das Geschoß soll 1000 Kilogramm wiegen, was nach dem aufgefundenen Bodenstück, das gut seine zwei Zentner wog, sehr glaubhaft ist.

Die Bekanntschaft mit dieser ›Großmutter‹, wie das Geschoß von den englischen Soldaten genannt wurde, war zwar wenig angenehm, aber die Wirkung doch nicht der Größe des Kalibers entsprechend. Eines der Ungeheuer explodierte keine 30 Meter vor dem Bataillonsunterstand, während ich mit dem Bataillons-Adjutanten unter der Tür neugierig der Beschießung des Dorfes zusah. Nicht einmal der Luftdruck fügte uns Schaden zu.

Fünf Tage, vom 26. bis 30. Juni, hielt das schwere Feuer an, bald anschwellend zu einem furchtbaren Rollen und Grollen, daß in den Unterständen alles schwankte und bebte, bald abflauend, sich in Einzelschüsse auflösend oder für Minuten, ja Viertelstunden ganz schweigend. Gegen Abend trat in der Regel vor Dunkelheit eine kurze Feuerpause ein, der die ganze Nacht hindurch besonders erregte Feuerüberfälle auf die rückwärtigen Verbindungen folgten.

Schon am 26. Juni gingen die Engländer zum Gasangriff über. Morgens um 4 Uhr bliesen sie Chlorgas gegen das Nachbarregiment ab. Nachmittags von 12 bis 1 Uhr schickten sie uns Gaswelle um Gaswelle zu. Aber die Masken schützten uns vor jeder Unannehmlichkeit. Langsam strichen die nebelartigen weißen Gasschwaden über unsere Gräben und stauten sich in dem Dorfe, langsam sich zerteilend und zur Ancre abfließend.

Die folgenden Tage brachten neue Gasangriffe. Auch mit Rauchwolken glaubten sie uns zu belästigen. Einige Male schlug das Gas in die englischen Gräben zurück und rief dort große Aufregung hervor. Man sah die Engländer mit Tüchern das Gas aus den Gräben wehen. Die deutsche Artillerie half etwas mit Granaten nach, wobei etliche Gasflaschen getroffen wurden. Dichte Chlorschwaden stiegen

... vor einer Landschaft, die diesen Ausdruck nicht mehr verdient. Tausende von Granattrichtern haben einen einst blühenden Landstrich in Ödland verwandelt

Aber auch Dörfer werden nicht verschont. So wie dieser Ort sehen viele nach den tagelangen Beschießungen aus

29. Juni 1916. Schlacht an der Somme: Nachdem das 40-cm-Eisenbahngeschütz der Alliierten in Feuerstellung gebracht worden ist, richtet es bald danach verheerenden Schaden an

plötzlich auf und erstickten, wie Gefangene später aussagten, die Bedienungsmannschaft.

Schon nach wenigen Tagen glaubte uns der Gegner zermürbt. In der Nacht vom 26. auf 27. Juni versuchte er einen Patrouillenüberfall auf die rechte Flügelkompanie, wurde aber von ihr mit blutigen Köpfen heimgeschickt. Die beiden folgenden Nächte versuchte er es nach ausgiebigster Artillerievorbereitung bei der 10. und 11. Kompanie, mit denen aber noch schlechter Kirschen essen war. Nachstoßende Patrouillen brachten einige Gefangene ›zur Ansicht‹ ein. Darunter waren auch schwarz angestrichene Kanadier! Auf die Frage des Kompanieführers nach dem Zweck dieser Maskerade antworteten sie, ihre Offiziere hätten ihnen gesagt, die Deutschen fürchten sich besonders vor den Schwarzen!

Am 30. Juni versuchte der Gegner nach erneuter heftiger Beschießung, mit starken Patrouillen in unsere Stellung einzubrechen und festzustellen, welche Truppen er vor sich habe. Wiederum vergeblich! Sieben schwere und ernste Tage gingen unter der furchtbaren Beschießung vorüber. Die Gräben waren fast vollständig eingeebnet. Die Arbeit von mehr als einem Jahr schien vernichtet. Was die Truppen ertrugen und ertragen mußten, vermag keine Feder zu schildern . . .

Am 1. Juli, morgens 7 Uhr, setzte nach verhältnismäßig ruhiger Nacht Trommelfeuer auf unsere Stellungen ein, das sich gegen 8 Uhr zu bisher unerhörter Heftigkeit steigerte. Jedermann war sich klar, daß nun der lang erwartete Angriff kam. Plötzlich, gegen 8.15 Uhr, erfolgte eine ungeheuere Explosion. In sechsmonatlicher Arbeit hatte der Gegner aus einem 300 Meter entfernten Graben einen Tunnel bis an die rechte Flügelkompanie herangetrieben und nun gesprengt. Ein gewaltiger Krater von 40 bis 50 Metern Durchmesser und etwa 15 Metern Tiefe gähnte in den blauen Himmel.

Kaum ist der gewaltige Steinhagel auf die Gräben niedergegangen, alles, was noch nicht eben ist, ausfüllend und die Eingänge verschüttend, kaum hat sich die mächtige, an Vulkanausbrüche erinnernde Rauchwolke verzogen, so schweigt das feindliche Artilleriefeuer mit einem Schlage, und der Infanteriesturm setzt ein. Aber schon kriechen aus unzähligen halbverschütteten Löchern und Unterständen die deutschen Verteidiger hervor. In erhaltenen Grabenstücken, in Granatlöchern oder auf freiem Felde liegend, knieend und stehend erwarten sie den Feind. Rote Leuchtkugeln steigen, Sperrfeuer anfordernd, in die Luft. Maschinengewehre tauchen aus Versenkungen auf, und ein wahnsinniger Geschoßhagel schlägt den Angreifern entgegen . . .«

Bereits am 15. Juli 1916 beginnt der massive deutsche Gegenangriff, den die alliierten Verbände wieder zurückschlagen. Danach wird das Kampfgeschehen von einer Reihe blutiger Einzelaktionen bestimmt. Trotz des gewaltigen Materialeinsatzes und der fast ununterbrochenen Angriffe südlich der Somme können die britisch-französischen Einheiten lediglich die deutschen Zwischenstellungen einnehmen. Oft beträgt der Geländegewinn nur einige Meter, entweder ein kleines Waldstück oder ein paar Schützengräben.

Zwei Tage lang, zwischen dem 14. und 16. Juli 1916, versuchen die britischen Truppen, in die zweite deutsche Stellung nördlich der Somme einzudringen. Nur unter hohen Verlusten gelingt ihnen ein Teilerfolg. Die Soldaten beider Seiten müssen Unbeschreibliches ertragen: In den Gräben stecken sie oft bis zum Bauch im Schlamm, an Schlaf ist nicht zu denken, dazu die in Scharen auftauchenden Ratten. Viele Verwundete ertrinken in den Granattrichtern. Zweiundzwanzigmal (!) kämpft eine australische Brigade um ein und denselben Geländestreifen, der kaum zwei Kilometer breit ist.

Im Gegensatz zu Verdun, wo die deutschen Truppen kaum eine Möglichkeit zur Auffrischung haben, sollen jetzt an der Somme, genauso wie bei den Alliierten, regelmäßige Ablösungen stattfinden, da sonst Gefahr besteht, daß die Front zusammenbricht. Am 19. Juli 1916 ordnet daher die OHL an, für den nördlichen Somme-Abschnitt die 1. Armee neu zu bilden, so daß die 2. Armee nur

In der Etappe: Der Aisne-Kanal im Morgendunst. Diejenigen, die für den Nachschub sorgen, sind meist besser dran als die,

die in vorderster Linie kämpfen müssen: Britische Soldaten helfen einem verwundeten deutschen Gefangenen

Juli 1916. Querriue: Feldmarschall Sir Douglas Haig verläßt das Hauptquartier der 4. Armee. Links neben ihm General Rawlinson

den südlichen Teil dieser Front zu halten hat. Im Verlauf der Schlacht werden dann mehrere Großverbände der Westfront zur Ablösung der kämpfenden Truppen an die Somme verlegt.

Wechsel an der Spitze

Am 29. August 1916 übernimmt Generalfeldmarschall von Hindenburg als Nachfolger Generals von Falkenhayn die Führung der OHL. Um die erforderliche Truppenablösung noch konsequenter durchzusetzen, faßt er die 1. und 2. Armee sowie die 6. und 7. Armee zur Heeresgruppe Kronprinz Rupprecht von Bayern zusammen und bezieht ab September 1916 alle anderen Armeen der Westfront in dieses Ablöseverfahren mit ein.

Allmählich macht sich der Mangel an Reserven, Artillerie und Munition an den deutschen Frontabschnitten immer stärker bemerkbar, denn das pausenlose Sperrfeuerschießen bewirkt nicht nur einen ungeheuren Munitionsverbrauch, sondern auch einen schnellen Verschleiß der Geschütze. Dadurch entstehen besonders bei der deutschen Artillerie an der Somme die bisher schwersten Ausfälle: Bis Ende August 1916 müssen 1656 Feld- und 769 schwere Geschütze ersetzt werden.

An Munition werden im Juli und August 1916 bei der Feldartillerie rund elf Millionen und bei der schweren Artillerie etwa drei Millionen Schuß verbraucht. Das ist beinahe das Doppelte der deutschen Rüstungsproduktion. Ohne eine sofortige Steigerung der Produktionszahlen ist die neue Munitionskrise nicht zu bewältigen. Die erste Maßnahme erfolgt Anfang September 1916: Das Sperrfeuerschießen wird drastisch eingeschränkt, was allerdings zusehends die Kampfkraft der Deutschen verschlechtert.

Zu den schweren deutschen Verlusten führt ebenfalls die Forderung der OHL, »keinen Fußbreit Boden aufzugeben und verlorenes Gelände sofort im Gegenangriff zurückzuerobern«. So droht der Oberbefehlshaber der deutschen 1. Armee jedem Offizier, ihn vor ein Kriegsgericht zu stellen, wenn er ohne Befehl von höherer Stelle eigenmächtig veranlaßt, einen zerstörten Graben zu räumen.

Sehr zu schaffen macht den Soldaten auch die alliierte Luftüberlegenheit. Die tagtäglichen Tieffliegerangriffe auf die völlig ungeschützten Trichterstellungen sowie Bombenabwürfe auf Eisenbahnknotenpunkte, Depots und Trup-

penansammlungen im rückwärtigen Frontgebiet beeinträchtigen erheblich die Moral der deutschen Truppen. Allein während der Sommeschlacht werfen französische und britische Flieger rund 17600 Bomben auf etwa 300 Ziele ab. Gegen die 1153 im Einsatz befindlichen alliierten Flugzeuge können die 508 deutschen Maschinen nur wenig ausrichten.

Bereits am 2. September 1916 ordnet der neue Chef des Generalstabes des Feldheeres, Paul von Hindenburg, die endgültige Einstellung der Offensive bei Verdun an, da sich die Kämpfe für die deutsche Seite sehr ungünstig entwikkeln. Einer der Gründe: die Anwendung neuer Angriffsmethoden, mit denen die französischen Truppen unter General Nivelle Erfolge erringen. Hinzu kommt, daß die deutsche Führung den Verbänden untersagt, auf günstigere Abwehrstellungen zurückzugehen. Außerdem sind die Franzosen inzwischen kräfte- und materialmäßig weit überlegen. Obwohl sich die Artillerie der 5. Armee schon in einem miserablen Zustand befindet, muß sie noch 406 ihrer besten Geschütze an die Sommefront abgeben. Die schon seit Monaten den Unbilden der Natur und dem pausenlosen Artilleriefeuer ausgesetzten Soldaten können sich vor Erschöpfung kaum auf den Beinen halten.

In den ersten Septembertagen 1916 wird an der Somme die letzte Phase der Schlacht eröffnet, die bis zum 26. November noch fast drei Monate dauert. Erneut gehen die Alliierten an mehreren Frontabschnitten gleichzeitig vor, nach Eintreffen weiterer Verstärkungen vor allem nördlich der Somme. Südlich des Flusses schiebt General Joffre

13. August 1916. Das Gipfeltreffen im Hauptquartier ist zu Ende: Englands König Georg V., der französische Ministerpräsident Poincaré, Sir Douglas Haig und General Joffre verlassen das Chateau Val Vion

Westfrankreich: Ein deutsches Armeeoberkommando wechselt das Quartier

zusätzlich die französische 10. Armee ein, deren Vorstöße jedoch erfolglos verlaufen.

Der am 3. September 1916 im Nordabschnitt der Somme einsetzende britisch-französische Großangriff bringt die Verteidiger in eine äußerst bedrohliche Situation. Die OHL ist daher gezwungen, von anderen Abschnitten der Westfront möglichst schnell Kräfte abzuziehen, da man hier den zu erwartenden feindlichen Durchbruch um jeden Preis verhindern will. Am 14. September 1916 beginnt nun der Höhepunkt dieser bisher alles übertreffenden Materialschlacht.

Am 15. September 1916 entscheidet General Haig, Oberbefehlshaber des britischen Expeditionskorps, anläßlich des Großangriffs der englischen 5. Armee die neue Geheimwaffe, den »Tank«, erstmals einzusetzen. Er will damit die Offensive Richtung Bapaume ins Rollen bringen. Obwohl lediglich 49 Tanks zur Verfügung stehen und die Besatzungen noch keine Kampferfahrungen haben, läßt er für den Vorstoß auf Combles jeweils zwei bis drei Tanks auf die Infanterieeinheiten verteilen. Doch der erhoffte Erfolg bleibt aus: Von den 49 Tanks gelangen 35 wegen technischer Mängel gar nicht erst in den Einsatz, und von den restlichen vierzehn Tanks können die Deutschen fünf außer Gefecht setzen, da sie nicht als geschlossener Verband, sondern einzeln angreifen.

Eines allerdings hat General Haig damit erreicht: Die Überraschung bei den Verteidigern der deutschen 1. Armee ist derart groß, daß in manchen Stellungen Panik ausbricht. Es zeigt den Alliierten auch, welche Möglichkeiten diese neue Waffe den Heerführern bietet, um die taktische Beweglichkeit ihrer Truppen wiederzuerlangen. Nach dem ersten Einsatz der britischen Tanks wird bei der OHL und im Kriegsministerium heftig über den Bau deutscher Tanks diskutiert, aber die überlastete Kriegsindustrie sieht sich außerstande, auch noch Tanks zu liefern.

Im Raum Verdun bereitet unterdessen die Führung der französischen 2. Armee insgeheim den ersten großen Angriff zur Rückgewinnung des operativ wichtigen Forts Douaumont vor. Sie hofft – dank der bewährten neuen Angriffsmethode des Generals Nivelle – auf einen schnellen Erfolg. Das Hauptmerkmal der neuen Angriffsmethode: präzises Zusammenwirken zwischen Artillerie und Infanterie unter Ausnutzung des Überraschungseffekts. Nach der von General Nivelle ausgearbeiteten Taktik soll die Infanterie in mehreren Wellen direkt nach einem systematisch erfolgenden Artilleriefeuer angreifen, in das deutsche Stellungssystem eindringen und das Feuer der Verteidiger möglichst ausschalten. Um die Chance eines Durchbruchs noch zu vergrößern, ist vorgesehen, nur an einem schmalen Abschnitt, dafür aber tiefgestaffelt anzugreifen.

Nach sorgfältig geplanter Vorbereitung beginnt am 24. Oktober 1916 der französische Angriff, eingeleitet durch ein kurzes, aber vernichtendes Artilleriefeuer. Die deutsche Linie wird von der Infanterie überrannt, die noch am selben Tag Fort Douaumont einnimmt. Und acht Tage später, am 1. November 1916, müssen die Deutschen ebenfalls Fort Vaux räumen.

Fast zwei Millionen Tote

Die im Oktober 1916 an der Somme einsetzenden Unwetter verursachen auf beiden Seiten ein merkliches Abflauen der Kampfbereitschaft. Im Frontabschnitt der deutschen 1. Armee passiert es erstmals, daß sich einige Kompanien des IX. Reservekorps weigern, ihre Stellungen zu beziehen. Die Zahl der Vermißten und Deserteure wächst von Tag zu Tag. In London und Paris ist man beunruhigt über die riesigen Verluste im Vergleich zu den minimalen Geländegewinnen, was heftige Kritik an den Befehlshabern auslöst. Man befürchtet sogar politische Unruhen.

Ungeachtet aller von den Regierungen geäußerten Bedenken geht die Offensive an der Somme weiter. Dafür

Drei Bilder des britischen Expeditionskorps vom 15. September. Links: Am frühen Morgen warten Reservetruppen auf ihren Abtransport. Mitte: Der Tank wird erstmals eingesetzt. Rechts: Haubitze in Aktion

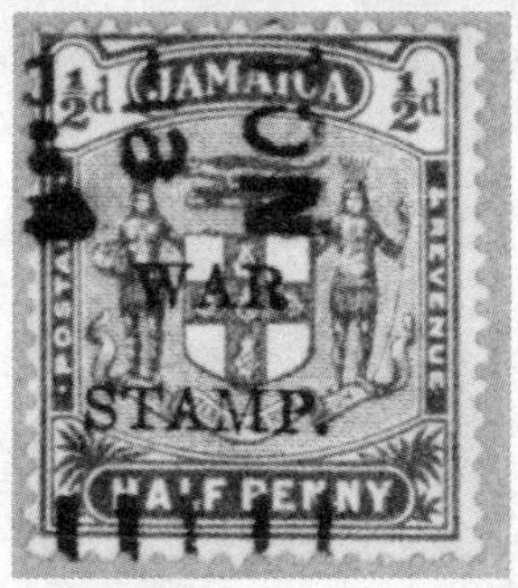

Oktober 1916. Während der Schlacht an der Somme: Kanadische Truppen greifen an. Wie groß die britischen Ressourcen an Menschen und Material sind, dokumentieren auch die beiden Kriegssteuermarken aus Übersee

Herbst 1916. Auf der Straße nach Ypern: Ein Ponton wird abtransportiert. Unten: Nicht zuletzt das aufgeweichte Gelände führt zum Ende der Kampfhandlungen

sorgen schon deren mächtige Befürworter, wie die Generäle Joffre, Foch und Haig sowie einige andere. Doch in der letzten Oktoberwoche müssen sich auch die Oberkommandos beider Seiten eingestehen, daß die Erschöpfung der Truppen ihren Tiefpunkt erreicht hat. Durch den permanenten Regen ist der Boden völlig aufgeweicht, so daß fast jeder Angriffsversuch sinnlos ist, da die Soldaten einfach im Schlamm steckenbleiben. Am 18. November 1916 können die deutschen Verteidiger an der Somme auch den letzten größeren Durchbruchsversuch stoppen. Danach finden bis zum 26. November nur noch örtliche Stellungskämpfe statt.

In dieser fünf Monate dauernden Materialschlacht können die Alliierten lediglich einen Geländestreifen von 40 Kilometern Breite und 12 Kilometern Tiefe besetzen. Dagegen stehen die ungeheuren Verluste an Toten, Verwundeten, Vermißten und Gefangenen: Die Deutschen büßen insgesamt 500000 Mann ein, die Franzosen fast 200000 Mann und das britische Expeditionsheer etwa 555000 Mann.

An der Somme haben 95 ½ deutsche Divisionen mit 1,5 Millionen Mann der überlegenen französisch-britischen Streitmacht mit 104 Divisionen und 2,5 Millionen Mann

standgehalten. Durch die viel größeren Menschenreserven auf alliierter Seite mußten die deutschen Soldaten zum Teil drei- bis viermal an der blutigsten Schlacht der Geschichte teilnehmen. Dies hinterläßt unauslöschliche Spuren, die ein schnelles Anwachsen der Kriegsmüdigkeit verursachen.

Am 15. Dezember 1916 erfolgt bei Verdun der zweite große französische Angriff zwischen Maas und Woëvre-Ebene, mit dem General Nivelle binnen zwei Tagen sein nächstes Ziel erreicht.

Die Deutschen sind jetzt bis zum Bogen Côte de Talou–Louvemont–Bezonvaux–Damloup zurückgedrängt, und die völlig erschöpften Verteidiger können der Wucht des Angriffs nicht mehr standhalten. Sie büßen innerhalb von wenigen Tagen 9000 Mann und 115 Geschütze ein. Tausende geben den Kampf auf und ziehen lieber die Gefangenschaft vor.

Die 5. Armee verliert bei Verdun fast das gesamte Festungsgelände, das sie in den vorangegangenen zehn Monaten unter größten Anstrengungen erobert hat. General Ludendorff erwirkt daraufhin die Ablösung der Armeeführung und kündigt den beteiligten Verbänden ein kriegsgerichtliches Verfahren an.

Die strategische Initiative auf dem westeuropäischen Kriegsschauplatz liegt jetzt in den Händen der Alliierten. Vor Verdun erlöschen langsam die Kämpfe, und bis Ende 1916 kommt es an der Westfront nur noch zu örtlichen Stellungsgefechten.

Auf dem nur etwa 30 Kilometer breiten und 10 Kilometer tiefen Schlachtfeld von Verdun sind mindestens 21 Millionen deutsche und 15 Millionen französische Granaten niedergegangen. Das deutsche Heer hat hier insgesamt 337000 Mann eingebüßt, die französischen Verluste betragen 362000 Mann.

Der weitere Verlauf des Krieges wird durch die Schlacht um Verdun tiefgreifend beeinflußt. Sie endet für das deutsche Heer mit der schwersten Niederlage seit der Marneschlacht. Die Hauptursache: das Festhalten des Generalstabschefs von Falkenhayn an der unrealistischen »Ausblutungstheorie«. Sein Plan, den Krieg 1916 siegreich zu beenden, wird mit dem Fehlschlag bei Verdun zunichte gemacht.

Heiligabend an der Front: Zwei Zugpferde sind verendet. Obwohl Kraftfahrzeuge mehr und mehr zum Einsatz kommen, können die Truppen auf die treuen Vierbeiner nicht verzichten

DIE OSTFRONT 1916

WESTALLIIERTE WERDEN ENTLASTET

Die zahlreichen russischen Offensiven zwingen die OHL, starke Kräfte von der Westfront abzuziehen

Drei Tage lang herrscht an der Ostfront eine gespenstische Ruhe, seitdem die russische »Weihnachtsoffensive« zwischen Bojan am Pruth, östlich von Czernowitz, und den Wäldern von Toporoutz im Dnjestr-Frontabschnitt von der österreichisch-ungarischen 7. Armee (Gen.d.Kav. Frhr. v. Pflanzer-Baltin) und einem Teil der deutschen Südarmee (Gen. Graf v. Bothmer) unter großen Verlusten für den Angreifer zurückgeschlagen wurde. Doch General Iwanoff gibt nicht auf und versucht, die verlorenen 12000 Mann innerhalb kürzester Zeit durch neue Kräfte zu ersetzen.

In der Silvesternacht, genau um 24 Uhr, dröhnt der erste Kanonenschuß. Mit einem 36stündigen Trommelfeuer, das am 4. Januar 1916 unter Einsatz japanischer Geschütze schwersten Kalibers seinen Höhepunkt erreicht, beginnt die russische »Neujahrsschlacht« an der etwa 130 Kilometer breiten bessarabischen Frontlinie in den Abschnitten Bojan am Pruth, Rarancze und Toporoutz bis an den Dnjestr bei Okna.

Erst als die feindliche Infanterie zum Sturm ansetzt, treten die Kanoniere der k.u.k. Batterien in Aktion. Die Wirkung ist verheerend. Während die österreichisch-ungarischen Geschütze ganze Infanteriereihen niedermähen, werden die letzten der anstürmenden Soldaten durch das Feuer der eigenen Artillerie getroffen. Die Kämpfe gehen bis in die späte Nacht hinein und werden am 5. Januar 1916 von General Iwanoff wegen der Erschöpfung der Truppen und der offensichtlichen Aussichtslosigkeit eingestellt. Die russischen Verluste: 70000 Tote und Verwundete, 6000 Gefangene.

Inzwischen ist der k.u.k. Heeresleitung ein Befehl von General Iwanoff in die Hände gefallen. Darin heißt es: »Unser erhabener Herrscher Zar Nikolaus befiehlt, daß wir am Jordanfest, 19. Januar (n.St.), Czernowitz erobern sollen. Wir müssen den Befehl ausführen. Jedem Soldaten, dem es gelingt, dieses Ziel zu erreichen, ist es erlaubt, in Czernowitz zwei Tage lang zu plündern. Überdies erhält jeder Soldat der ersten in Czernowitz einmarschierenden Abteilung fünfzig Rubel als Geschenk.«

Die ab 6. Januar 1916 eintretende Kampfpause wird von beiden Seiten genutzt, um die Verwundeten und ungezählten Toten zu bergen, was für die k.u.k. Sanitätssoldaten

Ergebnis eines erfolgreichen Angriffs: Ein russischer Soldat zeigt sich mit einem erbeuteten Patronenstreifen

Galizien. Eine neue Taktik wird besprochen: General Graf von Bothmer mit seinem Generalstabschef, Oberstleutnant Hemmer

besonders schwierig ist, da sie immer wieder dem Feuer russischer Scharfschützen ausgesetzt sind. Unterdessen befiehlt der Kommandant des russischen Südabschnitts, Generalleutnant Lorentiew, die reihenweise niedergemähten Soldaten in Massengräbern beizusetzen, denn der nächste Angriff steht kurz bevor . . .

Am 19. Januar 1916 erfolgt nach heftiger Feuervorbereitung die dritte Schlacht um Czernowitz. Wiederum liegt das Hauptangriffszentrum im Abschnitt Bojan–Rarancze–Toporoutz. Der 24 Stunden anhaltende Artilleriebeschuß und die mit Maschinengewehren vorangetriebenen russischen Infanteristen können den Durchbruch nicht erzwingen. Er scheitert an der gut vorbereiteten Verteidigung der hier eingesetzten ungarischen Honved-Regimenter, die aus kurzer Entfernung das Schnellfeuer auf die Sturmtruppen richten.

Zar Nikolaus, der sich mit seinem Salonwagen bei Chotin am Dnjestr aufhält, um das Ergebnis der Offensive abzuwarten, läßt am 23. Januar 1916 im Hauptquartier von General Iwanoff die Äußerung fallen: »Trachtet wenigstens, Bessarabien zu halten; schweres Schicksal ist uns beschieden.«

In den folgenden Tagen nimmt die russische Angriffstätigkeit immer mehr ab. Damit endet die dritte, die »Wasserweiheschlacht«, an der bessarabischen Grenze. Die russischen Verluste: 20000 Tote und Verwundete, dazu 1000 Gefangene.

Dritte Offensive bei Czernowitz

Freitag, 21. Januar 1916, Bern. Der *Bund* berichtet:

»Wo immer es russischen Abteilungen gelang, durch die vom Trommelfeuer zerfetzten Hindernisse zu den Gräben vorzubrechen und in diese einzudringen, warfen sich ihnen die Ungarn mit dem Bajonett entgegen. Nirgends war es den Russen möglich, sich festzusetzen: Wer nicht fiel, wurde in die Flucht geschlagen. Einmal gelang es einem größeren russischen Verband, neu herangebrachten Elitedivisionen (Linieninfanterie und Schützen), sich in einem zusammengeschossenen Graben festzusetzen, aber da brachen in machtvoll durchgeführtem Gegenstoß die Honved-Regimenter ›Szabadka‹ und ›Budapest‹ heran und entrissen dem Gegner auch dieses Grabenstück wieder. Die Verluste dieser über dreißig Stunden lang ununterbrochen vorgetriebenen Anstürme waren auf russischer Seite unge-

An der russischen Front: Deutsche Soldaten durchsuchen russische Gefangene

Winter Anfang 1916. Während russische Kavalleristen Munition erhalten . . .

heuer. Haufen von Toten bedeckten das Schlachtfeld: Vor einzelnen Bataillonsabschnitten wurden bis zu tausend Leichen gezählt.«

Mit Nachdruck laufen seit Januar 1916 alle Vorbereitungen der Alliierten für die gemeinsam beschlossene strategische Offensive an West- und Ostfront sowie auf dem Balkan. Man erhofft sich dadurch für 1916 wenigstens eine Wende zugunsten der Entente. Nach Ansicht von General Joffre sollte jeweils derjenige Verbündete, der dem Hauptstoß feindlicher Kräfte ausgesetzt ist, von den anderen Armeen durch Beginn einer Ablenkungsoffensive unterstützt werden. Anfang März 1916 bedrängt nun General Joffre die russischen und italienischen Generalstabschefs, durch Angriffe an der eigenen Front die deutsche Offensive bei Verdun zu beeinflussen. Einzige Bedingung: Die Vorbereitung der großen Sommeroffensiven darf dadurch nicht beeinträchtigt werden.

Auf der am 12. und 13. März 1916 in Chantilly tagenden, kurzfristig einberufenen Konferenz wird festgelegt, daß die Offensive der drei Bündnispartner so schnell wie möglich eröffnet werden soll. Für die Balkanfront ist vorgesehen, die reorganisierte serbische Armee zu verstärken und im Rahmen der »Orientarmee« einzusetzen. So will man die Streitkräfte der Mittelmächte auf dem Balkan durch Operationen italienischer Trupen in Albanien sowie durch die »Orientarmee« bedrohen.

. . . reinigen russische Infanteristen in einem Waldstück ihre Gewehre

Die russische Offensive vom 18. März hat unter anderem das Ziel, Polen zurückzugewinnen (oben vier Briefmarken der »Polnischen Legion« von 1916). Rechts: Zar Nikolaus II. besucht die Front

In den frühen Morgenstunden des 18. März 1916 beginnt in Nordpolen die russische Offensive auf die deutschen Stellungen am Naroczsee mit dem Ziel, Polen und Litauen zurückzugewinnen. Der mit außergewöhnlich starkem Artilleriefeuer und weit überlegener Infanterie einsetzende Angriff soll den Durchbruch in Richtung Wilna und Kowno zwischen Widsy und Postawy, nördlich des Naroczsees, sowie südlich davon zwischen Narocz- und Wiszniewsee erzwingen.

Am 21. März 1916 geht auch der weiter nördlich stehende russische Flügel unter General Kuropatkin zum Angriff auf die Dünafront bei Jakobstadt und Friedrichstadt vor. Kuropatkin will nach Überschreiten der Bahnlinie Jakobstadt–Mietau die deutsche Dünastellung aufrollen. Trotz des gewaltigen Einsatzes an Menschen und Material ist es den russischen Truppen nicht möglich, die deutsche Front zu durchbrechen. So erlahmen am 28. März 1916 alle russischen Angriffe nördlich und südlich des Naroczsees. Die russischen Verluste: 140 000 Mann.

Kämpfe am Naroczsee beendet

Sonnabend, 1. April 1916. Amtliche deutsche Meldung:

»Keine besonderen Ereignisse. Hiernach scheint es, als ob sich der russische Ansturm zunächst erschöpft hat, der mit 80 Divisionen, gleich über 500 000 Mann, und einem für östliche Verhältnisse erstaunlichen Aufwand an Munition in der Zeit vom 18. bis 28. März gegen ausgedehnte Abschnitte der Heeresgruppe des GFM von Hindenburg vorgetrieben worden ist. Er hat dank der Tapferkeit und zähen Ausdauer unserer Truppen keinerlei Erfolge erzielt. Welcher große Zweck mit den Angriffen angestrebt werden sollte, ergibt folgender Befehl des russischen Höchstkommandierenden der Armeen an der Westfront vom 4. (17.) März 1916, Nr. 587:

›Truppen der Westfront! Ihr habt vor einem halben Jahr stark geschwächt, mit einer geringen Anzahl Gewehre und Patronen den Vormarsch des Feindes aufgehalten, und, nachdem Ihr ihn im Bezirk des Durchbruchs bei Molodeczno aufgehalten habt, Eure jetzige Stellung eingenommen. Seine Majestät und die Heimat erwarten von Euch jetzt eine neue Heldentat: Die Vertreibung des Feindes aus den Grenzen des Reiches! Wenn Ihr morgen an diese hohe Aufgabe herantretet, so bin ich im Glauben an Euren Mut, an Eure tiefe Ergebenheit gegen den Zaren und an Eure heiße Liebe zur Heimat davon überzeugt, daß Ihr Eure heilige Pflicht gegen den Zaren und die Heimat erfüllen und Eure unter dem Joch des Feindes seufzenden Brüder befreien werdet. Gott helfe uns bei unserer heiligen Sache!

Generaladjutant gez.: Evert.‹

Freilich ist es für jeden Kenner der Verhältnisse erstaunlich, daß ein solches Unternehmen zu einer Jahreszeit begonnen wurde, in der seiner Durchführung von einem Tage zum anderen durch die Schneeschmelze bedenkliche Schwierigkeiten erwachsen konnten. Die Wahl des Zeit-

In der Nähe von Dünaburg: Ein deutsches 12-cm-Geschütz

punktes ist daher wohl weniger dem freien Willen der russischen Führung, als dem Zwang durch einen notleidenden Verbündeten zuzuschreiben. Wenn nunmehr die gegenwärtige Einstellung der Angriffe von amtlicher russischer Stelle lediglich mit dem Witterungsumschlag erklärt wird, so ist das sicherlich nur die halbe Wahrheit. Mindestens ebenso, wie der aufgeweichte Boden, sind die Verluste an dem schweren Rückschlag beteiligt. Sie werden nach vorsichtiger Schätzung auf mindestens 140000 Mann berechnet. Richtiger würde die feindliche Heeresleitung daher sagen, daß die ›große‹ Offensive, bisher nicht nur im Sumpf, sondern im Sumpf und Blut erstickt ist.«

Durch Abwurf von Flugblättern versuchen die Mittelmächte und auch die Alliierten, die Truppen des Gegners zu demoralisieren. Während sich OHL und AOK an der Ostfront vor allem an die polnischen und ukrainischen Soldaten im russischen Heer wenden, konzentriert sich Stawka auf die propagandistische Beeinflussung der slawischen Völker innerhalb der österreichisch-ungarischen Armee.

Seit dem 27. März 1916 tagen wiederum in Paris die Regierungen der Alliierten, um über die schwerwiegende Frage zu beraten, wie sich die Blockade gegen die Mittelmächte noch verschärfen läßt. Bereits Ende 1915 hat man sich in Chantilly geeinigt, daß die strategische Sommeroffensive 1916 mit einer Operation des russischen Heeres beginnen soll. An der über 1200 Kilometer langen Ostfront haben seit Oktober 1915 weder die Mittelmächte noch Rußland Anstrengungen gescheut, ihre Stellungen gut auszubauen und die Artillerie zu verstärken. Stawka ist es im Rahmen der umfangreichen Maßnahmen gelungen, die russischen Verbände für die im Sommer geplante Angriffsoperation mit leichten Feldgeschützen in bisher nicht gekannter Anzahl, dazu mit Maschinengewehren und ausreichend Munition zu versorgen.

Inzwischen sind auch die personellen Verluste zum großen Teil ersetzt worden. So kann Rußland für die nächste Offensive rund 1850000 Mann bereitstellen, die Mittelmächte dagegen zählen an der Ostfront nur 1061000 Mann. Durch das Fehlen einer leistungsfähigen russischen Rüstungsindustrie besteht allerdings immer noch Mangel an Kraftfahrzeugen und Flugzeugen sowie an schwerer Artillerie und großkalibrigen Granaten. Nach den im Hauptquartier von Chantilly bekanntgegebenen Zahlen verfügt Stawka im Mai 1916 über 152 Infanterie- und 47 Kavalleriedivisionen. Die Kampftruppen sind mit insgesamt 6000 Maschinengewehren, 5000 Feld- und Gebirgsgeschützen,

Nach Eis und Schnee kommt das Tauwetter. Die Folge: Die morastigen Wege erschweren das Fortkommen. Deutsche Husaren durchqueren ein Dorf in Rußland

595 schweren Feldhaubitzen, 470 neuen schweren Geschützen, dazu mit 415 älteren Geschützen großen Kalibers ausgestattet.

Stawka hat jedoch Bedenken, die deutsche Oberste Heeresleitung könnte nach einem Rückschlag bei Verdun ihre Hauptanstrengungen wieder an die Ostfront verlegen. Daher versucht das russische Hauptquartier alles mögliche, um der Gefahr vorzubeugen, daß dem Gegner Angriffstermin und vorgesehener Frontabschnitt bekannt werden. So ändert man zum Beispiel zwischen April und Ende Mai 1916 mehrfach die Angriffsdirektiven.

Die Lage wird verkannt

Während Stawka noch am 14. April 1916 auf dem Treffen in Mohilew mit dem Oberkommandierenden der einzelnen Fronten beschließt, mit der kräftemäßig stärksten Front, der Westfront (Gen. Ewert), von Molodeczno aus in Richtung Wilna vorzustoßen, heißt es in der Stawka-Direktive vom 31. Mai,

Auch hier Pfützen und aufgeweichter Boden. Die russischen Bauern zeigen sich hilfsbereit: Sie geben den österreichisch-ungarischen Kavalleristen Auskunft

daß die Südwestfront unter General Brussilow bereits ab 4. Juni einen »wuchtigen Nebenangriff« führen soll, ehe die Westfront am 10. oder 11. Juni ihren Hauptangriff beginnt. Diese Operation wird gleichzeitig durch Vorstöße der Nordwestfront (Gen. Kuropatkin) aus dem Raum Dünaburg in südwestlicher Richtung und durch die in Wolhynien stehende Südwestfront auf Luzk unterstützt.

Unabhängig davon entwickelt General Brussilow einen Plan, wie man die stark ausgebaute und tief gegliederte gegnerische Stellungsfront durchbrechen könnte. Sein Vorschlag: mit allen vier Armeen der Südwestfront auf einen Schlag an der gesamten Frontlinie offensiv vorzugehen, um hier den Hauptangriff vorzutäuschen. Damit will er zugleich die deutschen operativen Reserven binden. Er plant als Einleitung eine kurze, aber äußerst intensive Artillerievorbereitung.

Russische Fliegerkräfte machen vor der Operation ungezählte Luftbildaufnahmen vom gesamten deutschen Stellungssystem, wobei vor allem die Lage der Artilleriebatterien interessiert. Danach werden unbemerkt die russischen Sturmausgangsstellungen bis auf 180 Meter an die vorderste deutsche Linie herangeschoben. In drei oder vier ungewöhnlich dichten Wellen – jeweils sieben Mann auf zwei Meter – soll der erste Infanterieangriff erfolgen. Nach Meinung von General Brussilow kann die erste Welle bereits die deutsche erste und zweite Stellung überrennen. Die zweite Welle muß die erste Welle verstärken und die Verluste ersetzen. Anschließend sollen die dritte und vierte Welle den Angriff sichern und die nachfolgenden Stellungen durchbrechen.

Erst kurz vor Beginn des Angriffs wird die russische Artillerie in die weit vorn liegenden Batteriestellungen vorgezogen. Tatsächlich gelingt die Täuschung, wie General Brussilow es vorausgesehen hat. Da die Angriffsvorbereitungen an zwanzig bis dreißig Abschnitten der gesamten Front zur gleichen Zeit erfolgen, schaffen es weder das deutsche noch das k.u.k. Oberkommando, die auf Luzk zielende Hauptangriffsrichtung rechtzeitig zu erkunden. Es gelingt der österreichischen Funkaufklärung zwar, kurz vor Offensivbeginn durch Entzifferung eines Funkspruchs die Stoßrichtung festzustellen, doch das Hauptquartier des AOK in Teschen ignoriert diese Meldung.

Der russische General Brussilow

Die Offensive der Südwestfront unter General Brussilow richtet sich genau gegen den österreichisch-ungari-

Neue Rekruten für die dezimierten Armeen des Zaren: Eine militärische Erfassungsstelle

schen Teil der Ostfront, der von der Armee des Erzherzogs Joseph Ferdinand gehalten wird. Hier befinden sich nur noch wenige deutsche Verbände der unter deutschem Kommando stehenden Südarmee und der Heeresgruppe IV (Gen.d.Inf. Linsingen). Dem russischen General ist die derzeit geringe Widerstandskraft der k.u.k. Truppen bekannt: Generalstabschef Conrad von Hötzendorf hat für die beabsichtigte Offensive in Südtirol nicht nur schwere Artillerie, sondern auch die kampfkräftigsten Verbände von der Ostfront abgezogen und durch schwächere ersetzt. General Brussilow weiß anhand der Aufklärungsberichte ebenfalls, daß die Munitionsvorräte der österreichisch-ungarischen Artillerie äußerst gering sind. Dagegen werden die russischen Kräfte von den Heeresgruppen- und Armeeoberkommandos der Mittelmächte bei weitem unterschätzt. Sie sind fest davon überzeugt, auch diesmal die drohende Offensive erfolgreich abwehren und die Front halten zu können.

Nachdem in der zweiten Maihälfte die österreichisch-ungarische Offensive zwischen Etsch und Brenta die italienische Armee in eine kritische Lage versetzt, drängt deren Oberbefehlshaber, General Luigi Cadorna, das russische Hauptquartier, den Termin der Offensive zu beschleunigen. Auch Frankreichs General Joffre unterbreitet Stawka denselben Vorschlag. Obwohl die Vorbereitungen noch nicht abgeschlossen sind, stimmt Generalstabschef Alexejew zu.

Am 4. Juni 1916 eröffnet nun die russische Südwestfront ihren Angriff mit 4 Armeen an der gesamten, etwa 450 Kilometer breiten Front. Die russische 8. Armee übernimmt den Hauptangriff in Richtung der Linie Olyka–Luzk. An diesem 23 Kilometer breiten Frontabschnitt stehen

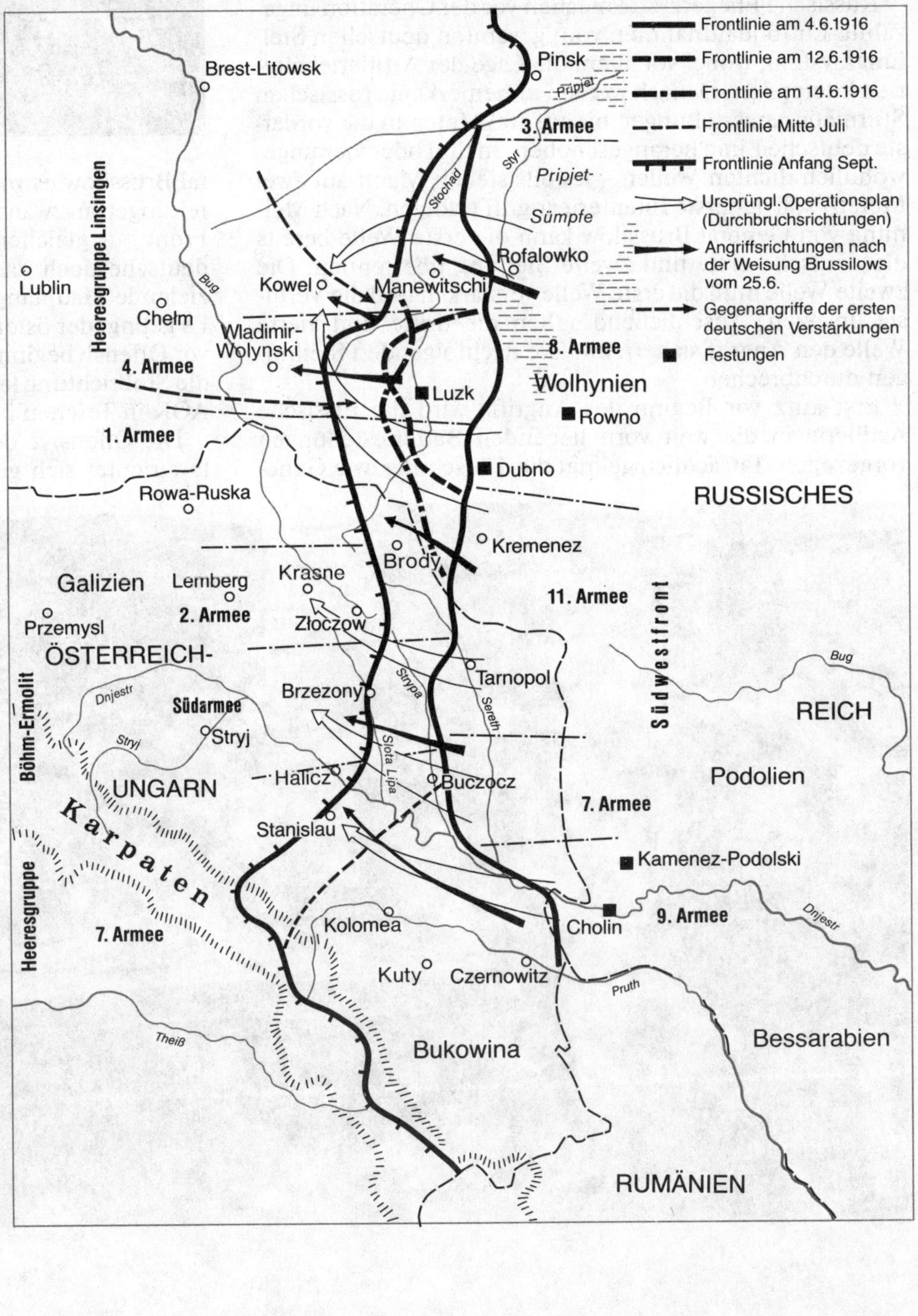

Die Sommeroffensive an der russischen Südwestfront 1916

Hinter der Front: Der Zar im Gespräch mit General Brussilow

148 russische Bataillone nur 53 österreichisch-ungarischen gegenüber.

Hier in Wolhynien sowie auf dem linken südlichen Flügel in der Bukowina erzielen die russischen Truppen beachtliche Anfangserfolge. Schon in den ersten drei Tagen wirft die russische 8. Armee die k.u.k. Truppen unter Erzherzog Joseph Ferdinand aus ihren Stellungen, dringt auf einer Breite von 70 bis 80 Kilometern etwa 25 bis 30 Kilometer weit vor und nimmt am 7. Juni 1916 Luzk. Am nächsten Tag beraten in Berlin die beiden Generalstabschefs Falkenhayn und Conrad von Hötzendorf über den Ernst der Lage. Alle verfügbaren Kräfte sollen sofort an die bedrohte Ostfront verlegt und vor allem die Offensive in Südtirol eingestellt werden. Die Heeresgruppe Linsingen bereitet unterdessen Gegenangriffe aus dem Raum Kowel in südöstlicher Richtung vor, wo der Ansturm am größten ist.

Am 10. Juni 1916 überschreiten die Russen bereits den Styr und stehen drei Tage später am Stochad, südöstlich des strategisch wichtigen Eisenbahnknotenpunktes Kowel. Durch unterstützende Angriffe der Heeresgruppe Linsingen kann der österreichische Rückzug westlich des Styr aufgehalten werden. Jetzt versucht General Brussilow den Durchbruch bei Kowel. Trotz des Einsatzes weit überlegener Infanteriekräfte gegen den Frontabschnitt der deutschen Heeresgruppe mißlingen alle weiteren Durchbruchsversuche.

Unterdessen rückt in der Bukowina die russische 9. Armee (Gen. Leschitzky) erfolgreich gegen die k.u.k. 7. Armee des Generals Freiherr von Pflanzer-Baltin vor und wirft sie hinter den Pruth zurück. Am 18. Juni 1916 gelingt es den Russen, Czernowitz zu erobern. Auch die Orte Kolomea, Delatyn und Stanislau müssen jetzt geräumt werden. Danach versuchen die k.u.k. Truppen, die Linie westlich von Stanislau bis zu den Karpatenkämmen zu halten. Doch zehn Tage später stehen Teile der russischen 9. Armee an den östlichen Karpatenpässen, der Grenze zu Ungarn.

Die OHL ist dadurch gezwungen, weitere Verstärkungen von der Westfront und aus dem Bereich des Oberbefehlshabers Ost in den Frontabschnitt der österreichisch-ungarischen Truppen zu verlegen, um einen völligen Zusammenbruch zu verhindern. Obwohl die Situation bei Verdun und die zu erwartende alliierte Offensive an der Somme kaum Truppenverschiebungen an die Ostfront zuläßt, wird die k.u.k. Armee auf bis zu 420000 Mann verstärkt. Sie verfügt nun wieder über 62 Infanterie- und 14½ Kavalleriedivisionen.

Nachdem die Angriffe der russischen Westfront (Gen. Ewert) zwischen dem 13. Juni und Anfang Juli 1916 keinen Erfolg gebracht haben, entschließt sich Stawka, Brussilows Südwestfront von vier auf sechs Armeen, insgesamt 711000 Mann, zu verstärken. Brussilow will nun seinen Hauptangriff gegen Kowel richten und dort unter Einsatz aller ihm zur Verfügung stehenden Kräfte versuchen, endlich den gewünschten Durchbruch zu schaffen. Inzwischen hat sich aber die Front der Mittelmächte wieder weitgehend stabilisiert, so daß den Russen keine wesentlichen Einbrüche mehr gelingen.

Ohne sie wäre die Schlagkraft der russischen Armee bedeutend geringer. Ganz oben: Tscherkessen-Patrouille. Die beiden anderen Bilder zeigen Kosaken

General Leschitzky (links) und General Gerok

Ende Juli 1916 übernimmt Generalfeldmarschall von Hindenburg den Oberbefehl über alle deutschen und österreichisch-ungarischen Truppen von der Ostsee bis Brody (östlich von Lemberg gelegen), und der österreichische Thronfolger Erzherzog Karl von Brody bis zu den Karpaten. General Brussilow erneuert zwar am 28. Juli 1916 seine Offensive mit allen sechs Armeen, aber der Versuch, Kowel zu erobern, scheitert wiederum an der starken deutschen Verteidigung.

Rumänien auf seiten der Entente

Die als »Erste Brussilow-Offensive« in die Kriegsgeschichte eingehende Angriffsoperation klingt Ende August 1916 aus. Wegen hoher Verluste und zunehmender Nachschubschwierigkeiten hat die Südwestfront ihre offensiven Kampfhandlungen eingestellt. Das Ergebnis dieser drei Monate dauernden Kämpfe: Das k.u.k. Heer ist stellenweise bis zu 120 Kilometer zurückgedrängt worden, hat 614000 Mann verloren und damit seine bisher schwerste Niederlage erlitten. Und noch ein weiterer Schlag trifft die Donaumonarchie: Durch die Eroberungen des Generals Brussilow in der Bukowina tritt Rumänien am 27. August 1916 auf seiten der Entente in den Krieg ein.

Nach einigen Wochen der Ruhe sind die Bukowina und Ostgalizien erneut das Angriffsziel der russischen Südwestfront, der sich nun auch rumänische Verbände angeschlossen haben. General Brussilow hat seine stark dezimierten Angriffstruppen zwischenzeitlich wieder ergänzt und beginnt am 1. August 1916 die zweite große Offensive. Sie richtet sich gegen die österreichisch-ungarische Frontlinie zwischen Brzezony und den Flüssen Dnjestr, Zlota Lipa und Narajowka bis zu den Karpaten. Doch alle russischen Durchbruchsversuche bleiben ohne nennenswerten Erfolg.

Am 17. September 1916 gelingt es General Gerok sogar, mit seinen deutschen Truppen und einigen kampferprobten türkischen Regimentern einen Gegenangriff zu führen, den Russen an der Narajowka eine schwere Niederlage zuzufügen und 4000 Gefangene zu machen. Auch in der Gegend von Dorna-Watra, dem sogenannten Dreiländereck, wo sich die Bukowina, die Moldau und Siebenbürgen treffen, werden die russisch-rumänischen Angriffe abgewehrt. Damit verliert die Offensive in diesem Raum an Stoßkraft und läuft Ende September 1916 aus.

Nachlassen der Stoßkraft

Sonntag, 24. September 1916, Bern. H. Stegemann schreibt im *Bund*:

»Es fehlen nachgerade Worte und Zahlen, um die Größe und die Verluste dieser russischen Offensive zu bezeichnen. Und da es den Russen nicht mehr gelang, wie im Juni, die feindlichen Stellungen zu überfluten und nach rückwärts in Bewegung zu bringen, sondern der Gegner in der Lage war, operativ zu verfahren oder standzuhalten, so blieben die Massenstürme nicht nur ergebnislos, sondern schlugen auch dem Angreifer unmittelbar zum größten Nachteil aus. Auf die Dauer erträgt keine Armee, nicht einmal die russische, eine monatelange Offensivanstrengung, die mehr und mehr auf das Insfeuertreiben gewaltiger Streitermassen hinausgeht und die immer wieder aufgefüllten Korps stets aufs neue lichtet und zermürbt, ohne mehr als eine starke Belastung des Verteidigers zu erzielen. Nicht mit Divisionen, sondern mit zusammengefaßten Armeekorps ausgeführt, besaßen viele Angriffe zweifellos sehr große Kraft. Sie sind teils im Feuer zusammengebrochen, teils im Nahkampf erstickt worden und haben nur zu geringen Verschiebungen geführt.«

Die am 30. September 1916 beginnende russische Herbstoffensive richtet sich gegen verschiedene Frontabschnitte der deutschen und der k.u.k. Heeresgruppen zwischen Wolhynien und der Bukowina. Trotz des Masseneinsatzes ungezählter Infanterieeinheiten und dem fast ständigen Feuer schwerer Artillerie ist es den Russen nicht möglich, die Front zu durchbrechen. Auch die am 15. November von der Herbst- in die Winteroffensive übergehenden russischen Angriffe bringen keinen Erfolg, sondern scheitern unter schweren Verlusten an der feindlichen Abwehr.

Für die Alliierten ist die Sommeroffensive des Generals Brussilow die erfolgreichste Operation des Jahres 1916. Sie hat vor allem durch die Verlegung von 12 kampfstarken deutschen Divisionen und zahlreicher schwerer Artillerie von der West- an die Ostfront die Lage des französischen Heeres bei Verdun und die britisch-französische Offensive an der Somme entlastet. Die Brussilow-Offensive trägt auch wesentlich dazu bei, daß die strategische Initiative bis Anfang 1918 an die Alliierten übergeht.

Russische Wohltätigkeitsmarke und eine Spendenmarke der Reichspost

In einer österreichischen Sammelstelle: Russische Kriegsgefangene stellen sich zu einem Gruppenphoto

DER KAMPF AUF DEM BALKAN

ERFOLGE DER MITTELMÄCHTE

Der Eintritt Rumäniens an der Seite der Entente bringt den Alliierten nicht den gewünschten Erfolg. Im Gegenteil . . .

Anfang Januar 1916 stehen die kaum 40000 Mann zählenden und nur mit etwa 100 Geschützen notdürftig ausgerüsteten montenegrinischen Truppen der weit überlegenen k.u.k. 3. Armee gegenüber, die etwa 100000 Mann und 418 Geschütze umfaßt, außerdem mit der Unterstützung österreichisch-ungarischer Flotteneinheiten rechnen kann. Bereits am 10. Januar 1916 gelingt es der 3. Armee, das schwer zugängliche Felsmassiv des Lovcen im Handstreich zu nehmen. Dadurch ist es den nachfolgenden Truppen möglich, fast ungehindert in das Landesinnere vorzudringen.

Am 13. Januar 1916 erreichen die Vorhuten Cetinje, die Hauptstadt des Landes, und fordern die Regierung von Montenegro zum Waffenstillstand auf. Da die Bedingungen nicht akzeptiert werden, verläßt König Nikolaus mit einem Teil seiner Kabinettsmitglieder das Land und bildet in Paris eine Exilregierung. Die anderen Männer schließen sich entweder den Partisanen oder den serbischen Truppen an. Unterdessen entkommen auch Kronprinz Alexander von Serbien, Generalissimus Putnik und dessen Stab an Bord eines französischen Torpedoboots von Albanien über Brindisi nach Korfu, wo sie am 18. Januar 1916 eintreffen.

Im Zuge der weiteren Eroberungspläne überqueren die Einheiten der k.u.k. 3. Armee die Grenze zu Albanien, dringen am 24. Januar 1916 in die Stadt Skutari ein und hissen auf dem Rathaus die Fahne der Donaumonarchie. Erst am 26. Februar 1916 gelingt es ihnen, die von italienischen Streitkräften als Stützpunkt ausgebaute Hafenstadt Durazzo zu besetzen. Zur selben Zeit ist auch die bulgarische Armee in das südliche und mittlere Albanien einmarschiert. Doch bei der Aufteilung des Landes kommt es zwischen den beiden Bündnispartnern zu derart ernsten Auseinandersetzungen, daß vorübergehend jeder Kontakt abgebrochen wird. Es artet sogar in Schießereien unter den Soldaten aus.

Nachdem der Streit beendet ist, bilden deutsche, k.u.k. und bulgarische Truppen gemeinsam eine Frontlinie, die sich vom Hafen Valona landeinwärts bis zum Dreiländereck Griechenland, Albanien und Serbien zieht und von dort entlang der serbisch-griechischen Grenze verläuft. Trotz des Einmarschs in Albanien können die Mittelmächte

Viele Landsleute teilen ihr Schicksal: Serbische Soldaten auf dem Weg in die Gefangenschaft

13. Januar 1916: Die ersten Vorhuten der k.u.k. Armee erreichen Cetinje (links). Rechts: Generalissimus Putnik während einer Parade. Bald darauf muß er das Land verlassen – er trifft am 10. Januar in Korfu ein. Unten: Teile seines Heeres folgen ihm im Februar

das serbische Heer nicht völlig aufreiben. Immerhin gelingt es etwa 30000 Mann, sich über die Grenze nach Albanien in Richtung Adriaküste durchzuschlagen. Allerdings büßen die Serben auf diesem Weg fast 15000 Soldaten ein, die zum Teil an Erfrierungen, Hunger und Typhus, andere auch an Erschöpfung sterben.

Die italienische Marine schafft es noch rechtzeitig, die Reste der serbischen Armee aus den albanischen Häfen nach Korfu zu transportieren, ebenso 15000 Soldaten aus Montenegro, die sich den Serben angeschlossen haben. Hier soll mit Unterstützung der Entente eine neue Armee aufgestellt werden.

Reorganisierung des serbischen Heeres

Mittwoch, 15. März 1916, Rom. Die *Stampa* berichtet:

»Ein Brief aus Korfu stellt die Lage dieser ›Armee‹ in einem wahrhaft grausigen Lichte dar. Von den 30000 blutjungen Rekruten, die man als letztes Aufgebot in Serbien vor dem Zusammenbruch in aller Eile ausgehoben und nach der Adriaküste getrieben hatte, um sie dort zu reorganisieren, kamen 15000 unterwegs um. 6000 erlagen dem Hunger an der Küste, und nur 9000 konnten als eine Schar lebender Leichen zu Schiff nach Korfu gebracht werden. Aber die Ärmsten, die sich lange Zeit nur von Gras und Baumrinde ernährten, hätten in Korfu sanitärer und sonstiger Hilfe bedurft. Diese fehlte jedoch völlig. Es gab für die kranken Jungen in Korfu weder Zimmer noch Betten, noch Wärterinnen, noch Milch, noch Pflege. Zuerst war sogar nur ein einziger Arzt für die Tausenden von Sterbenden zur Stelle, und so geschah es, daß auch die glücklich nach Korfu gebrachten Soldaten in Menge hinstarben. Täglich beförderte das Hospitalschiff ›San Francesco von Assisi‹ die Leichen der jungen Soldaten auf die hohe See hinaus und warf sie in die Fluten. Schreckliche Ironie des Schicksals! All diese Toten gehören zu dem Volke, das kein

höheres Ziel kannte, als die Adria zu erreichen. Nun werden sie in derselben Adria begraben.«

General Sarrail, der Oberbefehlshaber der »Orientarmee« (links), und General Cordonnier (Mitte). Zur Unterstützung der »Orientarmee« treffen am 30. Juli 1916 russische Truppen in Saloniki ein. Kurz darauf hält General Sarrail vor ihnen die Parade ab

Obwohl die Mittelmächte durch die Besetzung Serbiens und Albaniens eine Sicherung ihrer Südflanke erreicht haben, stellt die im benachbarten Griechenland stehende britisch-französische »Orientarmee« eine ernsthafte Bedrohung dar. Die Hauptstreitkräfte der Engländer und Franzosen befinden sich seit Ende März 1916 an der griechisch-serbischen Grenze zwischen dem Sturm- und Vardartal sowie weiter westlich zwischen Subotsko, Vodena und Florina. Es kommt zwar ab Ende April fast täglich zu einem Feuerwechsel, aber die Alliierten haben noch an keiner Stelle die Grenze überschritten. Ende Mai 1916 treffen die ersten Einheiten der neuaufgestellten serbischen Armee in Saloniki ein, um auf seiten der »Orientarmee« gegen die Mittelmächte zu kämpfen.

Auf dem Weg nach Saloniki

Dienstag, 6. Juni 1916, Paris. Das *Journal* berichtet:

»Der letzte serbische Transport nach Saloniki verließ am 5. Juni den Hafen von Korfu. Auf dem Staden begrüßte der serbische Kronprinz seine Verwandten. Der Woiwode Putnik begleitete den Prinzen Alexander, der erklärte, Frankreich habe zweimal die serbische Nation gerettet. Der Prinz fügte bei: ›Wir stehen vor großen Aktionen. Die neugebildete serbische Armee nimmt heute die Ehre für sich in Anspruch, in der Vorhut zu kämpfen, um Frankreich zu beweisen, daß sie in seiner Nähe an Tapferkeit und Willen zugenommen hat.‹ Prinz Alexander wird in einigen Tagen abreisen, um sich an die Spitze der Truppen an der Seite des Generals Sarrail zu stellen. Auch König Peter erklärte, er wolle dabei sein, um der erste auf dem Boden seiner Vorfahren zu sein.«

Dem Oberbefehlshaber der »Orientarmee«, General Sarrail, unterstehen etwa 460 000 Mann, darunter 120 000 Engländer, 220 000 Franzosen (Gen. Cordonnier), 80 000 Serben, 20 000 Italiener (Gen. Petitti) und rund 16 000 Russen. Die von der Entente schon seit Monaten angekündigte Offensive in Mazedonien beginnt am 20. August 1916 mit Angriffen gegen Bulgarien und Serbien. Die Mittelmächte antworten mit starken Gegenangriffen. So spielen sich wechselvolle Kämpfe auf beiden Seiten der Grenze ab, ohne daß größere Geländegewinne erzielt werden.

Am 27. August 1916 erklärt Rumänien überraschend Österreich-Ungarn den Krieg und marschiert gleichzeitig über die Karpatenpässe in Siebenbürgen ein. Da die russische Offensive gegen die Mittelmächte noch in vollem

Generalleutnant Krafft von Dellmensingen

Generalleutnant Eberhard Graf von Schmettow

Gange ist, glaubt man, einen stark angeschlagenen Gegner vorzufinden, dem man reiche Beute abjagen kann, ohne auf großen Widerstand zu stoßen. Das rumänische Heer verfügt zwar zu dieser Zeit über eine Stärke von 816000 Mann, ist aber sehr mangelhaft ausgerüstet. Mehr als die Hälfte seiner Bewaffnung ist völlig veraltet, und das schlecht ausgebaute Verkehrsnetz erschwert die Nachschubtransporte.

Der rumänische Operationsplan sieht vor: Die 4. Armee unter General Presan, die 2. Armee unter General Grainiceanu und die 1. Armee unter General Cuker sollen Siebenbürgen erobern, während die schwächere 3. Armee die Verteidigung der Grenze zu Bulgarien übernimmt, bis russische Verbände und Teile der »Orientarmee« als Verstärkung eintreffen. Doch die Heeresgruppe Mackensen, bestehend aus deutschen, bulgarischen und türkischen Divisionen, dringt am 2. September 1916 mit dem rechten Flügel in die Dobrudscha ein und geht mit dem linken Flügel nach Überschreiten der Donau in Richtung Bukarest vor.

Schon vier Tage später, am 6. September 1916, gelingt es der bulgarischen 3. Armee unter Generalleutnant Toscheff, das stark befestigte Tutrakan im Sturm zu erobern. Dabei werden etwa 22000 Gefangene gemacht und rund 100 moderne Geschütze, einschließlich der gesamten Festungsartillerie, erbeutet. Am 10. September 1916 fällt Silistria, und die Truppen des rechten Flügels nehmen Dobric sowie mehrere Küstenorte ein. Bis zum 16. September 1916 ist der Widerstand in der südlichen Dobrudscha gebrochen.

Unterdessen rollen deutsche und österreichisch-ungarische Verstärkungen in das bedrohte siebenbürgische Grenzgebiet. Die neugebildete deutsche 9. Armee (Gen.d. Inf. v. Falkenhayn) mit der Gruppe des Generalleutnants von Staabs, mit dem Alpenkorps unter Generalleutnant Krafft von Dellmensingen und dem Kavalleriekorps des Generalleutnants Graf von Schmettow soll die rumänische 1. und 2. Armee vernichtend schlagen. Die k.u.k. 1. Armee (Gen.d.Inf. Arz) hat vorerst die Aufgabe, die linke Flanke der 9. Armee zu decken.

Nach erbitterten Kämpfen zwischen dem 26. und 29. September 1916 wird Hermannstadt erobert. Die Reste der rumänischen 1. Armee ziehen sich fluchtartig über den Roten Turmpaß zurück. Danach nimmt General von Falkenhayn die Verfolgung der nach Kronstadt zurückweichenden rumänischen 2. Armee auf. Hier kommt es am 7. Oktober 1916 zu einer dreitägigen Schlacht, in der die Rumänen ebenfalls unterliegen und auf die Grenzpässe zurückgedrängt werden. Die rumänische 4. Armee hat sich, um nicht dasselbe Schicksal zu erleiden, inzwischen über die Paßstraßen abgesetzt. So ist es der deutschen 9. Armee und der k.u.k. 1. Armee innerhalb von acht Wochen gelungen, die Rumänen aus Siebenbürgen wieder zu vertreiben.

Der Einzug in Hermannstadt

Donnerstag, 5. Oktober 1916, Berlin. Dr. Adolf Köster schreibt im *Berliner Tageblatt:*

»Die Stadt Hermannstadt lag während der ganzen Schlacht zwischen den beiden Fronten; während der Kampf sie umtobte, saßen die Hermannstädter zitternd in ihren Häusern, jeden Schuß zählend, ob er näher komme oder sich entferne. Aber der Donner und das helle Knattern entfernten sich. Und plötzlich um die Mittagsstunde des 29. September flatterten aus dem Turm der alten Stadtkirche ein paar ungarische Fahnen heraus. Die Glocken begannen zu läuten. Der Feind war ins Gebirge, in die Arme der deutschen Umfassung geworfen. Erst jetzt, am Nachmittag, rückten die verbündeten Truppen in die endgültig befreite Stadt ein.

Sie zogen mit Musik ein. Alles, was anwesend war von den Einwohnern, stand auf der Straße – meistens Frauen. Alle Häuser, die nicht verlassen waren, hatten sich beflaggt. Man sah ungarische und österreichische, aber auch reichsdeutsche und die blauroten Farben des Siebenbürge-

'INQ HEURES DU MATIN
Quatre pages — Cinq centimes
LE JOURN.
ÉDITION DE PARIS
100, rue de Richelieu PARIS
L'ÉCHÉANCE TARDIVE
FRANÇOIS-JOSEPH EST MORT
Après soixante-huit ans de règne, le souverain qui déchaina la guerre européenne s'éteint au milieu d'un sanglant cataclysme.
BALE, 21 novembre (sous toutes réserves). — On mande de Vienne qu'une édition spéciale de la *Wiener Zeitung* annonce que l'empereur-roi François-Joseph s'est éteint paisiblement au château de Schœnbrunn, mardi soir, à neuf heures. – (Havas.)

22. November 1916. Schlagzeile des »Le Journal«: »Franz-Joseph ist tot«

ner Landes. Als nun die schweren Tritte der deutschen grauweiß bestaubten Musketiere über den Asphalt des Großen Ringes hallten, da erhob sich ein Jubelruf von tausend deutschen Stimmen. Frauen warfen Blumen, und Mädchen brachten den Soldaten Obst in die Reihen. Immer wieder erneute sich das Rufen der Deutschen. Es war nicht nur ein Ruf der Freude und des Dankes. Diese jungen Männer, die da einmarschierten, waren den Sachsen ein Gruß aus der großen verlorenen nördlichen Heimat. Mancher alte deutsche Mann im Bratenrock stand auf dem Bürgersteig und wischte sich die Augen.

Dann füllte sich Hermannstadt allmählich wieder mit allen seinen Einwohnern. Die vielen geschlossenen Geschäfte rollen ihre Eisenläden wieder hoch. Vor dem Haus des *Siebenbürgisch-Deutschen Tageblattes* drängen sich die Leute nach der ersten Nummer. Das Wasser in der zerschossenen Leitung beginnt langsam wieder zu fließen. Der deutsche Bürgermeister steht auf dem Hof des Rathauses und hält mit der Intendantur Besprechung ab. Ein Zug von Walachen wird durch ungarische Honveds abgeführt. Freundliche Bürgertöchter - wie in einer deutschen Provinzialstadt - machen den ersten neugierigen Spaziergang. Gefangene Rumänen trotten unter Bewachung deutscher Ulanen nach Norden ab . . .«

Der rumänische Generalstab muß jetzt erkennen, daß seine Operationspläne gescheitert sind. Anstatt die Verbündeten zu entlasten, braucht Rumänien nun selbst dringend Hilfe. Anfangs hat Rußland nur einige Verbände in die Dobrudscha entsandt, seitdem jedoch die Armeen der Mittelmächte im Norden und Süden Rumäniens immer mehr an Boden gewinnen, treffen russische und auch serbische Truppen zur Verstärkung ein.

Trotz des an der gebirgigen Nordfront herrschenden Winterwetters setzt die 9. Armee ihre Offensive fort, überwindet die Karpaten und zersprengt den rumänischen Verteidigungsgürtel im Jiutal. Am 18. November 1916 werden die Rumänen trotz zähen Widerstandes bei Targu Jiu unter schweren Verlusten geschlagen. Nach diesen vernichtenden Niederlagen ist für die Verbände der Mittelmächte der Weg in die Ebene der Walachei geöffnet. Jetzt stoßen gleichzeitig die 9. Armee von Norden und die Donauarmee von Süden her auf die rumänische Hauptstadt vor.

Nachdem Bukarest am 5. Dezember 1916 die Übergabe der Stadt ablehnt, werden vom Kavalleriekorps Schmettow die Besatzungen des Nordforts und von der Gruppe Krafft die der westlichen und östlichen Forts überwältigt. So können die von Süden vordringenden Einheiten der Donauarmee am 6. Dezember 1916 fast ohne Widerstand in die rumänische Hauptstadt einrücken. Viel schwerwiegender ist allerdings die am selben Tag erfolgte Einnahme von Campina und Ploiesti, den Hauptzentren des strategisch äußerst wichtigen Erdölgebiets. Damit fällt den Mittelmächten die gesamte Erdölproduktion Rumäniens in die Hand, was für die Weiterführung des Krieges von eminenter Bedeutung ist.

Dezember 1916: Deutsche Truppen nach dem Einzug in Bukarest

DIE ITALIENISCHE FRONT

HART UMKÄMPFT: DER ISONZO

Um nach Triest und in das Laibacher Becken zu gelangen, greifen die Italiener insgesamt fünfmal am Isonzo an ...

In den Wintermonaten des Jahres 1916 kommt es an der italienischen Front zu keinen offensiven Kampfhandlungen.

Diese Zeit nutzen Regierung und militärische Führung in Rom, um zahlreiche Rüstungsprogramme ins Leben zu rufen. Es gilt nicht nur, die bisherigen Verluste an Kriegsmaterial auszugleichen, sondern auch die auf der Konferenz in Chantilly Anfang Dezember 1915 vereinbarte Sommeroffensive vorzubereiten und das Heer wesentlich zu verstärken.

Auf seiten der Mittelmächte dagegen hat man sich nicht auf gemeinsame Angriffsoperationen für 1916 einigen können, da die Ansichten der beiden Generalstabschefs, Erich von Falkenhayn und Franz Graf Conrad von Hötzendorf, zu weit auseinandergehen. Während die deutsche Oberste Heeresleitung (OHL) eine Entscheidungsschlacht an der Westfront für richtig hält, will das österreichisch-ungarische Armeeoberkommando (AOK) unbedingt die Italiener in Südtirol schlagen. Doch nach kurzer Überlegung stimmt Falkenhayn der gewünschten Ablösung österreichisch-ungarischer Truppen an der Ostfront durch deutsche Verbände aus dem Westen nicht zu.

Trotzdem erteilt Conrad von Hötzendorf am 6. Februar 1916 – ohne Wissen der OHL – den Befehl, Vorbereitungen für die Frühjahrsoffensive in Südtirol zu treffen.

Das Mitte Februar 1916 einsetzende starke Schneetreiben verzögert allerdings den Angriffsbeginn um vier Wochen. So bleiben den Italienern die feindlichen Truppenansammlungen nicht verborgen, und es gelingt ihnen noch rechtzeitig, diesen Frontabschnitt von etwa 50 auf 125 Bataillone zu verstärken.

Unterdessen beginnt am Vormittag des 11. März 1916 die fünfte Schlacht am Isonzo mit heftigem italienischem Artilleriefeuer auf die Stellungen des Görzer Brückenkopfes, den Südteil der Stadt Görz und auf das Hochplateau von Doberdo. Die Angreifer müssen jedoch nicht nur mit der Kampfkraft des Gegners rechnen: Während in den höher gelegenen Orten bis zu zehn Meter Schnee liegen, behindern in den Tälern unaufhörliche Regenfälle und Nebel die Angriffe der italienischen Infanterie. Alle Versuche, in die gegnerischen Stellungen einzudringen, schei-

20. Juni 1916. Im Gebiet um den Ortler: Österreicher transportieren ein zerlegtes 7-cm-Geschütz in eine 3400 Meter hoch gelegene Stellung

Görz. Zerstörte Häuser zeugen von den harten Kämpfen in diesem Frontabschnitt

tern erneut an der österreichisch-ungarischen Abwehr, so daß die Kämpfe bereits am 16. März 1916 eingestellt werden.

Erfolge unserer Truppen

Freitag, 17. März 1916. Meldung Nr. 296 des italienischen Oberkommandos:

»In der Gegend der Tofana [Boite] besetzten wir unter ungünstigen atmosphärischen Verhältnissen die Stellung von Forcella Fontana Negra zwischen dem ersten und dem zweiten Gipfel des Massivs in 2588 Meter Höhe. Ein Überrumpelungsversuch des Feindes wurde unverzüglich zurückgeschlagen. Im Fellatal brachte das wirksame Feuer unserer Artillerie feindliche Kanonen, die dicht beim Fort Hensel aufgestellt waren, zum Schweigen. Längs der Isonzofront während des gestrigen Tages anhaltend Artilleriekämpfe und Angriffe unserer Infanterie mit wirksamem Bombenschleudern gegen die feindlichen Linien. Eine unserer Abteilungen brach überraschend in einen Schützengraben östlich von Peteano [Monte San Michele] ein, wo sie Gewehre, Munition und Panzerschilde erbeutete.«

Richtigstellung der Österreicher

Sonntag, 19. März 1916. Das k.u.k. Kriegspresseamt gibt bekannt:

»Die vorstehende italienische Meldung vom 17. März 1916 wie der italienische Bericht vom 9. März 1916 enthalten die Behauptung, daß die Italiener ihre Linien zwischen dem ersten und zweiten Gipfel der Tofana etwas vorgeschoben hätten und im Tal des mittleren Isonzo einige Fortschritte erzielten. In dem Zeitpunkt, auf den sich diese italienischen Behauptungen beziehen, fanden auf den erwähnten Abschnitten überhaupt keine Gefechte statt, und die Stellungen sind dort nach wie vor unverändert in unserem Besitz.

Ebenso unwahr ist die Meldung in dem italienischen Bericht vom 15. März 1916 über einen angeblichen italienischen Raumgewinn im Rombonabschnitt. Auch der italienische Bericht vom 17. März 1916 enthält Meldungen über uns unbekannte italienische Erfolge. Die in dem fraglichen Bericht erwähnten Kämpfe am Karstplateau reduzieren sich auf die Tatsache, daß die italienische Infanterie nach den abgeschlagenen Angriffen am 13. März 1916 zunächst gegen San Martino nichts weiter unternommen hat, während von uns die in drei kleine Grabenstücke eingedrungenen und ihrerseits weiterhin ohne Unterstützung gebliebenen italienischen Abteilungen durch Truppen umschlossen, von der eigenen Artillerie unter Feuer genommen und in den folgenden Nächten teils niedergemacht, teils gefangen genommen wurden. Es befindet sich seit Abschluß dieses Kampfes am 15. März 1916 abends kein einziger Italiener in unseren Stellungen am Karst. Auch die Meldungen über angeblich große Verluste unserer Truppen treffen nicht zu.«

Der österreichisch-ungarische Offensivstoß in Südtirol setzt am 14. Mai 1916 zwischen Etsch und Brenta ein und vereitelt damit alle strategischen Pläne der italienischen Heeresleitung, die etwa zur selben Zeit am Isonzo eine Offensive großen Stils gleichzeitig gegen Kärnten und das Pustertal vorbereitet. Danach wollen die Italiener den Festungsraum Trient durch einen Vorstoß aus Südost nach Norden hin abriegeln.

Hinter den Linien der Italiener: Alpini bringen ein Gebirgsgeschütz in Stellung

Doch nun kommen ihnen die Mittelmächte zuvor. Die zur Heeresgruppe Erzherzog Eugen gehörende k.u.k. 11. Armee (GenOberst Dankl) ist als erster Angriffsverband vorgesehen. Das schwierige Gebirgsgelände und die gut ausgebauten gegnerischen Stellungen erfordern eine besonders intensive Artillerievorbereitung, ehe die Infanterie am 15. Mai 1916 stürmen kann. Sie soll über die Hochflächen von Lafraun und Vielgereuth in den stark befestigten Raum von Asiago und Arsiero vorrücken sowie südlich Rovereto die Stellungen an der Zugna Torta (1257 m) säubern und anschließend gegen die Coni Zugna (1865 m) vorgehen.

Vom österreichisch-ungarischen Ansturm

Sonnabend, 20. Mai 1916, Rom. Kriegsberichterstatter Arnaldo Fraccaroli schreibt in der Tageszeitung *Corriere della Sera:*

»Es war in der Nacht vom Sonnabend auf den Sonntag, vom 13. auf den 14. Mai 1916, als unsere Vorposten im Terragnolotal drei Schatten unter den Drahthindernissen vorsichtig hindurchkriechen und unseren Gräben sich nähern sahen. Gespannt standen die Vorposten im Anschlag. Aber die Schatten kamen nicht näher, bis plötzlich sechs Arme mit der charakteristischen Gebärde der Übergabe sich erhoben. Es waren drei österreichische Überläufer slawischer Nationalität, die es müde waren, zu kämpfen und zu leiden, und die von uns aufgenommen werden wollten. Man unterzog sie einem Verhör, und sie erzählten, der Angriff gegen die Italiener sei auf den folgenden Tag angesetzt. Zuerst werde es eine Beschießung geben, und zwar von Tagesanbruch bis um 6 Uhr abends. Dann werde die Infanterie zum Angriff übergehen.

Dieser Bericht war genau. In der Nacht vom 14. zum 15. Mai fing die k.u.k. Artillerie von Rovereto bis Borgo im Suganer Tal zu donnern an. Ein überaus heftiges und

In den Alpen: Italiens König Viktor Emanuel informiert sich über den Stand der Dinge

unausgesetztes Bombardement war es. Die Österreicher hatten alle Gipfel und alle Täler mit Kanonen gespickt. Seit zwei Monaten waren ununterbrochen Truppen und Material durch die Eisenbahn nach dem unteren Trentino bis nach der Station Calliano oberhalb Rovereto herangeschafft worden, und diese Vorbereitungen zeigten jetzt ihre Früchte. Die Beschießung setzte auf einen Schlag mit größter Heftigkeit ein. Österreichische Flugzeuge kreisten hoch über unseren Stellungen, und mit den radiographischen Apparaten, die sie an Bord hatten, zeigten sie das Ergebnis der Schüsse an ...

In der Nacht zum Montag, dem 15. Mai, war die Beschießung am heftigsten im Lagarinatal, in der Gegend des Col Santo und auf den Hochebenen von Vielgereuth – ein Hagel von Geschossen jeglichen Kalibers. Unsere vorgeschobenen Gräben wurden wie unter Hammerschlägen zerschmettert. Aber, o Wunder – die Soldaten hielten stand. Obwohl ihre Stellungen keine Gräben mehr waren, verließen sie ihre Posten doch nicht. Unsere Linie glich einer Hölle.

In der ersten Nachmittagsstunde, nach dieser ungeheuren artilleristischen Vorbereitung, schreitet die österreichische Infanterie zum Angriff. Dicht gedrängt geht sie in Massen vor. Die Angreifer entwickeln sich gleichzeitig von der Etsch bis zum Suganer Tal, ihnen voraus eine einzige Feuersäule; die Beschießung hat den höchsten Grad er-

Erzherzog Eugen von Österreich (links) und Generaloberst Viktor Dankl

Der Kampf im Hochgebirge. Links: Ein Geschütz der Österreicher ist auf italienische Stellungen gerichtet. Mitte: Italienische Alpini. Rechts: In 2862 Metern Höhe befindet sich dieser Schützengraben an der Südseite des Ortlergipfels

Der Krieg im Gebirge verlangt den Soldaten viel ab. Links: Eine österreichisch-ungarische Telephonzentrale an der Dolomitenfront. An der Tiroler Front: Mit Hilfe dieser Drahtseilkonstruktionen werden Munition und Post für die k.u.k. Verbände befördert

reicht. Am Ausläufer der Zugna Torta, der oberhalb Rovereto nahe der Etsch endet, rücken gewaltige Heeressäulen der Österreicher vor, um unsere Linien aufzurollen. Die Besatzung an den Abhängen und längs des kurzen Bachlaufes ist nur schwach. Aber sie hält bis zum Einbruch der Nacht tapfer stand. Drei-, viermal greifen die Österreicher an, werden ebenso oft zurückgeschlagen. Die Maschinengewehre mähen die Massen nieder, und in den Drahthindernissen bleiben die Leichen hängen.

Inzwischen hat das unausgesetzte Bombardement die Gräben unserer ersten Linie erschüttert. Und nun stürzen sich die Österreicher auf unsere schwachen Fronten im Terragnolotal, auf die zerstörten Gräben der Alpini, die

Aufmunterung für die Soldaten: Österreichs Thronfolger Karl, begleitet von seiner Frau Zita und seinen beiden Töchtern, inspiziert k.u.k. Truppen

sich an den schroffen Abhängen der Berge gleichsam angeklammert hatten, während die oberen Grate und Spitzen von den Österreichern besetzt sind.

Auf dem Schnee entwickelt sich die Schlacht. Kein Graben mehr, aber die Alpini, obgleich von dem zwölfstündigen Feuerregen betäubt, verteidigen sich noch immer, verteidigen sich erbittert. Es sind die Vorposten gegen das Terragnolotal, es sind Alpini, und die wollen nicht nachgeben. Sie stürmen gegen die Angreifer an, werfen sie in schrecklichem Gegenangriff mit dem Bajonett dreimal zurück, zerfleischen die österreichischen Linien.

Aber die Österreicher sind zu zahlreich. In immer neuen Schwärmen kommen sie heran und umzingeln die kleine Besatzung, die diesem Angriff nicht gewachsen ist. Von den weiter hinten liegenden Linien kann keine Unterstützung kommen, da die ganze Front angegriffen wird. Ein letzter Stoß wird versucht, um sich zu befreien. Vorwärts, Alpini, mit äußerster Anstrengung! Nur wenige sind von den Alpini übriggeblieben. Aber diese wenigen stürzen sich mit dem Bajonett auf die Soldaten des Kaisers, drängen sie noch einmal den Hang hinab, und diesen Augenblick benutzen unsere Leute, um sich von der Alp Nulegna nach Soglio d'Aspio zurückzuziehen.

Auf dem ganzen Vorsprung bei Nulegna und Soglio d'Aspio, auf erobertem Boden, in einer Höhe von 1500 und 1900 Metern, herrscht eine einzige Phalanx von Feuer. Die gegnerischen Gräben sind nicht mehr als einen halben Kilometer voneinander entfernt. Seit zehn Stunden überschüttet die österreichische Artillerie unsere Stellung mit Explosivgeschossen. Dann, während die Österreicher erneut den Befehl zum Angriff erhalten, feuert ihre eigene Artillerie unausgesetzt auf den ganzen Raum, und so werden ihre Truppen gleichzeitig von vorn und von rückwärts erfaßt und schrecklich zugerichtet.

Doch die Österreicher quellen an allen Orten hervor, die Berge, die Täler sind voll von ihnen. Sie stauen sich vor der Bergkette an der alten Grenze, die die Straße ins hohe Astachtal sperrt. Jeder Übergang wird hartnäckig verteidigt, aber die Österreicher opfern ganze Bataillone, um sich den Durchbruch zu erzwingen. In Knäueln geballt, rollen die Leichen ins Tal hinab. Aber die Reserven rücken vor, werden unausgesetzt verstärkt und ständig vorgetrieben. Über dem Lärm des Kampfes schrillen befehlend die Pfeifen der Offiziere. Endlich senkt sich friedlos die Nacht auf die zerschmetterte Alpenwelt nieder.«

Während der linke Angriffsflügel der österreichisch-ungarischen Truppen Burgen, Strigno und Ospedaletto besetzt, erobert die Mitte der Angriffsfront am 21. Mai 1916 die Stellungen am Campo Molon (1855 m) und am Toraro (1899 m). Die Wirkung der österreichisch-ungarischen Artillerie ist so verheerend, daß die Italiener ihre bereits völlig zerschossenen Werke zwischen dem Campolongo (1710 m) und dem Monte Verena (2019 m) am 22. und 23. Mai 1916 kampflos räumen. Diese Befestigungsgruppen bilden die Hauptverteidigungslinie vor Asiago.

Am 31. Mai 1916 ziehen die k.u.k. Verbände in Asiago und Arsiero ein. Damit steht ihnen der Eingang zu den Tälern offen, die über Schio und Thiene in die große Ebene führen. Nur westlich von Schio, im Raum Piano delle Fugazze und am Monte Pasubio (2236 m), können die Italiener durch schnell herbeigeführte Verstärkungen ihre Stellungen weiterhin halten. Am 7. Juni 1916 kann die k.u.k. Infanterie noch den Monte Meletta (1827 m) nordöstlich von Asiago stürmen und den benachbarten Monte Castelgomberto (1778 m) besetzen. Doch inzwischen versteift sich der italienische Widerstand. Ab 16. Juni 1916 gehen die Italiener zum Gegenangriff über.

Das Blatt wendet sich

Die seit dem 4. Juni 1916 gegen den österreichisch-ungarischen Frontabschnitt zwischen Wolhynien und der Bukowina tobende russische Offensive des Generals Brussilow verändert die allgemeine Kriegslage. Daher ist Erzherzog Eugen gezwungen, seine Front in Südtirol zu verkürzen, um zwei Divisionen dringend nach dem Osten zu verlegen. Die neue Frontlinie verläuft jetzt von Zugna Torta über den Monte Pasubio, Cimone und Camplogno nach Strigno.

Auf der Mitte März 1916 in Chantilly stattgefundenen Konferenz der alliierten Befehlshaber hat sich das italienische Oberkommando verpflichtet, im Rahmen der strategischen Offensive eine neue Angriffsoperation vorzubereiten. Es soll die nunmehr sechste Schlacht am Isonzo sein. Dafür werden Ende April 1916 sieben neue Divisionen aufgestellt. Die Rekruten will man nach den taktischen Methoden des französischen Generals Nivelle ausbilden. Doch die unvorhergesehene gegnerische Offensive in Tirol

Ende April 1916: Österreichisch-ungarische Truppen in einem Waldstück vor Asagio

In einem österreichisch-ungarischen Heeresfront-kommando: Hier laufen die Drähte heiß

21. März 1916. Während der Konferenz der alliierten Befehlshaber im französischen Chantilly: Italiens General Cadorna im Gespräch mit General Joffre

zwischen Etsch und Brenta macht dies kaum noch möglich.

Um wenigstens einen Überraschungseffekt zu erzielen, werden für den Anfang August 1916 geplanten Großangriff am Isonzo kurzfristig elf Divisionen, die nach Abbruch der Kämpfe in Südtirol frei geworden sind, an die Isonzofront verlegt. Damit haben die italienischen Truppen eine weitaus stärkere Kampfkraft als zu Beginn des Krieges. Der Operationsplan: Die jetzt um elf Divisionen verstärkte italienische 3. Armee wird den Hauptangriff gegen den Brückenkopf Görz führen und die k.u.k. Truppen auf das östliche Ufer des Isonzo abdrängen. Unterdessen soll ihr Südflügel das Hochplateau von Doberdo besetzen. So erhofft man sich günstige Ausgangspositionen für einen zukünftigen Vorstoß auf Triest. Die Überlegenheit der 3. Armee beträgt jetzt in der Hauptstoßrichtung bei der Artillerie 6:1 und bei der Infanterie 4:1. Außerdem besitzen die Italiener in diesem Raum die Luftherrschaft, denn dem Gegner steht nur ein Flugzeug zur Verfügung.

Die k.u.k. 5. Armee ist dagegen durch die Verluste in Südtirol und die Verlegung von Truppen an die Ostfront erheblich geschwächt. Es mangelt ihr an Reserven im personellen Bereich, und vor allem die Artillerie ist sehr schwach besetzt. Nach den gerade erst in Südtirol beendeten Kampfhandlungen glaubt man auch nicht an eine neue italienische Offensive, obwohl gewisse Anzeichen dafür sprechen.

Mit einem mörderischen Artillerie- und Minenwerferfeuer an der gesamten Front zwischen dem Isonzo und der Adria beginnt am 6. August 1916 die italienische Großoffensive, die sogenannte sechste Schlacht am Isonzo. Am Nachmittag gelingt es der vorstürmenden Infanterie, Einbrüche in den stark befestigten Brückenkopf Görz zu erreichen und den Monte San Michele sowie den Monte Sabotina zu besetzen. Um nicht völlig aufgerieben zu werden, bleibt den Verteidigern nur die Möglichkeit, sich am 8. August 1916 aus dem Brückenkopf Görz und vom Hochplateau Doberdo zurückzuziehen. Da in den nachfolgenden Kämpfen jedoch keine weiteren Geländegewinne erzielt werden können, brechen die Italiener am 16. August 1916 ihre bisher erste erfolgreiche Offensive am Isonzo wieder ab. Die Verluste der Österreicher: insgesamt an Toten, Verwundeten, Vermißten und Gefangenen rund 42000 Mann. Die Italiener verlieren insgesamt 51000 Mann.

Im weiteren Verlauf des Jahres 1916 versucht der italienische Generalleutnant Cadorna in drei weiteren Isonzoschlachten, vom 14. bis 17. September, vom 9. bis 12. Oktober und vom 31. Oktober bis 4. November, die Erfolge vom August fortzusetzen, denn nur ein Zusammenbruch der österreichisch-ungarischen Front bietet ihm die Möglichkeit, nach Triest und in das Laibacher Becken vorzustoßen. Außerdem will er verhindern, daß die k.u.k. Truppen an dem Feldzug gegen Rumänien teilnehmen. Wenn Cadorna auch sein eigentliches Ziel nicht erreicht, so hat er der k.u.k. 5. Armee zumindest einen Verlust von 100000 Mann verursacht und verhindert, daß Teile dieser Armee an anderen Frontabschnitten eingesetzt werden.

An der Isonzofront: Ständig sind die Minenwerfer im Einsatz.
Das traurige Ergebnis:
Zehntausende finden in den Schützengräben den Tod

DER SEEKRIEG 1916

VERSTÄRKTE DEUTSCHE INITIATIVEN

Skagerrak. Nach der größten Seeschlacht in der Geschichte muß der deutsche Admiralstab nach anderen Wegen suchen

Die Verschärfung des Seekrieges gegen England gehört Anfang des Jahres 1916 zu den Hauptforderungen der deutschen Obersten Heeresleitung. General von Falkenhayn versucht, den Reichskanzler davon zu überzeugen, daß der uneingeschränkte U-Boot-Krieg das einzige Kriegsmittel sei, »um Großbritannien in seinen Lebensgrundlagen entscheidend zu treffen«. Diese Ansicht vertreten auch Großadmiral von Tirpitz und der Chef des Admiralstabs, von Holtzendorff, die in einer Denkschrift vom 19. Januar 1916 betonen, man könne auf diese Weise England innerhalb von höchstens einem halben Jahr zum Frieden zwingen.

Auf der am 1. Februar 1916 stattfindenden Konferenz soll die künftige Seekriegführung festgelegt werden. Der gerade ernannte Chef der Hochseeflotte, Vizeadmiral Reinhard Scheer, der Admiralstabschef sowie der Befehlshaber der Ostseestreitkräfte sind derselben Meinung, daß man gerade jetzt, in der beginnenden Endphase des Krieges, nicht nur die U-Boote rücksichtsloser einsetzen, sondern auch die Hochseeflotte aktivieren solle. Ebenfalls ist vorgesehen, die Einheiten der Ostseestreitkräfte zum Kampfeinsatz in die Nordsee zu verlegen. Doch Kaiser Wilhelm und Reichskanzler von Bethmann Hollweg äußern ihre Bedenken: Sie befürchten, der uneingeschränkte U-Boot-Krieg könnte die USA zum Kriegseintritt veranlassen. Daher stimmen sie lediglich der warnungslosen Versenkung bewaffneter Handelsschiffe zu, die ab dem 29. Februar 1916 beginnen soll.

Derzeit verfügt die Kaiserliche Kriegsmarine nur über 47 einsatzbereite U-Boote; davon operieren 31 in den Gewässern um Großbritannien. Gleichzeitig ist aber nur etwa ein Drittel am Feind; die übrigen befinden sich abwechselnd in den Werften zur Überholung. Selbst Bethmann Hollweg glaubt nicht, daß die tatsächlich vorhandenen U-Boote ausreichen, um Englands Wirtschaft ernsthaft zu schädigen und die britische Regierung zu veranlassen, den Krieg zu beenden.

Am 8. Februar 1916 setzen Deutschland und Österreich-Ungarn alle neutralen Staaten offiziell davon in Kenntnis: Bewaffnete Handelsschiffe werden ab Ende Februar 1916 als Kriegsschiffe behandelt. In seinem Befehl vom 23. Fe-

Auf hoher See: Das Linienschiff »Deutschland«, das zum II. Geschwader der Hochseeflotte gehört bruar 1916 sichert Vizeadmiral Scheer den U-Boot-Kommandanten zu, daß man über eventuelle »Fehlgriffe« großzügig hinwegsehen wird. Sie hätten jedenfalls die Order, vom 29. Februar 1916 an alle im Kriegsgebiet um Großbritannien befindlichen bewaffneten Handelsschiffe der Alliierten warnungslos zu torpedieren. Ausgenommen davon sind unbewaffnete neutrale und auch feindliche Passagierdampfer.

Die Ablehnung des uneingeschränkten U-Boot-Krieges ist für Großadmiral Alfred von Tirpitz der Anlaß, am 8. März 1916 seinen Rücktritt als Staatssekretär des Reichsmarineamtes einzureichen. Seine Verdienste sind beachtlich: So gelang ihm der konsequente Aufbau der Kaiserlichen Marine und die Durchsetzung des von ihm konzipierten 1. und 2. Flottengesetzes im Parlament. Mit ihm verläßt einer der herausragendsten Persönlichkeiten des Kaiserreichs (vorerst) die politische Bühne.

Der verschärfte U-Boot-Krieg macht sich besonders in den nördlichen Gewässern von Großbritannien bemerkbar. Im März 1916 melden zum Beispiel deutsche U-Boote die Versenkung von 207000 Bruttoregistertonnen. Am 24. März 1916 passiert allerdings ein Zwischenfall: Der britische unbewaffnete und ohne Begleitschutz fahrende Postdampfer »Sussex« wird von dem deutschen U-Boot U 29 torpediert. Mehrere an Bord befindliche amerikanische Staatsbürger werden verletzt. In einer scharfen Protestnote drohen die USA mit dem Abbruch diplomatischer Beziehungen, falls Deutschland nicht den Handelskrieg gemäß Prisenordnung führt, das heißt Anhalten, Durchsuchen des Schiffes nach Konterbande und gegebenenfalls Versenkung, nachdem Passagiere und Besatzungen in Sicherheit gebracht worden sind.

Auf Drängen von Bethmann Hollweg befiehlt der Chef des Admiralstabs am 24. April 1916 den U-Boot-Kommandanten der Hochseestreitkräfte und des Marinekorps Flandern, den U-Boot-Krieg wieder nach dem Prisenrecht zu führen.

Vizeadmiral Scheer und der Befehlshaber des Marinekorps sind damit jedoch keineswegs einverstanden, denn so ließen sich die gewünschten Erfolge nicht mehr erzielen. Um seine gegenteilige Ansicht zum Ausdruck zu bringen, beordert Vizeadmiral Scheer alle U-Boote in ihre Stützpunkte zurück und stellt kurzerhand den Handelskrieg ein. Er kommt in den Gewässern um Großbritannien bis Mitte Oktober 1916 völlig zum Erliegen, nur im Mittelmeerraum geht er unvermindert weiter, denn hier befürchtet man keine Gefährdung der amerikanischen Interessen. So gelingt es im April 1916 deutschen U-Booten, feindliche Handelsschiffe mit insgesamt 225000 BRT zu versenken.

Der Chef des Admiralstabs, v. Holtzendorff (rechts), im Gespräch mit dem österreichisch-ungarischen Botschafter. Unten: Vizeadmiral Scheer und Großadmiral von Tirpitz

Deutsche Groß-Offensive

Als Ausgleich für den unterbrochenen Handelskrieg verfügt Kaiser Wilhelm eine rigorose U-Boot-Offensive gegen feindliche Kriegsschiffe. Und Vizeadmiral Scheer beabsichtigt jetzt, die Grand Fleet aus ihrer Defensive zu locken. Dies erfordert endlich wieder den Einsatz der Hochseeflotte, die seit Monaten nur in den Stützpunkten liegt oder zur Sicherung der Deutschen

Bucht patrouilliert. Durch Vorstöße der gesamten Hochseestreitkräfte, entweder zum Skagerrak, in Richtung Doggerbank oder an den Eingang zum Kanal, hofft Scheer, daß ein Großteil der Royal Navy die geschützten Häfen verläßt.

Am 25. April 1916 wird das geplante Vorhaben der Hochseeflotte durch Beschießung der Hafenanlagen von Yarmouth und Lowestoft von deutschen Schlachtkreuzern und Zerstörern eingeleitet. Danach folgen intensive Aufklärungseinsätze, Vorstöße von Torpedobooten und Luftschiffangriffe am nördlichen und mittleren Teil Ostenglands. Sie sollen dazu beitragen, die von Scheer gewünschte Reaktion der Royal Navy herbeizuführen.

Tatsächlich gibt Admiral Jellicoe, Chef der britischen Flotte, seine defensive Strategie auf. Die Gründe, die ihn vermutlich dazu bewegt haben: die Empörung der britischen Öffentlichkeit über das brutale Vorgehen deutscher Seestreitkräfte, vor allem in Lowestoft und Yarmouth, das zahlreiche Opfer unter der Zivilbevölkerung gefordert hat, sowie das Drängen der russischen Regierung nach energischen Maßnahmen gegen die deutsche Blockade in der Ostsee. Jellicoe ist zwar mit offensiven Aktionen in der Nordsee einverstanden, lehnt aber strikt einen Vorstoß in die Ostsee ab.

Am 31. Mai 1916, morgens um 3 Uhr, laufen die deutschen Hochseestreitkräfte unter Vizeadmiral Scheer mit Kurs Skagerrak aus, allen voran die von Vizeadmiral Hipper geführte Aufklärungsflotte, bestehend aus der I. und II. Aufklärungsgruppe. Dazu gehören die 5 Schlachtkreuzer

Der U-Boot-Krieg fordert seine Opfer: Vom Torpedo eines deutschen U-Bootes getroffen, sinkt der französische Dampfer »Héraut«

Im Hafen von Boulogne: Der am 24. März 1916 torpedierte englische Postdampfer »Sussex«

Skagerrak-Schlacht: Die deutsche Flotte in voller Fahrt

»Lützow«, »Derfflinger«, »Seydlitz«, »Moltke« und »Von der Tann«, außerdem 5 Kleine Kreuzer und 40 Zerstörer. Das Gros umfaßt 16 Großkampfschiffe, 6 ältere Linienschiffe, Kreuzer und Zerstörer. Scheer hofft, Teile der Grand Fleet auf den Flottenverband von Hipper ziehen zu können, dem er in einigem Abstand mit dem Gros der Flotte folgt.

Durch die von der britischen Funkaufklärung am Vortag abgefangenen und von »Room 40« entzifferten deutschen Funksprüche kennt die britische Admiralität das Vorhaben der deutschen Hochseeflotte. Und Admiral Jellicoe erhält die Order, mit der Grand Fleet von Scapa Flow und aus dem Firth of Forth in die Nordsee vorzustoßen – mit der Absicht, die deutsche Flotte in eine Falle zu locken.

Die Schlacht am Skagerrak

Vizeadmiral Scheer kann zu diesem Zeitpunkt nicht ahnen, daß sein Gegenspieler entschlossen ist, eine Entscheidungsschlacht herbeizuführen, die er selbst nach Möglichkeit vermeiden will.

Am Nachmittag um 17.49 Uhr eröffnen vor dem Skagerrak die Schlachtkreuzer des Vizeadmirals Hipper das Feuer auf die überlegenen Aufklärungsstreitkräfte unter Vizeadmiral Beatty, die britischen Schlachtkreuzer »Queen Mary«, »Princess Royal«, »Lion«, »Tiger«, »Indefatigable« und »New Zeeland«, die sofort lebhaft erwidern. Die Luft erzittert unter den schnell folgenden Salven der schweren Schiffsartillerie: auf deutscher Seite 44 Geschütze, Kaliber 30,5 cm und 28 cm, auf englischer Seite 48 Geschütze, Kaliber 34,3 cm und 30,5 cm. Kurz nach 18 Uhr erfolgt auf dem Schlachtkreuzer »Indefatigable« durch Treffer in die Munitionskammern eine gewaltige Explosion. Als sich die fast 100 Meter hohe schwarze Qualmwolke nach 15 Minuten verzogen hat, ist das Schiff bereits gesunken.

Gegen 18.20 Uhr nähert sich aus nordwestlicher Richtung das britische 5. Schlachtgeschwader (KAdm. Evan-Thomas) mit den vier Großkampfschiffen »Malaya«, »Warspite«, »Valiant« und »Barham«. Sie gehören zu den neuesten schnellen Linienschiffen der »Queen-Elizabeth«-Klasse und sind mit je acht 38-cm-Geschützen ausgerüstet, deren Reichweite 24000 Meter beträgt. Um die feindliche Überlegenheit nach Möglichkeit auszugleichen, gehen jetzt auch deutsche Torpedobootflottillen zum Torpedoangriff gegen etwa fünfzehn bis zwanzig modernste große Zerstörer der N-Klasse vor.

Zwei der Torpedoboote werden durch Artillerietreffer bewegungsunfähig geschossen und nach Rettung der Besatzungen aufgegeben. In dem Gefecht gehen ein feindlicher Zerstörer durch Artillerietreffer, ein anderer durch Torpedoschuß unter. Zwei weitere englische Zerstörer, »Nestor« und »Nomad«, sind so schwer beschädigt, daß sie

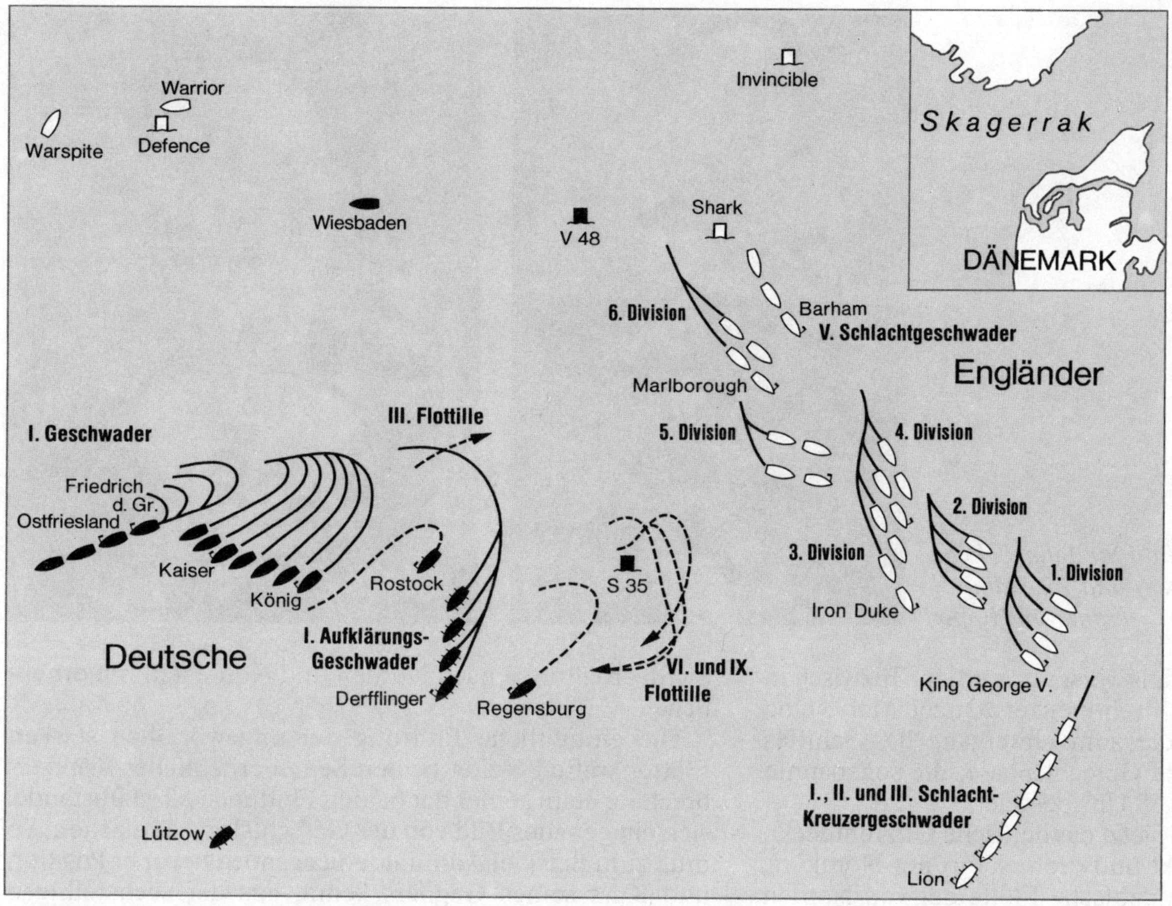

Der Ablauf der Skagerrak-Schlacht

Der Schlachtkreuzer »Lion«, das Flaggschiff des englischen Vizeadmirals Beatty

Admiral Sir John Jellicoe (links) und Vizeadmiral Franz von Hipper

kurze Zeit später ebenfalls versenkt werden. Inzwischen ereignet sich auf dem Schlachtkreuzer »Queen Mary« eine furchtbare Explosion, die zum Untergang des Schiffes führt. Damit ist die erste Gefechtsphase, die sogenannte Kreuzerschlacht, um 18.55 Uhr beendet.

Als Vizeadmiral Beatty jetzt das deutsche Gros entdeckt, reagiert er sehr geschickt und dreht sofort auf Nordkurs, um die ihn verfolgende deutsche Flotte der von Norden andampfenden Grand Fleet zuzuführen. Damit beginnt die zweite Phase der Schlacht. Beatty versucht nun, sich vor das eigene Gros zu setzen und in einem »Crossing-the-T«-Manöver die deutsche Flotte nach Osten zu umflügeln. Zu dieser Stunde verschlechtern sich allerdings die Sichtverhältnisse nach Norden und Nordosten hin erheblich.

Die einheitliche Führung der ungewöhnlich starken Flottenkräfte bereitet beiden Seiten erhebliches Kopfzerbrechen, denn keiner der beiden Flottenchefs ist imstande, sich ein genaues Bild von der Gefechtslage zu machen. So muß zum Beispiel Admiral Jellicoe, noch bevor er Position und Kurs seines Gegners kennt, aus der sechsreihigen Marschformation eine Kiellinie bilden, um alle Geschütze einsetzen zu können. Diese Formationsänderung wiederum kann Scheer wegen des starken Dunstes nicht rechtzeitig erkennen. Außerdem ist er davon überzeugt, nur schwache Teilkräfte der britischen Flotte vor sich zu haben.

Einige Tage vor der Schlacht: Vizeadmiral von Hipper stellt sich mit seinen Offizieren den Photographen

Die um 19.50 Uhr von der zweiten in die dritte Phase übergehenden Gefechte sind der Beginn des Kampfes mit der vollzählig versammelten englischen Hauptstreitmacht. Als Vizeadmiral Scheer plötzlich am Horizont eine unendlich erscheinende Linie von Schiffen entdeckt, läßt er kurzentschlossen eine Gefechtskehrtwendung um 180 Grad machen. So kann er mit dem Gros unter dem Feuerschutz deutscher Torpedobootflottillen der drohenden Umklammerung entgehen. Danach stößt Scheer mit der Hochseeflotte wieder zum Angriff vor.

In dieser dritten Phase verlieren die Engländer den Schlachtkreuzer »Invincible« sowie die drei Panzerkreuzer »Black Prince«, »Defence« und »Warrior«. Der deutsche

Die »Indefatigable« (links) gehört zu den Schiffen, die in der ersten Phase der Skagerrak-Schlacht versenkt werden. Die »Barham« (Mitte) greift gegen 18.20 Uhr in den Kampf ein. Kurz darauf wird der Schlachtkreuzer »Queen Mary« (rechts) zerstört

Kleine Kreuzer »Wiesbaden« geht mit der gesamten Besatzung unter, zu der auch der Schriftsteller Gorch Fock zählt. Der Schlachtkreuzer »Lützow«, das Flaggschiff des Vizeadmirals Hipper, kann nach zwanzig Treffern nur noch mit halber Kraft fahren, und Hipper muß mit einem Torpedoboot auf die »Moltke« überwechseln.

Erst um 22.30 Uhr leben die als vierte Phase bezeichneten Kämpfe noch einmal auf. Die deutschen Panzerkreuzer sichten in südlicher Richtung vier feindliche Großkampfschiffe, die sie sofort unter Feuer nehmen. Als zwei deutsche Linienschiffsgeschwader sich dem Artilleriegefecht anschließen, drehen die britischen Schiffe ab und verschwinden in der Dunkelheit. Eine Stunde zuvor hat Scheer bereits die Schlacht abgebrochen und mit seiner Flotte den Rückzug angetreten. Durch den eingeschlagenen Südostkurs Richtung Horns Riff geht die Fühlung mit den nach Südwesten abziehenden britischen Geschwadern verloren.

Während der Nacht kommt es zwischen den Aufklärungsgruppen des Vizeadmirals Hipper und englischen Zerstörern immer wieder zu Gefechtsberührung. Dabei werden das britische Zerstörerführungsschiff sowie vier Zerstörer in Sekundenschnelle versenkt, weitere sieben Zerstörer schwer beschädigt. Ein anderer Zerstörer wird durch Rammstoß in zwei Teile gespalten, und ein plötzlich auftauchender Panzerkreuzer erhält so starkes Feuer, daß er nach vierzig Sekunden in Brand gerät und vier Minuten später sinkt. Auf deutscher Seite gehen verloren: das Linienschiff »Pommern« sowie die Kleinen Kreuzer »Elbing«, »Frauenlob« und »Rostock«.

Vizeadmiral Scheer gelingt es unterdessen, den Weg der feindlichen Nachhut mit seiner Flotte zu durchkreuzen und am Nachmittag des 1. Juni 1916 die heimatlichen Stützpunkte zu erreichen. Nachdem Admiral Jellicoe im Morgengrauen feststellt, daß ihm die deutsche Hochseeflotte entwichen ist, dreht er nach Norden ab. Damit endet die Seeschlacht vor dem Skagerrak, von den Engländern als Jütland-Schlacht bezeichnet.

An dieser bisher größten Seeschlacht der Geschichte waren beteiligt: 99 deutsche und 159 britische Schiffe. Deutsche Verluste: 11 Schiffe mit 61180 Tonnen, 2551 Mann gefallen. Britische Verluste: 14 Schiffe mit 115025 Tonnen, 6094 Mann gefallen.

Größte Seeschlacht der Geschichte

Donnerstag, 1. Juni 1916. Meldung des deutschen Admiralstabs:

»Unsere Hochseeflotte ist bei einer nach Norden gerichteten Unternehmung am 31. Mai auf den uns erheblich überlegenen Hauptteil der englischen Kampfflotte gestoßen. Es entwickelte sich am Nachmittag zwischen Skagerrak und Horns Riff eine Reihe schwerer, für uns erfolgreicher Kämpfe, die auch während der ganzen folgenden Nacht andauerten.

In diesem Kampfe sind, soweit bisher bekannt, von uns vernichtet worden: das Großkampfschiff ›Warspite‹, die Schlachtkreuzer ›Queen Mary‹ und ›Indefatigable‹, zwei Panzerkreuzer, anscheinend der ›Achilles‹-Klasse, ein kleiner Kreuzer, die neuen Zerstörerführerschiffe ›Turbulent‹,

Opfer in der dritten Phase: Die »Black Prince« und die »Warrior«

Die »Pommern« geht ebenso verloren wie . . .

. . . die »Frauenlob« (links) und die »Rostock«

›Nestor‹ und ›Alcaster‹, sowie eine große Anzahl von Torpedobootszerstörern und ein Unterseeboot. Nach einwandfreier Beobachtung hat ferner eine große Reihe englischer Schlachtschiffe durch die Artillerie unserer Schiffe und durch Angriffe unserer Torpedobootsflottillen während der Tagesschlacht und in der Nacht schwere Beschädigungen erlitten. Unter anderen hat das Großkampfschiff ›Marlborough‹, wie Gefangenenaussagen bestätigen, Torpedotreffer erhalten. Durch mehrere unserer Schiffe sind Teile der Besatzungen untergegangener Schiffe aufgefischt worden, darunter die beiden einzigen Überlebenden der ›Indefatigable‹.

Auf unserer Seite ist der kleine Kreuzer ›Wiesbaden‹ während der Tagesschlacht durch feindliches Artilleriefeuer und in der Nacht S.M.S. ›Pommern‹ durch Torpedobeschuß zum Sinken gebracht worden. Über das Schicksal S.M.S. ›Frauenlob‹, die vermißt wird, und einiger Torpedoboote, die noch nicht zurückgekehrt sind, ist bisher nichts bekannt.

Die Hochseeflotte ist im Lauf des heutigen Tages in unsere Häfen eingelaufen.«

Nach der Schlacht vor dem Skagerrak gibt es weder einen Sieger noch einen Besiegten, und Vizeadmiral Scheer muß erkennen, daß er trotz seines Erfolges die Seemacht England nicht hat schlagen können. Daher fordert er, künftig alle Kräfte für den uneingeschränkten U-Boot-Krieg einzusetzen, da die Seeschlacht keine strategischen Vorteile eingebracht hat: Die Hochseestreitkräfte unterliegen weiterhin der britischen Blockade. Es hat sich nur bestätigt, daß die deutschen Schiffskonstruktionen denen der Engländer manches voraus haben. Treffer, die bei den britischen Einheiten zur Explosion der Munitionskammern führen, erzielen bei den deutschen Kampfschiffen nicht denselben Effekt. Gerade die Standfestigkeit, vor allem der Schutz vor Munitionsbränden, und die Sinksicherheit sind zu jener Zeit beispielhaft gelöst. Dies zeigen die verhältnismäßig geringeren Verluste auf deutscher Seite.

Am 5. Juni 1916 besteigt der britische Kriegsminister Lord Kitchener zusammen mit seinem Stab, einem Mitarbeiter des Auswärtigen Amtes und zwei Vertretern des Kriegsministeriums in einem an der äußersten Nordküste Schottlands gelegenen Hafen den englischen Kreuzer »Hampshire«, um auf Einladung des Zaren zu wichtigen Gesprächen über militärische und finanzielle Fragen nach Rußland zu reisen. Das Schiff legt um 19 Uhr ab und gerät nach kurzer Zeit in eine starke Windströmung. Als es sich gegen 20 Uhr vor der Westküste der großen Orkney-Insel zwischen Marwickhead und Broughhead befindet, passiert das Unglück: Von einem Patrouillenboot aus wird beobachtet, wie der Kreuzer plötzlich in Flammen steht – eine vorherige Explosion war nicht zu hören.

Die vier ausgesetzten Rettungsboote zerschellen an den Klippen, und bevor die zu Hilfe eilenden Schiffe an der Unglücksstelle eintreffen, ist das Kriegsschiff bereits gesunken. Mit einem großen aufgeblasenen Rettungsring können sich zwölf Personen retten, die einzigen Überlebenden dieser Katastrophe. In der amtlichen britischen Verlautbarung heißt es, der Panzerkreuzer sei auf eine Mine gelaufen. Doch Ende November 1916 treibt im norwegischen Stavangerfjord eine Flasche, die folgende Nachricht in englischer Sprache enthält: »S.M.S. ›Hampshire‹. Wir sind bisher wohlbehalten, aber wie lange, können wir nicht sagen. Wir sind in einem Boot, das stark leck ist – es wird nicht mehr lange dauern. Wir können das Land noch nicht sehen. Lebt alle wohl! Wir wissen, daß wir gerächt werden. Unsere Jungens werden dafür sorgen. Wir wurden

Nach der Skagerrak-Schlacht. Das linke Bild zeigt das Loch auf dem britischen Kreuzer »Kent«, das ein deutsches Geschütz gerissen hat. Auch die »Derfflinger« ist beschädigt: Ein schwerer Treffer hat die Aufbauten (Mitte) zerstört. Am 5. Juni liegt das Schiff zur Reparatur in Wilhelmshaven (rechts)

zweimal torpediert und hatten keine Zeit, das Feuer zu erwidern, ehe das U-Boot verschwand und wir sanken. Fünf von uns sind jetzt hier, alle todmüde vom Rudern und Wasserschippen. Dies ist die letzte Nachricht von uns. Wird sie gefunden, so schickt sie Frau Smith, South Shields.«

Das erste Handels-U-Boot

Die alliierte Blockade bleibt weiterhin eines der größten Probleme, ebenso die Frage, wie man sie umgehen könnte. Die im Herbst 1915 von einer Bremer Reederei entworfene Idee ist nun verwirklicht worden: Am 10. Juni 1916 wird das erste Handelsunterwasserschiff, die »Deutschland«, in Bremerhaven in Dienst gestellt. Bereits am 16. Juni 1916 tritt es seine große Fahrt an. Dieses Handels-U-Boot ist innerhalb von sechs Monaten gebaut worden und unterscheidet sich äußerlich kaum von den herkömmlichen Booten der Kaiserlichen Kriegsmarine. Das 65 Meter lange, 8,9 Meter breite und 4,5 Meter tiefgehende Boot kann 700 Tonnen befördern, ist nicht bewaffnet und hat nur Zivilisten an Bord.

Der ehemalige Lloydkapitän Paul König übernimmt die Führung des Handels-U-Bootes, zu dessen Besatzung 28 Mann zählen: der 1. und 2. Offizier, ein Zahlmeister, ein Ingenieur, ein Lademeister, ein Funker, ein Koch, ein Steward, drei Wachmaschinisten, zwölf Mann als Maschinenpersonal und fünf Matrosen. Obwohl man in Deutschland versucht hat, die Sache geheimzuhalten, ist der amerikanischen Presse eine Nachricht zugespielt worden, und bereits im April 1916 berichtete sie darüber, daß der Handelsverkehr zwischen Deutschland und den USA in Kürze mit Handels-U-Booten aufgenommen wird. Aber die Engländer halten dies für eine Ente. Trotzdem befiehlt die britische Admiralität ihren Blockadeschiffen, besonders wachsam zu sein.

Tatsächlich schafft es Kapitän König, getaucht die englische Blockade im Kanal zu unterlaufen und nach drei Tagen den Atlantik zu erreichen. An Bord des U-Bootes befinden sich rund 3000 Kisten mit Farbstoff, Wert etwa vier Millionen Mark, dazu Arzneimittel und andere Handelswaren. Die Gesamtstrecke von rund 3800 Seemeilen bis zum Zielhafen Baltimore kann meistens über Wasser gefahren werden.

In der Nacht vom 8./9. Juli 1916 läuft U-»Deutschland« in die amerikanischen Hoheitsgewässer ein und nimmt den völlig verdutzten Lotsen an Bord, der es kaum glauben kann, daß ein deutsches Schiff mitten im Krieg die USA

Vor der Abreise: Englands Kriegsminister Lord Kitchener verabschiedet sich an Deck der »Hampshire« von einigen Offizieren

erreicht hat. Die Kunde von dem deutschen Handels-U-Boot verbreitet sich wie ein Lauffeuer, so daß es bald von ungezählten Booten aus der ganzen Umgebung nach Baltimore begleitet wird. Jeder will das Schiff bewundern. Die britische Admiralität jedoch sieht dieses Boot wegen seiner Tauchfähigkeit als Kriegsschiff an und befiehlt allen alliierten Kriegseinheiten, es außerhalb der amerikanischen Hoheitsgewässer ohne Vorwarnung zu versenken.

Kriegsschiff oder Handels-U-Boot?

Donnerstag, 20. Juli 1916, Paris. Das Journal *Petit Parisien* berichtet:

»Nach einer Meldung aus Washington enthielt das ausführliche Gutachten der amerikanischen Neutralitätskommission über die ›Deutschland‹ sieben Hauptartikel: Die fünf ersten stellen den Charakter des U-Bootes fest und legen dar, daß die Neutralität der Vereinigten Staaten durch die der ›Deutschland‹ gewährte Erlaubnis, sich in einem amerikanischen Hafen aufzuhalten, dort ihre Ladung zu löschen und Rückfracht einzunehmen, nicht verletzt würde. Artikel sechs besagt, daß die Vereinigten Staaten für keine Handlung der ›Deutschland‹ verantwortlich gemacht werden können, falls diese später in ein Kriegsschiff verwandelt würde. Das U-Boot sei in jedem Falle mit einem als Hilfskreuzer (?) verwendbaren Schiffe vergleichbar. Artikel sieben erklärt, daß die Vereinigten Staaten nicht das Recht besitzen, neue Grundsätze des internationalen Rechtes zu verkünden, die den Fall der ›Deutschland‹ und ähnlicher Schiffe beträfen.

Weiter heißt es: Die bestehenden Gesetze, die die Handelsschiffe kriegführender Staaten schützten, müßten so lange auf die ›Deutschland‹ Anwendung finden, als sich dieses Schiff unter der unmittelbaren Gerichtshoheit der Vereinigten Staaten befinde. Demgemäß wird den Handels-U-Booten gestattet werden, jegliche Ladung aufzunehmen und alle Vorrechte der über See fahrenden Handelsschiffe zu genießen, solange sie sich bei dem Aufenthalt in amerikanischen Gewässern den Gesetzen der Vereinigten Staaten unterwerfen.«

In Baltimore werden Kapitän König und seine Besatzung begeistert empfangen. Zu den zahlreichen Besuchern zählen auch der deutsche Botschafter in Washington, Johann-Heinrich Graf von Bernstorff, sowie mehrere Kapitäne der in den USA internierten Lloyddampfer. Nachdem das U-Boot seine Fracht geladen hat, vor allem Nickel und Gummi, aber auch einen Goldschatz von der zur Lloydlinie gehörenden, in Boston internierten »Kronprinzessin Cäcilie«, verläßt U-»Deutschland« am Morgen des 1. August 1916 den Hafen von Baltimore.

Der sich zur Tarnung nur langsam fortbewegende Begleitkonvoi braucht 24 Stunden bis zur offenen See, um dem U-Boot inzwischen die Möglichkeit zu bieten, den

Mit solch einem aufblasbaren Rettungsring können sich zwölf Besatzungsmitglieder der untergegangenen »Hampshire« retten – die einzigen Überlebenden der Katastrophe

vor der Küste wartenden Verfolgern getaucht zu entkommen. So gelingt es Kapitän König, ohne weitere Zwischenfälle am 23. August 1916 wohlbehalten in Bremerhaven einzulaufen. Der Jubel ist groß, viele Prominente sind zum Empfang erschienen, darunter auch Graf Zeppelin. Vizeadmiral Scheer lobt den Mut der Besatzung und würdigt die bisher einmalige Leistung.

Das in der Zwischenzeit fertiggestellte zweite Handels-U-Boot, die »Bremen«, verläßt am 26. August 1916 Bremerhaven in Richtung Baltimore. Es hat die USA allerdings nie erreicht, und über seinen Verbleib rätselt man bis heute. Dagegen unternimmt König im Herbst 1916 noch eine zweite Reise über den Atlantik, die er ebenfalls erfolgreich übersteht. Doch mit dem Kriegseintritt der Vereinigten Staaten hat der Einsatz von Handels-U-Booten keine Bedeutung mehr.

Das letzte Gefecht zwischen Einheiten der britischen und deutschen Hochseeflotte findet am 19. August 1916 vor der englischen Ostküste statt, in dem aber bald die gegenseitige Fühlung verlorengeht. Deutschen U-Booten gelingt es, aus der Grand Fleet einen Zerstörer sowie die beiden Kreuzer »Nottingham« und »Falmouth« zu versenken. Ferner erhält das deutsche Linienschiff »Westfalen« einen Torpedoschuß, der aber lediglich leichte Schäden verursacht. Danach spielt sich in der Nordsee nur noch ein Minen- und U-Boot-Krieg ab.

Immer wieder drängt Vizeadmiral Scheer darauf, den uneingeschränkten U-Boot-Krieg zu beginnen, denn nur so wäre es möglich, den Krieg in absehbarer Zeit siegreich zu beenden. Der Admiralstab ist sich sogar sicher, daß in den ersten fünf Monaten bestimmt Versenkungen von insgesamt 3 000 000 BRT zu schaffen seien. Obwohl im Jahr 1916 immerhin 101 neue U-Boote gebaut werden, besteht für die deutsche Flotte jedoch keine Aussicht, den englischen Import ernsthaft zu gefährden.

Kapitän König, der Kommandant der »Deutschland«

Die deutschen und k.u.k. U-Boote versenken zwar im zweiten Halbjahr 1916 in der Nordsee, im Atlantik und im Mittelmeer gemäß Prisenordnung 777 feindliche und 264 neutrale Handelsschiffe mit insgesamt 1784447 BRT, doch hat dies auf die britische Wirtschaft kaum einen Einfluß. Die Lebensmittelimporte liegen zum Beispiel nur 10 Prozent unter den Einfuhren vom Juli 1914. Das einzige, was die Engländer zu spüren bekommen, sind erhebliche Preissteigerungen, bedingt durch erhöhte Schiffsmaklergebühren, Frachtkosten und Versicherungsprämien bei Lloyd.

Dagegen haben es die Alliierten bis Ende 1916 geschafft, die Blockade gegen die Mittelmächte weiterhin zu verschärfen und den Importen aus Übersee, die auf Umwegen über neutrale Staaten nach Deutschland und Österreich-Ungarn gelangen, größtenteils einen Riegel vorzuschieben. Zu den Hauptlieferanten der Mittelmächte zählen jetzt noch Schweden, die Schweiz, Dänemark und Holland.

Kurz nach dem Auslaufen: Die »Deutschland« – das erste deutsche Handels-U-Boot

Johann-Heinrich Graf von Bernstorff, der deutsche Botschafter in Washington, und Kapitän Schwarzkopf von der »Bremen«

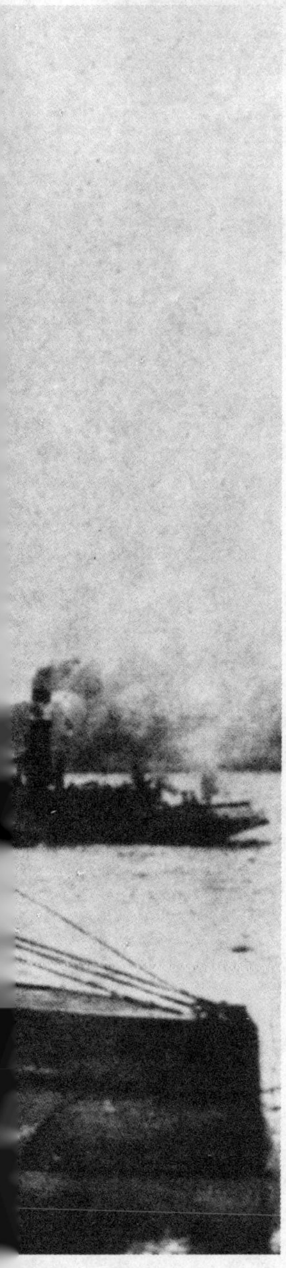

13. August 1916, Bremerhaven. Nach erfolgreicher Fahrt zurück: Kapitän König mit seiner Mannschaft

DER LUFTKRIEG 1916

LUFTSCHIFFE GEGEN ENGLAND

Erst gegen Ende des Jahres gelingt es beiden Seiten, kampffähige Flugzeuge zu entwickeln

Die technische Entwicklung im Flugzeug- und Motorenbau wird von allen Seiten mit Feuereifer vorangetrieben, denn man hat inzwischen die vielseitige Verwendbarkeit der Fliegerkräfte erkannt. So war es bisher nur möglich, Luftschiffe für strategische Bombardements einzusetzen, da sie über eine erheblich größere Reichweite verfügten. Die Wirkung war mitunter zwar groß, doch machte sich ihre Verwundbarkeit immer mehr bemerkbar. Die Flugzeugindustrie hat sich unterdessen den Erfordernissen des Luftkrieges angepaßt und bessere Jagdmaschinen sowie Bomber entwickelt. Hinzu kommen die Fortschritte in der Funktechnik, die den Wert des Flugzeugs als Artilleriebeobachter erhöhen. So ist im Jahr 1916 die Vorbereitung und Durchführung von Armeeoperationen ohne den Einsatz von starken Fliegerkräften gar nicht mehr denkbar.

Am 23. Januar 1916 werden die beiden ersten deutschen Kampfflieger, Oswald Boelcke und Max Immelmann, den die Engländer den »Adler von Lille« nennen, für ihre acht Luftsiege mit dem höchsten preußischen Tapferkeitsorden, dem »Pour le mérite«, ausgezeichnet.

Der erste Zeppelinangriff auf Paris erfolgt in der Nacht vom 29./30. Januar 1916. Er ist eine Vergeltung für den Bombenabwurf französischer Flugzeuge auf die außerhalb des Operationsgebietes liegende Stadt Freiburg im Breisgau vom 27./28. Januar 1916, der jedoch nur geringen Schaden verursacht und drei Personen verletzt hat. Während die Pariser Presse den deutschen Luftangriff als Piraterie bezeichnet, mildert sie gleichzeitig den eigenen Angriff auf Freiburg ab und nennt ihn »eine Tat der Gerechtigkeit«.

Zeppelinangriff auf Paris

Montag, 31. Januar 1916, Paris. Die Tageszeitung *Le Matin* berichtet:

»Lastend hing die Nacht über der Stadt Paris, tiefdunkel, dunstig und ruhig. Die milde Luft lockte an diesem Samstagabend noch viele Spaziergänger auf die Straßen. Plötz-

Improvisation auf einem englischen Feldflugplatz an der Westfront: Flugbeobachtung durch ein Teleskop – ein hölzerner Dreifuß und eine Fahrradfelge dienen als Unterbau

Aus der Nähe gesehen: Die vordere Gondel eines deutschen Luftschiffes

lich ertönten Alarmsignale. Durch die Straßen rasen Automobile der Feuerwehr. Sie blasen Alarm. Hornrufe von allen Seiten. Im selben Augenblick verlöschen fast alle Lichter in der Stadt. Gegen den nachtschwarzen Himmel, der von dichtem Nebel verhangen ist, richten sich die Strahlen der Scheinwerfer und durchwühlen die Finsternis. Durch die Menge geht es von Mund zu Mund: ›Ein Zeppelin! ... Ein Zeppelin kommt! ...‹

Im nächsten Augenblick wird die Luft von den ersten drei rasch aufeinanderfolgenden Explosionen erschüttert. Drei Geschosse haben sich über einem Viertel der Stadt entladen. Zu dieser Zeit befanden sich viele Familien, die vor dem Schlafengehen ein wenig Luft schöpfen wollten, noch auf den Boulevards, die von den Lichtern der noch geöffneten Cafés und Kinos beleuchtet wurden. Von unten herauf dringt in regelmäßigen Abständen ein dumpfes Rol-

Kurz nach dem Start: Das deutsche Militär-Luftschiff LZ 77

len. Es sind die Züge der Untergrundbahn, die unter diesem Straßenzug entlanggeht.

Auf einmal erklingen in den benachbarten Straßen die warnenden Hornrufe. Die Spaziergänger bleiben mit einem Ruck stehen. Unwillkürlich suchen ihre Blicke den nachtdunklen Himmel, an dem plötzlich zwei kleine Sterne sichtbar werden, bald da, bald dort aufblitzen und wieder verlöschen. Es sind zwei unserer Flugzeuge, die aufgestiegen sind, um den angekündigten Feind zu entdecken. Plötzlich zerreißt ein blendender Schein das Tiefdunkel. Eine fürchterliche Detonation folgt. Trümmer aller Art, Erde, Steine, Fensterscheiben, zerschmetterte Bäume fliegen umher. Weiber und Kinder fliehen schreiend.

Der Zeppelin hat seine ersten Bomben abgeworfen. Aber wo?... Dichter Rauch erfüllt die Luft. Auf dem Boulevard hat die Panik ihren Höhepunkt erreicht. Allmählich schwindet der Rauch. Man überwindet den ersten Schrecken und kann sich endlich Rechenschaft geben über das, was hier geschehen ist. Mitten auf dem Boulevard, gerade vor dem Hause Nr. 53, ist das furchtbare Mordwerkzeug niedergegangen. Ein ungeheures Loch, fast zehn Meter im Durchmesser, gähnt auf dem Fahrdamm. Und in der Tiefe dieses Trichters öffnet sich plötzlich ein zweites Loch und legt den erleuchteten Tunnel des Metropolitain bloß. Die Bombe hat das Gewölbe des Tunnels in der Mitte durchschlagen. Pflaster und Erde, die den Kunstbau deckten, wurden aufgeworfen und umhergeschleudert und die Betondecke durchbrochen, als wäre sie aus Pappe.

Über den Gleisen stürzte das Gewölbe zusammen, etwa fünf Meter von dem Ende der nächsten Station, die zwei Minuten vorher ein Zug verlassen hatte. Der Boden des Tunnels ist jetzt mit unförmigen Trümmern bedeckt, mit zerschmettertem Material aller Art, mit verbogenen Schienen, die sich quer über die Strecke recken. Auf den Bahnhöfen der Untergrundbahn standen Leute in großer Zahl, die noch in Unkenntnis des Alarms ruhig auf ihre Züge warteten. Wie ein Donnerschlag fiel die gewaltige Entladung in diese unterirdische Welt. Schrecken verbreitete sich auf allen Stationen.

Einer der Passagiere schildert seine Eindrücke: ›Wir standen ahnungslos, als pötzlich mit der Gewalt eines Taifuns ein Luftzug uns ins Gesicht schlug. Ein fürchterlicher Zusammenbruch folgte. Zuerst ein kurzer, heftiger Einschlag, dann wie Donnerrollen eine Reihe dumpfer Detonationen (durch das Echo, das die Gewölbe wiedergaben). Es war wie das Heulen der Brandung gegen eine steile Küste. Was war geschehen? Keiner von uns hatte eine Ahnung. Zuerst dachten alle an ein Attentat. Irrsinnig vor Angst stürmten die Leute die Ausgangstreppen empor. Aber bald erfuhr man die Wahrheit...‹«

In der noch jungen Luftfahrt wirkt auch im dritten Kriegsjahr so manches noch behelfsmäßig. Hier wird eine Signalrakete gezündet, die einem Jagdgeschwader als Startzeichen dient

Nachdem ein Luftschiffgeschwader in der Nacht vom 31. Januar/1. Februar 1916 Dock-, Hafen- und Fabrikanlagen in Liverpool und Birkenhead, Eisenwerke und Hochöfen von Manchester, Industrieanlagen in Nottingham, Sheffield, am Humber sowie in Great Yarmouth mit Spreng- und Brandbomben belegt hat und sich bereits auf dem Rückflug befindet, geht L 19 mit seinem Kommandanten Udo Löwe und der Besatzung verloren. Die Nachforschungen verlaufen anfangs ergebnislos, bis die holländische Presse von der Katastrophe eines Luftschiffs berichtet, bei dem es sich vermutlich um L 19 handelt. Es habe die Insel Ameland überflogen und sei im Nebel von der holländischen Küstenwacht mehr als sechzigmal aus nächster Nähe beschossen worden.

Wie man erst später erfährt, ist William Martin, Kapitän des englischen Fischdampfers »King Stephan« aus Grimsby, durch einen flackernden Lichtschein auf das hilflos in der Nordsee treibende Luftschiff aufmerksam geworden. Nach dem Heranfahren kann er sich aber nicht entschließen, die etwa dreißig Mann starke deutsche Besatzung zu retten – aus Furcht, man würde ihn überwältigen und über Bord werfen, um mit seinem Schiff in Richtung Deutschland abzudampfen. So überläßt er die Männer ihrem Schicksal, die mit den Resten des Luftschiffs untergehen.

Bevor die deutsche Offensive am 21. Februar 1916 bei Verdun beginnt, kann Leutnant Boelcke mit 15 Besatzungen einen nur etwa 10 Kilometer hinter der Front liegenden Landeplatz beziehen, um durch ständiges »Sperrefliegen« die feindlichen Maschinen davon abzuhalten, Luftaufklärung über den deutschen Stellungen zu betreiben. Dafür sind insgesamt 3 Zeppeline, 14 Ballons, 145 Aufklärungsmaschinen und 21 Fokker-Jagdflugzeuge im Einsatz. Durch die Konzentration derart vieler Sperreflieger werden allerdings andere Aufgaben vernachlässigt, wie zum Beispiel die Aufklärung des rückwärtigen Feindgebietes und die Bekämpfung gegnerischer Artillerie. So ist dem Oberkommando der 5. Armee unter anderem entgangen, daß seit dem 28. Februar 1916 auf der einzigen Straße zwischen Verdun und Souilly-Bar-le-Duc ungezählte motorisierte Kolonnen die französischen Linien innerhalb von acht Tagen um 190000 Mann verstärken und die gesamten Versorgungsgüter heranschaffen.

In der Nacht vom 5./6. März 1916 unternehmen deutsche Luftschiffe wieder Bombenangriffe auf England. Sie überfliegen die Insel von der Grafschaft Kent bis zum nördlichen Teil von Yorkshire in einer Breite von etwa 80 Kilometern. Das Hauptangriffsziel sind die militärischen und Hafenanlagen der Stadt Hull am Humber. Wie die *Neue Zürcher Zeitung* am 14. März 1916 berichtet, soll ein Schaden allein an privatem Eigentum von rund 2300000 Pfund Sterling entstanden sein. Dieser Angriff hat allerdings ein Nachspiel im britischen Unterhaus. Der stellvertretende Kriegsminister wird gefragt, ob er wisse, daß am 5. März eine der wichtigsten Städte an der Ostküste bombardiert worden sei und es 17 Tote und 50 Verwundete gegeben habe. Es sei doch wohl an der Zeit, auch ein paar deutsche Städte in Trümmer zu legen ...

Von den Scheinwerfern erfaßt: Ein deutscher Zeppelin über London

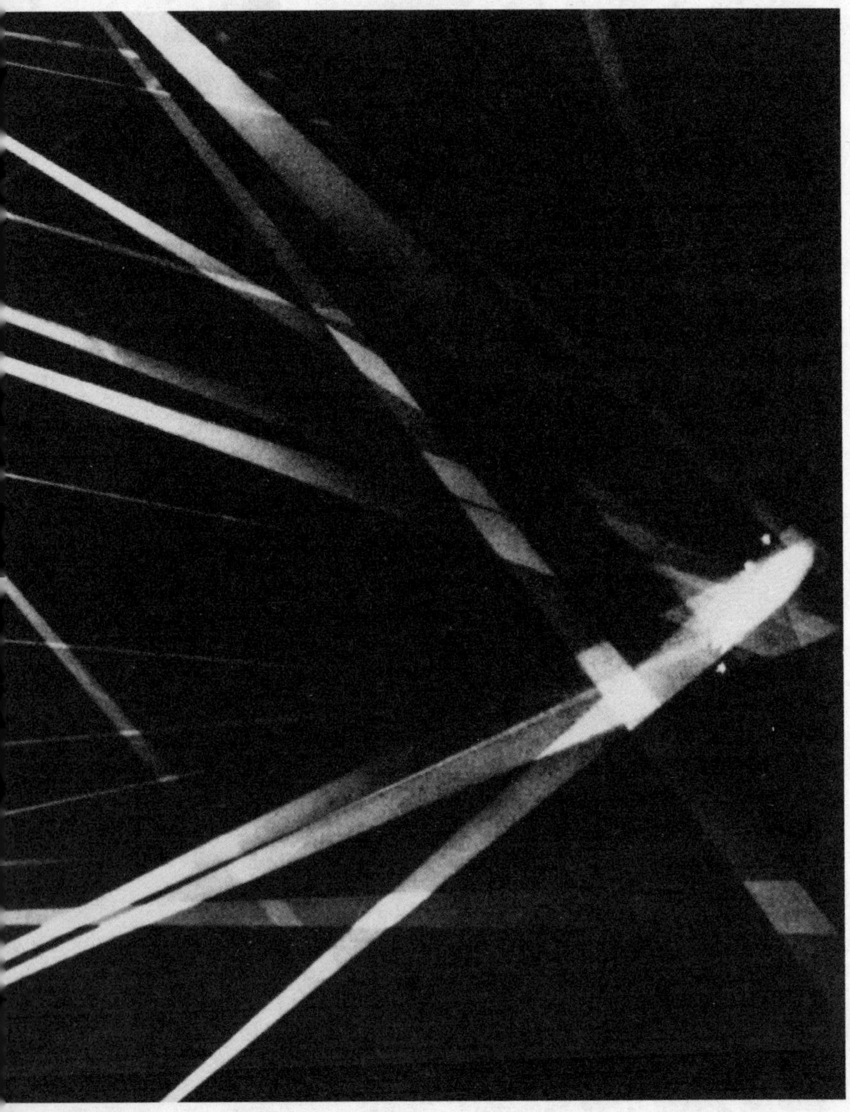

Wiederholte Luftschiffangriffe gegen England

Freitag, 24. März 1916, Berlin. Die *Tägliche Rundschau* berichtet:

»Der Angriff galt vornehmlich den militärischen und Hafenanlagen am Humber. Die Luftverhältnisse waren so, daß die Luftschiffe ihre Aufgabe mit außerordentlichem Erfolg ausführen konnten und die Wirkungen auch gut zu beobachten in der Lage waren. Bei weitem am schwersten hat Hull, besonders seine Hafenanlagen, durch den Angriff gelitten. Am Humberkai wurde ein Magazin mit Muni-

In einem Londoner Vorort: Die verheerende Wirkung einer Bombe, von einem Zeppelin abgeworfen

tionsvorräten und in den Alexandra-Docks ein Magazin mit Regierungsvorräten vollständig zerstört. Die Kaimauer hat so schweren Schaden erlitten, daß sie teilweise erneuert werden muß. Eine ganze Anzahl von Ladekränen wurde vernichtet.

Auch in den New-Joint-Docks wurde schwerer Schaden angerichet. Ein großer Dampfer am Humberkai und ein Benzintankdampfer wurden schwer beschädigt. Ein größeres Kriegsschiff wurde am Bug, ein anderes am Hinterschiff schwer getroffen. Von dem letzteren Fahrzeug wurden außerdem die beiden Schornsteine fortgerissen und der hintere Mast und das Hinterteil des Schiffes zum größten Teil zerstört. Auch in der Stadt Hull selbst war der Schaden groß. Ein großes Lagerhaus wurde getroffen und brannte nieder. Die Bahnanlagen sind stark beschädigt worden. Im alten Stadtteil sind zwei Häuserblocks völlig zertrümmert worden. Die Collier Street soll ein einziger Trümmerhaufen sein.«

Die bisher schwersten Luftschiffangriffe erleben die Engländer in sechs aufeinanderfolgenden Nächten zwischen dem 31. März und dem 6. April 1916. Die deutschen Geschwader überqueren die See jeweils in geschlossenem Verband und greifen dann London sowie englische und schottische Industriestädte mit Bomben an. Viele kriegswichtige Werke und Hafenanlagen werden getroffen und zum Teil völlig vernichtet. Nach Meldung des *Berner Intelligenzblattes* vom 11. April 1916 sollen die Angriffe furchtbare Zerstörungen angerichtet haben. In London seien ganze Häuserblocks eingestürzt. Die Wut der Bevölkerung sei unbeschreiblich. Jetzt erst fühle man in London, daß sich England im Krieg befinde.

Die Moral der Fabrikarbeiter, von deren Leistungsfähigkeit so ungeheuer viel abhängt, ist durch die häufigen Nachtangriffe ernsthaft beeinträchtigt, denn alle waren bisher davon überzeugt, daß ihnen die insulare Lage Großbritanniens Sicherheit bietet. Jetzt muß abends verdunkelt und mancher Betrieb in der Gefahrenzone stillgelegt werden. Zahlreiche Arbeitsstätten sind durch Bombeneinschläge entweder eingestürzt oder ausgebrannt.

Sechs Nächte unter Bombenhagel

Freitag, 21. April 1916, Hamburg. Halbamtliche Mitteilung der *Norddeutschen Allgemeinen Zeitung:*

»1. London. Der Angriff am 31. März auf 1. April war bei weitem der schwerste und wirkungsvollste. Im nordöstlichen Teil der Stadt sind viele Brände ausgebrochen. Großer Schaden soll in der Great Eastern Street und in der Great Tower Street entstanden sein, in letzterer wurde u. a. eine Fabrik vernichtet. Auch die Marylebone Road ist sehr in Mitleidenschaft gezogen. Verschiedene Bomben fielen in der Nähe der Tower Bridge und London Bridge, dabei wurde ein Transportdampfer schwer beschädigt. In der Nähe des Holland Parks sind Baracken und Flugzeugschuppen getroffen, Soldaten getötet und Flugzeuge vernichtet worden, ein Flugzeugschuppen ist abgebrannt. In den St. Katherine's Docks und London Docks wurden ebenfalls große Zerstörungen angerichtet, in der Nähe befindliche Werkstätten zum Teil verschüttet, so daß eine große Anzahl Arbeiter am folgenden Tag die Arbeit nicht wieder aufnehmen konnte. In diesen Docks erhielten außerdem vier armierte Handelsdampfer schwere Treffer. In den Westindia Docks brach ein großes Feuer aus, mehrere Luftabwehrgeschütze wurden zerstört. Auch die Commercial Docks sind schwer zugerichtet, Kohlenmagazine, ein

IT IS FAR BETTER
TO FACE THE BULLETS
THAN TO BE KILLED
AT HOME BY A BOMB
JOIN THE ARMY AT ONCE
& HELP TO STOP AN AIR RAID
GOD SAVE THE KING

Aufruf an die englische Bevölkerung: »Es ist besser, sich den Kugeln zu stellen, als zu Hause von einer Bombe getötet zu werden – Schließe Dich sofort der Army an, und helfe, einen Luftangriff zu stoppen – God save the King«

Schuppen mit Kriegsmaterial und einige kleine Schiffe wurden vernichtet, ebenso ein Teil der in den Docks befindlichen Eisenbahnanlagen nebst rollendem Material. Weiter in Mitleidenschaft gezogen wurden die Tilbury Docks, wo ein Schuppen abbrannte und verschiedene Luftabwehrgeschütze außer Gefecht gesetzt worden sind. In Purfleet wurde eine Munitionsfabrik getroffen und gänzlich zerstört.

2. Plätze am Humber. An verschiedenen Orten der Humbermündung hat man große Brände beobachtet. In der Nähe von Grimsby sind eine Batterie und eine Kaserne getroffen und zum großen Teil zerstört worden. Umfangreiche Gebäude wurden in Grimsby beschädigt, z. B. die Gasanstalt, das Elektrizitätswerk und ein Vorortbahnhof. Außerhalb Grimsby ist eine Munitionsfabrik in die Luft geflogen, eine weitere schwer beschädigt.

3. Sunderland. Der Angriff galt in erster Linie den Dockanlagen, die schwer gelitten haben. Viele Werften, besonders die von Swan, Hunter und Wigham Richardson klagen über Bombenschäden. Eine Helling wurde getroffen. Das darauf befindliche Schiff ist umgefallen. Ein Kreuzer, der in nächster Zeit vom Stapel laufen sollte, ist teilweise zerstört. Außer Kaianlagen wurden noch mehrere Schiffe getroffen. Außerhalb Sunderland sind mehrere Fabrikanlagen schwer beschädigt worden, darunter eine Munitionsfabrik. Ein großer Schuppen mit Materialien liegt in Schutt und Asche.

4. Middlesborough. Zwei große Schmelzöfen und die dazu gehörigen Landungsanlagen der Clarence Wharf and

April 1916. An der Westfront: Nach der Sichtung eines feindlichen Flugzeuges eilen Soldaten vom britischen Expeditionsheer zu den Flakgeschützen

Factory und der Bells Wharf wurden zum größten Teil zerstört.

5. Edinburgh und Leith. In Edinburgh und Leith ist großer Schaden entstanden. Kasernen und Munitionslager, Eisenwerke und andere Fabriken liegen in Trümmern. Zwei Munitionsbetriebe sind in Flammen aufgegangen. Die große Spritfabrik in Leith wurde durch eine Brandbombe getroffen und durch Feuer gänzlich vernichtet, eine Eisenbahnstation stark beschädigt, ein dort stehender Zug zerstört. Auch Hafenanlagen in Leith und dort liegende Schiffe haben zum Teil sehr gelitten, u. a. ist ein englischer Viermaster fast ganz ausgebrannt. Ein in der Nähe von Leith liegender Transportdampfer mit Kriegsmaterial, bereit zum Auslaufen, ist schwer getroffen und kann seine Reise nicht mehr antreten.

6. Plätze am Tyne. In der Nähe von Hexham ist eine Munitionsfabrik explodiert. Unweit Newcastle traf eine Bombe die Tynebrücke, die fast vollständig zerstört wurde. Viele Werften und Hafenanlagen an beiden Tyne-Ufern sind getroffen worden, besonders schwer die Werften bei Hebburn und Gateshead, gegenüber Newcastle. Ganze Fabrik- und Schiffbauanlagen sind außer Betrieb gesetzt. In der Nähe von Ryton (oberhalb Newcastle) ging eine Munitionsfabrik in die Luft. Außerdem sollen verschiedene Kriegsschiffe und für die englische Marine bestimmte Neubauten getroffen und mehr oder minder stark beschädigt worden sein.«

Zu dem Geschwader, das den Nachtangriff vom 31. März/1. April 1916 fliegt, gehört auch das Luftschiff L 15 unter Kapitänleutnant Breithaupt, das als erstes die nördlichen Vororte von London erreicht. Man hofft, dort die geringste Bodenabwehr anzutreffen. Doch die Engländer haben gerade einige Tage zuvor die Batterien erheblich verstärkt, so daß L 15 plötzlich in heftiges Abwehrfeuer gerät. Eine Granate krepiert in unmittelbarer Nähe und reißt ein großes Loch in die Hülle. Obwohl aus zwei Zellen Gas ausströmt, kommt es zu keiner Explosion. Breithaupt läßt sofort alle Bomben und auch Ballast abwerfen, um an Höhe zu gewinnen und um so, wenn möglich, noch den nächsten Flughafen Ostende zu erreichen.

Ein britischer Pilot, verwundert über die ausbleibende Explosion des Luftschiffs, steigt mit seinem Flugzeug auf, um L 15 den Todesstoß zu versetzen. Doch die MG-Schützen des Zeppelins nehmen die noch etwa 500 Meter tiefer fliegende Maschine unter Feuer, so daß sie nach verschiedenen Einschüssen wieder abdrehen muß. Alle Bemühungen der Luftschiffbesatzung, die Beschädigungen an der Hülle notdürftig zu reparieren, bleiben jedoch erfolglos. Durch den hohen Gasverlust sinkt der Zeppelin innerhalb kurzer Zeit von 3000 auf 800 Meter, bricht vor der Themsemündung in zwei Teile und stürzt nachts um 1 Uhr senkrecht ins Meer.

Englische Vorpostenboote, die das Wrack des Luftschiffs entdeckt haben, versuchen nun, es durch mehrere Treffer

An der Außenhülle eines deutschen Luftschiffes: Der Standort des MG-Schützen dient zugleich als Ausguck – mit der Kontrollkabine ist er über eine Röhre verbunden (links). Ende eines Feindfluges: Das Wrack von L 15 (Mitte). In englischer Gefangenschaft Kapitänleutnant Breithaupt, der Kommandant von L 15 (rechts)

in Brand zu schießen. Dem kommt die Besatzung aber zuvor: Sie öffnet sämtliche Ventile und zerschneidet die Zellenwände, damit das Luftschiff sinken kann. Inzwischen taucht der britische Zerstörer »Volunteer« auf, der die 16 Deutschen an Bord nimmt. Ob es den Engländern noch gelungen ist, das Wrack zu bergen, ist nicht bekannt.

Eine folgenschwere Landung

Die Piloten des seit Herbst 1915 an der Westfront eingesetzten Fokker E-III-Eindeckers, der den Gegner weitgehend beunruhigt, haben den strikten Befehl, die Frontlinie nicht zu überfliegen, um zu verhindern, daß den Alliierten im Fall einer Notlandung die »Geheimwaffe« in die Hand fällt. Doch eines Tages erhält der bei Fokker ausgebildete Jagdflieger Mohr die Anweisung, am 8. April 1916 eine neue Fokker E III von Valenciennes auf einen Feldflugplatz zu überführen.

Obwohl man Mohr anhand von Kartenmaterial die Flugroute genau beschrieben hat, verliert er bei dem diesigen Wetter die Orientierung und landet versehentlich auf

Auf einem Feldflugplatz an der Westfront: Ein deutsches Bombenflugzeug

Da immer noch viele Flugzeuge von den eigenen Leuten abgeschossen werden, soll dieses Plakat der britischen Regierung helfen, die verschiedenen Flugzeuge zu identifizieren

einem Flugplatz des Royal Flying Corps (RFC). Diese Zufallsbeute kommt den Alliierten wie gerufen, denn sie haben bisher noch keine einwandfrei funktionierende Vollsynchronsteuerung entwickeln können. Jetzt ist es für die englischen Konstrukteure ein leichtes, ähnliche Maschinen zu bauen – und diese Maschinen machen den deutschen Jagdfliegern im weiteren Verlauf des Krieges noch schwer zu schaffen.

In der Nacht vom 2./3. Mai 1916 startet ein Marineluftschiffgeschwader in Richtung England, um diesmal den mittleren und nördlichen Teil der britischen Insel anzugreifen.

Dem Geschwader gelingt es, Fabriken, Hochöfen und Bahnanlagen bei Middlesborough und Stockton sowie Industrieanlagen bei Sunderland zu bombardieren. Auch der Hafen von Hartlepool und englische Kriegsschiffe am Eingang zum Firth of Forth werden mit Bomben belegt.

Trotz des heftigen Abwehrfeuers wird kein Luftschiff getroffen. Doch als sie gemeinsam wieder den Rückflug antreten, treibt plötzlich auftretender starker Wind L20 nach Norden ab. Kommandant Franz Stabbert und seine Besatzung schaffen es nicht mehr, dagegen anzusteuern, so daß sie am nächsten Morgen vor der norwegischen Küste in Seenot geraten.

L20 strandet in Norwegen

Donnerstag, 4. Mai 1916, Stavanger. Die Tageszeitung *Aftenposten* berichtet:

»Das deutsche Luftschiff ›L 20‹ ist aus Stavanger am Vormittag des 3. Mai 1916 gegen 10 Uhr über dem südlichen Teil der Jäderküste ziemlich nahe dem Land gesichtet worden. Es flog langsam nordwärts und kam der Küste

Das Wrack von L10 in der Nordsee – abgeschossen von britischen Fliegern nach einem Luftangriff auf London

immer näher, bis zum Hafsfjord, wo es, anscheinend beschädigt, auf das Wasser niederging.

Danach trieb der Zeppelin, der im scharfen Gegenwind seinen Benzinvorrat aufgebraucht hatte, gegen eine Felskuppe, so daß das Achterschiff direkt vor der hinteren Gondel brach und herabstürzte. Eine Rettung des Schiffes war unmöglich; es brach mitten durch ... Ein Torpedoboot, das längs der Küste gefolgt war, rettete die Besatzung, die vorläufig in Malde interniert wurde. Einige Verwundete wurden ins Krankenhaus gebracht. Das vollständig wrack gewordene Luftschiff trieb im westlichen Teil des Hafsfjords unmittelbar bei seiner Mündung ins Meer an, ist von norwegischen Mannschaften vertaut und von den norwegischen Behörden beschlagnahmt worden.

Der Kommandeur des Vesterlehnschen Regiments, Oberst Johannsen in Malde, ließ dann am 5. Mai 1916 nachmittags um 3 Uhr das Luftschiff ›L 20‹ von einer Abteilung Soldaten beschießen, so daß es explodierte. Denn da es in dem starken Wind heftige Bewegungen zu machen begonnen hatte, hätte es sich, weil noch stark mit Gas gefüllt, leicht losreißen und Schaden anrichten können. Seine Explosion war ungemein stark und weithin hörbar. Ein paar Bootsschuppen in der Nähe gerieten in Brand, und in den Häusern wurden die Fensterscheiben zertrümmert.

Wegen Fehlens völkerrechtlicher Bestimmungen für Luftschiffe beschlossen die norwegischen Behörden in diesem Fall, den Regeln für Schiffsbrüchige von Kriegsschiffen kriegführender Staaten zu folgen. In Übereinstimmung mit dem Standpunkt, den sie bei früheren Gelegenheiten während des Krieges eingenommen hatten, z. B. gegenüber den Engländern von den Dampfern »Weimar« und »India«, haben sie daher diejenigen Mannschaften des Luftschiffes ›L 20‹, die gerettet und in privaten Fahrzeugen an Land geführt worden waren, insgesamt sechs Mann, freigegeben.«

Für Luftschiffe sind nicht nur feindliche Abwehrbatterien eine große Gefahr, sondern vor allem plötzlich aufkommende Winde oder wechselhaftes Wetter mit schlechten Sichtverhältnissen. Dies zeigt sich besonders deutlich bei der Seeschlacht vor dem Skagerrak. Am 31. Mai und am 1. Juni 1916 sollen je fünf Zeppeline aufsteigen, um die Hochseeflotte durch rechtzeitige Fernaufklärung zu unterstützen. Die äußerst ungünstige Wetterlage am Morgen des 31. Mai verhindert jedoch den geplanten Start der Luftschiffe. Und als sie mittags in Richtung Skagerrak unterwegs sind, müssen sie feststellen, daß bei dem diesigen Wetter überhaupt keine Aufklärung möglich ist. Daher entgeht ihnen auch das Nahen feindlicher Einheiten und deren Begegnung mit der deutschen Hochseeflotte.

Der 18. Juni 1916 ist ein schwarzer Tag für die deutschen Jagdflieger. Ihr großes Vorbild, Max Immelmann, verunglückt mit seiner Maschine tödlich. Nach dem Ausfall der Nockensteuerung feuert das MG unsynchronisiert weiter, zerschießt den eigenen Propeller, und die Maschine gerät ins Schwanken; plötzlich bricht der hintere Teil des Rumpfes ab, und Immelmann fällt mit dem Vorderteil aus 2000 Meter Höhe wie ein Stein zu Boden. Als Immelmanns Tod beim Royal Flying Corps bekannt wird, werfen einige Fliegerabteilungen Kränze über den deutschen Linien ab. Er war bei Freund und Feind eine geschätzte Persönlichkeit.

Nur vier Tage später, am Fronleichnamstag, dem 22. Juni 1916, erfolgt der erste, sich ausschließlich gegen die Zivilbevölkerung richtende Luftangriff der Geschichte. Gegen 15 Uhr nähern sich fünf französische Bomber vom Typ Caudron G.4 der Stadt Karlsruhe. Diese fünf Doppeldekker mit je zwei Mann Besatzung sollen 40 Bomben auf Karlsruhe abwerfen als Vergeltung für den deutschen Angriff auf Bar-le-Duc, bei dem 85 Menschen umkamen.

Gerade an diesem Nachmittag gibt der Zirkus »Hagenbeck« in seinem großen Zelt auf dem freien Platz an der

22. Juni 1916. Die Ettlinger Straße in Karlsruhe: Chaos nach dem Luftangriff des französischen Bombergeschwaders

Eine französische Caudron G.4. Flugzeuge dieses Typs haben den Angriff gegen Karlsruhe geflogen

Ettlinger Straße eine Kindervorstellung. Kurz vor Beginn sind plötzlich Motorengeräusche zu hören, und ein Mann schreit: »Feindliche Flieger!« Nach diesem Zwischenruf bricht unter den 2000 Zuschauern eine Panik aus, und jeder versucht, ins Freie zu gelangen. Da gehen bereits die ersten Splitterbomben nieder, die eine ungeheure Streuwirkung haben und ein furchtbares Blutbad anrichten. 85 Kinder und 34 Erwachsene fallen den Bomben zum Opfer, 169 Schwerverletzte werden auf schnellstem Weg in die umliegenden Krankenhäuser geschafft.

Der ganze Angriff dauert nur 17 Minuten, dann sind die fünf feindlichen Flugzeuge wieder verschwunden. Die Franzosen haben zwar in Karlsruhe schon mehrmals Industrieanlagen bombardiert, aber die Bevölkerung ist vorher immer durch ein dreistufiges Alarmsystem gewarnt worden. Doch an diesem Tag hat es keinen Voralarm gegeben, so daß den Einwohnern die Möglichkeit fehlte, sich rechtzeitig in Sicherheit zu bringen.

Neue Flugzeugtypen

Unterdessen haben Engländer und Franzosen durch die gewaltigen Materialschlachten bei Verdun und an der Somme als erste erkannt, daß der Kampf um die Luftüberlegenheit eine äußerst wichtige Rolle spielt und eine Veränderung der bisherigen Gliederung erfordert. Daher werden die Fliegerkräfte von den Heerestruppen gelöst, einem Kommandeur der Flieger unterstellt und in zwei Gruppen unterteilt: die sogenannten Arbeitsverbände, zuständig für Aufklärung und Zusammenwirken mit der Infanterie, sowie die Kampfverbände, zu denen die Jagd- und Bombenflugzeuge gehören.

In der Sommeschlacht macht sich bereits die Luftüberlegenheit der Alliierten bemerkbar. Hier greifen sie mit MG-Feuer und Bombenabwürfen, geschützt durch starke Jagdfliegerkräfte, direkt in die Kampfhandlungen auf der Erde ein. Außerdem werden verstärkt Bombeneinsätze gegen Verkehrsverbindungen im rückwärtigen deutschen Frontgebiet geflogen – und das nicht nur bei Tag, sondern erstmals auch bei Nacht. Damit ist die zeitweilige Luftherrschaft, die die Deutschen mit dem Fokker D-III-Jagdflugzeug erringen konnten, vorbei. Eine neue Generation von Jagdmaschinen hat inzwischen den Fokker überholt.

Seit dem Sommer 1916 befinden sich die neuen französischen Jäger Nieuport 17 an der Sommefront. Dieser

»Karlsruher Tageblatt« vom 24. Juni 1916: »Der neuerliche Fliegerangriff auf Karlsruhe«

Bezugspreis: in Karlsruhe frei ins Haus geliefert viertelj. 2.40 Mk., an den Ausgabestellen abgeholt monatlich 65 Pfennig. Auswärts durch die Post frei ins Haus gebracht viertelj. 2.72 Mark. Am Postschalter abgeholt 2.30 Mk. Einzelnummer 10 Pfennig.
Redaktion und Expedition: Ritterstraße Nr. 1.

Karlsruher Tagblatt

Mit amtlichem Verkündigungsblatt. — Badische Morgenzeitung.

Anzeigen: die einspaltige Kolonelzeile od. deren Raum 20 Pfennig. Reklamezeile 50 Pfennig. Rabatt nach Tarif.
Anzeigen-Annahme: größere spätest. bis 12 Uhr mittags, kleinere spätestens bis 4 Uhr nachmittags.
Fernsprechanschlüsse: Expedition Nr. 203. Redaktion Nr. 894.

113. Jahrg. Nr. 173. — Samstag, den 24. Juni 1916 — Erstes Blatt.

Chefredakteur: Gustav Reppert; verantwortlich für Baden, Lokales und Handel: Heinrich Gerhardt; für Feuilleton: Hermann Weick; für Sport und Vermischtes: J. V.: Heinrich Gerhardt; für Inserate: Paul Kußmann. Druck und Verlag: C. F. Müllersche Hofbuchhandlung m. b. H., sämtliche in Karlsruhe. Berliner Redaktion: Dr. Kurt Heinrich, Friedenau, Fregestraße 65 66. Tel.-Amt Uhland 2902. — Für unverlangte Manuskripte oder Drucksachen übernimmt die Redaktion keine Verantwortung. Rücksendung erfolgt, wenn Porto beigefügt ist.

Der Wirtschaftskrieg der Entente.

Wenn ein späterer Geschichtsschreiber nach Prüfung aller Quellen und Aussagen, die ihm aus diesen dreiundzwanzig Kriegsmonaten und den vorhergegangenen Jahren zur Verfügung stehen werden, sich noch über Wesen, Ursachen und Verantwortung für den furchtbaren Weltbrand nicht ganz klar sein sollte, dann wird vielleicht das Studium der Beratungen und Beschlüsse der eben beendeten Pariser Wirtschaftskonferenz ihm die letzten Zweifel nehmen.

Was über deren Absichten, Maßnahmen und auch nur Tendenzen teils mehr oder minder offiziös erklärt, teils in die neutrale Presse durchgesickert ist, trägt so unverhüllt den Charakter wirtschaftlicher Mißgunst, Raubgier und brutaler Vergewaltigung der kleineren Nationen, daß dagegen alle von den Vierverbandsdiplomaten verkündeten rein politischen Kriegsmotive und Kriegsziele als bloße Verschleierungen oder Mittel zum Zweck offenbar werden. Selbst ein ausgesprochen deutschfeindliches Blatt wie das „Journal" sein, welche den grausigen Hohn solcher Politik erfassen, den Hohn gegen Vernunft, Menschlichkeit und — gegen das Interesse des eigenen Landes? Sollte die Erinnerung in England so ganz verloren gegangen sein an die Zeit vor dem 1. August 1914, als England trotz der deutschen Konkurrenz seinen Reichtum ununterbrochen jährlich mehren, seinen Einfluß in der Welt ausdehnen konnte und wo gerade Deutschland Englands bester Kunde war. Die Zeiten sind dahin; England hat es so gewollt

Die Vergewaltigung Griechenlands.

H. Aus Berlin wird uns gedrahtet:

Die schamloseste Erpressung der Weltgeschichte, welche Frankreich und England, die amtlichen Beschützer der kleinen Nationen, gegen das wehrlose Griechenland verüben, hat zunächst wieder einmal einen Erfolg gehabt. Auf die Blockade sämtlicher griechischen Städte, welche die griechische Bevölkerung buchstäblich in kurzer Zeit dem Hungertod nahe brachte, und vor den gegen die Akropolis von Athen gerichteten englischen Schiffsgeschützen hat die Athener Regierung das Ultimatum annehmen müssen. Dem Ministerium inneren Verwicklungen behütet und jegliche Ordnung wieder herstellt. Die übrigen Blätter der Hauptstadt sind in der scharfen Verurteilung des Vorgehens der Verbandsmächte einig: „Akropolis" betont, daß diese niemals durch irgend einen Vertrag das Recht der Einmischung in die inneren Verhältnisse des Landes erworben hätten, noch daß sie die Absetzung von Polizeibeamten fordern dürften. „Skryp" sagt: Das einzig dastehende Schriftstück, das Griechenland gestern in das Gesicht geschleudert wurde, sei der dunkelste Fleck in der Weltgeschichte und übertreffe das Ultimatum Oesterreich-Ungarns an Serbien, das eben diese

Der neuerliche Fliegerangriff auf Karlsruhe.

Was sich die Franzosen mit dem neuen, zweiten Angriff auf Karlsruhe geleistet haben, übersteigt alles Ausdenkbare an Roheit und Frivolität. Das Blut so vieler unschuldiger Kinder und Frauen, harmloser Passanten und Bürger, Urlauber u. a. schreit zum Himmel um Sühne. Wieder und wieder muß es gesagt werden, daß Karlsruhe eine offene Stadt ist, und daß es nur wehrlose Personen sein können, die diesen „Fliegerhelden" zum Opfer fallen. Auch diesmal ist der „militärische" Erfolg dieser eigentümlichen Vertreter der Kulturnation gleich Null. Wie am 15. Juni 1915 hat die Anwesenheit eines hohen Gastes, der leidenden Königin des neutralen Schweden, die französische „Ritterlichkeit" nicht von der Ueberflüssigkeit und Abzeichmacktheit eines neuen Angriffes auf Badens Residenz abbringen können. Es ist auch diese beispiellose Taktlosigkeit ein Beweis mehr, was es mit dem Schutz der Neutralen durch die „Kulturmächte" der Entente auf sich hat. Es bleibt

Der französische Kampfflieger Guynemer in seinem Jäger, einem Vorgängermodell des Typs Nieuport 17

kleine wendige Doppeldecker zählt zu den besten Jagdmaschinen der Alliierten und wird das bevorzugte Flugzeug aller britischen und französischen Flieger-Asse. Es ist größer, robuster, besser bewaffnet und beträchtlich schneller als die bisherige Version Nieuport »Bébé«, hat eine Spannweite von 8,17 Meter, einen 110-PS-Umlaufmotor und ist mit zwei MG bewaffnet. Seine Höchstgeschwindigkeit beträgt 177 km/h, die Gipfelhöhe 5300 Meter und die Flugdauer zwei Stunden.

Etwa zur selben Zeit wird auf deutscher Seite der neue Jäger Halberstadt D II in Dienst gestellt. Dieser zierliche Doppeldecker hat eine Spannweite von 8,81 Meter, einen 120 PS flüssigkeitsgekühlten 6-Zylinder-Reihenmotor und ist mit ein bis zwei MG bewaffnet. Seine Höchstgeschwindigkeit beträgt 145 km/h, die Gipfelhöhe 4000 Meter und die Flugdauer anderthalb Stunden. Doch die Halberstadt D II bleibt nur einige Monate an der Westfront – bis zum Eintreffen der neuen Albatros-Jäger, die der Nieuport 17 an Schnelligkeit nicht mehr unterlegen sind.

Die Version Albatros D II, ebenfalls ein Doppeldecker, hat eine Spannweite von 8,50 Meter, einen 160 PS flüssigkeitsgekühlten 6-Zylinder-Reihenmotor und ist mit zwei MG bewaffnet. Ihre Höchstgeschwindigkeit beträgt 175 km/h, die Gipfelhöhe 5180 Meter und die Flugdauer anderthalb Stunden. Mit der Albatros D II und dem Nachfolgetyp D III können die deutschen Jagdpiloten die Luftüberlegenheit wiederherstellen, obwohl ihnen der ab Ende 1916 eingesetzte britische neue Jäger Sopwith »Pup« oft zu schaffen macht.

Zu den derzeit besten Jagdmaschinen zählt auch der von den Franzosen entwickelte Doppeldecker Spad S. VII, den die alliierten Piloten ab Anfang September 1916 erhalten. Dieser Jäger kann innerhalb von 15 Minuten bis auf 3000 Meter steigen. Er hat eine Spannweite von 7,77 Meter, einen 150 PS flüssigkeitsgekühlten 8-Zylinder-Reihenmotor und ist mit einem MG ausgestattet. Die Höchstgeschwindigkeit beträgt 191 km/h, die Gipfelhöhe 5334 Meter und die Flugdauer zweieinviertel Stunden. Von diesem Jagdflugzeug werden allein in Frankreich 5600 Stück hergestellt, von denen auch die Verbündeten profitieren.

Mit zunehmender Steigerung des Luftkrieges verstärken die Konstrukteure beider Seiten ihre Aktivitäten, um gleichzeitig wirkungsvollere Bombenflugzeuge zu entwikkeln. Den Engländern gelingt es bereits im Frühjahr 1916, die ersten leichten Bomber vom Typ Sopwith 1½ Strutter sowie den schweren Short Bomber an der Westfront einzusetzen. Der leichte Bomber kann vier Bomben à 30 Kilogramm mitführen, der schwere dagegen eine Bombenlast von 410 Kilogramm. Die Flugdauer der Sopwith beträgt vier Stunden, die des Short Bombers sogar sechs Stunden.

Das neue deutsche Bombenflugzeug A.E.G. G IV wird erst Ende des Jahres 1916 in Dienst gestellt. Es kann eine Bombenlast von 360 Kilogramm mitführen, ist mit zwei Motoren ausgestattet und dreisitzig. Die Flugdauer beträgt viereinhalb Stunden. Ebenfalls Ende 1916 kommt auch der neue französische Bomber vom Typ Voisin 8 an die Front. Die vorgesehene Bombenlast ist 180 Kilogramm, die Flugdauer vier Stunden. Durch den Bau von Bombern mit immer größerer Reichweite wollen die Deutschen versuchen, die Luftschiffangriffe eines Tages von Flugzeugen durchführen zu lassen. Doch solange sich diese Maschinen noch im Entwicklungsstadium befinden, sind die Zeppeline für Bombenabwürfe über England unentbehrlich.

Der größte gegen Großbritannien gerichtete Luftschiffangriff des ganzen Krieges, an dem ein Heeres- und ein Marinegeschwader mit insgesamt 14 Zeppelinen teilnehmen, erfolgt in der Nacht vom 2./3. September 1916. Bei diesem Angriff wird zum erstenmal über England ein Luftschiff von einem Flugzeug abgeschossen. Dem Flieger, Second Lieutenant William Robinson, gelingt es,

Zwei Neuentwicklungen: Der Jäger Halberstadt D II (oben) und der Albatros D II (links)

Auch die Briten sind nicht untätig: Ihr neuer Jäger Sopwith »Pup«

L12 in Brand zu schießen. Der Kommandant, Hauptmann Schramm, und die Besatzung von L12 kommen in den Flammen um. Robinson wird vom König für seine Tat das Victoria-Kreuz verliehen. Außerdem erhält er die für den Abschuß des ersten deutschen Zeppelins über englischem Boden ausgesetzte Prämie in Höhe von 3500 Pfund Sterling.

Erster Zeppelinabschuß über England

Montag, 4. September 1916. Amtliche britische Meldung:

»Der von 13 [sic!] Zeppelinen ausgeführte Streifflug ist der furchtbarste Angriff, der bis jetzt gegen Großbritannien gerichtet worden ist. Die hauptsächlichsten Angriffsziele bildeten die östlichen Grafschaften, und es scheint, daß man es dabei auf London und gewisse Industriestädte Mittelenglands abgesehen hatte. Die neu eingeführten Vorschriften über verminderte Lichtfülle in Häusern und Straßen erwiesen sich als sehr wirksam, denn die Luftschiffe mußten, statt wie bei dem Streifflug im Frühling des Jahres 1915, um einer bestimmten Route folgen zu können, während der Nacht in allen Richtungen hin und her fliegen, ehe sie die Route fanden, auf der sie sich den Zielpunkten mit Bestimmtheit nähern konnten.

So gelang es nur drei Luftschiffen, die Gegend von London zu erreichen. Das eine erschien über den nördlichen Stadtteilen um 2.15 Uhr früh. Es wurde von den Scheinwerfern alsbald ausfindig gemacht und von Fliegerabwehrkanonen und Flugzeugen heftig angegriffen. Nach einigen Minuten sah man es brennen und rasch in Flammen abstürzen. Das Luftschiff war zerstört. Seine Überreste und die fast gänzlich verkohlten Leichen der Besatzung wurden in Cuffley bei Enfield aufgefunden. Die englischen Ingenieure hoffen, gewisse Teile des Gerüstes des abgeschossenen Zeppelins wieder herstellen zu können. Aus der großen Menge des zur Anfertigung des Gerüstes verwendeten Holzes scheint hervorzugehen, daß es in Deutschland an Aluminium fehlt.«

Am 15. September 1916 erfährt Leutnant Konjovic, Kommandant der k.u.k. Seeflugzeugstation in der Bocche di Cattaro (Albanien) von seinem Beobachter, daß er 10 Seemeilen vor Castellastua ein unter Wasser fahrendes U-Boot gesichtet habe. Konjovic läßt sofort seine Maschine L132 und die L135 von Leutnant Zelezny mit je zwei schweren und vier leichteren Bomben beladen. Nach längerem Kreisen über der gemeldeten Stelle entdeckt tatsächlich der Beobachter von L 135, Leutnant Freiherr von Klimburg, das getauchte U-Boot. Aus etwa 200 Meter Höhe werden nun zwei 50-kg-Bomben mit Verzögerungszünder abgeworfen, die etwa sieben Meter von Bug und Heck entfernt einschlagen. Doch außer einem Ölfleck können die Piloten keinen Erfolg feststellen.

Erst vierzig Minuten später taucht das U-Boot auf. Die Flugzeuge setzen nun zum Sturzflug an, ehe sie bemerken, daß vom U-Boot aus geschossen wird. Die beiden Piloten werfen zur Warnung noch zwei leichte Bomben ab und winken der Besatzung zu, damit diese sieht, daß man die Matrosen selbst nicht angreifen will. Da hebt sich plötzlich das Heck des U-Bootes in die Höhe, bevor es in den Fluten versinkt. Als man die Besatzung aus dem Meer fischt, erfahren die k.u.k. Flieger, daß sie das französische U-Boot »Foucauld« versenkt haben. Anschließend übernimmt das Torpedoboot »100 M« die Geretteten.

Der Bomber Voisin 8 (ganz links) und das Bombenflugzeug A.E.G. G IV (links), hier beim Ausladen in Palästina vor den Taurus-Bergen

Second Lieutenant William Robinson, dem es erstmals gelingt, ein Luftschiff über England abzuschießen: L12 stürzt brennend über London ab

Nachdem die U-Boot-Besatzung sich von dem Schrekken erholt hat, schildert der Erste Steuermann, was sich unter Wasser abgespielt hat: »Nichts ahnend fuhren wir in etwa zehn Meter Wassertiefe, als plötzlich das Boot durch zwei heftige Explosionen schwer erschüttert und direkt gehoben wurde. Wir dachten an Minentreffer. Durch die schwere Schräglage und den Wassereinbruch entwickelten sich Chlordämpfe durch die austretende Batteriesäure und verpesteten die Luft. Das U-Boot sank immer tiefer, der Zeiger des Tiefenmanometers stand an seinem tiefsten Anschlag: 80 Meter. Der Bootskörper ächzte und krachte in allen Fugen. Wir dachten an unser Ende. Doch die Pumpen liefen alle mit erhöhter Leistung weiter. Da merkten plötzlich unsere entzündeten Augen, wie sich der Zeiger kaum merklich vom Endanschlag löste! 79 Meter, 78 Meter, immer weiter! Die Pumpen arbeiteten das Boot in

Am darauffolgenden Morgen: Von L12 sind nur noch Wrackteile übriggeblieben

Von links nach rechts: Hauptmann Oswald Boelcke, Manfred Freiherr von Richthofen und Oberleutnant zur See Kurt Frankenberg, Kommandant von L21

die Höhe! Als die Oberfläche erreicht war, erfolgt der letzte Befehl: Boot verlassen! Der Kommandant schüttelte jedem die Hand, dann stieg er als letzter auf Deck. Da überflogen sie uns in geringer Höhe. Das Heck richtete sich plötzlich hoch auf, und das Boot versank. Wir waren so erschöpft, daß wir kaum Kraft zum Schwimmen hatten. Da ging schon das erste Flugzeug nieder, gefolgt vom zweiten.«

Die Geburt der Luftwaffe

Erst am 8. Oktober 1916 entschließt sich die deutsche Führung, die Fliegereinheiten unter der Bezeichnung »Deutsche Luftstreitkräfte« zusammenzufassen und sie Generalleutnant von Höppner als selbständige Waffengattung zu unterstellen. Der neuernannte Stabschef wird Oberstleutnant Thomsen. Bis zu diesem Zeitpunkt haben sich die Fliegerkräfte nur durch Einzelaktionen den taktischen Erfordernissen anpassen können. Lediglich auf Initiative von Immelmann und Boelcke hat man drei kleine »Kampfeinsitzerkommandos« zugelassen, um einen offensiven Luftkampf zu führen. Als Boelcke eines Tages für die Aufstellung größerer Jagdflugzeugeinheiten plädiert, findet er in Major Siegerts den entsprechenden Befürworter, der einer Versuchs-Jagdstaffel, genannt Jasta, zustimmt, die seit September 1916 in die Kämpfe eingreift.

Der inzwischen zum Hauptmann beförderte Oswald Boelcke ist am 28. Oktober 1916 bereits fünfmal mit seiner Staffel aufgestiegen, als um 16.30 Uhr erneut ein Anruf von der Front kommt, daß wieder feindliche Maschinen im Anflug seien. Bereits zehn Minuten später sind Boelcke und seine Männer in der Luft. Doch diesmal ist es ein Flug ohne Rückkehr. Bei einem unübersichtlichen Ausweichmanöver wird seine Maschine von der seines Freundes, Leutnant Erwin Böhme, mit dem Flügel gestreift, so daß beide abstürzen. Während Böhme den Unfall überlebt, ist Boelcke nach dem Aufprall seines Albatros-Jägers sofort tot. Er wird in der Kathedrale von Cambrai aufgebahrt, wo am 31. Oktober 1916 die Trauerfeier stattfindet. Der von den Engländern über der Front abgeworfene Kranz trägt die Widmung: TO THE MEMORY OF CAPTAIN BOELKE, OUR BRAVE AND CHIVALROUS OPPONENT. FROM THE ENGLISH ROYAL FLYING CORPS.

Nach dem Tod von Immelmann und Boelcke wird ein weiterer Jagdflieger durch seine zahlreichen Abschüsse bekannt: Manfred Freiherr von Richthofen. Der wegen seiner roten Staffel als »Roter Baron«, außerdem als erfolgreichster Jagdflieger des Ersten Weltkrieges in die Geschichte eingehende Richthofen ist bei den Engländern gefürchtet wie kaum ein anderer. Dort heißt es bereits, wer Richthofen abschießt oder gefangennimmt, soll das Victoria-Kreuz erhalten, dazu ein eigenes Flugzeug, 5000 Pfund Sterling sowie eine Prämie von der Flugzeugfabrik, deren Maschine er geflogen hat.

Während die deutschen Jagdstaffeln an der Westfront versuchen, den Gegner im Luftkampf zu stellen, setzt das Royal Flying Corps seine Jäger in Großbritannien verstärkt für nächtliche Angriffe gegen deutsche Luftschiffe ein. Mit den neuen Jagdmaschinen, die eine größere Reichweite haben und bis zu 5000 Meter aufsteigen können, will man

Von den Bomben des Luftschiffes L34 zerstört: Häuser in West-Hartlepool. Rechts Kapitänleutnant Max Dietrich, der Kommandant des Zeppelins

endlich den Bombeneinsätzen der Zeppeline ein Ende bereiten. Da die Deutschen nicht über das unbrennbare Füllgas Helium verfügen, müssen die Luftschiffe Wasserstoffgas verwenden, das zwar leichter, aber hochexplosiv ist. Daher bedeuten die modernen britischen Jäger eine ganz besondere Gefahr für jeden Zeppelin.

Für die Nacht vom 27./28. November 1916 ist wieder ein deutscher Bombenangriff auf englische Industriestädte geplant. Wenn sie bei Dunkelheit ihren Einsatz durchführen wollen, muß das erste der zehn Luftschiffe spätestens mittags um 13 Uhr starten. Da das Wetter in den Vormittagsstunden aber sehr ungünstig ist, will Fregattenkapitän Strasser, der Führer der Luftschiffe, erst nach Erhalt der Windmessungen aus Brügge die Entscheidung treffen. Gerade an diesem Tag hat Kapitänleutnant Max Dietrich, Kommandant von L34, Geburtstag. In letzter Minute erst kommt der Startbefehl, mit dem kaum noch jemand gerechnet hat.

Das Ziel heißt Flamborough Head sowie die umliegenden Städte und Häfen in Mittelengland. Kurz nach 22 Uhr ist die britische Küste in Sicht, doch über dem Land hängt dicker Bodennebel. Nachdem L34 seine Bomben auf West-Hartlepool abgeworfen hat, wird es von mehreren Scheinwerfern erfaßt. Das nur sehr schwache Artilleriefeuer hätte Kommandant Dietrich warnen müssen, denn plötzlich wird L34 aus nächster Nähe von dem Jagdpiloten Second Lieutenant Pyott angegriffen. Schon überfliegt die Maschine den Zeppelin. L34 gerät durch mehrere Treffer in Brand und stürzt wie eine lodernde Fackel ins Meer.

Ähnlich ergeht es auch dem Kommandanten von L21, Oberleutnant zur See Kurt Frankenberg. Trotz stundenlanger Suche, behindert durch starken Nebel, kann er seine Ziele nicht finden und tritt erst in der Morgendämmerung den Rückflug an. Als das Luftschiff bei Yarmouth die Küste verläßt, wird es von zwei Jagdmaschinen verfolgt. Den beiden Piloten, Lieutenant Cadbury und Sub Lieutenant Pulling, gelingt es, L21 über dem Meer durch Brandgeschosse zu vernichten. So sind bei diesem Unternehmen wieder zwei Luftschiffe verlorengegangen.

Obwohl die Luftschiffe durch Aufklärungsflüge und Bombenangriffe der Marine und dem Heer gute Dienste geleistet haben, ist die hohe Verlustrate kaum noch zu verantworten: Die Marine büßt 72 Prozent und das Heer 53 Prozent ihres Bestandes ein, ein Großteil davon allerdings durch Witterungseinflüsse oder Unfälle.

Dies wird sich erst ab Februar 1917 ändern, wenn die neuen deutschen schweren Bomber Gotha G V und Friedrichshafen G III zum Einsatz gelangen und die Bombardements der Luftschiffe auf englische Industrieanlagen fortsetzen.

KRIEGS-SCHAUPLATZ NAHER OSTEN

Nachdem die Verbände der Mittelmächte in Mesopotamien erfolgreich sind, heißt das Ziel Suezkanal

Die Anfang des Jahres 1916 noch an der Südspitze von Gallipoli stehenden Truppen des britisch-französischen Expeditionsheeres können sich nur noch mit Mühe halten: Ihre Stellungen liegen fast immer unter dem Beschuß großkalibriger türkischer Batterien. Die äußerst schlechten klimatischen Verhältnisse verschlimmern noch die Lage: Seit Wochen herrschen Stürme und oft eisige Kälte. Das Wetter wechselt zwischen starkem Schneefall und wolkenbruchartigem Regen, der aus den höher gelegenen Stellungen der Türken wie ein Wasserfall in die englischen Laufgräben fließt. So ist es den Soldaten bei der Nässe kaum möglich, ein Feuer zum Kochen oder Aufwärmen anzuzünden. Tagelang müssen sie von aufgeweichtem Zwieback leben und sich durch Alkohol warm halten.

Am 6. und 7. Januar 1916 setzt plötzlich fast ununterbrochenes Feuer der englischen Schiffsartillerie ein. Als es am zweiten Abend nachläßt, ahnt man auf türkischer Seite, daß die Einschiffung der Truppen aus dem Brückenkopf Sedd-ül-Bahr begonnen hat. Gegen Mitternacht stürmt türkische Infanterie die zweite britische Verteidigungslinie und ist erstaunt, noch so viele Engländer anzutreffen. Verzweifelt wehren sich die noch ziemlich starken Streitkräfte, denn sie sollen den Abzug der letzten Einheiten sichern. Es kommt zu einem fürchterlichen Gemetzel, bei dem höchstens 200 Mann überleben. Die Zahl der Gefallenen wird auf 3000 geschätzt, während die rund 30000 Geretteten in Port Said und Alexandria neu ausgerüstet und anderen Truppenverbänden angegliedert werden.

Verlassene Stellungen auf Gallipoli

Sonntag, 2. April 1916. Der Dichter Ludwig Ganghofer gibt in der *Vossischen Zeitung* seine persönlichen Erlebnisse wieder:

»Gleich beim Eintritt in die tiefgeschnittene Lehm- und Schieferschlucht, die einem amerikanischen Canyon gleicht und die Lagerburg der Engländer war, lassen große Kreuzbeete und Massengräber die furchtbare Zahl der

Ich hatt' einen Kameraden. Halbinsel Gallipoli: Ein englischer Soldat nimmt Abschied von seinem gefallenen Freund

Menschenleben ahnen, die hier versinken mußten. Die Gräberstätten sind ohne Schmuck und verwahrlost. Wesentlich besser als für die Toten sorgten die Engländer für die Lebenden. Überall wimmelt es von eisernen Wasserbottichen und von vernichteten Filtrierapparaten, von Pumpen, Öfen, Herden und Proviantkufen, von Dingen, die das Leben in dieser Wüste möglich machten und das Frieren in den Winterstürmen von Gallipoli erleichtern konnten. Dazu noch erstaunliche Mengen von Kriegsgerät und Munition, neben einer wahrhaft grotesken Masse von herrenlos gewordenen Hüten, Helmen und Mützen ...

Von den Unterständen, die geräumig und fest gebaut sind, führen steile, gutgesicherte Treppen hinauf zu dem offenen Feld der letzten und schwersten Sturmversuche, deren Erfolglosigkeit den Rückzug der Verbündeten erzwang. Laufgänge, in denen man gemütlich und unbehelligt sein Pfeifchen schmauchen konnte, führen zu den äußersten Schützengräben, zu einem furchtbaren Gewirre der kriegerischen Maulwurfsarbeit. Jeder Graben ist exakt geschnitten, prachtvoll gedeckt und befestigt, jeder ein Bollwerk des Wunsches nach persönlicher Sicherheit ...«

Januar 1916: Der Tigris ist über die Ufer getreten

General Sir Percy Lake, der Oberkommandierende des britischen Heeres in Mesopotamien

Das in Mesopotamien seit Ende November 1915 von den Engländern besetzte, stark befestigte Kut-el-Amara hat bisher der türkisch-deutschen Belagerung standgehalten. Obwohl jeder Entsatzversuch der am Persischen Golf stehenden britisch-indischen Divisionen gescheitert ist, läßt sich General Townshend nicht entmutigen.

Am 7. und 8. Januar 1916 unternimmt General Aylmer mit seiner divisionsstarken Entsatzkolonne einen neuen Vorstoß, um am linken Tigrisufer die türkischen Linien zu durchbrechen. Zur selben Zeit geht General Kemball ebenfalls mit erheblichen Kräften am rechten Ufer des Tigris vor.

Trotz der blutig erkämpften Anfangserfolge bei Scheich-Saad setzen sich die Türken jedoch wieder an beiden Ufern des Tigris fest.

Trotz Sommerausrüstung – die Europäer haben unter der sengenden Hitze zu leiden. Hier eine Kolonne der Briten

Am 13. Januar 1916 kommt es erneut zu erbitterten Gefechten, in denen General Aylmer den Feind am Wadi zurückdrängen kann. Am Tag darauf verlegt er sogar sein Hauptquartier an die Mündung des Wadi, etwa 40 Kilometer von Kut-el-Amara entfernt. Doch am 21. Januar 1916 entbrennen wieder schwere Kämpfe zwischen dem Wadi und Es-Sinn, in denen die Engländer schwere Verluste erleiden, denn die erstklassig ausgebauten alten Stellungen bei Es-Sinn bieten den Türken die größeren Vorteile. Eine vereinbarte 24stündige Waffenruhe zur Bergung der Toten und Verwundeten kann General Aylmer nicht nutzen, um weiter vorzustoßen.

Die am 23. Januar 1916 verfrüht eintretende Frühjahrsüberschwemmung des Tigris begünstigt die türkischen Verteidiger in ihren Stellungen, auch wenn sie dadurch die vorgeschobenen Belagerungsgräben vor Kut-el-Amara vorübergehend räumen müssen. Der Einschließungsring bleibt so eng, daß jeder britische Versuch scheitert, General Townshend und seine Garnison wenigstens mit Lebensmitteln zu versorgen. Um nach dem Zurückgehen der Überschwemmung den erhofften Durchbruch zu erzwingen, trifft der neue englische Oberkommandierende in Mesopotamien, General Sir Percy Lake, am 31. Januar 1916 mit erheblichen Verstärkungen bei General Aylmer ein. Darüber hinaus sind weitere Truppen aus Basra unterwegs.

Das englische Expeditionskorps in Mesopotamien ist großen Strapazen ausgesetzt. Vor allem das Fehlen von Wasserstellen im Inneren des Landes macht den Verbänden immens zu schaffen. Die Nachteile ergeben sich für den Angreifer auch durch das meist deckungslose Gelände ohne Verbindungslaufgräben, so daß der Feind schon auf 2 Kilometer Entfernung sein Gewehrfeuer eröffnen kann. Hinzu kommen die vielen unbegehbaren Sumpfgebiete, die sich von den Ufern des Tigris kilometerweise landeinwärts erstrecken.

Bei 55 Grad in Mesopotamien

Im April 1916, Kalkutta. Ein britischer Offizier schreibt in der Zeitschrift *The Englishman:*

»Es ist unmöglich, in einem Brief eine erschöpfende Beschreibung der abscheulichen Zeit zu geben, die unsere Truppen hier durchgemacht haben. Die Temperatur beträgt 123 Grad Fahrenheit im Schatten, zuweilen sogar 125 Grad [51 bis 53 Grad Celsius]. Unter Schatten verstehe

Kurden in einem Gefangenenlager. Die Kurden sind eines der Völker, die seit jeher unter den Auseinandersetzungen der verschiedenen Machtblöcke zu leiden haben

ich das größte und kühlste Zelt, das hier aufgeschlagen ist. In den kleineren Zelten wird es wohl 130 Grad Fahrenheit [55 Grad Celsius] sein. Ein Major im 44. Regiment hatte ein Thermometer, das nur bis 120 Grad zeigte. Eines Tages platzte es, weil es für diese enorme Hitze nicht gedacht war. Ich muß den ganzen Tag im Zelt meinen Helm aufbehalten, weil die grelle Sonne durch den Stoff einfach durchscheint.

Eines Abends, nach einem drückenden Tag, erlebte ich einen der schrecklichsten Stürme. So gegen halb sechs sahen wir am südlichen Horizont eine dicke, khakifarbene Wolke hängen, die, unheilverkündend, gemächlich auf uns zutrieb. Alle Mannschaften liefen umher, um die Zeltpflöcke fester einzuschlagen und lose Lagersachen zu bergen.

Als der Sturm endlich losbrach, war es eine wahre Hölle. Die Zelte wurden so leicht wie Kiesel weggeblasen. Es war unmöglich, dem Standsturm zu widerstehen; darum versteckten wir uns unter Zeltbahnen, Bettzeug, Koffern oder was immer groß genug war, den Kopf zu decken. Der Sturm hielt ungefähr 2 ½ Stunden an. Alles war buchstäblich vom Sand bedeckt. Plötzlich drehte sich der Wind; ein paar Minuten lang flaute der Sturm ab; dann kam er von neuem aus dem Norden auf und nahm jede Minute an Stärke zu. Es dauerte bis in den frühen Morgen, bis wir wieder aus unseren Zufluchtsorten auftauchen konnten. Die Augen waren blutunterlaufen, und eine dicke Schicht Staub und Sand füllte Nase und Mund.

Am Abend darauf erhielten wir Befehl, das Lager abzubrechen und uns zu einem Vorpostengefecht bereit zu halten. Wir sollten einen Trupp Araber auf zwölf Meilen Abstand umzingeln. Die ganze Nacht mußten wir in der heißen Wüste marschieren. Am Abend hatten wir dann ein Gefecht, was bedeutet, daß die Araber verfolgt und ihre Lager meilenweit im Umkreis verbrannt wurden. Als wir wieder zusammenkamen, zeigte es sich, daß es kein Trinkwasser gab. Die Sonne war inzwischen brennend, glühend geworden, und wir waren total erschöpft. Alles Wasser, das wir bei uns gehabt hatten, war im Laufe der Nacht ausgetrunken worden, so daß am Morgen Befehl gegeben werden mußte, zum Fluß zu ziehen.

Als wir zwei Meilen unterwegs waren, begann die Sache ernsthaft zu werden. Vor Müdigkeit brachen Leute zusammen, und alle hundert Meter, die wir weiter kamen, wurde es ärger und ärger. Nachdem wir vier Meilen zurückgelegt hatten, war es unmöglich, weiterzumarschieren. Die Mannschaften konnten keinen Fuß mehr bewegen. Die Offiziere taten, was sie konnten, um die Mannschaften zu ermutigen. Einige gaben sogar ihren letzten Tropfen Wasser her, um indischen Offizieren zu helfen.

Rasch wurde Befehl gegeben, wieder das Lager aufzuschlagen, während der Stab und die Kavallerie vorausgeschickt wurden, Wasser zu holen. Was ich jetzt zu sehen bekam, war gräßlich. Die englischen Offiziere halfen, was sie konnten; danach schickten wir uns an, geduldig auf das Wasser zu warten. Ich dachte, ich müßte sterben. Zuletzt schlug ich vor, alle Wasserflaschen auf Maulesel zu laden und unabhängig von den anderen Wasser holen zu lassen. Ich war verzweifelt. Wir waren sechs Meilen vom Fluß, aber es schienen fünfzig.

Wie ich den Fluß erreichte, weiß ich nicht. Ich krampfte mich an den Sattel fest und hielt mich, so gut es ging, mit den Flaschen am Sattel im Gleichgewicht, hinter mir sechs Maulesel. Als ich an den Fluß kam, warf ich das Pferd hinein und ließ mich selbst ins Wasser fallen. Das kühle Wasser brachte mich wieder etwas zu mir. Das Pferd und ich standen beieinander, und ich trank, daß ich dachte, ich würde bersten. Es war herrlich. Das Wasser war sumpfig,

aber es machte mir nichts ... Dann füllte ich alle Flaschen. Ich war früher zurück als die anderen Wasserholer, und ich glaube, daß ich dadurch vielen das Leben gerettet habe.«

Am 6. März 1916 unternimmt General Aylmer mit seinen inzwischen verstärkten Verbänden nochmals einen Versuch, die türkischen Linien bei Es-Sinn zu durchbrechen, um Kut-el-Amara zu entsetzen. Aber auch diesmal wird er unter blutigsten Verlusten zurückgeschlagen, so daß Aylmer am 10. März 1916 den Rückmarsch befiehlt. Die anderen britischen Abteilungen aus Basra werden bereits im Raum Korna von arabischen und kurdischen Freischärlern am weiteren Vordringen gehindert. In London ist man über die Mißerfolge des Generals Aylmer derart verärgert, daß er stillschweigend abberufen und Ende März 1916 durch General Gorringe ersetzt wird. Aber auch Gorringe schafft es trotz einiger Anfangserfolge nicht, sich bis Kut-el-Amara durchzukämpfen.

Generalfeldmarschall Freiherr von der Goltz, seit dem 12. Dezember 1915 als Oberbefehlshaber der türkischen Irakarmee vor Kut-el-Amara, hat eine lange Belagerungszeit vorausgesagt und inzwischen die arabischen und kurdischen Stämme zum »Heiligen Krieg« gegen die Engländer aufgerufen. Ihm ist es nicht mehr vergönnt, die Kapitulation der Festung zu erleben. Er stirbt am 19. April 1916 in seinem Hauptquartier an Flecktyphus.

Nachdem man in Kut-el-Amara die Lebensmittelvorräte aufgebraucht, sogar die 1100 Pferde geschlachtet und verzehrt hat, muß sich General Townshend am 29. April 1916 – nach 145 Tagen Belagerung – mit seinen rund 13 000 Soldaten dem türkischen Kommandanten, Brigadegeneral Halil Pascha, bedingungslos ergeben. Dieser für

Die Leiche des Generalfeldmarschalls Freiherr von der Goltz wird feierlich überführt. Unten vier Spendenmarken der Deutschen Reichspost mit den Bildnissen der maßgeblichen Führer in Nahost

Der englische General Sir George Gorringe

die Türken entscheidende Erfolg bedeutet für die Engländer eine schwere militärische und auch politische Niederlage, die im britischen Unterhaus zu heißen Debatten und der Bildung einer Untersuchungskommission führt. Nicht weniger als 23 englische Generäle sind während des Feldzugs in Mesopotamien ihres Kommandos enthoben worden.

Während der sich monatelang hinziehenden Belagerung von Kut-el-Amara sind russische Kräfte von Enseli am Kaspischen Meer und aus dem Hauptstützpunkt Kaswin in Nordpersien einmarschiert, um die in Mesopotamien kämpfenden Engländer zu entlasten. Sie treffen am 19. März 1916 in Hamadan, Kermanschah sowie in der Nebenhauptstadt Isphahan (Isfahan) ein und haben damit in Persien die Südgrenze der zwischen England und Rußland am 30. August 1907 vertraglich festgelegten Interessensphäre erreicht. Die russischen Verbände wollen von hier aus über die Karawanenstraße in Richtung Bagdad vorrücken und gemeinsam mit dem britisch-indischen Expeditionskorps die Türken zum Rückzug aus Mesopotamien zwingen.

In einer russischen Meldung heißt es, daß die Verbände von General Baratow unter ständigen Kämpfen mit türkisch-persischen Freischärlern am 10. Mai 1916 bis Kasr-i-Schirin vorgestoßen seien und daß eine Kosakenpatrouille dann die Verbindung zum englischen Hauptquartier des Generals Gorringe hergestellt habe. Seit der Einnahme von Kut-el-Amara verhält sich jedoch Brigadegeneral Halil Pascha den Engländern gegenüber defensiv, um mit einem Teil seiner Truppen die Russen wieder aus Kasr-i-Schirin weit über die Grenze bis Harunabad zu vertreiben.

Dennoch ist Halil Pascha nicht untätig: Mit der anschließend erfolgten Einnahme von Kermanschah kann der Brigadegeneral die russisch-englische Vereinigung im Raum Bagdad verhindern.

Die Kämpfe am Suezkanal

Das türkische Oberkommando in Syrien plant für 1916 einen erneuten Vorstoß zum Suezkanal. Die Voraussetzungen scheinen diesmal günstiger als im Vorjahr zu sein, da Ägypten an der Westgrenze von den Senussi bedroht wird und im Süden mit Angriffen aus dem Sudan rechnen muß. Gleichzeitig will man damit verhindern, daß die von Gallipoli abgezogenen und sich jetzt in Ägypten befindenden britischen Einheiten an die europäische Westfront verlegt werden. Zur

Unterstützung der türkischen Kräfte entschließt sich die OHL, ein technisches Hilfskorps von etwa 140 Offizieren und 1500 Mann, darunter Geschützbedienungen, Pioniere, Funker und Sanitätsabteilungen, nach Syrien zu beordern. Auch das AOK sagt die Entsendung von zwei Haubitzenbatterien zu.

Um in Erfahrung zu bringen, welche Vorbereitungen die Engländer für die Abwehr eines möglichen türkischen Angriffs getroffen haben, soll der im Sinaigebiet stehende »Kommandant der Wüste«, Oberst Freiherr Kreß von Kressenstein, im April 1916 mit rund 2000 Mann und einem arabischen Kamelreiterregiment eine bewaffnete Erkundung auf die östlich des Suezkanals gelegene Oase El Katia unternehmen. Für die Luftaufklärung stehen ihm zwei deutsche Flugzeuge zur Verfügung.

Unterdessen haben die in Ägypten stationierten britischen Truppen auf der Ostseite des Kanals nicht nur Stellungen auf Dünenkämmen errichtet, sondern auch im März 1916 mit dem Bau einer Eisenbahnlinie von El Kantara bis zur Oase El Katia begonnen, die Mitte April 1916 fast fertiggestellt ist. Der englische General Sir Archibald Murray hat erkannt, daß man die Position in Ägypten nur behaupten kann, wenn es gelingt, den Feind bereits vor Erreichen des Kanals zurückzuschlagen.

Der von El Arish aus entlang der Küstenstraße vorrükkende Oberst von Kreß greift am 23. und 24. April 1916 mit Infanterie die Oase El Katia an. Den Überraschungseffekt nutzend, können seine Männer ein ganzes Kavallerieregiment der Yeomanry bei El Ducidar gefangennehmen und die Engländer in schweren Nachhutgefechten zurückdrängen. Dieser unerwartete Überfall wird zwar von den Mittelmächten als großer Erfolg gewertet, löst aber auf alliierter Seite sofort eingeleitete Verbesserungen aller Abwehrmaßnahmen und eine erhöhte Wachsamkeit aus.

Bewaffnete Erkundung bei El Katia

Donnerstag, 27. April 1916. Amtliche deutsche Meldung:

»Bei dem Zusammenstoß am 23. April zwischen dem Feind und unserer gemischten Abteilung in der Umgebung von Katia, östlich vom Suezkanal, sind vier Schwadronen feindlicher Kavallerie vollständig aufgerieben und die Überlebenden gegen Katia hin zurückgetrieben worden. Späterhin machte unsere Abteilung einen Sturmangriff gegen den von allen Seiten her verstärkten Feind auf seine befestigten Stellungen bei Katia, zerstörte den größeren Teil dieser Stellungen und das Lager und tötete viele Leute; eine kleine Anzahl feindlicher Soldaten, die dem Tod entging, wurde zu regelloser Flucht gegen den Kanal hin gezwungen. Ein Oberst, ein Major sowie 21 Hauptleute und Leutnants, zusammen 23 feindliche Offiziere, die nicht hatten fliehen können, 257 unverwundete Soldaten und

Eindrücke von der Front in Mesopotamien. Nach dem Fall von Kut-el-Amara: Verwundete der Armee des Generals Townshend auf einem Hospitalschiff (links). Kut-el-Amara: Türkeis Kriegsminister Enver Pascha begrüßt deutsche Truppen (Mitte). Halbinsel Sinai: Gebirgshaubitzen der österreichisch-ungarischen Armee werden von Ochsengespannen gezogen (rechts)

Wohlverdiente Rast. Soldaten des britischen Kavallerieregiments der Yeomanry

24 Verwundete wurden gefangengenommen. Die Truppen unserer Abteilung sowie unsere Kamelreiter und besonders unsere Freischärler aus Medina haben sich in diesem Gefecht bei Katia mit hervorragender Tapferkeit geschlagen.

Am Morgen des 25. April machte der Feind, um sich für die hier erlittene Niederlage zu rächen, eine Luftstreife mit einem Geschwader von neun Flugzeugen und warf trotz der Zeichen und Flaggen des Roten Halbmondes absichtlich etwa 70 Bomben auf ein Lazarett, wodurch er zwei unserer Verwundeten und einen verwundeten Gefangenen, der dort gepflegt wurde, tötete und zwei andere von neuem verwundete. Eines unserer Flugzeuge, die darauf einen Flug unternahmen, warf mit Erfolg Bomben auf ein feindliches Kriegsschiff vor El Arisch; unser anderes Flugzeug griff feindliche Dampfer, die auf der Reede von Port Said ankerten, und militärische Einrichtungen in diesem Hafen sowie alle Lager des Feindes zwischen Port Said und El Kantara mit Bomben und Maschinengewehrfeuer an und kehrte unversehrt zurück.«

In der Wüste: Eine britische Kamelreitertruppe

Aufstand in Arabien. Truppen des Großscheichs Hussein durchqueren die Altstadt von Damaskus

Aus englischer Sicht

Donnerstag, 27. April 1916. Amtliche britische Meldung:

»Die berittenen britischen Truppen, die eine Stellung in und um das Dorf Katia besetzt hielten, traten, da sie von stark überlegenen türkischen Kräften angegriffen wurden, den Rückzug an, indem sie einen Nachhutkampf lieferten, der dem Feinde schwere Verluste verursachte. Graf Worcester von der Yeomanry hielt in Katia stand. Da aber seine Pferde durch Granaten kampfunfähig gemacht worden waren, konnte er nicht rechtzeitig den Rückzug antreten, um mit den anderen Regimentern zusammenzuarbeiten, und so fiel eine Anzahl Mannschaften in die Hände des Feindes ... Die Angreifer setzten sich aus deutschen und türkischen Elite-Infanterieeinheiten zusammen ...

Außer den etwa tausend Mann, die Bir-el-Abd besetzt halten, ist die Oase von Katia vom Feind gesäubert. Die Verluste der Türken waren sehr hoch.

Feindliche Flugzeuge belegten Port Said am 25. April mit Bomben, ohne Schaden anzurichten. Britische Flugzeuge griffen Bir-el-Nuss sehr erfolgreich aus 400 Fuß Höhe mit Bomben und Maschinengewehren an.«

Am 5. Juni 1916 erheben sich die Araber unter Hussein, dem 80jährigen Großscheich von Mekka, und vertreiben ihre türkischen Oberherren aus Mekka, dem Zentrum des Islam, sowie aus den Häfen am Südufer des Roten Meeres.

Dem Großscheich steht seit 1915 der englische Lieutenant T. E. Lawrence als Verbindungsoffizier zur Seite, der die Idee eines geeinten arabischen Reiches weitgehend unterstützt und die Hilfe Großbritanniens zusichert, falls Hussein alle arabischen Stämme zum Widerstand gegen die deutsch-türkischen Truppen aufruft. Lawrence ist zwar bewußt, daß die Araber im regulären Kampf gegen die gut ausgerüsteten Türken kaum eine Chance haben, aber mit ihren Kamelreitern unter Anwendung der Guerillataktik ebenbürtig sein können.

Hussein, der achtzigjährige Großscheich von Mekka

Arabischer Aufstand

Donnerstag, 22. Juni, Kairo. Die Londoner Agentur *Reuter* meldet:

»Der Scherif von Mekka hat mit Unterstützung der westlichen und im Zentrum seßhaften Araberstämme die Unabhängigkeit der Araber von der Türkei proklamiert. Die militärischen Operationen begannen am 9. Juni. Die Araber bemächtigten sich Mekkas, Dschiddas und Taifs. Die Garnisonen ergaben sich mit Ausnahme von zwei Festungen. In Taif und Dschidda fielen den Arabern 45 Offiziere, 1400 Mann und 6 Kanonen in die Hände, und man weiß zur Stunde noch nicht, wie viele Gefangene in Mekka gemacht wurden. Medina, eine heilige Stadt, wird belagert und alle Straßen, die in Hedschas liegen. Man wird von jetzt an den Handel mit dem Hedschas über den Hafen von Dschidda wieder aufnehmen können. Die Wallfahrt nach den heiligen Orten des Islams kann wieder ausgeführt werden.«

Das von der OHL den türkischen Verbündeten zugesagte technische Hilfskorps trifft endlich im Juli 1916 in Syrien ein. Oberst Kreß hat unterdessen durch Luftaufklärung die neuen britischen Verteidigungslinien am Ostufer des Kanals und den Fortgang des Eisenbahnbaus entlang der Küste erkunden lassen. Aufgrund der Erkenntnisse aus den Luftaufnahmen und verschiedener widriger Umstände – wie die große sommerliche Hitze, die fast geräumten Vorratslager und die arabischen Unruhen – gibt Oberst

Kreß dem neuen Vorstoß keine allzu große Chance. Der von den Türken am 1. Juli 1916 zum Emir von Mekka ernannte Scherif Ali Haidar Bey soll mit einem Teil der Streitkräfte unverzüglich den Raum Mekka und Dschidda von Aufständischen säubern.

Trotz aller Bedenken tritt das 18000 Mann starke Expeditionskorps Mitte Juli 1916 von Beersheba aus seinen Vormarsch auf der Küstenstraße in Richtung Bir Romani an, begleitet von einer aus 16000 Kamelen bestehenden Versorgungskolonne. Der zweite, zur Ablenkung vorgesehene Angriff erfolgt durch die Wüste über Bir Hassana und Nekhl zum Kanal. Die nördlich und südlich vorgehenden Streitkräfte sollen versuchen, die Engländer in einer Umfassungsoperation einzukreisen und dann gemeinsam zu vernichten. Doch die britischen Aufklärungsflugzeuge haben die Absicht rechtzeitig erkannt und die Bodentruppen gewarnt.

Während des Frontalangriffs am 4. August 1916 gegen die stark befestigten Dünenkämme werden die deutsch-türkischen Hauptkräfte in den Flanken von feindlicher Kavallerie attackiert. Es gelingt den Engländern, zwei türkische Bataillone zu umzingeln und zur Aufgabe zu zwingen. Noch am selben Abend läßt Oberst von Kreß das Unternehmen abbrechen und den sofortigen Rückmarsch antreten, um nicht Gefahr zu laufen, vom Gegner völlig aufgerieben zu werden. Die Verfolgungskämpfe veranlassen ihn sogar, seine Truppen bis El Arish wieder zurückzunehmen, das Mitte August 1916 erreicht wird. Damit endet jeder weitere Versuch, die Engländer am Suezkanal zu schlagen.

Als britische Verstärkungen am 19. Dezember 1916 vor den stark ausgebauten feindlichen Stellungen in Massaid eintreffen, die man zum Schutz von El Arish angelegt hat, rechnen sie mit sehr hartem Widerstand der deutsch-türkischen Besatzung. Statt dessen ziehen sich die Reste des in El Arish stehenden Expeditionskorps in der Nacht vom 19./20. Dezember 1916 klammheimlich zurück und setzen sich nach Osten und Süden ab.

Zum Jahresende befindet sich die türkische Verteidigungslinie bereits hinter der ägyptisch-palästinensischen Grenze.

Schon zu seinen Lebzeiten eine Legende: Lawrence von Arabien (links oben).
September 1916: Ein 4,7-inch-Geschütz der London Heavy Battery sichert den Rückzug der britischen Truppen (unten links).
Von ihren Gegnern gefürchtet: Araber greifen an (unten Mitte).
Dezember 1916: Eine türkische Grenzpatrouille überquert den Jordan (unten rechts)

DER KOLONIAL-KRIEG

DER LETZTE SCHAUPLATZ IN AFRIKA

Nach der Aufgabe Kameruns hält sich nur noch ein deutsches Schutzgebiet: Deutsch-Ostafrika

Die in Kamerun noch immer Widerstand leistenden letzten Abteilungen der Schutztruppe ziehen sich aus Mangel an Munition im Januar 1916 in Richtung Spanisch-Guinea (Muni) zurück, nachdem sie am 31. Dezember 1915 Jaunde und am 19. Januar 1916 Ebolowa geräumt haben. Die Südabteilung will aber ihre Stellungen zwischen der Kampostraße und dem Nordostzipfel von Muni noch so lange verteidigen, bis der letzte im Südteil kämpfende deutsche Soldat die Grenze nach Spanisch-Guinea überschritten und damit neutralen Boden erreicht hat.

Dies gelingt tatsächlich: Anfang Februar 1916 können nicht nur 900 weiße und 14000 schwarze Soldaten einschließlich der Träger die Grenze rechtzeitig überqueren, sondern auch die bisher noch in Kamerun verbliebenen deutschen Familien. Sie werden zunächst auf der Insel Fernando Poo interniert. Anschließend verschifft man die Europäer nach Spanien und verteilt sie dort auf die Lager bei Alcala, Pamplona und Zaragoza, wo sie bis zum Kriegsende bleiben.

Die Reste der zur Nordabteilung zählenden deutschen Kolonialtruppen können sich noch bis zum 18. Februar 1916 halten, ehe sie ihre Waffen strecken und vor der gewaltigen Übermacht kapitulieren.

Das Ringen um Deutsch-Ostafrika

Die Hauptkräfte der deutschen Kolonialtruppen stehen zu Beginn des Jahres 1916 im Gebiet des Kilimandscharo, da General von Lettow-Vorbeck hier mit einer Offensive rechnet. Sein Gegner, der am 12. Februar 1916 zum Oberbefehlshaber der britischen Streitkräfte in Ostafrika ernannte Generalleutnant Jan Christian Smuts, befindet sich mit zwei südafrikanischen Divisionen und drei Brigaden in Britisch-Ostafrika, um die Deutschen von Nordosten her anzugreifen. Die vermutete Angriffsrichtung soll zwischen Taveta und Lon-

Gefahr für die deutschen Schutztruppen in Ostafrika: Eine Abteilung der King's African Rifles durchquert einen Grenzfluß

Generalleutnant Jan Christian Smuts, Oberbefehlshaber der britischen Streitkräfte in Ostafrika, befiehlt die Offensive am Kilimandscharo

gido liegen, was für Lettow-Vorbeck bei der mindestens vierfachen Überlegenheit des Feindes eine Zersplitterung seiner Sicherungstruppen bedeutet.

Britische Offensive am Kilimandscharo

Ein Bericht von General Paul von Lettow-Vorbeck, dem Kommandeur der deutschen Streitkräfte:

»Das dem Kilimandjaro nach Nordwesten zu vorgelagerte und nur spärlich mit Busch bestandene Steppengebiet war seiner großen Übersichtlichkeit wegen zu überraschenden Offensivunternehmungen für uns nicht günstig; mehr Aussicht hierzu bot das dichte Buschgelände zwischen Kilimandjaro und Meru selbst, das der Gegner, der vom Longido kam, voraussichtlich durchschreiten würde.

Hier wurde nun eine aus fünf ausgesuchten Askarikompagnien bestehende Abteilung von rund 1000 Gewehren versammelt. Bei der Unübersichtlichkeit des Geländes glückte es aber dieser Abteilung nicht, eine der zahlreichen Anfang März 1916 nach Süden vordrückenden feindlichen Kolonnen entscheidend zu fassen ... Erst durch einen indischen Meldereiter, der eine Meldung statt zu seiner eigenen Truppe versehentlich zu uns brachte, erfuhren wir, daß sich hier die erste ostafrikanische Division unter General Steward befand.

Da diese Zusammenstöße sich in der Gegend von Geraragua und südwestlich davon abspielten, war es für ein Eingreifen mit unseren bei Neu-Steglitz und Himo stehenden Reserven zu weit (Geraragua–Neu-Moschi etwa zwei Tagesmärsche). Ehe dieser Moment eintrat, drückte der Feind auch von Osten her vor. Die Flugrichtung der feindlichen Flieger zeigte das augenscheinliche Interesse des Gegners für die Gegenden ein bis zwei Stunden nördlich von Taveta ...

Am 8. März 1916 wurden vom Oldorobo aus mächtige Staubwolken beobachtet, die sich vom feindlichen Lager aus in der angegebenen Richtung bewegten ... Unsere Kampfpatrouillen, die Gelegenheit hatten, die feindlichen Kolonnen mit Erfolg zu beschießen und auch eine Anzahl Gefangene zu machen, stellten einwandfrei fest, daß an dieser Stelle die feindlichen Hauptkräfte anrückten und General Smuts anwesend war.

Bei dem Mangel an Artillerie mußten wir an diesem Tage und häufig auch noch später ruhig mit ansehen, daß der Feind in nicht zu großer Entfernung vor unserer Front wenig geschickte Bewegungen ungestraft ausführen durfte. Es war aber klar, daß diese umfassende Bewegung des Feindes die Stellung am Oldorobo ... nunmehr unhaltbar machte. Ich beschloß, die Truppen auf den Bergen, die westlich von Taveta die Lücke zwischen dem Nordparegebirge und dem Kilimandjaro sperrten, zu neuem Widerstand zu entwickeln.

Abteilung Kraut erhielt telefonisch Befehl, ... auf den Reata-Latema-Bergen Aufstellung zu nehmen. Nordwestlich des Latema-Berges ... besetzte Abteilung Schulz die Berge von Nordkitovo und sicherte den Abmarsch der Abteilung Kraut. Diese Bewegungen wurden in der Nacht ungestört vom Feind ausgeführt. Auf unserem äußersten linken Flügel, an den Südosthängen des Kilimandjaro, sperrte die Kompagnie des Hauptmann Stemmermann die Straße, die von Mission Rombo nach Himo und Neu-Moschi führte. Mission Rombo wurde vom Feinde besetzt.

Ein Teil der Eingeborenen machte kein Hehl daraus, daß sie nunmehr Leute der Engländer wären. Hierdurch wächst die Wahrscheinlichkeit dafür, daß in dieser Gegend schon seit langem englische Spionage und Beeinflussung der Eingeborenen tätig waren und daß die oft am Ostabhange des Kilimandjaro beobachteten Lichtsignale hiermit in Zusammenhang standen.

Die von uns eingenommene Bergstellung war durch das Gelände sehr begünstigt, hatte aber doch den großen Nachteil, daß unsere paar tausend Askari viel zu wenig waren, um die etwa 20 Kilometer breite Front wirklich zu füllen ... Die Hauptmasse der Truppe wurde bei Himo zur Verfügung gehalten, um sie, je nachdem sich die Lage entwickelte, einzusetzen. Es war eine Zeit großer Spannung. Vor uns hatten wir den weit überlegenen Feind, hinter uns, aus Richtung Longido nach Süden vordrückend, einen gleichfalls überlegenen Gegner, und unsere rückwärtige Verbindung, die zugleich unser Abmarschweg war, wurde in so empfindlicher Weise vom Feinde bedroht ... Die Stellungen der Linie Reata–Nordkitovo sollten deshalb zu zähem Widerstand ausgebaut werden ...

Am 10. März 1916 erkundete der Feind gegen unsere gesamte Front. Berittene Abteilungen von etwa 50 Mann ritten heran, saßen dann ab und gingen in weit ausgedehnter Schützenlinie, die Pferde am Zügel, weiter vor, bis sie Feuer erhielten. Dies war ihr Zweck. Das Feuer verriet

ihnen unsere Stellungen, wenn auch unvollkommen. Uns bot diese Art der Erkundung Gelegenheit zu Teilerfolgen, die dem Feind eine Anzahl Menschen kostete und uns einige 20 Pferde einbrachten ...

Über die Richtung des weiteren feindlichen Hauptangriffs konnte noch keine Klarheit gewonnen werden. Eine Umfassung unseres linken (nördlichen) Flügels bot für den Feind sehr viel weniger taktische Schwierigkeiten, beraubte ihn aber des wirksamen Druckes auf unsere rückwärtigen Verbindungen. Die für uns unangenehmste Richtung von Taveta über Reata gegen Kahe bedingte für den Feind einen schweren und auch bei großer Überlegenheit wenig Erfolg versprechenden Frontalangriff gegen die befestigten Höhen von Reata und Latema.

Die telefonische Verbindung mit unseren Abteilungen war für den Augenblick sichergestellt. Man mußte aber damit rechnen, daß sie zum mindesten sehr erschwert wurde, sobald eine Abteilung sich von den augenblicklichen Drahtlinien entfernte. Material zu schnellem Bau eines Kabels, das den Bewegungen hätte folgen können,

Bei der Offensive vertrauen die Briten neben ihren Geschützen ...

... auch ihren gepanzerten Kampfwagen

war nicht verfügbar. Ebenso fehlte es uns an leichten Funkenstationen, durch die später die Engländer mit Erfolg die Bewegungen ihrer Kolonnen im Busch regelten.

Am 11. März früh erschien wieder ein Flugzeug über Neu-Moschi und warf einige Bomben ... Von Reata meldete Major Kraut, daß sich starke feindliche Truppen von Taveta her auf seine Stellungen zu bewegten. Bald erfolgte auch ein kräftiger feindlicher Angriff von mehreren tausend Mann ... Unsere drei leichten Geschütze konnten den Geschützkampf gegen die schwere Artillerie natürlich nicht aufnehmen und mußten sich darauf beschränken, mit ihren wenigen Granaten die günstigen Momente gegen feindliche dichtere Truppenmassen auszunutzen ...«

Es helfen ihnen letztlich weder Kampfgeist noch Guerillataktik, um dem Ansturm des Gegners standzuhalten. So werden die Kolonialtruppen allmählich aus dem Kilimandscharogebiet verdrängt. Der Stab des Kommandos befindet sich derzeit auf der Farm Neu-Steglitz, als die überraschende Nachricht eintrifft, ein zweites Handelsschiff sei mit Waffen, Munition und anderem Kriegsmaterial in die Ssudibucht, im äußersten Süden des Schutzgebietes, eingelaufen. Nachdem das Frachtgut an Land geschafft ist, gelingt es dem deutschen Handelsdampfer, zum größten Erstaunen der im Küstenbereich patrouillierenden britischen Schiffe, den Hafen wieder unbemerkt zu verlassen und die Weite des Ozeans unbehelligt zu erreichen.

Der britische General van Deventer stößt jetzt über die Pareberge in Richtung Dodoma vor, um die zwischen Daressalam und Tanganjikasee liegende Zentralbahn zu erreichen. Doch am 26. Juni 1916 werden die von Deventer geführten berittenen Einheiten und motorisierten Verbände bei Kondoa-Irangi in Kämpfe mit der Schutztruppe verwickelt und von ihren Nachschubkolonnen abgeschnitten. Erst vier Wochen später, am 21. Juli 1916, treffen englische Verstärkungen ein, die einen weiteren Vormarsch ermöglichen. Am 31. Juli 1916 besetzen sie Dodoma und kurz danach die benachbarten Stationen Kilimatinde und Kikombo.

Unterdessen weichen auch die deutschen Truppenteile aus dem Gebiet von Bismarckburg am Tanganjikasee in Richtung Tabora aus. Die im Raum Langenburg am Njassasee stehenden deutschen Kräfte gehen in nordöstlicher Richtung nach Iringa, gefolgt von den mit allen Mitteln moderner Kriegführung ausgerüsteten Divisionen des Generals Northey. Trotz der beachtlichen Unterlegenheit versuchen die Kolonialtruppen immer wieder, dem Feind durch Aktionen aus dem Hinterhalt Verluste zuzufügen und seinen Vorstoß zu verlangsamen.

Besonders wichtig ist für General von Lettow-Vorbeck das Halten der an der Zentralbahn gelegenen Orte Kilossa und Morogoro, um die reichlich gefüllten Depots in die Uluguruberge und südlich davon nach Kissaki abzutransportieren, wo sich ein Großteil der Truppen befindet. Inzwischen hat er auch rechtzeitig die großen Viehbestände von den Weiden östlich Mpapua nach Kissaki treiben lassen. Durch die hier vorkommende gefährliche Tsetsefliege sind viele Tiere eingegangen. So muß die Masse der Rinder in die Flußniederungen des Rufidji weitergetrieben werden.

Am 7. und 8. September 1916 kann die Schutztruppe alle von Norden und Westen gegen Kissaki gerichteten Angriffe zurückschlagen. General von Lettow-Vorbeck: »Ein Teil der an beiden Tagen gemachten, etwa dreißig europäischen Gefangenen wurde gegen die eidliche Verpflichtung, in diesem Kriege nicht mehr gegen Deutschland und seine Verbündeten zu kämpfen, an den Feind zurückgegeben. Das Menschliche dieser Maßregel, die unter den tropischen Verhältnissen im eigensten Interesse der Gefangenen lag, wurde von den Engländern verkannt. Sie glaubten an Spionage, hielten den deutschen Parlamentär, der die Gefangenen zurückbrachte, fest, schickten ihn mit verbundenen Augen mitten in den Urwald und ließen ihn dann auf gut Glück laufen. Es war ein Wunder, daß der durch langes Umherirren erschöpfte Mann sich zu uns zurückfand.«

An der Mündung des Rufidji: Verteidigungsstellung der deutschen Schutztruppe

Zwischen den in Tabora befindlichen deutschen Abteilungen und den von Südwesten, Westen und Nordwesten vorrückenden englischen und belgischen Truppen kommt es seit Anfang September 1916 zu ständigen Gefechten, die General Wahle alle zurückschlagen kann. Erst als die britischen Verstärkungen vom Victoriasee eintreffen, gelingt es den Angreifern, die Stadt am 17. September 1916 zu erobern. Das erhoffte Ziel, die Nutzung der Zentralbahn für eigene militärische Operationen, haben sie damit allerdings nicht erreicht, denn von den zurückweichenden Deutschen sind die Bahnanlagen, Waggons und Lokomotiven zerstört worden.

Während die Hauptkräfte der deutschen Schutztruppe noch bei Kissaki kämpfen, nutzen die vor der Küste patrouillierenden britischen Schiffe die Gelegenheit, durch artilleristische Unterstützung den Landtruppen bei der Eroberung der Hafenstädte zu helfen. Bis Mitte September 1916 besetzen die Engländer Sadani, Ragamojo, Daressalam, Kilwa-Kiwindsche und Kilwa-Kissiwani, ohne auf großen Widerstand zu stoßen.

Am 19. September 1916 überschreiten portugiesische Soldaten den Fluß Rowuma an der Grenze zu Deutsch-Ostafrika. Dies veranlaßt General von Lettow-Vorbeck, die Portugiesen zurückzuwerfen und sie bis nach Quelimane zu verfolgen. Deutsch-Ostafrika ist jetzt noch die letzte im Kampf stehende deutsche Kolonie.

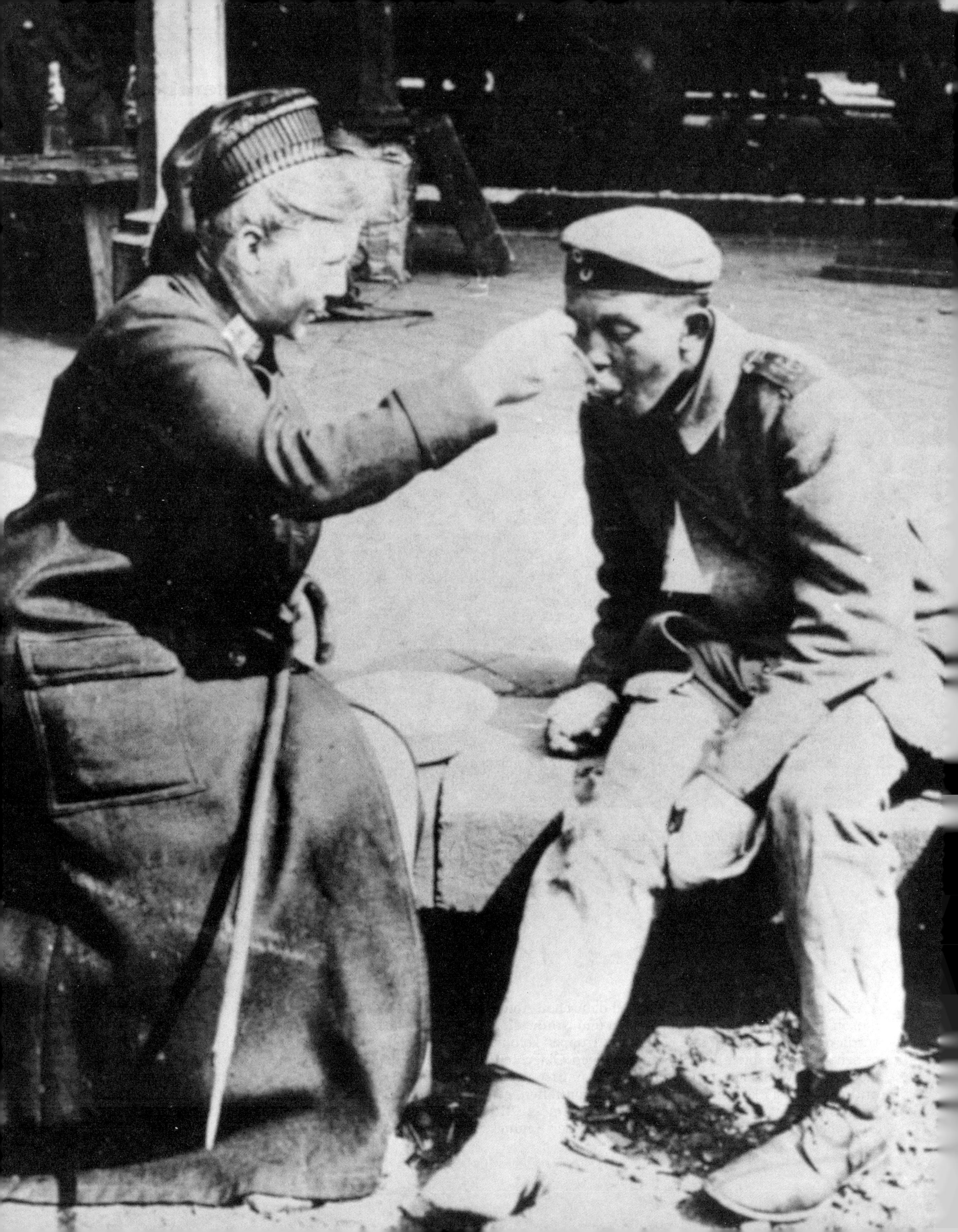

WAS AUSSERDEM GE-SCHAH

WICHTIGE EREIGNISSE IM JAHR 1916

Irgendwo im Deutschen Reich. Eine Rot-Kreuz-Schwester füttert einen Verwundeten. Der Soldat, fast noch ein Knabe, hat beide Hände verbunden

Allgemeine Wehrpflicht in England · Kriegsmüdigkeit in Europa · »Hindenburg-programm« in Deutschland

Im Londoner Unterhaus wird am 24. Januar 1916 eine Gesetzesvorlage für die allgemeine Wehrpflicht in dritter Lesung mit 338 gegen 36 Stimmen angenommen. Dies bedeutet, daß alle wehrtauglichen Männer im Alter zwischen 18 und 41 Jahren, die noch unverheiratet oder kinderlose Witwer sind, eingezogen werden können. Bisher bestehen die britischen Streitkräfte nur aus Freiwilligen, und erst jetzt, nach Billigung der von Premierminister Asquith eingebrachten Vorlage des Wehrpflichtgesetzes, ist es möglich, etwa 650000 Männer für den Wehrdienst zu rekrutieren.

Im selben Monat entsteht auf dem Truppenübungsgelände Munster in der Lüneburger Heide der »Gaskampf-Übungsplatz Breloh«, auf dem neue chemische Kampfmittel erprobt und Abfüllstationen für Gasgranaten eingerichtet werden. In Breloh befindet sich bis zum Kriegsende auch das größte Lager an chemischen Kampfstoffen und Munition. Die Engländer haben 1916 ebenfalls eine Forschungs- und Entwicklungsabteilung für chemische Waffen mit Sitz in Salisbury errichtet, und die Erprobungs- sowie Abfüllstation für das französische Heer liegt in Vincennes bei Paris.

Die Experten beider Seiten arbeiten ständig daran, noch wirksamere chemische Kampfstoffe zu erfinden. Daher werden im Verlauf des Jahres 1916 alle im Bereich der Westfront eingesetzten Soldaten mit verbesserten Gasmasken ausgestattet (sie sind mit Aktivkohlefilter versehen), die teilweise auch mit Urotropin imprägniert sind und das Phosgengas (dieses Kampfgas ist eine Verbindung von Kohlenmonoxyd und Chlor) neutralisieren.

Seit dem Winter 1915/16 hat sich die Stimmung der deutschen und österreichisch-ungarischen Bevölkerung durch die Verknappung der Lebensmittel und die von der Regierung angeordneten Sparmaßnahmen spürbar verschlechtert, was sich auch auf die kämpfenden Truppen überträgt. Daher kündigt die Oberste Heeresleitung (OHL) im April 1916 verschärfte Maßnahmen zur »Aufrechterhaltung der Kriegsbereitschaft von Volk und Heer« an. Man will entweder durch Zwangsmittel, ständige Überwachung oder durch

ideologische Beeinflussung versuchen, die schwindende Kampfmoral wieder zu stabilisieren.

Am stärksten macht sich die Antikriegsstimmung im zaristischen Rußland bemerkbar. Durch die fieberhafte Tätigkeit militärischer Organisationen der Bolschewiki, von denen es allein im Raum Petrograd bereits achtzig gibt, kommt es bei den Streitkräften erneut zu Unruhen, ähnlich der bei der Baltischen Flotte im Jahr 1915.

Die Kriegsmüdigkeit der Zivilbevölkerung zeigt sich deutlich in den Leipziger Hungerdemonstrationen vom 13. bis 15. Mai 1916. Kriminalschutzmann Dietrich berichtet seiner vorgesetzten Dienststelle in Berlin: »Am Sonnabend, Sonntag und Montag fanden in Leipzig, hauptsächlich im Westen (Lindenau-Plagwitz), größere Lebensmittelkrawalle statt. Da die Polizei machtlos war, wurden drei Kompanien Infanterie und eine Schwadron Kavallerie requiriert. Die Truppen waren mit scharfen Patronen ausgerüstet, haben aber nicht geschossen. – Die Truppen hatten die Anweisung, die Menge, Frauen und halbwüchsige Burschen, vor sich herzutreiben und zurückzudrängen, was auch geschehen ist. Es sollen verschiedene Personen verletzt und auch nach dem Krankenhaus geschafft sein. Bis jetzt soll eine Person gestorben sein. – Von der Volksmenge sind während der dreitägigen Unruhen etwa 100 große Schaufensterscheiben eingeschlagen worden. Schinken und dergl. flogen auf die Straße und zwischen die Menge. Auch Straßenbahnwagen und Straßenlaternen sind zerstört worden. Seit etwa acht Tagen sollen fast alle Lebensmittelgeschäfte geschlossen sein, was von dem Publikum als künstliche Zurückhaltung der nötigsten Lebensmittel angesehen wird.«

Die verschärfte alliierte Blockade sowie die schlechten Ernteerträge des Vorjahres bilden den Anlaß für die deutsche Regierung, Ende Mai 1916 das »Kriegsernährungsamt« zu errichten. Der Präsident dieser Behörde, Adolf T. von Batocki-Friebe, hat das Verfügungsrecht über alle im Reich vorhandenen Lebensmittel und Rohstoffe, einschließlich der Futtermittel für die Viehversorgung. Ursprünglich ist das Kriegsernährungsamt nur als Übergangsorganisation bis zur neuen Ernte gedacht, aber es stellt sich bald heraus, daß an eine Aufhebung dieser Zentralstelle nicht zu denken ist. Fast alles gibt es jetzt auf Lebensmittelkarten, und die Rationen werden immer kleiner.

Um den Rohstoffbedarf etwas aufzufrischen, wird durch Plakate der Frauenhilfe zur Altmaterialsammlung aufgerufen: »Im Kriegsjahr 1916! Nichts darf umkommen! Papier darf nicht verbrannt, Bindfaden- und Sackreste, Konservendosen, Stanniol usw. dürfen nicht weggeworfen werden; denn diese scheinbar wertlosen Dinge haben einen großen kriegswirtschaftlichen Wert. Deshalb sammelt: alle Arten Papier, alte Bücher, Zeitschriften, Zeitungen (von der Garnisonsverwaltung besonders gewünscht), Pappdekkel, Konservenbüchsen, saubere Sack- und Kordelreste, Stanniol, Altgummi (Gummihandschuhe, unbrauchbare Schläuche, Bälle u. dergl.), Knochen und Lederabfälle, alte Stahlfedern und Briefmarken, beschlagnahmefreie Metallabfälle, Flaschen, Krüge, Zigarrenspitzen, Zigarren- und

Zigarettenkästen, Stearinabfälle [Stearin = Rohstoff zur Kerzenherstellung], Korkstopfen, Obstkerne und sonstige Kerne (wie die Jahreszeit sie bietet). Die meisten Abfälle können bei der Neufabrikation wieder Verwendung finden. Der Überschuß, der sich aus dem Verkauf der Abfälle ergibt, findet gemeinnützige Verwendung . . .«

Mit dem »Hindenburgprogramm« will die OHL durch erhöhten Einsatz von Waffen und Kampftechnik den Mangel an Soldaten ausgleichen. Um dieses Programm einer Rüstungssteigerung allerdings durchführen zu können, ist die OHL wiederum gezwungen, Facharbeiter aus dem Feldheer in die Heimat zu entsenden. Die Industrie kann den Forderungen der OHL nur nachkommen, wenn sie zusätzlich über zwei bis drei Millionen Arbeiter verfügt. Daher wird am 2. Dezember 1916 vom Reichstag ein »Gesetz über den Vaterländischen Hilfsdienst« verabschiedet, das alle Männer zwischen 16 und 60 verpflichtet, in einem kriegswichtigen Betrieb zu arbeiten und zugleich den Hilfsdienstleistenden das Streikrecht verbietet.

So steht die deutsche Regierung nach zweieinhalb Kriegsjahren vor fast unlösbaren Problemen und vor einem Winter, der in die Geschichte als »Kohlrübenwinter« eingehen wird.

Adolf T. von Batocki-Friebe, der Präsident des Kriegsernährungsamtes

Berlin-Wilmersdorf: In einer Obstkern-Sammelstelle des Vaterländischen Frauenvereins

Westfront

4. und 7. Januar: *Auf einer alliierten Gipfelkonferenz in Rom wird beschlossen, alle künftigen Operationen weitaus stärker als bisher zu koordinieren.*
4. Februar: *Hindenburg befiehlt den Rückzug auf die »Siegfried-stellung«.*
9. April: *Beginn der groß-angelegten britischen Offensive im Gebiet von Arras.*

16. April: *Die Franzosen greifen an der Aisne und in der Champagne an.*
25. April: *Die französischen Offensiven scheitern. 160000 französische Soldaten kommen an der Aisne und in der Champagne um.*
15. Mai: *Wechsel in der französischen Militärführung. General Nivelle wird als Ober-kommandierender von General Pétain abgelöst und General Foch zum Chef des General-stabes ernannt.*
20. Mai: *Die Engländer eröffnen mit einem gewaltigen Artillerie-feuer ihren Angriff gegen den von den Deutschen besetzten Wytschaetebogen.*
7. Juni: *Unter schweren Verlusten räumen die deutschen Verbände den Wytschaetebogen.*

31. Juli: *Die Franzosen greifen verstärkt vor Verdun an – zusammen mit der britischen Offensive in Flandern soll die Entscheidung zugunsten der Alliierten herbeigeführt werden.*
22. Oktober: *Französischer Ablenkungsangriff am Chemin des Dames. Gleichzeitig sammeln sich die britischen Streitkräfte für die letzte große Offensive in Flandern.*
20. November: *Die britische Offensive bei Cambrai unter Einsatz von 378 Tanks kommt nach wenigen Tagen zum Stehen.*
30. November: *Bei der Gegen-offensive gelingt es der Heeres-gruppe Rupprecht von Bayern, den größten Teil des verlorenen flandrischen Gebietes zurück-zuerobern.*

Ostfront

1. Juli: *Angriff der russischen Südwestfront nördlich und südlich von Brzezany.*
10. Juli: *Gegenoffensive der Mittelmächte in Ostgalizien.*
3. August: *Deutsche und öster-reichisch-ungarische Truppen erobern Czernowitz zurück.*
3. September: *Die Deutschen besetzen Riga.*

12. Oktober: *Bis zum 21. Oktober besetzen deutsche Landungstruppen die Inseln Ösel, Dagö und Moon in der Ostsee.*
15. Dezember: *Brest-Litowsk. Waffenstillstandsvertrag zwischen den Mittelmächten und Rußland.*

Balkan

13. März: *Im Raum Monastir beginnen zwischen deutschen Truppen und der britisch-französischen »Orientarmee« schwere Kämpfe.*
8. Mai: *Großangriff der »Orientarmee« gegen die Höhen-stellungen nordwestlich von Monastir.*

1. Juli: *Kriegseintritt Griechen-lands auf seiten der Entente.*
8. September: *Französischen Verbänden gelingt der Übergang über den Devoli.*
20. Oktober: *Der Versuch der italienischen Valonagruppe und einiger Verbände der »Orientarmee«, bulgarische Kräfte westlich des Ochridasees zu umfassen, scheitert nach zwei Tagen.*
5. November: *Auch die alliierten Angriffe südlich von Stojakovo und vier Tage später im Strumatal schlagen fehl.*

24. Dezember: *Wechsel an der Spitze der »Orientarmee«. General Guillaumat löst General Sarrail ab.*

Italien

12. Mai: *Nach sechsmona-tiger Kampfpause beginnen die Italiener die zehnte Schlacht am Isonzo.*
20. September: *Die elfte Isonzo-schlacht (Beginn: 18. August) endet mit einem italienischen Geländegewinn von 6 Kilo-metern.*
24. Oktober: *Nachdem die OHL neben 15 Divisionen 540 Geschütze, 216 Minenwerfer und 100 Flugzeuge an den Isonzo verlegt hat, beginnen die Mittelmächte eine massierte Gegenoffensive, in deren Verlauf die italienischen Verbände stark zurückgedrängt werden.*

8. November: *Generalleutnant Armando Diaz übernimmt von Generalleutnant Cadorna den Oberbefehl über die italienischen Streitkräfte.*

Seekrieg

1. Februar: *Deutschland kündigt die Verschärfung des U-Boot-Krieges an.*
1. April: *Die von England getroffene Entscheidung, das bisher als gesperrt erklärte Seegebiet erheblich zu erweitern, tritt in Kraft.*
3. Mai: *Der deutsche Admiral-stab erweitert die Sperrzone um Großbritannien – Reaktion auf die verbesserten Transport-möglichkeiten für die euro-päischen Ententeländer durch die US-Handelsflotte.*
14. Mai: *Vier k.u.k. Schiffen, durch Umbau und Anstrich britischen Kreuzern ähnelnd, gelingt es, die alliierten Bewachungslinien an der Straße von Otranto zu durchbrechen und ins Mittelmeer zu gelangen.*
11. September: *Der deutsche Admiralstab beschließt die See-operation »Albion«. Es handelt sich um das größte deutsche Landungsunternehmen in der bisherigen Kriegsgeschichte: 23000 Mann, 5000 Pferde sowie*

umfangreiches Kriegsgerät sollen zu den Ostseeinseln Ösel, Dagö und Moon transportiert werden.
20. September: *Der Kaiser gibt seine Zustimmung zu »Albion«. Tags zuvor ist bereits der Flottenstab in Libau eingetroffen, um die Operation vorzubereiten.*
12. Oktober: *Die Flotte erreicht Ösel, angeführt von dem Großen Kreuzer »Moltke«, dem Flaggschiff Vizeadmiral Schmidts.*
17. Oktober: *Die beiden Kleinen Kreuzer »Brummer« und »Bremse« treffen bei einem Aufklärungsvorstoß in der Nordsee auf einen britischen Handelskonvoi und vernichten nach der Versenkung der beiden Begleitzerstörer neun der zwölf ungeschützten Handelsdampfer.*
19. Oktober: *Vizeadmiral Schmidt befiehlt nach erfolgreichem Abschluß des Unternehmens »Albion« die Rückfahrt.*
17. November: *Bei einer »Stichfahrt« zur Erkundung des englischen Sperrgebietes werden*

die deutschen Schiffe vor Helgoland von den Briten gestellt. Der Kleine Kreuzer »Königsberg II« wird bei diesem ersten größeren Seegefecht seit der Skagerrak-Schlacht schwer beschädigt.

Luftkrieg

5. April: *Schwere Niederlage für den neu entwickelten englischen Jäger Bristol F.2B. Alle sechs am Luftkampf beteiligten Jäger werden von deutschen Albatros-D-III-Jägern – es sind ebenfalls sechs – abgeschossen.*
13. Juni: *Erstmals greift ein Geschwader von deutschen Großflugzeugen London bei Tag an.*
7. Juli: *Der bisher größte deutsche Luftangriff auf die britische Hauptstadt.*
28. September: *In sechs Nächten – also bis zum 4. Oktober – finden erneut Angriffe starker*

deutscher Bombergeschwader auf London statt.
19./20. Oktober: *Letzter Großangriff deutscher Marineluftschiffe auf England. Von elf gestarteten Luftschiffen – zwei fallen schon vorher aus – kehren nur sechs zurück.*

Naher Osten

11. März: *Die Engländer besetzen Bagdad.*
26. März: *Die alliierten Angriffe auf Ghazza beginnen.*
30. Juni: *General Allenby wird zum neuen Oberbefehlshaber des britischen Expeditionskorps in Palästina ernannt.*

2. November: *Der alliierte Hauptangriff auf Ghazza.*
7. November: *Die Verteidiger von Ghazza ziehen sich zurück. Am selben Tag nehmen britische Truppen Jaffa ein.*
8./9. Dezember: *In der Nacht räumt die türkische Besatzung Jerusalem.*
9. Dezember: *Die Alliierten ziehen in Jerusalem ein.*

1917

Kolonien

21. November: *In Jambol (Bulgarien) startet das Luftschiff L59, um eine große Ladung Arzneimittel und Verbandsstoffe sowie Waffen, Munition und*

Ausrüstungen nach Deutsch-Ostafrika zu transportieren. Es wird jedoch kurz vor dem Ziel durch einen von den Briten lancierten Funkspruch getäuscht und kehrt um.

Außerdem ...

1. Januar: *Moskau. Die Leiche von Grigorij Rasputin wird in der Kleinen Newa entdeckt.*
10. Januar: *USA. Die von US-Präsident Wilson im Dezember 1916 eingeleitete Friedensinitiative scheitert.*
5. März: *Deutsches Reich. Um das Defizit ihrer Goldbestände zu verringern, ruft die Reichsbank die deutsche Bevölkerung auf, Gold abzuliefern. Im selben Monat wird für die 6. Kriegsanleihe geworben.*
8. März: *Rußland. In Petrograd kommt es zu einer Protestdemonstration gegen die katastrophale Versorgungslage.*
15. März: *Der Zar dankt ab.*
6. April: *USA. Die USA erklären Deutschland den Krieg.*
8. April: *Deutsches Reich. Die Spaltung der SPD führt zur Gründung der »Unabhängigen Sozialdemokratischen Partei Deutschlands« (USPD). Im selben Monat kommt es zu ersten Massenstreiks in Berlin und Leipzig.*
16. April: *Rußland. Lenin trifft in Petrograd ein.*
7. Juli: *England. Winston Churchill wird zum Luftfahrt- und Munitionsminister ernannt.*
13. Juli: *Deutsches Reich. Reichskanzler Bethmann Hollweg nimmt seinen Abschied.*
31. Oktober: *Dr. Georg Michaelis, Nachfolger Bethmann Hollwegs, tritt zurück.*
1. November: *Der bayerische Ministerpräsident Georg Graf von Hertling wird neuer Reichskanzler.*
7. November: *Rußland. Lenin kehrt nach Petrograd zurück, nachdem er zuvor nach Finnland fliehen mußte.*
7./8. November: *Um 21.45 Uhr stürmen die Bolschewiki das Winterpalais – und um 2.10 Uhr werden alle Minister der Provisorischen Regierung verhaftet.*
8. November: *Auf dem 2. Allrussischen Kongreß verkündet Lenin den Sieg der Revolution. Gleichzeitig bietet er Deutschland an, den Krieg zu beenden.*

14. November: *Frankreich. Georges Clemenceau übernimmt das Amt des Ministerpräsidenten und wird außerdem Kriegsminister.*

DIE WESTFRONT 1917

BEIDE SEITEN SUCHEN DIE ENTSCHEIDUNG

Durch den gewaltigen Einsatz von Mensch und Material wollen beide Seiten den Gegner in die Knie zwingen

Der am 26. Dezember 1916 als Nachfolger für General Joffre ernannte neue französische Oberbefehlshaber General Nivelle übernimmt im wesentlichen die für 1917 geplante Konzeption, das militärische Schwergewicht auf den westeuropäischen Kriegsschauplatz zu konzentrieren. Hier will man durch eine Niederlage der deutschen Armeen den gesamten Krieg entscheiden. Doch die alliierten Pläne werden Anfang des Jahres 1917 wiederholt geändert, da ständig neue Schwierigkeiten in der Koordination der gemeinsamen Angriffsoperationen auftreten. So erhält General Nivelle zwar die Zusage des italienischen Generalstabschefs Cadorna, bereits vor dem 1. Mai 1917 eine Unterstützungsoffensive am Isonzo zu beginnen, jedoch nur unter der Voraussetzung, daß sich die anderen Verbündeten entschließen, zum selben Zeitpunkt Entlastungsangriffe durchzuführen, weil der Italiener mit einer Offensive der österreichisch-ungarischen Kräfte im Trentino rechnet.

Auf einer alliierten Gipfelkonferenz am 4. und 7. Januar 1917 in Rom macht der britische Premierminister Lloyd George einen unerwarteten Vorschlag. Er plädiert dafür, auf die Großoffensive in Frankreich zu verzichten und statt dessen an der italienischen Front gemeinsam gegen Österreich-Ungarn, den schwächsten Partner der Mittelmächte, loszuschlagen. Dies stößt allerdings auf die Ablehnung der Generalstabschefs. Übereinstimmend wird aber die Notwendigkeit erkannt, alle künftigen Operationen weitaus stärker als bisher zu koordinieren.

Vier Wochen später, am 1. Februar 1917, treffen sich die Abgesandten der Alliierten erneut, diesmal in Petrograd. Auch jetzt sind sich die Militärs darüber einig, 1917 alle verfügbaren Kräfte einzusetzen, um den Krieg endlich siegreich zu beenden. General Nivelle drängt die russische Heeresleitung, mit den Angriffen so früh wie möglich zu beginnen. Doch die Aufstellung und Ausrüstung neuer Divisionen erfordere mindestens drei Monate, wie der russische Vertreter, General Gurko, zu bedenken gibt. Da es der russischen Armee sowohl an Waffen als auch an Munition mangelt, versprechen Briten und Franzosen der Stawka, für insgesamt 3,4 Millionen Soldaten Kriegsmaterial zu liefern – immerhin ein Drittel der tatsächlich benötigten Menge.

12. Juli 1917. Nordfrankreich: In Begleitung eines Generals besucht Englands König Georg V. einen britischen Soldatenfriedhof

Rechte Seite: Der westeuropäische Kriegsschauplatz im Jahr 1917

Sir William R. Robertson, Chef des englischen Generalstabes

Obwohl alle Anzeichen auf eine bevorstehende Revolution in Rußland hindeuten, sind die westlichen Alliierten bemüht, Rußland mit seinem riesigen Menschenpotential an sich zu binden. Daher wird am 12. Februar 1917 zwischen der französischen und russischen Regierung ein Geheimvertrag geschlossen, der die Ansprüche Rußlands auf Konstantinopel sowie Frankreichs auf Elsaß-Lothringen und das linke Rheinufer anerkennt.

Nivelles Offensivplan sieht derweil vor, im Frühjahr durch eine französisch-britische Kraftanstrengung den gesamten Frontbogen von Reims bis Arras einzudrücken. Den Hauptstoß soll eine neu gebildete Heeresgruppe bei Craonne in nördlicher Richtung führen. Unterdessen sollen die britischen Truppen bei Arras in Richtung Cambrai angreifen. Nivelle will das deutsche Stellungssystem nach kurzem, sehr intensivem Artilleriebeschuß und einem sofort danach folgenden Sturmangriff durchbrechen. Er meint, daß seine Angriffsmethode von Douaumont auch hier Erfolg haben werde und daß die deutschen Truppen in wenigen Tagen bis hinter die Maas und über den Rhein zurückgedrängt werden können.

Frankreichs Regierung setzt nun alle Hoffnungen auf den neuen Befehlshaber, denn weitere verlustreiche Zermürbungsschlachten würden zu Unruhen unter den Soldaten und der Zivilbevölkerung führen. Nivelles Plan stimmen auch Lloyd George und Generalstabschef Robertson zu. Feldmarschall Haig, Oberbefehlshaber des britischen Expeditionskorps in Frankreich, ist dagegen für einen Angriff auf die flandrische Küste, um die deutschen U-Boot-Stützpunkte zu erobern.

Durch den veränderten Angriffsplan und die damit verbundenen Vorbereitungen wird die Offensive von Ende Februar um etwa sechs Wochen verschoben. Damit geht den Alliierten das Überraschungsmoment verloren – mehr noch: Deutschen Agenten gelingt es in der Zwischenzeit, die Pläne des Gegners herauszufinden.

Doch auch der Gegner hat seine Ziele. Da sich durch die erfolgreichen Kämpfe in Rumänien die militärische Lage der Mittelmächte stabilisiert hat, will die deutsche Oberste Heeresleitung (OHL) den Gegner ebenfalls siegreich niederwerfen. Allerdings ermöglicht die rüstungswirtschaftliche Lage keine großangelegten Landoperationen. So stellt sich die OHL auf eine strategische Defensive ein, um den Gegner in Abwehrkämpfen zu erschöpfen, das eigene Heer zu schonen und gleichzeitig zu verstärken. Darüber hinaus beabsichtigen die Mittelmächte, durch den uneingeschränkten U-Boot-Krieg Großbritannien als Hauptgegner auszuschalten, somit das Kräfteverhältnis zu Lande zu ihren Gunsten zu verändern, um dann die kriegsentscheidende Offensive zu führen.

Bereits im September 1916 hat Generalfeldmarschall von Hindenburg darauf gedrängt, die Abwehrfront durch ein tief gestaffeltes Stellungssystem auszubauen. Der wichtigste Teil, die »Siegfriedstellung«, eine über 143 Kilometer lange Verteidigungslinie, liegt zwischen Arras und Laon. Damit wird der bei Roye und Noyon vorspringende Frontbogen um rund 45 Kilometer verkürzt. Für den Ausbau dieser Abwehrstellung werden 65 000 Arbeitskräfte eingesetzt, zumeist zwangsverpflichtete Franzosen und russische Kriegsgefangene.

»Unternehmen Alberich«

Am 4. Februar 1917 befiehlt Hindenburg den Rückzug auf die »Siegfriedstellung«. »Unternehmen Alberich« beginnt im März allerdings hauptsächlich auf Drängen des Kronprinzen von Bayern, dessen Heeresgruppe nur noch mühsam in den verschlammten Gräben ausharrt – einem feindlichen Durchbruchsversuch könnte sie allenfalls geringe Widerstandskraft entgegensetzen. Durch eine Zurücknahme der Frontlinie kann jedoch die OHL Divisionen herausziehen und damit hinter der Front Reserven für eine spätere Offensive ansammeln.

Die vorzeitige Einberufung des Rekrutenjahrgangs 1899 und die Neugliederung bereits bestehender Truppenteile ermöglicht es, bis zum April 1917 weitere 20 Divisionen aufzustellen. Die Herabsetzung der Tauglichkeitsanforderungen für Wehrpflichtige und eine verkürzte Ausbildung können allerdings den Mangel an Reserven nicht beheben. Die Alliierten bleiben weiterhin auf allen Kriegsschauplätzen den Mittelmächten an Truppenstärke und Ausrüstung erheblich überlegen.

Nachdem die Heeresgruppe Kronprinz von Bayern sich zwischen dem 16. und 19. März 1917 aus dem Frontbogen zwischen Arras und Soissons in die »Siegfriedstellung« zurückgezogen hat, können die überraschten britischen und französischen Truppen kampflos Bapaume, Péronne, Noyon, Ham und Soissons besetzen. Dadurch ist General Nivelle gezwungen, den Beginn der Frühjahrsoffensive erneut zu verschieben und die Hauptangriffsrichtung zu ändern.

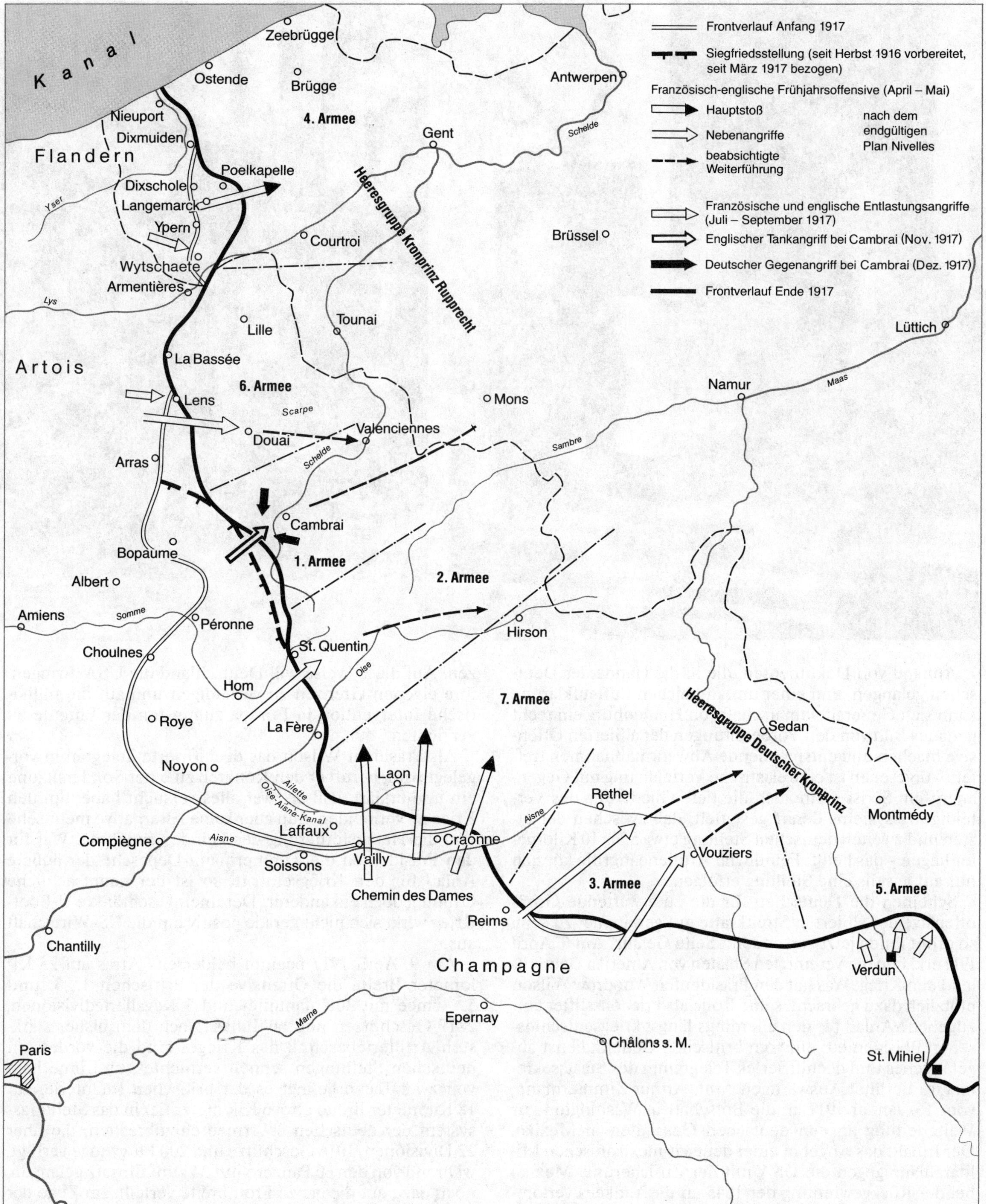
Frontverlauf Anfang 1917
Siegfriedsstellung (seit Herbst 1916 vorbereitet, seit März 1917 bezogen)
Französisch-englische Frühjahrsoffensive (April – Mai)
Hauptstoß
Nebenangriffe
beabsichtigte Weiterführung
nach dem endgültigen Plan Nivelles
Französische und englische Entlastungsangriffe (Juli – September 1917)
Englischer Tankangriff bei Cambrai (Nov. 1917)
Deutscher Gegenangriff bei Cambrai (Dez. 1917)
Frontverlauf Ende 1917
Kanal
Zeebrügge
Ostende
Brügge
Antwerpen
Nieuport
Dixmuiden
4. Armee
Gent
Schelde
Flandern
Poelkapelle
Dixschole
Langemarck
Yser
Ypern
Heeresgruppe Kronprinz Rupprecht
Courtroi
Brüssel
Wytschaete
Armentières
Lys
Lille
Tounai
Lüttich
Artois
La Bassée
Namur
Maas
6. Armee
Lens
Mons
Scarpe
Douai
Valenciennes
Sambre
Arras
Schelde
Cambrai
Bopaume
1. Armee
Albert
2. Armee
Amiens
Somme
Péronne
Hirson
Choulnes
St. Quentin
Oise
Hom
7. Armee
Heeresgruppe Deutscher Kronprinz
Roye
La Fère
Sedan
Noyon
Laon
Ailette
Oise-Aisne-Kanal
Rethel
Montmédy
Aisne
Compiègne
Aisne
Laffaux
Craonne
Vailly
Soissons
Vouziers
Chemin des Dames
3. Armee
5. Armee
Reims
Chantilly
Champagne
Verdun
Epernay
Marne
Paris
Châlons s. M.
St. Mihiel

Anhand von Dokumenten, die in die Hände der Deutschen gelangen, und einer umfangreichen Luftaufklärung kann sich Generalfeldmarschall von Hindenburg ein recht genaues Bild von den Vorbereitungen der alliierten Offensive machen und entsprechende Abwehrmaßnahmen treffen. Vorgesehen ist eine elastische Verteidigung mit Gegenangriffen. So ist denn auch die tiefe Gliederung des Verteidigungssystems derart gestaffelt, daß zwischen der ersten und zweiten deutschen Stellung etwa 5 bis 10 Kilometer liegen - das heißt: Feindliche Artillerieangriffe können nur auf jeweils eine Stellung erfolgen.

Scheinen die Deutschen für die zu erwartende Großoffensive der alliierten Streitkräfte gut gewappnet zu sein, so droht ihnen jetzt von anderer Seite Gefahr: Am 6. April 1917 erklären die Vereinigten Staaten von Amerika Deutschland den Krieg. Was hat den Präsidenten Woodrow Wilson plötzlich dazu gebracht, seine Rolle als Friedensstifter aufzugeben? Anlaß für den allerdings längst kriegsentschlossenen Präsidenten: ein vom britischen Geheimdienst abgefangenes und dechiffriertes Telegramm des Staatssekretärs im Berliner Auswärtigen Amt, Arthur Zimmermann, vom 16. Januar 1917 an die Botschaft in Washington zur Weiterleitung an den deutschen Gesandten in Mexiko. Der Inhalt: das Angebot einer deutsch-mexikanischen Militärallianz gegen die USA mit der Zusicherung, Mexiko bei der Rückgewinnung der 1845 an die Yankees verlorenen Staaten Texas, Arizona und New Mexiko zu unterstützen. Auf diese Weise will Deutschland die USA zwingen, ihre eigenen Grenzen zu verteidigen und auf die militärische Intervention in Europa zugunsten der Entente zu verzichten.

Als Präsident Wilson das dechiffrierte Telegramm vorgelegt wird, beruft er den Kongreß zu einer Sondersitzung ein und erklärt, daß er zwar alles versucht habe, um den Krieg zu vermeiden, nun aber keine Alternative mehr sehe und die Herausforderung des Feindes annehme. War für den Präsidenten die Zimmermann-Depesche der äußere Anlaß für den Kriegseintritt, so ist der hauptsächliche Grund jedoch ein anderer: Der uneingeschränkte U-Boot-Krieg wirkt sich nicht gerade positiv auf die US-Wirtschaft aus.

Am 9. April 1917 beginnt beiderseits Arras auf 25 Kilometer Breite die Offensive der britischen 1., 3. und 5. Armee mit 30 Infanterie- und 3 Kavalleriedivisionen, 2817 Geschützen und 60 Tanks. Nach dem bisher stärksten Artilleriebeschuß des Krieges sind die vordersten deutschen Stellungen schnell vernichtet, und innerhalb von zwei Tagen gelingt es der britischen Infanterie, auf 18 Kilometer Breite etwa 6 Kilometer tief in das Stellungssystem der deutschen 6. Armee einzubrechen, die über 22 Divisionen, 1016 Geschütze und 200 Flugzeuge verfügt, während von den 60 Panzern nur 34 zum Einsatz gelangen, noch dazu auf die ganze Frontbreite verteilt. Im Zuge der Offensive erobern die Engländer die Vimyhöhen nördlich

Januar 1917: Generalfeldmarschall von Hindenburg, Kaiser Wilhelm II. und General Ludendorff beraten im Großen Hauptquartier das weitere Vorgehen (links). Beim Rückzug auf die »Siegfriedstelung«: Deutsche Arbeitskolonnen sammeln all das, was eventuell noch von Nutzen sein könnte (Mitte). Aufklärung tut not: Deutsche Soldaten füllen einen Fesselballon (rechts)

4. April 1917. Die Kriegserklärung der USA an Deutschland zeichnet sich ab. Die französische Zeitung »Le Journal« berichtet von einer Rede Präsident Wilsons, in der dieser seine Landsleute auffordert, ihre ganzen Kräfte auf den Kampf gegen Deutschland zu konzentrieren

LE JOURNAL

100, Rue de Richelieu PARIS — *ÉDITION DE PARIS* — CHARLES HUMBERT Directeur

TS-UNIS PROCLAMENT L'ÉTAT DE

Le Message du président Wilson

Il demande à ses compatriotes de tendre toutes leurs forces pour écraser l'Allemagne

von Arras, was auf deutscher Seite hohe Verluste verursacht: 39000 Mann und 233 Geschütze.

Obwohl Mitte April 1917 die Offensive zum Stehen kommt, setzt das britische Expeditionskorps die Angriffsoperationen bis Ende Mai fort, um die französischen Kräfte zu entlasten. Die Gesamtverluste der etwa sieben Wochen dauernden Offensive: 142000 Engländer, 85000 Deutsche.

Unterdessen beginnen am 16. April 1917 die Angriffe der Franzosen an der Aisne und in der Champagne nach zweitägiger Artillerievorbereitung. An diesem Frontabschnitt greifen 61 französische Infanterie- und 7 Kavalleriedivisionen mit etwa 4500 Geschützen und 1000 Flugzeugen die deutsche 1., 3. und 7. Armee an, die insgesamt über 41 Divisionen, 2430 Geschütze und 640 Flugzeuge verfügt. Der Hauptangriff erfolgt auf einer Breite von 40 Kilometern und hat das Ziel, bis zur Linie Laon–Rethel vorzudringen. Dennoch: Die Sturmangriffe der französischen Truppen brechen am 16. und 17. April 1917 unter schwersten Verlusten an der deutschen Abwehrfront zusammen.

Einsatz von Gasgranaten und Tanks

Freitag, 11. Mai 1917, Berlin. Generalleutnant Baron von Ardenne schreibt im *Berliner Tageblatt*:

»In den Schlachten bei Arras und an der Aisne war anstelle der Gasflaschen die Gasgranate getreten. Sie war von der Windrichtung unabhängiger, ihre Verwendung auf bestimmte Geländepunkte leichter, ihre Wirkung sicherer. Der feindlichen Artillerie konnte durch einen Gasvorhang eine solche Binde vor die Augen gelegt werden, daß sie am Feuern schwer gehindert war. Das hat die deutsche Artillerie am 9. April bei Arras, die französische am 16. April an der Aisne zu ihrem Schaden erfahren.

Der an diesem Tage ausgeführte große französische Angriff war durch die deutschen Gasgranaten um einige Tage verzögert worden. Das Gas, das den platzenden Granaten entströmt, ist mit der Zeit immer giftiger, tödlicher geworden. Es ist erwähnenswert, daß die ›Lusitania‹ bei ihrer Versenkung soviel Material für die Bereitung dieses Giftstoffes in sich getragen haben soll, daß ihr Verlust 10 Monate lang an der Herstellung der Geschosse hinderte. Der durchaus tödlichen Wirkung der Gase traten Gasmasken als Abwehrmaßregeln entgegen.

Die ›Tanks‹ haben die Engländer zuerst zur Verwendung gebracht. Sie unterschieden männliche und weibliche Tanks. Erstere sind mit 3½-cm-Geschützen und Maschinengewehren bestückt, die letzteren nur mit Maschinengewehren. Diese feuern durch Scharten und Gewehrschlitze, sind demnach der feindlichen Kleingeschoßwirkung nicht gänzlich entzogen. Sonst beruht der Vorzug der Tanks auf ihrer relativen Unverwundbarkeit. Stark gepanzert sollten sie der Wirkung der deutschen Feldartillerie widerstehen. Diese Annahme hat sich als irrig erwiesen. Auf nähere Entfernung haben die Volltreffer der Kanonenbatterien und auf weitere die der 10,5-cm-Feldhaubitzenbatterien die Panzerwände durchbohrt bzw. das Untergestell der Panzerwagen demontiert.

Auch Fliegerbomben wurden zur Vernichtung der Tanks benutzt. Ganz vernichtend wirkten aber die Geschosse deutscher 15-cm-Haubitzen, die – unter oder neben den Tanks detonierend – sie geradezu zerschmetterten und die Reste umstülpten. So ist es am 16. April der Fall gewesen. 32 französische Tanks gingen verloren – 60 Prozent der zum Angriff eingesetzten. Auch auf den englischen Fron-

ten, schon bei den Nachhutgefechten des Hindenburgischen Rückmarsches, hatten die Engländer eine Anzahl dieser Kampffahrzeuge eingebüßt. Ihre Gefechtskraft war immerhin schon beim Beginn ihrer Verwendung keine zu unterschätzende. Sie überquerten Gräben von 3 bis 4 Meter Breite und durchschnitten mit Leichtigkeit die ausgedehntesten Drahthindernisse.«

Nachdem auch der zweite große Durchbruchsversuch vom 30. April mißlingt - er endet schon am 2. Mai -, fordert Nivelle sowohl das russische als auch das italienische Oberkommando auf, Entlastungsangriffe zu eröffnen. Dadurch soll Hindenburg gezwungen werden, einige Divisionen vom Westen an die Ost- und auch an die italienische Front zu verlegen.

Oben: Die Kämpfe bei Arras. Während sich die Deutschen auf die »Siegfriedstellung« zurückziehen, marschieren britische Truppen an die Front bei Arras. Haubitzen und Granaten werden von den Briten unter einem Tarnnetz den Blicken des Gegners entzogen. Deutsche Sturmtruppen besetzen einen Schützengraben. Britische Granaten explodieren an einer Eisenbahnstation (von links nach rechts)

Ein britischer Tank bahnt sich seinen Weg

Auch die Franzosen setzen zunehmend Tanks ein. Ob auf offenem Gelände, in Ortschaften, ob in Waldgebieten – die Tanks kommen überall zum Einsatz

Auf der am 4. Mai 1917 stattfindenden Konferenz der britischen und französischen Regierungen und deren Oberkommandierenden wird General Nivelle veranlaßt, seinen Plan endgültig aufzugeben. So ist es nicht verwunderlich, daß Nivelle kurz darauf, am 15. Mai 1917, durch General Pétain abgelöst wird. Gleichzeitig wird General Foch zum Chef des Generalstabes ernannt.

Nach dem Abbruch der Offensive Ende Mai 1917 kommt es lediglich zu vereinzelten Angriffen am Chemin des Dames und in der Champagne.

Die Niederlagen an der Aisne und in der Champagne kostet das französische Heer enorme Verluste: allein zwischen dem 16. und 25. April 1917 etwa 160000 Mann. Dieselben Verluste haben die deutschen Armeen bis Ende Juni 1917 zu beklagen. Selbst der Einsatz von Tanks zeigt bisher wenig Erfolg, da die technischen Mängel noch zu groß sind und ein Zusammenwirken mit der Artillerie und der Infanterie nicht zustande gekommen ist.

Die Nachrichten von der russischen Revolution rufen in Frankreich eine verstärkte Antikriegsbewegung hervor. Bereits Anfang Mai 1917 wird im Heer offener Widerstand geleistet, vor allem im Frontbereich zwischen Soissons und Auberive. 54 Divisionen, fast die Hälfte des französischen Heeres, besonders die Kolonialtruppen mit 30000 Mann, weigern sich, wieder ihre Stellungen zu beziehen, und machen Front gegen die Regierung in Paris. General Pétain versucht, die Kampfmoral der Soldaten zu heben und schließlich mit Gewalt der Situation wieder Herr zu werden: Militärgerichte verurteilen etwa 24000 Soldaten – und von 412 Todesurteilen werden 55 vollstreckt. Auch unter den beiden in Frankreich kämpfenden russischen Brigaden kehrt Unruhe ein: Nach blutigen Auseinandersetzungen sieht sich daher der französische Generalstab veranlaßt, ein Großteil der russischen Soldaten nach Algerien zu verschiffen.

Diese Antikriegsbewegung macht sich nicht nur an der Front bemerkbar, sondern wirkt sich auch auf die französische Kriegsindustrie aus. Im Frühjahr und im Sommer 1917 kommt es zu ungezählten Arbeiterstreiks. So kann das französische Oberkommando keine weiteren Angriffsoperationen durchführen und muß die Hauptlast der Kämpfe an der Westfront dem britischen Expeditionskorps überlassen. Diese Ereignisse, dazu die großen Anfangserfolge des uneingeschränkten deutschen U-Boot-Krieges rufen im Jahr 1917 unter den Alliierten eine ernste Krise hervor.

Die Flandernschlacht

Der britische Oberbefehlshaber Sir Douglas Haig ist nach den enttäuschenden Frühjahrsoffensiven mehr denn je davon überzeugt, durch eine neue, großangelegte Materialschlacht im Raum Ypern die deutsche Front durchbrechen zu kön-

Mai 1917. Zurück bleiben oft nur Ruinen: Das zerstörte Rathaus von Arras

Abschreckendes Beispiel für mögliche Nachahmer: Deserteure der alliierten Streitkräfte werden öffentlich zur Schau gestellt – kein Kommandeur kann in der jetzigen Situation Auflehnung und Aufruhr in den eigenen Reihen dulden

nen. Er will bis zur belgischen Küste vordringen und die U-Boot-Stützpunkte Ostende und Zeebrugge ausschalten. Gleichzeitig soll eine überraschende Landung britischer Streitkräfte bei Ostende erfolgen, um die Aktionen der deutschen U-Boote zu stören. Parallel laufende britische Angriffe bei Arras sind zur Täuschung vorgesehen.

Um das geplante Vorhaben an der Südflanke nicht zu gefährden, soll erst der nach Westen vorspringende deutsche Frontbogen bei Wytschaete beseitigt werden. Field Marshal Haig beabsichtigt, jeweils einen 20 Kilometer breiten und 3 Kilometer tiefen Abschnitt der deutschen Frontlinie mit Tausenden von Geschützen schwersten Kalibers und einigen hunderttausend Gasgranaten unter Feuer zu nehmen, bis sich nach menschlichem Ermessen kein Leben mehr regt. Danach soll die Infanterie unter dem Schutz von Tanks und Fliegern vorgehen, gefolgt von der Artillerie, um jede feindliche Gegenaktion zu verhindern. Nach zehn Tagen will er das ganze Schauspiel wiederholen.

Werden die besetzten Gebiete Belgiens und Frankreichs bald frei sein?

Die Vernichtung der deutschen Stellungen will Haig auch noch auf andere Weise in die Wege leiten: Ganze Abschnitte der deutschen Front sollen bei einsetzendem Artilleriefeuer gleichzeitig durch Minen in die Luft gejagt werden. Der Auftakt zur Flandernschlacht soll einem Inferno gleichen, an dem britische Pioniere und Mineure beteiligt sind. Der unterirdische Minierkrieg, dessen Vorbereitungen bereits im Frühjahr 1916 begonnen haben, findet in der Flandernschlacht seinen Höhepunkt ...

In den Morgenstunden des 20. Mai 1917 eröffnen die Engländer mit etwa 2000 Geschützen ein gewaltiges Artilleriefeuer gegen den Wytschaetebogen. Siebzehn Tage lang sind die deutschen Stellungen dem mörderischen Beschuß ausgesetzt. Keine Befehlsstelle, kein Bunker, kein Stolleneingang bleibt davon verschont – die deutschen Batterien werden systematisch vernichtet, und von schützenden Baumreihen bleiben nur noch kahle Stümpfe übrig. Es ist weder möglich, die erste Stellung mit Munition und Verpflegung zu versorgen, noch Verwundete herauszuschaffen.

In der Nacht vom 6. zum 7. Juni flaut das britische Trommelfeuer für einige Stunden ab. Plötzlich wird die Erde von neunzehn gewaltigen Minensprengungen erschüttert. Von der in diesem Frontbereich eingesetzten 3. Bayerischen Division bleibt kaum mehr als eine Handvoll Soldaten am Leben. Nach den riesigen Menschen- und Materialverlusten räumen die Deutschen den Wytschaetebogen.

Für die nachfolgende Offensive hat Haig eine Massierung starker Kräfte vorgesehen, darunter auch die französische 1. Armee mit 6 Divisionen. Den Hauptstoß soll die britische 5. Armee auf einer nur 10 Kilometer breiten Frontlinie führen. Er hofft, unter großem Munitionsaufwand seiner schweren Artillerie die deutsche Verteidigung nach und nach zu zerschlagen.

Im Juni 1917 trifft die erste US-Division im französischen Hafen St. Nazaire ein, zusammen mit dem neuen Oberbefehlshaber der amerikanischen Streitkräfte an der Westfront, General Pershing. Den Vorschlag des französischen und britischen Oberkommandos, die amerikanischen Truppen in die Frontverbände der Entente einzugliedern, lehnt General Pershing jedoch ab. Er will eine selbständige US-Armee aufstellen und sie erst nach gründlicher Ausbildung einsetzen.

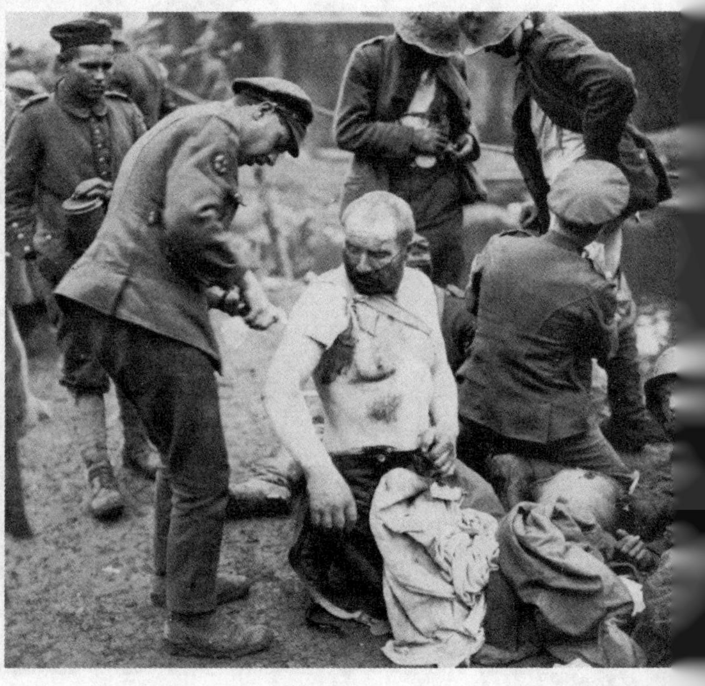

Juni 1917. Im Hafen von St. Nazaire: Die erste US-Division betritt europäischen Boden

Am 31. Juli 1917 erfolgt nach tagelangem Artilleriebeschuß die Offensive in Flandern. In den ersten 48 Stunden gelingt es den britischen Truppen, einen Geländestreifen von 16 Kilometern Breite und 3 Kilometern Tiefe zu erobern, was allerdings auf beiden Seiten hohe Verluste erfordert. Durch das nun einsetzende Regenwetter bleiben die nachfolgenden Kämpfe buchstäblich im Schlamm stecken, was die Truppenbewegungen natürlich außerordentlich erschwert.

Am Morgen des 16. August 1917 beginnt der nächste britische Großangriff zwischen Yser und Lys. Es gelingt den Engländern zwar, einige Orte zu erobern, aber der von Field Marshal Haig geplante Durchbruch kann auch diesmal nicht erzielt werden. Er scheitert erneut an der hartnäckigen deutschen Verteidigung.

Die Kämpfe in Flandern

Freitag, 17. August 1917. Aus dem Hauptquartier des Kronprinzen Rupprecht von Bayern:

Der amerikanische General Pershing

Wytschaetebogen. Tausende von deutschen Soldaten fallen dem gewaltigen Artilleriefeuer der Briten zum Opfer. Und auf die wenigen, die mit dem Leben davonkommen, wartet die Kriegsgefangenschaft in England

Nach den schweren Kämpfen: Die Innenstadt von Ypern bietet ein Bild der Verwüstung

»Ein neuer, der zweite Großkampftag der Flandernschlacht, ist zu unseren Gunsten entschieden dank der Tapferkeit aller Waffen, dank der nie versagenden Angriffskraft unserer unvergleichlichen deutschen Infanterie!

Nach einstündigem Trommelfeuer brach am Morgen des 16. August die Blüte des englischen Heeres auf dem nördlichen Flügel, begleitet von französischen Kräften, tiefgestaffelt zum Angriff vor. Auf 80 km Front von der Yser bis zur Lys tobte tagsüber die Schlacht. Der an dem Yser-Kanal bei Drie-Grachten vorgeschobene Posten wurde überrannt; der Feind erkämpfte sich auch das nördlich und östlich von Bixschoote von unseren Sicherungen schrittweise aufgegebene Vorfeld der Kampfstellung am Martje-Vaart. Die Engländer durchstießen bei Langemarck unsere Linien und drangen, Verstärkungen nachschiebend, bis Poelcapelle vor. Hier traf sie der Gegenangriff unserer Kampfreserven. In unwiderstehlichem Ansturm wurden die vorderen Teile des Feindes überwältigt, seine hinteren Staffeln zurückgeworfen. Am Abend war nach zähem Ringen auch Langemarck und unsere verlorene Stellung wieder in unserer Hand. Auch bei Saint Julien und an zahlreichen Stellen weiter südlich bis nach Warneton drang der Gegner, dessen zerschlagene Angriffstruppen durch immer neue Kräfte ersetzt wurden, in unsere Kampfzone ein. Die Infanterie fing den gewaltigen Stoß überall auf und warf den Feind unter enger Mitwirkung der Artillerie und Flieger wieder zurück. An den von Roulers und Menin nach Ypern führenden Straßen drangen sie über unsere alte Stellung hinaus in erfolgreichem Angriff vor. In allen anderen Abschnitten des weiten Schlachtfeldes brach der englische Ansturm vor unseren Hindernissen zusammen. Trotz schwerster Opfer haben die Engländer nichts erreicht! Wir haben in der Abwehr einen vollen Sieg errungen. Unerschüttert, in gehobener Stimmung steht unsere Front zu neuen Kämpfen bereit!

Im Artois griffen die Engländer gegen Abend bei Loos wiederum heftig an; örtliche Einbrüche wurden durch kraftvolle Gegenstöße wett gemacht. St. Quentin lag weiter unter französischem Feuer. Der Dachstuhl der Kathedrale ist eingestürzt, das Innere des historischen Bauwerks ausgebrannt.«

Britische Gegendarstellung

Sonnabend, 18. August 1917, London. Die Agentur *Reuter* berichtet:

»Ein deutsches Radiogramm vom 17. August enthält eine Reihe ungenauer Behauptungen. Der rechte Flügel der Alliierten befand sich anläßlich des Angriffs vom 16. August auf der Straße Ypern–Menin. Es fand kein Angriff zwischen dieser Straße und der Lys statt. Der Feind verdoppelte also in seinem Bericht die Ausdehnung der Angriffsfront. Der Gegner hat Langemarck nicht wieder genommen, und er hat keinen Versuch gemacht, es zurückzuerobern. Um 6 Uhr abends des 17. August teilte ein Offizier des britischen Generalstabes mit, daß er aus Langemarck zurückkehre, wo er während 5 Stunden geblieben

war. Die britischen Truppen beherrschen nicht nur Langemarck, sondern auch die deutsche Stellung in einer beträchtlichen Ausdehnung bis 800 Yards nördlich von Langemarck. Die Erwähnung von Poelcapelle bezweckt offenbar, den Eindruck hervorzurufen, daß es den Engländern nicht gelang, irgendein entferntes, imaginäres Ziel zu erreichen. Eine ähnliche Tatsache ist dem deutschen amtlichen Heeresbericht vom 16. August zu entnehmen, wonach die englischen Ziele Vendin-le-Vieil gewesen sein sollen. Es genügt zu erklären, daß die britischen Truppen am 15. August alle ihre Ziele nicht nur nördlich von Lens, sondern auch am 16. August von St. Julien weg in nördlicher Richtung erreichten. Es muß auch auf die Übertreibungen hingewiesen werden, die behaupten, der Angriff vom 15. August sei mit 4 kanadischen Divisionen ausgeführt worden.«

Hinter der Front. Diese Frauen der amerikanischen Heilsarmee haben nur eine Sorge: Gelingen ihre Doughnuts?

Unterdessen hat General Pétain das französische Heer wieder gefestigt und unternimmt an mehreren Frontabschnitten, wie bei St. Quentin, an der Aisne und bei Verdun, Entlastungsangriffe. So beginnt zum Beispiel am 20. August 1917 die Schlacht vor Verdun, die in Verbindung mit den Kämpfen in Flandern eine Entscheidung herbeiführen soll. Der französische Angriff erfolgt mit 19 Divisionen beiderseits der Maas. Und tatsächlich: Den französischen Truppen gelingt es innerhalb von drei Tagen, die heißumkämpften Höhen 304 und »Toter Mann« zurückzuerobern. Damit haben die Deutschen alle Stellungen ihrer ersten Linie auf dem Westufer verloren. Wenn auch der Einsatz an Menschen und Material in keinem Verhältnis

Flandern-Schlacht: Ein aufgegebenes Feldgeschütz

zum Erfolg steht, so haben die Franzosen ihre Verteidigungsstellung verbessern können, abgesehen von dem moralischen Auftrieb innerhalb des Heeres, in dem in den vergangenen Wochen die Stimmung erheblich gesunken war.

Während Field Marshal Haig am 19. September 1917 seine Angriffe in Flandern bei Gheluvelt und Paschendaele fortsetzt und am 4. Oktober 1917 einige Ortschaften im Raum Poelcapelle erobern kann, bereitet General Pétain einen neuen Ablenkungsangriff am Chemin des Dames vor, der am 22. Oktober 1917 beginnt. Am selben Tag treten die britischen Kräfte zu ihrer letzten Flandernschlacht an.

Die etwa fünf Monate dauernden zahlreichen Offensiven zählen zu den heftigsten Kämpfen des Ersten Weltkrieges. Obwohl die Engländer über 50 Millionen Artilleriegranaten auf die deutschen Stellungen abgeschossen haben, können sie an einem 22 Kilometer breiten Frontabschnitt nur etwa 8 Kilometer vorstoßen. Damit sind alle Versuche, bis zur belgischen Küste durchzubrechen, gescheitert. Die Verluste des britischen Heeres: 332000 Mann. Die Deutschen büßen 217000 Mann ein.

Über die Flandernschlacht berichtet später der Engländer Duff Cooper: »Die wahrheitsgemäße Schilderung dieser Schlacht wird stets eine Erzählung des Grauens bleiben. In den Herzen vieler, die sich daran erinnern, muß für alle Zeiten der Zorn darüber brennen, daß auf diesem Stückchen Erde eine solche Pein geduldet werden konnte.«

Die letzte größere Angriffsoperation des Jahres 1917 ist der britische Tankangriff bei Cambrai in Frankreich. Mit dem massierten Einsatz dieser neuen Waffe will man nicht nur deren Kampfwert unter Beweis stellen, sondern auch das Kriegsjahr nach dem Mißerfolg in Flandern mit einem spektakulären Sieg beenden.

Der von Field Marshal Haig ausgearbeitete Plan sieht vor, daß die 3 Panzerbrigaden zusammen mit 6 Infanteriedivisionen einen Sturmangriff auf die deutschen Stellungen durchführen sollen. Jeder Brigade, bestehend aus 3 Panzerbataillonen, stehen 126 Kampfwagen vom Typ »Mark IV« zur Verfügung. Das nachfolgende Kavalleriekorps soll den Vorstoß in die Tiefe erweitern und den wichtigen Eisenbahnknotenpunkt Cambrai einnehmen. Es ist das erste Mal, daß die schwerfälligen Tanks als geschlossener Verband auftreten und zur Unterstützung der Infanterie dienen.

Den in der Sommerschlacht eingesetzten Panzer vom Typ »Mark I« haben die Engländer inzwischen weiterentwickelt. Die daraus entstandenen »Mark IV« und »Mark V« sind für den Fronteinsatz weitaus besser geeignet. Durch ihre umlaufenden Ketten besitzen sie eine beachtliche Geländegängigkeit und sind fast doppelt so schnell wie ihre Vorgänger, obwohl ihr Fahrwerk noch ungefedert und leicht verwundbar ist. Der Tank ist mit 6 schweren Maschinengewehren ausgerüstet und für 12 Mann Besatzung vorgesehen.

Am 20. November 1917 beginnt um 7 Uhr morgens die Offensive bei Cambrai mit einem schlagartig einsetzenden Trommelfeuer aus rund 1000 Geschützen, das nach 20 Minuten wieder verstummt. Unter dem Schutz einer künstlichen Nebelwand rollen jetzt die Tanks auf einer Frontbreite von etwa 10 Kilometern beiderseits Havricourt zum Angriff vor, dicht gefolgt von den Sturmtruppen der Infanterie. Die Tankverbände überwinden mit Leichtigkeit die Granattrichter, Gräben und Drahthindernisse, denn das

Nicht nur viele Menschen sind tot. Auch die Natur zeigt kein Leben mehr: »Wald« in der Nähe von Ypern

Auf dem Weg zum Einsatz bei Cambrai: Britische Tanks

deutsche Abwehrfeuer ist durch den Nebel stark eingeschränkt.

Bereits in den Mittagsstunden sind die britischen Tanks 7 Kilometer tief in das deutsche Stellungssystem eingebrochen und haben den Deutschen schwere Verluste zugefügt. Doch einzelne Stützpunkte leisten erbitterten Widerstand und versuchen, die britische Infanterie durch Flammenwerfer und MG-Feuer zu isolieren.

Am nächsten Morgen können britische Einheiten die Schelde bei Marcoing überqueren, und am 22. November 1917 erreichen die ersten Kavalleriepatrouillen Cambrai. Während bei den Engländern durch das mit Trichtern übersäte Kampfgelände Nachschubprobleme auftauchen, kann die deutsche Verteidigung mit ihren Spezialeinheiten – bestehend aus Sturmbataillonen und MG-Scharfschützen – weitere Einbrüche verhindern.

Die innerhalb von neun Tagen mit der Feldeisenbahn in 734 Transportzügen herangeführten Reserven ermöglichen es der Heeresgruppe Rupprecht von Bayern, am 30. November 1917 eine Gegenoffensive zu beginnen. In heftigen Kämpfen gelingt es den Deutschen, bis zum 6. Dezember 1917 den größten Teil des verlorenen Geländes wieder zurückzuerobern, 9000 Gefangene zu machen und 148 Geschütze sowie 700 Maschinengewehre zu erbeuten.

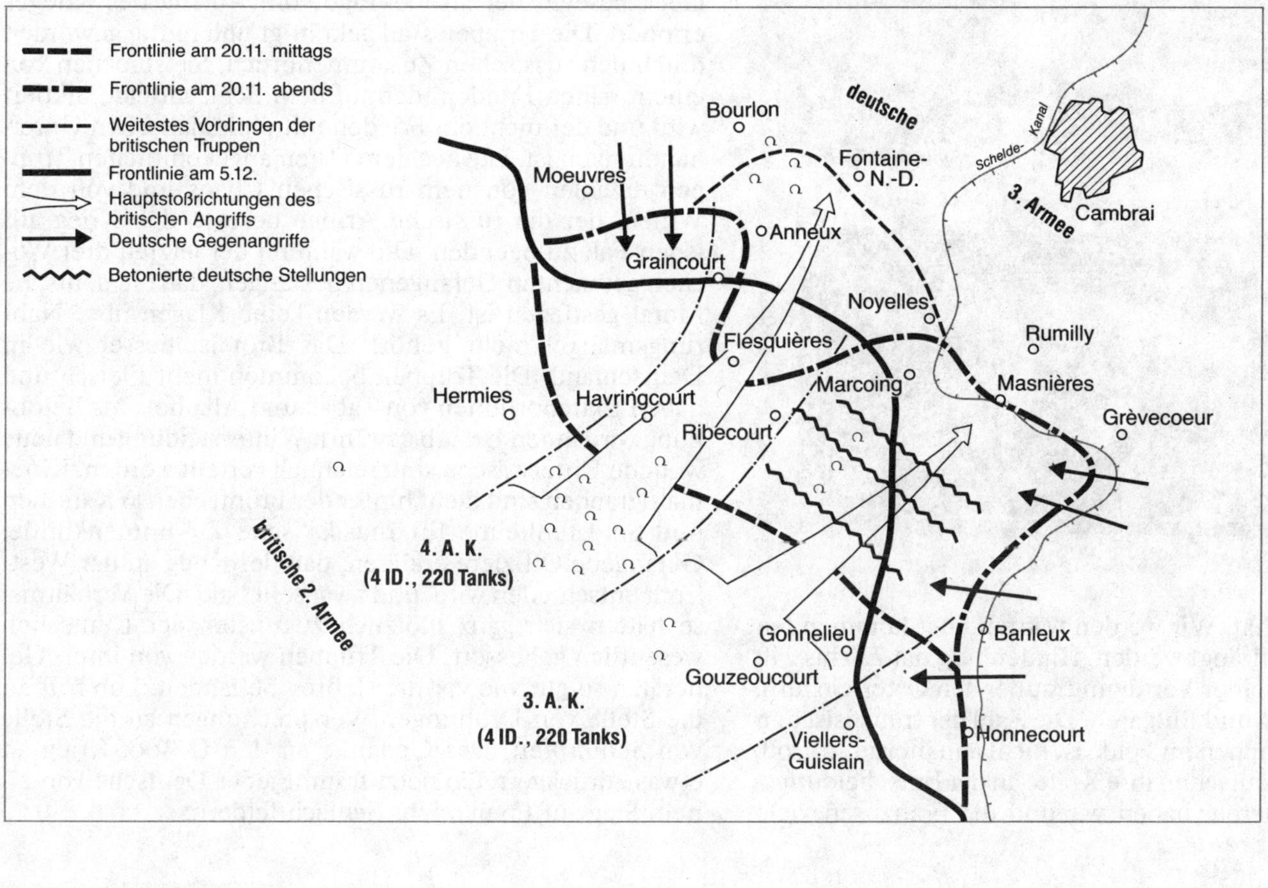

Der britische Tankangriff bei Cambrai

Nach der Schlacht bei Cambrai. Ein letzter Freundschaftsdienst: Ein deutscher Soldat drückt einem tödlich getroffenen Kameraden die Augen zu

Befürchtungen der Engländer

Freitag, 28. Dezember 1917, London. Der *Globe* berichtet:

»Wir wollen uns nicht verheimlichen, daß die deutsche Armee in diesem Winter ihren Höhepunkt an Leistungsfähigkeit erlangt hat. Wir werden während der kommenden Monate hart bedrängt werden. Hindenburg hat 230 bis 240 Divisionen zu seiner Verfügung, außer den Österreichern, Ungarn, Türken und Bulgaren. Die Zahl der französischen und unserer Truppen im Felde ist nicht annähernd so groß. Während die Deutschen ihre Kräfte an der Entscheidungsfront konzentrieren, haben wir und die Franzosen viele Truppen auf Nebenkriegsschauplätze geschickt, wo sie keinen Deutschen antreffen werden. Somit ist die Kriegsarithmetik nicht für uns, sondern gegen uns.«

Die Reserven, die den Briten aus ihren Kronländern herangeführt werden, erschöpfen sich gegen Ende des Krieges mehr und mehr

Unglaublicher Optimismus

Donnerstag, 3. Januar 1918, London. Meldung des Frontberichterstatters der *Morning Post:*

»Die Deutschen an der Westfront sind von einem neuen Geist beseelt, der an die Tage vom Anfang des Krieges erinnert. Die Truppen sind gekräftigt und mutig geworden durch den russischen Zusammenbruch. Sie sprechen von einem nahen Frieden, der auf dem Schlachtfelde diktiert wird und der nicht ein Frieden mit diplomatischen Unterhandlungen ist. Die aus dem Osten angekommenen Truppen erzählen von dem russischen Chaos und von dem Willen, der die russische Armee beseelt, den Krieg auf jeden Fall zu beenden. Die während der letzten drei Wochen gemachten Gefangenen bestätigen, daß die deutsche Moral gestiegen ist. Es werden keine Klagen über Nahrungsmangel mehr gehört. Das Brot ist besser wie in Deutschland. Die Truppen bekommen mehr Fleisch und haben Extraportionen von Tabak und Alkohol. Als Belohnung wird ihnen Urlaub gewährt. Winterkleidung und neue wollene Unterwäsche sind reichlich verteilt worden. Kinematographen sind dicht hinter der Front, ebenso Kantinen und Soldatenheime für musikalische Zusammenkünfte. Gefangene Offiziere erklären, daß der Krieg an der Westfront entschieden wird, und zwar sehr bald. Die Verhältnisse hätten sich ganz plötzlich zugunsten der Deutschen wesentlich gebessert. Die Truppen werden von ihren Generälen so gut wie vor drei Jahren behandelt. Lob tritt an die Stelle von Drohungen, Versprechungen an die Stelle von Schimpfen. Der Gedanke an den U-Boot-Krieg ist etwas zurückgetreten, jetzt träumt jeder Deutsche von einem Sieg auf Frankreichs Schlachtfeldern.«

Ende 1917. London, Trafalgar Square: Ein Tank dient als Verkaufsstand für Kriegsanleihen. Ein verwundeter britischer Offizier ist der erste Interessent

Er hat's geschafft – und sie werden Neujahr nicht überleben: Ein britischer Soldat freut sich über zwei Enten für das Christmasdinner

Der gescheiterte Durchbruchsversuch bei Cambrai hält die Alliierten nicht davon ab, ihre Panzerwaffe weiter auszubauen. Dagegen fühlt sich die deutsche militärische Führung durch den Erfolg des Gegenangriffs darin bestätigt, sich auf die Verbesserung der Panzerabwehrwaffen zu konzentrieren. Außerdem wäre die Rüstungsindustrie aus Mangel an Rohstoffen und Arbeitskräften nicht imstande, innerhalb kürzerer Zeit eine größere Anzahl von Panzern zu produzieren. So wird der Beschluß der Obersten Heeresleitung, bis zum Frühjahr des nächsten Jahres 10 Sturmpanzer-Kraftwagenabteilungen aufzustellen, vorerst fallengelassen, was sich allerdings im kommenden Kriegsjahr für die deutschen Truppen äußerst negativ auswirken wird ...

DIE OSTFRONT 1917

ERFOLGE DER MITTELMÄCHTE

Die Wirren im russischen Zarenreich begünstigen mehr und mehr die militärischen Operationen der Mittelmächte

Demonstrationsredner in Petrograd. Die zunehmende Unzufriedenheit der russischen Bevölkerung mit dem herrschenden Regime greift auch mehr und mehr auf die Truppen über

In der russischen Hauptstadt entdecken Passanten am 1. Januar 1917 nahe der Petroskij-Brücke die in der Kleinen Newa treibende Leiche von Grigorij Rasputin, die – wie sich bald herausstellt – am Kopf und an der Brust zwei Schußwunden aufweist. Während die französischen Zeitungen von einem Eifersuchtsdrama berichten, spricht die englische Presse von politischem Mord. Es heißt, daß der als Wunderheiler geltende sibirische »Starez« sich einer großen Anhängerschaft erfreut und durch seinen ganz persönlichen Einfluß auf die Zarenfamilie über eine nicht zu unterschätzende Macht verfügt habe. Seine politischen Gegner befürchteten wohl, er könne Nikolaus II. dazu überreden, den Krieg vorzeitig zu beenden.

Die Untersuchung des Mordfalls wird der Kriminalpolizei entzogen und der politischen Polizei übergeben. Das Ergebnis der Ermittlungen: Der Mörder Rasputins, Fürst Felix Felixowitsch Jussupoff, und sein Mitverschwörer, Großfürst Dimitri Pawlowitsch, werden zunächst verhaftet und kurz darauf in die Verbannung geschickt.

Die militärische Lage im Osten ist für die Mittelmächte zu Beginn des Jahres 1917 äußerst angespannt. An der weit ausgedehnten Ostfront stehen 65 deutsche und 43 k.u.k. Divisionen einer Übermacht von 143 russischen und 5 rumänischen Divisionen gegenüber. So hoffen denn auch die Generalstäbe der Alliierten auf eine große gemeinsame Frühjahrsoffensive, doch nach den besonders verlustreichen Großangriffen der Südwestfront im Jahr 1916 ist eine Beteiligung des russischen Heeres in Frage gestellt.

Die Moral der russischen Soldaten hat ihren Tiefstand erreicht – allein 1916 sind eineinhalb Millionen desertiert. Fast ein Drittel der gesamten russischen Kräfte – viereinhalb Millionen Mann – ist seit 1914 verlorengegangen, darunter zwei Millionen an Gefangenen. IIinzu kommen Streiks in den Rüstungsbetrieben, unzureichende Transportmittel für das Kriegsmaterial und eine äußerst schlechte Versorgungslage. Dies alles vermehrt den Einfluß der revolutionären Kräfte und führt letztlich zum Sturz der Monarchie.

Im Januar 1917 gehören zu den wenigen Aktivitäten an der Ostfront die Angriffe russischer Truppen im nördlichen Frontabschnitt, die auf die Eroberung von Mitau

südwestlich Riga zielen. Nach geringen Anfangserfolgen muß sich jedoch die russische Infanterie unter großen Verlusten wieder zurückziehen. Die Unzufriedenheit der Soldaten verstärkt sich derart, daß ganze Truppeneinheiten den Befehlen für weitere Angriffe einfach nicht folgen – Verweigerung allenthalben macht sich breit.

Alexander Kerenski, einflußreiches Mitglied der Duma, rät Nikolaus II., die dringend erforderlichen Reformen zuzulassen und weder die Duma noch andere unabhängige Organisationen zu unterdrücken. Doch der Zar lehnt ab. So kommt es am 8. März 1917 in Petrograd zu einer Protestdemonstration gegen die katastrophale Versorgungslage. Und zum ersten Mal in der Geschichte Rußlands wird die Menge nicht von Kosakenregimentern auseinandergetrieben. Im Gegenteil: Sie solidarisieren sich mit den Demonstranten.

Es waren insbesondere die Damen der gehobenen Gesellschaft, die zu den treuesten Anhängern des sibirischen Wundermönches Grigorij Rasputin zählten

Der Zar glaubt, die Unruhen mit militärischer Gewalt niederschlagen zu können, aber die meisten Regimenter meutern schon. Offiziere und Soldaten befreien bereits alle Gefangenen und feiern den Sieg über das verhaßte Zarentum. Das ist kein Volksunmut, nein, das ist eine Revolution.

Am Morgen des 12. März 1917 fordert der Duma-Präsident Rodsjanko den Zaren auf, eine neue Regierung zu berufen, und widersetzt sich damit gleichzeitig dem Befehl, die Versammlung der Duma umgehend aufzulösen. Vor dem Taurischen Palast, dem Sitz der Duma, haben sich unterdessen Soldaten, Arbeiter und ungezählte Bürger versammelt, um die neue Lage zu diskutieren. Die Duma genießt im Volk hohes Ansehen, gilt sie doch als Symbol der Erneuerung.

Am 13. März 1917, zwei Tage vor der Abdankung des Zaren, entstehen im Taurischen Palast zwei politische Zentren: im rechten Flügel des Palastes die Provisorische Regierung unter dem formal noch vom Zaren berufenen Fürsten Lwow und im linken Flügel der Sowjet mit Delegierten der Soldaten und Arbeiter von Petrograd. So wird der Taurische Palast zum Schauplatz zweier Rivalen. Während die Provisorische Regierung der Bevölkerung alle bürgerlichen Freiheiten zusagt, erhebt der Sowjet, dem die Bolschewiki als Minderheit angehören, Anspruch auf alleinige Befehlsgewalt über die Armee und fordert einen möglichst schnellen Friedensabschluß.

Am 23. März 1917 schließen sich etwa eine Million Menschen dem durch Petrograd ziehenden Trauerzug für

März 1917: Die Unruhen in Petrograd nehmen zu. Selbst der Einfluß, den Justizminister Alexander Kerenski (das linke Bild zeigt ihn schon als Kriegsminister) auf den Zaren hat, reicht nicht aus, Nikolaus II. zu dringend erforderlichen Reformen zu bewegen. Unten der Präsident der Duma in Petrograd, Rodsjanko

Fürst Llow, der russische Ministerpräsident (links), und der Führer der Bolschewiki, Wladimir Iljitsch Lenin

die 184 Opfer des Demonstrationsmarsches an. Alle hoffen, daß es nun endlich Frieden gibt und jeder Bürger in Freiheit leben und arbeiten kann. Die Provisorische Regierung beabsichtigt, entsprechend den parlamentarischen Regeln, nur bis zu den allgemeinen Wahlen zu amtieren. Die zu den bürgerlichen Demokraten zählenden Minister wollen durch innere Reformen aus Rußland eine Republik nach westlichem Vorbild machen, aber auch auf seiten der Verbündeten den Krieg gegen die Mittelmächte weiterführen.

Unterdessen erfährt der seit drei Jahren im Schweizer Exil lebende Führer der Bolschewiki, Wladimir Iljitsch Lenin, von den Vorgängen in Rußland. Sein einziger Gedanke ist die sofortige Rückkehr – die Frage ist nur, wie. Da sich die deutsche Regierung von der Rückkehr Lenins einen baldigen Sonderfrieden mit Rußland verspricht, läßt man sich mit ihm auf einen Handel ein: Lenin darf zusammen mit anderen russischen Emigranten in einem plombierten Zug durch Deutschland nach Schweden und von dort nach Rußland reisen. Doch nicht nur das: Deutschland finanziert mit insgesamt 54 Millionen Goldmark die Bolschewiki – weitere Umsturzversuche sollen Rußland erschüttern und so dazu beitragen, den Krieg im Osten zu beenden.

Am 16. April 1917 trifft Lenin in Petrograd ein. Seine Rede vor dem Finnländischen Bahnhof entspricht einer Kampfansage an die Provisorische Regierung. Bereits am nächsten Tag spricht Lenin vor fast 800 Delegierten auf dem 1. Allrussischen Kongreß der Sowjets. Er fordert die Verteilung des Grund und Bodens an Kleinbauern, die Verstaatlichung der Industriebetriebe und der Banken, die Auflösung der Streitkräfte sowie der Polizeitruppen und die Abschaffung des Beamtentums. Sein als »Aprilthesen« in die Geschichte eingehendes Plädoyer zeigt den beabsichtigten radikalen Wandel.

Kerenski, der bisherige Justizminister, wird in der Regierung unter Fürst Lwow am 18. Mai 1917 zum Kriegsminister ernannt. Er versteht es, die Menschen durch seine Redegewandtheit zu begeistern und sogar davon zu überzeugen, daß eine Offensive gegen die Mittelmächte dem

23. März 1917. Petrograd: Hunderttausende schließen sich dem Trauerzug für die Opfer des Demonstrationsmarsches an

Juli 1917: Kriegsminister Kerenski spricht seinen Soldaten an der Front Mut zu

Interesse des Friedens und der Freiheit diene. Nach dem operativen Plan von General Alexejew soll die Südwestfront den Hauptangriff führen, die Frontlinie in Galizien durchbrechen und über Lemberg in das Ölgebiet von Drohobycz vorstoßen. Die russische Nord- und Westfront sowie die Rumänische Front sollen unterdessen Ablenkungsangriffe unternehmen.

Generalfeldmarschall von Hindenburg und der Oberbefehlshaber Ost erfahren rechtzeitig von dem russischen Aufmarsch. Sie bereiten daraufhin eine Gegenoffensive vor, um die ehemals österreichisch-ungarischen Gebiete in Ostgalizien und der Bukowina zurückzugewinnen. Gleichzeitig hoffen sie, einen Zusammenbruch der russischen Front zu erreichen, um anschließend die Entscheidung im Westen herbeizuführen. Für den geplanten Gegenangriff werden Ende Juni 1917 neben 6 Divisionen auch schwere Geschütze aus Frankreich an die Ostfront verlegt.

Kerenski motiviert seine Soldaten

Dienstag, 3. Juli 1917. Befehl des russischen Kriegsministers:

»Im Vertrauen auf sein Recht, seine Ehre und seine Freiheit, im Vertrauen auf die Brüderlichkeit hat Rußland, nachdem es seine Sklavenketten zerrissen hat, den festen Beschluß gefaßt, um jeden Preis die Völker und die Demokratie Rußlands zu verteidigen. Rußland hat leidenschaftlich alle kriegführenden Länder aufgefordert, den Krieg zu beenden und einen ehrlichen Frieden zu schließen, der jedermann befriedigen konnte. Als Antwort darauf hat uns der Feind einen Vorschlag zum Verrat gemacht. Die Österreicher und Deutschen haben Rußland aufgefordert, einen Sonderfrieden zu schließen. Sie haben versucht, unsere Wachsamkeit durch Verbrüderung zu täuschen, um zu gleicher Zeit Truppen auf unsere Bundesgenossen zu werfen, in der Hoffnung, sie zu schlagen. Jetzt, da der Feind einsieht, daß Rußland sich nicht irreführen läßt, droht er, weitere Truppen an unsere Front zu verlegen.

Soldaten, das Vaterland ist in Gefahr! Eine Katastrophe bedroht die Freiheit und die Revolution. Es ist Zeit, daß das Heer seine Pflicht erfüllt. Euer Oberbefehlshaber, der den Sieg gewohnt ist, ist der Meinung, daß jeder Tag der Verzögerung den Feind verstärkt und daß ein einziger entscheidender Tag seine Pläne vereiteln kann. Deshalb fordere ich Euch in vollem Bewußtsein meiner Verantwortung gegen das Vaterland und im Namen des Volkes und der vorläufigen Regierung auf, zum Angriff zu schreiten. Offiziere und Soldaten! Seid Euch bewußt, daß ganz Rußland Euch segnet für Eure Taten im Interesse der Freiheit, der Zukunft und eines ehrlichen und dauerhaften Friedens. Ich befehle Euch: ›Vorwärts!‹«

Als nach zwei Tagen Artillerievorbereitung am 1. Juli 1917 die Infanterie der russischen Südwestfront nördlich und südlich von Brzezany ihren Angriff gegen die aus deutschen, türkischen und k.u.k. Kräften bestehende Südarmee beginnt, stößt sie auf energischen Widerstand und kann kaum Erfolge erzielen. Lediglich der fünf Tage später von Stanislau vorstoßenden russischen 8. Armee gelingt es, Halicz und Kalusz zu erobern, aber die sofort eingesetzten deutschen Verstärkungen können einen Durchbruch nach Drohobycz verhindern. Weitere Sturmangriffe der Russen scheitern, nicht zuletzt angesichts der Befehlsverweigerung zahlreicher Truppenverbände. Auch die Angriffe der Rumänischen Front werden nach einigen Tagen eingestellt, ebenso erlahmen die Entlastungsangriffe der beiden anderen russischen Heeresgruppen.

Nun erfolgt am 19. Juli 1917 die Gegenoffensive der Mittelmächte in Ostgalizien. Beabsichtigt ist, in den Raum zwischen Czernowitz und Tarnopol vorzustoßen. Fast widerstandslos lassen sich die feindlichen Verbände bis zur Grenze Rußlands zurückdrängen. Um anschließend die Bukowina und das fruchtbare rumänische Getreideanbaugebiet an der Moldau zu erobern, wird auch das deutsche

Frontlinie zu Beginn 1917
Mitauer Operation der russischen 12. Armee (5.-11.1.)
Juni-Offensive der russ. Truppen
nach Durchbruch erreichte Linie
Gegenoffensive der Mittelmächte im Juli
nach Durchbruch erreichte Linie
Juli-Offensive der russ. Truppen
Angriff der deutschen Truppen bei Riga (1.-6.9.)
nach Durchbruch erreichte Linie
Deutsche Landungsoperation und Seegefecht bei den Moonsund-Inseln (Oktober)
Russische Minnensperren
Russische Angriffe an der rumänischen Front
Angriffe der Mittelmächte an der rumänischen Front
Ostsee
Reval
Narva
Dagö
Moon
Ösel
Peipus-See
Rigaer Bucht
Livland
Pskow
Riga
12. A.
Mitau
Nordfront
1. A.
Libau
Kurland
5. A.
8. A.
Dünaburg
Memel
3. A.
Polozk
Königsberg
Kowno
10. A.
Danzig
Wilna
Narotsch-See
DEUTSCHES REICH
Minsk
Grodno
12. A.
2. A.
Westfront
Lomza
Bug
A Abtlg. Woyrsch
Siedlce
Warschau
Pinsk
Pripjet
Mosyr
Brest-Litowsk
Weichsel
Besondere A.
Tschernigow
Lublin
Kowel
Chelm
RUSSISCHES REICH
4. A.
Luzk
11. A.
Rowno
Kiew
Südwestfront
2. A.
Kraukau
Przemysl
Lemberg
Brody
Dnjepr
Zloczow
Tarnopol
Süd-A.
7. A.
Halicz
8. A.
Kalusz
Stanislau
3. A.
Kolomea
ÖSTERREICH-UNGARN
Czernowitz
Dnjestr
9. A.
Budapest
7. A.
Sereth
Rumänische Front
Kischinjew
Odessa
1. A.
4. A.
rumän. 2. A.
rumän. 1. A.
Pruth
Focşani
9. A.
6. A.
Kaspisches Meer
bulgar. 3. A.
RUMÄNIEN

Alpenkorps von der Westfront nach Rumänien verlegt, obwohl die deutsche Oberste Heeresleitung (OHL) täglich mit einem neuen Großangriff in Flandern rechnet.

Durch die mißlungene Offensive der Südwestfront kommt es Mitte Juli 1917 in Petrograd erneut zu Massendemonstrationen, angeheizt durch die Parole »Alle Macht den Sowjets!« Nach dieser ersten öffentlichen Konfrontation befürchtet die Provisorische Regierung einen Putschversuch der Bolschewiki. Sie läßt daher das Feuer auf die Demonstranten eröffnen und Lenins Rote Garden entwaffnen. Gegen Lenin selbst wird ein Haftbefehl wegen angeblicher Spionage für die Deutschen erlassen, doch der Parteichef kann in letzter Minute nach Finnland fliehen.

Alexander Kerenski, Lenins Gegenspieler, wird nach dieser Machtprobe Ministerpräsident und zieht mit der Regierung in das Winterpalais des Zaren, während das Exekutivkomitee der Sowjets in den Smolny, eine ehemalige Schule für höhere Töchter, umsiedelt.

Ostgalizien. Juli 1917: Zerstörte Kraftfahrzeuge und Eisenbahnschienen im Raum Tarnopol während der Offensive deutscher und österreichisch-ungarischer Truppen (links). Kurz vor der Eroberung von Czernowitz: Der österreichische General Boehm-Ermolli bespricht mit seinem Stab das weitere Vorgehen (rechts)

Petrograd. Die Lage im zaristischen Rußland wird immer bedrohlicher. Der Volksaufstand weitet sich zur Revolution aus

Die Kampfhandlungen an der Ostfront im Jahr 1917

Noch glaubt Kerenski (zweiter von rechts), der neue Ministerpräsident und Gegenspieler Lenins, die schwierige innenpolitische Lage zu meistern. Hier präsentiert er in einem Saal des Winterpalais vier Mitglieder seiner Provisorischen Regierung.
Bild links: Jetzt droht auch Gefahr aus den eigenen Reihen – General Korilow, Oberbefehlshaber der russischen Streitkräfte, will die Macht an sich reißen

Die Unruhen in Rußland erleichtern das Vorgehen der Mittelmächte. Links unten: Deutsche Truppen überqueren die Bahnstrecke Riga–Petrograd. Rechts unten: Riga ist eingenommen – Ausgangspunkt für weitere Operationen

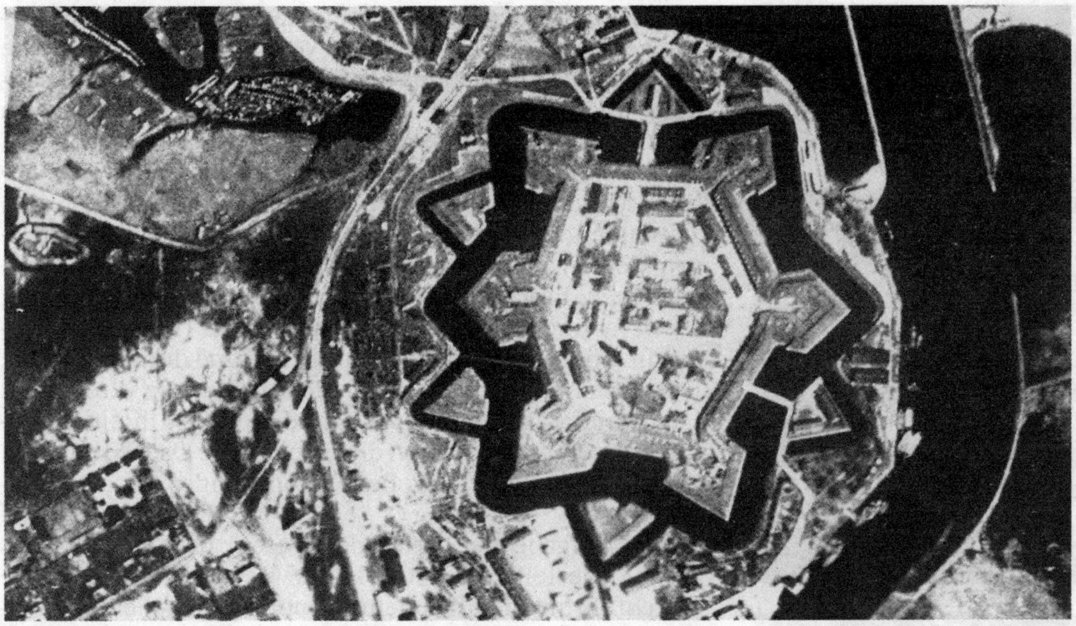

Von den Deutschen aus der Luft aufgenommen: Die Festung Dünamünde

Die Regierung ist zwar aus den Juli-Unruhen eindeutig als politischer Sieger hervorgegangen, aber schon bald droht ihr von anderer Seite Gefahr: General Kornilow, Oberbefehlshaber der russischen Streitkräfte, will durch einen Putsch die Macht an sich reißen.

In der Zwischenzeit haben die deutschen und österreichisch-ungarischen Truppen am 3. August 1917 die Stadt Czernowitz zurückerobert. Aus Nachschubmangel und wegen fehlender Reserven kommt die Offensive allerdings hier zum Stehen. Auch die am 6. August 1917 von Süden her vorstoßende Heeresgruppe Mackensen wird am unteren Sereth durch den erbitterten Widerstand rumänischer Kräfte aufgehalten. So muß der weitere Vormarsch in die Kornkammer des Moldaugebietes vorerst aufgegeben werden. Als Ende August 1917 die Kämpfe am Isonzo eine Verlegung mehrerer k.u.k. Divisionen vom Osten an die italienische Front erfordern, gehen die Mittelmächte an der gesamten Ostfront zum Stellungskrieg über.

Anfang September 1917 unternimmt General Kornilow in Petrograd tatsächlich einen Putschversuch, um die sozialistischen Kräfte in der Provisorischen Regierung auszuschalten. Doch Kerenski befürchtet, der General wolle eine Militärdiktatur errichten, und mobilisiert seine Anhänger, auch die Sowjets und die Bolschewiki. Der Aufstand des Generals mißlingt zwar, aber die Bolschewiki sind dadurch wieder im Besitz von Waffen. Nachträglich wird Kerenski das Hilfeersuchen an die Sowjets und die Bolschewiki von der Gegenseite als Schwäche ausgelegt. Die Folge: Alsbald wird das Gerücht verbreitet, er sei ein Mitglied der Verschwörung.

Inzwischen überschreiten Verbände der deutschen 8. Armee die Dwina und besetzen am 3. September 1917 Riga. Man will von hier aus die westlich davon stehende russische 12. Armee einkreisen und vernichten. Das Vorhaben gelingt jedoch nicht, da die Russen den Brückenkopf Daugawpils hartnäckig verteidigen. Um die Hafenstadt Riga als Ausgangspunkt für weitere Operationen zu sichern, erfolgt zwischen dem 12. und 21. Oktober 1917 die Besetzung der Inseln Ösel, Dagö und Moon durch ein 25000 Mann starkes Landungskorps der deutschen Streitkräfte. Dieses einzige größere deutsche Landeunternehmen wird von der Hochseeflotte mit 11 Linienschiffen, 9 Kleinen Kreuzern, 41 Torpedobooten, mehreren Minensuchbooten und rund 100 Seeflugzeugen von Libau aus durchgeführt.

Landeoperation auf Ösel

Sonnabend, 15. Dezember 1917. Bericht aus dem deutschen Großen Hauptquartier:

»Die den Rigaischen Meerbusen im Norden absperrende Inselgruppe Ösel, Moon und Dagö, Worms und die Halbinsel Werder bildete die der Festung Reval unterstellte strategische Moon-Sund-Stellung. Stark ausgebaute Küstenbatterien, besonders auf der Insel Ösel, weitausgedehnte Minenfelder schützten und sicherten die Operationen der russischen Seestreitkräfte zwischen dem Finnischen und Rigaischen Meerbusen und bildeten ein Ausfalltor in die Ostsee. Nach der Einnahme von Riga, nach dem Vorschieben des linken Flügels der 8. Armee bis über die livländische Aa und der Gewinnung des rechten Düna-Ufers bei und unterhalb Jakobstadt hatte sich die strategische Lage unserer Nordostfront derart geändert, daß die seestrategischen Verhältnisse ihr angepaßt werden mußten. Die Ausnutzung des Hafens Dünamünde-Riga, dic Anlehnung des linken Armeeflügels an den Rigaischen Meerbusen, ungeschützt gegen etwaige Flankenwirkung der hier noch unbeschränkt operierenden Flotte, gebot die rücksichtslose Öffnung der gesperrten Einfahrtstraßen, die Vertreibung der russischen Seestreitkräfte und die Beherrschung dieser Gewässer durch die deutsche Flotte.

Das Ziel war groß, das Unternehmen ernst! Truppenlandungen über See unter dem Feuer starker Küstenwerke

Opfer des deutschen Vormarsches: Russische Flüchtlinge in den Wäldern vor Riga

Vizeadmiral Ehrhardt Schmidt

General von Kathen

sind selten in der Kriegsgeschichte mit Erfolg durchführbar gewesen. Gegen teilweise veraltete türkische Werke versuchte der Engländer bei Gallipoli vergeblich die Landung und erlitt damals eine empfindliche Niederlage. In der Ostsee mußte der Widerstand der stark ausgebauten und befestigten Inselgruppe gebrochen, mußten weit angelegte Minenfelder geöffnet werden. Unmöglich konnten zeitraubende Vorarbeiten dem wachsamen Gegner verborgen bleiben. Als Handstreich war das Unternehmen kaum zu planen. Es galt vielmehr, während der Niederkämpfung schwerer und schwerster Küstenbatterien Truppenlandungen in größerem Umfange einzuleiten und durchzuführen. Die Gesamtaufgabe für die zu diesem Zwecke vereinigten Land- und Seestreitkräfte bestand zunächst in einem gemeinsamen Angriff gegen die Inselgruppe Ösel-Moon und in der Sperrung des Großen Moon-Sundes für die russische Flotte.

Die Aufgabe der unter den Befehl des Vizeadmirals Schmidt gestellten Seestreitkräfte war zunächst die sichere Durchführung der Truppentransporte gegen die beabsichtigten Landungsstellen in der Taggabucht und bei der Halbinsel Pamerort, Unterstützung der Landung durch Niederkämpfung der Batterien Hundsort, Ninnast und Pamerort und die Sicherung der rechten Flanke gegen See durch Demonstration gegen die Befestigung der Halbinsel Sworbe. Im ferneren Verlauf sollte die Flotte den Angriff der Landungstruppen gegen den Brückenkopf von Orrissar und gegen die Insel Moon mit allen verfügbaren Kräften unterstützen. Teile der Schlachtflotte sollten darauf die mit vier 30,5-cm-Geschützen besetzte Batterie Zerel auf der Südspitze der Halbinsel Sworbe niederkämpfen, die Minenfelder zwischen Sworbe und der kurländischen Küste durchbrechen, in den Rigaischen Meerbusen eindringen, die russische Flotte zum Kampf stellen oder aus dem Meerbusen vertreiben und einen etwaigen fluchtartigen Abtransport der russischen Truppen von der Insel Ösel zur See verhindern.

Die Leitung der Operationen war dem bewährten General der Infanterie von Kathen übertragen worden. In langer zielbewußter Arbeit waren alle Vorbereitungen getroffen worden. Luftschiffe und Wasserflugzeuge hatten die Befestigungen auf Sworbe heftig beworfen. Ausgezeichnete Lichtbildaufnahmen hatten Lage und Art der Küstenwerke auch in Einzelheiten genau erkennen lassen. Der häufige Flug über Sworbe hatte die Aufmerksamkeit der Russen hierher gelenkt und von den Buchten des Nordrandes der Insel Ösel abgeleitet. Die Anmarschkurse in die Taggabucht waren festgelegt und wurden dauernd durch Minensuchverbände bewacht. Ein unter dem General der Infanterie von Kathen einzuschiffendes Landungskorps war in Libau bereitgestellt. Häufige Ein- und Ausschiffungsübungen schulten Führer und Truppe für den Seetransport und die Landung. Minensuchverbände erfüllten inzwischen ihre harte Aufgabe: dem Landungskorps und der Flotte den Weg zu bahnen durch die Minenfelder bei Ösel. Über jedes Lob erhaben bleibt die stille, entsagungsvolle Arbeit dieser Seeleute! Sie trugen die Hauptlast des vorbereitenden Angriffs. Dankbar blickt Flotte und Heer auf diese unerschrockenen Männer.

Ungünstige Witterung, Sturm und Nebel verzögerten den Beginn der Operationen. Endlich, am 11. Oktober, liefen aus dem Hafen von Libau die in mehrere Transportgruppen gegliederten Landungstruppen des Korps von Kathen aus, geleitet und gesichert durch Kreuzer und Torpedoboote.

Leichter Nebel bedeckte am 12. Oktober bei Tagesanbruch die Küstenstreifen der Insel Ösel. Weithin herrschte Ruhe. Die Minensuchflottille hatte am Abend zuvor Markboote und Kojen ausgelegt zur Bezeichnung der geöffneten Minenstraße. In langsamer Fahrt mit abgeblendeten Lichtern hatte die Transportflotte ohne Verluste die Minenstraßen passieren können. Im Schutze des Nebels liefen Torpedoboote der Vorhut in die Taggabucht ein, zunächst unbemerkt von den Batterien Hundsort und Rinnast. Unverzüglich wurden die ersten Landungstruppen an Land geworfen. Fast ohne feindliche Gegenwirkung wurden schwache Vortruppen der von Generalleutnant von Estorff geführten Landungstruppe an Land gesetzt. Kaum eine halbe Stunde später war die Ausschiffung weiterer Teile der Vorhut in gutem Fortschreiten. Nur schwach feuerte der Feind mit einer flankierenden Feldbatterie in die Taggabucht und versuchte vergeblich die Landung zu stören.

Inzwischen hatten Teile der Schlachtflotte ihr Feuer auf die Batterien Hundsort und Ninnast eröffnet, die nach kurzem Widerstand schwiegen. Und nun vollzogen sich die weiteren Landungen genau nach dem vorgesehenen Plane. Während die Vorhut im Vorgehen gegen Kielkond zum Schutz der Landung einen Brückenkopf bildete, nahmen schwache Teile in schnellem Vorstoß nach Norden die Batterie Hundsort. Fast mit Windeseile vollzog sich dieses Vorgehen. Eine nach 6 Uhr an der Westlandestelle der Taggabucht ausgeschiffte Kompanie nahm 7 Uhr 30 Minuten vormittags eine russische Feldbatterie. Dreiviertel Stunden später die starke Batterie Hundsort von Land aus. Damit war die den Westen der Taggabucht umsäumende Halbinsel dem Feinde entrissen.

Die ersten Gefangenen wurden zu den Landungsstellen geführt. Auf dem Ostufer der Bucht gingen Teile eines Infanterieregiments mit gleicher Schnelligkeit vor, überrannten eine Feldbatterie zu 4 Geschützen und nahmen bereits 10 Uhr 20 Minuten vormittags die Küstenbatterie Ninnast. So waren in kürzester Zeit nach der Landung der Vorhut beide Flanken der Taggabucht vom Feinde gesäubert, zwei russische Feldbatterien und zwei 15-cm-Küstenbatterien überrannt und in unserer Hand. Damit war die Taggabucht für die Ausschiffung des Gros der Transportflotte frei.

Um 7 Uhr vormittags war unter dem Schutze eines Kreuzers eine Torpedobootsflottille gegen die Halbinsel Pamerort vorgestoßen und hatte eine besondere Gruppe bei Pokka gelandet. Ohne Verzug stieß diese Gruppe in südöstlicher Richtung gegen den stark ausgebauten Brükkenkopf westlich Orrissar vor, um hier dem Gegner den Rückzug über den Steindamm und durch den flachen Kleinen Sund nach der Insel Moon zu verlegen ...

In dem schnellen Einbruch starker Kräfte von der Taggabucht quer durch die Insel gegen Arensburg und in der Abschließung des Brückenkopfes von Orrissar liegt der

Generalleutnant von Estorff

Unten: Die ersten deutschen Truppen auf der Insel Ösel

Schlüssel zum taktischen Erfolge. Die russische Besatzung war der Möglichkeit beraubt, sich rechtzeitig dem Druck der gleichzeitig gegen drei Stellen der Insel gerichteten Angriffe zu entziehen oder mit Überlegenheit an einer Stelle die Lage wieder herstellen zu können. Tatkräftige Operationen unserer Flottenteile gegen den Kleinen Sund und den Großen Moon-Sund unterstützten das Vorgehen, verhinderten das Eingreifen der russischen Flotte und das Entkommen der Russen nach dem Festlande, und trugen so zum schnellen Siege bei.«

Unterdessen arbeitet Lenin im finnischen Versteck an seiner Schrift »Staat und Revolution«, in der er fixiert, wie ein bürgerlicher Staat zerschlagen wird. Während seiner Abwesenheit übernimmt Leo Trotzki, seit Anfang Oktober 1917 Vorsitzender des Petrograder Sowjet, die Rolle des Organisators. Beide sind sich darin einig, daß nur ein bewaffneter Staatsstreich Aussicht auf Erfolg hat. Trotzki

gründet das »Militärische Revolutionskomitee«, worauf Lenin drängt, bereits vor dem 7. November 1917, ehe der 2. Allrussische Kongreß der Sowjets beginnt, die Provisorische Regierung zu stürzen.

Nachdem die von Trotzki organisierten Waffen im Smolny lagern und alle verfügbaren Genossen zur Stelle sind, wird die Absicht der Bolschewiki in der Öffentlichkeit bekannt. Die Regierung zieht sofort alle Truppen vor dem Winterpalais zusammen und verbarrikadiert sich gegen einen Überfall.

Als Lenin am frühen Morgen des 7. November 1917 heimlich nach Petrograd zurückkehrt, um die Führung des Aufstandes zu übernehmen, ist das Winterpalais bereits von den Bolschewiki umzingelt. Kerenski müht sich noch außerhalb der Stadt, Truppen zur Verstärkung zu sammeln, da stürmen die Bolschewiki um 21.45 Uhr das Winterpalais. Nach Mitternacht, um 2.10 Uhr, sind alle Minister der Provisorischen Regierung verhaftet.

Am 8. November 1917 verkündet Lenin auf dem im Smolny tagenden 2. Allrussischen Kongreß der Sowjets

7. November 1917. Lenin spricht zu seinen Anhängern, nachdem er kurz zuvor nach Petrograd zurückgekehrt ist

7. November 1922: Die Briefmarke der UdSSR (unten) erinnert an den fünf Jahre zuvor errungenen Sieg der Revolution, der jedoch erst nach blutigen Auseinandersetzungen (rechts) zustande kommt

Leo Trotzki, Lenins rechte Hand

15. Dezember 1917: Prinz Leopold von Bayern (links) unterzeichnet den Waffenstillstand

den Sieg der Revolution. Er verspricht den Bauern die Aufteilung der Landgüter und bietet Deutschland an, den Krieg mit Rußland zu beenden.

Am 15. Dezember 1917 schließen in Brest-Litowsk Generalfeldmarschall Prinz Leopold von Bayern und Vertreter der verbündeten Mächte einen Waffenstillstand mit Rußland.

Auszüge aus dem Vertrag von Brest-Litowsk

»I. Der Waffenstillstand beginnt am 17. Dezember 1917, 12 Uhr mittags (4. Dezember 1917, 14 Uhr russischer Zeit) und dauert bis 14. Januar 1918, 12 Uhr mittags (1. Januar 1918, 14 Uhr russischer Zeit).

Die vertragschließenden Parteien sind berechtigt, den Waffenstillstand am 21. Tage mit 7tägiger Frist zu kündigen; erfolgt dies nicht, so dauert der Waffenstillstand automatisch weiter, bis eine der Parteien ihn mit 7tägiger Frist kündigt.

II. Der Waffenstillstand erstreckt sich auf alle Land- und Luftstreitkräfte der genannten Mächte auf der Landfront zwischen dem Schwarzen Meer und der Ostsee. Auf den russisch-türkischen Kriegsschauplätzen in Asien tritt der Waffenstillstand gleichzeitig ein.

Die Vertragschließenden verpflichten sich, während des Waffenstillstandes die Anzahl der an den genannten Fronten und auf den Inseln des Moonsundes befindlichen Truppenverbände – auch hinsichtlich ihrer Gliederung und ihres Etats – nicht zu verstärken und an diesen Fronten keine Umgruppierungen zur Vorbereitung einer Offensive vorzunehmen.

Ferner verpflichten sich die Vertragschließenden, bis zum 14. Januar 1918 (1. Januar 1918 russischer Zeit) von der Front zwischen dem Schwarzen Meer und der Ostsee keine operativen Truppenverschiebungen durchzuführen, es sei denn, daß die Verschiebungen im Augenblick der Unterzeichnung des Waffenstillstandsvertrages schon eingeleitet sind.

Endlich verpflichten sich die Vertragschließenden, in den Häfen der Ostsee östlich des 15. Längengrades Ost von Greenwich und in den Häfen des Schwarzen Meeres während der Dauer des Waffenstillstandes keine Truppen zusammenzuziehen.«

Die Reaktion der Entente auf die einseitigen Verhandlungen Rußlands mit den Mittelmächten bringt der britische Botschafter Sir George Buchanan in seiner Erklärung vor russischen Pressevertretern zum Ausdruck: »Wir hegen keinen Groll, und es gibt nicht ein Körnchen Wahrheit in den Berichten, daß wir für den Fall, daß Rußland einen Sonderfrieden schließt, irgendwelche Strafen oder Zwangsmaßnahmen in Erwägung ziehen. Die Tatsache aber, daß der Rat der Volkskommissare mit dem Feind ohne vorhergehende Beratungen mit den Verbündeten verhandelte, ist ein Bruch der Vereinbarungen vom September 1914, über den wir uns mit Recht beklagen.« Ferner spricht Buchanan sein Bedauern darüber aus, daß kaum ein Tag ohne erbitterte Angriffe der jetzigen Regierungspresse auf Großbritannien vorübergehe. Man könne glauben, daß Großbritannien und nicht Deutschland der Feind sei, daß Großbritannien ... für das Blutvergießen verantwortlich sei. Ohne die britische Flotte und die britischen Armeen wäre Rußland heute ein Vasall Deutschlands.

Doch nach der Revolution beginnt in Rußland der Bürgerkrieg, ein Aufstand der Weißen gegen die Roten Revolutionsgarden, ein Kampf, der neun Millionen Tote fordern wird ...

US

DER KAMPF AUF DEM BALKAN

OFFENSIVEN DER ORIENTARMEE

Alle Versuche der Alliierten, die Stellungen der Mittelmächte auf dem Balkan zu erschüttern, werden zurückgeschlagen

Als der letzte, mit äußerster Härte verteidigte Donau-Brükkenkopf Braila am 4. Januar 1917 in deutsche Hand fällt, ist die russisch-rumänische Abwehrfront zerschlagen und der Feldzug gegen Rumänien beendet. Damit verlagern sich die militärischen Auseinandersetzungen auf dem Balkan wieder an die Mazedonische Front. Hier kommt es seit Ende Februar 1917 erneut zu Kampfhandlungen im Raum Monastir und im Strumatal.

Die deutsche Oberste Heeresleitung (OHL) hat an diesem Frontabschnitt rund 75000 Mann stehen, darunter 40 schwere Geschützbatterien, MG-Formationen und Pionierabteilungen, um ein Vordringen der »Orientarmee« nach Serbien und Bulgarien zu verhindern.

Während deutsche und bulgarische Truppen gemeinsam gegen die Alliierten kämpfen, gibt es zwischen den Regierungen beider Länder interne Auseinandersetzungen: Bulgarien erhebt Anspruch auf die Militärverwaltung in der Norddobrudscha, was die OHL jedoch strikt ablehnt. Weitere Verärgerung ruft die von den Deutschen erzwungene Ablösung bulgarischer Generäle hervor. Dies führt sogar dazu, daß die bulgarische Regierung es im Juli 1917 ablehnt, sich der deutschen Kriegserklärung an die USA anzuschließen.

Genauso wie in Deutschland und Österreich-Ungarn leidet auch die bulgarische Bevölkerung unter der katastrophalen wirtschaftlichen Lage, und der Ruf nach Beendigung des Krieges nimmt ständig zu. Unterdessen plant die OHL eine Offensive auf dem Balkan. Doch die von Saloniki aus operierende britisch-französische »Orientarmee« unter General Sarrail kommt dem zuvor. Sie unternimmt jetzt Vorstöße gegen die am 13. Februar 1917 von den deutschen Truppen besetzten Stellungen im Cernabogen. Aus den immer lebhafter werdenden Angriffen entwickelt sich ab 13. März 1917 die Schlacht im Raum Monastir. Unter dem Schutz starken Artilleriefeuers erreichen französische Einheiten das 1248 Meter hoch gelegene Plateau, das sich bis zur Strugova Planina erstreckt und die ganze Umgegend beherrscht, vor allem die beiden Straßen zwischen Monastir und Krusevo sowie Prilep und von Magarevo nach Resna und Ochrida. Doch die hier eingesetzten starken bulgarischen und deutschen Verbände der Heeres-

Zwei serbische Soldaten der »Orientarmee«. Das Alter ist nicht entscheidend: Für ein freies Serbien wird jeder, der ein Gewehr tragen kann, gebraucht

Durch den Kriegseintritt Griechenlands (hier König Konstantin mit Angehörigen der Herrscherfamilie und Mitgliedern seines Generalstabes) auf seiten der Entente werden die Nachschubsorgen für die »Orientarmee« geringer

In der Gegend von Monastir: Nach vorbereitendem Artilleriefeuer greifen bulgarische Infanteristen mit aufgepflanztem Bajonett an

gruppe Below können die Hochfläche am 20. und 21. März 1917 größtenteils zurückerobern. Alle Versuche der Franzosen, am 27. März 1917 das Hochplateau erneut in Besitz zu nehmen, mißlingen. Auch die von den französischen Truppen gehaltenen Stellungen auf dem Crvena Stena müssen am 18. April 1917 unter schweren Kämpfen wieder geräumt werden. Die gleichzeitigen Operationen des rechten Flügels der »Orientarmee« im Strumatal scheitern ebenfalls.

Das alliierte Oberkommando veranlaßt jedoch General Sarrail, weitere Entlastungsangriffe zur Unterstützung der Westfront durchzuführen, da mit einer größeren russischen Offensive weder an der Ostfront noch in Rumänien zu rechnen ist. Der am 8. Mai 1917 gegen die schon mehrfach heiß umkämpften Höhenstellungen nordwestlich von Monastir sowie in Richtung Prilep und Strumica beginnende Großangriff der »Orientarmee« wird mit stärkstem Artilleriefeuer eingeleitet. Obwohl anfangs der Einbruch in die feindliche Verteidigungslinie gelingt, müssen sich die Angreifer immer wieder auf die Ausgangsstellungen zurückziehen, da die italienischen Verbündeten durch den Verlust des Hafens Durazzo nur mit geringen Kräften von Valona aus flankierend eingreifen können.

Erbitterte Gebirgskämpfe in Mazedonien

Mittwoch, 23. Mai 1917. Die *Norddeutsche Allgemeine Zeitung* berichtet:

»Die Kämpfe auf dem Balkan haben am 9. Mai 1917 mit großer Heftigkeit eingesetzt. Ihr Verlauf ist durch die Heeresberichte bekannt geworden. Nur einige Einzelheiten sollen im folgenden nachgetragen werden.

Unmittelbar nach den mißglückten Kämpfen nördlich und westlich Monastir begannen die verbündeten Gegner ihre Vorbereitungen zu einem großzügigen, mit allen Mitteln des modernen Krieges – schwerer Artillerie, Minenwerfern, Selbstladegewehren usw. – unterstützten Angriff. Beginnen sollten ihn die Engländer am Doiran-See, später sollten dann die Franzosen westlich des Wardar und im Cerna-Bogen folgen. Auch die zwischen diesen beiden Gruppen stehenden, stets ausgenutzten Serben und die westlich anschließenden Italiener sollten ihr Blut lassen. Das Ziel der Operationen war, Prilep von der Bahn abzuschneiden. Prilep selber sollten die aus dem Cerna-Bogen vorstoßenden Truppen nehmen. Also ein Durchbruch größten Stils.

Den wachsamen Truppen der Verbündeten blieben aber die Vorbereitungen hierzu nicht verborgen. Kolonnenverkehr auf den Straßen, neu auftretende Batterien, neue Munitionslager, die unseren Fliegern manch gutes Ziel boten, und viele andere Anzeichen ließen darauf schließen, daß Sarrail seine Truppen aus den starren Fesseln des Stellungskrieges lösen wollte. Dementsprechend trafen auch auf seiten der Verbündeten Führung und Truppe Gegenmaßregeln, deren Richtigkeit durch die glänzenden Erfolge der folgenden Tage bewiesen wurde.

Dem Angriff mit den Waffen ging ein moralischer Angriff voraus. Zahllose Flugblätter, die von den gröbsten Lügen und Entstellungen förmlich strotzten, wurden von den feindlichen Fliegern abgeworfen. Sie sollten Zwietracht unter unseren verbündeten Truppen säen. Das enge und uneigennützige Zusammenarbeiten deutscher und bulgarischer Truppen am Doiran-See und auf den Höhen um Makovo wird wohl die Feinde von der Untauglichkeit dieser Mittelchen überzeugt haben.

Die dann folgenden schweren Artilleriekämpfe und erbitterten Infanterieangriffe haben die Heeresberichte ge-

schildert. Es war aus ihnen zu entnehmen, daß die Kämpfe im Cerna-Bogen wie die bei Doiran an Heftigkeit alle früheren übertrafen. Bei Doiran waren es die Engländer, die in immer erneuten Vorstößen sich erschöpften. Auf Kamm und Hängen der Nidze-Planina versuchten die Serben, wieder in Mazedonien einzudringen. Im Cerna-Bogen dagegen stürmte ein buntes Völkergemisch gegen unsere zerfetzten Drahthindernisse und zerschossenen Gräben an. Da waren zunächst zwei französische Kolonialdivisionen, die noch eine russische Brigade zwischen sich genommen hatten. Ihnen schlossen sich links die Italiener, die sich selber die Elite der Sarrail-Armee nannten, mit drei Brigaden an. Weiter westlich bis zum Prespa-See wurden von anderen französischen Truppen Teilvorstöße geführt. Die eigentliche Angriffsfront im Cerna-Bogen hatte eine Breite von 16 Kilometern. Der Moral dieser Angriffstruppen hatte man künstlich nachhelfen müssen. So hatten die Leute einer Kolonialdivision vor dem Angriff 3/4 l Wein und 1/4 l Schnaps erhalten. Die Gefangenen dieser Regimenter waren erst am Tage nach ihrer Gefangennahme zurechnungsfähig. Ende Mai 1917 stand die Front wie früher. Wohl erfolgten noch weitere Angriffe, doch konnten sie an dem Mißerfolg der ganzen Unternehmung nichts mehr ändern.«

Der am 1. Juli 1917 erfolgende Kriegseintritt Griechenlands auf seiten der Entente bringt für die »Orientarmee« gewisse Erleichterungen, obwohl die griechischen Streitkräfte nicht unmittelbar an den Balkankämpfen teilnehmen. General Sarrail besitzt aber jetzt die Möglichkeit, seine Truppen aus griechischen Verpflegungsdepots zu versorgen. Außerdem können britische und französische Transportschiffe die Häfen im Epirus anlaufen, was den Nachschubweg erheblich verkürzt.

Für eine neue Offensive muß General Sarrail beträchtliche Verstärkungen anfordern, die aber erst im Spätsommer eintreffen. Daher finden an der Mazedonischen Front bis Anfang September 1917 keine größeren Kampfhandlungen statt. Nachdem Sarrail den linken Angriffsflügel vom Prespa- bis zum Ochridasee verlängert hat, erzwingen französische Verbände am 8. September 1917 westlich des Maliksees den Übergang über den Devoli, so daß die k.u.k. Truppen auf die Anhöhen westlich des Ochridasees ausweichen müssen. Hier können sie jedoch mit Unterstützung albanischer Freischärler das weitere Vordringen der Franzosen stoppen.

Zur »Befreiung Mazedoniens« bringt die bulgarische Post diese Briefmarke heraus, die eine Wache am Ochridasee zeigt

Zur selben Zeit unternimmt die italienische Valonagruppe in den Bergen zwischen Berat und Koritza einen Vorstoß, um zusammen mit den Truppen der »Orientarmee« die bulgarischen Kräfte westlich des Ochridasees zu umfassen. Trotz lebhaften Feuerwechsels und heftiger Kämpfe zwischen Skumbital und Ochridasee vom 20. bis 22. Oktober 1917 gelingt dieses Vorhaben nicht. Auch die Angriffe am 5. November südlich von Stojakovo und am 9. November im Strumatal schlagen fehl.

So ist General Sarrail durch das Ausbleiben von Verstärkungen und Nachschub gezwungen, die Kämpfe in dem schwierigen Gelände Mitte November 1917 abzubrechen. Am 24. Dezember 1917 wird er aus politischen Gründen abberufen und durch General Guillaumat ersetzt.

DIE ITALIENISCHE FRONT

DER ISONZO WIRD ÜBERQUERT

Nachdem die OHL starke Kräfte an den Isonzo verlegt hat, werden die italienischen Verbände entscheidend zurückgedrängt

Nach sechs Monaten Kampfpause erteilt Generalleutnant Cadorna den Befehl, am 12. Mai 1917 mit dem Feuer schwerer Artillerie die zehnte Isonzoschlacht zu eröffnen. Er hat die Offensive immer wieder hinausgezögert, obwohl mit dem französischen Hauptquartier seit langem abgestimmt ist, die italienische Entlastungsoffensive möglichst vor dem 1. Mai 1917 zu beginnen. Trotz des ungeheuren Materialeinsatzes in zehn Angriffsoperationen am Isonzo ist es den Italienern bisher nicht gelungen, den erhofften Durchbruch in Richtung Triest zu erreichen.

Unterdessen wird das Heer um 8 Divisionen verstärkt, von denen Cadorna die meisten an die Isonzofront verlegt, denn ein weiterer Mißerfolg in diesem Kampfabschnitt könnte unter den Soldaten zu Meutereien führen. Auch die österreichisch-ungarische Verteidigung ist in der Zwischenzeit durch den Ausbau der Stellungen und durch zusätzliche Kräfte von der Ostfront wesentlich verstärkt worden.

In der vom 18. August bis zum 20. September 1917 dauernden elften Isonzoschlacht schafft es die italienische Infanterie, den k.u.k. Truppen in erbitterten Kämpfen zwischen Görz und Flitsch etwa 6 Kilometer Boden abzuringen. In den bisher elf Offensiven konnten die Italiener lediglich einen Geländegewinn von 12 Kilometern Tiefe erzielen. Dafür haben 770000 Menschen ihr Leben gelassen – sinnlos ihr Leben gelassen, denn der geplante Durchbruch ist bisher nicht erreicht worden. Die Verluste der k.u.k. Armee betragen am Isonzo insgesamt rund 430000 Mann.

Nach Ansicht des neuen Generalstabschefs des österreichisch-ungarischen Armeeoberkommandos (AOK), Arz von Straußenburg, besteht bei einer weiteren italienischen Offensive die Gefahr eines Zusammenbruchs der Isonzofront. Daher schlägt er Generalfeldmarschall von Hindenburg vor, dieser zu befürchtenden Bedrohung durch eine gemeinsame Angriffsoperation am oberen Isonzo zuvorzukommen.

Die deutsche Oberste Heeresleitung (OHL) läßt daraufhin sieben gebirgserprobte Divisionen sowie 540 Geschütze, 216 Minenwerfer und 100 Flugzeuge an den Isonzo verlegen. Man will durch diesen Gegenangriff die italieni-

Auf einer Paßstraße in den Alpen: Italienische Kolonne auf dem Rückzug

Der neue Generalstabschef des AOK, Arz von Straußenburg (links), und Generalleutnant Armando Diaz, ab 8. November neuer Oberbefehlshaber der italienischen Streitkräfte

schen Truppen bis hinter den Tagliamento zurückdrängen. Die Bereitstellung der insgesamt 15 Divisionen erfolgt unter größter Geheimhaltung und Anwendung von Täuschungsmanövern im Raum Flitsch und Tolmein auf einer Frontbreite von 35 Kilometern.

Durch den Einsatz starker Fliegerkräfte gelingt es den Deutschen, die Luftherrschaft zu erringen und gleichzeitig eine umfassende Aufklärung zu betreiben. Inzwischen sind 1900 schwere Geschütze und Minenwerfer in Stellung gebracht sowie 1000 Gasgranaten für den Einsatz vorbereitet worden. Die neuen Kampfstoffe »Blaukreuz« und das hochgiftige »Grünkreuz« sollen die italienische Verteidigung lahmlegen.

Bei Schneetreiben und schlechten Sichtverhältnissen setzt im Morgengrauen des 24. Oktober 1917 schlagartig das konzentrierte Artilleriefeuer auf die feindlichen Stellungen ein. Die nach sechsstündigem Trommelfeuer vorstürmende Infanterie durchbricht innerhalb von drei Tagen das gesamte italienische Stellungssystem zwischen Flitsch, Karfeit und Tolmein. Dieser gelungene Vorstoß bringt die ganze italienische Alpenfront bis zur Adria ins Wanken. Erst Mitte November 1917 kommt der fluchtartige Rückzug im Piavetal zum Stehen.

Vormarsch zwischen Meer und Alpen

Sonntag, 11. November 1917, Frankfurt am Main. Dr. Adolf Köster schreibt in der *Frankfurter Zeitung:*

»Die Schrecken des Krieges brausten über die italienische Ebene. Noch lagen die Gebirgswälder und ihre verlassenen Stellungen voll von unbestatteten italienischen Toten, und schon füllten sich die Straßen der Provinz Friaul mit Flüchtlingen, Gefangenen, Kuhherden, Verwundeten und vor Erschöpfung Gestorbenen. Die Tragödie des serbischen und rumänischen Rückzuges wiederholte sich in um so schlimmerer Form, als der Einbruch in die Ebene gänzlich überraschend kam. Auf dem Marktplatz von Cividale klebten Beruhigungsplakate des Bürgermeisters, nach denen der Stadt in absehbarer Zeit keine feindliche Invasion drohte. Zwei Tage danach wanderten die Einwohner Cividales, mit ein paar Habseligkeiten beladen, bereits jenseits des Tagliamento, überall, wohin sie kamen, Panik und Erbitterung verbreitend. Unsere Flieger meldeten, daß die Straßen weit nach Westen schwarz waren von flüchtenden Soldaten und Zivilbewohnern.

Cividale war fast menschenleer. Bis zum letzten Augenblick wiegte die Bevölkerung sich in Sicherheit. Als dann die Katastrophe hereinbrach, riß die abergläubische Furcht vor den als Menschenschlächtern verschrieenen germanischen Horden sie in wilde Flucht. Alle Läden und Privathäuser standen offen . . . Die Stadt war der Hauptetappenort für die in den Julischen Alpen stehende italienische Armee. Hier endete das von Udine kommende italienische Bahnnetz. Eine Kleinbahn ging am Natisone aufwärts bis Karfeit und besorgte den gesamten Nachschub.

Cividale war nicht nur ein Hauptstapelort für Proviant, sondern es beherbergte daneben eine Anzahl in zwei Jahren aus dem Boden gestampfter Kriegsindustrien. Der Feind hatte die Fabriken der Stadt beim Abzug angezündet, aber die Menge der hier erbeuteten Lebensmittel stellte alles andere in den Schatten, was die Truppen der Mittelmächte von anderen Vormärschen her gewohnt waren. Bis auf weiteres waren ihre Divisionen vom Nachschub unabhängig. Italienische und amerikanische Konserven, Kaffee, Tee, Kakao, Reis, Grieß, Spirituosen, Seife, viele längst entbehrte Genußmittel fanden sie in Hülle und Fülle. Jeder schleppte auf dem Vormarsch mit, so viel er tragen konnte . . .

Buchstäblich kilometerweit standen allein bei St. Daniele die Zugangsstraßen zu der durch Befestigungen geschützten Brücke von Pinzano voll von Kriegsgerät . . . Geschütze, Protzen, Wagen, Kraftfahrerkolonnen auf allen Straßen bis hinab an den Tagliamento. Ein Munitionsdepot ist erbeutet worden, in dem nach vorsichtiger Schätzung allein über eine Million Artillerieschuß aller Kaliber

Von der Westfront nach Italien verlegt: Britische Einheiten unterstützen ihren Bündnispartner gegen die Verbände der Mittelmächte

lagerten. Auf einer einzigen Landstraße wurden vier Lastkraftkolonnen mit zusammen 180 Wagen, vollständig erhalten, erbeutet. Im Süden fing ein Regiment 150 Wagen ab, von denen jeder sechs Maschinengewehre geladen hatte. Die Fahrzeuge standen in zwei und drei Reihen; viele waren in die geschwollenen Bäche gestürzt. Die Pferde hingen tot noch im Geschirr . . .

Ein Bild des Schreckens bot auch Udine, die malerische Hauptstadt von Friaul mit ihrem Renaissancekastell, ihrem romanischen Dom, ihren zahlreichen alten Denkmälern und Palästen. Udine war das Hauptquartier des italienischen Generalstabes gewesen. Auch der König wohnte hier wochenlang mit Cadorna neben dem erzbischöflichen Palast. Noch sah man die zahllosen Telefondrähte, die die Mauern des Generalstabsgebäudes armdick durchbrachen. Alle Zimmer waren ausgeräumt, alle Aufschriften ausgekratzt . . . Eine große Reliefkarte, die den gesamten Kriegsschauplatz darstellte und mit Triest endigte, lag in tausend Stücken zerschlagen auf dem hinteren Hofe. Udine war wie Cividale von Einwohnern fast verlassen, aber die Plünderungen begannen auch hier schon beim Abzug des italienischen Heeres. Die zurückflutende arme Bevölkerung der Umgegend setzte das Werk fort . . . Von der Flutwelle der Gefangenen, durch die unsere nachrückenden Truppen sich buchstäblich hindurchschlagen mußten, geben die kalten Ziffern des Heeresberichts keinen rechten Begriff. Deshalb nur noch eine kleine Episode. Mittags wurden in Udine 3000 Gefangene unter Bewachung eines Unteroffiziers mit 12 Mann angemeldet. Abends in der Dämmerung kamen tatsächlich 18 000 Mann an unter derselben Bewachungsmannschaft.«

Die seit dem Durchbruch der Alpenfront sich abzeichnende Niederlage Italiens hat das alliierte Oberkommando Ende Oktober 1917 veranlaßt, 10 französische und britische Divisionen zur Unterstützung nach Italien zu verlegen. Die katastrophale Situation bewirkt die sofortige Ablösung von Generalleutnant Cadorna. Am 8. November 1917 übernimmt Generalleutnant Armando Diaz den Oberbefehl über die italienischen Streitkräfte und kann durch energisches Eingreifen die Front an der Piave wieder stabilisieren. Erneute Angriffe der Mittelmächte im Dezember 1917 scheitern an der inzwischen gefestigten Verteidigung.

In einem Dorf hinter Udine: Ein von den Italienern bei ihrer Flucht zurückgelassenes fahrbares Riesengeschütz fällt den Österreichern in die Hände. Unten das österreichische Kaiserpaar: Kaiser Karl I. und Kaiserin Zita (hier als ungarische Königin)

DER SEEKRIEG 1917

DIE LAGE SPITZT SICH ZU

Durch den uneingeschränkten U-Boot-Krieg versucht das Deutsche Reich, die alliierte Seeherrschaft zu brechen

Zu Beginn des Jahres 1917 entschließt sich die deutsche Regierung, dem von Admiral Scheer schon seit langem geforderten uneingeschränkten U-Boot-Krieg zuzustimmen, obwohl zu befürchten ist, daß die USA daraufhin mit einer Kriegserklärung antworten.

Trotz dieser Befürchtung heißt es am 1. Februar 1917 in dem Befehl des deutschen Kaisers: »An meine Marine! In dem bevorstehenden Entscheidungskampfe fällt meiner Marine die Aufgabe zu, das englische Kriegsmittel der Aushungerung, mit dem unser gehässigster und hartnäkkigster Feind das deutsche Volk niederzwingen will, gegen ihn und seine Verbündeten zu kehren ... durch Bekämpfung ihres Seeverkehrs mit allen zu Gebote stehenden Mitteln. Hierbei werden die U-Boote in erster Reihe stehen. Ich erwarte, daß diese in weiser Voraussicht technisch überlegen entwickelte, auf leistungsfähige und leistungsfreudige Werften gestützte Waffe, im Zusammenwirken mit allen anderen Kampfmitteln der Marine und getragen von dem Geiste, der sie im Verlaufe des Krieges zu glänzenden Taten befähigt hat, den Kriegswillen unserer Gegner brechen wird.«

In den als »Sperrgebiet« bezeichneten Gewässern um Großbritannien, Frankreich, im Atlantik und im Mittelmeer können die deutschen U-Boote jetzt alle Schiffe – auch neutrale – ohne Vorwarnung versenken. Außerhalb dieser Sperrzonen soll der Handelskrieg wie bisher nach Prisenordnung geführt werden. Die deutsche Führung erachtet den Zeitpunkt als besonders günstig und verspricht sich davon eine kriegsentscheidende Wende. Nach Berechnungen des Admiralstabs werde der uneingeschränkte U-Boot-Krieg Großbritannien bereits innerhalb von sechs Monaten derart schwächen, daß es zu Friedensverhandlungen gezwungen sein werde.

Gleichzeitig mit der am 1. Februar 1917 von Deutschland angekündigten Verschärfung des U-Boot-Krieges wird der neutralen Schiffahrt, die davon nicht rechtzeitig erfahren hat, eine Schonfrist eingeräumt: für neutrale Handelsschiffe in der Nordsee bis zur Nacht vom 6./7. Februar 1917, im Mittelmeer bis zur Nacht vom 10./11. Februar 1917, im Atlantik und im englischen Kanal bis zur Nacht vom 12./13. Februar 1917.

In einem englischen Nordseehafen: Ein Lotse der britischen Marine zeigt einem Schlachtgeschwader der Grand Fleet die richtige Fahrrinne an

Maßnahmen der britischen Regierung

Donnerstag, 1. Februar 1917. Die *Norddeutsche Allgemeine Zeitung* berichtet:

»Die britische Regierung verbot, in sofortiger Beantwortung der Ankündigung des uneingeschränkten U-Boot-Krieges durch die Mittelmächte, allen in englischen Häfen liegenden neutralen Schiffen vor dem 5. Februar 1917 auszulaufen.

Da der 5. Februar 1917 der von der deutschen Regierung festgesetzte Termin war, bis zu dem die neutralen Schiffe die Häfen des von den deutschen U-Booten gesperrten Gebietes verlassen haben mußten, um, vorausgesetzt, daß sie keine Bannware führten, ungehindert ihren Bestimmungsort erreichen zu können, stellte diese Verfügung der englischen Regierung einen Akt größter Brutalität gegenüber den Neutralen dar.«

Der deutsche Admiralstab verfügt zu diesem Zeitpunkt über 111 einsatzbereite U-Boote, wovon 82 von den Stützpunkten in Flandern und an der Nordseeküste aus operieren. Bis zum Herbst 1917 erhöht sich die Gesamtzahl auf 140 und für den Seekrieg um Großbritannien auf 96. Anstatt aber den U-Boot-Bau mit allen Mitteln zu forcieren, entscheidet das Reichsmarineamt im Februar 1917, erst die bestellten Großkampfschiffe fertigzustellen und dafür 15 U-Boote weniger zu bauen.

Um der U-Boot-Gefahr Herr zu werden, setzen englische und amerikanische Wissenschaftler alles daran, Abwehrmittel zu erfinden, die die U-Boote vernichten oder zumindest deren Torpedotreffer abschwächen sollen. Bereits im Sommer 1916 hat man die in einer amerikanischen Werft gebauten U-Boot-Zerstörer auf ihre Verwendbarkeit erprobt.

Diese kleinen, besonders schnellen Motorboote mit geringem Tiefgang sind mit einem Schnellfeuergeschütz bewaffnet und besitzen durch ihre flache Bauart den Vorteil, daß ein Torpedo unter dem Boot hinwegläuft und somit keinen Schaden anrichtet. Außerdem soll seine Schnelligkeit die Treffsicherheit der U-Boote auf ein Minimum begrenzen. Es stellt sich aber heraus, daß das eigene Geschütz schon bei geringer Dünung kaum noch zuverlässig treffen kann und das Boot bei stärkerem Seegang trotz der Geschwindigkeit oft nicht imstande ist, seinen Verfolgern zu entkommen.

Zu den gefährlichsten Waffen zählt jedoch die 1916 entwickelte, 136 Kilogramm schwere Wasserbombe, die – vorher auf eine geschätzte Tiefe des U-Bootes eingestellt und über das Heck abgerollt – durch den Wasserdruck detoniert. Auch Sensoren und Unterwasser-Horchgeräte dienen dem Aufspüren getauchter U-Boote durch Registrieren der E-Motorengeräusche. Die einfachste Abwehrmethode für ein Handelsschiff ist dagegen der Zick-Zack-Kurs. Damit wird dem U-Boot-Kommandanten das Abschätzen der Entfernung und die Geschwindigkeit des Zielobjekts besonders erschwert.

Den Rumpf der neueren Linienschiffe und Schlachtkreuzer hat man zum Schutz gegen Torpedos mit einem dreifachen Zellensystem hergestellt, das heißt, durchgehende Längsschotten parallel zu den Seitenwänden eingebaut, außerdem den Schiffsrumpf mit Torpedonetzen umgeben. Ein ebenfalls mit Erfolg angewandtes Mittel ist die künstliche Rauch- oder Nebelwand, um sich der Sicht des Gegners zu entziehen, erzeugt durch Nebelbomben und Rauchentwickler.

Der uneingeschränkte U-Boot-Krieg. Links: Ein deutsches U-Boot greift einen Handelsdampfer an. Mitte: Die Briten antworten mit U-Boot-Jägern. Rechts: Hier versucht ein britischer Offizier an Bord eines Motorbootes, mit einem Hydrophon U-Boot-Geräusche zu orten und somit der Gefahr, die unter Wasser lauert, zu entgehen

Erweiterung des Seesperrgebiets

Sonnabend, 24. März 1917. Amtliche deutsche Meldung:

»Den fremden Regierungen ist mitgeteilt worden, daß künftig in dem Gebiet des Nördlichen Eismeers östlich des 24. Grades östlicher Länge und südlich des 75. Grades nördlicher Breite, mit Ausnahme der norwegischen Hoheitsgewässer, jedem Seeverkehr ohne weiteres mit allen Waffen entgegengetreten werden wird. Neutrale Schiffe, die dieses Gebiet befahren, tun dies auf eigene Gefahr; jedoch ist Vorsorge getroffen, daß neutrale Schiffe, die schon auf der Fahrt nach Häfen dieses Sperrgebiets sind oder solche Häfen verlassen wollen, bis zum 5. April 1917 nicht ohne besondere Warnung angegriffen werden.«

Ein weiteres Abwehrmittel gegen U-Boote: Britischer Minenleger in der Nordsee

Nachschub für den gefährlichen Kampf: Ein deutsches U-Boot übernimmt auf hoher See Torpedos von einem Versorgungsschiff

Reaktion aus London

Mittwoch, 28. März 1917. Die britische Regierung gibt bekannt:

»Mit dem 1. April 1917 wird das von England als gesperrt erklärte Meergebiet erweitert. Von diesem Datum an umfaßt es mit Aussonderung der dänischen und niederländischen Heimgewässer den folgendermaßen abgegrenzten Bereich: im Norden durch die Parallele zum 56. Grad nördlicher Breite westlich eines Punktes, der 3 Meilen von der jütländischen Küste liegt, im Westen durch eine Verbindungslinie wie folgt bestimmter Punkte: 56 Grad nördlicher Breite und 6 Grad östlicher Länge, ferner 54 Grad 45 Minuten nördlicher Breite und 4 Grad 30 Minuten östlicher Länge, schließlich 53 Grad 23 Minuten nördlicher Breite und 5 Grad 1 Minute östlicher Länge. Im Süden durch eine Linie, gezogen durch den letztgenannten Punkt und einen Punkt auf 53 Grad 25 Minuten nördlicher Breite und 5 Grad 5,5 Minuten östlicher Länge, und weiter dann östlich den Grenzen der holländischen Heimgewässer folgend.«

Auf Drängen des Kabinettssekretärs Hankey veranlaßt der britische Premierminister Lloyd George, daß Ende April 1917 der erste Nordatlantik-Konvoi unter dem Begleitschutz von Kriegsschiffen in See sticht. Die Befürchtung, eine Zusammenballung von vielen Handelsdampfern könne ein noch größeres Risiko bedeuten, erweist sich als völlig unbegründet. Bereits im darauffolgenden Monat sinken die Verluste von 25 auf 0,25 Prozent. Durch die Einführung dieses Systems sind die U-Boote gezwungen, dicht an den Konvoi heranzufahren. Damit setzen sie sich jedoch der Gefahr aus, von den Begleitschiffen vorzeitig entdeckt zu werden.

Seit dem 6. April 1917, dem Kriegseintritt der USA, die über eine große Handelsflotte verfügen, verbessern sich die Transportmöglichkeiten für die europäischen Länder der Entente erheblich: ob Kriegsmaterial, ob Versorgungsgüter – die große Handelsflotte der Vereinigten Staaten sorgt für die Deckung des Bedarfs. Die Reaktion des deutschen Admiralstabs: Erweiterung der Sperrzone um Großbritannien mit Wirkung vom 3. Mai 1917.

Eine gelungene Täuschung

Von Grado über Triest, über die Halbinsel Istrien mit dem Hauptflottenstützpunkt Pola, über die dalmatinische Küste bis zum Kriegshafen Cattaro – in diesem Gebiet operieren die österreichisch-ungarischen Seestreitkräfte. Der Südausgang der Adria, die Straße von Otranto, wird jedoch von patrouillierenden alliierten Marineeinheiten zwischen dem Kap San Maria di Leuca und den beiden Albanien vorgelagerten Inseln Fanö und Korfu ständig überwacht. Das hat für die Seekriegführung der Mittelmächte natürlich Folgen: Die k.u.k. Flotte ist in der Adria praktisch eingeschlossen. Lediglich den U-Booten der Mittelmächte gelingt es, entweder am Tage unter Wasser oder bei Nacht aufgetaucht die Sperrlinie zu durchbrechen.

Um wenigstens einigen Überwasserschiffen die Möglichkeit zu geben, ins Mittelmeer zu gelangen, wird eine raffinierte Täuschung vorbereitet: Vier k.u.k. Rapid-Kreu-

Die Torpedos haben eine verheerende Wirkung. Links: Ein Handelsdampfer sinkt. Rechts: Das Schiff im Hintergrund ist gerade von einem Torpedo, abgefeuert vom einem deutschen U-Boot, getroffen worden

zer, die durch ihren Turbinenantrieb 28 sm/h schnell sind, erhalten durch Umbau und neuen Anstrich das Aussehen britischer Kreuzer, so daß sie, ohne den leisesten Verdacht zu erregen, die Straße von Otranto passieren können. Man hat nicht nur die Stengen gestrichen, sondern vor allem die Großmasten auf dem Achterdeck ausgebaut und jeweils durch einen sehr viel niedrigeren Radiomast ersetzt, der die vier Kamine eines britischen Kreuzers nur wenig überragt.

Unter größter Geheimhaltung erfolgt im Hauptkriegshafen Pola die Verwandlung der beiden Kreuzer »Admiral Spaun« und »Helgoland«, während die Rapid-Kreuzer »Novara« und »Saida« noch auf der offenen Reede von Gjenovic liegen. Die Arbeiten sind hier bedeutend schwieriger vorzunehmen, da das hiesige See-Arsenal im Golf von Cattaro nur über einen kleinen Schwimmkran verfügt. Nach dem gelungenen Umbau durchbrechen die vier Schiffe am 14. Mai 1917 die feindlichen Bewachungslinien in der Straße von Otranto und beteiligen sich danach aktiv am Seekrieg im Mittelmeer.

Uneingeschränkter U-Boot-Krieg

Zwischenzeitlich hat der uneingeschränkte U-Boot-Krieg gegen die alliierte Handelsschiffahrt begonnen. Zunächst hat es den Anschein, als ob die Voraussagen des deutschen Admiralstabes eintreffen. Die Berichte über U-Boot-Erfolge auf allen Meeren enthalten überraschend hohe Versenkungsziffern. Das ist für die Regierungen der Mittelmächte natürlich ein willkommener Anlaß, der Bevölkerung durch Siegesmeldungen wieder moralischen Auftrieb zu geben.

Noch am 18. Juli 1917 äußert sich General Ludendorff anläßlich einer militärischen Lagebesprechung in Berlin, an der auch Mitglieder des Reichstags teilnehmen, mehr als zuversichtlich: »Bei der Obersten Heeresleitung war für die Führung des U-Boot-Krieges zunächst der Wunsch bestimmend, die feindliche Kriegswirtschaft und namentlich die Munitionserzeugung zu treffen. Die Westarmeen haben durch die U-Boote eine wesentliche Entlastung erfahren. Die feindliche Munitionsanfertigung ist gemindert, die U-Boote haben diese Aufgabe erfüllt. Das Zusammenwirken der Marine mit der Armee stellt sich somit als mustergültig dar, entsprechend den ungeheuren Verhältnissen des Weltkrieges, in dem wir noch mit beiden Füßen stehen. Die Oberste Heeresleitung erwartet von dem U-Boot-Krieg ferner, daß er die Kriegsfähigkeit Eng-

lands durch Verminderung des Frachtraums auf dem Weltmeer und durch die sich daraus ergebenden Folgen bricht. Die Erfüllung des zweiten Wunsches wird kommen und damit – trotz Amerika – die Beendigung des Weltkrieges ... und der auch von der Obersten Heeresleitung gewünschte Friede.«

Nach den Angaben des Admiralstabes haben die U-Boote zwischen Februar und Juli 1917 rund 5453000 BRT an Schiffsraum versenkt, das sei mehr als die gesamten Verluste vom Beginn des Krieges bis zum 1. Februar 1917, die sich auf 4357500 BRT beziffern. Dagegen behaupten die Alliierten, daß der deutsche Admiralstab die Verlustzahlen systematisch übertreibe und alle Schiffe als versenkt mit einbeziehe, die nur beschädigt in einen befreundeten Hafen geschleppt, dort repariert und nach einigen Monaten wieder verwendet werden.

Deutsche U-Boote – kein kriegsentscheidender Faktor

Sonnabend, 9. Juni 1917, Zürich. Französischer Bericht in der *Neuen Zürcher Zeitung:*

»Sollte der U-Boot-Krieg den schnellen Frieden ermöglichen, der dem deutschen Volk seit drei Monaten so oft versprochen wurde, so wäre zunächst vorauszusetzen: 1. daß die Alliierten kein wirksames Abwehrmittel gegen die U-Boote erfinden könnten; 2. daß sie außerstande seien, für die von ihrer Handelsflotte erlittenen Verluste Ersatz zu schaffen; 3. daß sie nicht in der Lage seien, ihre heimische Produktion dergestalt zu entwickeln, daß die Einfuhren beträchtlich verringert werden könnten.

Während die Matrosen des norwegischen Handelsseglers »Rufua« untätig mitansehen müssen, wie ihr Schiff nach einem schweren Torpedotreffer sinkt,

begrüßen sich die Besatzungen zweier aufgetauchter deutscher U-Boote auf hoher See

Griechenland. Nicht nur U-Boot-Torpedos sorgen für Aufregung. Nach einer Kollision mit einem anderen Schiff im Hafen von Saloniki sind Taucher und Seeleute dabei, den Schaden zu beheben

Wie verhält es sich nun mit diesen drei Voraussetzungen?

1. Die deutsche Presse hat mit sichtlicher Befriedigung gewisse Erklärungen von englischen Politikern oder Seeleuten veröffentlicht, die sich auf das Nichtvorhandensein eines entschieden wirksamen Mittels gegen U-Boote bezogen, und hat dieselben als ein Geständnis der Schwäche gedeutet. Daraus aber, daß ein absolut wirksames Mittel dieser Art nicht vorhanden ist, darf nicht geschlossen werden, daß nicht mehrere relativ wirksame Mittel erfunden worden sind, die, eben wegen ihrer Vielheit, in naher oder ferner Zukunft recht befriedigende Ergebnisse erzielen könnten. Tatsache ist, daß die Alliierten nicht die Hände in den Schoß legten. Noch während sie stets neue Fangnetze, neue Minen legten, vermehrten sie die Anzahl ihrer Patrouillenboote.

In einer vor der französischen Kammer am 7. Juni 1917 gehaltenen Rede hat Admiral Lacaze mitgeteilt, daß die Zahl der Patrouillenboote seit seinem Eintritt ins Ministerium von 243 auf 481 gestiegen sei und bald 900 erreichen werde. Zu den Patrouillenbooten kamen noch die Torpedoboote und die Kanonenboote hinzu. Und was für Frankreich galt, galt in erhöhtem Maße für England. Auf den europäischen Meeren waren nun aber auch noch die amerikanischen Torpedoboote und Fischerdampfer sowie die japanischen Kanonenboote erschienen. Das Meer bedeckte sich geradezu mit Fahrzeugen, die zur Bekämpfung der U-Boote herbeigeeilt waren, während immer zahlreichere Seeflieger von der Höhe aus in die verdächtigen Gewässer spähten. Die Funkentelegraphieapparate wuchsen ständig an Zahl. Als Admiral Lacaze Minister wurde, gab es 246 solcher Apparate auf französischen Handelsschiffen; nun wurden 1252 auf denselben verwendet.

Auch die Bewaffnung dieser Schiffe ist vervollkommnet worden. Die 4,7-cm-Kanone genügt dem neuen Kampfzweck nicht mehr; alle Schiffe werden deshalb in nächster Zukunft je zwei 7,5-cm-Kanonen oder Geschütze noch größeren Kalibers besitzen. Vergessen darf man außerdem nicht, daß die Ausbildung der Offiziere und Mannschaften wesentlich vervollkommnet wurde; Handelsschiffmatrosen haben gründlich gelernt, mit den U-Booten den Kampf aufzunehmen, die Geschütze handzuhaben und wirkungsvoll zu bedienen. Gleichzeitig haben harte Erfahrungen der Kriegsflotte eingeprägt, wie sie den Handelsschiffen, denen sie das Geleite gibt, den höchsten Grad der Sicherheit verschaffen kann.

Andere Tatsachen wären noch erwähnenswert. Die eben aufgeführten machen die Lage klar genug. Die Zahl der im Mai 1917 versenkten Tonnen, das heißt bei denkbar besten

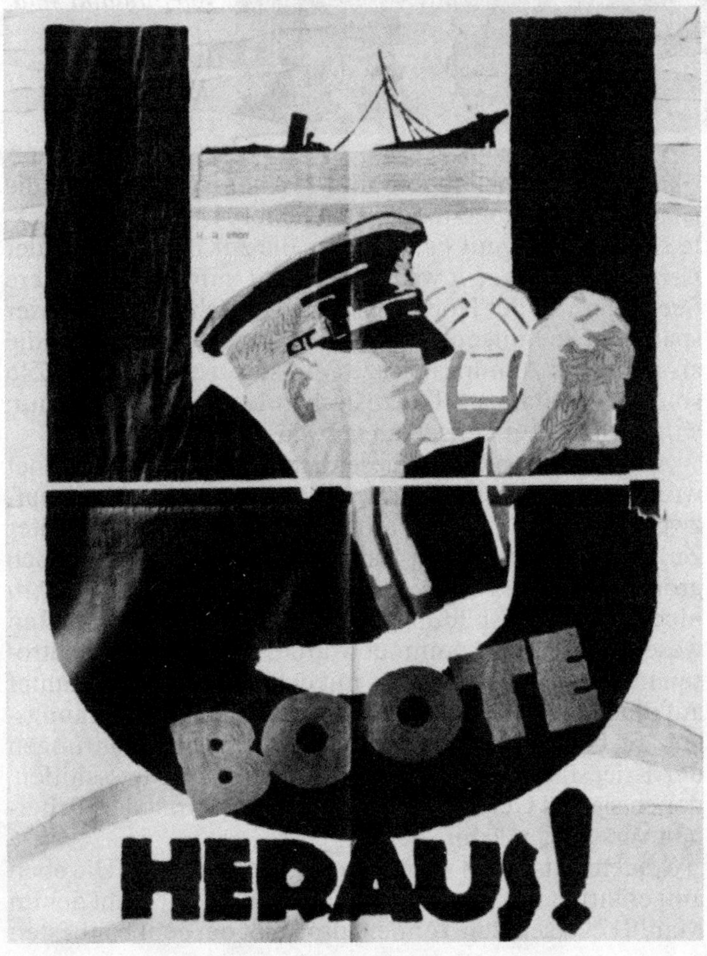

Wetterumständen, bleibt um zwei Fünftel unter der Zahl der im April versenkten, ja sie ist sogar der für März verzeichneten bedeutend unterlegen. Daran vermögen die Wolffschen Kommentare nichts zu ändern.

2. Daß die im U-Boot-Krieg erlittenen Verluste schwer blieben, wurde von niemand geleugnet. Dabei ist aber ein wichtiger Punkt wohl zu beachten. Die von der deutschen Marineleitung monatlich veröffentlichten Ziffern wurden von ihr planmäßig übertrieben. Während die die neutralen Verluste betreffenden Angaben richtig sind, wurde der Betrag der von den alliierten Flotten erlittenen Schäden so in die Höhe geschraubt, daß er die tatsächliche Zahl beinahe um 50 Prozent übersteigt.

Der den alliierten und neutralen Ländern zur Verfügung stehende Schiffsraum war im August 1914 auf 40 500 000 Tonnen geschätzt (die Segelschiffe nicht mitgerechnet). Am 1. Januar 1917 war diese Zahl, feindlicher Angriffe und See-Unfälle zufolge, um 5 540 000 Tonnen vermindert. Dafür waren aber 4 400 000 Tonnen neu gebaut worden, zu denen die 990 000 Tonnen feindlicher Schiffe, welche inzwischen gefangen, gekauft oder beschlagnahmt wurden, hinzugerechnet werden müssen. Das heißt: Die erlittenen Verluste waren durch die seit dem 1. August 1914 eingetretenen neuen Schiffe so gut wie ganz ausgeglichen.

Seit Anfang 1917 sind freilich die Versenkungen häufiger geworden. Vom 1. Januar bis zum 30. April sind 2 500 000 Tonnen zerstört worden, davon allein 850 000 im April, entweder durch Torpedierung oder Minensprengung oder sonstige Unfälle. Nun aber wiesen die im Mai gebuchten Resultate deutlich darauf hin, daß diese Lage keine dauernde sein werde. Jedenfalls waren die Alliierten durchaus nicht willens, die Sache so ruhig hinzunehmen. Die deutsche Drohung hatte Lloyd George durch den weithin hallenden Ruf erwidert: ›Schiffe, und nochmals Schiffe her!‹, und England hoffte den 1916 zustande gebrachten Schiffsbau im Jahre 1917 zu verdreifachen. Den englischen Leistungen werden die amerikanischen nicht nachstehen. Japan gab seiner Schiffsbautätigkeit eine mächtige Ausdehnung. Nach einer zeitweiligen Verringerung derselben seit dem Kriegsausbruch wurde sie auch in Frankreich wieder kräftig aufgenommen und entwickelt.

Gleichzeitig haben die Alliierten die in den Häfen der Vereinigten Staaten zurückgehaltenen Schiffe (600 000 Tonnen) beschlagnahmt. Außerdem kamen ihnen die in Brasilien internierten Fahrzeuge (etwa 300 000 Tonnen) zugute. Gewiß blieb die Zahl der verlorenen Tonnen höher als der dafür erhaltene Ersatz, aber jedenfalls nicht in dem Maße, daß die Alliierten einer ernstlichen Gefährdung ihrer Ausfuhr auf absehbare Zeit ausgesetzt gewesen wären. Denn die Höhe der gesprengten Ladungen darf nicht übertrieben werden. Im April 1917 sind 10 Prozent von dem Getreide versenkt worden, das für Frankreich bestimmt war. Die betreffende Zahl sank aber im Mai auf 7 Prozent. Im April ist der Prozentsatz von versenkten Metallwaren 2,5, im Mai 4, eine Ziffer, die immerhin hinter der für den Zeitraum Januar–März festgestellten zurückbleibt. Die Kohleneinfuhr beträgt 1 468 000 Tonnen im April und 1 700 000 Tonnen im Mai, bei sehr niedrigen Verlusten.

Linke Seite: Die Propaganda für den Bau und den Einsatz der U-Boote läuft im Deutschen Reich auf Hochtouren

Der Gegner für die Kaiserliche Marine werden immer mehr: Auf der Feuerbrücke eines US-Kreuzers

Darf man diesen bestimmten Angaben gegenüber behaupten, daß die Verproviantierung der Alliierten ernstlich bedroht, daß ihr wirtschaftliches Leben am Erlahmen war?

3. Gleichzeitig mit der systematischen Bekämpfung der U-Boote ist die Förderung der landwirtschaftlichen Erzeugung und die Verringerung des überflüssigen Verbrauchs kräftig ins Werk gesetzt worden. Bestimmte Angaben lagen noch nicht vor, aber es war bekannt, daß Englands Bemühungen auf landwirtschaftlichem Gebiete ganz gewaltige waren. Der englische Patriotismus hatte es außerdem verstanden, sich einer freiwilligen Disziplin zu unterwerfen, die das Kartensystem für viele Lebensmittel entbehrlich machte. Ein schlagender Beweis für die englische Kraft des ›Durchhaltens‹!

Wir dürfen es jetzt schon sagen, denn es ist kein Geheimnis mehr: England ist nunmehr sicher, die kommende Ernte abwarten zu können. Im April waren noch einige Befürchtungen am Platze; diese sind jetzt vollständig ausgeschlossen. Eine mächtige, mit Kriegsgeleit fahrende, mit amerikanischem Getreide beladene Flotte ist in die englischen Häfen eingelaufen, ohne jeden Verlust erlitten zu haben. Ein lehrreiches Beispiel. Zum Schluß sei noch daran erinnert, daß die Maßregeln, die zugunsten des englischen Ackerbaus ergriffen worden sind, erst im Erntejahr 1917/18 ihre vollen Früchte zeitigen werden.«

Am 11. September 1917, eine Woche nachdem die deutschen Truppen in Riga einmarschiert sind, findet im Admiralstab eine Geheimsitzung statt. Den Anwesenden wird der Plan für die bisher größte maritime Operation eröffnet: Die Marine soll die Landung einer kriegsstarken Division auf Ösel erzwingen, um damit den weiteren Vormarsch der Armee zu unterstützen. Dieses Vorhaben erscheint besonders schwierig, da die Anmarschlinie durch stark verminte Gewässer führt. Aus Gründen strikter Geheimhaltung müsse man allerdings auf vorheriges Minensuchen verzichten.

Obwohl diese Seeoperation, Codename »Albion«, fast unverantwortlich erscheint, sagen die drei Vertreter der Flotte zu. Den Oberbefehl soll Großadmiral Prinz Heinrich übernehmen, der aber aufgrund seiner Erfahrungen als Führer der Ostseestreitkräfte das ganze Unternehmen als undurchführbar ablehnt. Doch Admiral Scheer entschließt sich, mit seiner Hochseeflotte die Ösel-Landeoperation zu wagen.

Am 19. September 1917 trifft der Flottenstab in Libau ein, um dort die erforderlichen Maßnahmen für die Einschiffung der Landungstruppen vorzubereiten. Der einst von den Russen angelegte Hafen ist ungeheuer groß und durch Molenbauten weit in das Meer hinausgeschoben. Er verfügt außerdem über eine Werft mit Trockendocks. Am 20. September 1917 erteilt Kaiser Wilhelm seine Genehmigung für das Unternehmen und ernennt gleichzeitig Vizeadmiral Ehrhardt Schmidt zum Chef des Flottenverbandes.

Während der Wartezeit bis zum Auslaufen der Transportflotte finden mehrere Ausschiffungsübungen statt, dazu Filmvorführungen für die Infanteristen, um sie anhand von Luftaufnahmen mit der Topographie von Ösel vertraut zu machen. Die am 3. Oktober 1917 erfolgte Einschiffung des Landungskorps wird am Abend wegen des anhaltenden schlechten Wetters jedoch wieder rückgängig gemacht, und General Ludendorff ist fast geneigt, alles abzublasen, weil er die Truppen genauso dringend an der Westfront braucht, als fünf Tage später der Meteorologe eine zu erwartende Wetterbesserung meldet, so daß die Einschiffung endlich erfolgen kann.

Am Donnerstag, dem 11. Oktober 1917, verläßt die Transportflotte mit 19 Dampfern (insgesamt 153 664 BRT) und einer Begleitarmada bei strömendem Regen den Libauer Hafen, allen voran die Minensuchflottille Rosenberg mit 72 Fahrzeugen. Da die Suchflottille nur eine Geschwindigkeit von 5 sm/h halten kann, wird sie nachts von der Flotte eingeholt. Die Fahrt gerät daher ins Stocken, und Vizeadmiral Schmidt entschließt sich, auf die weitere Minensuche zu verzichten, um nicht erst eine halbe Stunde vor Sonnenaufgang am Ziel zu sein.

Die am 12. Oktober 1917 gegen 3 Uhr vor Ösel eintreffende Flotte besteht aus dem Großen Kreuzer »Moltke«, dem Flaggschiff des Vizeadmirals Schmidt, dem III. und IV. Geschwader mit 10 modernen Großkampfschiffen, aus der II. Aufklärungsgruppe mit 5 Kleinen Kreuzern und der VI. Aufklärungsgruppe mit 3 Kleinen Kreuzern sowie aus 41 Torpedobooten, zwei Minensuchflottillen und vier Minenräum-Divisionen. Die Geschwader und Aufklärungsgruppen sollen mit ihrer schweren Artillerie die feindlichen Küstenbatterien ausschalten, um der Transportflotte die Ausschiffung des Landungskorps zu ermöglichen.

Größtes deutsches Landeunternehmen in der bisherigen Kriegsgeschichte

Admiral Scheer: »Der Versuch, den Landkrieg mit Hilfe der Flotte über See zu tragen, mußte nach dem warnenden Beispiel, das die Landung der französisch-englischen Armee auf Gallipoli im Frühjahr 1915 gegeben hatte, mit größter Umsicht und unter Heranziehung so starker Kräfte ausgeführt werden, daß ein Rückschlag ausgeschlossen erschien. Es handelte sich um die Bereitstellung einer Transportflotte für die Überführung von 23 000 Mann, 5000 Pferden und vielem Gerät.

Den Seestreitkräften lag es ob, die Anmarschwege von Minen zu befreien, damit keiner der Transportdampfer mit der eingeschifften Truppe verlorengehen konnte, und vorher die feindlichen Stellungen auf der Insel durch Flieger zu erkunden, um die günstigsten Verhältnisse für die Landung, die überraschend erfolgen mußte, festzustellen . . .

Die umfangreichen Vorarbeiten zur Regelung der Einschiffung, der Durchführung der Operation auf dem Lande und des dazugehörigen Zusammenwirkens mit der Flotte waren in vorbildlicher Übereinstimmung zwischen den Führern der Armee und Marineteile vollendet worden. Ihnen war es zu verdanken, daß die Eroberung der Inseln Ösel, Moon und Dagö den planmäßigen Verlauf nahm und zu einem vollen Erfolg führte.

Am 10. Oktober war alles eingeschifft; die Transportflotte lag klar zum Auslaufen im Kriegshafen von Libau. »Moltke« mit dem III. und IV. Geschwader lag in der Danziger Bucht unter dem Schutze der Halbinsel Hela, die Kleinen Kreuzer und Torpedoboote befanden sich in Libau . . . Das Auslaufen der Seestreitkräfte und der Transportflotte ging am 11. Oktober morgens vor sich. Der daran sich anschließende Nachtmarsch durch das Minenfeld verlief ohne Zwischenfall. Die von der Flottille Rosenberg ausgelegten Feuerschiffe bezeichneten den Weg, den die vorausgesandte Suchflottille als minenfrei festgestellt hatte.

Erst gegen Mitternacht trat eine Stockung des Vormarsches ein, die kritisch zu werden drohte, da das Spitzengeschwader der Suchflottille dicht aufgekommen war und genötigt wurde, Fahrt zu mäßigen. Diese Verzögerung wurde zunächst hingenommen. Als schließlich aber erkannt wurde, daß durch weitere Beschränkung der Fahrt die rechtzeitige Ausschiffung des Vortrupps und damit das die Grundlage des Unternehmens bildende Element der Überraschung in Frage gestellt zu werden drohte, erteilte Admiral Schmidt den Suchverbänden den Befehl, das Gerät aufzunehmen und Raum zu geben für die Flotte, weil er das Risiko, den Rest des Weges ohne die Sicherung durch die Suchverbände zurückzulegen, in Kauf nehmen mußte, um nicht das Gelingen des Ganzen zu gefährden.

Dieser Entschluß war im höchsten Maße vom Glück begünstigt; denn es gelang der Flotte, ohne Zwischenfall in die Bombardementstellung zu gelangen. Sie passierte dabei die Lücke einer Minensperre, die quer vor der Taggabucht lag und deren Vorhandensein erst später festgestellt wurde. Beim Einnehmen der Bombardementstellung, um die Batterien am Soelosund zu beschießen, liefen ›Bayern‹ und ›Großer Kurfürst‹ auf Minen, was sie aber nicht hinderte, ihre Aufgabe durchzuführen ...

Der zweite Abschnitt der Flottentätigkeit bestand in dem schnellsten Eindringen in das Kassar Wiek und dem Einbruch in den Rigaischen Meerbusen. Bereits am Landungstage war Fregattenkapitän von Rosenberg mit seiner Flottille durch die Soelosundpassage vorgedrungen und hatte ihre Passierbarkeit festgestellt. Unter Führung des Kommodore Heinrich haben dann die Boote der II. Flottille und der 12. und 13. Halbflottille, unterstützt und gedeckt durch das Feuer der vor dem Soelosund liegenden Schiffe ›Kaiser‹ und ›Emden‹, den Feind bis in den Moonsund zurückgeworfen. Hierbei wurde am 14. Oktober der [russische] Zerstörer ›Grom‹ genommen und ein Kanonenboot vernichtet.

Wir selbst haben in dem Gefecht keine Verluste gehabt, dagegen sind drei Boote durch Minentreffer beschädigt und eins gesunken. Vielfach gerieten Boote in den schlecht vermessenen Gewässern auf Grund und beschädigten dabei die Schraubenflügel ... Ein Eindringen in den Moonsund vom Kassar Wiek aus war den leichten Fahrzeugen durch die schweren Schiffsgeschütze des russischen Linienschiffs ›Slawa‹, die sie von Süden her abwiesen, verwehrt; der Moonsund mußte deshalb von Süden her genommen werden ...

Nach der Räumung der Minen vor der Taggabucht, die als notwendigste Arbeit vorweggenommen werden mußte, bestand noch die Aufgabe, den Russen den Rückzug aus dem Nord-Moonsund durch die Flotte zu verlegen. Bisher war diese Aufgabe Unterseebooten übertragen. Sie erhielten gleichzeitig mit dem Einbruch des III. Geschwaders in den Rigabusen Befehl, vor dem Moonsund zusammenzuschließen, um ausbrechende Russen anzugreifen. UC 58

Eines der Schlachtschiffe, die an der Ösel-Operation teilnehmen: Der Kleine Kreuzer »Emden« (oben). Sie warten auf den Befehl zum Auslaufen: Deutsche Torpedoboote in einem Ostseehafen

Linke Seite. Vor der Ösel-Operation: Ein Zeppelin während eines Aufklärungsfluges

Das Landeunternehmen auf Ösel. Links: Flaggensignale von der Insel Ösel für die Transportschiffe. Unten: Während Schlachtkreuzer gegnerische Schiffe unter Beschuß nehmen, werden Landungstruppen vor der Insel Ösel ausgeschifft

erzielte dabei einen Treffer gegen den Panzerkreuzer ›Bogatyr‹, UC 60 vernichtete einen Transportdampfer ... Die Operationen der Flotte waren damit abgeschlossen ...«

Nachdem mehrere Schiffe gemeldet haben, der Feind sei nach Norden abgezogen, wird eine weitere Verfolgung aufgegeben, denn das Risiko, die großen Schiffe durch Minenbeschädigungen zu verlieren, will Vizeadmiral Schmidt nicht eingehen. So tritt er mit seiner Flotte am 19. Oktober 1917 den Rückzug an. Außer den durch Minen verursachten Beschädigungen an den Linienschiffen »Bayern«, »Großer Kurfürst« und »Markgraf« sind keine größeren Verluste entstanden - lediglich mehrere kleinere Boote gehen beim Eindringen in die Kassar Wiek verloren.

Während sich die Flotte zur Eroberung der baltischen Inseln in der Ostsee befindet, unternehmen die beiden Kleinen Kreuzer »Brummer« und »Bremse« einen Aufklärungsvorstoß in die nördliche Nordsee. Hier sichten sie im Morgengrauen des 17. Oktober 1917 einen aus zwölf Handelsschiffen bestehenden Konvoi, der unter dem Begleitschutz von zwei britischen Zerstörern auf dem Weg von den Shetland-Inseln nach Bergen in Norwegen läuft.

Nach kurzem Gefecht werden die Begleitzerstörer »Strongbow« und »Mary Rose« durch Artillerietreffer versenkt. Von den jetzt ungeschützten Handelsdampfern können drei gerade noch rechtzeitig abdrehen, doch die anderen neun sind dem Feuer der deutschen Kleinen Kreuzer aus nächster Nähe ausgesetzt und werden alle vernichtet. Niemand hat mit dem Erscheinen deutscher Überwasserschiffe in den von Großbritannien beherrschten nördlichen Gewässern gerechnet.

Zwischenfall vor Helgoland

Seit Oktober 1917 hat der deutsche Admiralstab sogenannte »Stichfahrten« zur Erkundung des englischen Sperrgebiets angeordnet. Damit sollen außerhalb der Deutschen Bucht minenfreie Wege für die U-Boote festgestellt oder auch durch Minensuchverbände geschaffen werden. An diesen Stichfahrten

Deutsches U-Boot nach dem Auftauchen. Um der U-Boot-Gefahr zu begegnen, setzen die Briten zur U-Boot-Patrouille auch Luftschiffe ein

sind vor allem Minensuch- sowie Torpedobootverbände beteiligt, denen Kleine Kreuzer und, wenn das Wetter es zuläßt, Flugzeuge folgen. Ferner stehen in der Nähe von Helgoland mehrere Linienschiffe und Schlachtkreuzer bereit, die bei Auftauchen eines größeren feindlichen Verbandes sofort eingreifen können.

Auch für den 17. November 1917 ist eine solche Stichfahrt vorgesehen. Doch die britische Admiralität ist rechtzeitig von ihrem Geheimdienst darüber informiert worden und schickt 7 Schlachtkreuzer, 6 Linienschiffe, 9 Leichte Kreuzer und 18 Zerstörer den deutschen Einheiten entgegen. Gegen 8.30 Uhr sichtet der Kleine Kreuzer »Pillau« die britischen Streitkräfte und nebelt sofort die Minensuchverbände ein, um ihnen den Rückzug zu ermöglichen. Nun setzt ein zweistündiges Gefecht ein, in dem jedoch - durch den künstlichen Nebel - das Artilleriefeuer wenig Wirkung erzielt.

Da der Funkspruch des Kleinen Kreuzers »Königsberg II« (Konteradm. v. Reuter) an die bei Helgoland stehenden Linienschiffe eine falsche Standortbezeichnung des feindlichen Verbandes enthält, stiftet dies Verwirrung und verzögert deren Vormarsch. Erst der zweite Funkspruch von Reuter - nach einstündigem Gefecht abgegeben - enthält die richtige Positionsangabe. Als um 10.30 Uhr endlich die deutschen Linienschiffe »Kaiserin« und »Kaiser« eintreffen und in das Kampfgeschehen eingreifen, folgen ihnen auch die beiden Großen Kreuzer »Moltke« und »Hindenburg«. Nachdem die »Königsberg II« durch Treffer schwer beschädigt ist, muß Konteradmiral von Reuter auf ein anderes Schiff umsteigen.

Das Feuer der Linienschiffe hat in der Zwischenzeit die britischen Einheiten gezwungen, nach Nordwesten abzudrehen, denn ein weiteres Vorstoßen in die Deutsche Bucht ist ihnen wegen der Minengefahr zu groß. Durch den plötzlichen Gefechtsabbruch der mindestens um 5 Knoten schneller fahrenden englischen Kreuzer ist eine Verfolgung aussichtslos. Dies veranlaßt den deutschen Admiralstab, für künftige Minenräumunternehmen stärkere Sicherungskräfte einzusetzen und sie dichter folgen zu lassen. Es ist seit der Skagerrakschlacht das erste Zusammentreffen größerer Verbände der Home Fleet und der deutschen Hochseeflotte.

Der im Dezember 1917 bereits elf Monate dauernde uneingeschränkte U-Boot-Krieg hat zwar der alliierten und neutralen Schiffahrt immerhin 8916500 BRT an Verlusten eingebracht, aber nicht das von der deutschen Führung erhoffte Ziel erreicht, sondern in erster Linie dazu beigetragen, daß Amerika in den Krieg eingetreten ist. Schlimmer noch: Durch die inzwischen wirksamen feindlichen Gegenmaßnahmen und durch Materialverschleiß sind 76 U-Boote, davon allein 13 im September, nicht von ihrer Feindfahrt zurückgekehrt - und etwa 50 Prozent der U-Boot-Besatzungen sind gefallen.

Das im Dezember 1917 ins Leben gerufene U-Boot-Amt soll nun versuchen, durch ein geplantes Großprogramm den Bau von U-Booten zu forcieren, was jedoch aus Mangel an Facharbeitern und Material nur schwer durchführbar erscheint.

Trotz der beachtlichen Erfolge, die die deutschen U-Boote erringen, beherrschen die Alliierten nach wie vor die Weltmeere. Rechts: Britische Schlachtschiffe auf der Fahrt zum Gefecht. Unten: Ein U-Boot-Jäger der US-Marine kreuzt vor dem Schlachtschiff »Pennsylvania« und dem Transporter »George Washington«

C1904
D
6851
C1931
B
7870

DER LUFTKRIEG 1917

RASANTE ENT-WICKLUNG

Der Luftkrieg verstärkt sich: Die Flugzeugkonstrukteure beider Seiten bauen immer schnellere und höher fliegende Maschinen

Durch die Umgliederung der deutschen Fliegertruppe, die im Herbst 1916 unter Führung Generalleutnants von Hoeppner als »Deutsche Luftstreitkräfte« zusammengefaßt worden ist, ist es gelungen, den Vorsprung der Ententemächte wieder aufzuholen. So können die alliierten Offensiven im Jahr 1917 dank des konzentrierten Eingreifens der Fliegerkräfte erfolgreich abgewiesen werden.

Um die feindlichen Aktivitäten einzuschränken, haben die Deutschen ihre Jagdfliegerverbände erheblich ausgebaut und auf einen hohen Entwicklungsstand gebracht. Durch massierte Einsätze gelingt es ihnen sogar, an einzelnen Frontabschnitten zeitweise die Luftherrschaft zu erringen und dem Gegner Verluste zuzufügen, die weitaus größer als die eigenen sind. Im April 1917 stehen Generalleutnant von Hoeppner insgesamt 2270 Jagd- und Bombenflugzeuge zur Verfügung, die meisten davon an der Westfront.

Während die Deutschen das Schwergewicht auf den Einsatz von Jagdstaffeln im Frontbereich legen, gehen die französischen und britischen Luftstreitkräfte verstärkt dazu über, mit Bombenangriffen die eigene Infanterie zu unterstützen und Ziele im feindlichen Hinterland anzugreifen. Durch die größere Reichweite der Maschinen sind davon immer mehr deutsche Industriestädte, so Köln, Mannheim, Freiburg und Orte im Saargebiet, betroffen, so daß die Luftverteidigung im Reich ausgebaut werden muß.

An der Ostfront herrscht dagegen für die Luftstreitkräfte der Mittelmächte ein günstigeres Kräfteverhältnis, denn die russische Flugzeugindustrie ist nicht in der Lage, sich auf die wachsenden Erfordernisse des Luftkrieges einzustellen. Die meisten russischen Maschinen sind entweder nachgebaut oder importiert. Dasselbe gilt auch für Flugmotoren. So können die zaristischen Fliegereinheiten die Kämpfe ihrer Armeen an der über 1000 Kilometer langen Front nur unzureichend unterstützen.

Der neue deutsche Jagdeinsitzer, der Doppeldecker Albatros D III, eine Weiterentwicklung der D I und der D II, der im Januar 1917 bei der Richthofen-Jagdstaffel (Jasta 11) eintrifft, hat eine Spannweite von 9,04 Meter, einen 176 PS flüssigkeitsgekühlten 6-Zylinder-Reihenmotor und ist mit zwei Maschinengewehren bewaffnet –

So weit das Auge reicht. Auf einem Feldflugplatz an der Westfront: Britische Jagdmaschinen warten auf ihren Einsatz

Eine Fliegerschule im Hochgebirge: Maschinen vom Typ Fokker Dr I stehen für Übungsflüge bereit

Höchstgeschwindigkeit: 176 km/h; Gipfelhöhe: 5500 Meter; Flugdauer: zwei Stunden.

In den Monaten Januar bis Mai 1917 zählen diese Maschinen zu den erfolgreichsten deutschen Jägern des ganzen Krieges, von denen insgesamt 8082 Stück gebaut werden. Trotz der mehr als dreifachen feindlichen Überlegenheit gelingt es den inzwischen aus 37 Staffeln mit je neun Maschinen bestehenden deutschen Jagdverbänden, 151 britische Flugzeuge abzuschießen, wovon allein 21 auf den »Roten Baron« entfallen. Die deutschen Verluste: 70 Maschinen.

Der schärfste Gegner der Albatros D III und deren Nachfolgemodell D Va ist der seit Ende 1916 eingesetzte britische Jäger Sopwith »Pup« (Hündchen), dem man nachsagt, er sei das am leichtesten zu fliegende britische Flugzeug während des Ersten Weltkrieges. Seine guten Flugeigenschaften veranlassen die Konstrukteure, auch eine Version mit Faltflügeln und anklappbarem Fahrgestell als Bordflugzeug für die Royal Navy zu bauen. Dieser einsitzige Doppeldecker hat eine Spannweite von 8,08 Meter, einen 90 PS starken Le-Rhône-Motor und ist mit einem Maschinengewehr bestückt – Höchstgeschwindigkeit: 180 km/h; Gipfelhöhe: 5334 Meter; Flugdauer: drei Stunden.

Auch in den Fokker-Flugzeugwerken hat man inzwischen ein neues Jagdflugzeug entwickelt, von dem Mitte 1917 die ersten Testmaschinen an die Richthofen-Staffel geliefert werden: Fokker Dr I. Dieser zweisitzige Dreidekker hat eine Spannweite von 7,19 Meter, einen 110-PS-Umlaufmotor und ist mit zwei Maschinengewehren bewaffnet – Höchstgeschwindigkeit: 165 km/h; Gipfelhöhe 6100 Meter; Flugdauer: eineinhalb Stunden. Wegen des leuchtendbunten Anstrichs der Maschinen wird die Jagdstaffel bald »Fliegender Zirkus« genannt.

Immer neue Flugzeugtypen

Da die Bedeutung des Luftkrieges ständig zunimmt, bauen die Flugzeugkonstrukteure der kriegführenden Länder immer schnellere und höher fliegende Maschinen. So stellen die Franzosen das Jagdflugzeug Morane-Saulnier A1 im Herbst 1917 in Dienst. Dieser einsitzige Eindecker hat eine Spannweite von 8,50 Meter, einen 160-PS-Umlaufmotor und ist mit einem oder auch zwei Maschinengewehren bestückt – Höchstgeschwindigkeit: 208 km/h; Gipfelhöhe 7000 Meter; Flugdauer: zweieinhalb Stunden. Doch nach kaum einem Vierteljahr wird diese Maschine wieder von der Front abgezogen – die offizielle Begründung: Man habe eine ungenügende Stabilität in der Zelle festgestellt und sei mit der Triebwerksleistung nicht zufrieden.

In den letzten beiden Kriegsjahren ist die britische Luftfahrtindustrie bemüht, ihre Produktion an Jägern zu erhöhen, wobei auch die Qualität verbessert wird. So gelangt im Frühjahr 1917 der Bristol F.2B an die französische Front.

Dieser deutsche Jagdflieger hat seine Übungsflüge hinter sich: Einsatz an der Westfront

Manfred Freiherr von Richthofen (links) nach der Rückkehr von einem seiner zahlreichen Luftsiege

Dieser bisher einsatzstärkste Jäger des Royal Flying Corps ist ein zweisitziger Doppeldecker mit einer Spannweite von 11,97 Meter und einem 275 PS starken, flüssigkeitsgekühlten 12-Zylinder-Reihenmotor. Neben der Bewaffnung von drei Maschinengewehren kann er eine Bombenlast von 109 kg mitführen – Höchstgeschwindigkeit: 196 km/h; Gipfelhöhe: 6500 Meter; Flugdauer: drei Stunden.

Doch der erste Einsatz am 5. April 1917 endet in der Nähe von Douai mit einer schweren Niederlage: Alle sechs Bristol F.2B werden im Luftkampf von sechs Albatros-D-III-Jägern abgeschossen. Anfangs vermutet man irgendwelche Mängel am Flugzeug, bis sich herausstellt, daß die Piloten mit dieser Maschine eine neue Kampftechnik anwenden müssen.

Neben den Jagdmaschinen kommen Anfang 1917 auf beiden Kriegsseiten neue Bomber zum Einsatz. Da bei den Luftangriffen auf englische Städte im Jahr 1916 zu viele Zeppeline verlorengegangen sind, haben Heer und Marine darauf gedrängt, Bombenflugzeuge mit größerer Reichweite zu entwickeln, die künftig diese Aufgabe übernehmen sollen. Zu den neuen deutschen Bombern zählen Friedrichshafen G III, Gotha G V und Zeppelin Staaken R VI, die nun Bombenangriffe auf britische Befestigungsanlagen in Dünkirchen, auf Industriestädte in Großbritannien und auf Paris fliegen.

Die Friedrichshafen G III ist ein Doppeldecker mit zwei 260-PS-Motoren, hat eine Flugdauer von fünf Stunden, drei Mann Besatzung an Bord und ist mit zwei bis vier Maschinengewehren bestückt. Das Flugzeug kann eine Bombenlast von 1000 kg mitführen. Der Doppeldecker Gotha G V hat ebenfalls zwei 260-PS-Motoren, sogar eine Flugdauer von sechs Stunden, auch drei Mann Besatzung und drei bis vier Maschinengewehre. Die Bombenlast beträgt 600 kg. Die Zeppelin Staaken R VI ist das größte der drei Bombenflugzeuge – vier 260-PS-Motoren; Flugdauer: sieben bis zehn Stunden; Besatzung: sieben Mann; Bewaffnung: vier bis sieben Maschinengewehre; Bombenlast: 2000 kg.

Der von Großbritannien ab Frühjahr 1917 für Angriffe auf militärische Ziele im von den Deutschen besetzten Gebiet verwendete neue schwere Bomber heißt Handley Page 0/400. Er hat zwei 350-PS-Motoren, eine Flugdauer von sechs Stunden, vier Mann Besatzung, vier bis fünf Maschinengewehre und 700 kg Bomben an Bord.

Die Franzosen haben dagegen einen leichten Bomber entwickelt, der vielseitig eingesetzt werden kann und im Sommer 1917 an die Front kommt: der Breguet-Bomber. Er wird auch von den belgischen und amerikanischen Luftstreitkräften geflogen. Dieser französische Doppeldecker hat einen 300-PS-Motor, eine Flugdauer von zwei Stunden 45 Minuten, zwei Mann Besatzung, ist mit zwei bis drei Maschinengewehren bestückt und trägt eine Bombenlast von 300 kg. Insgesamt erreicht der Breguet-Bomber bis zum Kriegsende eine Produktionszahl von 8000 Stück.

Nach mehreren kleineren Bombardements deutscher Flugzeuge auf Industrie- und Hafenanlagen in Südengland startet am 13. Juni 1917, gegen 10 Uhr morgens, ein Geschwader von Großflugzeugen zum ersten Angriff auf London. Die Wettermessungen vom Abend zuvor haben günstige Bedingungen angezeigt: heiterer Himmel, etwas Dunst und leichter Wind. So können die schweren Bomber für ihren Raid beladen werden.

Deutsche Großflugzeuge über London

Sonnabend, 30. Juni 1917, Frankfurt am Main. Bericht eines Beteiligten in der *Frankfurter Zeitung:*

»... Morgens 9 Uhr, die Flugzeuge stehen startbereit auf dem Flugplatz, die Monteure eifrig bei der Arbeit. Heute

also soll das langersehnte Ziel erreicht werden. Der Himmel meint es gut, er strahlt. Man lacht, scherzt und macht sich fertig. Dann noch eine kurze Ansprache unseres Kommandeurs ›. . . und nun, Gott befohlen, meine Herren!‹

Hier und da noch ein Händedruck. ›Glück ab, Kerlchen!‹ Wir steigen in unsere Flugzeuge, die Motore laufen. Punkt 10 Uhr schießt der Kommandeur von seinem Flugzeug eine Leuchtkugel ab, das Zeichen zum Start. Nach ihm und seinen beiden Führerflugzeugen heben sich die großen, wohlbeladenen Vögel vom Boden ab und nehmen Kurs auf London.

Die belgische Küste ist bald erreicht! Dort links sieht man die Front. Nieuport mit dem großen Überschwemmungsgebiet. Ostende – Zeebrügge – weiter rechts Holland, die Schelde-Mündung, undeutlich auch noch Vlissingen. Etwas links voraus fliegt der Kommandeur, hinter uns das Geschwader, dicht geschlossen. Die Gestalten der Insassen der nächsten Flugzeuge sind zu erkennen. An

Die Entwicklung im Flugzeugbau geht unaufhaltsam weiter. Von links nach rechts: Der Dreidecker Fokker Dr I wird zum Startplatz gebracht. Britische Jäger vom Typ Bristol F.2B auf einem Feldflugplatz. Das deutsche Bombenflugzeug Gotha G V. Schließlich der Bomber Zeppelin Staaken R VI, der ebenfalls zu den Maschinen der neuen Flugzeuggeneration gehört

Beeindruckend: Der britische Bomber Handley Page 0/400

den Abzeichen, die die Maschinen tragen, ist zu ersehen, wer es ist; man winkt sich zu ...

Wir sind jetzt über See. Die Küste verschwindet langsam, der Barograph zeigt größere Höhen, die Motore donnern ihr eintöniges Lied. Hier und da hört man das scharfe Tack-Tack des Maschinengewehrs eines Beobachters, der Probeschüsse abgibt. Unter uns jetzt nur noch graue See. Die Erwartung kürzt die Zeit. Vor uns tiefer erscheint eine Wolkenbank, dahinter noch ganz verschwommen im Dunst die englische Küste. Ich zeige sie meinem Führer, er nickt. Einem Kameraden rechts winken wir zu, er winkt wieder, dann ist wieder Ruhe.

Da, jetzt sind wir über die Wolken hinweg, da unten liegen englische Vorpostenschiffe, dahinter die ›dicken Pötte‹. Noch im Dunst aber naht schon die Themse-Mündung, links – Sheerneß hat uns auch schon kennengelernt. Weiter geht's in geradem Kurs auf London, die Küste liegt jetzt unter uns. Die ersten Schüsse der Abwehrgeschütze erreichen unsere Höhe, stören uns nicht weiter – durch!

Das Geschieße ist bald vorüber, enger schließt sich das Geschwader zusammen. Vor uns liegt Rayleigh, links die Themse, deren Biegungen wir eifrig auf der Karte verfolgen. Näher und näher kommen wir ans Ziel, mit Sorge betrachte ich eine voraus liegende Wolkenbank. ›Verdammt, sollten wir wieder Pech haben?‹ Ich schreibe es auf die Schreibtafel und reiche sie meinem Führer; der schlägt mit der Faust auf die Bordwand.

Fünf Minuten vergehen, ich sehe mich nach den Kameraden um, alles da, in geschlossener Phalanx. Da endlich hinter den Wolken liegt sie, die Themsestadt. Die ersten englischen Jagdflugzeuge erscheinen voraus noch tief unter uns. ›Nun, wer von uns wird heute dran glauben müssen, liebe Vettern?‹ – Noch stören sie uns nicht. Wir sind über den Wolken – weiter – drüber hinweg.

Da, überraschend – klar – deutlich alles erkennbar, liegt das Häusermeer London unter uns. Die ersten Grüße fliegen herauf. In rascher Folge mehr, immer mehr. Mit kalter Ruhe nun durch, weg über die Vorstädte, die Mitte muß getroffen werden. Nichts achten, nur dies eine Ziel. Da liegt Tower-Bridge, der Tower, der Liverpool-Bahnhof, die Bank von England, die Admiralität, blendend klar die Schiffe auf der Themse – alles vor uns.

Ich winke meinen Führer ein, das Zielfernrohr zur Hand – langsam ziehen die Straßen und Häuser durch den Kreis. Jetzt ist's Zeit. In kurzer Reihenfolge drücke ich die Bombenhebel herunter und verfolge gespannt die Bahn der Geschosse! Ausgiebig sind sie, Schlag auf Schlag detonieren unten im Herzen Englands die schweren Bomben ... Das Geschwader biegt ab, ein letzter Blick auf die Stadt. Auf Wiedersehen! – Ich nicke meinem Führer zu. ›Alles in Ordnung!‹ Wir sind vom Geschwader abgekommen und holen sie schwer ein; jetzt wird es noch einige Auseinandersetzungen mit unseren jenseitigen Kameraden geben.

Sie lassen auch nicht lange auf sich warten, da kommen die ersten drei Kollegen und versuchen uns den Weg abzuschneiden. Bald sind wir auf 100 bis 200 Meter Entfernung heran. Tack-Tack-Tack – auf beiden Seiten das Vorspiel. Nun beginnt ein Suchen nach der Schwäche des Gegners, ein Heranfühlen der Angreifer. Bald von rechts, bald von links, bald von unten versucht es der Gegner. Doch ist es nicht leicht. Mein Führer paßt gut auf, ich habe die Hand am Gewehr ... Zweimal ein ernstlicher Vorstoß, der beide Male abgeschlagen wird.

Zwei der feindlichen Piloten biegen ab, kommen auch nicht wieder. Doch der dritte ist hartnäckig, ein schneidiger Bursche. Zehn Minuten schon fallen die Schüsse auf beiden Seiten mit kurzen Unterbrechungen. Nun beginnt das letzte Spiel. Noch einmal sucht der Gegner, dann ein plötzlicher erbitterter Angriff, in die Tragflächen schlagen einige Treffer. Doch das feindliche Flugzeug bäumt sich auf und stürzt, sich überschlagend, in die Tiefe. Der erste über Englands Inseln besiegte Feind!

Wir jubeln. Die englische Küste ist bereits wieder in Sicht, doch noch keine Ruhe; es folgt noch ein kurzes Gefecht gegen zwei weitere Gegner, mehr von unserer Seite. Der feindliche Angriff wird nur einmal durchgeführt und schlecht. Dann sind wir über der Küste und fahren

Stationen eines deutschen Feindfluges gegen England: Nachdem das Ziel anhand von Luftaufnahmen festgelegt worden ist (links), wird vor dem Abflug die Wetterlage geprüft (Mitte), ehe das Geschwader abhebt und Kurs auf den Kanal nimmt (rechts)

Unten: Mit ihr müssen die deutschen Piloten rechnen: Die britische Jagdmaschine Bristol M.1C

wieder dichter am Geschwader. Ich lade mein Maschinengewehr neu und achte dabei im Augenblick nicht auf die Umgebung. Da zeigt mein Führer nach rechts oben. ›Donnerwetter, das kann faul werden!‹

An der Taktik des feindlichen Jagdfliegers erkenne ich sofort den geübten Flieger von der Somme. Vielleicht waren wir uns dort schon einmal begegnet. Kurze Zeit fliegen wir in größerer Entfernung nebeneinander her. Wir sind bereit. Jetzt muß er kommen. Richtig – plötzlich eine scharfe Linkskurve des Gegners, im Nu auf 20 Meter heran, und im Moment knattern beide Gewehre aufeinander. – Ladehemmung! Im Augenblick biegt auch mein Führer aus. Die feindliche Garbe prasselt über uns weg, der Feind selbst herunter. Dreißig Sekunden knapp der Kampf – kurz und scharf. Eine Begegnung ›alter Freunde‹ vom letzten Sommer. Man kennt sich aus!

Auch andere Kameraden hatten heiße Kämpfe zu bestehen gehabt, von denen, wie erst später festgestellt wurde, noch einer erfolgreich war ... Nachdem die letzten Beobachtungen aufgezeichnet, die Vorpostenschiffe überflogen waren, ziehen wir ruhig über die weite See dem Heimathafen zu. Die englische Küste verschwindet, unter uns nur Wasser, vor uns das Geschwader.

Ich unterhalte mich mit meinem Führer durch Zeichen und die Schreibtafel. Die Zeit wird lang. Die eigene Küste ist noch nicht in Sicht, das Wetter ist sehr diesig geworden. Nach einer Stunde endlich erscheint voraus ein heller Streifen, der Strand. Langsam treten die Umrisse deutlicher hervor. Der Kompaß ist brav und bringt uns in die richtige Stelle, dann geht es weg – froh – über die Küste nach Haus. Wohlbehalten landet einer nach dem anderen im heimatlichen Flughafen. Unversehrt das ganze Geschwader. Das Ziel, vor noch nicht langer Zeit der unerfüllte Traum deutscher Flieger, ist erreicht, der Traum erfüllt. Zum erstenmal.«

Dieser Luftangriff auf London ist der erste Versuch eines Flugzeuggeschwaders, die britische Hauptstadt bei Tag anzugreifen – ein gewagtes Unternehmen, das aber zeigt, welchen Vorteil der Formationsflug gegen Abfangjäger bietet. Dieser erfolgreiche Einsatz eines Bombengeschwaders scheint die Aufstellung von Jagdgeschwadern zu beschleunigen.

Ende Juni 1917 wird Manfred Freiherr von Richthofen zum Führer des Jagdgeschwaders 1 ernannt, das vier Staf-

Ein Bild für die Heimatpresse: Hauptmann Loerzer, Führer des Jagdgeschwaders 2, Anthony Fokker, der geniale Flugzeugkonstrukteur, und Hermann Göring, der im Verlauf des Krieges 22 Luftsiege erringt (von links nach rechts)

feln umfaßt. Das Jagdgeschwader 2 übernimmt Hauptmann Loerzer, Nr. 3 Hauptmann Berthold und Nr. 4 Hauptmann Ritter von Schleich. Der Grund für die Aufstellung der Staffeln: Eine größere Formation ist taktisch variabler, kann außerdem kompakter angreifen. Und in der Tat: Im weiteren Verlauf des Krieges erweist sich diese Maßnahme als richtig.

Der nächste Englandeinsatz eines Bombengeschwaders mit dem Ziel London erfolgt am Morgen des 7. Juli 1917. Nach britischen Meldungen soll es der bisher größte Angriff auf die britische Hauptstadt gewesen sein. Bis auf eine Maschine, die auf See niedergehen muß, kehren alle Flugzeuge in ihren Stützpunkt zurück. Da aufgrund der zunehmenden Tagesangriffe die englische Flakabwehr sowie Jagdfliegerkräfte wesentlich verstärkt werden, sieht es die deutsche Führung für angebracht, die Bombenangriffe künftig nachts durchzuführen.

Um der deutschen Gefahr intensiver begegnen zu können, wird am 17. Juli 1917 der energische Winston Churchill zum Luftfahrt- und Munitionsminister ernannt. Er soll sich für den Ausbau der britisch-französischen Luftstreitkräfte und zugleich für eine Erhöhung der Rüstungskapazität einsetzen.

In sechs Nächten zwischen dem 28. September und 4. Oktober 1917 finden erneut Angriffe deutscher starker Bombengeschwader auf London statt. Sie dienen vor allem dem Zweck, die Zivilbevölkerung zu demoralisieren.

Höllenspektakel über London

Sonntag, 21. Oktober 1917, Zürich. Erlebnisbericht in der *Neuen Zürcher Zeitung:*

»In den sechs mondhellen Nächten sind wir durch das Krachen der Bomben und das Brüllen der Kanonen immer wieder aufgeschreckt worden. Die Eindringlinge wurden jeden Abend frecher; andererseits mehrten sich die Abwehrgeschütze. Es war ein Höllenspektakel. Aus Dutzenden von Kanonen flogen Granaten in die Luft. Zwischenhinein hörte man das Surren der feindlichen Flugzeuge oder die Explosion von Bomben, auch etwa das Niederfallen von Eisenstücken in den Straßen. Sehen konnte man natürlich nichts; denn das erste Gebot bei solchen Luftangriffen heißt: Unterschlupf suchen. Die Kinder brachten wir jedesmal ins untere Stockwerk. Für die letzten zwei Abende hatte ich den Tisch an die Wand gepreßt und unter demselben eine Höhle eingerichtet. Um den Tisch herum wurde das Kanapee nebst Kisten und Stühlen gestellt und darüber eine Matratze gelegt.

Die Kleinste packten wir in eine solide Kiste, und für das größere Mädchen hatten wir ein Bett zurechtgemacht. Auch wir Eltern streckten uns in dieser Höhle aus, so gut es ging. Die ersten fünf Abende dauerte das Bombardement je eine Stunde, von 8 bis 10 Uhr [sic!]. Zwischenhinein gab es kurze Pausen, so daß man glauben konnte, die Aufregung sei vorüber.

Wir dankten Gott, als ein Sturm den prächtigen Spätsommer wegfegte, uns Winterwetter brachte und die hellen Nächte vorüber waren. Dank der wirkungsvollen Abwehr war die Zahl der Opfer nicht groß und der Materialschaden gering. Ich selber habe kein durch diese nächtlichen Fliegerangriffe beschädigtes Gelände gesehen. London ist eben groß.«

Den letzten Großangriff deutscher Marineluftschiffe sollen 13 Zeppeline in der Nacht vom 19./20. Oktober 1917

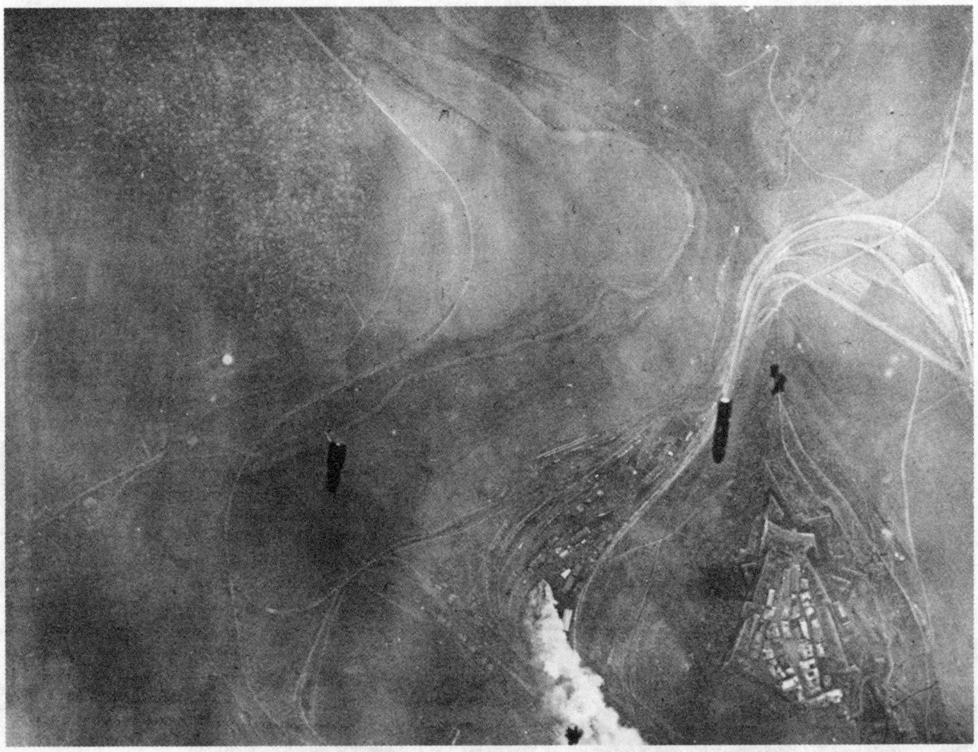

Ziel der deutschen Bombenangriffe ist neben Festungswerken (links) und Rüstungsbetrieben (unten links) auch die britische Hauptstadt. Unten rechts: Nach einem Bombenangriff wüten schwere Brände in der Londoner Innenstadt

durchführen. Zwei Luftschiffe fallen schon vor dem Start aus. Durch starke feindliche Abwehr sind die anderen elf Luftschiffe gezwungen, England in 6000 Metern Höhe zu überfliegen und ihre Bomben zum Teil auf andere als die geplanten Ziele abzuwerfen. Aber weitaus schlimmer als die Gefahr, von einer Jagdmaschine abgeschossen zu werden, ist der plötzliche Kaltlufteinbruch mit Temperaturen von minus 23 Grad und einsetzendem Sturm. Das Ergebnis: Von elf Luftschiffen gehen in dieser einen Nacht fünf verloren.

Der letzte Zeppelineinsatz über England zeigt deutlich, welchen Gefahren ein solcher Luftriese ausgesetzt ist – und gerade das Wetter stellt oft ein größeres Risiko dar als feindliche Flakbatterien oder Abfangjäger. So werden sich die Konstrukteure jetzt hauptsächlich mit der Entwicklung neuer Jagd- und Bombertypen befassen.

KRIEGS-SCHAUPLATZ NAHER OSTEN

Trotz erbitterter Gegenwehr gelingt es den Alliierten, sowohl Bagdad als auch Jerusalem zu erobern

An der weitausgedehnten türkischen Front zwischen dem Kaukasus und Kleinasien spielen sich im Jahr 1917 die Hauptkämpfe in Mesopotamien und in Palästina ab. Bereits am 23. Februar 1917 sieht sich Halil Pascha, Befehlshaber der am Tigris stehenden türkischen 6. Armee, gezwungen, dem Druck des inzwischen sehr verstärkten britisch-indischen Expeditionskorps unter General Maude nachzugeben und das ein Jahr zuvor heiß umkämpfte Kut-el-Amara wieder zu räumen.

Mit einer Gefährdung von Bagdad rechnet die türkische Heeresleitung allerdings nicht, da die bald zu erwartende Regenzeit alle Flußniederungen am Tigris und an der 30 Meter breiten Djala überschwemmen wird und damit ein weiteres Vorgehen der Engländer vermutlich für Monate unmöglich macht. In der Zwischenzeit könnte Halil Pascha das in Persien stehende türkische XIII. Armeekorps zur Verstärkung heranholen.

Doch durch den raschen Vormarsch des britisch-indischen Expeditionskorps und der sich inzwischen den Engländern angeschlossenen Araber kommt General Maude dem großen Regen zuvor und besetzt am 11. März 1917 Bagdad. So müssen sich die Türken nach Mosul zurückziehen und auf das aus Persien über den Paitakpaß herbeieilende XIII. Armeekorps warten.

Die Aufgabe Bagdads ist nicht nur für die türkische Führung der bisher härteste Schlag, sondern auch für die Mittelmächte. Der Verlust von Bagdad stellt alle deutschen Pläne im Orient in Frage, darunter die von den Deutschen erbaute Bagdadbahn sowie künftige Handelsbeziehungen zu Mesopotamien und Persien. Jetzt kann nur noch ein siegreicher Durchbruch auf den europäischen Kriegsschauplätzen diesen Mißerfolg ausgleichen.

Die zur Sicherung von Bagdad an Tigris und Euphrat sowie an der Djala verstoßenden britischen Verbände werden jedoch aufgehalten – türkisch-deutsche Truppen verwickeln sie in harte Kämpfe, wollen sie doch mit allen Kräften verhindern, daß die Engländer und inzwischen auch anmarschierenden Russen das Ölgebiet im Raum Mosul erobern.

Ende März 1917 wird zwischen der deutschen Obersten Heeresleitung (OHL) und dem türkischen Kriegsminister

9. Dezember 1917. Das Ziel ist erreicht: Der Oberbefehlshaber des britischen Expeditionskorps in Palästina, General Allenby, zieht in Jerusalem ein

Enver Pascha vereinbart, im Herbst 1917 eine gemeinsame Angriffsoperation, Codename »Ilderim«, zur Rückeroberung von Bagdad durchzuführen. Dafür soll im Juli 1917 die Heeresgruppe F unter General von Falkenhayn gebildet werden, bestehend aus zwei türkischen Armeen und einem 4500 Mann starken deutschen »Asienkorps«. Ferner erhält Falkenhayn die Zusage, über deutsche Artillerie- und Fliegerkräfte sowie Kraftfahrzeugkolonnen und Pionierabteilungen verfügen zu können. Doch wie sich bald herausstellt, muß er das ganze Unternehmen auf 1918 verschieben, da sich zwischenzeitlich größere Kampfhandlungen in Palästina anbahnen.

Das Ziel heißt Ghazza

Während in Mesopotamien noch kein Ende abzusehen ist, bereiten sich die Engländer in Palästina auf die Eroberung von Ghazza vor. Nach Fertigstellung der im Vorjahr bis El Arisch gebauten Eisenbahnlinie hat man diese Strecke in Richtung Ghazza weitergeführt und – entsprechend dem Bauabschnitt – britische Infanterie- und Kavallerieverbände in Stärke von etwa je zwei Divisionen zwischen El Arish und Refeh vorgeschoben. Die ersten Erkundungsabteilungen erreichen am 24. März 1917 den 6 Kilometer südlich des Angriffsziels gelegenen Wadi Ghazza, einen Geländeeinschnitt, der nur während der Regenzeit einige Tage lang Wasser führt.

Nachdem sich das Gros der britischen Truppen der Vorhut angeschlossen hat, beginnt am 26. März 1917 der Sturm auf die Stadtstellung Ghazza. Trotz erbitterter Kämpfe mit wiederholten Stellungseinbrüchen können die aus Türken, Deutschen und Österreichern bestehenden Verteidiger die feindlichen Angriffe immer wieder abwehren. Daraufhin versuchen die Engländer, den Feind in der Nacht vom 26./27. März 1917 zu umgehen und am nächsten Morgen von Norden her in Ghazza einzudringen. Doch sie werden erneut zurückgeschlagen. Nur der sofortige Rückzug über den Wadi rettet die Briten vor einer weiteren Verfolgung.

Am 17. April 1917 unternehmen die Alliierten mit drei Infanterie- und einer Kavalleriedivision sowie einem Regiment Kamelreiter, mehreren Panzerfahrzeugen und einem Fluggeschwader einen neuen Angriff auf die vorgeschobenen türkischen Stellungen südlich von Ghazza. Nach ganztägigem Beschuß durch Artillerie und unterstützt durch Schiffsgeschütze der vor der Küste patrouillierenden Marineeinheiten, das sich am nächsten Tag, dem 19. April 1917, noch wesentlich verstärkt, stürmt die Infanterie die feindlichen Stellungen. Die sich teilweise mit dem Bajonett wehrenden Türken schlagen die Engländer wieder zurück und setzen gleichzeitig zu einem erfolgreichen Gegenangriff an. Die britischen Verluste auf 400 Meter Frontbreite: 2800 Mann.

Am 30. Juni 1917 wird General Allenby zum neuen Oberbefehlshaber des britischen Expeditionskorps in Palästina ernannt. Unter seiner militärischen Führung soll endlich der Vorstoß bis Jerusalem gelingen. Durch diesen Wechsel entsteht eine gewisse Pause, die beide Seiten zur Vorbereitung der nächsten Angriffsoperation nutzen. Um den dringend erforderlichen Durchbruch bei Ghazza in Richtung Jerusalem endlich zu erreichen, plant General Allenby zur Täuschung des Feindes einen Angriff gegen Bir-es-Seba. Damit will er von dem Sturm auf Ghazza ablenken.

April 1917. Noch kontrollieren sie das Gebiet um Jerusalem: Türkische Kavallerie auf der Heerstraße, die von der Stadt aus nach Süden führt. Unten: Die türkische Briefmarke aus dem Jahr 1917 zeigt einen Schützengraben

Ende Oktober 1917 erfolgt zuerst der Nebenangriff gegen Bir-es-Seba, den die Türken als günstige Gelegenheit ansehen, die feindliche Flanke zu durchstoßen und in Richtung Suezkanal vorzudringen. Doch der britischen Kavallerie gelingt die Umgehung von Osten her, während General Allenby am 2. November 1917 seinen Hauptangriff auf Ghazza einleitet. Um der Einkreisung zu entgehen, müssen sich die verbissen kämpfenden Verteidiger von Ghazza am 7. November 1917 in die Stellungen am Wadi Hesi zurückziehen. Damit ist General Allenby der erste Teilerfolg gelungen.

Auf ihrem Rückzug entlang der Küste werden die türkisch-deutschen Verbände nicht nur von den Truppen verfolgt, sondern auch von der Schiffsartillerie ständig unter Feuer genommen. Erst am Wadi Audscha, nördlich von Jaffa, verstehen sie es, sich so gut zu verschanzen, daß sie ein Jahr lang jedem Vorstoß der Engländer widerstehen. Nach immer wieder hinhaltenden Rückzugsgefechten wird Jaffa am 7. November 1917 von britischen Truppen eingenommen.

Als sich die Kämpfe bereits Jerusalem nähern, entschließt sich die türkische Führung, unter Mitnahme allen Kriegsgeräts, die Stadt in der Nacht vom 8./9. Dezember 1917 zu räumen, um die heiligen Stätten nicht der Zerstörung auszusetzen.

Am 9. Dezember 1917 marschiert die Spitze der englischen Truppen in Jerusalem ein.

Die Besetzung Jerusalems

Mittwoch, 12. Dezember 1917, London. Premierminister Lloyd George verliest im britischen Unterhaus das Telegramm des Generals Allenby:

»Ich zog offiziell in Jerusalem heute mittag mit wenigen Leuten meines Stabes, dem Kommandanten der italienischen und französischen Abteilung, den Militärattachés Frankreichs, Italiens und der Vereinigten Staaten ein. Im Jaffa-Tor wurde ich von einer Wache, die England, Schottland, Irland, Wales, Australien, Neuseeland, Indien, Frankreich und Italien repräsentierte, empfangen. Die Bevölkerung empfing mich gut.

Wachen sind auf den heiligen Stätten verteilt. Mein Militärgouverneur ist in Fühlung mit den lateinischen und griechischen Vertretern. Der Gouverneur ernannte einen Offizier zur Überwachung der christlichen und heiligen Stätten. Die Omar-Moschee und das umgebende Gebiet wurden unter mohammedanische Kontrolle gestellt. Ein Militärkordon aus indischen mohammedanischen Offizieren und Soldaten ist um die Moschee aufgestellt. Es ist Verfügung erlassen, daß kein Nichtmohammedaner diesen Kordon überschreiten darf ohne Erlaubnis des Militärgouverneurs und des mohammedanischen Verwalters. Eine Proklamation wurde in Anwesenheit der Bevölkerung von den Stufen der Zitadelle in arabischer, hebräischer, englischer, französischer, griechischer und russischer Sprache verlesen und an den Mauern angeschlagen, worin es heißt, daß die Truppen unter dem Befehl Allenbys durch die Besiegung der Türken in den Besitz der Stadt kamen und daß der Kriegszustand über die Stadt verhängt sei. Schließlich wurde der Kommandant befugt, die Art der Bewachung der heiligen Stätten bekanntzugeben.«

Der Fall von Jerusalem und Bagdad ist für die Mittelmächte mit großen Verlusten verbunden und ruft unter den türkischen Offizieren eine ablehnende Haltung gegen die Weiterführung des aussichtslos erscheinenden Krieges hervor.

9. Dezember 1917: Die Proklamation General Allenbys wird von den Stufen der Zitadelle der Jerusalemer Bevölkerung verlesen. Unten: Zehn Jahre nach diesem Ereignis wählt die englische Post zwei Motive Jerusalems für die Briefmarken des britischen Mandatsgebietes Palästina

DER KOLONIALKRIEG

DIE KÄMPFE IN DEUTSCH-OSTAFRIKA

Ein britisches Kriegsschiff kreuzt ungehindert vor dem südlichen Küstenabschnitt des Schutzgebietes Deutsch-Ostafrika. Den überlegenen Streitkräften der Alliierten kann die deutsche Schutztruppe nur noch wenig entgegensetzen

Kolonie nach Kolonie ist aufgegeben worden – nur noch die Schutztruppe unter Lettow-Vorbeck hält sich

Die Schutztruppe in Deutsch-Ostafrika setzt sich immer wieder den feindlichen Angriffen zur Wehr, wobei sich das Schwergewicht der Kämpfe im südlichen Teil der Kolonie, am Rufidji, und im angrenzenden Portugiesisch-Ostafrika abspielt. Die Lage wird immer kritischer. So müssen die knappen Verpflegungsbestände streng rationiert werden, was manchen Askari dazu verleitet, auf die britische Seite überzuwechseln; außerdem sind die Verluste unter der Bevölkerung sehr hoch; schließlich verlieren die meisten ihr Hab und Gut.

Riesige Überschwemmungen

Ein Bericht von General Paul von Lettow-Vorbeck, dem Kommandeur der deutschen Streitkräfte:

»Die Regen, die Ende März einsetzen, waren 1917 ganz besonders stark. Unser etwas erhöht liegender Lagerplatz am Utungisee wurde zu einer Insel, von der aus der Verkehr durch den Wald zum Rufidji nur durch Boote möglich war. Eine Anzahl Leute ist während der Regenzeit im Walde ertrunken, andere flüchteten sich tagelang auf die Bäume. Das Wasser stieg so hoch, daß es in Mpanganja in die erhöht liegenden Wohnräume der Europäer und in die Lazarettgebäude eindrang und allen Unrat in Bewegung setzte. Ein Verbleiben von Frauen und Kindern, Kranken und Verwundeten war ganz unmöglich, und so mußten sie sich nach dem Abzug der Truppe an die Engländer wenden, die auch in Würdigung der Notlage für Verpflegung und Abtransport sorgten.

Das Gros der Truppe marschierte rechtzeitig aus den Überschwemmungsgebieten des Rufidji und des Utungisees nach Süden weiter, nachdem sie aus der am Rufidji vorhandenen Verpflegung fast bis auf das letzte Korn Nutzen gezogen hatte. Der Abmarsch vollzog sich ganz allmählich ... In Mpotora, das Hauptmann Rothe mit seinen zwei Kompagnien, die die Portugiesen bei Newala geschlagen hatten, in einem verschanzten Lager besetzt hielt, sammelte sich der größere Teil der Truppe.

Durch den dichten Wald gut getarnt vor den Blicken des Gegners: Funkstation der deutschen Schutztruppe

Am Rufidji blieben nur kleinere Abteilungen, die sich allmählich bis zur Stärke von Patrouillen schwächten. Vier Tagemärsche östlich von Madaba bot sich den Abteilungen Koehl und Goering Gelegenheit zu erfolgreichen Unternehmungen gegen feindliche Abteilungen, die am Westrande der Matumbiberge standen. Aber allmählich wurden alle unsere Abteilungen nach Mpotora herangezogen, und nur Hauptmann Otto blieb in dem höher gelegenen Gebiet von Madaba stehen . . .«

Im Sommer 1917 macht sich ein Oberstabsarzt in Deutschland darüber Gedanken, wie man der Schutztruppe in Ostafrika helfen könnte. Seiner Idee entstammt der ungewöhnliche Plan, ein Luftschiff mit den so dringend benötigten Arzneimitteln und Verbandsstoffen sowie Waffen, Munition und Ausrüstungen nach Ostafrika zu entsenden.

Das gerade im Bau befindliche Marineluftschiff L 59 wird für dieses Unternehmen durch zwei weitere Gaszellen auf 226,5 Meter verlängert, so daß es 50000 kg Nutzlast mitführen kann. Die Geschwindigkeit beträgt rund 70 km/h und die Steighöhe 8200 Meter. Als Kommandant ist der bewährte Kapitänleutnant Bockholdt vorgesehen.

Die Ladung besteht aus 30 Maschinengewehren, 300000 Patronen, 230 MG-Gurten mit 58000 gegurteten Patronen, 50 MG-Kästen mit 13500 Patronen und 9 MG-Reserveläufen, dazu 61 Sack Verbandsstoffe und Medikamente, 3 Sack Nähzeug, 700 kg Proviant, 426 Liter Trinkwasser

Ziel so mancher »Sightseeing-Tour« britischer Expeditionssoldaten: Das Wrack des Kleinen Kreuzers »Königsberg«

sowie 4 Infanteriegewehre mit 5000 Schuß Munition – die Gewehre sind für die Jagd vorgesehen, falls der Proviant zu Ende gehen sollte. Für die lange Reise sind auch 21 800 Liter Treibstoff und 1525 Liter Öl für die Motoren an Bord.

Nach geglückter Ankunft in Ostafrika soll das Material des Luftschiffs praktische Verwendung finden: Aus Hülle und Gaszellen kann man Tropenanzüge, Zelte und wasserdichte Schlafsäcke anfertigen, das Aluminiumgerippe ist für Funkmasten und Tragbahren oder dergleichen zu verwenden, und mit dem speziell aus Leder eingebauten Boden im Laufgang der Gondeln können die Männer der Schutztruppe ihre Stiefeln besohlen.

Am 21. November 1917, um 5 Uhr morgens, startet L 59 in Jambol (Bulgarien) zu seiner abenteuerlichen Fahrt. Die auf der Strecke liegenden deutschen Fliegerkräfte werden vorher über die Flugroute des Luftschiffs informiert, damit sie es notfalls vor feindlichen Angriffen schützen können. Als L 59 zwischen Konstantinopel und Ägypten über das Mittelmeer schwebt, bemerkt Kommandant Bockholdt das entgegenkommende Gewitter. Da eine Umkehr zwecklos erscheint, steuert er seinen Kurs wie vorgesehen weiter.

Durch plötzlich einsetzenden starken Regen und kräftige Windböen verliert das Luftschiff jedoch an Fahrt, hebt und senkt sich wie eine Berg- und Talbahn. Das Aluminiumgerippe ist durch die Luftelektrizität völlig aufgeladen und sprüht wie ein Feuerwerkskörper. Nachdem endlich die Rückseite der Gewitterfront erreicht ist, können alle wieder aufatmen. Im Morgengrauen ist die afrikanische Küste östlich des Golfs von Sollum in Sicht. Jetzt geht der Flug nach Südosten über Ägypten und den Sudan.

Als L 59 gerade Karthum am oberen Nil überfliegt, wird Kapitänleutnant Bockholdt per Funkspruch zur sofortigen Rückkehr aufgefordert, denn General Lettow-Vorbeck habe sich mit seiner Schutztruppe im Makonde-Hochland auf portugiesischem Gebiet den Engländern ergeben. Schweren Herzens dreht Bockholdt so kurz vor dem Ziel wieder um und trifft nach 95 Stunden und einer Flugstrecke von 6757 Kilometern wieder in Jambol ein.

Erst später stellt sich heraus, daß der Funkspruch aufgrund einer von England lancierten Meldung erfolgt ist – so können die Briten die Landung des Luftschiffs in Ostafrika verhindern.

Nach diesem beinahe geglückten Unternehmen hat der Admiralstab keinen weiteren Versuch dieser Art mehr unternommen. So muß General Lettow-Vorbeck die vorhandenen Möglichkeiten nutzen und seine Vorräte durch das in den Nachbarstaaten erbeutete Kriegsmaterial auffrischen.

Oben: Über 220 Meter lang ist das Marineluftschiff L 59, das gerade aus der Halle gezogen worden ist (links). Auch die Gondel hat gewaltige Ausmaße (rechts)

Der Führerstand in der Gondel von L 59

CONCERT CAFÉ
Bier-Quelle zur Untergrundbahn
BRING

WAS AUSSERDEM GESCHAH

WICHTIGE EREIGNISSE IM JAHR 1917

Angespannte Versorgungslage in Deutschland · 6. Kriegsanleihe · Spaltung der SPD · Neue Regierungschefs

Nach fast zweieinhalb Kriegsjahren wirkt sich die alliierte Blockade immer stärker auf die Versorgung der deutschen Bevölkerung aus, die ständig neue Entbehrungen ertragen muß. Untererernährung und andere Mangelerscheinungen verursachen nicht nur eine höhere Anfälligkeit gegen Krankheiten, sondern verringern die Arbeitskraft und lösen einen rapiden Geburtenrückgang aus. Den zum großen Teil in Rüstungsbetrieben arbeitenden Frauen, die danach oft stundenlang vor den Geschäften Schlange stehen müssen, ehe sie ein paar Lebensmittel ergattern, versucht man, durch Kriegskochbücher mit »schmackhaften« Rezepten und Tips für den Haushalt das Leben etwas zu erleichtern. Doch Unmut und Kriegsmüdigkeit breiten sich überall aus.

Die von US-Präsident Wilson im Dezember 1916 eingeleitete Friedensinitiative stößt zwar anfangs auf allgemeine Zustimmung, scheitert aber am 10. Januar 1917 durch Ablehnung der Entente mangels konkreter Verhandlungsvorschläge seitens der Mittelmächte. Jede der kriegführenden Regierungen ist fest davon überzeugt, den Gegner doch noch auf dem Schlachtfeld niederzuzwingen. Daher bilden sich nun in einzelnen Staaten politische Gruppierungen, die teils für oder gegen eine Weiterführung des Krieges sind.

Der seit Beginn des uneingeschränkten U-Boot-Krieges steigende Bedarf an U-Booten, dazu die Erhöhung der Flugzeugproduktion erfordern Anfang 1917 die 6. Kriegsanleihe, zu der selbst Oberbefehlshaber aufrufen.

Aufruf zur Zeichnung von Kriegsanleihen im März 1917

»Zeichnet Kriegs-Anleihe für U-Boote gegen England! Soldaten der dritten Armee!

Das U-Boot ist als eherne Notwendigkeit gegen den brutalen Aushungerungskrieg unserer Gegner auf den Plan getreten, um Gleiches mit Gleichem zu vergelten.

März 1917, Berlin. Sie unterstützen die Rüstung: Deutsche Soldaten werben für die 6. Kriegsanleihe zugunsten der U-Boote

Georg Graf von Hertling, ab dem 1. November deutscher Reichskanzler

Laßt uns dem Staat mit weitem Blick und offenen Händen die Mittel geben, die er zur raschen umfassenden Durchführung seiner als richtig erkannten Maßnahmen benötigt, um diesen Krieg zu einem schnellen siegreichen Ende zu führen.

Zeichnet Kriegsanleihe für U-Boote gegen England!

Es ist nicht nur eine heilige, nationale Pflicht, die Ihr damit erfüllt, sondern auch ein Akt klugen Selbstschutzes, denn Ihr werdet keinen sichereren und keinen treueren Hüter und Schirmer Eurer Ersparnisse und Eures Besitzes finden, als Euer Vaterland.

Euer Oberbefehlshaber v. Einem«

Doch dies ist nicht die einzige Aktion, um die Talfahrt der deutschen Wirtschaft zu bremsen. Am 5. März 1917 wird die Bevölkerung zur Goldablieferung aufgerufen. Jeder, der 20 Goldmark abliefert, erhält dafür 60 Mark in Banknoten. Auf diese Weise will die Reichsbank das Defizit ihrer Goldbestände verringern.

Georges Clemenceau, ab dem 14. November französischer Ministerpräsident

Im April 1917 sagt sich die Sozialdemokratische Arbeitergemeinschaft, eine wachsende Splittergruppe der SPD-Fraktion im Reichstag, die jede weitere Zustimmung zu den Kriegskrediten ablehnt, völlig von der SPD los und gründet auf einem Sonderparteitag in Gotha die »Unabhängige Sozialdemokratische Partei Deutschlands« (USPD). Im selben Monat führt die Unzufriedenheit der Arbeiter durch erhöhte Leistungssteigerungen und die immer schlechtere Versorgungslage, beeinflußt auch durch die Ereignisse in Rußland, zu ersten Massenstreiks in Berlin und Leipzig.

Auch an der Spitze des Staates nehmen die Spannungen zu. So lassen Kaiser und Reichstag unter dem wachsenden Druck der Obersten Heeresleitung Bethmann Hollweg fallen, der am 13. Juli 1917 seinen Abschied nehmen muß. Sein Nachfolger wird Dr. Georg Michaelis, preußischer Staatskommissar für Volksernährung, der von sich selbst behauptet: »Ich bin bisher als gewöhnlicher Zeitgenosse neben dem Wagen der großen Politik hergelaufen und habe mich nur wie ein Zeitungsleser auf dem laufenden zu halten gesucht.« Sein Intermezzo dauert bis zum 31. Oktober 1917. Zum neuen Reichskanzler wird am 1. November 1917 der bayerische Ministerpräsident Georg Graf von Hertling ernannt.

Nicht nur die Rüstungsindustrie verdient am Krieg . . .

Kurz danach erfolgt auch in Frankreich ein Wechsel in der Regierung: Georges Clemenceau übernimmt am 14. November 1917 das Amt des Ministerpräsidenten und das des Kriegsministers. Er ist bekannt für seine unerbittliche Haltung gegenüber Deutschland.

Während der uneingeschränkte U-Boot-Krieg weiterhin andauert und die deutsche Regierung versucht, durch Bekanntgabe der hohen Versenkungsziffern der Bevölkerung moralischen Antrieb zu geben, beginnen am 22. Dezember 1917 in Brest-Litowsk die Friedensverhandlungen zwischen Rußland und den Mittelmächten, die Anlaß geben, auf einen baldigen Gesamtfrieden zu hoffen.

Frauen und Mädchen!
Sammelt Frauenhaar!
Abnahmestelle jede Schule
Ortsausschuß für Sammel- und Helferdienst
Töpfergasse 33

Westfront

21. März: *Die deutsche Offensive »Michael« bringt der britischen Armee schwere Verluste bei.*
26. März: *General Foch wird zum Oberbefehlshaber der alliierten Streitkräfte an der Westfront ernannt.*
5. April: *Die Operation »Michael« wird abgebrochen.*
9. April: *Neue deutsche Offensive unter dem Namen »Georg« in Flandern.*
11. April: *Die Deutschen nehmen Armentières ein.*
24. April: *Die Heeresgruppe Kronprinz Rupprecht greift zur Entlastung der Offensive »Georg« im Sommegebiet an und erobert Villers-Bretonneux.*
29. April: *Unternehmen »Georg« wird abgebrochen, da es den Franzosen gelingt, Ypern zu halten und den Durchbruch zur Küste zu verhindern.*
29. Mai: *In einem Ablenkungsangriff für die am 27. Mai begonnene Offensive gelingt den Deutschen der Durchbruch am Chemin des Dames, die Überquerung der Aisne und die Besetzung von Soissons. Nach diesen Erfolgen dehnt sich der Vorstoß zur Großoffensive aus.*
31. Mai: *In einigen Frontabschnitten kann die deutsche Armee die Marne überschreiten, die Einnahme von Reims scheitert jedoch am starken Widerstand der Alliierten. Der deutsche Vorstoß zur Marne bedeutet eine direkte Gefahr für Paris.*
11. Juni: *Wegen des erfolgreichen Gegenangriffs von 4 französischen Divisionen muß die Offensive abgebrochen werden.*
15. Juli: *Auch die vierte Offensive in der Champagne mit dem Ziel, Reims zu erobern, schlägt fehl.*

18. Juli: *Die überraschende Angriffsoperation der Alliierten führt zu schweren Verlusten bei den Deutschen, die ihre Truppen hinter Aisne und Vesle zurücknehmen müssen.*
8. August: *Der »schwarze Tag« des deutschen Heeres: Bei ihrem Vorstoß an der Somme gelingt es den Alliierten, 16 deutsche Divisionen aufzureiben und 53000 Gefangene zu machen.*

4. September: *Die Deutschen sind wieder in ihre Ausgangsstellungen vom März zurückgedrängt, worauf Ende September die Militärführung der Regierung vorschlägt, Waffenstillstandsverhandlungen aufzunehmen.*
11. November: *Nachdem die Front bereits zusammengebrochen ist und die Alliierten die Deutschen bis in die Antwerpen–Maas-Stellung zurückgedrängt haben, wird der Waffenstillstandsvertrag unterzeichnet.*

Ostfront

10. Februar: *Die russische Delegation unter Führung von Trotzki lehnt die ultimativen Friedensbedingungen der Deutschen ab. Damit sind die deutsch-russischen Friedensverhandlungen gescheitert.*
18. Februar: *Die Kämpfe an der Ostfront flammen wieder auf. Bis Anfang März stehen die Truppen der Mittelmächte weit auf russischem Gebiet.*
19. Februar: *Die Sowjetregierung erklärt sich bereit, den Friedensvertrag zu den deutschen Bedingungen abzuschließen.*
3. März: *Der deutsch-russische Friedensvertrag wird in Brest-Litowsk unterzeichnet.*
7. März: *Der deutsch-finnische Friedensvertrag wird unterzeichnet. In Finnland tobt der Bürgerkrieg zwischen Weißen und Roten Garden. Finnland bittet das Deutsche Reich um Hilfe gegen die Rotgardisten.*
29. März: *Die finnischen Streitkräfte unter Baron von Mannerheim schlagen die finnische Rote Armee bei Tammersfors und nehmen die Stadt ein.*

3. April: *Deutsche Truppen landen mit Unterstützung der Seestreitkräfte in Hangö.*
14. April: *Die Deutschen rücken in Helsingfors ein. Bis Ende April sind die Roten Garden in Finnland geschlagen.*

20. April: *Die Mittelmächte marschieren über die Ukraine in die Krim ein, um den besetzten Teil Rußlands vor den Roten Garden zu schützen.*
16. Juli: *Die Zarenfamilie wird in Jekatarinenburg von Rotgardisten erschossen.*

Balkan

21. April: *Französische und griechische Verbände greifen die bulgarischen Linien südlich Huma an.*
18. Juni: *General Franchet d'Espéray wird neuer Befehlshaber der »Orientarmee«.*
15. September: *Einer sorgfältig vorbereiteten Offensive der Entente gelingt der Durchbruch in Mazedonien, was zur völligen Auflösung der bulgarischen Armee führt.*

30. September: *Der Waffenstillstand zwischen Bulgarien und General d'Espéray tritt in Kraft. Die Truppen der Mittelmächte müssen sich bis zur österreichischen Grenze zurückziehen.*
31. September: *Die isolierte Türkei schließt einen separaten Waffenstillstand mit der Entente.*

Italien

15. Juni: *Offensive der Österreicher auf italienischem Gebiet. Nach anfänglichen Teilerfolgen zwingen lang anhaltende Regenfälle die k.u.k. Truppen jedoch zum Rückzug.*

23./24. Oktober: *Italien beginnt eine großangelegte Offensive, der die k.u.k. Truppen zunächst standhalten, bis an sie der*

Befehl ergeht, sich an die Landesgrenzen zurückzuziehen. Die italienischen Truppen besetzen daraufhin Venetien und das Trentino.
2. November: *Österreich-Ungarn unterzeichnet in Padua einen Waffenstillstandsvertrag mit Italien.*

Seekrieg

8. Januar: *Die Deutschen verkünden die Ausdehnung des Sperrgebiets auf die Gewässer der Azoren einschließlich Madeira und der Kapverdischen Inseln.*
20. Januar: *»Goeben« und »Breslau« werden bei einem Gefecht beschädigt bzw. versenkt.*
4./5. Februar: *Der US-Truppentransporter »Tuscania« mit 2397 Mann an Bord wird von deutschen U-Booten torpediert.*

14./15. Februar: *Deutsche Torpedoboote wagen einen Vorstoß in den Ärmelkanal und versenken zahlreiche Schiffe.*
9. März: *Erstmalig setzen die Italiener ihren »Seetank« ein.*
18. Mai: *Die Deutschen starten eine neue U-Boot-Offensive. Während der folgenden drei Monate werden 31 Schiffe in amerikanischen Gewässern versenkt.*
11. Juni: *Ein Vorstoß der k.u.k. Flotte gegen die Sperre der Alliierten an der Straße von Otranto mißlingt.*
19./20. Juli: *Der US-Riesendampfer »Justitia« wird von deutschen U-Booten versenkt.*
11. August: *Admiral Scheer wird Admiralstabschef für den erkrankten Admiral von Holtzendorff, Admiral von Hipper Nachfolger Scheers als Chef der deutschen Hochseeflotte. Der Kaiser gibt seine Befehlsgewalt über die Flotte an Scheer ab.*
28. Oktober: *Matrosenaufstand in Kiel.*

Luftkrieg

21. März: *Für die Frühjahrsoffensive an der Westfront stehen der OHL 730 Flugzeuge*

zur Verfügung, während es bei den Alliierten etwa 580 sind.
27. März: *Das Richthofen-Geschwader fliegt 118 Einsätze, bei denen ohne eigene Verluste 13 feindliche Maschinen zum Absturz gebracht werden.*
1. April: *Die britischen Luftstreitkräfte erhalten die bis heute übliche Bezeichnung »Royal Air Force« (RAF).*
20. April: *Richthofen verzeichnet seinen 80. Luftsieg.*

21. April: *Richthofen wird von dem kanadischen Jagdflieger Roy Brown abgeschossen und kommt dabei um.*

Naher Osten

1. März: *Palästina. General Liman von Sanders übernimmt den Oberbefehl über die Heeresgruppe F und die deutsch-türkische Palästinafront, während General Allenby die britische Frühjahrsoffensive vorbereitet.*

1918

3. März: *Mesopotamien. Nach dem an diesem Tag unterzeichneten Friedensvertrag von Brest-Litowsk ziehen die Türken unter schweren Verlusten in ihre von den Russen besetzten Gebiete ein.*

25. März: *Palästina. Nachdem die Briten zwei Tage zuvor den Jordan überquert haben, müssen sie sich nach türkischen Angriffen auf das Westufer des Flusses zurückziehen.*
26. März: *Mesopotamien. General Marshall stößt bis Khan-Bagdadieh vor, nachdem er bereits Hit eingenommen hat.*
9. April: *Palästina. Die eigentliche Frühjahrsoffensive der Briten beginnt verspätet und schlägt fehl.*
27. April: *Mesopotamien. Marshalls Truppen nehmen Kifri ein, zwei Tage später Tus-Churmati, dann Tauk.*
7. Mai: *Mesopotamien. Der britische Durchbruchsversuch nach Mosul scheitert am Widerstand der Türken.*
18. September: *Palästina. Die Briten starten ihre Großoffensive.*
20. September: *Palästina. Das Hauptquartier der Mittelmächte im Westjordan-Land wird im Handstreich eingenommen.*
30. Oktober: *Mesopotamien. Nachdem kurzzeitig die Kämpfe noch einmal aufgeflammt sind, ergibt sich der Führer der türkischen Tigris-Armee, Ismail Hakki-Pascha, den Briten.*

Kolonien

25. November: *Nachdem er erst am 13. November von der Unterzeichnung des Waffenstillstandes erfahren hat, ergibt sich Lettow-Vorbeck den Briten.*

Außerdem ...

25. Januar: *Der Spartakus-Bund ruft erfolgreich zu Massenstreiks auf, bei denen erstmals politische Forderungen in den Mittelpunkt rücken.*
30. Januar: *Nachdem sich schon zwei Tage zuvor in Berlin die Arbeiter von 38 kriegswichtigen Betrieben im Ausstand befinden, erreicht die Streikwelle mit 150000 bis 180000 Streikenden ihren Höhepunkt.*
5. Oktober: *Reichskanzler Prinz Max von Baden richtet eine Friedensnote an Präsident Wilson.*

8. November: *Die österreichisch-ungarische Armee besteht nach dem Rücktritt der alten Regierung und der Auflösung der Monarchie nicht mehr.*
11. November: *Die Verschiebung der ursprünglich für den 4. November geplanten revolutionären Aktionen der USPD und des Spartakus-Bundes, zusammen mit der Berliner Arbeiterschaft, gibt Friedrich Ebert und der Mehrheits-SPD Zeit, sich gegen die radikale Linke durchzusetzen.*

1592

DIE WESTFRONT 1918

DEUTSCHLAND BESIEGT

Obwohl die deutschen Truppen mehrere großangelegte Offensiven starten, ist die Niederlage nicht aufzuhalten

Der im November 1917 von der OHL erarbeitete Operationsplan sieht vor, bis zum Frühjahr 1918 alle Kräfte zu mobilisieren, um an der Westfront den kriegsentscheidenden Durchbruch zu erreichen und im nachfolgenden Bewegungskrieg die englisch-französische Front aufzurollen. Man will die Alliierten bereits schlagen, bevor die Masse der amerikanischen Truppen eingreifen kann. Die von der Heeresgruppe Kronprinz Rupprecht mit der 2. und 17. Armee einzuleitende Offensive, Codename »Michael«, soll sich gegen den schwächsten Frontabschnitt des Gegners, den Südflügel der britischen 5. Armee im Raum St. Quentin, richten.

Nach weiteren Überlegungen entschließt sich die OHL Ende Januar 1918, den Angriffsabschnitt auf 80 Kilometer von Arras bis La Fère zu erweitern und die Heeresgruppe Deutscher Kronprinz mit der 18. Armee einzubeziehen. Sie hat die Aufgabe, den linken Angriffsflügel südlich der Oise zu decken. Die neuen, erst Anfang März 1918 getroffenen Entscheidungen dehnen allerdings die Aufgaben der Heeresgruppe Deutscher Kronprinz wesentlich aus, so daß sich das Schwergewicht der ganzen Operation auf den Bereich beiderseits der Somme verlagert. Das operative Ziel nach dem Durchbruch der 18., 2. und 17. Armee: St. Pol–Doullens–Amiens–Noyon. Nach dem erwarteten Anfangserfolg der Nordflanke bei Scarpe ist ein weiterer Teilangriff zur Einnahme von Arras vorgesehen.

Durch die Erweiterung der Angriffsbreite ist beabsichtigt, gleichzeitig gegen den Südflügel der britischen 5. Armee und gegen den französischen Frontabschnitt vorzustoßen, um die Heere der beiden Verbündeten an der Nahtstelle bei La Fère zu trennen. Dieses Vorhaben widerspricht jedoch den tatsächlich vorhandenen Kräften und bedeutet, daß bei einem Mißlingen des erhofften Durchbruchs aus Mangel an Reserven auf weitere Nebenangriffe verzichtet werden muß.

Ludendorffs Plan sieht vor, falls die Offensive steckenbleibt, eine zweite Angriffsoperation in Flandern, Unternehmen »Georg«, in die Wege zu leiten, obwohl man dafür weitaus weniger Truppen zur Verfügung hat. Von den 200 Divisionen, die insgesamt an der Westfront stehen, werden 76 Divisionen für die Offensive im Angriffsraum

17. Juni 1918. Sie sind guten Mutes: Der französische General Ferdinand Foch und US-General John J. Pershing in Chaumont

versammelt, verstärkt durch MG- und Minenwerferabteilungen, bespannte Artillerie mit Begleitgeschützen und Flammenwerfereinheiten. Starke Fliegerkräfte sollen den Großangriff unterstützen und gleichzeitig die rückwärtigen Verbindungen des Feindes bombardieren.

Die unter größter Geheimhaltung und durch ablenkende Täuschungsmanöver vorbereitete deutsche Offensive beginnt am 21. März 1918 mit einem kurzen, äußerst intensiven Artilleriefeuer. Der vorstürmenden Infanterie der 18. Armee gelingt es, innerhalb von zwei Tagen teilweise bis zu 20 Kilometer Tiefe in die feindliche Front einzubrechen, den Crozatkanal zu überqueren, Ham einzunehmen und die britische 5. Armee fast völlig zu zerschlagen. Auch der britischen 3. Armee werden schwere Verluste zugefügt.

Ab 23. März 1918 stößt die deutsche 17. Armee auf St. Pol in Richtung Abbeville und die 2. Armee nach Amiens vor, während die 18. Armee bis Montdidier und Noyon vordringt. Danach soll das gemeinsame Ziel der 2. und 18. Armee Paris sein. Doch zwischen dem 27. März und 5. April 1918 verliert die Offensive an Stoßkraft, da die gegnerische Abwehr sich erheblich verstärkt.

Der am 26. März 1918 zum Oberbefehlshaber der alliierten Streitkräfte im Westen ernannte General Ferdinand Foch hat die große Gefahr erkannt und in den Raum Amiens – die Nahtstelle zwischen den verbündeten Armeen – französische Reserven verlegen lassen, die durch harten Widerstand den deutschen Vormarsch verzögern.

Am 5. April 1918 wird das Unternehmen »Michael« abgebrochen. Die Armeen sind zwar auf 80 Kilometer Breite und 65 Kilometer Tiefe in die alliierte Front eingebrochen, was den Gegner nun veranlaßt, starke Kräfte zur Verteidigung bereitzustellen, doch der erhoffte Übergang zum Bewegungskrieg und das Aufrollen der gegnerischen Front ist nicht erreicht worden. Die bei diesem Großangriff entstandenen Verluste: 250 000 Deutsche und 240 000 Alli-

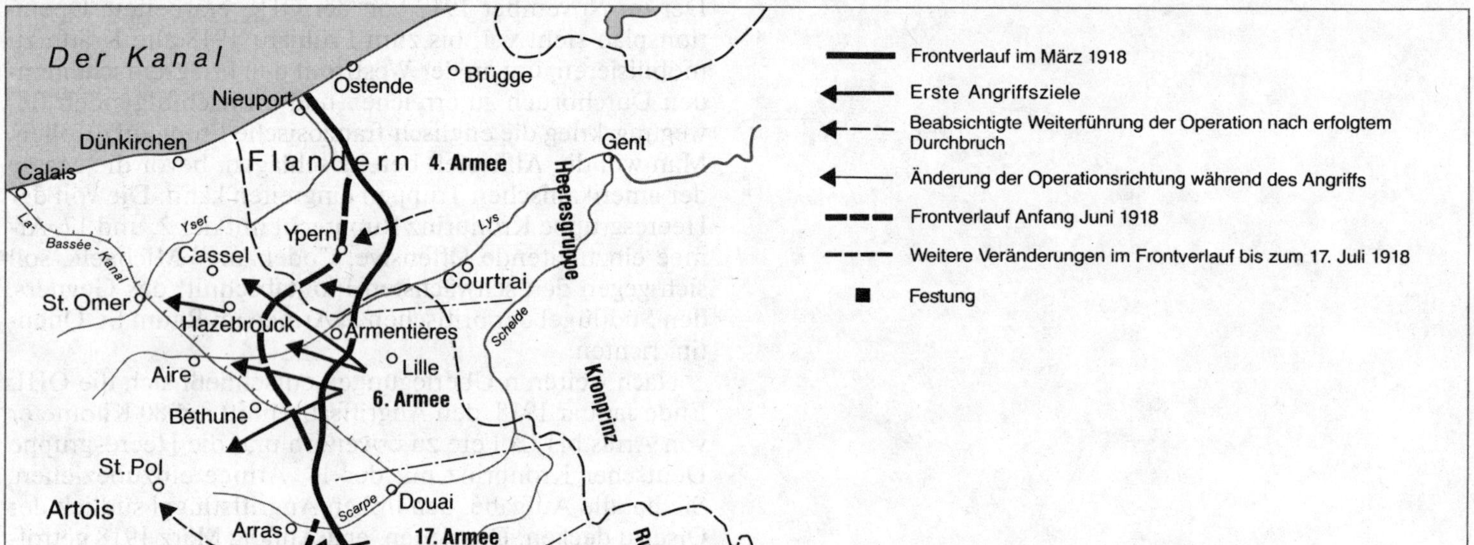

ierte. Damit sind viele der kampferprobten deutschen Angriffsdivisionen dezimiert, so daß für die nachfolgenden Offensiven vorwiegend Stellungsdivisionen mit geringerer Kampfkraft hinzugezogen werden müssen. Die Ersatzlage der Entente ist dagegen durch das Eintreffen immer neuer amerikanischer Truppen gesichert.

Am 9. April 1918 beginnt die nächste deutsche Offensive an der Lys in Flandern, das Unternehmen »Georg«, das wegen seiner dezimierten Truppenmacht später in »Georgette« umgetauft worden ist. In der Schlacht bei Armentières wird unter Einsatz von Kampfgas im ersten Ansturm eine britische Armee überrannt, einer zweiten werden schwerste Verluste zugefügt. Da Field Marshal Haig im März 1918 einen Teil seiner Kräfte an die Somme abgeben mußte, verfügt er in diesem Abschnitt nicht über die erforderliche Truppenstärke. Nach Einnahme von Armentières am 11. April und Eroberung des heißumkämpften Kemmelbergs am 25. April gelingt es jedoch General Foch, durch Heranholen von 18 Divisionen Ypern und die Küstenstellung zu halten. So endet die zweite deutsche Offensive am 29. April 1918 mit dem Verlust von etwa 85000 Deutschen und mehr als 100000 Alliierten. Doch auch hier wird das operative Ziel – ein Durchbruch bis zur Küste – nicht geschafft.

Zur Entlastung der Flandern-Operation hat unterdessen die 2. Armee der Heeresgruppe Kronprinz Rupprecht am 24. April 1918 erneut im Sommegebiet Richtung Amiens angegriffen und Villers-Bretonneux erobert, am nächsten Tag aber den weiteren Vorstoß eingestellt.

Am 27. Mai 1918 erfolgt die dritte deutsche Offensive zwischen Soissons und Reims, die bis zum 11. Juni 1918 tobt. Mit einem Ansturm auf das gewaltige Bollwerk Chemin des Dames hat anscheinend selbst General Foch am wenigsten gerechnet. Hier stehen zur Zeit lediglich 4 französische und 3 britische Divisionen, die den Einbruch nicht aufhalten können. Die 1. und 7. Armee der

Deutsche Infanterie bei ihrem überraschenden Vorstoß auf das Bollwerk Chemin des Dames

Die deutschen Offensiven an der Westfront von März bis Juli 1918

Heeresgruppe Deutscher Kronprinz erreichen bereits am ersten Tag den Chemin des Dames, überqueren die Aisne und gelangen bis zur Vesle.

Zwei Tage später, am 29. Mai 1918, ist Soissons von deutschen Truppen besetzt.

Der ursprünglich als Ablenkungsangriff geplante Vorstoß dehnt sich nach diesem Erfolg zur Großoffensive zwischen Compiègne und Reims aus mit der Absicht, die Marne zu erreichen. Am 30. und 31. Mai 1918 wird sogar an manchen Abschnitten die Marne zwischen Dormans und Château-Thierry überschritten. Doch Reims wird derart hart verteidigt, daß der deutschen 1. Armee die Einnahme nicht gelingt. So entsteht ein im Zentrum vorgeschobener Frontbogen.

Unterdessen greift am 9. Juni 1918 die 18. Armee der Heeresgruppe Deutscher Kronprinz zwischen Montdidier und Noyon an, um die Lage im Frontbereich Soissons und Reims zu entlasten. Doch hier hat sich die feindliche Abwehr gefestigt, so daß nur ein kleinerer Geländegewinn möglich ist. Als am 11. Juni 1918 dann 4 französische Divisionen zum erfolgreichen Gegenangriff ansetzen, sieht sich die OHL gezwungen, die Offensive abzubrechen. Der Vorstoß bis zur Marne bedeutet jetzt für Paris eine unmittelbare Bedrohung. Der Fernbeschuß schwerer deutscher Geschütze hat zwar noch keine militärischen Auswirkungen, ruft aber bei der Zivilbevölkerung Angst und Schrekken hervor.

Die deutschen Offensiven

Dienstag, 23. Juli 1918, Bern. H. Stegemann schreibt im *Bund:*

»Die deutschen Operationen hatten nacheinander zur Bedrohung von Amiens, Hazebrouk und Paris geführt, zahlreiche Verbindungen durchschnitten und die Front an die Linie Hazebrouk–Amiens–Paris–Châlons herangetragen. Der englische Heeresflügel war operativer Lähmung anheimgefallen und auf beiden Flügeln von Durchbruch und Umfassung bedroht, der linke Flügel des französischen Heeres zwischen der Oise und der Marne gestaucht und die französische Ostfront um einen Teil ihrer rückwärtigen Verbindungen gebracht worden.

Die drei großen Stöße hatten also die strategische Lage der Alliierten sehr schwer beeinträchtigt und nicht nur sämtliche englischen und französischen Reserven in die Front gerufen, sondern auch die amerikanischen Kontingente gezwungen, sich als Abschnittsreserven ins Feuer zu werfen, so daß es zur Bildung einer großen strategischen Reserve als Manövrierwaffe auf seiten der Alliierten neuer Gliederungen und frischer Kräfte bedurfte, über die man sich wohl im sechsten Kriegsrat zu Versailles unterhalten hat.

Gleichwohl wurde in der Kundgebung des obersten Kriegsrats der Alliierten betont: ›Die vor zwei Monaten über den Transport und die Einreihung der amerikanischen Truppen geschlossenen Abkommen machen es dem

Mai 1918: Noch ist die Niederlage nicht abzusehen – Feldmarschall von Hindenburg und Quartiermeister General Ludendorff in ihrem Hauptquartier. Juni 1918: Deutsche MG-Schützen beziehen eine neue Stellung Juli 1918: Die deutschen Sturmpanzerwagen kommen zu spät zum Einsatz. Rechts: Generaloberst von Boehn

Unten: An Mensch und Material sind die Alliierten einfach überlegen. Zwei Aufnahmen vom 29. August 1918: Französische Tanks rollen zur Unterstützung des Heeres heran, und US-Soldaten auf einem Außenposten im Elsaß

Feind unmöglich, unsere Reserven zu erschöpfen, bevor wir die seinigen aufgerieben haben.‹ Und der Fortgang der Ereignisse zeigte, daß diese Zuversicht nicht trog.

Inzwischen wurde die Westfront in Erwartung des vierten großen Angriffes der Deutschen von Zwischenkämpfen geschüttelt, die sich wie die Kämpfe um die Linie Montdidier–Compiègne–Villers-Cotterêts teils aus den bisherigen Operationen ergaben, teils als Erkundungen größeren Stils zu betrachten waren. Die Franzosen hatten Compiègne, Villers-Cotterêts und Reims behauptet, sahen sich aber an diesen wichtigen Punkten von konzentrischem Druck bedroht, der sie zwang, starke Kräfte einzusetzen, um die Zurücknahme der Front hinter die Aronde auf den Unterlauf des Ourcq und auf den Reimser Höhenklotz nördlich Epernay zu vermeiden. Da diese Zurücknahme auch die Suippes-Linie entblößt und die Verbindung Verdun–Ste. Ménehould–Reims gefährdet hätte, war Foch genötigt, seine noch vorhandenen Reserven zusammenzuhalten und neue Kräfte bereitzustellen. Er tat dies mit Hilfe der zahlreich eintreffenden, aber noch nicht voll feldfähigen Amerikaner und rechnete auf die Wiedererstarkung der englischen Front.

Die vierte deutsche Angriffsschlacht, die endlich am 15. Juli begann, hatte den Zweck, die Franzosen von den Champagnehügeln gegen und über die große Römerstraße auf die Vesle und über die Ardre gegen das Marne-Becken zu drücken, Reims zweiseitig zu bedrohen und tunlichst zu umfassen. Dadurch würde die französische Argonnen-Front gelockert und die Verbindung Verduns mit der Pariser Zentralstellung neuerdings gefährdet worden sein. Die deutsche 7. Armee unter Generaloberst v. Boehn hatte ihren Angriff auf die Linie Châlons–Epernay konzentrisch angesetzt und zugleich in scheinbar exzentrischer Richtung den Übergang über die Marne erzwungen.

Jedoch der neue Offensivstoß der Deutschen konnte die ihm von der Entwicklung vorgezeichnete Bahn nicht durchmessen. Da es den Deutschen diesmal nicht gelungen war, das tiefgestaffelte feindliche Stellungssystem binnen kürzester Frist zu Fall zu bringen, das sie trotz drohender Flankierung angegriffen hatten, mußten sie sich zunächst mit der Errichtung eines schmalen Brückenkopfes südlich der Marne begnügen, um die Montagne de Reims in Flanken und Rücken angreifen zu können. Aus der Durchführung dieser Absicht, die auf übergroße Schwierigkeiten stieß, leitete sich eine operative Bindung der Deutschen her, die Foch gestattete, den ihm auferlegten Zwang zur Gegenoffensive günstig zu gestalten und die tiefe strategische Westflanke des zwischen Aisne und Marne errichteten Brückenkopfes, innerhalb dessen sich die Deutschen nach Ausweitung sehnten, mit großen Reservemassen anzugreifen.

Dieser Flanken- und Rückenangriff – er strahlte sogar bis nördlich der Aisne aus, wo der mühsam behauptete französische Brückenkopf zwischen Tracy und Fontenay plötzlich einem geschickt gerichteten Ausfall diente – brachte in Verbindung mit der konzentrischen Wirkung der schweren französischen Artillerie auf den Vorbrückenkopf südlich der Marne die zwischen Soissons, Château-Thierry, St. Agnan und der Montagne de Reims auf den beengten inneren Linien fechtenden Deutschen so in Gefahr, daß sie in die Verteidigung zurückfallen mußten.

Dieses Mißlingen des großen deutschen Angriffs beiderseits Reims vom 15. bis 18. Juli 1918 war der Beginn des westlichen Zusammenbruchs. Der Mißerfolg in der Champagne, wo General Gouraud am 15. Juli 1918 den deutschen Angriff durch ein geschicktes Manöver zerschlagen hatte, und die Niederlage zwischen Aisne und Marne führten zur verlustreichen Aufgabe des ganzen durch den dritten Offensivstoß Ende Mai eroberten Marnebogens. Beide Niederlagen bedeuteten unzweifelhaft einen Wendepunkt; mit ihnen erstritt die feindliche Oberste Heeresleitung sich endgültig die Oberhand.«

Bereits seit Anfang Juli 1918 laufen auf alliierter Seite intensive Vorbereitungen für die erste große Gegenoffensive bei Villers-Cotterêts. Die Überlegenheit an Waffen – wie schwere Artillerie –, an Flugzeugen und vor allem an Panzerkampfwagen bildet die Voraussetzung für eine mögliche Zerschlagung des deutschen Heeres. Allein den auf seiten der Entente zur Verfügung stehenden 1500 Tanks können die Deutschen nur wenige entgegensetzen, denn die OHL hat dem Wert der Panzer bisher keine große Bedeutung beigemessen.

Am 18. Juli 1918 erfolgt die erste überraschende Angriffsoperation der französischen 6. und 10. Armee mit 26 Divisionen, unterstützt durch 400 Tanks und 1100 Flugzeuge, aus den Wäldern bei Villers-Cotterêts gegen die West-

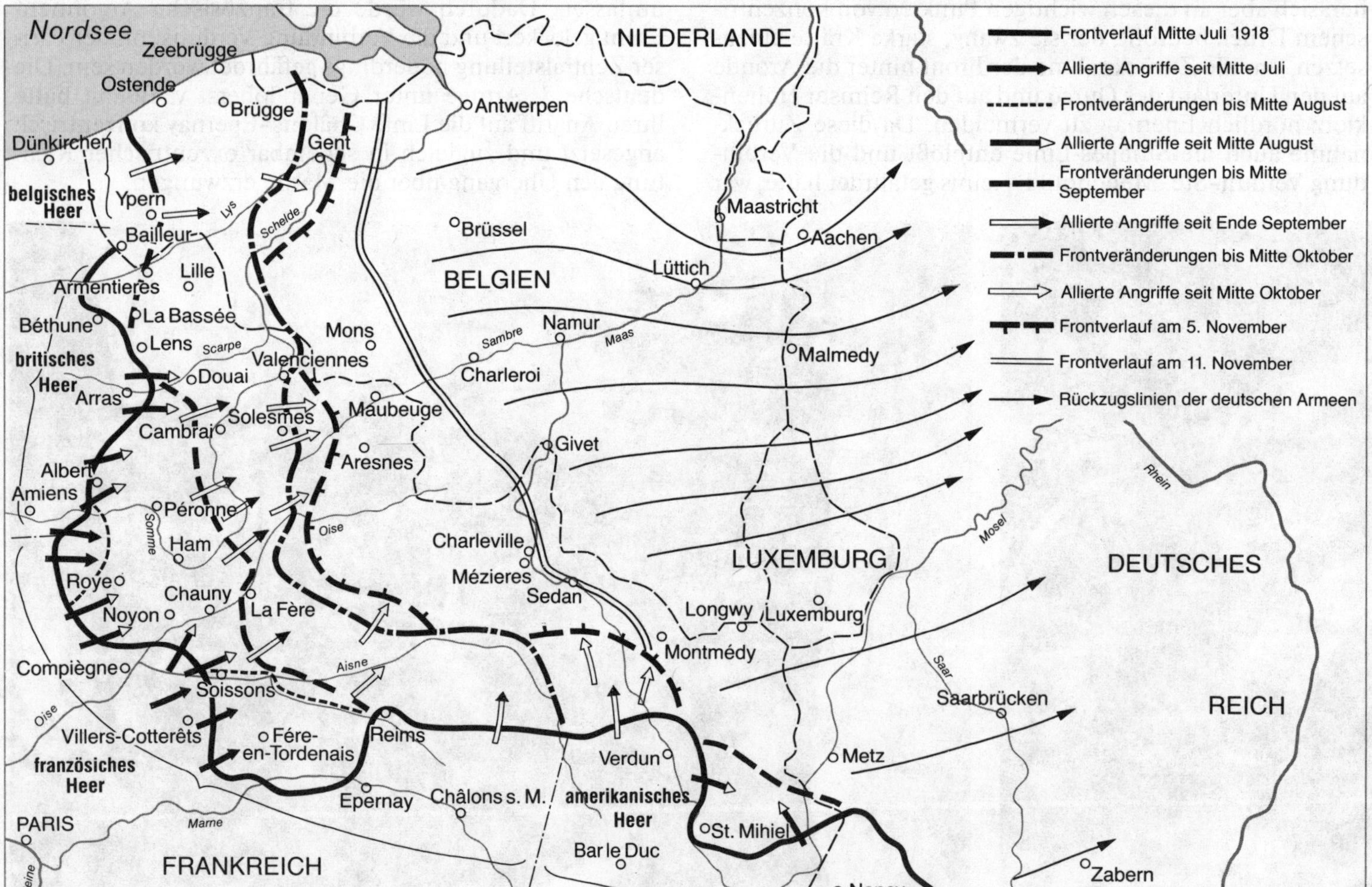

flanke der deutschen 7. und 9. Armee. Beabsichtigt ist, den Marnebogen abzuschnüren und die dort befindlichen deutschen Kräfte aufzureiben.

Die französische Infanterie kann unter dem Schutz der Tanks innerhalb von einer Woche tiefe Einbrüche in die deutsche Frontlinie erzielen. Nur unter großen Verlusten gelingt es den Deutschen, ihre Truppen hinter Aisne und Vesle zurückzunehmen und ab 2. August 1918 zur Verteidigung überzugehen. Die OHL will die eroberten Gebiete keinesfalls preisgeben.

Inzwischen hat der alliierte Oberste Kriegsrat beschlossen, den Gegner mit vielen begrenzten Angriffsoperationen zu schwächen und ihn erst dann in einer großen Offensive zu überrollen. Man will dieses Ziel entweder im Herbst 1918, am besten erst im Frühjahr 1919 erreichen, wenn die US-Divisionen voll kampffähig sind. Denn: Ein Rückschlag könnte die innenpolitische Lage Frankreichs erschüttern und den revolutionären Kräften wieder Auftrieb geben.

Am 8. August 1918 erfolgt der nächste alliierte Hauptvorstoß zwischen Albert und Montdidier, beiderseits der Somme, mit 32 Divisionen, denen 3000 Geschütze und 430 Tanks sowie 1900 Flugzeuge zur Verfügung stehen. Die deutschen Verluste an diesem Frontabschnitt: 16 Divisionen aufgerieben, davon geraten 53000 Mann in Gefangenschaft. General Ludendorff bezeichnet diesen 8. August als den »schwarzen Tag« des Heeres. Zwischen dem 2. und 4. September 1918 befinden sich die deutschen Armeen wieder in ihren Ausgangsstellungen vom 21. März 1918, schaffen es aber, die verkürzte Front vorübergehend zu stabilisieren, während die noch bei Armentières in Flandern stehende 4. und 6. Armee sowie die im Raum St. Mihiel (südöstlich Verdun) gegen die amerikanische 1. Armee kämpfende Heeresgruppe Gallwitz den Rückzug antreten müssen.

Durch das verhältnismäßig langsame Vorrücken der alliierten Armeen können die deutschen Truppen sich immer wieder Stellungen ausbauen und eine zusammenhängende Verteidigungslinie bilden. Doch die OHL muß Ende September 1918 eingestehen, daß der militärische Zusammenbruch nicht mehr zu verhindern ist, und schlägt der Regierung vor, umgehend Waffenstillstandsverhandlungen aufzunehmen. Vielleicht könne man auf der von Präsident Wilson vorgeschlagenen Basis einen ehrenvollen Frieden erreichen.

In den nachfolgenden vier Wochen, in denen die Voraussetzungen für Waffenstillstandsverhandlungen geschaffen werden, brechen zwar die Fronten der Verbündeten zusammen, doch die Alliierten der Westfront greifen die deutschen Truppen immer wieder an und drücken sie schließlich bis in die Antwerpen–Maas-Stellung zurück, ehe die Regierungen am 11. November 1918 durch Unterzeichnung des Waffenstillstandes dem grausamen Krieg ein Ende machen.

Jubel in Paris: Der Krieg ist aus!

Die Sommer- und Herbstoffensive der Alliierten und der deutsche Rückzug im Jahr 1918

DIE OSTFRONT 1918

DIE KÄMPFE GEHEN WEITER

Trotz des Friedensvertrages vom März 1918 kommen die Menschen im Osten und Nordosten Europas nicht zur Ruhe

Seit dem 22. September 1917 finden in Brest-Litowsk die Friedensverhandlungen zwischen Sowjetrußland und den Mittelmächten statt. Zu Beginn des Jahres 1918 herrscht daher an der Ostfront Waffenruhe. Verärgert über den Alleingang des bisherigen Verbündeten, haben die westlichen Alliierten allen antisowjetischen Kräften in Rußland ihre Unterstützung im Kampf gegen die Bolschewiki zugesagt. Sie hoffen, auf diese Weise die Revolutionäre zu stürzen, um eine neue Regierung dazu zu bewegen, den Krieg gegen die Mittelmächte weiterzuführen.

Die von den Mittelmächten am 25. Dezember 1917 der russischen Verhandlungsdelegation unter Leo Trotzki ultimativ gestellten Friedensbedingungen enthalten große Gebietsforderungen von insgesamt rund 150000 Quadratkilometern. Darunter fallen Polen, Litauen, Teile von Estland, Lettland und Bjelorußland sowie die Ukraine. Entgegen der Weisung Lenins wird das deutsche Ultimatum am 10. Februar 1918 von Trotzki und seiner Delegation abgelehnt. Damit sind die Friedensverhandlungen gescheitert, obwohl einen Tag zuvor, am 9. Februar 1918, die antikommunistische Zentralrada der Ukraine einen Friedensvertrag mit den Mittelmächten unterzeichnet hat.

Am 18. Februar 1918 beginnen wieder die Kämpfe an der Ostfront mit dem Vormarsch der deutschen und österreichisch-ungarischen Truppen. Die wenigen noch bestehenden russischen Armeen können keinen ausreichenden Widerstand leisten und ziehen nach Osten und Norden ab. Bereits am 1. März 1918 besetzt die Heeresgruppe Linsingen Kiew. Die 10. Armee befindet sich am 3. März 1918 bei Orscha und erreicht zwei Tage später Mogilew. Unterdessen ist die 8. Armee bis zum 4. März 1918 nach Livland und Estland vorgerückt. Die Truppen der Mittelmächte stehen jetzt auf einer Linie von Narva im Norden über Pskow, Orscha und Mogilew bis Kiew.

Der deutsche Vormarsch des 18. Februar veranlaßt die Sowjetregierung schon einen Tag später zu der Erklärung, den Friedensvertrag zu den Bedingungen der Mittelmächte abzuschließen. Am 3. März 1918 unterschreiben die Russen in Brest-Litowsk den Vertrag – unter Protest. Von diesem Tag an sollen alle militärischen Bewegungen in Rußland eingestellt werden.

April 1918. Helsingfors: Deutsche Truppen halten feierlichen Einzug in die finnische Hauptstadt, nachdem die Roten Garden mit ihrer Hilfe in Finnland besiegt worden sind

Unterdessen tobt nicht nur in Rußland, sondern auch in Finnland der Bürgerkrieg, ein Kampf zwischen der finnischen Weißen Garde und den Roten Garden der finnischen und russischen Bolschewiki. Gemäß dem deutsch-finnischen Friedensvertrag vom 7. März 1918, der Finnland die Unabhängigkeit garantiert, ist es Deutschland im Einvernehmen mit der finnischen Regierung gestattet, Truppen zur Hilfeleistung nach Finnland zu entsenden.

Obwohl der Rat der Volkskommissäre in Petrograd bereits im Januar 1918 die Unabhängigkeit Finnlands anerkannt hat, bleibt die wiederholte Bitte der finnischen Regierung, den Abzug der etwa 70000 russischen Soldaten zu veranlassen, lange Zeit ungehört. Finnland ist sich vollkommen darüber im klaren, daß es, solange die russischen Soldaten im Land verbleiben, von der Willkür seines großen Nachbarn abhängig ist. Es werden zwar einige russische Truppenteile abgezogen, dafür aber mindestens die doppelte Anzahl wieder eingeschleust. Damit dieser unhaltbare Zustand ein Ende findet, richtet die finnische Regierung an Schweden und Deutschland die dringende Bitte, eine Hilfsaktion einzuleiten.

Deutsche Finnland-Operation

Sonntag, 17. März 1918, Bern. H. Stegemann schreibt im *Bund:*

»Solange die Russen auf Aland saßen, war jede Bewegung der deutschen Flotte zur Erzwingung der Einfahrt in den Finnischen Meerbusen in der linken Flanke bedroht. Als die Deutschen sich dort der Linie Baltischport–Reval bemächtigten, kamen sie zwar in den Besitz einer sicheren Grundstellung, um gegen den Finnischen Meerbusen zu operieren; ein Eingreifen in Finnland aber, das, vom Bürgerkrieg zerrissen, in Berlin um Intervention bat, war nicht möglich ohne eine Gefährdung, die sowohl von Kronstadt als auch von den Alandsinseln ausgehen konnte. Dazu kam, daß die Kontrolle über den Seeweg als Verbindungslinie sowohl von der estnischen Küste und den Inseln des Rigaischen Meerbusens als auch von den Alandsinseln ausgeübt werden mußte und daß eine Etappe auf Aland eine Expedition in Finnland gegen Rückschläge sicherte.

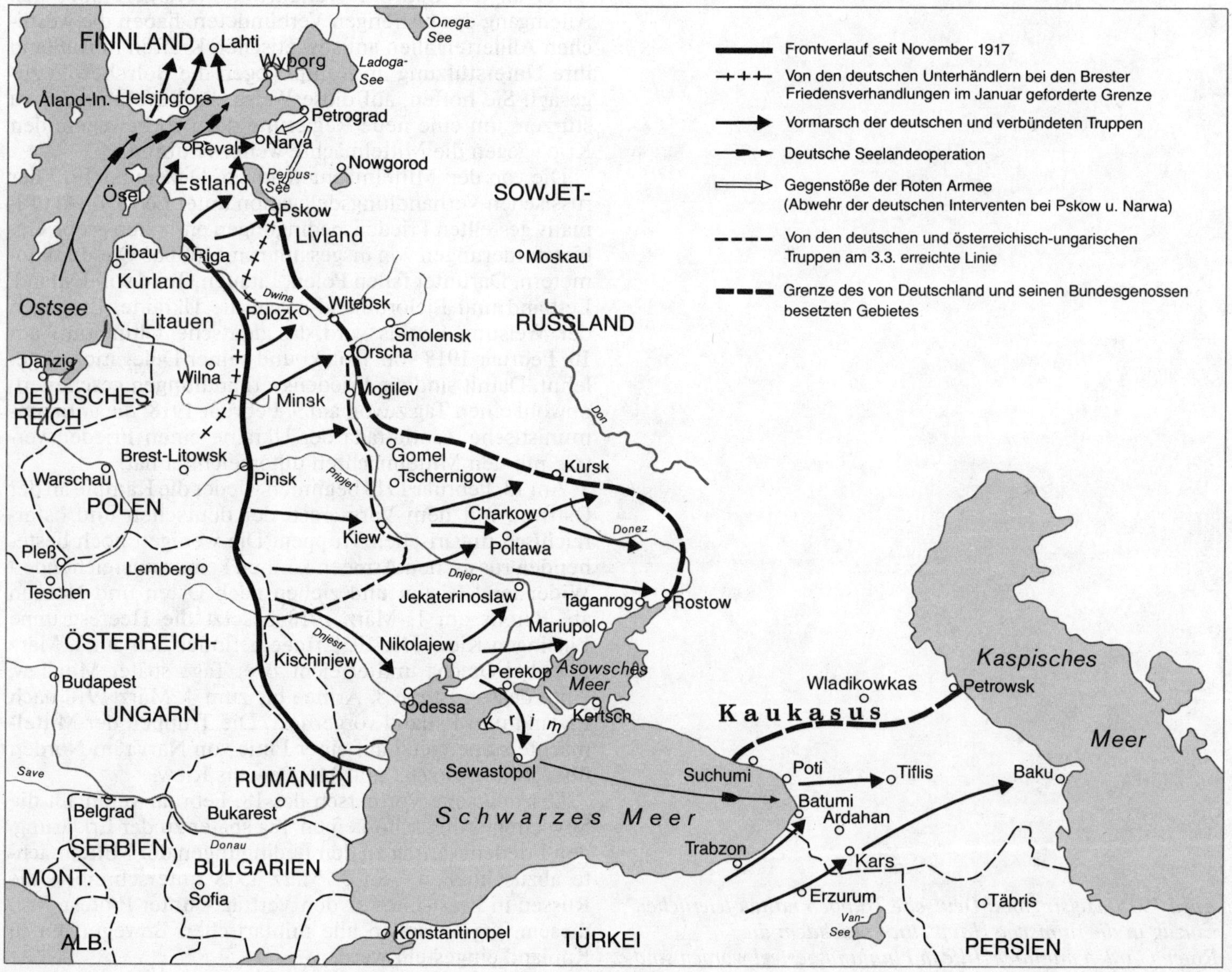

Das waren die militärischen Gründe, die Deutschland bewogen haben, am 5. März 1918 in den Schären von Aland zu ankern, trotz des dadurch aufgeworfenen heiklen politischen Problems. Denn Schweden hatte an der Neutralisierung der Alandsinseln, die auch die schwedische Südostküste unter Aufsicht hielten, ein nationales Interesse.«

Am 3. April 1918 landen deutsche Truppen unter dem Befehl des Generalmajors Graf von der Goltz mit Unterstützung der Seestreitkräfte in Hangö und rücken am 14. April 1918 in Helsingfors ein. Andere Truppenteile gehen östlich von Helsingfors bei Lovisa an Land, stoßen anschließend nach Norden vor und erreichen nahe Lahti auf die von Wiborg nach Tammersfors verlaufende Bahnstrecke. So können sie nördlich von Lahti die Verbindung zu den finnischen Streitkräften des Generals Baron von Mannerheim herstellen, die bereits am 29. März 1918 die finnische Rote Armee bei Tammersfors geschlagen und nach zehntägigen erbitterten Straßenkämpfen die Stadt selbst eingenommen haben.

Ende April 1918 haben deutsche Verbände Tawastehus von Roten Garden gesäubert und finnische Einheiten die Festung Wiborg überwältigt. Jetzt verlegen sie gemeinsam dem Feind den Rückzugsweg und schlagen ihn nach fünftägigen erbitterten Kämpfen zwischen Tawastehus und Lahti, so daß den Russen nur noch die Möglichkeit bleibt, ihre Waffen zu strecken. Auch Kotka und Fredrickshamn, die letzten Stellungen der Rotgardisten, werden erobert. Den Versuch vieler Revolutionäre, mit dem Schiff nach Rußland zu entkommen, kann die deutsche Flotte rechtzeitig verhindern.

Finnland von Roten Garden befreit

Donnerstag, 16. Mai 1918. Amtliche finnische Meldung:

»General Baron von Mannerheim hielt mit seinen Truppen feierlichen Einzug in die festlich geschmückte Hauptstadt Helsingfors. In einer Ansprache an die Mitglieder der

Die Intervention der Mittelmächte gegen Sowjetrußland im Jahr 1918

Trotz des Friedensschlusses (unten die Schlagzeile des »Berliner Tageblatts« vom 4. März 1918) geht der Kampf im Osten und Nordosten Europas weiter. Vor allem in Finnland gibt es blutige Auseinandersetzungen zwischen Weißen und Roten Garden. Rechts: Kavalleristen der Roten Garde

Friedensschluß mit Rußland.

Amtlich. Berlin, 3. März 1918. (W. T. B.)

Der Friede mit Rußland ist heute, 5 Uhr nachmittags, unterzeichnet worden.

Einstellung der militärischen Bewegungen in Großrußland.

Amtlich. Berlin, 3. März, abends. (W. T. B.)

Infolge der Unterzeichnung des Friedensvertrages mit Rußland sind die militärischen Bewegungen in Großrußland eingestellt.

Von den anderen Kriegsschauplätzen nichts Neues.

Mittelmächten gestellten Bedingungen einzutreten. An diese Waffenstillstandsverhandlungen sollen sich Friedensverhandlungen anschließen.

Von den anderen Kriegsschauplätzen nichts Neues.

Der Erste Generalquartiermeister.
Ludendorff. (W. T. B.)

Telegramm des Kaisers an den Reichskanzler.

T. W. Der Friedensvertrag mit Rußland ist unterzeichnet, diesmal ist alles in Ordnung, kein Buchstabe fehlt. Am Schlusse der dreitägigen Frist haben, wie zu erwarten war, die Vertreter der Verbündeten und die russischen Delegierten ihre Namen auf das anscheinend sehr umfangreiche Dokument gesetzt. Wir begrüßen freudig den Frieden denken in treuer Dankbarkeit an das Heer und seine Taten, die ihn herbeigezwungen haben, und man braucht ja, in dieser Stunde, nicht noch einmal alles zu erörtern, was sich aus dem Vertrage ergibt. Im gegenwärtigen Augenblick liegt eine Veranlassung, schon Gesagtes zu wiederholen oder zu ergänzen, nicht vor. Es kann sein, daß mancher in Petersburg den redlichen Wunsch gehabt hat, die deutschen Truppen möchten bis in die Hauptstadt marschieren, um dort die Ordnung herzustellen. Der Petersburger „Times"-Korrespondent wenigstens, der doch unverdächtig ist, berichtete

Noch deutet nichts auf ein blutiges Ende hin: Zar Nikolaus II. mit seiner Familie und seiner Leibgarde

Schauplatz Finnland. Links: Eine deutsche Schützenabteilung in einem gepanzerten Zug. Rechts: Finnlands Ministerpräsident Pehr Evind Svinhufvud

Regierung sagte von Mannerheim, das finnische Bürgerheer sei der Meinung, die einzige wirkliche Bürgschaft für die ruhige Entwicklung des Landes bilde es, wenn das Ruder in eine feste Hand gelegt werde, die, unterstützt von den wechselnden Parteieinflüssen, das Staatsschiff sicher steuern könne. Präsident Svinhufoud dankte dem Heer für die Errettung Finnlands und hieß die Truppen in der Hauptstadt willkommen.«

Die in Rußland tobenden Kämpfe zwischen der Weißen und Roten Armee haben die Mittelmächte bewogen, ihren Vormarsch in der Ukraine Richtung Krim fortzusetzen, um die besetzten Teile Rußlands vor den Roten Garden zu schützen. Zur selben Zeit interveniert die Entente zugunsten der »weißen« Bürgerkriegspartei in Rußland: Im März 1918 landet ein britisch-französisches Expeditionskorps in Murmansk, und kurz darauf erscheinen auch japanische, kanadische und amerikanische Interventionstruppen an der sibirischen Ostküste. Sie wollen die »Provisorische Regierung von Sibirien« unter Admiral Koltschak und die Konterrevolution der weißen Generäle unterstützen.

Vorstoß bis zur Krim

Dienstag, 30. April 1918. Bericht des militärischen Mitarbeiters der *Norddeutschen Allgemeinen Zeitung:*

»Je weiter die Mittelmächte nach Osten vordrangen, um so mehr verstärkte sich der Widerstand der Bolschewisten, deren Führung (darunter Krylenko) die Fabriken von Charkow schloß, um die Arbeiter durch Nahrungsmangel zum Eintritt in die Rote Garde zu bewegen. Auch russische Matrosen und die Reste der lettischen Bataillone kämpften gegen die Mittelmächte.

Der ukrainische Feldzug war in der Hauptsache ein Eisenbahnkrieg. An die Stelle der Kavalleriepatrouillen waren Lokomotivpatrouillen getreten. Da die Flügelverbände Entfernungen bis zu 400 Kilometer trennten, so stellte die Kriegführung fast an jeden einzelnen Mann die größte Anforderung an selbständige Entschlußkraft und entschlossene Tapferkeit. Manche Städte und Ortschaften, die mit einer Handvoll Soldaten genommen worden waren, beherbergten Tausende noch bewaffneter russischer Offiziere und Soldaten.

Von Balta abbiegende deutsche Kräfte strebten inzwischen zunächst über Poltawa und Charkow vor, um auch diese im Besitz der Maximalisten befindliche Hauptbahnstrecke zu erobern. Sie hatten am 19. März schwere Kämpfe nördlich Olwiopol bei Nowo-Ukrainka zu bestehen ... Gelegentlich eines solchen Kampfes konnten an der Bahnlinie zwischen Poltawa und Konstantinograd am 5. April 28 mit französischen Gewehren und Munition beladene Eisenbahnwagen und über eine Million Artilleriegeschosse den Aufständischen abgejagt werden ...

Schon am 8. April war dann der Hauptknotenpunkt Charkow und damit die Ostgrenze der Ukraine in der Hand der Mittelmächte. Auch von Jekaterinoslaw aus setzten deutsche Truppen ihren Vormarsch nach Osten fort, die Reste der aufrührerischen Banden vor sich hertreibend. Danach haben sich besonders heftige Kämpfe nur noch in Taurien entwickelt, wo die Banden ständig neuen Zuzug aus der Krim erhielten. Dort konnte am 18. April Tschaplinka von Truppen des Generals Kosch genommen werden, während an der Nordsüdbahn Charkow–Simferopol nach Süden vorstoßende deutsche Kräfte Melitopol besetzten.

Unter großen Anstrengungen gelang es dann, die Überreste der Bolschewisten nach der Grenze der Krim abzudrängen. Dort herrschte ein wahres Schreckensregiment der lokalen Sowjets über die Bauernbevölkerung und die zahlreichen deutschen Kolonisten. Der Umstand, daß die

sehr radikal gesinnte Schwarzmeer-Flotte noch immer vor Sewastopol ankerte, gab den Aufrührerischen den Impuls zu stärkstem Widerstand ...

Trotz alledem sah sich die deutsche Heeresleitung gezwungen, zum Einmarsch in die Krim zu schreiten, was nach Überwindung stärksten feindlichen Widerstandes bei Pierekop und Kart-Kasak am 20. April 1918 erfolgte. Auch hier dem Schienenweg folgend, konnten Truppen des Generals Kosch Simferopol am 23. April erreichen und besetzen.

Dieser Einmarsch war unerläßlich, wenn überhaupt dauernd Ordnung in den Hafenstädten der Süd-Ukraine gehalten werden sollte, da fortgesetzt bolschewistische Elemente, hauptsächlich Matrosen und entlaufene Frontsoldaten, von der Krim her in die Ukraine eindrangen und sich zum Zweck der Plünderung zu Banden zusammentaten, außerdem jeden in ihre Gewalt fallenden deutschen Soldaten ermordeten. Auch innerhalb der Krim hatten sich die unhaltbarsten Zustände entwickelt, denen hauptsächlich die dort sehr zahlreichen deutschen Bauern zum Opfer fielen.

Wäre es der Entente unbenommen geblieben, in der Krim Waffen und Munition nach Gutdünken einzuführen, um von dort aus die aufständische Bewegung in der Ukraine fortgesetzt zu nähren, so hätten alle Anstrengungen der deutschen Armee dort scheitern müssen. Dafür aber, daß die Entente von jedem Mittel Gebrauch machte, die Schwierigkeiten in der Ukraine von der Krim aus zu erhöhen, erbrachte die an der Südküste der Krim erfolgte Aufbringung des Minenschiffes ›Olga‹, das eine französische Waffenladung enthielt, den Beweis.

So war die ganze Ukraine, einschließlich der Krim, von deutschen und österreichisch-ungarischen Kräften durchzogen, die jedoch naturgemäß nicht stark genug waren zur völligen Befriedung des Landes ... Trotz alledem konnte die bis dahin völlig machtlose ukrainische Regierung mit Hilfe der verbündeten Truppen ihre Regierungsgewalt nun über den größten Teil des ihr zugesprochenen Gebietes ausdehnen, so daß gehofft werden konnte, sie werde die Friedensbedingungen auf Grund der Machtlage, die hier die deutschen Waffen geschaffen hatten, erfüllen. Der inneren Schwierigkeiten war sie freilich noch nicht Herr geworden.

Die größte und für die Mittelmächte wichtigste Frage war die der vereinbarten Getreidelieferung, die unlösbar zusammenhing mit dem von der Ukraine zum Gesetz aufgestellten Grundsatz der Landverteilung einer in Aussicht gestellten Aufhebung alles Eigenbesitzes und gleichmäßigen Verteilung der gesamten Ländereien unter alle Staatsangehörigen ... Hier Ordnung zu schaffen, war das Hauptbemühen der Rada-Regierung, wie des deutschen Armeeführers Generalfeldmarschall von Eichhorn ...

Jedenfalls stand die ukrainische Rada nach wie vor hinter den Worten ihres leitenden Ministers Holubowitsch, der bei ihrer Eröffnung erklärt hatte: ›Der Einmarsch der Deutschen ist eine Freundschaftshilfe für die ukrainische Republik und ohne Einfluß auf unsere innere Politik. Die Aufgabe der Deutschen ist, die Ukraine von den Bolschewisten zu säubern, und da diese trotz des Friedensvertrages die Ukraine nicht räumen, werden wir die Hilfe der Deutschen noch länger in Anspruch nehmen müssen.‹«

Die unter Admiral Koltschak von Sibirien zum Ural vorstoßenden »weißen« Truppen können es nicht mehr verhindern, daß der in Jekaterinburg unter Bewachung gehaltene Zar Nikolaus mit seiner Familie am 16. Juli 1918 von Rotgardisten erschossen wird. Erst einige Wochen danach wird Jekaterinburg von den Weißen erobert.

Als am 11. November 1918 der Waffenstillstandsvertrag in Compiègne unterzeichnet ist, müssen die Mittelmächte mit sofortiger Wirkung alle Truppen aus den von ihnen besetzten Gebieten zurückziehen, was von Rußland aus mehrere Wochen in Anspruch nimmt.

DER KAMPF AUF DEM BAL-KAN

BULGARIEN GIBT ZUERST AUF

Nachdem Bulgarien aufgegeben hat und die Türkei isoliert ist, ist die Lage der Mittelmächte aussichtslos

Im ersten Halbjahr 1918 meldet die mazedonische Front lediglich zahlreiche Erkundungsgefechte. Das Gros der »Orientarmee«, die seit Dezember 1917 dem Oberbefehl von General Guillaumat untersteht, liegt in den befestigten Stellungen im Raum Saloniki. Ihre Hauptaufgabe: Sicherung Griechenlands vor einem Zugriff der Mittelmächte, Schutz der britischen Operationen in Syrien. Erst vom 21. April 1918 an kommt es zu Angriffen französischer und griechischer Verbände gegen die bulgarischen Linien südlich von Huma.

Die in Albanien stehenden Italiener unter General Ferrero sowie die am oberen Skumbi operierenden französischen Truppen müssen sich nur selten gegen die schwachen österreichisch-ungarischen Einheiten verteidigen. Nachdem aber die von den Franzosen und Italienern gemeinsam erbaute 450 Kilometer lange Verbindungsstraße zwischen Albanien und der mazedonischen Front fertiggestellt ist und nur noch 30 Stunden benötigt werden, um von Saloniki über Florina nach Santi-Quaranta an der Straße von Otranto zu gelangen, wird bald ein neuer Offensivplan entworfen.

Der seit dem 18. Juni 1918 zum neuen Oberbefehlshaber der »Orientarmee« ernannte General Franchet d'Espérey beabsichtigt, durch wiederholte Angriffe, vor allem gegen die österreichisch-ungarischen Stellungen zwischen Valona und dem Quellgebiet des Skumbi, die italienische Front in Venetien zu entlasten. Während die Franzosen vom oberen Skumbi aus vordringen, beginnen die Italiener am 7. Juli 1918 ihren Vorstoß von Valona in Richtung Berat und Fieri.

Nachdem der Brückenkopf Fieri in italienische Hand gefallen und damit die rechte Flanke der k.u.k. Truppen bedroht ist, ziehen sich die Österreicher auf den Unterlauf des Skumbi und Elbasan zurück. Danach verliert die italienische Offensive aber an Stoßkraft – sie verzettelt sich in Kleinkämpfen. Inzwischen können die Österreicher ihren rechten Flügel wieder verstärken und unter dem rasch nach Albanien abkommandierten Generaloberst Freiherr von Pflanzer-Baltin zum Gegenangriff übergehen. Bis Ende August 1918 haben die Österreicher alle Positionen wieder zurückerobert.

Auf einem Vorposten an der mazedonischen Front: Ein britischer Soldat der »Orientarmee« in seinem Unterstand

Seit 18. Juni 1918 neuer Oberbefehlshaber der »Orientarmee«: General Franchet d'Espérey

Daraufhin verlagert General d'Espérey das Schwergewicht der Angriffe wieder gegen den mittleren Frontabschnitt, führt aber gleichzeitig Nebenangriffe bei Doiran und in der Strumaebene durch. Zu dieser Zeit hat die OHL schon die meisten der in Mazedonien kämpfenden deutschen Truppen an die Westfront verlegt, so daß die »Orientarmee« hauptsächlich auf bulgarische Verteidiger trifft, deren Reserven noch dazu völlig unzuverlässig sind.

Mazedonienfront durchbrochen

Freitag, 27. September 1918, Köln. Die *Kölnische Zeitung* berichtet:

»Am 15. September 1918 brach die sorgfältig vorbereitete Offensive der Entente los. Von der Ebene von Monastir bis zur Struma hin setzten sich bedeutende Massen zum Angriff gegen die Bulgaren in Bewegung. Die Hauptkraft war auf die Gegend des Dobropolje angesetzt, während die Engländer und Griechen weiter östlich durch ihren Stoß vor allem die dortigen bulgarischen Kräfte festhalten sollten, wobei sie zunächst eine blutige Abfuhr erlitten. Unterdessen hatten die serbischen Divisionen am Dobropolje einen vollen Erfolg errungen, die ihnen gegenüberstehenden bulgarischen Truppen geworfen und waren nach Norden vorgedrungen, wobei nach rechts und links die Durchbruchsstelle erweitert wurde.

Auf dem östlich der Cerna fechtenden Flügel konnten sie aus dem Gebirgsland den Eintritt in die von flachen, unbewaldeten Rücken gebildete Landschaft Tikves gewinnen, die den geschlagenen Bulgaren keine Aufnahmestellung bot, so daß sie unter dem gesteigerten Druck des Feindes über den Unterlauf der Cerna vor ihrer Mündung in den Wardar schnell zurückgehen mußten. Sie waren auch nicht imstande, auf den nördlichen Uferhöhen der Cerna, wo seinerzeit dem französischen Angriff Halt geboten worden war, sich zu setzen. Damit ging die Verbindung

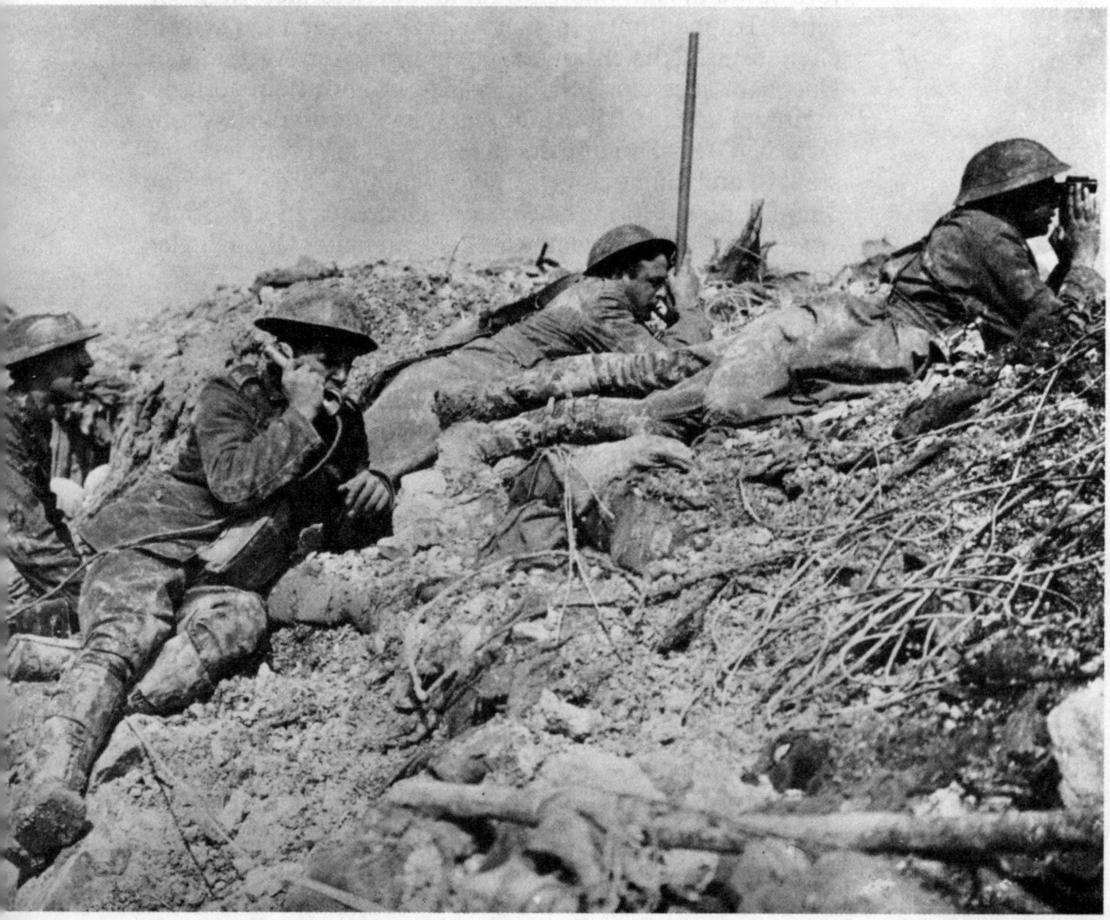

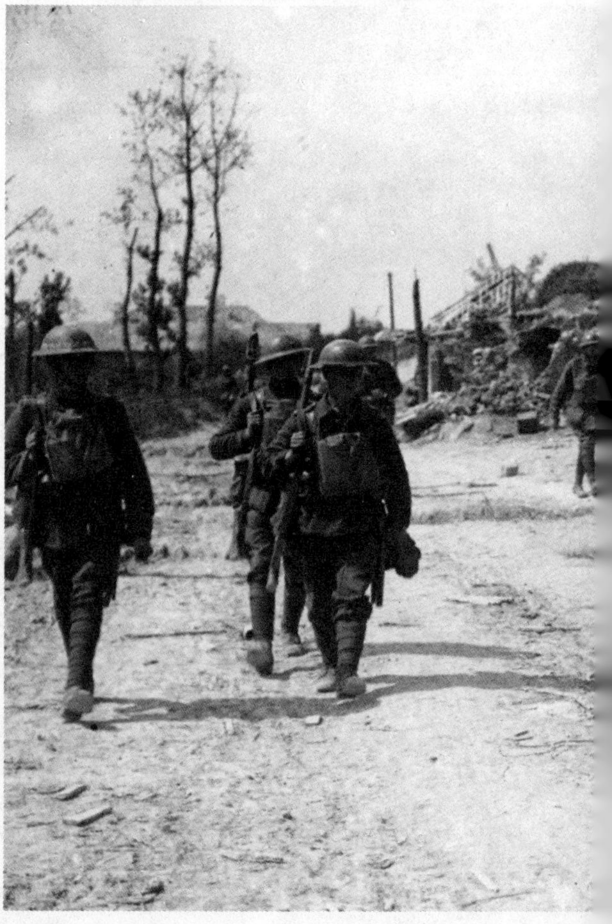

von der Station Gradsko der Bahn Ueskub–Saloniki nach Prilep, die bis zum Fuß des zwischenliegenden Gebirgsstocks als Schmalspurbahn und von dort bis Prilep als Schwebebahn ausgebaut war, verloren.«

Nach dem gelungenen Durchbruch der »Orientarmee« und der völligen Auflösung der bulgarischen Truppen wird zwischen General d'Espérey und den Bulgaren ein Waffenstillstand geschlossen, der am 30. September 1918 in Kraft tritt. Für die Mittelmächte besteht daher keine Möglichkeit mehr, selbst eine verkürzte Verteidigungslinie der k.u.k. Südfront zwischen Durazzo, Debra, Gostivar, dem Raum Pristina und Morava sowie dem Nisavatal aufzubauen.

So müssen sich die Truppen von Pflanzer-Baltin aus Albanien nach Montenegro und die des Generals von Scholz in Serbien bis zur Donau an der österreichischen Grenze zurückziehen. Das zügige Vorgehen der Alliierten durch Bulgarien läßt auch Generalfeldmarschall von Mackensen keine andere Wahl, als mit seinen in der Walachei stehenden Divisionen den Rückzug anzutreten.

Durch die nach Osten verlorengegangene Verbindung ist die Türkei von ihren Verbündeten völlig isoliert und schließt in der Nacht vom 30./31. Oktober 1918 einen separaten Waffenstillstand mit der Entente. Auch Österreich-Ungarn unterzeichnet am 2. November 1918 in Padua einen gesonderten Waffenstillstand mit Italien. So sind Deutschlands Truppen die letzten, die am 11. November 1918 die Waffen strecken.

Noch werben k.u.k. Militärpostmarken mit den Bildnissen des Kaiserpaares für den Karlfond, doch die Zukunft der Donaumonarchie sieht düster aus

Die »Orientarmee« auf dem Vormarsch. Links: Britische Erkundungspatrouille. Mitte: Soldaten der »Orientarmee« in der Gegend von Monastir. Rechts: Verwundete der Mittelmächte werden abtransportiert

DIE ITALIENISCHE FRONT

IM OKTOBER FÄLLT DIE ENTSCHEIDUNG

Erst sehr spät entschließt sich die italienische Militärführung, gegen die geschwächten k.u.k. Verbände massiv vorzugehen

Seit der deutsch-österreichischen Herbstoffensive 1917 hat sich die italienische Front völlig verändert: Es stehen nicht mehr italienische Verbände auf österreichischem Boden, sondern k.u.k. Truppen in Norditalien zwischen dem Gardasee und der Piavemündung. Da es General Diaz gelungen ist, die Front an der Piave zu stabilisieren und die Verteidigungslinie stärker auszubauen, ist im Februar 1918 wieder ein Teil der französischen Divisionen nach Frankreich zurückbeordert worden. Um nicht durch eine feindliche Offensive überrascht zu werden, setzt General Diaz zwischen dem Stilfser Joch und den Lagunen der Piave ständig Erkundungspatrouillen ein und verlegt vorsorglich die beiden ihm noch verbliebenen alliierten Divisionen Ende April 1918 in die Nähe der am meisten gefährdeten Gebirgsflanke.

Erst am 15. Juni 1918 beginnt nach längerer Artillerievorbereitung die von den Italienern erwartete österreichisch-ungarische Offensive, und zwar gleichzeitig gegen die Gebirgsfront und im Piavetal. Doch Feldmarschall Conrad von Hötzendorf, der die Tiroler Heeresgruppe befehligt, kann mit seinen Truppen weder auf den Monte Grappa gelangen noch die Stellungen am Monte Raniero niederkämpfen. Er schafft es auch nicht, die Frenzela-Schlucht und die Klamm von Valstagna zu erschließen. Überall stößt er auf erbitterten Widerstand der in den Bergen gut verschanzten Alpini. Dadurch hat er keine Chance, Bassano zu erreichen, um die Piavefront wie vorgesehen von Norden her aufzurollen.

Dagegen scheint der Angriff des Feldmarschalls Boroevic, Heeresgruppenkommandant in Venetien, mehr Erfolg zu versprechen: Unter dem Schutz eines gewaltigen Rauchvorhangs gelingt es seinen Sturmtruppen, die Piave zu überqueren und die Italiener vom Ostrand des Montello, von San Dona und Capo Sile bis zur Linie Montebelluna–Treviso–Porte Grandi zurückzuwerfen. Er kann allerdings nicht den ganzen Montello besetzen und nur unter verlustreichen Kämpfen den Durchbruch nach Treviso erreichen.

General Diaz, der sich auf eine bewegliche Verteidigung eingestellt hat, unternimmt jetzt mit mehreren kampfstarken Verbänden Gegenangriffe, um dadurch zu verhindern,

Norditalien. Ein Beobachtungsballon der Österreicher soll über die italienischen Verteidigungsstellungen Auskunft geben

Feldmarschall Boroevic, österreichischer Heeresgruppenkommandant in Venetien

am Monte Grappa und an der Brenta überrannt zu werden. Trotzdem kann Boroevic seine errungenen Positionen auf dem Montello sowie im Mündungsgebiet der Piave bis zum 21. Juni 1918 behaupten und weiterhin Treviso bedrohen.

Jetzt spielt der Himmel Schicksal: Plötzlich einsetzende, ununterbrochen andauernde Regengüsse verursachen einen derartigen Anstieg der Flüsse, daß die brodelnden Wassermassen Kriegsbrücken einreißen und das Land zwischen Piave und Sile völlig überschwemmen. Um den Naturgewalten auszuweichen, zieht Feldmarschall Boroevic seine Truppen unter schweren Nachhutgefechten und dem Verlust des meisten Kriegsgeräts wieder auf das andere Ufer der Piave zurück.

Gründe für das Mißlingen der Offensive

Sonntag, 30. Juni 1918, St. Gallen. Ein Hauptmann schreibt im *St. Galler Tagblatt:*

»Die Kriegserfahrung lehrt, daß Durchbruchsunternehmen durch so stark befestigte Fronten nur dann zu vollem Erfolge führen, wenn es gelingt, überraschend an der Einbruchsstelle eine derartige Übermacht zu vereinigen, daß sie den Gegner im ersten Anlauf überwältigt. Zu einer solchen Überraschung gehört, daß die eigenen Truppen selbst über Datum und Ort des Angriffs bis zuletzt im unklaren gehalten werden. Deutscherseits hatte man das bekanntlich so weit getrieben, daß überhaupt keine schriftlichen Befehle ausgegeben wurden; die mündliche Befehlsausgabe, verbunden mit der Einhändigung von Kartenskizzen, in welchen den einzelnen Gruppen ihre Ziele und die zu benützenden Wege bezeichnet wurden, ist dafür angewandt worden ...

Statt daß nun aber der an sich durchaus richtig gedachte österreichische Begleitstoß vom Gebirge her seine durchschlagende Kraft östlich des Grappa-Massives entfaltete, wo man ohnedies der Tiefebene schon am nächsten stand, und sich das Zusammenwirken der gegen den Montello und den Monte Sulder angesetzten Kräfte mit den gegen Monte Tomba und Monsenera vorgehenden Stoßtruppen zu einem engen, konzentrisch gepackten Ziele hätte vereinigen lassen, versteifte man sich erneut darauf, beiderseits der Brenta durchzustoßen, wo man nun nachgerade oft genug sich blutige Köpfe geholt hatte.

Verlegte man aber, wie es geschehen ist, das Schwergewicht des Angriffs auf die Piave-Front und erstrebte vor allem das Übersetzen starker Kräfte auf das rechte Piave-

Hart umkämpft: Das Piavetal

Rechte Seite. Juni 1918: Verbände der k.u.k. Kavallerie ziehen in eine norditalienische Stadt ein (links). Oktober 1918: Die Offensive der Alliierten beginnt (rechts)

Ufer, dann durfte dieses Unternehmen nur angesetzt werden in einem Zeitpunkt, der einigermaßen konstantes ordentliches Wetter verhieß. Daß der Piave-Fluß ein ›Torrente‹ ist, d.h. ein Gebirgsstrom, der zur Zeit der Trockenheit stellenweise sogar durchfurtet werden kann, zur Zeit großer Regenfälle aber stark anschwillt und dann einen förmlichen Wildbach von 1 bis 2 km Breite darstellt, war bekannt.

Erzielten die deutschen Angriffe im Westen so große Erfolge, so verdankten sie dies nicht zuletzt dem Umstande, daß sie da, wo ihr Gelingen trockenes Wetter voraussetzte, erst dann angesetzt wurden, wenn der großartig ausgebaute meteorologische Dienst der Armee eine entsprechende Trockenheitsperiode voraussagen konnte. Der österreichische Angriff ist in eine Periode der stärksten atmosphärischen Störungen gefallen, die bereits am 14. Juni vorausgesagt wurden. Trotzdem hat der Angriff am 15. Juni begonnen, und er ist dermaßen in eine neue Regenflut hineingefallen, daß gesagt werden darf: Nicht die italienische Armee, sondern das Wetter hat die Österreicher zum Rückzug gezwungen.«

Nach diesem gescheiterten Versuch, die italienischen Verteidigungsstellungen in breiter Front zu durchbrechen und in einer anschließenden Umfassungsoperation den Feind zu vernichten, beschränken sich die Aktivitäten beider Seiten auf wiederholten Artilleriebeschuß und bewaffnete Erkundungsvorstöße. Angesichts der Ereignisse auf den anderen Kriegsschauplätzen (wie an der Westfront und in Mazedonien), die keine Entlastungsoperation der Italiener erfordern, zögert General Diaz zunächst eine Gegenoffensive hinaus. Er will zwar nicht darauf verzichten, Italien bei künftigen Friedensverhandlungen die Möglichkeit einzuräumen, größere Gebietsansprüche zu stellen, er will aber den Zeitpunkt des Angriffs so spät wie möglich wählen, um so nur noch gegen geschwächte k.u.k. Verbände vorgehen zu müssen.

Mit Einverständnis der Alliierten beginnt General Diaz seine Angriffsoperation erst am 23./24. Oktober 1918 mit örtlichen Vorstößen auf der Hochebene von Assiago, zwischen Brenta und Piave, dazu südlich des Montello. Am 25. Oktober 1918 erfolgt dann der Angriff in sechs verschiedenen Richtungen: Die 6. Armee stößt auf der Assiago-Hochebene zwischen Astico und Brenta vor, die 4. Armee im Grappa-Gebiet zwischen Brenta und Piave, die 12. Armee – noch verstärkt durch eine französische Division – an der oberen Piave Richtung Quero, dann die 8. Armee zwischen Valdobbiadene und dem Montello Richtung Vittorio, die 10. Armee – zusammen mit einem britischen Korps – zwischen Conegliano und Oderzo Richtung Pordenone, schließlich die 3. Armee zwischen St. Dona und di Piave.

Dem ersten Ansturm halten die österreichisch-ungarischen Gebirgstruppen stand. Doch dann kommt der unerwartete Befehl des AOK, sich an die Landesgrenzen zurückzuziehen.

So können die Italiener ohne Rücksicht auf die bisher bestandene Flankenbedrohung den zurückflutenden k.u.k. Verbänden folgen und Venetien und endlich das heißumkämpfte Trentino besetzen.

Bereits seit dem 8. November 1918 besteht die österreichisch-ungarische Armee nicht mehr. Durch den Rücktritt der alten Regierung und die Auflösung der Monarchie, verbunden mit der Neubildung einzelner Nationalstaaten, ist die Demobilmachung der Armee kaum noch ordnungsgemäß durchzuführen. Das Land droht in einem Chaos zu versinken.

DER SEEKRIEG 1918

ALLE HOFFNUNGEN VERGEBENS

Die Erfolge des uneingeschränkten U-Boot-Krieges täuschen: Die deutsche Flotte ist am Ende

Der seit Februar 1917 von den Mittelmächten geführte uneingeschränkte U-Boot-Krieg wird im Jahr 1918 mit unverminderter Härte fortgesetzt. Admiralstab und Oberste Heeresleitung sehen darin das wirkungsvollste Mittel, die Wirtschaft Großbritanniens so empfindlich zu stören, daß dies den Verlauf des Krieges doch noch zugunsten der Mittelmächte beeinflussen wird. Zur weiteren Verschärfung dient die am 8. Januar 1918 verkündete Ausdehnung des Sperrgebiets auf die Gewässer der Azoren einschließlich Madeira und der Kapverdischen Inseln.

Auch die Verbündeten Deutschlands versuchen immer wieder, der feindlichen Handelsschiffahrt und den Seestreitkräften erhebliche Verluste zuzufügen. Daher wagen die beiden unter türkischer Flagge fahrenden deutschen Kriegsschiffe »Goeben« (Yawuz Sultan Selim) und »Breslau« (Midillih) am 20. Januar 1918 einen erneuten Vorstoß in die Ägäis. Als sie sich nordöstlich der Insel Imbros befinden, werden sie von dem britischen Kreuzer »Lizard« gesichtet und aus einer Entfernung von etwa 5 Seemeilen unter Feuer genommen. Während die »Goeben« zur selben Zeit zwei feindliche Monitore entdeckt und sofort angreift, steht der Kleine Kreuzer »Breslau« im Feuerwechsel mit der »Lizard«.

Inzwischen nähert sich ein zweiter britischer Zerstörer, die »Tigres«. Um die beiden Monitore zu schützen, legen die beiden Zerstörer zunächst einen Rauchvorhang, ehe sie zusammen die Verfolgung der »Breslau« aufnehmen. Doch die »Goeben« hat bereits den einen Monitor versenkt und den anderen durch Treffer in die Munitionskammern in die Luft gesprengt. Gegen 7 Uhr morgens erschüttert eine heftige Detonation, verursacht durch einen Einschlag vor dem hinteren Kamin, den Kleinen Kreuzer »Breslau«. Nach mehreren Explosionen im Schiffsinnern geht die »Breslau« um 7.05 Uhr unter. 172 Mann, etwa die Hälfte der Besatzung, wird von den Engländern nach der Rettung gefangengenommen.

Unter dem Schutz herbeieilender türkischer Marineeinheiten kann sich die »Goeben« in Richtung Dardanellen zurückziehen. Doch kurz vor Einfahrt in die Meerenge wird der deutsche Schlachtkreuzer durch eine Mine stark beschädigt und auch noch von mehreren feindlichen Flie-

Im letzten Kriegsjahr ein gewohntes Bild: Ein britisches Schlachtschiff und ein englischer Viermastsegler ankern unbehelligt in einem kleinen Mittelmeerhafen

Die »Yawuz Sultan Selim«, auch unter dem Namen »Goeben« bekannt, übersteht am 20. Januar 1918 zwar das Seegefecht in der Ägäis, wird aber auf ihrer Rückfahrt durch eine Mine und durch mehrere Fliegerbomben schwer beschädigt

Sie hat weniger Glück: Schwer getroffen, geht die »Midillih« unter. Etwa die Hälfte der Besatzung der unter türkischer Flagge fahrenden ehemaligen »Breslau« findet dabei den Tod

gerbomben getroffen. Trotzdem kann die »Goeben«, wenn auch mit verminderter Geschwindigkeit, ihre Rückfahrt fortsetzen.

Die Versenkung der »Breslau« erregt allgemeine Aufmerksamkeit und weckt bei der britischen Admiralität unangenehme Erinnerungen an den 6. August 1914, als es den beiden deutschen Schlachtschiffen gelang, unter Täuschung der britischen Mittelmeerflotte den Hafen von Messina unbemerkt zu verlassen und in Richtung Konstantinopel abzudampfen. In dem Leitartikel der *Times* vom 22. Januar 1918 heißt es sogar: »... Der Fehler an der Straße von Messina führte geradewegs zu dem glänzenden Fehlschlag von Gallipoli und zur Belagerung von Kut. Selten hat im Kriege ein ähnlicher Irrtum weitertragende Folgen gehabt.«

Mit dem Untergang der »Breslau« geht ein abenteuerliches Kapitel zweier Schiffe zu Ende, die durch ihre Aktivitäten den ganzen Krieg über immer wieder für Aufsehen gesorgt haben, sei es die Fahrt durch das Mittelmeer bis Konstantinopel, sei es der Einsatz unter türkischer Flagge. Es ist daher nicht verwunderlich, daß sie ihren Liegeplatz wiederholt wechseln mußten, denn die Alliierten haben alles versucht, um die »Goeben« und die »Breslau« zu vernichten.

Von dem uneingeschränkten U-Boot-Krieg sind nicht nur Handelsschiffe mit kriegswichtigen Gütern, sondern auch Dampfer mit amerikanischen Truppen auf dem Weg nach Europa betroffen. Unweit der irischen Küste wird in der Nacht vom 4./5. Februar 1918 der Großtransporter »Tuscania« (14348 BRT) mit 2397 US-Soldaten an Bord von deutschen U-Booten torpediert und versenkt. 2235 Mann können gerettet werden. Die Tatsache, daß dieses Risiko nicht radikal ausgeschaltet werden kann, ruft in Washington Zorn und Verärgerung hervor.

Versenkung der »Tuscania«

Donnerstag, 7. Februar 1918, Washington. Erklärung von Kriegsminister Baker:

»Die Versenkung der ›Tuscania‹ zeigt uns in aller Deutlichkeit den unbarmherzigen U-Boot-Krieg und dessen Folgen. Wir sehen darin eine neue Herausforderung an die zivilisierte Welt seitens unserer Gegner, die in aller Heimlichkeit und Entschlossenheit diese Art der Kriegführung vervollkommnen und immer todbringender gestalten. Wir müssen diesen Krieg gewinnen, und wir werden ihn gewinnen. Das Mitgefühl gilt jenen Familien unseres Landes, die davon betroffen sind. Diese Tat bestärkt uns in der gemeinsamen Absicht, alles dagegen zu unternehmen und künftig noch entschlossener zu handeln.«

Auf die Ausführungen von Mr. Baker reagiert der *Nieuwe Rotterdamsche Courant* mit folgenden Worten: »Die amerikanischen Soldaten gehen nicht an die Front, um mit den Deutschen ein Pfeifchen zu rauchen, sondern um mit ihnen zu kämpfen. Sollte man in Amerika wirklich so kindlich sein, es verräterisch vom Feind zu finden, wenn er sein möglichstes tut, um gegen den Feind hart und schnell zurückzuschlagen?«

Neben ihren U-Booten setzt die Kaiserliche Marine auch Überwasserschiffe gegen die Einheiten der Royal Navy ein. In der Nacht vom 14./15. Februar 1918 unternehmen deutsche Torpedoboote unter Führung von Korvettenkapitän Meinecke einen überraschenden Vorstoß in den von englischen Kriegsschiffen stark bewachten Ärmelkanal zwischen Calais und Dover sowie bei Kap Grisnez und Folkestone. Nachdem sie ein großes Bewachungsfahrzeug, zahlreiche bewaffnete Fischdampfer und Motorfahrzeuge versenkt haben, gelingt es ihnen, ohne eigene Verluste wieder zurückzukehren.

Vorstoß deutscher Torpedoboote

Montag, 18. Februar 1918. Amtliche deutsche Meldung:

»Die deutschen Erfolge waren noch erheblich größer, als in der ersten amtlichen Veröffentlichung mitgeteilt werden konnte. Unsere Torpedoboote drangen in die Kanalenge zwischen Dover, Folkestone, Calais und Kap Grisnez ein und trafen dort eine aus Torpedobooten und U-Bootjägern, bewaffneten großen und kleinen Dampfern und Motorschnellbooten bestehende, starke Kanalbewachung an. Das gesamte Gebiet war durch Scheinwerfer und auf dem Wasser schwimmende Magnesiumleuchtkugeln taghell erleuchtet. Unverzüglich griffen unsere Boote zuerst die Fahrzeuge an, die mit Scheinwerfern die Straße erleuchteten. Ein großes Fahrzeug, anscheinend ein alter Kreuzer oder ein Spezialschiff, dem die Leitung der Kanalbewachung oblag, wurde durch Artilleriefeuer auf nächste Entfernung zuerst in Brand geschossen und dann durch einen Torpedo zum sofortigen Sinken gebracht. Vier zum Angriff gegen unsere Boote vorgehende Motorschnellboote wurden durch Artillerietreffer völlig zersplittert und vernichtet.

Der Schneid, mit dem diese mit Torpedos ausgerüsteten Boote unsere Streitkräfte angriffen, verdient hervorgehoben zu werden. Ein anscheinend älteres Torpedoboot wurde gleichfalls mit wenigen Salven in Brand geschossen und kenterte dann. Ein U-Bootjäger mit der Bezeichnung ›1113‹ am Bug wurde auf 30 m durch einen Volltreffer im Kessel stillgelegt und durch weitere Treffer zum Sinken gebracht.

Oben: Konstantinopel – Nahtstelle zwischen Orient und Okzident

Die »Tuscania« soll sie nach Europa bringen: US-Truppen kurz vor der Einschiffung. 162 der 2397 Soldaten werden mit dem Großtransporter untergehen . . .

Der Kampf ums Überleben: Heroische Darstellung des Untergangs der »Tuscania«

Die auf ihm befindlichen Magnesiumleuchtmittel explodierten mit starker Detonation und sprengten unter hellem Lichtschein Schiffsteile mit der Besatzung auseinander. Ferner wurde auch das Sinken von mindestens weiteren 12 bewaffneten Fahrzeugen sowie Treffer und starke Sprengwirkungen auf noch mindestens 11 bewaffneten Fahrzeugen einwandfrei beobachtet, so daß mit Sicherheit anzunehmen ist, daß der größte Teil von ihnen ebenfalls gesunken ist.

Nur einzelne Fahrzeuge können sich schwer beschädigt nach dem nur wenige 1000 m entfernten Dover in Sicherheit gebracht haben. Die Menschenverluste beim Feinde sind dementsprechend hoch anzusetzen und übersteigen schätzungsweise 300. Sämtliche angegriffenen feindlichen Fahrzeuge waren mit Geschützen und Wasserbomben bewaffnet. Die ganze Vernichtungsarbeit vollzog sich unmittelbar vor der englischen und französischen Küste, ohne daß weitere feindliche Seestreitkräfte zur Entlastung der angegriffenen hinzugestoßen wären. Unsere Torpedoboote traten daher nach erfolgreich durchgeführter Aufgabe den Rückmarsch an, auf dem sie mit feindlichen Streitkräften nicht mehr zusammentrafen.«

Das von der finnischen Regierung an Deutschland gerichtete Hilfeersuchen, Truppen zur Unterstützung im Kampf gegen die Bolschewiki zu entsenden, erfordert eine gut vorbereitete Operation der Kaiserlichen Marine, die ein deutsches Landungskorps an der Südwestküste Finnlands absetzen soll. Es wird ein Sonderverband unter dem Befehl von Konteradmiral Meurer gebildet, bestehend aus den Linienschiffen »Westfalen« und »Rheinland« sowie einer Anzahl von Kleinen Kreuzern mit Flugzeugen, dazu Minensuch- und Minenräumverbände, Sperrbrecher, Eisbrecher und Vorpostenboote. Dieser Sonderverband dient den 17 Transportdampfern als Geleitschutz.

Das erste Ziel sind die zwischen Schweden und Finnland im Bottnischen Meerbusen gelegenen Alandinseln. Als die Armada dort am 5. März 1914 vor Anker geht, stellt man jedoch fest, daß die finnische Küste in dieser Höhe völlig vereist ist und nicht angelaufen werden kann. So bildet neben den unzähligen Minen in den klippenreichen Gewässern das Packeis eine der größten Gefahren. Daher muß das Ausladen der Ostsee-Division in dem weiter südlich gelegenen Hafen Hangö erfolgen.

Nachdem sich die Truppen bereits auf dem Marsch nach Helsingfors befinden, nimmt auch der Schiffsverband Kurs darauf, um in den stark befestigten Stützpunkt der russischen Flotte einzudringen. Blutige Straßenschlachten und das Feuer der schweren Schiffsgeschütze zwingen die Rotgardisten, den Kampf in Helsingfors aufzugeben und zu kapitulieren. Damit hat die Kaiserliche Marine ihre Hauptaufgabe erfüllt.

Danksagung des finnischen Präsidenten

Mittwoch, 8. Mai 1918. Amtliche finnische Meldung:

»Der Präsident des finnischen Senats, Svinhufoud, richtete an den Chef des deutschen Geschwaders, Konteradmiral Meurer, Helsingfors, folgendes Telegramm: ›Unter dem Oberbefehl Eurer Hochwohlgeboren hat die an der deutschen Hilfsexpedition nach Finnland beteiligte Flotte außerordentliche Schwierigkeiten erfolgreich überwunden und schließlich an der endgültigen Befreiung unserer Hauptstadt mit glänzender Tapferkeit teilgenommen. Als äußeres Zeichen ihrer tiefempfundenen Dankbarkeit für den Anteil der deutschen Flotte an dem Befreiungswerke unseres Landes hat die Regierung Eurer Hochwohlgeboren das finnische Freiheitskreuz erster Klasse verliehen.‹«

Zur Bekämpfung feindlicher Stützpunkte setzen die Seestreitkräfte vielfach Kleinkampfmittel ein, die oft aus einer Zwangslage heraus entwickelt werden. Darunter fällt auch eine Erfindung der italienischen Marine, die sich beson-

ders für handstreichartige Unternehmen eignet: der sogenannte »Seetank«, ein Motorboot mit Raupenketten, das Sperren überklettern kann. Unter größter Geheimhaltung hat man mehrere dieser Seetanks gebaut, ohne daß die sonst so hellhörige österreichische Spionage davon etwas erfährt.

Nach gewissenhafter Erprobung ist am 9. März 1918 der erste Einsatz vorgesehen. Unter dem Begleitschutz von Zerstörern, »MAS«-Torpedobooten und Küstentorpedobooten werden die Angriffs-»MAS« und die Seetanks bis vor den österreichischen Kriegshafen Pola geschleppt. Da man sich aber mit dem Wetter und der Schleppgeschwindigkeit verrechnet hat, reicht die Zeit nicht mehr aus, um die Operation noch bei Dunkelheit durchzuführen. So müssen die Boote unverrichteter Dinge wieder umkehren.

Doch auch der zweite und dritte Versuch scheitern. Als beim vierten Start mit den zwei Seetanks »Cavaletta« und »Pulce« der Durchbruch in den Hafen nicht ganz gelingt, müssen die beiden Seetanks – aus Furcht vor Entdeckung durch österreichische Flugzeuge – noch vor Tagesanbruch versenkt werden. Wie waghalsig ein solches Unternehmen ist und wieviel Mut dazu gehört, diesen Seetank durch sämtliche Hafensperren zu bugsieren, beweist der fünfte Angriffsversuch in der Nacht vom 13./14. Mai 1918.

Der von Fregattenkapitän Pellegrini gesteuerte Seetank »Grillo« wird von den zwei Torpedobooten »MAS 95« und »MAS 96« bis vor den Hafen von Kap Brancorso geschleppt und dort um 1.15 Uhr losgeworfen. Jetzt steuert »Grillo« mit eigener elektrischer Kraft auf die Hafeneinfahrt zu. Die tiefdunkle Nacht mit bewölktem Himmel ist das ideale Einsatzwetter. Der alle 15 Minuten kreisende Hafenscheinwerfer hat das flachliegende und sich sehr langsam fortbewegende Fahrzeug bisher nicht erfaßt.

Um 3.25 Uhr – die erste Hafensperre ist gerade erreicht – wird »Grillo« vom Posten des Wachtbootes entdeckt und mit dem Scheinwerfer angestrahlt. Obwohl der Angriff bei den starken Verteidigungsanlagen aussichtslos erscheint, verliert Pellegrini nicht die Nerven und überrollt zwei der Balkensperren, ehe das Gewehr- und MG-Feuer einsetzt. Jetzt fährt er durch Propellerantrieb mit der Schraube weiter, überwindet auch noch das erste und zweite Torpedoschutznetz, bis ihn das Wachtboot eingeholt hat.

Dann gibt er seinen Männern den Befehl, das Seeventil zu öffnen, während er die Zündschnur des Bootes in Brand steckt und noch versucht, das Boot in Schußrichtung auf das Linienschiff »Radetzky« zu drehen, um die Torpedos abzuschießen – jedoch: Im letzten Augenblick verursacht das eindringende Wasser einen Kurzschluß. Wenige Minuten später wird die »Grillo« von dem feuernden Wachtboot getroffen und explodiert. Pellegrini und seine drei Männer überleben den Handstreich. – Anhand der gehobenen Wrackteile ist es den Österreichern gelungen, Konstruktionseinzelheiten aufzuzeichnen und zwei ähnliche Seetanks herzustellen, die aber nicht mehr zum Einsatz kommen.

Zu den letzten Aktionen der im Kriegshafen von Pola liegenden österreichisch-ungarischen Flotte zählt der für den 11. Juni 1918 geplante Vorstoß leichter Seestreitkräfte

Oben: Verbände der deutschen Hochseeflotte dienen als Begleitschutz für die Finnland-Operation

Konteradmiral Hugo Meurer

Die Seeleute haben nicht nur mit dem Gegner zu rechnen: Sturm auf dem Nordatlantik

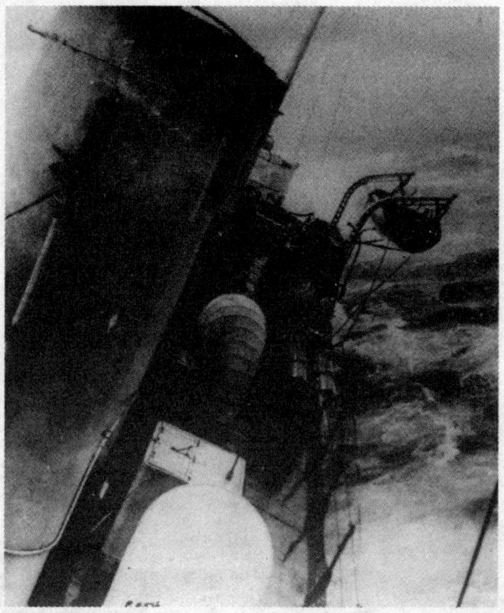

Auf der Kommando-brücke: Admiral von Holtzendorff (links) und Admiral Scheer

gegen die alliierte Sperre in der Straße von Otranto. Die jüngsten Erfahrungen des neuen Flottenkommandanten, Konteradmiral Nikolaus Horthy de Nagybanya, haben gezeigt, daß nach einem Gefecht an der Otrantosperre damit gerechnet werden muß, von alliierten Kreuzern verfolgt zu werden. Für die Rückfahrt gibt er daher Weisung, seine leichten Einheiten diesmal von sieben Schlachtkreuzern sichern zu lassen.

Doch der Zufall will es, daß bereits auf dem Anmarschweg das k.u.k. Schlachtschiff »St. Istvan« (20320 t) gegen 3 Uhr nachts südlich der Insel Premuda von einem italienischen Torpedoboot (FregKpt. Luigi Rizzo) angegriffen wird. Zwei Torpedotreffer verursachen um 6 Uhr morgens den Untergang der »St. Istvan«. Durch diesen Zwischenfall wird den anderen Schlachtkreuzern die sofortige Rückkehr befohlen, denn Horthy möchte kein weiteres Risiko eingehen.

Deutsche Hoffnungen

Die Tätigkeit deutscher U-Boote vor der amerikanischen Küste führt zu heißen Debatten im Kriegskabinett und im Senat, denn seit Beginn der U-Boot-Offensive, am 18. Mai 1918, sind innerhalb von drei Monaten 31 Schiffe in amerikanischen Gewässern versenkt worden. Die *New York Times* meldet am 22. August 1918, daß der von einem deutschen U-Boot aufgebrachte und in Dienst genommene kanadische Dampfer »Triumph« auf den Neufundlandbänken erheblichen Schaden anrichtet. Die ganze, neun Schoner zählende Fischereiflotte der »Maritime Fish Corporation« sei vernichtet, und das begleitende Tauchboot habe außerdem den Schoner »De la Garde« versenkt.

Ein Monat zuvor ereignet sich jedoch ein Zwischenfall, der noch mehr Aufsehen erregt: Vor der irischen Nordküste wird in der Nacht vom 19./20. Juli 1918 der Riesendampfer »Justitia« (32120 BRT) von deutschen U-Booten durch Torpedotreffer versenkt. Dazu bemerkt die *New York World* am 29. Juli 1918: »Wenn eines der größten Schiffe der Welt, das natürlich Funkentelegraphen führte, einen ganzen Tag und eine Nacht beinahe in Sicht der irischen Küste um sein Leben kämpft, ohne Unterstützung zu erhalten, muß man daraus schließen, daß gewisse britische Marinemaßnahmen ernstlich fehlerhaft sind.«

Die Versenkung der »Justitia«, die nicht nur zu den größten, sondern auch zu den schnellsten Schiffen der Welt gehört, wirft in der Öffentlichkeit die Frage auf, warum man dieses Unglück nicht habe verhindern können. Es ließe auf jeden Fall erkennen, daß das von der »Justitia« ausgelegte Torpedonetz keinen ausreichenden Schutz bildete. Erstaunen ruft auch die Tatsache hervor, daß in Deutschland und Dänemark die Versenkung bereits bekannt war, ehe die britische Admiralität darüber berichtet hat.

Durch Erkrankung des bisherigen Admiralstabschefs von Holtzendorff übernimmt Admiral Scheer am 11. August 1918 dessen Posten, und Admiral Ritter von Hipper wird Scheers Nachfolger als Chef der Hochseeflotte. Die bisher ausschließlich vom Kaiser ausgeübte Befehlsgewalt über Entscheidungen des Admiralstabs wird zur selben Zeit Admiral Scheer unter der Bezeichnung »Seekriegsleitung« übertragen.

Scheer: »Am 12. August begab ich mich in das Hauptquartier des Generalfeldmarschalls, um mich ihm in meiner neuen Stellung vorzustellen und mit ihm und General Ludendorff die Lage und die Absichten der weiteren Kriegführung zu besprechen. Beide Herren standen unter dem Eindruck des Ernstes der Ereignisse, die am 8. August eingetreten waren und unsere Landkriegführung in ausgesprochene Defensive gedrängt hatten. Sie erkannten beide an, daß die Hoffnung auf einen günstigen Kriegsausgang jetzt hauptsächlich auf die erfolgreiche Offensive der U-Boote gestellt sei, und auch General Ludendorff versprach, trotz der großen Personalnot, unter der die Armee

4. Oktober 1918. Während eines Besuchs in Kiel: Die etwas finstere Miene des Kaisers hat ihren Grund – auf einem der im Hafen liegenden Schiffe haben Matrosen eine rote Fahne gehißt: Erste Anzeichen der wachsenden Unzufriedenheit innerhalb der deutschen Kriegsmarine

litt, sein Möglichstes zu tun, um sie weiter ausbauen zu helfen.«

Scheer läßt den Sitz der Seekriegsleitung nach Spa verlegen und leitet sofort Schritte zur Belebung des U-Boot-Krieges ein. Das Sinken der Erfolgsziffern, bedingt durch verstärkte Abwehrmaßnahmen des Gegners und durch den Verlust vieler erfahrener U-Boot-Kommandanten, gibt Anlaß zu der Befürchtung, daß in absehbarer Zeit die Schiffsneubauten der Alliierten die Versenkungen überschreiten werden. Daher scheint es ihm dringend notwendig, die U-Boot-Produktion um das Dreifache zu steigern. Das neue Bau-Programm sieht für das letzte Vierteljahr 1918 die Auslieferung von 48 U-Booten vor. Im ersten Vierteljahr 1919 sollen 60, im zweiten Vierteljahr 75 und im dritten Vierteljahr insgesamt 90 U-Boote gebaut werden.

Das am 5. Dezember 1917 errichtete U-Boot-Amt hat zwischen Januar und September 1918 mit nur 74 neuen U-Booten gerade die eigenen Verluste decken, aber keinen Zuwachs schaffen können. Der Hauptgrund ist die Ablehnung der OHL, für eine Mehrproduktion die erforderlichen Facharbeiter freizustellen. Das U-Boot-Amt solle sich Fachkräfte aus neutralen Staaten oder aus den besetzten Gebieten wie Reval und Libau beschaffen.

Die von Admiral Scheer eingeleitete Steigerung im U-Boot-Bau kommt jedoch zu spät. Bereits am 5. Oktober 1918 richtet der neue Reichskanzler Prinz Max von Baden eine Friedensnote an Präsident Wilson und veranlaßt gleichzeitig Seekriegsleitung und OHL, für die zu erwartenden Verhandlungen eine Waffenstillstandskommission aufzustellen. Vorsitzender der Marinekommission ist Konteradmiral Meurer, Leiter der im März 1918 erfolgten Finnland-Operation.

Um die Waffenstillstandsverhandlungen nicht zu gefährden, läßt die Seekriegsleitung alle U-Boote zurückrufen. Statt dessen erhält die Hochseeflotte am 28. Oktober 1918 den Befehl, zum Angriff gegen die Home Fleet auszulaufen. Doch durch diese Order bricht einen Tag später in Kiel der schon lange schwelende Matrosenaufstand los, der das letzte Kriegsvorhaben der Marine verhindert.

Suchscheinwerfer eines britischen Kriegsschiffes erhellen die Nacht

DER LUFTKRIEG 1918

DIE LETZTEN NEUENT-WICKLUNGEN

Zwar kommen immer mehr Flugzeuge zum Einsatz, doch letztendlich entscheiden die Landstreitkräfte den Krieg

Mit zunehmender Kriegsdauer gewinnt der Luftkrieg immer mehr an Bedeutung. So sind offensive Heeresoperationen ohne Unterstützung von Jagd- und Bombenflugzeugen einfach nicht mehr denkbar. Für die am 21. März 1918 beginnende deutsche Frühjahrsoffensive stehen der OHL 730 Flugzeuge zur Verfügung. Auf alliierter Seite sind etwa 580 Maschinen im Einsatz. Durch die zahlenmäßige Überlegenheit gelingt es den deutschen Fliegerkräften, den Luftraum über dem 80 Kilometer breiten Angriffsabschnitt der beiden Heeresgruppen zu beherrschen und eine feindliche Luftaufklärung zu verhindern.

Die seit Ende Juni 1917 als Jagdgeschwader zusammengefaßten Jagdstaffeln haben sich inzwischen als starke Angriffswaffe erwiesen. Und Manfred Freiherr von Richthofen, Führer des Jagdgeschwaders 1 (JG 1), ist stets darauf bedacht, sich neben den Einsätzen viel Zeit zu nehmen, um Nachwuchskräfte heranzubilden. Er hat jedoch wenig Verständnis für solche, die dem Gegener mit Flugkunststücken imponieren wollen.

Richthofen hat sich von Anfang an für den Formationsflug stark gemacht, und er betont immer wieder: »Überraschungen kann man nur vermeiden, wenn man in dichter Formation fliegt. Keiner Maschine darf es erlaubt werden, vorzupreschen oder hinterherzuhängen.« Als Ernst Udet im März 1918 zum erstenmal im Geschwader von Richthofen fliegt, fällt ihm auf, daß der Geschwaderkommodore jeden seiner Piloten, vor allem die neuen, genau beobachtet. Und wer sich einmal bei einem Feindflug falsch verhält, muß noch am selben Tag das Geschwader verlassen.

In Udet erkennt Richthofen sofort den befähigten Piloten und setzt den erst Zweiundzwanzigjährigen nach diesem ersten gemeinsamen Flug gleich als Staffelführer ein. Inzwischen bezieht Richthofen mit seinem Geschwader einen Feldflugplatz bei Léchelle, den das Royal Flying Corps wegen der vorrückenden deutschen Front gerade verlassen hat. Allein am 27. März 1918 fliegt sein Geschwader von hier aus 118 Einsätze. Ohne eigene Verluste werden 13 feindliche Maschinen zum Absturz gebracht. Im März und im April 1918 gelingt es den deutschen Fliegerkräften, insgesamt etwa 100 alliierte Flugzeuge im Luftkampf abzuschießen.

Zu Beginn des Jahres 1918: Besatzungsmitglieder eines deutschen Luftschiffes während eines Aufklärungsfluges

Unterdessen entsteht bei den Engländern durch den Zusammenschluß des Royal Flying Corps (RFC) und des Royal Naval Air Service (RNAS) am 1. April 1918 die Royal Air Force (RAF), eine Bezeichnung für die britischen Luftstreitkräfte, die man bis heute beibehalten hat. Die RAF soll – als Antwort auf die deutschen Angriffe gegen englische Industriestädte – verstärkt Bombenangriffe in größeren Formationen auf kriegswichtige Ziele des Gegners durchführen.

Tod eines Idols

Am 8. April 1918 wird das Richthofen-Geschwader erneut verlegt, diesmal nach Cappy an der Somme. Doch das inzwischen einsetzende Aprilwetter mit Sturm und Regen zwingt die Piloten zur Untätigkeit. Erst am 20. April 1918 können sie wieder aufsteigen. An diesem Tag kann Richthofen zwei britische Jäger Sopwith Camel abschießen und erreicht damit seinen 80. Luftsieg.

Von links nach rechts: Edward Mannock, William Bishop, Albert Ball

Am nächsten Morgen, es ist Sonntag, der 21. April 1918, startet der »Rote Baron« mit einer Sechserformation über die Somme in Richtung Front. Dort stößt der Verband auf mehrere Sopwith Camel des ehemaligen Royal Flying Corps. Während Richthofen sich mit seinem roten Fokker-Dreidecker auf einen der gerade abdrehenden Jäger stürzt, treffen ihn die Geschoßgarben einer anderen Maschine. Nach etwa zwei Kilometern stürzt seine Fokker Dr 1 hinter den feindlichen Linien ab. Das Idol aller Flieger ist tot, abgeschossen von einem kanadischen Jagdflieger. Sein Name: Hauptmann A. Roy Brown.

Unter dem Geleit britischer und australischer Offiziere wird der knapp 26 Jahre alte Manfred Freiherr von Richthofen mit militärischen Ehren auf einem kleinen Friedhof des Dorfes Bertangles beigesetzt. Nach der Trauerrede eines anglikanischen Pfarrers werden drei Salven abgefeuert. Wenige Tage später schicken die Engländer, entsprechend dem beiderseitigen fliegerischen Ehrenkodex, ein Foto vom Grab des toten Fliegers mit den Worten: »To the German Flying Corps. Rittmeister Baron Manfried von Richthofen [sic!] was killed in aerial combat on April 21st 1918. He was burried with full military honours.«

Doch der Luftkrieg geht unvermindert weiter und kostet täglich neue Opfer. Die bekanntesten Flieger auf britischer Seite sind Edward Mannock, William Bishop und Albert Ball, von denen nur Bishop den Krieg überlebt. Zu den beliebtesten französischen Fliegerassen zählen René Fonck, Georges Guynemer, Charles Nungesser und der tollkühne Jean Navarre, der 1919 bei dem Versuch, den Arc de Triomphe zu durchfliegen, verunglückt. Der beste amerikanische Flieger ist Edward Rickenbacher, ein ehemaliger Rennfahrer, der in den letzten beiden Kriegsmonaten 20 feindliche Maschinen abschießt.

Neben vielen Weiterentwicklungen bisheriger Flugzeugtypen, die 1918 zum Einsatz kommen, gibt es eine als revolutionär zu bezeichnende Neuschöpfung, die Junkers D I. Sie besitzt eine für die damalige Zeit ungewöhnliche Konstruktionstechnik: Zelle und Außenhaut bestehen aus Ganzmetall. Für die Außenhaut hat Junkers gewelltes Duraluminium verwendet. Dieser einsitzige Jagd-Eindekker hat eine Spannweite von 9,00 Metern, einen 185 PS starken flüssigkeitsgekühlten 6-Zylinder-Reihenmotor und ist mit zwei Maschinengewehren bewaffnet – Höchstgeschwindigkeit: 186 km/h; Gipfelhöhe: 6000 Meter; Flugdauer: eineinhalb Stunden. Die Junkers D I ist das erste Ganzmetallflugzeug der Welt, das neben einer hohen Triebwerkleistung auch die erforderliche Wendigkeit besitzt. Die Einsatzmöglichkeiten bleiben jedoch beschränkt, da nur 41 Stück davon angefertigt werden.

Das Nachfolgemodell, die Junkers CL I, ist ein Zweisitzer mit stärkerer Bewaffnung. Es verfügt über drei Maschinengewehre und hat an beiden Rumpfseiten eine Spezialvorrichtung zur Mitnahme von Splittergranaten, die – im Tiefflug abgeworfen – eine verheerende Wirkung ausüben. Der Anfang März 1918 getestete Prototyp zeigt so hervorragende Eigenschaften, daß unmittelbar danach die Serienproduktion beginnt. Noch in der Endphase des Krieges werden 47 Maschinen ausgeliefert, die sich als die besten deutschen Kampfflugzeuge erweisen.

Trotz der Vielfalt an neuen Jagd- und Bombenflugzeugen, die in den letzten beiden Kriegsjahren auf seiten der Entente und von den Mittelmächten entwickelt werden, können die Luftstreitkräfte den Krieg der Armeen nur jeweils an einzelnen Frontabschnitten beeinflussen. Weder die Bombenangriffe auf England noch die Einsätze alliier-

ter Bomber gegen deutsche Industriestädte sind von entscheidener militärischer Bedeutung. Sie bewirken eher eine Beunruhigung der schwer belasteten Bevölkerung.

Entscheidend ist letztlich die seit dem Kriegseintritt der USA zunehmende Übermacht an Menschen und Material. Auch der Ausfall an kampferprobten deutschen Piloten und die fehlende Fronterfahrung der Nachwuchskräfte machen sich in den letzten Kriegsmonaten bemerkbar. So beschleunigt das offensive Vorgehen der alliierten Armeen an der Westfront den Entschluß der deutschen Regierung, dem Krieg ein Ende zu bereiten und am 11. November 1918 den Waffenstillstandsvertrag zu unterzeichnen.

Links: Ernst Udet vor seiner Focker D VII. Rechts: Das französische Flieger-As Georges Guynemer

Auch sie gelangen während des Ersten Weltkrieges zu Ruhm: »Eddie« Rickenbacher (links), René Fonck (Mitte) und Charles Nungesser (rechts)

KRIEGS-SCHAUPLATZ NAHER OSTEN

Die deutsch-türkischen Verbände können nur noch hinhaltend Widerstand leisten. Das ist auf Dauer zu wenig

Seit der Einnahme von Bagdad im März 1917 richtet sich das Hauptinteresse der Engländer auf die Ölgebiete am Euphrat und bei Mosul. Daher konzentrieren sich die Angriffe des indisch-britischen Expeditionskorps immer mehr gegen die türkischen Stellungen zwischen Euphrat, Tigris und dem Karawanenweg, der am Westrand des Zagrosgebirges von der Diala über Kerkuk nach Mosul führt, dem Zentrum der Ölfelder am Euphrat.

Mitte März 1918 gelingt es dem britischen General Sir William Marshall, Hit einzunehmen, und kurz darauf, am 26. März 1918, schafft er es, bis Khan-Bagdadieh vorzustoßen. Hier muß sich nach heftigen Kämpfen fast die ganze türkische Streitmacht ergeben. Am 27. April 1918 erreichen Marshalls Truppen Kifri, zwei Tage später Tus-Churmati, wieder einen Tag später ist Altyn-Köprü in britischer Hand.

Nach wechselvollen Angriffen müssen sich die Engländer jedoch wieder nach Hit und Tauk zurückziehen, um deren Besitz monatelang erbittert gekämpft wird. Auch das andere Ziel der Alliierten ist in weiter Ferne: Jeder weitere Durchbruchsversuch in Richtung Mosul scheitert am zähen Widerstand der türkischen Verteidiger.

Der am 3. März 1918 in Brest-Litowsk unterzeichnete Friedensvertrag zwischen Sowjetrußland und den Mittelmächten enthält unter anderem folgende Abmachung: »Rußland wird alles in seinen Kräften Stehende tun, um die Räumung der ostanatolischen Provinzen und ihre ordnungsgemäße Rückgabe an die Türkei sicherzustellen. Die Bezirke Ardahan, Kars und Batum werden gleichfalls ohne Verzug von den russischen Truppen geräumt. Rußland wird sich in die Neuordnung der staatsrechtlichen und völkerrechtlichen Verhältnisse dieser Bezirke nicht einmischen, sondern überläßt es der Bevölkerung dieser Bezirke, die Neuordnung im Einvernehmen mit den Nachbarstaaten, namentlich der Türkei, durchzuführen.«

Vizegeneralissimus Enver Pascha erläßt daraufhin den Befehl, nicht nur alle vom Feind besetzten Gebiete, sondern auch die im Jahr 1877 als Ersatz für eine Kriegsentschädigung an Rußland abgetretenen Landesteile wieder zu beziehen. Doch die russischen, vor allem aber die armenischen Truppen widersetzen sich dem türkischen Ein-

Ein Bild, das so gar nicht an Krieg erinnern will: Karawanenstraße in der Nähe von Bagdad

Auf dem Weg an die Front in Palästina: General Otto Liman von Sanders

Unten: Australische Kavallerie erkundet das Gebiet zwischen Es-Salt und der Hedschasbahn

marsch mit aller Gewalt. Daher müssen die Orte Erzurum, Ardahan, Batum und Kars im Kampf erobert werden, was sich bis Ende April 1918 hinzieht.

An der Palästinafront

General Liman von Sanders übernimmt am 1. März 1918 anstelle des abberufenen Generals von Falkenhayn den Oberbefehl über die Heeresgruppe F und die deutsch-türkische Palästinafront. Sein Gegenspieler, General Allenby, hat bereits nach der Einnahme von Jerusalem die Wintermonate genutzt und Vorbereitungen für eine umfassende Frühjahrsoffensive getroffen. Zur Verbesserung der Nachschubwege hat Allenby die türkischen Bahnlinien wiederherstellen und sie an das ägyptische Bahnnetz anschließen lassen. Auch entlang der Küste wurde zusätzlich eine normalspurige Bahn erbaut, die bis zur derzeitigen Frontlinie verläuft.

Am 19. März 1918 erfolgt der erste britische Vorstoß beiderseits der Straße von Jerusalem in Richtung Nablus. In harten Kämpfen gelingt es den britischen Truppen, die beherrschende Höhe des Tell-Asur zu besetzen und sich damit eine günstige Ausgangsposition für das weitere Vorgehen zu schaffen. Da ein Durchbruch nach Nablus vorerst scheitert, läßt Allenby einen Teil seiner Streitmacht unbemerkt nach Osten vorrücken und in der Nacht vom 22./23. März 1918 auf das Ostufer des Jordan übersetzen. Die nur wenigen türkischen Sicherungskräfte sind dem Ansturm nicht gewachsen. So können die Engländer am 25. März 1918 Es-Salt erobern. Australische Kavallerie soll jetzt das Gelände zwischen Es-Salt und der Hedschasbahn erkunden.

Plötzlich werden die Kavallerie und die nachfolgende Infanteriedivision von starkem türkischem MG-Feuer empfangen. Hunderte von Soldaten fallen dem völlig überraschenden Angriff zum Opfer. Die Reste können sich vor den wütenden Verfolgern gerade noch rechtzeitig über den Jordan retten. Zwischenzeitlich muß Allenby einen Teil seiner englischen Regimenter an die europäische Westfront abgeben und sie durch indische und »gemischte« Verbände ersetzen.

Daher beginnt die eigentliche Offensive auf breiter Front erst am 9. April 1918 zwischen Rafat und El-Kasr, die allerdings nach besonders hohen Verlusten der daran beteiligten irischen 10. Division und der »gemischten« 75. Di-

An der Palästinafront: Ein Unterstand des britischen Expeditionskorps

vision fehlschlägt. Im Gegenangriff werden viele Gefangene gemacht und die Angriffsbefehle der britischen 234. Brigade erbeutet.

Jetzt kennt man auf türkischer Seite die feindlichen Absichten: Die Briten wollen in vier verschiedenen Gefechtsphasen auf einer Breite von 20 Kilometern die gegnerische Front durchbrechen und dann die Linie Azzun-Kilkilije erreichen. Wenn dies gelingt, stehen drei weitere britische und »gemischte« Divisionen bereit, um einen erneuten Vorstoß bei Nablus zu wagen. Durch den Gefechtsbefehl gewarnt, können die türkisch-deutschen Verteidiger jedoch alle Angriffe abweisen und den Durchbruch verhindern.

Nun plant General Allenby einen zweiten Vorstoß zur Eroberung von Es-Salt und anschließend Amman. Erst in letzter Minute werden die Streitkräfte bei Jericho versammelt, ehe zwei Kavalleriedivisionen im Morgengrauen des 30. April 1918 den Jordan durchqueren und die türkischen Sicherungskräfte überwinden. Schon wenige Stunden später stehen mehrere australische Regimenter vor Ed-Damie und bei Es-Salt. Drei Tage und Nächte lang müssen deutsche und österreichisch-ungarische Truppen die von Norden, Westen und Süden angreifenden Australier zurückschlagen. Als andere türkische Einheiten am Jordan entlang den Feind nach Süden abdrängen und die bei Es-Salt kämpfenden Australier unter Feuer nehmen, stoßen gleichzeitig türkische Kolonnen von Amman aus vor. Jetzt droht den Engländern selbst die Einkreisung. Nur durch schnellsten Rückzug über den Jordan können sie einer Katastrophe entgehen.

Ebenfalls an der Palästinafront: Türkische Kavalleristen ruhen sich nach einem Patrouillenritt aus

Im Verlauf des Sommers kommt es nur zu vereinzelten Zusammenstößen. Nach dem vergeblichen Bemühen, die Mittelmächte aus Palästina zu vertreiben, bereitet General Allenby die bisher größte Offensive für den Herbst 1918 vor. Mit einem Sturmangriff auf die alten türkischen Stellungen im Zentrum und am linken Flügel beginnt am 18. September 1918 die alles überrollende Großoffensive.

Zusammenbruch der türkisch-deutschen Streitkräfte

Dienstag, 24. September 1918. Ein Augenzeuge berichtet in der *Vossischen Zeitung:*

»Nur wenige ahnen, was die Truppen der Mittelmächte in Syrien und Palästina bei der letzten Offensive der Engländer, die schließlich auch zum Zusammenbruch der Türkei beitrug, durchgemacht haben. Die Heeresberichte brachten nur kleine Bruchstücke, die nicht im entferntesten das wiedergaben, was sich dort unten in Wirklichkeit abgespielt hat. Selten hat es in der Weltgeschichte einen derartigen Zusammenbruch einer Armee, eine derartig panikartige Flucht und ein so vollkommenes Versagen der Heeresleitung gegeben, wie in jenen Tagen in Palästina.

Wir alle waren uns lange im voraus darüber im klaren, daß bei einem einheitlichen Angriff der Engländer die Front unmöglich zu halten war. Unverantwortlich war es daher, daß dann nicht im weitgehendsten Sinne Vorkehrungen für einen geordneten Rückzug getroffen worden sind, um das viele Material und die Menschen zu retten. Nichts war getan worden. Im Gegenteil, man lebte in einer Sorglosigkeit, die alle Grenzen überstieg. Der Oberbefehlshaber General Liman von Sanders hatte seine Töchter in einem Bad an der See; diese Damen wurden indessen rechtzeitig benachrichtigt, so daß sie sich noch in Sicherheit bringen konnten.

Am 18. September war der Durchbruch im Westjordan-Land erfolgt, und bereits am 20. September morgens wurde das Armee-Hauptquartier überfallen, Offiziere, Schwestern und Mannschaften aus den Betten in Gefangenschaft abgeführt. Von hier ab wird die Lage durch Verwirrung und planloses Zurückrennen gekennzeichnet. Es ist Tatsache, daß Truppen im Ostjordan-Land erst am 20. und 21. September von dem Durchbruch im Westjordan-Land erfuhren und so zu spät ihren Rückzug antreten konnten. Sie wurden bereits von den Engländern im Rücken angegriffen. Befehle wurden kaum noch erteilt. Wenn sie die Truppen erreichten, waren sie derartig, daß sie unausführbar waren. Türken hatte man nur selten auf dem Rückzug gesehen. Diese waren entweder geschlossen übergelaufen oder hatten sich früh genug in Sicherheit gebracht. Nachhutkämpfe sind wohl nur nach den Heeresberichten geschlagen worden ...

Die deutschen Truppen, 3 Korps mit etwa 2 Kavallerie-Brigaden, einigen Panzerkraftwagen und Fliegergeschwadern, sammelten sich in kleineren Scharen und versuchten sich durchzuschlagen. Was am Anfang in alter Pflichterfüllung an Material mitgenommen war, mußte bald im Stich gelassen werden, da alle Wege verstopft waren und jede Führung und Organisation aufgehört hatte. Jeder rannte plan- und sinnlos um sein Leben, verfolgt und gepeinigt von australischer Kavallerie, englischen Fliegern und den raubenden Arabern. Letztere waren fast noch schlimmer als der Feind selbst. Wer ihnen in die Hände fiel, wurde geplündert, bis auf die Haut ausgezogen und nackend bei der Gluthitze durch die Wüste geschickt.«

Nach seiner Rückkehr Ende August 1919 äußert sich General Liman von Sanders einem Hamburger Journalisten gegenüber:

»Nach meiner Ansicht waren endgültige und entscheidende Erfolge auf dem Palästina-Kriegsschauplatz überhaupt von vornherein ausgeschlossen, da die Engländer Ägypten als Basis hinter sich hatten und dazu auf der einen Flanke das Meer als Verbindungsweg beherrschten, auf der anderen Flanke jedoch östlich des Jordan die Araberstämme als Verbündete gekauft und organisiert hatten, wäh-

rend demgegenüber die Türken zahlenmäßig weit unterlegen waren.

Ich verfügte nur über eine Kavallerie von 1200 Pferden, wogegen General Allenby 14000 wohlgenährte Pferde und Rennkamele besaß. Ferner wurde nirgends in Rechnung gestellt, daß wir nur über eine eingleisige und völlig unzureichend betriebene Bahnlinie von zirka 1700 Kilometer Länge bis Konstantinopel als einzigste Verbindungsmöglichkeit verfügten. Diese Bahn besaß drei verschiedene Spurweiten auf der Strecke. Das war die Basis, auf der ich operieren sollte! ...

Es handelte sich für mich angesichts der beschränkten Kräfte der Türkei im vierten Kriegsjahr an dieser Front nur um ein Hinhalten, bis die große Entscheidung im Westen gefallen war. Wir haben dann diese Front vom 1. März 1918 ab in den 6½ Monaten, in denen sie unter meinem Befehl stand, gegen zahlreiche zum Teil schwere englische Angriffe gehalten. Dann waren aber die physischen und moralischen Kräfte der türkischen Truppen, welche seit dem Frühjahr ohne Ablösung, zerfetzt, zerlumpt und halb verhungert an der Front standen, erschöpft, und es kam das bittere Ende.«

Nachdem die Kämpfe in Palästina beendet sind, flammen sie in Mesopotamien noch einmal auf. Ende Oktober 1918 findet bei Kalat-Chergat der letzte britische Angriff statt, der zur Kapitulation der türkischen Kräfte führt. Ismail Hakki-Pascha, der die türkische Tigris-Armee kommandiert, ergibt sich am 30. Oktober 1918 mit seinen Truppen.

Beersheba: Ein Kamelkorps des britischen Expeditionsheeres durchquert die Stadt

DER KOLONIALKRIEG

KEINE AUSSICHT AUF ERFOLG

Der Schutztruppe in Deutsch-Ostafrika bleibt nur noch, dem Gegner auszuweichen und kleinere Gefechte zu wagen

Erstaunlicherweise hat die Schutztruppe in Deutsch-Ostafrika bisher allen feindlichen Angriffen oder Einkreisungsversuchen standgehalten. Um den britischen, belgischen und portugiesischen Verfolgern letztendlich nicht doch in die Hände zu fallen, ist General von Lettow-Vorbeck mit einem Teil seiner Streitkräfte im November 1917 nach Portugiesisch-Ostafrika ausgewichen. Trotz aller Strapazen in dem oft unwegsamen Gelände ist es ihm und seinen Männern gelungen, bis Quelimane vorzudringen. Die ausgesandten Streifpatrouillen kehren vielfach mit erbeuteten Gewehren, Munition oder Lebensmitteln zurück. Befestigte portugiesische Stellungen werden entweder umgangen oder von den Patrouillen überwältigt.

Da Lettow-Vorbeck aufgrund erbeuteter militärischer Papiere befürchten muß, daß von Quelimane aus eine größere Streitmacht die Verfolgung aufnehmen wird, tritt er im Juli 1918 wieder den Rückmarsch an, diesmal allerdings auf einer Route, die weiter westlich gelegen ist. So erreicht er am 28. September 1918 den Grenzfluß Rowuma, etwa 80 Kilometer östlich des Njassasees, zieht mit seinen Truppen nach Norden über die Kämme des Livingstonegebirges, um zwischen Tanganjikasee und Njassasee in die britische Kolonie Nord-Rhodesien vorzustoßen.

Marsch nach Britisch-Rhodesien

Ein Bericht von General Paul von Lettow-Vorbeck, dem Kommandeur der deutschen Streitkräfte:

»Unsere am 31. Oktober nach Fife entsandte zweite Kampfpatrouille hatte sich am Rwibaberge aufgehalten. Ich mußte nun mit der ganzen Truppe sofort nach Fife weitermarschieren, um dieses vor dem Feinde zu erreichen oder, falls unsere erste Patrouille dort im Gefecht stehen sollte, einzugreifen. Der zehnstündige Marsch (reine Marschzeit) von Mbozi nach Fife war eine ganz gewaltige Anstrengung für die Truppe, aber die Meldungen unserer Patrouillen, die Spuren des Feindes und seine an Bäumen vorgefundenen Zettel bewiesen einwandfrei, daß der Feind alles dar-

Vor der Küste von Sierra Leone: Englische Offiziere werden nach ihrer Rückkehr aus Deutsch-Ostafrika ausgeschifft

ansetzte, Fife noch am gleichen Tage, am 1. November, zu erreichen ...

Ich habe damals jede Minute zum Studium von Karten und Reisebeschreibungen verwandt, und auf jeder Marschpause vertiefte ich mich in diese. Die Gefahr, infolge mangelnder Orientierung sich in dem von gewaltigen Strömen und Seen durchsetzten Gebiet festzurennen, war groß ... Zunächst galt es, die Etappenstraße Fife–Mission Kajambi–Kasama schnell aufzurollen. Bewegliche Kampfpatrouillen wurden in Gewaltmärschen vorausgeschickt ...

Während unseres Vormarsches von Fife hatte sich herausgestellt, daß, je weiter wir vorrückten, die feindlichen Magazine voller waren. Es machte den Eindruck, als ob wir eine Etappenlinie aufrollten, die, bei Broken Hill oder etwas nördlich davon anfangend, erst im Entstehen begriffen war. Wir durften hoffen, bei schnellem weiteren Vordringen auf noch reichere Bestände zu treffen, und die aufgefundenen Papiere und Eingeborenennachrichten schienen dies zu bestätigen ...

Das Gros selbst kam am 12. November nach Kasama. Gegen Abend hörte man aus unserer Anmarschrichtung Gewehr- und Maschinengewehrfeuer ... Mir schien jetzt das Unternehmen gegen das Chambesi-Magazin das aussichtsvollere und wichtigere zu sein, um so mehr, als der verfolgende Gegner nach der ganzen Lage immer weiter verfolgen und so von neuem für uns Gelegenheit zum Frontmachen bieten mußte.«

Durch den Einmarsch nach Nord-Rhodesien und die Eroberung reichhaltiger Vorräte an Waffen, Munition und Verpflegung kann die Schutztruppe bis zum Kriegsende durchhalten. Erst am 13. November 1918 erfährt Lettow-Vorbeck von der Unterzeichnung eines Waffenstillstandes und ergibt sich am 25. November 1918 mit 30 Offizieren, 125 Unteroffizieren und rangniederen Soldaten, 1168 Askaris, 1522 Trägern, 482 örtlichen und portugiesischen Trägern, 13 Eingeborenenhäuptlingen, 283 männlichen Eingeborenen und 819 Frauen. Die Askari bleiben bis zur Beförderung in ihre Heimat in Tabora, die Deutschen bis zur Überführung nach Europa in Daressalam.

Oben: Station Tabora. Links: Portugiesisch-Ostafrika. Rechts: Bezirksamt in Daressalam

WAS AUSSERDEM GESCHAH

WICHTIGE EREIGNISSE IM JAHR 1918

Ernährungslage verschlechtert sich dramatisch · Sorgen an der Spitze · Aktionen des »Spartakus«

Die zunehmende Verschlechterung der Ernährungslage sowie die Aussichtslosigkeit einer baldigen Beendigung des Krieges steigern bei der Bevölkerung in Deutschland und Österreich-Ungarn die Kriegsmüdigkeit derart, daß es zu offenen Konfrontationen kommt. Nachdem Mitte Januar 1918 große Massenstreiks in Wien ausbrechen, ruft am 25. Januar 1918 der linkssozialistische »Spartakus« ebenfalls die deutschen Arbeiter zur Niederlegung der Arbeit auf. Drei Tage später überrollt eine Streikwelle alle größeren Industriestädte.

In einem Bericht vom 5. Februar 1918 des preußischen Kriegsministers von Stein an Kaiser Wilhelm II. heißt es unter anderem:

»Dem Kriegsministerium waren schon vor einigen Wochen Nachrichten zugegangen, daß vom feindlichen Auslande, namentlich von Rußland, eine Agitation ins Werk gesetzt sei, in Deutschland und Österreich-Ungarn die Revolution zu entfachen. Flugblätter tauchten auf, die die Arbeiter aufforderten, die Regierungen der Vierbundmächte zum Frieden zu zwingen und die Lösung der Friedensfrage selbst in die Hand zu nehmen ...

Im Gegensatz zu früheren Arbeitsniederlegungen, welche in unmittelbaren Forderungen der Arbeiter begründet waren, wurden diesmal politische Ansprüche in den Vordergrund gerückt. Der Ausgangs- und Mittelpunkt der ganzen Bewegung war naturgemäß Berlin. Hier setzte am 28. Januar der Ausstand in 38 der bedeutendsten kriegswichtigen Betriebe ein, in denen die Zahl der Ausständigen im Laufe dieses Tages eine Höhe von ungefähr 45000 Mann erreichte ... Am 30. Januar erreichte die Bewegung mit einer Zahl von 150000–180000 Ausständigen ihren Höhepunkt ...

Die Ereignisse haben unzweifelhaft den Beweis geliefert, daß eine Bekämpfung derartiger Bewegungen nur bei unveränderter Aufrechterhaltung des Belagerungs-Zustandes möglich ist.«

Nur für den Augenblick stellen sie sich dem Photographen: Aufständische mit einem Panzerwagen vor dem Berliner Schloß

Während die Oberste Heeresleitung versucht, durch vaterländische Propaganda und Durchhalteparolen die Stimmung der Frontsoldaten zu heben, nehmen die Aktivitäten des »Spartakus« zu, der mit Flugblättern die Bevölkerung zum Widerstand auffordert. Anfang November ist es dann soweit: Spartakusbund und der linke Flügel der USPD formieren sich mit den revolutionären Kräften der Berliner Arbeiterschaft, um den Schlag gegen die Monarchie vorzubereiten. Die revolutionäre Aktion ist auf den 4. November angesetzt, wird dann aber auf den 11. verschoben – Zeit genug für Friedrich Eberts Mehrheits-Sozialdemokratie, dem Coup der revolutionären Ultras mit einer eigenen Aktion zuvorzukommen . . .

9. und 10. November 1918: Die Unruhen in Berlin nehmen von Tag zu Tag zu. Zunächst finden nur vereinzelte Demonstrationszüge statt, denen sich auch Ordnungshüter anschließen (oben), doch bald kommt es auf der Prachtstraße Unter den Linden zu Begegnungen bewaffneter Arbeiter (links). Am Ende beherrschen Schutztruppen der Soldatenräte die Szene – wie etwa vor dem Café »Astoria« (links unten) oder vor dem Königlichen Schloß (unten rechts). Hier sind es Matrosen, die den Schloßhof mit einem Feldgeschütz unter Kontrolle halten

BILANZ UND AUSBLICK

DIE FOLGEN DES KRIEGES

Der Kaiser dankt ab – und nach eher bescheidener Revolution geht die erste deutsche Republik schweren Zeiten entgegen

Seit der Unterzeichnung des Waffenstillstandsvertrages am 11. November 1918 herrscht endlich an allen Fronten Waffenruhe. Es kann kaum jemand fassen, daß dieser unheilvolle, vier Jahre dauernde Weltkrieg, der so immense Opfer gefordert hat, nun tatsächlich vorüber sein soll. Von den am Krieg beteiligten 17 Staaten sind auf seiten der Alliierten 5,5 Millionen Soldaten gefallen, die Mittelmächte haben 2,9 Millionen Tote zu beklagen. Hinzu kommen noch 4 Millionen tote Armenier, die in der Mehrzahl verhungert sind, kommen Syrer, Griechen und Juden sowie 1 Million Serben.

Auch die Verluste an Material sind erheblich. Allein an Kriegsschiffen gingen verloren: England – 197 Einheiten, insgesamt 550000 Tonnen; Frankreich – 54 Einheiten, insgesamt 111000 Tonnen; Italien – 29 Einheiten, insgesamt 76000 Tonnen; Japan – 9 Einheiten, insgesamt 50000 Tonnen; USA – 4 Einheiten, insgesamt 17000 Tonnen. Die Gesamtverluste der Mittelmächte: Deutschland – 354 Einheiten (darunter 205 U-Boote), insgesamt 350000 Tonnen; Österreich – 25 Einheiten, insgesamt 65000 Tonnen.

In der Zeit, in der die OHL um günstige Bedingungen für einen Waffenstillstand ringt, kommt es nach den Matrosenaufständen in Wilhelmshaven und Kiel zu blutigen Arbeiterrevolten und Massenstreiks in mehreren deutschen Städten, die sich wie ein Flächenbrand ausdehnen. Es hat den Anschein, als habe Lenins Idee einer Weltrevolution durch gut vorbereitete Agitation bereits in Mitteleuropa Fuß gefaßt. Demonstranten ziehen mit roten Fahnen durch die Straßen und bilden Arbeiter- und Soldatenräte, um durch einen bewaffneten Aufstand die Staatsmacht an sich zu reißen.

Diese brisante Situation erfordert von der Regierung schnelles Handeln. Daher drohen am 7. November die seit Oktober mitregierenden Sozialdemokraten mit dem Austritt aus dem Kabinett, falls der Reichskanzler Prinz Max von Baden nicht innerhalb von 24 Stunden den Kaiser zur Abdankung und den Kronprinzen zum Thronverzicht veranlasse. Von den meisten Militärs verlassen, in der Bevölkerung völlig isoliert, legt Kaiser Wilhelm II. die Krone nieder und verläßt fast unbemerkt das Land. So verkündet am 9. November der SPD-Abgeordnete Philipp Scheide-

Berlin. Alles ist gespannt: Die wesentlichen Bedingungen des Waffenstillstandsvertrages vom 18. November 1918 werden der Bevölkerung bekanntgegeben

Auf dem Weg ins holländische Exil: Kaiser Wilhelm II. mit einigen wenigen Vertrauten

Die Truppenstärken in Europa während des Ersten Weltkrieges

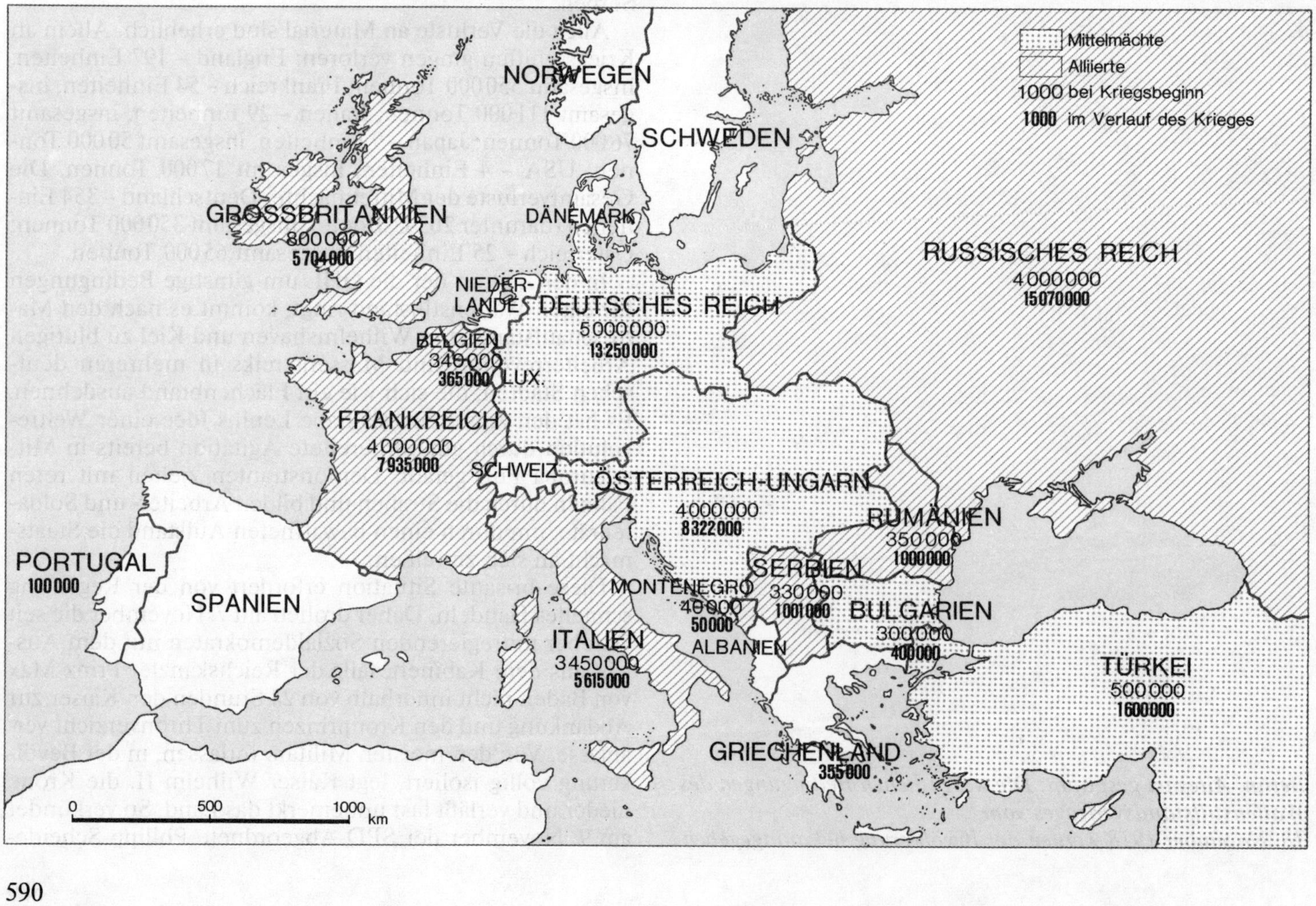

Abend-Ausgabe

Münchner Neueste Nachrichten

und Handels-Zeitung, Alpine und Sport-Zeitung, Theater- und Kunst-Chronik

Verantwortlich für den Gesamtinhalt des Blattes: Dr. Fr. Trefz. Schriftleitung: Deutsche Politik: Dr. K. E. Müller. Auslands-Politik: O. Stark. Bayer. Politik: J. Kunkel. Handelsteil: A. Elfenbein. Münchner Teil, Alpines, Sport, Gerichtssaal u. s. w.: G. A. Baumgärtner. Literatur: Dr. K. Martens. Bildende Kunst: Dr. W. Hausenstein. Theater: R. Elchinger. Musik: P. Ehlers. Unterhaltungsteil: G. A. Müller. – Druck u. Verlag: Knorr & Hirth, Münchner Neueste Nachrichten, Sendlingerstr. 80. – Anzeigenpreis: Die 11mal gespalt. Grundzeile 80 Pfg. – Lokal-Anzeigen nach ermäßig. Tarif. – Größe-, Platz- und Tag-Vorschriften ohne Verbindlichkeit.

Süddeutsche Zeitung

Fernruf: 25231 oder 26231

Postscheckkonto: 5920 München

Monatlicher Bezugspreis: Bei unseren Geschäftsstellen in München, mit Generalanzeiger M. 2.–. Durch die Post: In Deutschland M. 2.–, (mit Generalanzeiger M. 2.50), Oesterreich Kr. 3.18, Ungarn Kr. 2.40, Schweiz Fr. 1.90, Luxemburg M. 1.84, Belgien M. 2.–, Schweden Kr. 1.75, Norwegen Kr. 1.61, Dänemark Kr. 1.38. – (Auch vierteljährl. Bezug ist zulässig). – Vierteljährlicher Bezugspreis f. d. Niederlande fl. 3.35, für Bulgarien Levas 6.90, für Griechenland Kr. 12.04. (Auch monatlicher Bezug ist zulässig.) – Nach den übrigen Ländern: Streifband-Versand monatl. M. 3.20 – Einzel-Nummern in München 10 Pfg., nach auswärts 15 Pfg. gegen vorher. Einsendung.

Täglich zwei Ausgaben

Samstag, 9. November 1918 | Knorr & Hirth, München | 71. Jahrgang Nr. 567

Abdankung des Kaisers / Thronverzicht des Kronprinzen

Berliner Tageblatt

und Handels-Zeitung

Nr. 576
47. Jahrgang

Sonntag
10. November 1918

Der Erfolg der Revolution.

mann vom Balkon des Reichstages den Zusammenbruch der Monarchie: »Es lebe das Neue! Es lebe die deutsche Republik!« Noch ehe Friedrich Ebert als Reichskanzler die neue Regierung übernimmt, proklamiert der linkssozialistische Spartakusführer Karl Liebknecht vor dem Berliner Schloß die »Freie, sozialistische Republik« – Beginn des Kampfes der rivalisierenden sozialistischen Gruppen um die Macht in Deutschland.

Die Militärs entschließen sich angesichts dieser Entwicklung, den neuen Kanzler Ebert tatkräftig zu unterstützen, um einen Erfolg des Linksradikalismus zu verhindern. Auch die nach den ersten Berliner Unruhen gebildeten Arbeiter- und Soldatenräte orientieren sich allmählich mehrheitlich auf die SPD Eberts und durchkreuzen damit die radikalen Rätepläne Karl Liebknechts und Rosa Luxemburgs, die schließlich eine eigene Partei nach sozialistischem Vorbild, die Kommunistische Partei Deutschland, gründen.

Die Revolution hat inzwischen zur Abdankung aller gekrönten Häupter in den 20 deutschen Kleinstaaten geführt, und die sozialdemokratische Regierungspartei veranlaßt nun den jeweiligen Landeschef, sein Gebiet als Freistaat zu proklamieren. Am 11. November ist auch der Habsburger Kaiser Karl I. bereit, auf die Regentschaft zu verzichten und mit seiner Familie ins Exil zu gehen.

Die Friedensverhandlungen in Versailles beginnen erst am 18. Januar 1919. Dieses Datum ist von den Alliierten mit Bedacht gewählt, ist es doch sowohl der Jahrestag der Ausrufung des Königreichs Preußen (1701) als auch der Gründungstag des Deutschen Kaiserreichs (1871). Zu den

Die Ereignisse überschlagen sich: Schlagzeilen vom Abend des 9. November und vom Morgen des 10. November 1918

Einen Tag nach dem Beginn der Friedensverhandlungen in Versailles, am 19. Januar 1919, wird die Weimarer Nationalversammlung gewählt, die verfassunggebende Versammlung der neuen Republik

Karl Liebknecht

Rosa Luxemburg

Friedensverhandlungen sind weder die Deutschen noch Österreicher, Ungarn, Türken und Bulgaren geladen. Unter Ausschluß der Mittelmächte wollen die Alliierten in Versailles über das Schicksal Europas entscheiden, von dem sie selbst noch keine klaren Vorstellungen haben. 1037 Delegierte aus 32 Ländern mit 70 Bevollmächtigten, ungezählten Beratern und Assistenten diskutieren gut fünf Monate lang. Die Entscheidungen aber fällen allein Franzosen, Briten und Amerikaner, die am Ende den Besiegten den fertigen Friedensvertrag aufzwingen.

Die Bedingungen des Versailler Vertrages vom 28. Juni 1919 sind entsprechend hart: Das Deutsche Reich darf lediglich ein Berufsheer von 100000 Mann unterhalten, ohne Panzer, Flugzeuge, schwere Artillerie und Generalstab. Eine eigene Fliegertruppe ist Deutschland verboten, eine kleine Marine in der Stärke von 15000 Mann dagegen erlaubt. Der Bau von Festungswerken in Grenznähe ist untersagt; das Heer soll nur zur Aufrechterhaltung der inneren Ordnung dienen; die bisher nicht von den Siegermächten beschlagnahmten Flugzeuge müssen ohne Ausnahme vernichtet werden.

Die ehemals Kaiserliche Marine bekommt die Order, alle noch in deutschen Häfen liegenden Kriegsschiffe nach England zu überführen. Den meisten Besatzungen gelingt es jedoch, nach Ankunft in Scapa Flow unbemerkt die Flutventile zu öffnen und ihre Schiffe zu versenken.

Weiter werden von den Deutschen umfangreiche Gebietsabtretungen verlangt: Elsaß-Lothringen geht zurück an Frankreich, Polen erhält Posen und Westpreußen, was zur räumlichen Abtrennung Ostpreußens vom übrigen Reichsgebiet führt. Mit diesem »polnischen Korridor« sind kommende Konflikte bereits vorprogrammiert. Ebenfalls an Polen fällt später auch ein Teil des Abstimmungsgebietes Oberschlesien.

Abstimmungsgebiete werden auch Eupen und Malmedy, deren deutschsprachige Bevölkerung sich für Belgien entscheidet; Masuren und Marienburg-Marienwerder bleiben deutsch, Danzig wird Freie Stadt, das Saargebiet kommt unter Völkerbundverwaltung; daß Deutschland

Philipp Scheidemann (links unten) und Marschall Ferdinand Foch (rechts unten)

Das Ende des kaiserlichen Traums von der Beherrschung der Weltmeere. Links: Die deutsche Hochseeflotte auf dem Weg nach Scapa Flow, wo sie den Engländern übergeben werden soll. Unten: Nach der Übergabe der U-Boote weht auf den einstmals so gefürchteten Unterwasserjägern der britische Union Jack

überdies auf sämtliche Kolonien verzichten muß, versteht sich fast von selbst.

Doch der verlorene Krieg bringt noch ein weiteres schweres Erbe für die Weimarer Republik: Die wirtschaftlichen Forderungen sind erdrückend. Zwar wird zunächst die Höhe der Reparationen nicht festgelegt, doch bekommt Deutschland 1921 die Auflage, 226 Millionen Goldmark, zahlbar in 42 Jahren, an die Alliierten abzuführen.

Insgesamt sind die Vertragsbedingungen so unhaltbar, daß selbst dem französischen Marschall Foch eine düstere Ahnung kommt: »Das ist kein Frieden, das ist nur ein Waffenstillstand für zwanzig Jahre.«

Biblio- graphie

Abramov, S. Z./Braun, S.: NILI – Im Ersten Weltkrieg. In: Zeitschrift für die Geschichte der Juden. No. 2/3, 1967
Adcock, T. G.: Tannenburg (sic!). A lesson in command and control. In: Signal. 30, 1976
Allard, D. C.: Anglo-American naval differences during World War I. In: Mil. Aff. 44, 1980
Amtlicher Bericht über den ersten deutschen Luftsieg im Weltkrieg (1914). In: Das Sponton. H. 17/20, 1964
Andrew, C. M./Kanya-Forstner, A. S.: The French Colonial Party and French colonial war aims, 1914–1918. Aus: Hist. J. 17, 1974
Angelus, O.: Zur Schuldfrage am Ausbruch der beiden Weltkriege. In: Europäische Begegnung. H. 3, 1965
Angriff auf den Sentinella-Pass (April 1916). In: Die Gebirgstruppe. Nr. 3, 1965
Artl, G.: Die Strafexpedition. Österreich-Ungarns Frühjahrsoffensive gegen Italien 1916. In: Truppendienst. 25, 1986
Arz, A. A.: Zur Geschichte des großen Krieges 1914–1918. Graz, 1969
Asquith, H. H.: The Genesis of War. London, o. J.
Auffenberg-Komarów: Aus Österreich-Ungarns Teilnahme am Weltkriege. Berlin, Wien, 1920
Auffenberg-Komarów: Aus Österreichs Höhe und Niedergang. München, 1921
Auffenberg-Komarów: Die Donauflottille in Aktion. In: Der Soldat. Nr. 18, 1962

Baarslag, K.: Der Mann, welcher den Kreuzer Dresden versteckt hielt. In: MOH-Nachrichten. Nr. 12, 1961
Balfour, G.: The armoured Train. London, 1981
Barnett, C.: Anatomie eines Krieges. München, Esslingen, 1966
Bastian: Kaiserliche Marine im Befreiungskampf Finnlands. Deutsche Truppen stürmen Helsingfors. In: Deutsche Soldaten-Zeitung. Nr. 3, 1958
Bean, C. E. W./Gullett, H. S.: Photographic Record of the War (1914–1918). Sydney, 1923
Beesly, P.: Die Versenkung der Lusitania. In: Marine Rundschau. H. 10, 1983
Beesly, P.: Das Signalbuch der »Magdeburg« half den Ersten Weltkrieg zu gewinnen. In: Marine Rundschau 78, 1981
Bennett, G.: Die Seeschlachten von Coronel und Falkland. München, 1980
Bernaś, F./Bernaś, J. M.: Od Sarajewa do Wersalu. Cz. 1/2. Warschau, 1969
Bernstorff, J.-H. Graf von: Deutschland und Amerika. Erinnerungen aus dem fünfjährigen Kriege. Berlin, 1920
Bethmann Hollweg, Th. von: Betrachtungen zum Weltkriege, 2. Teil. Berlin, 1921
Beumelburg, W.: Douaumont 1916. In: Deutscher Soldatenkalender. München, 1956
Beyer, F.: Die Seeschlacht vor dem Skagerrak am 31. Mai – 1. Juni 1916. In: Nationalpolitisches Forum. H. 5, 1958
Bidlingmaier, G.: Zum 50. Jahrestag der Falklandschlacht. In: Marine Rundschau. H. 6, 1964
Binder, G.: Mit Glanz und Gloria in die Niederlage. Stuttgart, 1983
Bishop, J.: The illustrated London News. Social History of the First World War. London, 1982
Boetticher, H.: Der englische Fliegerangriff auf Nordholz am 25. 12. 1914. In: Luft und See. Nr. 15, 1967
Boie, F.: Weltmachtstreben und Flottenbau. Witten-Ruhr, 1956
Bond, B.: The War outside Europe. In: The Encyclopedia of land warfare in the 20th century. London, 1977
Borgmeyer, W.: Vor 60 Jahren. Das Ende d. Krieges Italiens gegen Österreich-Ungarn. In: Europ. Wehrkde. 27, 1978
Botting, D.: Die Unterseeboote. Amsterdam, 1981
Bowen, E.: Kampfflieger des Ersten Weltkrieges. Amsterdam, 1980
Brandis, C. von: Vor uns der Douaumont. Leoni, 1966
Bretschmann, W.: Der Beschuß auf Paris (1918). In: Schweiz. Soldat. 57, 1982
Broucek, P.: Die deutschen Bemühungen um eine Militärkonvention mit Österreich-Ungarn (1915–1918). In: Mitt. d. Inst. für österr. Gesch.-Forsch. 87, 1979
Brunne, V.: Die Seeschlachten von Coronel und Falkland im Jahre 1914. In: Militärgeschichte. 24, 1985
Brussilow, A. A.: Mémoires, Guerre 1914–18. Paris, 1929
Brustat-Naval, F.: Das U-Deutschland-Unternehmen. In: MOH-Nachrichten. Nr. 12, 1966
Buchanan, Sir G.: My Mission to Russia. London, 1923
Buchheit, G.: Offensive Michael. In: Nationalpolitisches Forum. H. 3, 1958
Buchner, A.: Sturm auf Douaumont. In: Kyffhäuser. Nr. 2, 1962
Buehler, J.: Der Ausbruch des Weltkrieges 1914. In: Bühler: Deutsche Geschichte, Bd. 6. Berlin, 1960
Bülow, B. Fürst von: Denkwürdigkeiten. Berlin, 1931
Burdick, C.: The frustrated raider. The story of the German cruiser Cormoran in World War I. London, 1979
Bürgel, R.: Die Versenkung der Lusitania (am 7. Mai 1915). In: Damals. H. 1, 1974
Burian, Graf S.: Drei Jahre aus der Zeit meiner Amtsführung im Kriege. Berlin, 1923
Busch, F.-O.: Hilfskreuzer Meteor. München, 1956

Cagny, J. de: Aérostiers de 1914–1918. In: Rev. hist. des armées. 3, 1976
Carrington, C. E.: Kitchener's Army. The Somme and after. In: J. of the Roy. Unit. Serv. Instn. 123, 1978
Cartier, J.-P.: Der Erste Weltkrieg 1914–1918. München, 1984
Castle, H. G.: Fire over England. The German air raids of world war 1. London, 1982
Çeliker, F.: Turkey in the First World War. In: Rev. internat. d'hist. mil. 1980
Churchill, W.: The World Crisis 1911–1918, 5 Bde. London, 1923–29
Clemenceau, G.: Größe und Tragik eines Sieges. Stuttgart, 1930
Cohen, S. A.: The Genesis of the British campaign in Mesopotamia, 1914. In: Middle Eastern Studies. 12, 1976
Col die Lana: Die Österreicher nannten ihn »Berg von Eisen«, die Italiener »Berg des Blutes«. (Oktober 1915). In: Die Gebirgstruppe. H. 3/4, 1964
Coombs, R. E.: Before endeavours fade. A guide to the battlefields of the First World War. London: Battle of Britain. Pr. Intern. 1977
Costello, J./Hughes, T.: Skagerrak 1916, Deutschlands größte Seeschlacht. Wien, München, Zürich, Innsbruck, 1978
Conrad von Hötzendorf, Frhr. F.: Aus meiner Dienstzeit 1906–18, 5 Bde. Wien, u. a., 1921–25
Curti, P.: Umfassung und Durchbruch. Frauenfeld, 1955

Daniloff, J.: Rußland im Weltkriege 1914–1915. Jena, 1925
Darracott, J.: The first World War in posters from the Imperial War Museum, London. New York, 1974
Denk: So begann der 1. Weltkrieg. In: Die Gebirgstruppe. H. 5, 1964
Der Kriegsausbruch 1914. In: Leinen los! Nr. 1, 1962
Der Fall von Belgrad (1915). In: Bundesheer-Illustrierte. H. 1, 1965
Desagneaux, H.: A French Soldier's War Diary 1914–1918. London, 1975
Deutschland 1914–24. Berlin, 1924
Der Vertrag von Versailles. Mit Beiträgen von S. Haffner (u. a.). München, 1978
Devos, J.-P./Waksman, P.: Le Moral à la 3e Armée en 1918. D'après les archives de la justice militaire et du contrôle postal. In: Rev. internat. d'hist. mil. 1977
Die Juli-Krise 1914. Die europäische Politik vor Ausbruch des Ersten Weltkrieges. In: Aus Politik und Zeitgeschichte. Nr. 31, 1964
Die Geburtsstunde der Kleinkampfmittel. Seetanks greifen an. In: Visier. Nr. 12, 1962
Die Südfront im Bild. Fotoalbum. T. 1–3. o. O., um 1918
Dockrill, M. L.: The Eastern front 1914 to 1917. In: The Encyclopedia of land warfare in the 20th century. London, 1977
Dockrill, M. L.: The Southern springboard. In: The Encyclopedia of land warfare in the 20th century. London, 1977
Doerries, R. R.: Die Mission Sir Roger Casements im Deutschen Reich 1914–1916. In: Hist. Z. 222, 1976
Dohna-Schlodien, N. Graf zu: Der »Möwe« Fahrten und Abenteuer. Stuttgart, 1927
Dollinger, H. (Hrsg.): Der Erste Weltkrieg. München, 1965
Donat, G.: Der Munitionsverbrauch zweier Weltkriege in vergleichender Darstellung. In: Österr. Mil. Zeitschr. H. 3, 1966
Dor, M.: Der letzte Sonntag. Wien, 1982
Dreetz, D.: Versuche der deutschen militärischen Führung zur Verhinderung oder sofortigen Niederschlagung der Novemberrevolution 1918. In: Militärgeschichte. 17, 1978

Duppler, J.: Die Seeschlacht vor dem Skagerrak. In: Marineforum. 61, 1986

Eichler, J.: Die Afrikafahrt des Marineluftschiffes L59. In: Militärgeschichte. 26, 1987
Eisenkeil, O. R./Potyka, C.: Erinnerungen an den Kleinkrieg in Äthiopien. In: Wehrkunde 25, 1976
Encyclopédie par L'image la Grande Guerre 1914–1918. Paris, 1932
English, A. J.: Chaco War. In: War Monthly. 15, 1975
Erdmann, K. D.: Der Erste Weltkrieg. München, 1985
Erdmann, K. D.: Hat Deutschland auch den Ersten Weltkrieg entfesselt? In: Krieg oder Frieden. Kiel, 1985
Erzberger, M.: Erlebnisse im Weltkrieg. Stuttgart, Berlin, 1920

Fabian, W.: Die Kriegsschuldfrage. Bremen, 1985
Facon, P.: La Crise du moral en 1917 à l'armée française d'Orient. In: Rev. hist. des armées. 4, 1977
Falkenhayn, E. von: Die Oberste Heeresleitung 1914–1916 in ihren wichtigsten Entschließungen. Berlin, 1920
Farrar, L. L., Jr.: Separate peace – general peace – total war. The crisis in German policy during the spring of 1917. In: Militärgeschichtl. Mitt. 1976
Fayolle, A.: Cahiers secret de la Grande Guerre. Paris, 1964
Feuchter, G. W.: Geschichte des Luftkrieges. Bonn, 1954
Fiala, P.: Die letzte Offensive gegen Italien (1918). In: Österr. Mil. Zeitschr. H. 6, 1968
Fischer, W.: Der letzte Großangriff deutscher Marine-Luftschiffe auf England in der Nacht vom 19./20. Oktober 1917. I/II. In: Marine Rundschau. H. 1, H. 6, 1968
Fischer, F.: Deutschland und der Ausbruch des Weltkrieges. In: Erster Weltkrieg. Köln, 1969
Fischer, F.: Der Erste Weltkrieg und das deutsche Geschichtsbild. Düsseldorf, 1977
Fischer, J.: Aus dem österreichisch-italienischen Gebirgskrieg 1915 bis 1918. In: Allg. Schweiz. Mil.-Z. 143, 1977
Fischer, F.: Der Stellenwert des Ersten Weltkriegs in der Kontinuitätsproblematik der Deutschen Geschichte. In: Hist. Z. 229, 1979
Fischer, F.: Juli 1914: Wir sind nicht hineingeschlittert. Reinbek, 1983
Foch, F.: Erinnerungen, von der Marneschlacht bis zur Ruhr. Dresden, o.J.
Foch, F.: Meine Kriegserinnerungen 1914–18. Leipzig, 1931
Fock, H.: 1914: Erstes Marineartillerie-Schießen mit Luftbeobachtung. In: Marineforum. 55, 1980
Foerster, W.: Kut el Amara. In: Deutscher Soldatenkalender. München, 1956
Foerster, W.: Die Verteidigung Deutsch-Südwest-Afrikas vor 40 Jahren. In: Deutsche Soldaten-Zeitung. Nr. 7, 1955
Forde, F.: 36th (Ulster) Division at the Somme. In: Cosantoir. 36, 1976
Freidel, F.: Over there. Boston, 1964
French, D.: The military background to the »Shell Crisis« of May 1915. In: J. of Strategic Studies. 2, 1979
Friedrich, H.: Unserer Emden zum Gedenken. 9. 11. 1914. In: MOH-Nachrichten. Nr. 11, 1964

Ganz, A. H.: »Albion«. The Baltic islands operations. In: Mil. Aff. 42, 1978
Ganz, A. H.: The German expedition to Finland, 1918. In: Mil. Aff. 44, 1980
Gas – ein furchtbares Kampfmittel (Ypern 1915). In: Alte Kameraden. H. 4, 1964
Geiss, I.: Die Kriegsschuldfrage. Das Ende eines Tabus. In: Kriegsausbruch 1914. München, 1970
Geiss, I.: Das Deutsche Reich und der Erste Weltkrieg. München, Wien, 1978
Geiss, I.: Der Erste Weltkrieg, 1914–1918. In: Diehl, R.: Ein Krieg wird ausgestellt. Frankfurt a. M., 1976
George, D. L.: Mein Anteil am Weltkrieg, 3 Bde. Berlin, 1933–1936
Gnirs, B.: Flandernschlacht 1917. Der unterirdische Minenkrieg im Wytschaete-Bogen. In: Truppenpraxis. H. 4, 1967
Goebel, J.: Afrika zu unsern Füßen. Leipzig, 1925
Görner, A.: Vidovdan 1914. Die Todesschüsse von Sarajewo. In: Zeitschrift für Geopolitik. H. 7/8, 1964
Gosztony, P.: Die Schlacht bei Limanowa, Dezember 1914. In: Schweizer Kavallerist. Nr. 15, 1964
Gozdawa-Gołębiowski, J./Prekurat, T. W.: Pierwsza Wojna swiatowa na morzu (Der Erste Weltkrieg auf dem Meer). Danzig 1973
Grahovac, M.: Odbrana Beograda 1915. godine. In: Vojnoistorijski Glasnik. 26, 1976
Gray, P./Thetford, O.: German Aircraft of the First World War. London, 1962
Green, H.: Passchendaele 1917. In: Army Quart. and Def. J. 107, 1977
Greger, R.: Über den Anteil der k.u.k. U-Bootwaffe am Handelskrieg im Mittelmeer. In: Marine Rundschau. H. 3, 1970
Greger, R.: Wußten die Italiener davon? Versenkung d. Flaggschiffes d. österreichisch-ungarischen Marine »Viribus Unitis«. In: Marine Rundschau. 76, 1979
Grey, Lord E.: 25 Jahre Politik, 1892–1916. München, 1926
Grey, E. Viscount of Fallodon: Twenty Five Years. London, 1925
Groener, W.: Lebenserinnerungen. Göttingen, 1957
Grosse, W.: Vor 50 Jahren – Tannenberg 1914. In: Deutsches Soldatenjahrbuch. München, 1964
Grove, E. J.: The first Shots of the Great War. In: Army Quart. and Def. J. 106, 1976
Güth, R.: Marineführung und Meuterei 1918. In: Schiff u. Zeit. 1978
Gutsche, W.: Zur Entfesselung des ersten Weltkrieges. In: Zeitschrift für Geschichtswissenschaft. 33, 1985
Gyllenstierna, E.: Brest Litowsk – den glömda freden. In: Kungliga Krigsvetenskaps Akademiens Handlingar och T. 181, 1977

Haffner, S.: Die sieben Todsünden des Deutschen Reiches im Ersten Weltkrieg. Bergisch Gladbach, 1981
Haffner, S./Venohr, W.: Das Wunder an der Marne. o.O., o.J.
Hammel, K.: Verdun. In: Truppenpraxis. H. 1, 1986
Hannemann, R.: Flieger über England 1917. Kampfgeschwader 3 der Obersten Heeresleitung. In: Zeitschift für Heereskunde. 45, 1981
Hantsch, K.: Die kritischen Wochen vom Thronfolgerattentat bis zum 28. Juli 1914. In: Österr. Mil. Zeitschr. Sonderh. 2, 1964
Harris, C. H./Sadler, L. R.: The Witzke affair. German intrigue on the Mexican border, 1917–18. In: Mil. Rev. 59, 1979
Haupt, W.: Deutsche Truppen im Kaukasus 1918. In: Deutsches Soldatenjahrbuch 1978. München, 1971
Haupt, W.: Kriegstage 1914 in Deutsch-Neuguinea. In: Deutsches Soldatenjahrbuch 1978. München, 1977
Hausen, Frhr. von: Erinnerungen an den Marne-Feldzug 1914. Leipzig, um 1920
Haute, A. van: Pictorial History of the French Air Force, Bd. 1. London, 1974
Haybock, R. G.: The American Legion in the Canadian Expeditionary Force, 1914–1917. In: Mil. Aff. 43, 1979
Hellmann, H.: Englische Falschmeldung verhindert Landung von L59. In: Atlantische Welt. H. 8, 1967
Helmolt, Dr. H. F.: Der Weltkrieg, 2 Bde. Leipzig
Henn, H. R.: Die Jagdflieger des Ersten Weltkrieges. In: Damals. H. 8, 1979
Henn, H. R.: Die Hölle von Verdun. In: Damals. H. 4, 1977
Hensel, E.: Die österreichisch-ungarische Kriegsmarine im ersten Weltkrieg. In: Marine-Kalender der DDR 1977. Ost-Berlin, 1976
Henze, C. G.: Vor 40 Jahren: Geburt des deutschen Jagdflugzeuges! In: Der Luftwaffenring. Nr. 5, 1955
Henze, C. G.: Boelcke schuf Lufttaktik. In: Jahrbuch der Luftwaffe. Folge 12
Herzog, B.: Erfolge deutscher U-Boote gegen Kriegsschiffe im ersten Weltkrieg 1914–1917 (1918). In: Marine Rundschau. H. 6, 1958
Herzog, B.: Die Erfolge der österreichisch-ungarischen U-Boot-Waffe im ersten Weltkrieg. In: Marine Rundschau. H. 3, 1959
Herzog, B.: Unterseeboote im ersten Einsatz. In: Soldat und Technik. H. 1, 1965
Herbert, A. P.: The secret Battle. Oxford, 1982
Heyman, N. M.: Gorlice-Tarnow. The eastern front in 1915. In: Army Quart. and Def. J. 109, 1979
Hindenburg, von: Aus meinem Leben. Leipzig, 1920
Holzhausen, R. H. J.: Die deutsch-türkischen Operationen gegen den Suez-Kanal und im Sinai-Gebiet während des Ersten Weltkrieges. In: Wehrwissenschaftliche Rundschau. H. 3
Hölzle, E.: Die Selbstentmachtung Europas. Das Experiment

d. Friedens vor u. im Ersten Weltkrieg. Göttingen, 1975
Hölzle, E.: Der Geheimnisverrat und der Kriegsausbruch 1914. In: Hist. Polit. Hefte der Ranke-Gesellsch. Heft 23. Göttingen, 1973
Hoyt, E. P.: The Fall of Tsingtao. London, 1975
Hubatsch, W.: Der Weltkrieg 1914/1918. Konstanz, 1955
Hubatsch, W.: Ursachen und Anlaß des Weltkrieges 1914. In: Schicksalsjahre deutscher Geschichte. Boppard, 1964
Hubatsch, W.: Deutschland im Weltkrieg 1914–1918. Frankfurt a. M., Berlin, 1966
Huberti, F.-H.: 31. Mai und 1. Juni 1916. Die Schlacht vor dem Skagerrak. In: Marineforum. 51, 1976
Huberti, F.-H.: Der uneingeschränkte U-Boot-Krieg in der Gesamtkriegführung 1914–1918. In: Marineforum. 52, 1977
Humbert, J.: Foch et la défense d'Arras. 5–6 octobre 1914. In: Rev. hist. des armées. 1979

Immelmann: Immelmann, der Adler von Lille. Leipzig, 1934
Imrie, A.: Pictorial History of the German Army Air Service 1914–1918. London, 1971

Jablonski, E.: A pictorial History of the World War 1 years. Garden City, 1979
Jellicoe, Lord: Erinnerungen, 2 Bde. Berlin, 1937
Joffre, J.: Memoires du Marechal du Joffre, 2 Bde. Paris, 1932
John, F. L.: Niemandsland. Materialschlacht vor Verdun. In: Soldatengeschichten, Sonderbd. 38. München, 1960
Jones, H. A.: The War in the Air. Bde. 2–6. London, 1928
Jordis von Lohausen, H. Frhr.: Die 12. Isonzoschlacht (24.–27. 10. 1917). In: Europ. Wehrkde. 28, 1979
Jünger, E. (Junior, R., Hrsg.): Hier spricht der Feind. Berlin, 1916
Jung, D.: SMS Goeben und die Ereignisse im Schwarzen Meer 1918. In: Marine Rundschau. H. 2, 1971

Kemal, Pascha M.: Erinnerungen eines türkischen Staatsmannes. München, 1922
Kennan, G. F.: Sowjetische Außenpolitik unter Lenin und Stalin. Stuttgart, 1961
Kennan, G. F.: Brest-Litowsk. In: Sowjetische Außenpolitik. Stuttgart, 1961
Kerenski, A. F.: Die Kerenski-Memoiren. Wien, Hamburg, 1966
Kern, E.: Verdun. In: Buch der Tapferkeit. Leoni, 1953
Kershaw, A.: Die ersten Kriegsflugzeuge. München, 1977
Kiep, L.: Die Eroberung der Baltischen Inseln im Oktober 1917. In: Leinen los! Nr. 5, 1961
Killian, H.: Wir stürmten durchs Friaul. Neckargemünd, 1978
Kiszling, R.: Kriegspläne und Aufmärsche der k.u.k. Armeen und der Feindheere im Sommer 1914. In: Österr. Mil. Zeitschr. Sonderh. 1, 1965
Kiszling, R.: Der Krieg gegen Rumänien 1916. In: Österr. Mil. Zeitschr. H. 6, 1966
Kiszling, R.: Die Brussilow-Offensive bei Luck-Olyka (4.–9. Juni 1916). In: Österr. Mil. Zeitschr. H. 4, 1966
Kitchen, M.: The silent dictatorship. The politics of the German High Command under Hindenburg and Ludendorff, 1916–1918. New York, 1976
Klietmann, K. G.: Die deutsche Sturm-Panzer-Kraftwagen-Abteilung 1 und ihr erster Kampfeinsatz am 21. März 1918 bei Urvillers. In: Zeitschrift für Heereskunde. 50, 1986
Koslow, A.: Eskalation und Scheitern der deutschen Intervention in Sowjetrußland 1918. In: Militärgeschichte. 24, 1985
Kraft, H.: Brzeziny, die Zerstörung einer Legende. Das Problem des Feldzuges von Lodz. In: Wehrwissenschaftliche Rundschau. H. 11, 1966
Kraus, Korv.Kpt./Dönitz, Korv.Kpt.: Die Kreuzerfahrten der Goeben und Breslau. Berlin, um 1930
Kriegserlebnis. Der Erste Weltkrieg in d. literarischen Gestaltung u. symbolischen Deutung d. Nationen. Hrsg. von K. Vondung. Göttingen, 1980
Kriegsöffentlichkeit und Kriegserlebnis. Eine Ausstellung zum 1. Weltkrieg. Zsgest. u. bearb. von H. Altmann. Regensburg, 1978
Kriegsflieger in den deutschen Kolonien während des ersten Weltkrieges. In: Deutscher Soldatenkalender, 1960
Krizman, B.: Der militärische Zusammenbruch auf dem Balkan im Herbst 1918. In: Österreichische Osthefte. H. 5, 1968
Kuropka, J.: Die britische Luftkriegskonzeption gegen Deutschland im Ersten Weltkrieg. In: Militärgeschichtl. Mitt. 1980
14–18, La Documentation Photographique. o. O., o. J.
La Grande Guerre Racontée par l'image, 12 Bde. Paris, o. J.
Lamb, R.: French Army Mutiny 1917. In: War Monthly. 1, 1979
Lamberton, W. M.: Reconnaissance and Bomber Aircraft of the 1914–1918 War. London, 1962
Lamberton, W. M.: Fighter Aircraft of the 1914–1918 War. London, 1964
Landeszentrale f. Polit. Bildung Schleswig-Holstein: Politik und Geschichte: Europa 1914 – Krieg oder Frieden. Kiel, 1985
Lawson, R. S.: The Story of H.M.A.S. Sydney and the Emden. In: Def. Force J. 1978
Legler, J.: Die Endphase des Ersten Weltkrieges auf dem Balkan. Wien, 1979
Lehmann, E. A.: Auf Luftpatrouille und Weltfahrt. Berlin, 1936
Lemke, H.: Die Pläne der Mittelmächte zur Aufstellung einer polnischen Armee während des ersten Weltkrieges. In: Militärgeschichte. 18, 1979
Lettow-Vorbeck und seine Askaris. In: Information für die Truppe. Nr. 7, 1964
Lettow-Vorbeck, General von: Meine Erinnerungen aus Ostafrika. Leipzig, 1920
Lichem, H. von: Der Tiroler Hochgebirgskrieg 1915–1918 im Luftbild. Innsbruck, 1985
Lichem, H. von: Rommel 1917. Der »Wüstenfuchs« als Gebirgssoldat. München, 1975
Lichnowsky, Fürst K. M. von: Meine Londoner Mission 1912 bis 1914. Zürich, 1918
Liddle, P.: Testimony of War 1914–18. London, 1979
Liddle, P. H.: The distinctive nature of the Gallipoli experience. In: J. of the Roy Unit. Serv. Instn. 122, 1977
Liebl, F.: Der Kampf ums Heilige Land 1914–1918. Teil 1/2. In: Die Gebirgstruppe. H. 3/4, 1977
Litschel, R. W.: Die k.u.k. Truppen 1918 an der Westfront. In: Deutsches Soldatenjahrbuch 1978. München, 1977
Lloyd, A.: The War in the Trenches. London, 1976
Lloyd, D. G.: Mein Anteil am Weltkrieg, 3 Bde. Berlin, 1933–35
Lochner, R. K.: Die Kaperfahrten des kleinen Kreuzers Emden. München, 1979
Ludendorff, E.: Meine Kriegserinnerungen 1914–1918. Berlin, 1919
Lukas, K. von: Der Untergang der »Szent István«. In: Marine – Gestern, Heute. 6, 1979

Maekelae, M. E.: Auf den Spuren der Goeben. München, 1979
Mahrholz: Die Seeschlacht am Skagerrak. In: Deutscher Soldatenkalender. München, 1956
Mai, G.: Burgfrieden und Sozialpolitik in Deutschland in der Anfangsphase des Ersten Weltkrieges (1914/15). In: Militärgeschichtl. Mitt., 1976
Marot, J.: Die Schlacht von Verdun in Bildern. Verdun, 1980
Martin, C.: English Life in the First World War. London, 1974
Martini, N. von: Bilddokumente aus Österreich-Ungarns Seekrieg, 2 Bde. Graz, 1939
Mason, D.: Breakout: Drive to the Seine. London, 1972
Max, Prinz von Baden: Erinnerungen und Dokumente. Stuttgart, 1927
Middlebroo, M.: The Kaiser's battle. 21 March 1918. London, 1978
Mielke, O.: Hilfskreuzer S.M.S. Wolf. München, 1953
Mielke, O.: S.M. Kleiner Kreuzer Dresden. München, 1954
Mielke, O.: Schlachtkreuzer Goeben und Kleiner Kreuzer Breslau. München, 1955
Mielke, O.: Untersee-Frachtschiff U-Deutschland. München, 1955
Mielke, H.: S.M. Hilfskreuzer Möwe. München, 1957
Mielke, O.: S.M. Hilfskreuzer Seeadler. München, 1957
Mirow, J.: 31. Mai 1916: Skagerrak. In: Damals. H. 3, 1974
Mirow, J.: Der Seekrieg 1914–1918 in Umrissen. Göttingen, Zürich, 1976
Mitchell, J. B.: Die erste Marneschlacht. 1914. In: Zwanzig entscheidende Schlachten. Gütersloh, 1968
Mit der 14. Armee nach Italien. München, um 1917
Möller-Witten, H.: Große Schlacht in Frankreich (1918). In: Deutsche Soldaten-Zeitung. Nr. 3, 1958
Moltke, H. von: Erinnerungen, Briefe, Dokumente 1877–1916. Stuttgart, 1922
Mönch, W.: 1914: Deutsche Kreuzer unter dem Halbmond. In: Damals. H. 12, 1976
Morris, J.: The German air raids on Great Britain 1914–1918. London, 1969
Morsey, K.: T. E. Lawrence und der arabische Aufstand 1916/18. Osnabrück, 1976

Muhr, J.: Die deutsch-italienischen Beziehungen in der Ära des Ersten Weltkrieges (1914–1922). Göttingen, Frankfurt a. M., Zürich, 1977

Nehring, W. K.: Tannenberg 1914. In: Westpreussen-Jahrbuch. Münster, 1965

Nerger: S.M.S. Wolf. Berlin, 1918

Nohn, E. A.: Die Konzeption des großen Belagerungskrieges (Gallipoli 1915). In: Wehrwissenschaftliche Rundschau. Nr. 5, 1959

Norman, A.: The Great Air War. London, 1968

Nowarra, H. J.: Die Entwicklung der Flugzeuge 1914–1918. München, 1959

Nowarra, H. J.: Flieger-Asse des Ersten Weltkrieges. In: Fliegergeschichten. Sonderbd. 43. München, 1961

Nowarra, H. J.: Bombengeschwader 1. Die Entstehung der dt. Bomberwaffe im 1. Weltkrieg. In: Fliegergeschichten. Sonderbd. 47. München, 1961

Nowarra, H. J.: Eisernes Kreuz und Balkankreuz. Mainz, 1968

Oedl, F. R.: 50 Jahre Otranto. In: Marine Rundschau. H. 3, 1967

Otto, H./Schmiedel, K.: Der erste Weltkrieg. Berlin, 1977

Oursel, R.: La Brèche. Histoire du saillant de Saint-Mihiel. In: Rev. hist. des armées. 4, 1977

Paléologue, M.: Am Zarenhof während des Weltkrieges. München, 1925

Paris Match: La Grande Guerre. 1914–18. P. 1/4. Paris, 1964

Parkinson, R.: Tormented warrior. Ludendorff and the Supreme Command. London, 1978

Patt, W.: Ludendorffs Sturz im Jahre 1918. In: Wehrwissenschaftliche Rundschau. 28, 1979

Pearl, C.: ANZAC newsreel. A picture history of Gallipoli (1915). Sydney, 1963

Peball, K.: Der Feldzug gegen Serbien und Montenegro im Jahre 1914. In: Österr. Mil. Zeitschr. Sonderh. 1, 1965

Peball, K.: Die Südtiroloffensive 1916. In: Truppendienst. 15, 1976

Pedroncini, G.: La Crise d'indiscipline dans l'armée française en 1917. In: Armées d'aujourd'hui. 1978

Pétain, P.: La bataille de Verdun. Paris, 1929

Pilsudski, J.: Erinnerungen und Dokumente. Bd. IV. Essen, 1936

Pitt, B./Young, P.: First World War, Vol. 1–8. London, 1969–71

Plivier, T.: 1918: Im Wald von Compiègne. In: Damals. H. 11. 1973

Pohl, H.: Der deutsche Unterseebootkrieg. Nendeln, 1976

Poincaré, R.: Au service de la France, 10 Bde. Paris, 1926–33

Popovic, A.: Album de la Guerre 1914–18. Belgrad, o. J.

Posani, R.: La Grande Guerra, 2 Bde. Firenze, 1968

Potter, E. B./Nimitz, C. W.: Der erste Weltkrieg 1914–1918. In: Potter: Seemacht. München, 1974

Potter, E. B./Nimitz, C. W.: Seemacht, eine Seekriegsgeschichte von der Antike bis zur Gegenwart. München, 1974

Quellen zur Entstehung des Ersten Weltkrieges. Internationale Dokumente 1901–1914. Hrsg. von E. Hölzle. Darmstadt, 1978

Rahn, W.: Das Gefecht in der Deutschen Bucht am 17. November 1917 unter besonderer Berücksichtigung der dt. Fernmeldeführung. In: Truppenpraxis. H. 1, 1970

Raleigh, W.: The War in the Air. Vol. 1. London, 1922

Rauch, G. von: Russische Friedensfühler 1916/1917. In: Internationales Recht und Diplomatie. 1965

Reitz, K.: Die Tankschlacht von Cambrai. (Nov. 1917). In: Damals. H. 2, 1974

Reuss: Die ersten beiden Toten 1914. In: Deutscher Soldatenkalender. München, 1955

Rhades, J.: Skagerrak (1916). In: Köhlers Flotten-Kalender. Minden, 1966

Rheinhaben, W. von: Der Weg in den Ersten Weltkrieg. In: Damals. H. 1, 1973

Richter, D.: Skagerrakschlacht (1916) ohne Glorienschein. In: Deutscher Marinekalender. Berlin, 1965

Rickaras, M./Moody, M.: The First World War. London, 1975

Ritter, G.: Der Schlieffenplan. München, 1967

Robinson, D. H.: Das Abenteuer eines Afrikafluges (L59). In: Leinen los! Nr. 5, 1964

Roehr, A.: 1914–1919. Der erste Weltkrieg. Chronik (des Seekrieges). In: Roehr: Handbuch der deutschen Marinegeschichte. Oldenburg, 1963

Roehr, A.: Seekrieg in Innerafrika. In: MOH-Nachrichten. Nr. 2–6, 1965

Rohbrecht, G.: Handels-U-Boot Deutschland durchbrach zweimal die englische Blockade. In: Seekiste. H. 8, 1966

Rohde, H.: Das Kriegsjahr 1916. In: Information für die Truppe. 12, 1986

Röhl, J. C. G.: An der Schwelle zum Weltkrieg. Eine Dokumentation über den »Kriegsrat« vom 8. Dezember 1912. In: Militärgeschichtl. Mitt. 1977

Rosentreter, R.: Die Falkland-Falle (1914). In: Marine-Kalender der DDR. Ost-Berlin, 1978

Rössler, E.: Die Auslieferung der deutschen U-Boote nach dem Ersten Weltkrieg und ihre Hintergründe. In: Marine Rundschau. 76, 1979

Ruge, F.: Scapa Flow. In: Leinen los! Nr. 6, 1959

Saint-Laurent, C./Aurel, J.: »14–18«. Paris, 1964

Salewski, M.: Verdun und die Folgen. In: Wehrwissenschaftliche Rundschau. 25, 1976

Salewski, M.: November 1918. Idee u. Wirklichkeit. In: Information für die Truppe. 1978

Salis, J. R. von: Die Ursachen des Ersten Weltkrieges. Aus: Weltgesch. d. neuesten Zeit. Bd. 2, 1955

Sasonoff, S. D.: Sechs schwere Jahre. Berlin, 1927

Schaffer, R.: The United States in World War I. Santa Barbara (Calif.), 1978

Scheer, Admiral: Deutschlands Hochseeflotte im Weltkrieg. Berlin, 1919

Schieder, W.: Erster Weltkrieg. Köln, 1969

Schmalenbach, P.: Damals in Ostafrika. In: Atlantische Welt. H. 5, 1968

Schmalenbach, P.: Deutsche Hilfskreuzer (im 1. Weltkrieg). In: Atlantische Welt. H. 1, 1968

Schmalenbach, P.: Vor 50 Jahren: Scapa Flow. In: Marine. H. 6. 1969

Schmiedel, H. O. K.: Der Erste Weltkrieg. Ost-Berlin, 1977

Schneider, K.: Der Kampf um die Dardanellen vor 50 Jahren in heutiger Sicht. In: MOH-Nachrichten. Nr. 3, 1965

Schneider, K.: Der 18. März 1915 an den Dardanellen. In: Leinen los! Nr. 3, 1965

Schoen, W. von: Die Hölle von Gallipoli. Berlin, 1937

Schofield, B.: »Jacky« Fisher, HMS Indomitable and the Dogger Bank action. In: Naval warfare in the twentieth century 1900–1945. London, New York, 1977

Schreiber, A.: Zum 40. Todestage Immelmanns und Boelckes. In: Deutscher Soldatenkalender. München, 1956

Schreiber, A.: Die deutsche Marine-Luftschiffabteilung. In: Soldat und Technik. H. 11, 1963

Schüddekopf, O. E.: Der Erste Weltkrieg. Gütersloh, 1977

Schulte, B. F.: Neue Dokumente zu Kriegsausbruch und Kriegsverlauf 1914. In: Militärgeschichtl. Mitt. 1979

Schulz, R.: Unternehmen Rastatt (1918). In: Die Oase. Nr. 11, 1965

Senger und Etterlin, F. M. von: Flers 15. September 1916. Der erste Panzerangriff der Geschichte vor 70 Jahren. In: Soldat und Technik. 29, 1986

Sethe, P.: Die Marneschlacht (1914). In: Sethe: Das machte Geschichte. Frankfurt a. M., 1969

Setzen, J. A.: Background to the French failures of August 1914. In: Mil. Aff. 42, 1978

Shermer, D.: World War I. London, 1973

Simpson, C.: Seeschlacht vor Trinidad. Frankfurt a. M., 1979

Singer, L.: Eine Welt bricht zusammen. Graz, Wien, Köln, 1961

Skagerrak-Schlacht. Briten im Dunst. In: Der Spiegel. Nr. 41, 1964

Smith, M. J., Jr.: World War I in the Air. London, 1977

Sokol, A. E.: Die Seemacht im Ersten Weltkrieg. In: Marine – Gestern, Heute. 6, 1979

Stegemann, B.: Entschluß zu uneingeschränktem U-Boot-Krieg. In: Marineforum. 52, 1977

Stein, W./Fabeck, P.: Wölfchen. Im Flugzeug über drei Weltmeeren. Berlin, 1918

Stein, W. (Hrsg.): Österreich-Ungarn im Weltkrieg. Berlin, 1915

Stöckelle, G.: Die Kämpfe gegen Rußland im Herbst 1914 bis zum Abschluß durch den Feldzug von Limanowa-Lapanów. In: Allgem. Schweizer. Militärzeitschrift. H. 3, 1965

Stöckelle, G.: Die Südtiroler Offensive gegen Italien. In: Österr. Mil. Zeitschr. H. 3, 1966

Stöckelle, G.: Die Südtiroler Maioffensive 1916 gegen Italien. In: Allgem. Schweizer. Militärzeitschrift. H. 5, 1966

Stoelzel, H.: Vor 45 Jahren: Die Seeschlacht vor dem Skagerrak (31. Mai 1916). In: Württembergisch-Badensche Genossenschaft des Johanniter-Ordens. Nr. 27, 1962
Suchomlinow, W. A.: Erinnerungen. Berlin, 1924
Suire: Evolution des moyens de défense antichars allemands et de leur doctrine de mise en oeuvre au cours de la guerre 1914–1918. In: Rev. hist. des armées. 5, 1978
Sweetman, J.: Coronel. Anatomy of a disaster. In: Naval warfare in the twentieth century 1900–1945. London, New York 1977

Taylor, A. J. P.: The First World War. London, 1963
Taylor, J. W. R.: Pictorial History of the R.A.F. London, 1974
Terra, E. de: U 35. Das erfolgreichste U-Boot des ersten Weltkrieges. In: MOH-Nachrichten. Nr. 4, 1958
Terraine, J.: Illusion on the Western front 1914 to 1915. In: The Encyclopedia of land warfare in the 20th century. London, 1977
Terraine, J.: Victory on the Western front. In: The Encyclopedia of land warfare in the 20th century. London, 1977
The Book of History, The World's Greatest War, 2 Bde. New York, London, 1920–21
The Great War, 13 Bde. London, 1914–19
Thiede, G.: Das Seegefecht vor Helgoland (28. August 1914). In: Marine-Kalender der DDR. Ost-Berlin, 1974
Timmermann, H.: Friedenssicherungsbewegungen in den Vereinigten Staaten von Amerika und in Großbritannien während des Ersten Weltkrieges. Frankfurt a.M., Bern, Las Vegas, 1978
Tirpitz, A. von: Erinnerungen. Leipzig, 1919
Toland, J.: Gebe Gott, daß es nicht zu spät ist. 1918. München, 1980
Toland, J.: Die große Zeit der Luftschiffe. um 1980
Tomicich, E.: Die Versenkung des k.u.k. Schlachtschiffes »Szent István« am 10. Juni 1918. In: Marine – Gestern, Heute. 6, 1979
Trachtenberg, M.: Reparation at the Paris Peace Conference. In: J. of Modern Hist. 51, 1979
Tuchman, B. W.: August 1914. München, Bern, 1964
Tuchman, B. W.: Zimmer 40 trieb Amerika in den Krieg. Das Zimmermann-Telegramm 1917. In: Der Spiegel. Nr. 22, 1967
Tzschirner-Tzschirner, H.-E. von: In die Wüste. Meine Erlebnisse als Gouverneur von Akaba. Berlin, o.J.

Ulanoff, S.: Illustrated History of World War I in the air. New York, 1971
Ullrich, V.: Entscheidung im Osten oder Sicherung der Dardanellen. In: Militärgeschichtl. Mitt. Nr. 2, 1982
Unruh, K.: Langemarck. Legende und Wirklichkeit. Koblenz, 1986
Urlanis, B. Z.: Kriegsverluste im 1. Weltkrieg. In: Urlanis: Bilanz der Kriege. Berlin, 1965

Van't Veer, P.: De Eerste Wereldoorlog. Amsterdam, 1964
Verdun. In: Information für die Truppe. H. 2, 1966
Verdun, regelrechte Hölle. In: Der Spiegel. Nr. 9, 1966
Verdun 1916. Actes du colloque international sur la bataille de Verdun 6–7–8 juin. Verdun, 1976
Vietsch, E. von: Der Kriegsausbruch 1914. In: Geschichte in Wissenschaft und Unterricht. H. 8, 1964
Vogel, R.: Die Persien- und Afghanistanexpedition Oskar Ritter v. Niedermayers 1915/16. Osnabrück, 1976

Wagner, A.: Die Kämpfe in Polen und am Balkan im Herbst 1914. In: Truppendienst. H. 5, 1964
Wagner, A.: Kriegspläne und Aufmarsch der Armeen 1914. In: Truppendienst. H. 3, 1964
Wagner, A.: Die Kämpfe in Galizien im August und im September 1914. In: Truppendienst. H. 4, 1964
Wagner, A.: Der Krieg gegen Italien 1915. In: Truppendienst. Nr. 3, 1965
Wagner, A.: Der Karpatenwinter 1914/15 und die Durchbruchsschlacht von Gorlice-Tarnow. In: Truppendienst. H. 2, 1965
Wagner, A.: Die Eroberung Montenegros im Jänner 1916. In: Truppendienst. H. 1, 1966
Wagner, A.: Die k.u.k. Kriegsmarine im letzten Jahr des Ersten Weltkrieges. In: Österr. Mil. Zeitschr. H. 6, 1968
Wagner, A.: Der Erste Weltkrieg. In: Truppendienst. H. 7, Wien, 1968
Wagner, A.: Der Durchbruch von Gorlice-Tarnow im Mai 1915. In: Truppendienst. H. 2, 1975
Wagner, A.: Verdun 1916. In: Truppendienst. H. 15, 1976
Wagner, A.: Isonzoverteidigung 1916/17. In: Truppendienst. H. 16, 1977
Wagner, A.: Probleme beim Angriff im Gebirge. Die Durchbruchsschlacht von Flitsch-Tolmein im Oktober 1917. In: Truppendienst. H. 16, 1977
Wagner, A.: Der Zusammenbruch der kaiserlichen Armee im Herbst 1918. In: Truppendienst. H. 17, 1978
Wagner, A.: Die Krise der italienischen Grappa-Verteidigung im Herbst 1917. In: Truppendienst. H. 18, 1979
Wagner, A.: Podgora 1915/16. Kämpf um einen Schlüsselraum. In: Truppendienst. H. 18, 1979
Waline, P.: Le Rôle des Minenwerfer dans la grande offensive germano-autrichienne sur les Alpes juliennes (Octobre-novembre 1917). In: Rev. hist. des armées. 1979
Walle, H.: Verdun und Skagerrak. In: Information für die Truppe. 8, 1976
Wallwitz, Gräfin A.: Panorama 1918. Ein Jahr im Spiegel der Presse. München, Bern, 1968
Walter, H.: Mit Rennenkampffs Armee in Ostpreußen. T. 1/2. In: Baltische Hefte. H. 2/4, 1955
Wauschkuhn, F.: Skagerrak, 31. Mai 1916. In: Geschichte. H. 7, 1975
Weigel, H./Lukan, W./Peyfuss, M. D.: Jeder Schuss ein Russ, jeder Stoss ein Franzoss. Literarische u. graphische Kriegspropaganda in Deutschland u. Österreich 1914–1918. Wien, 1983
Werner, J. (Hrsg.): Boelcke, der Mensch, der Flieger, der Führer der deutschen Jagdfliegerei. Leipzig, 1932
Werth, G.: Verdun. Bergisch Gladbach, 1982
What did you do in the War Daddy? A visual history of propaganda posters. Melbourne, 1983
Wiener, F.: Die Tankschlacht von Cambrai. In: Truppendienst. 16, 1977
Willis, J. F.: Prologue to Nuremberg. The punishment of war criminals of the First World War. Duke Univ. (N.C.), 1976
Wolter, G. A.: Skagerrak (1916). In: Wolter: Seeschlachten als Wendepunkt der Geschichte. Herford, 1972

Young, H. F.: The Misunderstanding of August 1, 1914. In: J. of Modern Hist. 48, 1976

Zechlin, E.: Krieg und Kriegsrisiko. Zur deutschen Politik im Ersten Weltkrieg. Düsseldorf, 1979
Zeppeline im Ersten Weltkrieg. Von W. A. In: Köhlers Flieger-Kalender 1963. Minden, 1962

Archive

Badische Landesbibliothek, Karlsruhe
Bayerisches Nationalmuseum, München
Bibliothèque Nationale, Paris
Bibliothek für Zeitgeschichte, Stuttgart
Britannic Majesty's Stationery Office, London
Bundesarchiv, Bern
Bundesarchiv, Koblenz
E.C.P.A., Fort D'Ivry
Heeresgeschichtliches Museum, Wien
Institut für Zeitungsforschung, Dortmund
Kriegsarchiv, Wien
Musée de la Guerre, Paris
National Archives, Washington D.C.
Österreichische Nationalbibliothek, Wien
Service Historique de l'Armée, Château de Vincennes
Staatliches Zentralarchiv der Sowjetarmee, Moskau
Zentralbibliothek der Bundeswehr, Düsseldorf

Bildquellen

Bayerisches Hauptstaatsarchiv, Abt. IV (Kriegsarchiv), München
Bundesarchiv, Koblenz
E.C.P.A., Fort D'Ivry
Imperial War Museum, London
National Archives, Washington D.C.
Navy Department (N.A.), Washington D.C.
Österreichisches Staatsarchiv (Kriegsarchiv), Wien
Official US Air Force, Arlington
Official US Marine Corps, Annapolis
Official US Army, Washington D.C.
Stadtarchiv, Düsseldorf
Stadtarchiv, Karlsruhe
Archiv K. Borchers, Köln
Archiv F. Bordoni, Rom
Archiv B. Johnson, BBC London
Archiv K. Kirchner, Erlangen
Archiv M. R. de Launay, Paris
Archiv J. S. Middleton, London
Archiv A. Stilles, New York
Archiv J. K. Piekalkiewicz

Ein Wort des Dankes

Ich möchte für ihre freundliche Hilfe meinen herzlichen Dank sagen:

Herrn Dr. A. Hofmann, Herrn M. Nilges, Herrn W. Held, Bundesarchiv Koblenz
Oberstleutnant i.G. Dr. H. Rohde, Militärgeschichtliches Forschungsamt, Freiburg
Frau Dr. M. Lindemann, Frau H. Geschwind, Institut für Zeitungsforschung, Dortmund
Herrn Professor Dr. J. Rohwer und seinen Mitarbeitern, Bibliothek für Zeitgeschichte, Stuttgart
Herrn Dr. J. Sack und seinen Mitarbeitern, Zentralbibliothek der Bundeswehr, Düsseldorf
Herrn K. Kirchner, Verlag D + C, Erlangen
Oberst (Bw) a.D. Dr. phil. C. H. Hermann, Euskirchen
Oberstleutnant i.G. W. G. V. Kenney, Britische Botschaft, Bonn
Mr. B. Johnson, BBC London
Mr. A. Williams und allen Herren des Dept. of Photographs, Imperial War Museum, London
Mr. P. H. Reed, Dept. of Documents, Imperial War Museum, London
Mr. J. Westmancoat, The British Library, Newspaper Library, London
Maj. R. Dembinski, Präses des Polski Institut i Muzeum im gen. Sikorskiego, London, und Capt. St. Zurakowski
Mrs. J. C. North, Ministry of Defence, London
Colonel W. D. Kasprowicz, London
Colonel Dr. M. Mlotek †, London
Lt.Col. Dousset, Mr. G. Rolland (E.C.P.A.), Paris
Service Historique de l'Armée, Paris
Col. E. Ripamonti, Stato Maggiore dell'-Aeronautica, Rom
KAdm. R. Fadda, Stato Maggiore della Marina, Rom
M.P. Mariana, Archivio Centrale dello Stato, Rom
Captain C. L. Blische, Dept. of the Army, US-Army Audio-Visual Activity, Pentagon, Washington D.C.
Mr. J. H. Trimble, National Archives, Washington D.C.
Colonel B. J. Morden, Center of Military History, Dept. of the Army, Washington D.C.
Herrn Dr. G. F. Heuer, Düsseldorf
Herrn K. Borchers, Köln
Herrn L. Kober, St. Goarshausen
Herrn H. D. Wirtz, Mönchengladbach
Herrn Dr. F.-L. Hinz, ECON Verlag, Düsseldorf
Mein besonderer Dank gilt Herrn Dr. Dermot Bradley, Münster, für seine großzügige Bereitschaft, mir mit seinem umfangreichen Wissen zur Seite zu stehen.

Register der Personen

Register der Personen

Register der Orte

Register der Orte

Register der Orte

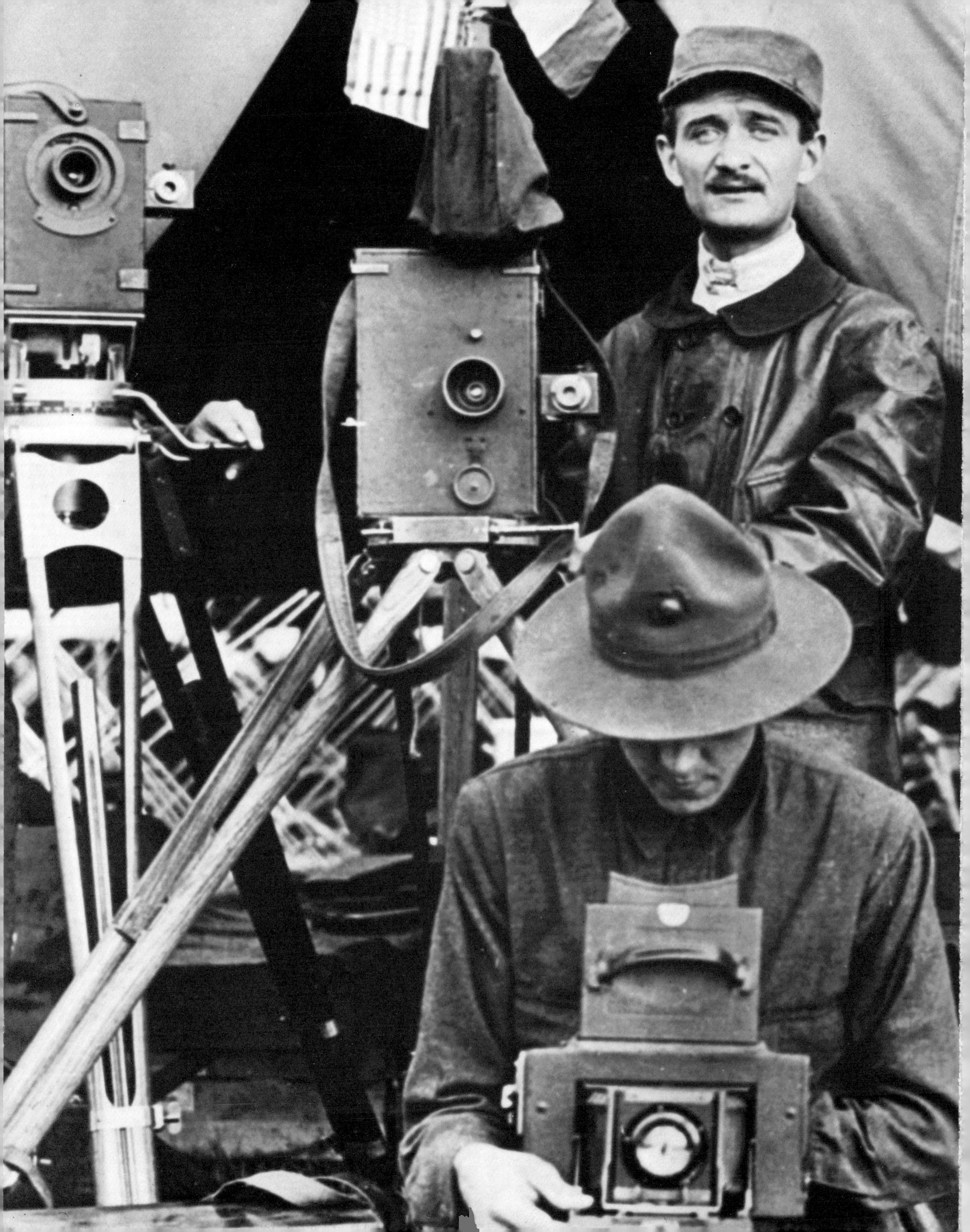